指文图书®

钢铁抗战
中日装甲兵全史
1918-1937

徐帆 甄锐 编著

中国长安出版社

图书在版编目（CIP）数据

钢铁抗战：中日装甲兵全史：1918～1937 / 徐帆，甄锐著 . -- 北京：中国长安出版社，2015.2
ISBN 978-7-5107-0885-5

Ⅰ.①钢… Ⅱ.①徐…②甄… Ⅲ.①装甲兵部队－军队史－中国－1918～1937②装甲兵部队－军队史－日本－1918～1937 Ⅳ.① E296 ② E313.9

中国版本图书馆 CIP 数据核字 (2015) 第 036322 号

中日装甲兵全史

徐帆　甄锐　著

出版：中国长安出版社

社址：北京市东城区北池子大街 14 号（100006）

网址：http://www.ccapress.com

邮箱：capress@163.com

发行：中国长安出版社

电话：（010）85099947　85099948

印刷：重庆出版集团印务有限公司

开本：787mm×1092mm　16 开

印张：31.75

字数：300 千字

版本：2015 年 5 月第 1 版　2015 年 5 月第 1 次印刷

书号：ISBN 978-7-5107-0885-5

定价：89.80 元

谨以此书
献给所有曾经为中华民族的独立付出鲜血与生命的先辈们！

前　言

战车在人类战争史中的起源，可追溯到五六千年前中亚两河流域的"苏美尔"战车，那是目前所发现的世界上最早有图文记载的战车。对我们古老的祖国来说，战车的历史亦极其悠久——从夏、商的上古时期开始，我们的祖先就在战争中使用战车这种装备了；到春秋战国时期，战车成为各诸侯国重要的作战武器之一，还形成了"车阵"这种独特的作战形式。然而随着战争武器和战术手段的不断变化，曾经辉煌的战车几经沉浮，逐渐被冷兵器时代速度更快且更灵活的战马所取代，一时间退出了人们的视野。在人类社会进入到近现代以后，随着热兵器时代的兴起，这种已被人们遗忘的作战利器又以全新的面目——坦克及装甲车辆的形式，重返历史舞台，并成为地面战场作战武器的王者。

作为人类战争史中地面战场的主要突击兵器，现代战车（即坦克及装甲车辆）的存在已经有一百多年了。众所周知，现代坦克是在第一次世界大战中由英国人首先发明并用于实战的。在第二次世界大战中，纳粹德国成功借"闪电战"横扫西欧，还肆无忌惮地将铁蹄踏向苏联的广阔原野，让全世界见识到这种陆战突击武器的巨大攻击力。到如今，这位"陆战之王"已经家喻户晓，其发展沿革和经典战术已被世界各国军事学家研究得无比透彻。

第二次世界大战中的另一个主战场——中国战区及亚太战场却是个例外，由于主要参战国（中、日两国）的装甲战车技术落后，其战车发展史似乎被多数人遗忘。中国战车发展史更是鲜有问津——连年的战火致使其原始资料大量遗失，大量细节没湮没在历史的烟尘之中，至今仍被许多文学作者误会，甚至曲解。鲜为人知的是，当时的中国是除德国以外世界上第二个成立独立坦克装甲师的国家，中华民国国民革命军陆军第 200 师也是继 1935 年德国组建三支机械化装甲师之后世界上第四支成建制的装甲师。

为此，我和徐帆进行了历时十余年的艰苦研究，在收集了大量中日两国相关史料、当事人回忆录及遗存照片的基础上，编著了这套反映上世纪初中日两国装甲部队历史沿革的丛书。我们希望通过装甲兵这一单一兵种的视角,解读中国抗日战争糅合着血性与悲壮的一面……丛书分为两部。《钢铁抗战:中日装甲兵全史 1918-1937》讲述了中日两国从 1922 年初组建装甲兵到 1938 年前双方装甲部队交战的历史。即将出版的《钢铁抗战:中日装甲兵全史 1938-1945》将为大家呈现自 1938 年开始到 1945 年抗日战争结束前,中日两国装甲兵在中国及太平洋战区作战的历史。谨以此书献给那些在中华民族独立战争中付出鲜血与生命的英雄们!他们的功绩将永远被后人所铭记!

由于本书所载内容图片资料少见,部分照片免遭战火已属不易,唯图片精度有所欠缺,乃本书之憾,望诸君谅解为感。

甄锐

2014 年 11 月

CONTENTS 目录

|第一章|
古代中国战车及近代坦克的诞生

第一节 古代中国战车之概述

"战车"是人类智慧的结晶和生产力发展的一个重要代表，中国作为世界文明古国，使用"战车"作为战争工具的历史由来已久，早在夏、商时期便出现了使用"战车"作战的文字记载，到了西周和春秋时期，战车逐渐成熟，其中"平原车战"将它的发展推向了高潮。与中国古代著名的军事著作《孙子》齐名，被后人誉为《武经七书》之一的《司马法》中就有这样的记述："**戎车：夏后氏曰钩车，先正也；殷曰寅车，先疾也；周曰元戎，先良也。**"意思是：战车（或称兵车）在夏代称为钩车，重视的是车辆行驶的平衡问题；商代称为寅车，注重的是车辆的速度迅捷；而到了周代被称为元戎，即戎车，重点在于车辆的制作工艺。

在西周早期吕尚（姜太公）的兵法著作《六韬·犬韬·战车》里，他对战车和车战所使战法也有一番精彩的描述，其言曰："**步贵知变动，车贵知地形，骑贵知别径奇道，三军同名而异用也。凡车之死地有十，其胜地有八。往而无以还者，车之死地也；越绝险阻，乘敌远行者，车之竭地也；前易后险者，车之困地也；陷之险阻而难出者，车之绝地也；圮下渐泽，黑土黏埴者，车之劳地也；左险右易，上陵仰阪者，车之逆地也；殷草横亩，犯历深泽者，车之拂地也；车少地易，与步不敌者，车之败地也；后有沟渎，左有深水，右有峻阪者，车之坏地也；日夜霖雨，旬日不止，道路溃陷，前不能进，后不能解者，车之陷地也。此十者，车之死地也。故拙将之所以见擒，明将之所以能避也。**"即步兵作战贵在熟悉战情的变化，车兵作战贵在熟悉战场的地形，骑兵作战贵在熟悉便捷的通路，三个兵种虽同是作战部队却有使用方法的不同。车兵作战时有十种死地、八种胜地的情况。只能前进不能撤退，被称之为战车的死地；跨越险阻，长途追击敌人，被称之为战车的竭地；前方地形平坦，后方山岳丘陵，是战车的困地；陷入阻碍而无法撤退，被称之为战车的绝地；进入积水和淤泥地带，是战车的劳地；一侧地形险要，一侧路途平坦，来往需攀爬的地带，被称之为战车的逆地；野草茂盛，还需要渡过水沟的地带，被称之为战车的拂地；车少地平，且战车与步兵配合不当，被称之为战车的败地；后有沟渠，一面深水，一面高坡，被称之为战车的坏地；昼夜大雨，连日不停，道路毁坏，不能前进也不能撤退，被称之为战车的陷地。这十种都是战车的死地。所以愚将由于不了解这十种死地而被擒，智将由于了解这十种死地就能避开之。

此《战车篇》论述了中国古代战车作战的十种不利地形，道出了车战的战术特点和车战的"十死之地"，最后指出，将领如果能**"明于十害、八胜，敌虽围周，千乘万骑，前驱旁驰，万战必胜"**。

古代中国战车的主要构成和特点有：

其一，以车上的冷兵器或火器进行近、远程攻击，摧毁或破坏敌方工事及有生力量。

其二，轮式运动为主，并由人、畜为动力的战场机动性。

其三，以木质结构组装而成，重要部位加装皮革或青铜、铁等金属作为保护，增强战车的防护性。

综上所述，可以看出古代中国战车已经基本具备现代坦克战车的基础理念。而自春秋战国之后随着步、骑兵兵种的兴起，战车与车战的地位随之衰落，秦汉时期便少有使用，但到了宋元时期，在以车制骑的思想主导下，战车的形制与功用有了相当大的变化，其地位也发生了相应的改变。

一 夏、商时代的战车

夏、商时代（商朝晚期）战车的形制主要为双轮单辕木质车体，少数部件为青铜制造。商朝战车编制为车前驾马 2 匹或 4 匹，车上编有甲士 1 人，随车步卒为 15 人，此为一乘。车上甲士，1 人居左，以远程弓射为主，一般称为"车左"或"甲首"（类似于车长之职），1 人居右，以近距离击刺搏杀为主，一般称"车右"或"骖乘"（类似于警卫之职），1 人居中稍前，专职负责驾车，一般称为"御

▲ "雁型"车阵

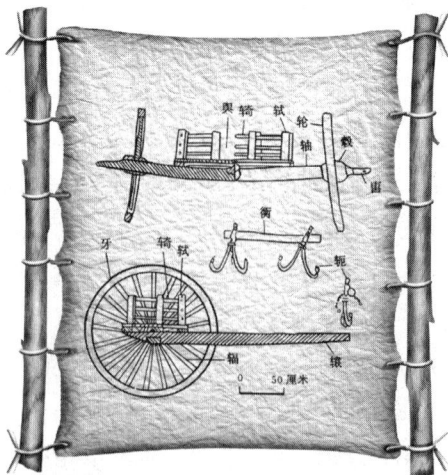

▲ 夏、商战车

手"（类似于驾驶员之职），此编制一直沿用至春秋战国时期。

《吕氏春秋·仲秋纪第八·简选》记载："殷汤良车七十乘，必死六千人，以戊子战于郕，遂禽移大牺；登自鸣条，乃入巢门，遂有夏。"《墨子·明鬼下》中记载："汤以车九两，鸟阵雁行"伐夏。约公元前一千六百年的夏朝末年，成汤与夏桀决战于鸣条之野。此一战，成汤军以战车70辆，死士6000人，对夏桀军发动突袭，双方在鸣条展开决战，而汤军所用之"鸟阵雁行"即是模拟鸟飞雁翔之"人"字形队列组成的战车车阵。商朝末年，商纣王重蹈覆辙，骄奢淫逸，整日饮酒作乐。周武王姬发亲率"戎车三百乘，虎贲三千人"及"诸侯兵会者四千乘，陈师牧野"，一举击破商军，纣王见大势已去，逐登鹿台自焚而亡，武王亦从车上而下，斩落纣王之首，商灭。此战即为公元前1072年中国古代初期车战的著名战例——"牧野之战"。

二 春秋、战国时代的战车

公元前770年–公元前221年的春秋、战国时期是古代中国战争最频繁也是战车及车战最为兴盛的时期，各国争霸战均是以战车为主力的车、步兵联合作战，并且按对敌作战和屯守、运载辎重的运用不同，分为攻、守两种。春秋时期的战车形制基本继承西周战车形制，然而冶铸造技术的提高使得兵器日益锋利，战斗也愈加激烈，战车的防护系统因此有了较大的改进，最明显的就是在车舆即车

厢外侧钉装的青铜制护甲，每辆车约有八十块护甲板，护甲板一般厚度约为两毫米。而大量增加护甲板也导致了战车载重的增加，设计者和工匠采用增加轮辐、加粗车轴等方法进行加固。车战兵器除了使用远程进攻的弓弩外，还配备近战使用的戈矛等兵器以及用于近身防御的短兵器——青铜剑。

公元前354年，桂陵之战爆发，赵国都城邯郸遭到魏国率领的魏宋卫联军包围。次年，赵国紧急向齐国求援，齐国军师孙膑采取"围魏救赵"的战法以轻便快捷的战车为主力直趋魏国国都大梁，迫使魏军丢弃大量辎重，日夜兼程急速回师自救，终解赵国邯郸之危，齐军后于桂陵设伏，大败魏军。

公元前342年的马陵之战，魏国发兵攻韩，齐国派兵伐魏救韩。齐国军师孙膑用"减灶诱敌"之战法，再次诱使魏军于马陵道进行伏击，并用战车和兵器作为障碍阻挡魏军，使魏军陷入"窘处隘塞死地之中"，全歼魏军主力，魏将庞涓亦自刎而亡。

三 东汉、三国时代的战车

东汉末年，随着骑兵的日益发展与强大，为了在战争中对抗骑兵的冲击，秦汉时期一时没落的战车以防御车阵的形式重新登场，后勤运输的轮式车辆也有了一些改进。

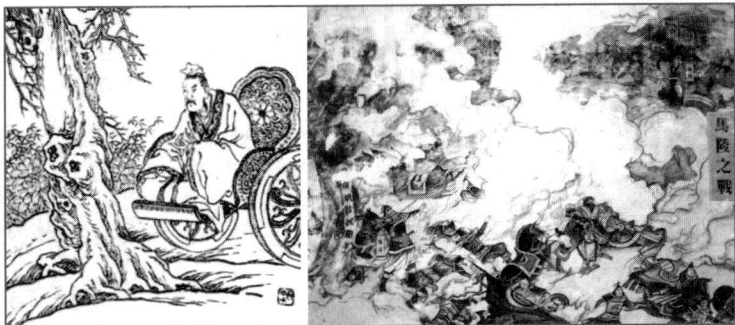

▲ 孙膑与"马陵之战"

（一）武刚车

三国时期作战用的战车主要以"武刚车"为主。武刚车的形制一般为独轮，车身蒙上牛皮犀甲作为防护，外侧捆绑枪矛，前立屏风牌。屏风牌上多开有射击孔，弓箭手可以躲在屏风牌后，通过射击孔对目标进行射击。《兵法》内有云："有巾有盖，谓之武刚车，车长二丈，阔一丈四，车外侧绑长矛，内侧置大盾。"

蜀汉的军师诸葛亮为了对抗曹魏的强大骑兵，用八阵图阵法结合步、弩、骑、车诸兵种协同作战。八阵中将武刚车组成车阵，作为障碍以阻挡敌军的冲击和机动，同时为八阵中的步骑兵提供良好的保护和隐蔽。

（二）木牛、流马

诸葛亮发明的木牛、流马是从武刚车所演化而来，专门用于地形复杂的西蜀栈道及山地，缓解和保障了诸葛亮北伐的粮草等辎重物资的运输。木牛流马的实物和细节图样没有流传下来，仅有部分文献与古籍进行了简单的记载，后人多以这些文献记载进行复原，但都未能完全实现。

《三国志·蜀志·本传》裴注引《诸葛亮集》中记述："作木牛流马法：木牛者方腹曲头，一脚四足，头入领中，舌著於腹载多而行少，宜可大用，不可小使；特行者数十里，群行者二十里也曲者为牛头，双者为

▲ 流马设想图之一

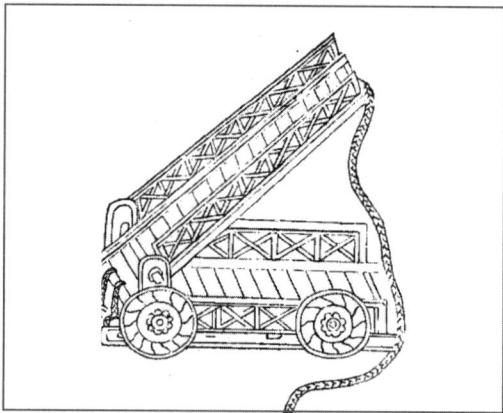
▲ 云梯

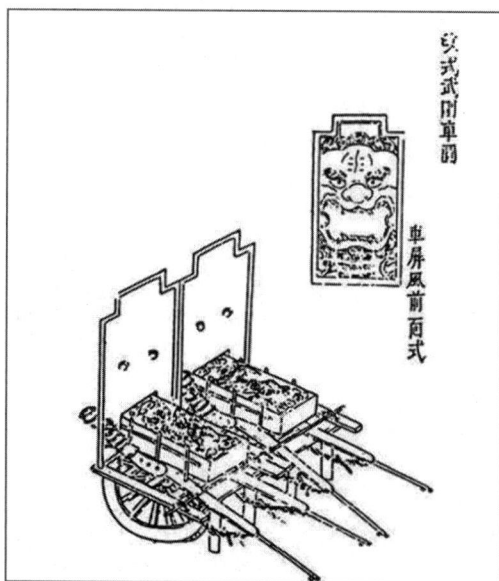
▲ 武刚车图

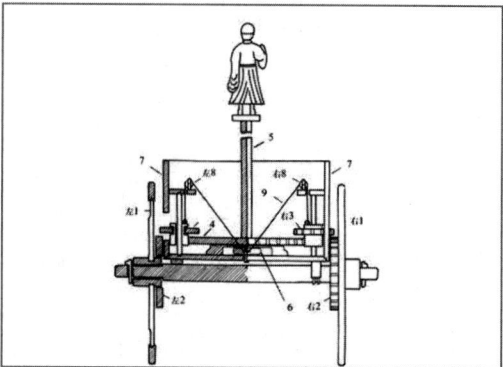
▲ 司南车后视图

牛脚，横者为牛领，转者为牛足，覆者为牛背，方者为牛腹，垂者为牛舌，曲者为牛肋，刻者为牛齿，立者为牛角，细者为牛鞅，摄者为牛秋轴牛仰双辕，人行六尺，牛行四步。载一岁粮，日行二十里而人不大劳……后略。"

（三）云梯

最早诞生于夏商时期，至春秋时期由鲁国著名工匠公输班（鲁班）加以改进。云梯的形制主要为三部分构成：底部装有四轮或六轮，用以移动；梯身可上下仰俯，以人力扛抬，倚架于城墙壁上；梯顶端装有钩状结构，用以钩搭城缘，保护梯首免遭守军的推拒和破坏。公元 229 年，蜀汉第二次北伐的"陈仓之战"中，诸葛亮率领大军围攻陈仓城时，就曾大量使用云梯用来攻城。

（四）司南车（又称"指南车"）

中国古代文化著作《古今注》中记载："黄帝与尤战于涿鹿之野，尤作大雾，军士皆迷，故作指南车以示四方，遂擒尤而即帝位。"公元 235 年魏国明帝下诏令博士马钧造车，马均依照文献，试验制造出一种名为"司南车"的战车（后人称为指南车）。

此时"司南车"的形制据《晋书·舆服志》记载："司南车一名指南车驾四马，其下如楼三级，四角金龙衔羽葆，刻为木仙人，衣羽衣，立车上，车虽回转而手常南指，大驾出行，为先启之乘。"马钧所制造的"司南车"主要利用差速齿轮原理，以齿轮传动系统，根据车轮的转动，由车上木人指示方向。不论车子转向何方，木人的手始终指向南方。

四　隋、唐时代的战车

隋唐时期的中国虽然开疆拓土、经略四方，但是战车和车战却再一次没落，据《旧唐书》记载，马燧"又造战车，蒙以狻猊象，列戟于后，行则载兵甲，止则为营阵，或塞险以遏奔冲，器械无不犀利"，可见唐代车阵战法依旧与三国魏晋南北朝时期相同。

然而，轮车式攻、守城器械在继承后汉三国南北朝时期的基础上却得到了持续发展。为了战争的需要，隋朝也常令工匠大规模制造攻、守城需要的车辆装备。隋朝末年，魏国公李密就曾令护军将军一次性制造了 300 辆"抛车"（或称投石车）。至唐代，"抛车"的外型和威力又得到了进一步的提高，使用也更为普遍。"抛车"是一种利用杠杆原理以人力抛掷石弹的抛射式兵器，根据战场所需分为轻型、中型、重型三种。轻砲型主要用于野战，中、重砲型则主要用于攻、守城池。初期形制以大木为架，金属件联接，砲架上横置可以转动的砲轴。固定在轴上的长杆为"梢"，可以起到杠杆作用。"梢"的一端系有皮窝，内装石弹，"梢"数越多抛射越重越远。早期砲架固定在地面上或埋在地下，后期因为安装麻烦，便在砲架下安装了车轮，

▲ 抛车

并且根据实战所需可以水平移动和旋转，能够向各个方向抛射石弹。

公元757年的"安史之乱"中，叛军安禄山意图夺取河东而攻打山西太原，太原守将李光弼当即动用了体积巨大、威力强劲的重型"抛车"（当时被称为"塌石车"），此车需以两百人方可拉动，一砲可击杀数十人之多，凭借此车，李光弼最终一举击杀叛军数万，粉碎了叛军的战略意图。《新唐书·李光弼》内记载："李乃彻民屋为礌石车，车二百人挽之，石所及辄数十人死。"

而除"抛车"外，唐代攻城战车主要还包括："撞车"、"搭车"、"饿鹘车"、"木驴车"、"轒辒车"等。这些特种车辆一般用来撞击敌军的防御工事，如城门、城墙、垛口等。

▲ 抛车（旋风炮）

（一）"撞车"

"撞车"的形制主要是在四轮车车架上系一根撞木，撞木前端用铁叶裹覆，在敌军云梯靠近城墙时，推动撞木将其撞倒或撞毁。

（二）"搭车"、"饿鹘车"

"搭车"的形制是将装有长柄木杆的杷钩安于车架横梁上，利用杠杆原理操纵钩杷将城墙挖出缺口，用以保障己方部队从缺口向城内进攻。

"饿鹘车"形制结构与"搭车"相近，主要区别是将木杆前端的杷钩换为铁铲，用以铲掘城墙。《旧唐书》记载："元和十四年（公元819年）十月，吐蕃军约十五万众，围我（唐）盐州数重，党项首领亦发兵驱羊马以助，贼以飞梯、鹅车、木驴等四面齐攻，城欲陷者数四。"

▲ 撞车

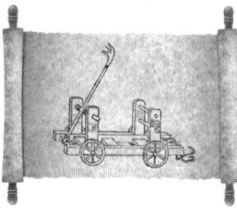

▲ 搭车

▲ 饿鹘车

（三）"轒辒车"

"轒辒车"在四轮车的基础上，加设屋顶形木架，并以牛皮遮盖涂以泥浆，用来掩蔽和保护车内进行挖掘城墙和地道作业的兵士，最初是平顶式样，因易被敌军破坏，后改为等边三角形，称"尖头木驴车"。唐代杜悠在《通典》中记载："轒辒，四轮车。皆可推而往来，冒以攻城，上以绳为脊，生牛皮蒙之，下可藏十人，填隍推之，直抵城下，可以攻掘，金火木石所不能败。"

五　宋、元时代的战车

自汉代骑兵开始兴起后，古代中国的战争方式发生改变，传统的车战和战车地位直线下滑，一度一蹶不振，即所谓"自骑兵起，车制渐废"。宋神宗时期朝廷曾多次为了抵抗外族的骑兵而试图制造能够有效抗击各种骑兵的战车，然而虽然当时机械制造技术水平尚可，但受许多客观条件所限，能够真正实现有效"以车制骑"用途的战车没能制造出来。不过宋代"以车制骑"的战术思想也变相促进了战车的发展，出现了许多形制奇特、功能多样的各式战车。

（一）"虎车"、"象车"

这两种独轮平板车的左右两侧装有方木，方木上绑有枪矛，平板上安有虎、象形状的车厢，以彩绘油漆装饰后，连毛发细节都清

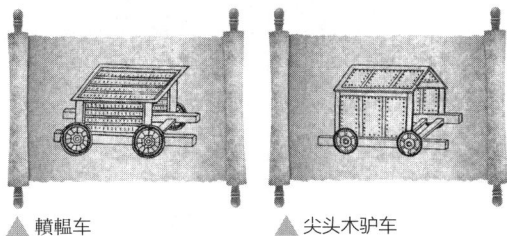
▲ 虎车　　　　　▲ 象车

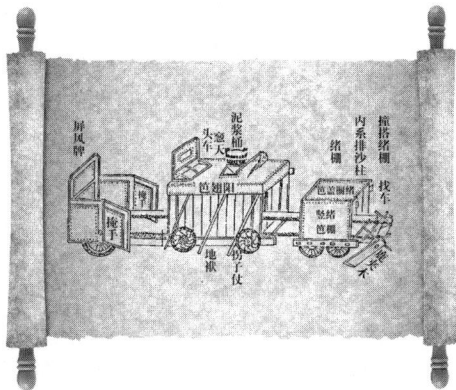
▲《武经总要》中绘制的绪棚接续头车

▲ 轒辒车　　　　　▲ 尖头木驴车

▲ 轒辒车于作战中应用

▲ 绪棚接续头车（挖地道和反地道）

晰可见，如工艺品般精美。虎、象兽口昂张，内装多支枪矛，枪锋向外伸出。战车根据车载枪矛的数量多少而划分为轻、重两种，"虎"车为轻型战车，而"象"车则为重型战车。对敌作战时，排成车阵以士兵在后推动，对敌阵进行冲击，配合步、骑兵作战。

（二）"头车"

在以原始的"轒輼车"或"尖头木驴车"进行攻城作业时，人员虽可受到掩护，但完全不具备攻击性，因此宋代发展出了一种集攻击和防御效用于一体的组合式战车，名为"头车"。

该车主要由"屏风牌"、"头车"和"绪棚"三部分组成。

"屏风牌"是木制结构的挡板，上设箭窗，两侧附有侧板及掩手，外蒙牛皮，当在接近城墙时，不仅可抵御掩护车内人员不受矢石的伤害，同时还可以利用箭窗予以还击。

"头车"的构造与之前的轒輼车类似，车顶上改用两层牛皮覆盖，中间隔层多填充干草以增强防御，顶中央留有一方孔，为车内人员上下之用，车顶前部留一天窗，窗前设一小型屏风牌，屏风中央开有箭窗，以供观察和射箭之用，车两侧悬挂牛皮，外涂泥浆，以防敌纵火焚烧。

"绪棚车"连接在头车之后，形制与头车略同，用以掩护替换的作业人员、运土及输送土木器材等，绪棚后设有一"找车"，用绳索和绪棚连接，以便绞动头车和绪棚，使其能往返移动，用以运土。

《武经总要》中记载："绪棚接续头车，架木为棚固曰绪棚，其高下如头车，棚上及两边皆设皮笆，以御矢石。若头车进，则益设之，随其远近。若敌人以火焚车及棚，则设施泥浆麻搭，浑脱水袋以救之。"

（三）"钩撞车"

形制略同于尖头木驴车，车内配备用来破坏城墙、城门的各种兵刃和撞木。

（四）"火车"

车上装设锅灶，锅内盛满油脂，用炭火烧沸，车周围堆集干柴，将车推至敌军城门下纵火后离去，如敌军倒水灭火，由于油比水轻，火焰反而更高，可更快将城门烧毁。

（五）"吕公临冲车"

相传此车最早为姜太公所设计，至宋代成型，车外以牛皮被覆，车分为5层，每层内皆有木梯供人员上下。车内配备各种武器

▲ 钩撞车

▲ 火车

▲ 吕公临冲车

和破坏工具，进攻之时，将车推至城脚，车顶设有天桥，兵士可利用天桥冲至城墙上与敌军近距离拼杀，车下有撞木，可破坏墙基。但此车因形体笨重，容易受地形限制，难以发挥威力，不过若是突然出现，却可对守城兵士形成巨大的威慑力，从而乱其阵脚。

（六）"木女墙"

此车形如城垛，用木板制成，高六尺、宽五尺，下设木轮，用以堵塞被破坏的"女墙"（城垛）和城墙缺口。可谓是能移动的城墙，即可攻又可守。

（七）"塞门刀车"

在两轮车的前侧，装满枪刀等兵器，如城门被敌军破坏，就以此车堵塞城门。

六 明、清时代的战车

明、清是中国古代最后的两个封建王朝。然而传统古代战车却有着完全不同的命运和走向。虽然自春秋战国后骑兵兴起，战车一度被淘汰和忽视，仅偶有昙花一现，但是到了千年后的明代，战车再度成为了战场上的

主角。在明代，随着中国火器迅猛的发展，加之又引进了西洋火器，如佛郎机和鸟铳，明代的战车也加装了各种的火器，发展出众多"火器战车"。这类战车以车为运载工具，车上载有各种火药和火器，由兵士推动并发射车载火器对敌进行近、远程的攻击，不但机动性强，又可临敌发射，摧毁威力得到增强，可谓是中国古代战车发展的顶峰。

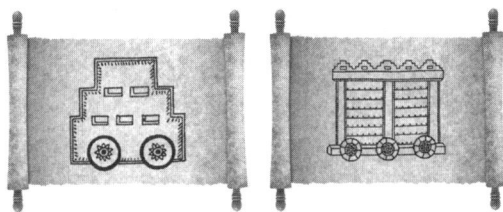

▲ 木女头   ▲ 木女墙

▲ 塞门刀车

▲ 木火兽

明万历年间的兵部尚书孙承宗于《车营扣答合编》中指出，要使军队"**动如雷，不动若山，莫如战车。其用车载火（器），其火在阵。**"即孙承宗认为，装备火炮的战车是强攻坚守取胜的必需条件，而要发挥炮车的威力，必须将车、步、骑混合编成，协同作战。可使火炮同冷兵器在不同距离上作多层次的配置，先后逐次灭杀敌军的有生力量及战具工事，从而一举获得胜利。

（一）"木火兽"

用轻质木材制成架子，安装头尾，高三尺、长五尺二寸，四脚装上木轮，里外糊纸，用颜料画成虎、豹、龙等形象，再涂上白矾，耳内藏两个烟瓶，口中装置竹喷筒，左右两侧安装火铳，眼内放置火药，用引信连接在一起，使用时一人推行，冲入敌阵之中，在后面点火后，耳、口烟焰喷射，两旁火铳自发，可以杀伤、扰乱敌军人马，将敌阵击溃。

（二）"火炬攻战车"

此车为箱式结构，前面下边架枪矛五杆，上面列火箭百支，由两名士卒推动，并且随

▲ 火炬攻战车

车燃放火箭，向敌阵冲击。

（三）"火龙卷地飞车"

此车为独轮推行，车前设有兽面屏风牌，装利刃，上蘸虎药，车内藏火器二十四种，由屏风牌上兽口内喷吐，屏风牌两旁装有飞翅神牌遮挡矢石。作战时，冲入敌阵，万将莫挡。

（四）"万胜神毒火屏风车"

此车与城门等高，内藏各类火器十二件。敌人攻城时，车上万火齐发，为守城最佳之器械。

（五）"铁汁神车"

此车与宋代"火车"基本相同，不同之处在于车上锅灶内盛满熔化的铁水，用以泼向攻城的敌军，对有生力量的杀伤远胜宋代的"火车"。

（六）"七星铳车"

此车为七根铁制枪管组成，每根长一尺三寸，一管居中，六管围绕排列，外面用厚铁皮包裹，以三道铁线捆扎，各根枪管的尾部相连一处，安装五尺长的木柄，装置在直径一尺五寸的两轮横铁轴上，只需一人便可以推挽。各枪管内装多枚铁铅制弹药，于敌阵之中瞄准对方目标即可点火发射，可高可低，其功能类似近现代的加特林多管式机枪。

（七）"偏厢车"

此车最早为东汉末年诸葛亮所设计，后晋马隆在此基础上，将此车与鹿砦、拒马等障碍物结合，组成车营，以防敌突袭。进攻作战时可在护板掩护下，从护板的箭窗中发射弓弩，边攻击边前进。发展至明代，偏厢

▲ 火龙卷地飞车

▲ 万胜神毒火屏风车

▲ 偏厢车草图

▲ 铁汁神车

▲ 偏厢车

▲ 七星铳车

因其仿古之制，导致车体太重，需要人马太多，不宜涉险，所以不适用于进攻战斗。随后兵部尚书魏学曾又作改进，每二辆中设拒马枪一架，填塞间隙，车架上下用棉絮布帐围之，可以防避矢石，车上载佛朗机两挺，下置"雷飞"炮，快枪各六杆；另每架拒马枪上束长枪十二柄，下置"雷飞"炮、快枪各六杆，每车用士卒二十五名。

综上所述，中国古代的战车发展，至明代时达到了顶峰，然而游牧民族满清政权倡导"骑射得天下"理念，清朝政府对火器和军工业的发展向来轻视，到了清朝中期，其发展几乎处于停顿状态，直到19世纪中叶"鸦片战争"爆发前后，清朝政府才又重新开始了火器和军工产业的制造，但结构仍沿袭祖制而毫无创新，致使其制造的武器性能大大落后于欧洲。

车已有很大不同，由原先的独轮改为双轮或长轮，两头都可驾牲畜，每车配以两匹骡马，车厢用薄板制成，上装鸟铳，编配十人使用，车载衣、粮、器械等。隆庆三年（1569年），明朝大将戚继光曾将其改造为只用向外面一厢，每辆车重六百斤以上的新式"偏厢车"。

第二节 世界古代战车与近代坦克的诞生

一 世界古代战车

在古代中国战车发展的同时，千里之外的西方古国也研制出自己的战车，谱写了其独特的战车发展历史。

（一）"苏美尔"战车

西方考古研究发现，世界上最早的战车实物形象出现于底格里斯与幼发拉底两河中下游地区美索不达米亚高原（Mesopotamia）的浮雕之中（迄今为止世界上发现的最早的关于战车样貌的图像记载）。美索不达米亚高原是"古巴比伦王国"的所在地，而"苏美尔战车"就是由公元前3100年至公元前2900年间居住在此地区的苏美尔人所制造的，原本只是作为苏美尔人货物运输工具的两轮、四轮车，因战争的需要而被改成作战用的战车。当时苏美尔军队的战车主要是以木板拼装而成，车轮为实心木盘式，车厢分为前后两厢，前厢装有盾板（类似古代中国战车的屏风牌）及可用来投掷的标枪，后厢则用来载人，一人为驭手，一人为战士，而挽畜则是以一车四驴来拉。战争中战车一般用于追杀敌军和对败军进行碾压，所载战士既可下车持短斧进行肉搏近战，也可在车上用标枪或弓箭投掷或远射。之后，在数千年的发展中，统治过中东地区乃至欧洲的古埃及王国和罗马帝国不断地将其进行改进和发展，形成了自己独有的战车样式，使得不同时期的各个战场之上都能看到苏美尔战车的身影。

（二）"波斯"战车

公元前3世纪（大约是古代中国的战国中晚期），崛起于亚洲西部高原地区的波斯人因战争需要发明了"滚刀战车"，又称"卷镰战车"（Scytjed Chariot），该车由四匹马拖曳，车上配有驭手及战士各一人，战士一般配备长矛、弓箭及标枪等兵器，战车轮轴两侧各装有一把长度为一米左右的镰刀，能在冲进敌军密集方阵时，以快速转动的镰刀刀刃滚

▲ "苏美尔"战车

▲ 波斯"滚刀"战车

扫杀伤靠近的敌兵。

（三）"胡斯车堡"

14世纪20年代欧洲大陆胡斯战争爆发时期，波希米亚军队统帅"扬·日什卡"将军曾大量使用一种由马车改造成的活动工事——"车堡"，并组成车阵对敌军进行集群攻击，从而轻易撕破敌军的防线。这种"车堡"在马车的基础上加装了木质或金属支架作为护板，整体为半封闭式车厢。"车堡"能给士兵们提供对远程武器的防护，也可以有效地遏制敌人的近战攻击，同时士兵可在车内及车外持弩或火器进行射击，也可用车上配备的武器进行作战。

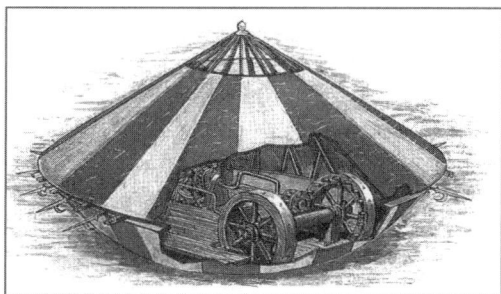

（四）"达芬奇"战车

1482年，意大利人艺术家"莱昂纳多·达·芬奇"开始撰写研究手稿和札记，其中主要分为军事工程和声乐两个主题。1494年，达芬奇将其作为计划书上呈给米兰宫廷的王公卢多维科·斯福尔扎。这份计划书中包含火炮、攻城器械、隧道挖掘机、移动便桥以及两种战斗车辆，即"圆锥战车"和"卷镰战车"的制造。达芬奇描述道："我创造的安全车辆，可以取代大象，在进入阵地时，车辆不会损坏，也可保护步兵安然无恙，即便被数倍的敌人包围，也可以利用车上的武器进行反击。"卢多维科看了这些诱人的武器设计图后，当即决定通过，并与达芬奇筹划建立以这些新式武器武装起来的无敌军队。

▲ 达芬奇构想战车

但后因卢多维科的倒台，这个计划最终未能实现。计划中的"圆锥战车"可谓是现代战车的雏形，由于其出色的设计理念和战斗样式，它被后人视之为现代战车的始祖！

二 铁道装甲列车的诞生

1825年，随着英国人"史蒂芬·森"制造出第一台利用蒸汽机将燃料的热能转化为机械动能的蒸汽机车开始，人类正式进入

▲ 胡斯车堡

▲ 北军简易铁路炮车

▲ 南军简易铁路炮车

▲ 北军"帕洛特"巨炮铁路车

▲ 纳塔尔铁路局造装甲列车

工业交通时代。蒸汽机车的发展及广泛使用直接导致了世界各地修建铁路的热潮。截止1900年，整个欧洲的铁路线增长到三十多万公里。原本需要几个星期的路程，利用铁路只需花一天时间便可到达。火车的出现和铁路网的产生也方便了战争时期军队的运输和补给。传统的步行行军方式也让位给了铁路

火车，此举免去了长时间行军给士兵们带来的疲惫，使得他们可以精力充沛地快速投入战场作战，同时也方便从遥远的后方输送物资和补给到前线战场。

1861年美国南北战争初期，位于美国北部格雷斯港至巴尔迪那铁路线上的大量桥梁被南方邦联军的小股游击部队所炸毁，于是北方联邦军让"PW&B铁路公司"在一列蒸汽机车的车厢上装上装甲护板，并在车厢内放置一门大口径火炮，可以利用前方和侧面两边的窗口向三个方向射击，这成为了美国的第一列装甲列车，之后这辆铁路炮车便用在这条铁路线上进行巡防警戒任务。

1862年6月上旬，南军司令罗伯特·爱德华·李将军也下令制造铁路炮车用以对付北军，于是南军海军方面便将一门32磅的150mm口径火炮放在一辆4轴铁路平板车上，在这辆平板车四面装上倾斜式"钢轨墙"作为防护。这辆简易的装甲炮车随即参加了当月25日的塞维奇基地作战，后被称为"七日战争"。

到了1864年，北军在彼得斯堡战役中投入新造的装载了"帕洛特巨炮"的7轴平板轨道车，并用条形木料铆接制成挡板作为防护，在南北战争中凶猛一时。

这一时期装甲列车的防护样式多为平板木质或用沙袋简单拼凑而成，缺乏有效的装甲防护，所以当时又被称为"铁路炮车"。

19世纪末的普法战争与英埃战争中，铁路炮车被广泛利用，其制造技术也日益成熟，在1899年南非爆发的第二次布尔战争中，铁路炮车从原先简陋的铁路武装火车演变成为真正的装甲列车。当时为英国殖民地的南非地区在运输上主要依靠铁路，战前英国政府便前瞻地命令位于开普、塔拉尔和罗德西亚

三地的铁路局制造了 13 辆铁路装甲列车。这些装甲列车一般有两节以上的装甲车厢作为步兵载车，车厢装甲板上多开有供车厢内士兵进行火枪射击的射孔，另有一节或两节的炮兵载车，搭载维克斯式 7 磅 37mm 口径"砰砰"机关炮及海军用舰炮。英军以此装甲列车在南非的铁路线上往来驰骋，耀武扬威。

同年 11 月 15 日，英国第二"皇家都柏林"火枪团派遣了一列"纳塔尔"装甲列车沿纳塔尔铁路线侦察南非布尔民军南移的动向。然而布尔人指挥官路易斯·波特命令民兵在佛利尔附近对这列车进行伏击。这支布尔人特遣队从列车后方发动了奇袭。当时这列装甲列车试图强行往回撤退，慌乱中撞上了特遣队事先在铁轨上故意放置的大石块，一节装甲步兵车当即翻滚出轨，装甲列车也受到布尔人的猛烈攻击，列车上的维克斯"砰砰"炮遭受到了布尔人同型机炮的攻击而被毁，

不过火车机头最终冲过障碍成功逃脱，只留下出轨的车厢在原地。布尔特遣队俘虏了车内的 50 名英军以及当时在英国晨邮报担任记者的青年丘吉尔。

被俘的这些人中，后来仅有丘吉尔一人成功越狱。佛利尔一战暴露了装甲列车只能依托轨道使用和难以防范伏击的致命弱点，并且无论装甲列车的武装和作战技术如何发展，还是必须要有骑兵作为其侦察哨兵伴随作战。但由于装甲列车铁路线仍然具有良好的巡防战力，所以装甲列车的数量在布尔战争中一直持续扩张，最多时达到二十多列同时使用。

虽然英军在布尔战争中大量使用装甲列车，可在运用中发现装甲列车虽具有强大的火力和厚重的装甲防护，但其弱点依旧明显，仅仅可在殖民地镇压装备落后的当地民族反抗军而已，因此也就没有将装甲列车推广到欧洲的第一次世界大战中。

三 装甲汽车的诞生

1854 年，英国人"詹姆斯·科文"（James Cowen）模仿蒸汽机车的动力原理，在"伯伊德尔"三轮蒸汽拖拉机的底盘上建造出了一种装载多门火炮和利刃的壳型"陆地装甲战船"，大有古昔战车之意。然而此计划因设想太过于新奇和当时工业技术水平的限制而被英国高层所摒弃和否决，最终导致该项计划没有被采纳而搁浅。

1883 年，德国戴姆勒公司创始人戈特利布·戴姆勒以内燃机引擎为原

▲ 路易斯·波特

▲ 温斯顿·丘吉尔

▲ 翻覆出轨的"纳塔尔"装甲列车

▲ "詹姆斯·科文" 陆地战船

▲ "奔驰" Patent Motorwagen 1885

▲ 弗雷迪·西姆斯

理研制出首部戴姆勒卧式汽油发动机。1885年，奔驰公司创始人卡尔·奔驰在曼海姆制成了世界上第一辆采用两冲程汽油发动机的三轮汽车，它具备了近现代汽车的基本特点，如火花点火、水冷循环、钢管车架、钢板弹簧悬架、后轮驱动前轮转向和制动手把等。1926年，戴姆勒公司与奔驰公司合并成立了戴姆勒－奔驰汽车公司，以"梅赛德斯－奔驰"命名的汽车正式出现，并从此以高质量、高性能的汽车产品闻名于世，而这两人也被后世称为"世界汽车之父"。随着世界汽车的发展，一些军工设计者开始研究将机枪或火炮装载于汽车之上。

1899年，热衷于将不同学科结合起来的英国汽车制造商和研究者弗雷迪·西姆斯（Freddie Simms）将一挺"马克沁"重机枪装于法国"德翁－布顿"（De Dion-Bouton）四轮车上，并加装前置金属防盾加强对操纵者的防护，还在美国里士满和萨里进行了演示。

尔后，西姆斯与英国武器商维克斯·马

▲ "西姆斯" 机动火力车（1899 年型）

▲ "西姆斯＆维克斯" 战斗机动车（1903 年）

▲ 于水晶宫前展示的"西姆斯"战斗机动车

克沁公司（Vickers, Sons & Maxim）利用"戴姆勒"汽车底盘制造出了新式的船型机动战斗车。此车大面积覆盖维克斯公司制造的装甲板，装甲厚度为6mm，动力装置为"戴姆勒"四缸11.8hp汽油发动机，最大时速约14.5公里/小时，车载武器为两挺"马克沁"重机枪与一门"维克斯·马克沁"37mm口径速射机关炮（QF 1 pounder），可以向左右自由转动射击。该车于1902年4月在英国伦敦的"万国工业博览会"展示场的水晶宫（The Crystal Palace）对公众进行了展示，然而由于存在体形较大、横转向不稳定等缺点，最终未被英国军方认可。

1904年，在奥地利奥斯特罗·戴姆勒公司（Austro-Daimler Model）的技术主管保罗·戴姆勒的监督下，该公司的设计师大卫·戴姆勒利用"戴姆勒"四轮驱动汽车研制出了真正意义上的第一辆装甲汽车。该车为封闭式曲面车体，全重约2.9吨，车体上部搭载一个半圆形可旋转机枪塔，动力装置为"戴姆勒"四缸水冷式汽油机，最大功率35hp，车体装甲厚度为3mm，机枪塔部位为4mm，最大时速为45公里/小时。最初的1904年型机枪塔内装载一挺"马克沁"重机枪，尔后的1905年型炮塔改为半封闭式，装载两挺"马克沁"重机枪。也有数据表明该车还曾装载过37mm口径的轻

型火炮，并于1905年在德国陆军的"凯撒"演习中使用。该车的设计影响了之后所有装甲汽车的设计方向。英、法、意、德、美等各国均开始研制自己国家各种各样、形状怪异的装甲汽车，装甲汽车的出现也间接成为了研发"坦克"的序曲。

20世纪初期，一方面，英国的维克斯、约翰布朗、凯莫尔以及德国的克虏伯等厂商均在军用装甲材料的制作和质量上取得了极大的进展。另一方面，原本是为了农业耕种时更方便重型机械在松软的田野里作业的农用履带拖拉机受到了英国陆军的重视，一批英国霍斯比公司的履带式拖拉机被购入，进行火炮牵引车的测试。

至此，现代坦克所需具备的装甲、车载武器、发动机和底盘履带技术条件都已成熟，世界上真正的第一辆坦克呼之欲出。

▲ "奥斯特罗·戴姆勒"1904年型装甲汽车

▲ "奥斯特罗·戴姆勒"1905年型装甲汽车

▲ 霍思比公司生产的履带拖拉机

四 世界第一辆坦克诞生

虽然古代欧洲各国也曾有过战车和车战的辉煌历史，战车也曾在其战争史中占有主要地位，但无论是其战车各项功能的发展还是车战中对战术理论的运用都远远不及同时期的古代中国。可是，在经历了黑暗的中世纪之后，在工业革命和自由创新思想的影响下，原本名不见经传的西欧岛国——英国一跃成为世界近代史中独一无二的海洋霸主，并在20世纪初爆发的第一次世界大战中成功地制造出了世界上第一辆真正意义的坦克战车并用于实战，为战车这一具有数千年悠久历史的陆战武器成为现代战争中的"陆战之王"开辟了全新的发展道路。

（一）坦克的研发

1914年第一次世界大战爆发，纵观一战经过可以看出，每一次会战所得到的经验教训都影响着参战双方战术的变化，某个战术首次使用时可能十分奏效，但再次使用就会很快失效，所以双方指挥官及参谋人员都极具创新性，随时研究新的战法以应对当时的战况，而真正意义上的世界第一辆坦克（战车）即是在这种情况下应运而生的。

大战初期的1914年8月16日，比利时军队在战场上首次使用本国制造的"米拉瓦"装甲车，并以良好的机动性能和火力优势对德军进行了成功的阻击和反攻，使得参战各国对装甲车作战产生了重视，相继投入了自己的装甲车部队用于作战，从而让装甲车在战场上的使用和研发风靡一时。英军方面也在比利时境内的英国皇家海军空勤队（RNAS）组建了一支由"罗尔斯·罗伊斯"（又称"劳斯莱斯"）M1914型轮式装甲车组成的装甲车队，用于执行保卫机场、救援迫降飞行员以及侦察搜索等任务。

同年10月底，第一次伊普尔战役结束后，德军无法向英军实施正面进攻，战线也自比利时海岸的尼尔波特绵延至瑞士边境。而战线上纵横交错的堑壕、密布的铁丝网以及用于杀伤对方有生力量的密集的机枪及火炮阵地，使得此时的交战双方均为突破由堑壕、战壕、铁丝网以及火力点组成的防御阵地而开始由原先的运动战转为阵地战。战线上的胶着使得士兵伤亡巨大，为了打破堑壕战的僵局，战场上的军人和军工技术人员开始寻求研发一种能将火力、机动力、防护力等各方面能力有机结合在一起的新式武器。

1914年末，西线战场前线的一位名叫E.D.斯文顿的英国上校在亲眼目睹了这场惨烈的胶着战后，发现无论士兵怎样顽强和英勇都无法突破德军的阵地。于是他向英国陆军部草拟了一份英国军方高层应该研发"机枪毁灭者"这种武器的报告，在这份报告中，他建议用战场现有的用来牵引火炮的履带式拖拉机，安装上装甲护板及机枪，改造成能够突破铁丝网及翻越壕沟的装甲机枪车辆。这个建议遭到英军战争部长基钦纳爵士的否决，认为他纯粹是个爱出风头、胡思乱想的疯子。然而，之前就在战场上投入装甲车作战的英国皇家海军空勤队装甲车队指挥官墨菲·苏伊特上尉也在差不多同一时间提出需

▲ "罗尔斯·罗伊斯"M1914轮式装甲车

要制造一种具有同样功效的武装履带式装甲车"陆地战舰"来打破西线战场的僵局。时任英国第一海军大臣的温斯顿·丘吉尔中校（即是后来第二次世界大战中鼎鼎大名的英国首相）是一位极具慧眼并富有远见的政治人物，他在注意到并收集了这些提案后产生极大兴趣，开始对此重视起来。丘吉尔的初衷是以美国的霍尔特拖拉机或牵引车的履带系统为基础，制造出以蒸汽驱动、装有防护钢板、机关枪与必要乘员的武器装备。随后，在丘吉尔的大力支持下，工务司的司长争取到了这份计划的专案，并随即从拨给海军制造军舰的经费中划出一部分用于这种新式陆军武器的研究。

丘吉尔回忆说: "在战争爆发后的头几个星期，英国海军部就奉命承担保卫英国免遭空袭的责任。于是，我们就有必要命令以敦刻尔克为基地的飞行中队驻扎在比利时与法国沿海，以攻击敌人可能在入侵领地上建造的齐柏林飞艇或飞机库。这就要求我们组建装甲车中队，以保护我们海军飞机可能需要使用的前沿基地。敌人深受装甲车之苦，便挖断了公路，我立刻寻求各种办法填补坑坑洼洼的公路。与此同时，装甲车数量开始剧增，但是正当它们随着数量增多而开始显示威力时，双方战壕线的两端已经延伸到海边，不再有任何开阔空间可供装甲车运动，两翼也无迂回余地。于是，我们去敦刻尔克的第一个原因就是考虑从上方越过。随后我们又考虑采用轮式装甲车，再往后我们才想到了制造履带装甲战斗车……大约在10月（1914年）中旬或下旬，派驻法军总部担任官方联络官的E·D·斯文顿上校也意识和预见到生产此类武器的必要性，他向汉基上校提到了这个计划。到了12月末，汉基上校写

▲ 温斯顿·丘吉尔

了一篇论文，阐述这种武器和其他一些机械装置的必要性。他把这篇文章散发给内阁中负责战争事务的各位成员。读了这篇文章，我便联想到给培根将军下达的指示，于是1月5日我给首相写了一封信，其中一些重要段落如下: 短期内用小小的装甲外壳将一批蒸汽履带车装备起来，这将是一件轻而易举的事。这种车里面可以坐人，可以安置机枪，而且可以防弹。如夜间使用，炮火不会对其有任何影响。由于装有履带，它可以十分容易地越过壕沟，车身的重量可以捣毁所有的铁丝网。这样的车子秘密地准备40辆或50辆，夜间将它们带入阵地，它们定然能够冲入敌人的战壕，利用机关枪和车顶扔出的手榴弹，将一切障碍物摧毁，将战壕扫平。它们可以为英国的增援步兵提供许多冲锋的掩护点。然后它们可以继续向前攻击第二道战壕，为此付出的代价微乎其微。但是这项计划最终被埋进了陆

▲ "林肯一号"坦克试制样车外型

▲ 沃尔特·戈登·威尔森

▲ 威廉·阿什比·崔思顿

▲ 组装完成的"林肯一号 / 小威利"坦克样车

▲ 进行测试中的"林肯一号 / 小威利"坦克样车

军部的档案堆里。显然，军事当局完全不相信制造这种机器的可行性与这种机器制造出来之后所具有的价值。"

在此之后的 1915 年 2 月 20 日，丘吉尔下定决心，毅然组织起了"海军部陆地战舰委员会"，开始研究和制造英国陆地装甲车辆。9月，林肯郡福斯特公司的首席设计师威廉·阿什比·崔思顿与英军车辆工程师沃尔特·戈登·威尔森以布尔洛克公司的底盘和履带为基础，制造出了世界上第一辆全履带式装甲战斗车辆——"林肯 1 号"。该车车体为长方形多面结构，并在中部装有一个试验型的假炮塔。武器为一门发射 2 磅炮弹的机关炮和数挺水冷式重机枪，样车重 18 吨左右，全长 26 英尺，发动机为一台 6 缸的"福斯特·戴姆勒"直立式水冷汽油发动机，功率 77.19 千瓦，最高时速 3.5 英里 / 时，尾部拖拽用于配合履带转向的辅助轮。车内乘员包括驾驶员 2 人，射手 4 人。

但是在随后的测试中发现，该坦克履带行走性能不佳，只能跨越和翻越 4 英尺宽的战壕及 2 英尺高的护墙，未能达到陆军部的最低标准要求。于是，崔思顿与威尔森在保留车体上部结构和发动机的基础上，替换了新式履带底盘，改造完成后将其命名为"小威利"（小游民）。

与此同时，崔思顿和威尔森两人用锅炉钢板材料设计制造出另一辆名为"威尔森"号的菱形坦克样车，该样车在制造完成后被称之为"国王陛下的陆地舰船·百足虫"号。新式样车采用软钢铆接的菱形车体及履带过顶设计，沿用了"小威利"的新式铆接履带和尾部辅助转向轮（后取消），钢性悬挂连接，原先的炮塔设计被取消，转而在车体两侧履带架上各设计出一个凸型侧弦式装甲炮座。

▲ 测试中的"威尔森号/百足虫号"坦克样车

▲ 于哈特菲尔德公园进行展示的"威尔森号/百足虫号"坦克样车

按照武器装备不同，"威尔森"坦克分为雄性及雌性车型，雄性车型安装2门"哈奇开斯"式57mm口径火炮及4挺8mm"哈奇开斯"式气冷机枪，车载弹药基数为炮弹322枚，子弹6727发。雌性车型只安装了4挺"维克斯"机枪及2挺"哈奇开斯"机枪，弹药基数为30080发。车内乘员为车长1人、驾驶员1人、转向操作手2人、炮手及机枪手4人。车体长32.5英尺，宽13.75英尺，高8英尺，装甲厚度6毫米–12毫米，发动机仍为1台6缸的"福斯特·戴姆勒"直立式水冷汽油机，最高时速3.5英里/时，战斗全重27吨（雌性）或28吨（雄性）。

1916年1月16日，这辆新式菱形样车在英国高级官员的行驶试验中成功通过了战

场模拟障碍跑道，达到了陆军部的要求。陆军当即订购了40辆，随后又增加到100辆，因战事需要最后又增至150辆。该车被陆军部正式命名为"马克–Ⅰ"型（MARK–Ⅰ），又被昵称为"大威利"（大游民）。由于此车的外形酷似箱柜，为了保密，不被德国间谍所发现，所以，英国海军部便取名为"Tank"（音译为"坦克"），为"水箱之意"，尔后便沿用至今。至此，真正意义上的世界第一辆坦克正式诞生。

第一批量产的"马克–Ⅰ"制造完成后即于1916年2月2日于英国海缇罗进行试验，英军大本营及敌前总司令部均派代表参观，结果颇为满意，遂于同年2月16日在毕斯里的英国陆军机枪营希伯瑞亚营区成立了一支名为"摩托化机枪部重装备组"的坦克队，由斯文顿上校担任这世界上第一支坦克车队的队长（指挥官）。其他官兵大部分招募于摩托机枪营和陆军第771连，军官干部及士兵之前均受过机枪射手训练，其中大部分人员更拥有驾驶动力车辆的基本执照。该坦克队为营级编

▲ E·D·斯文顿上校

▲ 法国前线已涂装上伪装迷彩的"马克–Ⅰ"型坦克

制，下辖6个连，各连代号分别为A、B、C、D、E、F。每连分为4个排，各排代号按扑克牌花色分为红桃、黑桃、梅花、方块，每排装备坦克6辆，另有预备坦克1辆，故每连共有坦克25辆。每排雌雄坦克各3辆，分为3个班。每两连即设有修理工厂1所，内有军官3人，修理技术人员50名。英军还在苏霍克地区的艾勒维登建立了坦克训练基地，3个工兵营用了6周时间打造了一座超过1.5里、纵深包括英军标准阵地、后勤地区、真空地带，以及布满阻碍设施、弹坑的德军第一、二道防线阵地等复杂地形，仿真到几乎和索姆地区一模一样，尔后坦克兵们即于此处进行秘密训练。

1916年6月24日，第一次索姆河战役开始，然而战事进展一如既往地缓慢，前方指挥官催促新组建的坦克车队参加作战。因此，仅仅训练了两个月的坦克部队便开往战场。8月13日，第一组坦克赶赴法国前线，至月底计有两连秘密抵达，由伯莱德雷中校指挥的英军敌前总司令部决定将坦克投入到索姆河总攻作战中，于是便将此两连"秘密武器"——坦克，部署于阿贝尔与巴伯姆之间的弗莱尔－库尔－斯莱蒂一线战场上。

斯文顿上校战前对坦克队的战术规定：

第一，坦克进攻坚固阵地时，须以3辆成群之势，集中攻一要点。

第二，于适当之时机出动，预定在步兵前5分钟到达目的地，以掩护及支援步兵。

第三，炮兵之弹幕中，须留适当之空隙，使坦克可以通过。

作战计划中的坦克数量及分配：

原有坦克59辆，仅有49辆可用，计分配于十四军及十五军各17辆，第三军8辆，第五军7辆。49辆坦克中，最终只有32辆到

▲ 索姆河战役中的 MK.IV 与英军步协同作战

达攻击开始阵地。

（二）坦克的战场应用及第一次世界大战坦克战例概述

1. 初战索姆河

1916年9月15日拂晓（约5时15分左右），晨曦薄雾之中，经过数月激战已经疲惫不堪的德军士兵们忽然发现多个庞大的铁甲怪物穿破雾气而来，士兵们大为惊慌，在人类恐惧情绪的驱使下本能地立刻举枪还击，然而他们发现，自己步枪射出的子弹在击中后便"铛"的一声弹开，根本无法对这些"怪物"

造成什么有效的伤害。而坦克车队则轻易冲破了敌方的铁丝网及堑壕,随即用车载火炮及机枪不断轰射。眼见于此,德军士兵们心理防线迅速崩溃,完全无法抵抗的他们能做的只有逃跑和投降。这一天,英军在新式武器——坦克的支援下分散攻击,前所未有地在5个小时之内,在10公里宽的德军防御正面向前推进了4~5公里,英军未受多大损失就轻而易举地占领了德军放弃的要点掩体,缴获了大量被德军丢弃的枪炮,还俘虏了数百名德国士兵。

一位参加此次作战的英军士兵回忆说:"我们就像是在游猎,只不过手中端着的是用于杀人的步枪。坦克替我们扫平道路,我们要做的只是不时地端起枪来,瞄准那些惊慌失措的德国佬,一个个地将他们撂倒。"

另一位参加此战的德国军官回忆说:"喷吐着火焰的钢铁长龙在炮兵和步兵的心目中产生的可怕印象影响了一切。

这次战斗中,虽然英军坦克部队获得了出人意料的战果,却也暴露出很多问题。尤其是因英军在战前的准备不足,导致坦克部队在还未到达预设出发阵地,正经过弹痕密布的阵地时,便有9辆战车因中途故障而抛锚,17辆因此前故障还未来得及修理不能到达前线参战,5辆因坦克指挥员与操作手配合不利而损坏。最终到达指定位置的只有18辆,可这18辆中还有9辆因其他原因未能按时到达前线,真正顺利按时到达的只有9辆。随后在凌晨5时左右的进攻中,英军前线指挥官将这能用的18辆坦克分编为两队,先行按时到达的9辆坦克首先在步兵前引导冲击,扫清德军阵地上的铁丝网等障碍物;迟到的9辆坦克则伴随协同步兵逐步前进,以车上的火力压制堑壕内的德军,支援作战。

斯托瑞(当时参加此次作战的一位特遣坦克队驾驶员)回忆说:"坦克所发挥的威力,连我们自己也未料到。我驾驶着坦克孤零零地冲向一座村庄,只见德军在四处逃窜。我围着村庄转了一圈,就像战神阿波罗在地上划了禁圈一样,德国人全被吓愣了,乖乖投了降,一共有三百多人。"

▲ 战场上被击毁的各种 MK 型坦克

9月25日，坦克车队第二次投入作战，此次参战坦克只有13辆。开始发起进攻后，又有9辆陷入泥坑无法前行，而剩下的4辆坦克中有2辆在己方炮兵并未先行对敌阵地炮击的情况下，协同步兵对据守在蒂耶普瓦勒地区的德军阵地成功发动了突袭，首次成功地运用了坦克奇袭战术。

▲ 康布雷战役前英国大量生产 MK.IV 重型坦克

尔后，这支坦克车队又多次投入到索姆河地区的其他战斗中，但在逐渐反应过来的德军指挥官有效炮火阻击下，剩余的坦克也被德军大部击毁或缴获，同时造成了不少的人员死伤。整个战役中英军也只有一辆参战坦克得以幸存。

尽管世界上首次坦克作战的战果并不算辉煌，也发生许多意外。但是，坦克的出现却打破了双方胶着的僵局，使地面战场开始发生重大的改变，"陆战之王"的时代就此拉开帷幕。

2. 法国康布雷坦克战

1917 年 11 月，英军一改以往惯用的长时间炮火准备后发动进攻的战法，直接在第一线投入大规模坦克集群突然发动袭击，让坦克纵队率先对敌阵地进行冲击，破坏阵地上的铁丝网，步兵部队随之突入，尔后，再以炮兵对敌炮兵阵地进行压制性射击和阻塞式射击，用以援助和掩护突击部队的进攻。

康布雷战役便由此爆发，11 月 20 日上午 6 时 20 分，英法联军开始向德军发起进攻。

之前由于数日天晴，气候寒冷而多雾，双方飞机都很难升空侦察，至 20 日拂晓，天气仍有大雾，但在英法联军进攻前大雾便开始逐渐散去，为坦克部队进攻前到达出发指定地点提供了有利的天气掩护。

参战英军皇家坦克团（Royal Tank Corps（RTC））之编制与部署：

第一，英军此战共使用 3 个坦克旅共 9 个坦克营，每营坦克 42 辆，合计 378 辆坦克。

第二，此外另有专门用于排除铁丝网的坦克 32 辆；捆装携带 2 吨重用于填塞堑壕之束材的架桥坦克 2 辆；携带物资弹药的补给坦克 54 辆；无线电坦克 9 辆；电话架设坦克 1 辆，共计特种坦克 98 辆。

第三，各坦克营部署情况——D、E、G 三个营集结于哈弗莱恩康特森林西面；B、H 两个营集结于特里斯卡特森林内；A、C、F、I 四个营集结于古佐库尔附近。因当时无适当森林掩蔽，所以各坦克上均涂有迷彩。

左翼三个坦克营协同英军第六十二师及五十一师向哈弗莱恩特、弗雷斯奎恩、方丹圣母、布尔隆森林一线进攻。

中路二个坦克营，协同英军第六师向马尔宽一带进攻。

右翼四个坦克营，协同英军第二十九、第二十、第十二等师，向马尼耶尔一带进攻。

第四，共同目标为康布雷及其附近地区。

（1）"马克 MK IV"型坦克

康布雷战役中大显神威的英国主力坦克便是在索姆河战役中初露锋芒的"马克 I"型（大游民）坦克的后期改进型，它也是第一次世界大战中使用最广泛、最成功的英国坦克。"马克 IV"型于 1916 年 10 月开始研制，次年 2 月投入量产，首辆量产型车于 1917 年 5 月交付部队。IV 型坦克保留了原先使用的发动机和变速箱，并且依然采用 I 型典型的菱形外形结构，同时吸收了改进的 II、III 型的一些优点。其主要改进包括：

第一，在车体后部安装外置油箱和真空泵；

第二，坦克发动机配套安装了排气管和噪音降低装置，车体内部加装了冷却和排风装置；

第三，雄性与雌性坦克侧弦炮座和机枪座尺寸减小，并可以完全卧入车体侧弦，从而便于坦克在铁路上的运输；

第四，雄性坦克换装了"哈奇开斯"32 倍口径 6 磅炮，雌雄坦克全部采用"刘易斯"水冷式转盘轻机枪，后期再次更换为"哈奇开斯"改进型重机枪；

第五，坦克侧面装甲增至 12 毫米，以抵御德国"毛瑟"反坦克步枪的攻击；

第六，坦克车体顶部安装横梁导轨，每隔 3、5、9 个（节）履带板栓接钢销以提高坦克的行驶能力。

"马克 IV"型坦克共生产 1015 辆，雌雄比例为 2：3。

"马克 MK IV"型坦克的性能参数	
重　量	约 28 吨
车　长	8.04 米
车　宽	4.12 米
车　高	2.49 米
时　速	55 公里 / 小时
乘　员	5 名
装　甲	16 毫米
武　装	"哈奇开斯"32 倍 6 磅口径火炮 2 门、7.7 毫米机枪 4-7 挺（雄性）/7.7 毫米机枪 5 挺（雌性）

▲ MK.IV 型坦克

（2）其他型号坦克

在康布雷战役中，英军还同时使用了此前制造并装备部队的"马克 I"型坦克和少量以"马克 I"型坦克为基础改装的用于其他辅助作战任务的特种坦克，例如：安装大功率军用收发报机的通讯指挥坦克、用于补给和搭载备用火炮的运输坦克、携带骑兵用架桥器材的工程坦克和负责清除铁丝网任务的清障坦克。

康布雷战役采用的新战术：

第一，此战，预计于最短时间内，突破三道防线的兴登堡战地，不用炮兵攻击准备。

第二，每攻击地区内，分为若干小攻击区域，每区域由一个坦克排担任。

第三，每排坦克 3 辆，以雄性坦克 1 辆行驶在前，雌性坦克 2 辆为主力，随行在后。

第四，与坦克协同步兵，先经一个月的协同训练，临时作战中按区域大小而分配人数。

▲ 携带大量填壕捆柴的 MK.IV 型工程坦克

第五，步兵以单行队形随主力坦克之后前进。

第六，步兵分为三组，一组负责搜索侦察；一组负责歼灭已占领阵地内的残敌；一组负责巩固阵地。

第七，炮兵不施行攻击准备，于坦克攻击开始后，以移动弹幕及烟幕掩护坦克，同时空军轰炸敌军炮兵。

第八，坦克超越战壕之方法：① 各坦克均有携带束材，填入壕内后可通过。② 前进坦克，进至敌第一线阵地前，即向左转，以火力掩护主力坦克之第一辆车放束材过沟。③ 第二辆主力坦克向敌第二线壕放束材过沟，亦向左转，以火力压制敌军。④ 前进坦克，前进至第三线而放束材，如此全体坦克通过三线阵地。

作战经过：

18 日夜，坦克营即开始集中于前述各处地点，19 日夜驶往攻击开始

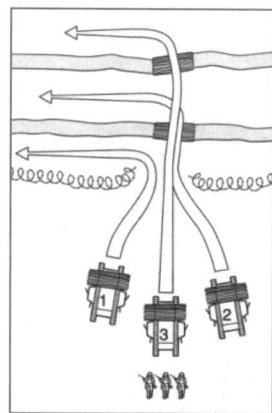

▲ 康布雷英军坦克排越壕战术示意图

阵地，在大量空军飞机声音的掩护下，进至步兵后方约二公里处停止，并按照命令全部熄火。

20 日拂晓 6 时 10 分，坦克开始前进，至德军第一阵线约一公里处，降低速度前进，6 时 20 分，英军后方开始炮击并施放烟幕，全线同时发起冲击前进，德军以步兵的猛烈火力阻击英军突击无效后，开始炮击，但也难以命中，因为烟幕的隔断，德军间的通信联络完全丧失。而英军指挥司令部方面，也无从得知己方部队作战状况，英军坦克一壕一壕地越过，直入德军阵地后方，11 时，德军炮兵慢慢缩短射击距离，对英军进行阻击，然而英军方面坦克已进至德军阵线后端，并予以包围。中午 12 时，突入德军阵地内最远的坦克部队已达 12 公里。至夜晚，英军向前推进约 12 公里，德军三道坚固防线被完全攻破。当日英军公布战果，俘虏德军军官 139 名，士兵 7316 名，火炮百余门，机枪三百余挺。英军方面死伤兵员约四千余人，皇家坦克团被击损毁坦克 49 辆，机械故障造成无法行动的坦克 71 辆，倾覆在堑壕内无法行动的坦克 43 辆。20 日这一天，最终以英军的胜利及以轻微代价快速取得了极大战果而宣告结束，这场战役也因为是世界历史上首次大规模使用坦克作战而被载入史册。

参与此战的一位被俘虏的德军士兵回忆："在多数情况下，官兵都认为战车的迫近，即可算是中止战斗的良好借口，他们的责任感可以使他们面对敌人的步兵挺身而出，但是一旦战车出现之后，他们感觉到已经有了充分的理由可以投降了。"

3. 拉阿贝森林坦克对战

1918 年 4 月 24 日，维勒尔斯 - 布里顿

纽克斯战役（Second Battle of VillersBretonne-ux）期间在拉阿贝（l'Abbe）森林中德军的3辆新型"A7V"坦克与英军"MK.I"的改进型"Mk.IV"型坦克发生了遭遇战。当日，德军坦克分队的3辆"A7V"坦克轰隆隆地向英军阵地驶来。"注意！有德国坦克！"英军步兵们惊慌地喊道，并且迅速地跳到了堑壕里。

当时中国北洋政府参战的华工回忆一战德国坦克时说道："我们初上前线时，英国人宣称说，他们发明的坦克很厉害，德国人却没有，不久之后，坦克车多了，就要大规模进攻。哪知就在圣诞前夕，大家正在谈论圣诞节礼物怎么还没有来时，敌人的大炮声

▲ 德军 A7V 坦克

▲ 英军"马克 IV"坦克

▲ 英国"马克 IV"坦克与德国 A7V 坦克

和坦克的轰隆声，震天地响了。我们伸头望去，在月光下面已经能看出，一长串的德国人的坦克车正在爬向我们。"

阵地上的英军坦克分队队长弗兰克少尉立即打开舱门观察，发现前方三百米处有3辆如同"铁盒子般的怪物"开了过来，后面还跟随着步兵，弗兰克少尉当即下令进行射击。在这场意外的遭遇战中，德军坦克分队的 A7V 坦克首先凭借车上的 57mm 口径海军用火炮击毁了英军2辆只装有6挺"路易斯"机枪的"Mk.IV"雌性坦克，但随后立即遭到弗兰克少尉所乘坐的雄性"Mk.IV"坦克上的"哈奇开斯"速射短管6磅炮的反击，德军第 561 号坦克被3发炮弹命中，然而英军方面并未预料到坦克对战的发生，所有坦克所发射的均为榴弹，没有装载穿甲弹，所以未能击穿德军坦克的装甲。但这轮炮击对德军坦克内部所造成的震荡依然使该车内部5名乘员当即阵亡。最终以英军逼迫德军剩下的两辆坦克后撤而结束，这场世界战争史上的首次坦克对战就此告终。

德军坦克分队队长比卢兹少尉所乘坐的第 542 号坦克在慌忙撤退途中因操作失误而翻入坑中无法行动，比卢兹少尉与其他乘员只得将坦克自行爆破后弃车而逃。后来德国方面有关人员回忆：**"A7V 坦克在击毁一辆 IV 型坦克之后，被另一辆'雄性'IV 型坦克击伤，但仍能开回去……"**

德军使用的 A7V 型坦克

A7V 型坦克（又被称为"A7V 战斗坦克"）作为德国的第一种坦克而载入德国战车发展史史册。

德国人决定研制坦克的直接原因是受第一次世界大战中索姆河会战的影响。在这次

▲ 布鲁艾玛·比卢兹中尉

▲ 弗兰克·米切尔少尉

德国陆军第 3 突击坦克营	
第 1 分队	队长 布鲁艾玛 · 比卢兹中尉
参战	A7V 3 辆（506 号 "墨菲斯托 Mephisto"、542 号 "艾尔弗雷德 Elfriede"、561 号 "尼克斯 Nixe"）
英国坦克军团第 1 营	
A 中队第 1 分队	队长 弗兰克 · 米切尔少尉
参战	"马克 IV"雄性型：1 辆，"马克 IV"雌性型：2 辆

会战中，英国军队使用的"马克 I"型坦克（昵称"母亲号"）对德国军方的震动巨大。为了对付英军坦克的威胁，德国人在研制 13mm 口径的"T"型反坦克步枪的同时，还积极研制德国自己的坦克，最终选用大型车体的方案，即 1917 年开始制造的 A7V 型坦克。

1916 年 11 月，德军总参谋部提出了德国坦克的技术要求，委托第七交通处［全称"第七统战部交通分部"（Allegmeine-Kriegs-

Department 7），简称"A7V"］制定坦克的设计方案，并由此定名为"A7V 战斗坦克"。1917 年 1 月德国工程师约瑟夫·沃尔默设计完成。由于战争的需要，加上采用现成的"霍尔特"拖拉机的底盘，因而设计工作进展相当快，1917 年夏天制成了首部样车，并开始了样车试验。随后，德国军方迫不及待地要求生产 A7V 坦克。这样，尽管样车还存在许多问题，仍然匆匆忙忙地于 1917 年 10 月正式生产出第一辆 A7V 坦克。原计划制造 100 辆，但是由于钢铁的短缺和"帝国"整体工业的优先级考虑，到 1918 年 9 月，德国仅生产了 22 辆，包括样车、试验车、改进型。其中有 17 辆投入了战场，其余制成了 A7V — R 型战场输送车。

A7V 坦克为典型的箱式结构的坦克，用现代的观点来看，它更像一辆装甲输送车。方方正正的壳体，众多的武器，活脱脱的一个"移动堡垒"。

A7V 坦克在设计上和总体布置上有许多独到之处。它是独立研制的，在总体布置上和英国的过顶履带式"马克"I 型和 IV 型坦克有很大区别。它没有严格意义上的战斗室，车体前部有火炮和 2 挺机枪，无疑火力是强大的。发动机位于车体中部，车长和驾驶员座席布置在发动机的上方，有固定的指挥塔，

▲ 德国 A7V 坦克（542 号）

这使 A7V 的整车高度增加。发动机的动力通过传动轴传至车体后部的变速箱，带动主动轮旋转，推动履带前进。A7V 坦克只用 1 名驾驶员，而英国的 I 型坦克上则有 4 名乘员开车。在这一点上，A7V 比 I 型坦克要先进得多。由于 A7V 上采用了螺旋弹簧式悬挂装置，乘坐舒适性上也比 I 型坦克要强。通信方面 A7V 相当领先。

A7V 的缺点是车体高大笨重，机动性差；履带长度和履带中心距的比值较大，转向困难；车底距地较矮，容易造成坦克"托底"；另外乘员人数太多，也使整车的统一指挥和协调成为一件比较麻烦的事情。

A7V 坦克采用 2 台直列式"戴姆勒"4 缸水冷汽油发动机，每台发动机的最大功率为 100 匹马力，2 台共计马力为 200 匹。原来准备采用 1 台 200 匹马力的汽油机，但现设计已来不及，只好选用现成的 2 台民用发动机。这 2 台发动机通过 2 根传动轴将动力分别传递到车体后部的传动装置。变速箱为定轴式机械变速箱，有 3 个前进档和 3 个倒档。一档的最大速度为 3 公里 / 小时，二档为 6 公里 / 小时，三档为 10 公里 / 小时。

A7V 的行动装置很有特色。它采用平衡式螺旋弹簧悬挂装置，每侧有 15 个小直径负重轮，每 5 个为一组，分三组，通过平衡轮轴架，再通过 8 个螺旋弹簧与车体相连。由于有了螺旋弹簧，因此具有一定的减振性，这就比英国的"马克"型坦克要强得多。这里要说明一点的是，三组平衡轮轴架上，前组有 4 个弹簧，中组有 2 个弹簧，后组有 2 个弹簧。

A7V 坦克的最大速度为 8-10 公里 / 小时，最大行程为 60-70 公里，越野最大行程为 30-35 公里，最大爬坡度 25 度，越壕宽 2.0

米，最大涉水深 0.8 米，过垂直墙高 0.4 米。

A7V 坦克的整车为铆接结构，采用的是普通钢板而不是装甲钢板，其抗弹性一般。前甲板的厚度为 30 毫米，侧甲板的厚度为 15 毫米，底装甲为 6 毫米，防护性能要优于英国 I 型坦克。主要武器采用 1 门 26.3 倍口径 57mm 低速火炮，火炮全重为 193 千克。炮弹基数为 180 发（后增加到 300 发），火炮的高低射界为 ±20 度，方向射界为左右各 40 度。发射减装药弹时的初速为 395 米 / 秒，射程为 4000 米；发射全装药弹时的初速为 487 米 / 秒，最大射程为 6400 米。辅助武器为 6 挺"马克沁"7.92mm 水冷重机枪，车体两侧各 2 挺，车体后部 2 挺，弹药基数为 18000 发，由 12 名乘员来操纵这 6 挺机枪。A7V 坦克的火力较强，防护性能也不错。在战斗中，曾出现过被英国 IV 型坦克 3 发炮弹命中却仍能继续战斗的事件。

A7V 坦克的最大缺点是高大、笨重，车辆可靠性较差。A7V 坦克不适应越野或在崎岖不平的道路上行驶。并且它的履带比车体短，这意味着它仅能爬上小坡面和狭窄的战壕。车底距地高只有 200 毫米，陷车和车辆托底的情况时有发生，此外，由于车体过重，车内的两台 200 匹马力的"戴姆勒"发动机不堪重负，经常发生故障。再加上生产数量有限，A7V 坦克在第一次世界大战中并没有发挥多大的作用。

4. 现代坦克之祖——"雷诺"坦克

1916 年 9 月的第一次索姆河战役中，英军首次将"马克 I"型坦克革命性地投入战场，开创了机械化战争时代的先河。而同年因为同样的堑壕战陷入僵局的法国人也开始向自己的政府和军队高层建议制造类似坦克的武

德军使用的 22 辆 A7V 型坦克的结局：

遍号	昵称	所属单位	结局
500		训练学校	用于基础训练
501	格雷芩	先后属与第 1、2、3 坦克分队	1919 年被协约国销毁
502/503		先后属与第 1、3 坦克分队	1918 年 10 月被击毁
504/544	史努克	第 2 坦克分队	1918 年被炮火误伤，后被英国销毁
505	巴登一世	先后属与第 1、3 坦克分队	1919 年被协约国销毁
506	墨菲斯托	先后属与第 1、3 坦克分队	1917 年被澳大利亚缴获并保存至今
507	塞克洛普	先后属与第 1、3 坦克分队	1919 年被协约国销毁
524	海蒂	测试	在战后销毁
525	齐格菲	第 2 坦克分队	1919 年被协约国销毁
526		第 1 坦克分队	1918 年 6 月被击毁
527	洛蒂	第 1 坦克分队	1918 年 6 月被击毁
528	哈根	第 2 坦克分队	1918 年被炮火误伤，后被英国销毁
529	尼克斯二世	第 2 坦克分队	1918 年 5 月被击伤，后被美国销毁
540	海兰德	先后属与第 1、3 坦克分队	1919 年被协约国销毁
541		第 1 坦克分队	1919 年被协约国销毁
542	艾尔弗雷德	第 2 坦克分队	1918 年被法军缴获，后被英国销毁
543	艾达尔贝特	先后属与第 2、3 坦克分队	1919 年被协约国销毁
560	弗里茨	第 1 坦克分队	1918 年 10 月被击毁
561	尼克斯	第 2 坦克分队	1918 年 6 月被击毁
562	赫克勒斯	先后属与第 1、2 坦克分队	1918 年 10 月被击毁
563	沃坦	第 2 坦克分队	1919 年被协约国销毁
564	奥斯卡	第 3 坦克分队	1919 年被协约国销毁

器。其中就有一位至关重要并被后世称为"法国坦克之父"的人——法军炮兵上校尚·巴普蒂斯特·尤金·埃斯蒂安，他在战前就曾预言："**胜利属于能够将火炮装载上越野车辆的一方。**"

性能参数	
重量	30 吨
车长	7.35 米
车宽	3.06 米
车高	3.35 米
时速	9-15 公里 / 小时（公路）4-8 公里 / 小时（越野）
乘员	18/23 名
装甲	前装甲 30 毫米，侧装甲 15 毫米，底装甲 6 毫米
武装	比利时制"马克沁"57 毫米火炮 1 门或俄罗斯制"sokol"57 毫米 L/26 型火炮 1 门及"马克沁"7.92 毫米 M1908/1915 型机枪 6 挺

早在 1915 年 8 月，埃斯蒂安就专程访问了英国，并且提出了两国在坦克制造上进行分工的设想：英国制造重型坦克，法国制造轻型坦克。回国后的同年年底，埃斯蒂安上校即向当时法国政府国务副秘书特雷顿建议将火炮架装在履带拖拉机上，但是特雷顿只同意制造一种可以破坏战场上铁丝网并能够跨越战壕的"铁丝网破坏车"。尔后，埃斯蒂安只得于 1915 年初委托施耐德公司开始对这种机器进行试造。

▲ 尚·巴普蒂斯特·尤金·埃斯蒂安

▲ 1915 年法国施耐德公司试制的"铁丝网破坏机"

▲ "施耐德 CA1" 坦克

1915 年 12 月至 1916 年年初，几乎在同一时间，施耐德公司和奥梅库尔公司各自利用引进的美国"霍尔特"全履带拖拉机底盘制造出了两种专门用于突破铁丝网和堑壕的坦克——"施耐德"CA1 型坦克与"圣·沙蒙"坦克。1917 年 3 月，法国组建起了装备两百多辆"施耐德"CA 型坦克和"圣·沙蒙"坦克的"突击炮兵"队，指挥官由已晋升为准将的埃斯蒂安将军担任。随后这两种作为专门对付铁丝网和堑壕的应急用坦克投入到了同年 5 月的第一次玛因河和拉福克斯地区的作战，但是这两种坦克因为车体过长，重量太大等种种原因导致战场表现极为糟糕，而早在上一年见识过英国坦克厉害的德军也针对性地制造与装配了专门用于反坦克的新式武器——13mm 反坦克步枪，因此法军被击毁和缴获的"施耐德"和"圣·沙蒙"坦克众多。

而就在同年初，一种机动性强、操作灵便、适用于大规模进攻的坦克由法国巴黎的雷诺汽车制造工厂低调地造了出来，这辆完美的坦克通过了各项标准和性能测试，被命名为"雷诺"FT-17 型轻型坦克（Type M.17.FT），坦克仅重 6 吨左右，只需 2 名乘员即可操纵，最主要的是车体中部拥有 1 个可以360 度自由旋转的单人炮塔，这一设计奠定了它作为世界第一辆现代坦克的荣耀地位。

"雷诺"FT-17 轻型坦克全车长 5 米，宽 1.74 米，战斗全重 7 吨。由 2 名乘员操作，驾驶员坐在车体的前部，而车长则坐在车体的中部战斗室内，半个身子伸进炮塔中。驾驶员有前、左、右三个观察窗，同时，也可以打开舱门进行驾驶。可旋转 360 度的炮塔放置在车体战斗室上方，炮塔顶部有一个乘员舱盖，炮塔后方安装有备用逃生门，早期采用八面菱形铆接式炮塔，后期则为圆形铸造式炮塔。装甲厚度最薄处为 6mm，最厚处为 22mm。火力方面分为炮型与机枪型两种，炮型是 1 门"皮托"式 SA-18 型 37mm L/12型坦克炮，备弹 240 发。机枪型为 1 挺"哈

▲ "圣·沙蒙" 坦克

▲ "雷诺" FT-17 型轻型坦克

奇开斯"M1914 型 8mm 机枪，备弹 4800 发。无论是炮型还是机枪型的炮塔都是通过人力转动一个安装在炮塔内的手摇柄使炮塔进行 360 度旋转的。发动机采用"雷诺"18CV 型直列式 4 缸 4 冲程水冷汽油机，5 档机械式变速箱，4 个前进档，1 个倒挡，最快速度 7.7 公里／小时，最大行程 35 公里。发动机和传动装置均安装在坦克的后部。可以爬上 27 度以下的坡道，跨越 1.8 米的壕沟。悬挂装置有 4 个轮轴架。第一个轮轴架装有 3 个小直径负重轮，后面的三个轮轴架则只安装有 2 个小直径负重轮。因诱导轮比主动轮大很多，所以履带的上半部分前端高于后端。因履带仅有横向突起，所以防滑能力较差。

"雷诺"FT 坦克在被官方认可进行大批量生产后，至 1918 年 3 月，新组建的 4 个法军坦克营共接收到了 170 辆，并随即投入到了 5 月进行的首战——雷兹森林防御战中。

1918 年 5 月底，德军向防御埃纳河及瓦兹与玛因河之间雷兹森林地区的美法军队发动进攻，威胁法国北部重镇亚眠。在雷兹这样的森林密布区域，协约国主力装备的英国"马克"型坦克、法国"施耐德"以及"圣·沙蒙"等型坦克都因体型原因无法正常作战，这使得新装备的"雷诺"轻型坦克成为了战斗中的主角。31 日，法军坦克营 75 辆新式"雷诺"坦克配属一个团的步兵对发动进攻的德军进行反击，同时破坏德军的机枪火力据点工事和前进通路上的铁丝网。虽然当时德军列装了为数不少的反坦克枪和穿甲弹，对进攻的"雷诺"坦克构成了一定的威胁，但是由于"雷诺"坦克灵活的机动能力和无死角的旋转炮塔火力以及多数量、集群式的战斗突击，使得德军终于意识到了真正的麻烦。

"雷诺"FT 坦克独特的外形和先进的设计理念迅速引发了世界各国坦克设计界的革命浪潮，纷纷购买回来进行研究和学习。法国"雷诺"FT-17 轻型坦克的出现对此后世界各国的坦克发展都有着不同程度的影响。

直到第一次世界大战结束，法国共计生产了 3187 辆"雷诺"FT 轻型坦克。"雷诺"FT 坦克参加了 1925 年至 1926 年法国殖民军对摩洛哥部落起义的镇压作战以及 1936 年至 1939 年的西班牙国内战争。直至第二次世界大战爆发初期，法国陆军仍然装备着 1560 辆的"雷诺"FT 坦克。在 1940 年德军入侵法国时，这些坦克大部分被德军缴获，后用作固定火力点或执行警卫任务，直到 1944 年德军被逐出法国全境为止。"雷诺"FT-17 轻型坦克从 1918 年服役到 1944 年，长达 26 年，参加了两次世界大战，并装备过包括法国、前苏联、美国、德国、中国、日本、芬兰、瑞士、瑞典、土耳其、西班牙、罗马尼亚、波兰、荷兰等十几个国家，作为一代著名战车而被载入世界坦克发展史。

5. 中国劳工军团

虽然在 1916 年 9 月 15 日，英军于世界军事历史上首次将坦克这种新式武器投入到法国北部的索姆河地区，但是依然无法完全逆转局势，英法联军每月伤亡高达约十六万人，这就意味着每天都有至少五千名士兵在

▲ 中国劳工军团

泥泞的堑壕内外非死即伤，在如此惨烈的伤亡下，协约国军队急需补充大量兵员，为了能够腾出更多的士兵送往前线作战，于是协约国中的英、法两国都在本国的殖民地（如埃及、印度、南非等）及中立国地区大量招募劳工代替一般的士兵进行诸如搬运、修路、挖掘等技术含量较低的体力劳动。同年5月，法国政府最先与中国北洋政府签订了雇佣五万名中国劳工的合同协议。在经过基础简单的军事训练后，劳工们于天津登船，前往法国马赛港。至8月中旬，曾经屡次拒绝中国武装参战的英国战时内阁一改傲慢态度，批准中国北洋政府"以工代兵"的计划，紧急请求中国援助中国劳工，并将征募的中国劳工军团正式命名为"Chinese Labour Corps（中国劳工旅）"，英军中国劳工旅的两名指挥官是布莱恩·查尔斯·费尔法克斯上校和R·L·普尔东上校。同年10月31日，英国方面在英属威海卫设立招募办事处，由一位在中国生活了28年的前铁路工程师——托马斯·J·伯恩负责招募工作的相关事宜。

中国劳工主要来自山东省，也有部分来自辽宁、吉林、江苏、湖北、湖南、安徽和甘肃等地。第一批英军中国劳工旅的1088名人员于1917年1月18日从威海卫启航前往法国，原航行路线是经苏伊士运河进入地中海，然后抵达法国，但在2月24日，进入地中海的运送华工的法国"亚瑟"号邮轮遭到了德军潜艇发射的鱼雷击中，船上的543名华工无一生还，于是航线计划被迫更改为在横跨太平洋，经过加拿大后再穿过大西洋抵达欧洲。

至1917年底，中国劳工旅已有54000名劳工在法国和比利时为英军工作，到1918年11月一战结束时则增长到了96000人。英军

招募的劳工主要负责为前线部队提供各种低技术含量的支持，包括搬运货物、建造营房、挖掘战壕、装填沙袋、铺设铁路、修建公路等。另有部分劳工被需要劳动力的英法军火公司所招收，例如一战中著名坦克制造商施奈德公司、雷诺公司等，协助其进行技术含量较高的工作，如清理坦克装甲车辆、修理军用车辆、维护火炮等武器，这使得这些中国劳工成为了最先接触到坦克这种最新式武器的中国人。

虽然北洋政府与英、法两国签订了"华工不得干预战事"的规定，但随着战争的白热化，这条规定被英、法两军单方面破坏，中国劳工们被英、法军前线指挥官强行驱赶到战场上，配合英法联军从事战地作业和战场后勤服务，如挖掘战壕、搬运弹药给养、

▲ 用喷水枪及毛刷清理英军 Mark.IV 重型坦克的中国劳工

▲ 于英军皇家坦克团的中央车间内进行坦克装配及整修工作的中国劳工

救护伤员、掩埋尸体以及扫雷等艰苦繁重并且危险的工作。

1917年11月，法国康布雷战役爆发前，英军皇家坦克团的坦克兵为了对付此次战役中的目标——德军兴登堡防线上挖设的各种既宽又深的反坦克壕沟，英军坦克指挥官胡伊·J·埃勒斯命令士兵将装备的"马克"IV型坦克上装载横梁导轨，并用铁链捆绑上一种长10英尺、宽4英尺6英寸的标准军用捆柴束木，再把坦克开至反坦克壕前，由车内乘员操作将捆柴倒入沟堑中进行填埋。而此次战役中捆绑柴木及捆柴的运输工作即由中国劳工军团第51连所施行。同年12月，中国劳工军团第13营被派遣到法国东北部的阿拉斯城地区，于大雪漫天中在该处战线最前沿挖掘战壕，为了安抚华工第13营，英军谎称很快会有威士忌酒和肉罐头送来，并敞开供应。但直到圣诞前夜，中国劳工们在谈论着作为圣诞礼物的威士忌和肉罐头时，一大波轰鸣的德国A7V坦克不断逼近，英军没有通知营地内的华工便自行紧急撤离，致使众多无助的华工成为德军坦克的活靶。

尽管遭受了各种不公正的待遇，但华工们仍然保持着勤劳朴实的本分，同时凭借自己的血性和联军并肩作战。据统计，在第一次世界大战期间，华工死亡和下落不明者多达两万余人，华工超强的适应力、勤劳朴实以及勇敢作战的特质，给英、法两国留下

▲ 中国劳工与作业中的英军 Mark.IV 坦克改抢修车

▲ 位于法国的第一次世界大战中国劳工军团墓地

了深刻印象，战后协约国联军总司令的费迪南·福煦将军曾说："华工既是第一流的工人，又可以成为最好的士兵，在炮弹的狂射之下他们能保持很好的姿态，毫不退缩。" 后来的法国总统希拉克也说："任何人都不会忘记这些远道而来的、在一场残酷的战争中与法国共命运的勇士（中国劳工），他们以自己的灵魂与肉体捍卫了法国的领土、理念和自由。"

|第二章|
早期日本装甲车辆
的引入及开发
（1918–1930）

第一节 日本早期铁路与汽车工业的发展概述

自1825年，英国人乔治·史蒂芬森（George Stephenson，1781–1848）制造出的世界上首辆蒸汽机车在第一条商用铁路上成功试车，打开人类"铁路时代之门"后，日本幕府时代结束，天皇开始推行"明治维新"，1872年，在新桥至横滨间修建了日本的第一条铁道线，尔后慢慢向各地区延伸，这条铁路轨道宽幅为1.617米，后来成为了日本国内的统一轨道宽幅标准。

1887年，在日本陆军正式创立铁道部队之前，铁路相关的技术学习都是由工兵部队（日方称为工兵队）来负责执行的。工兵队从国外学习如何正确使用机车、轨道、信号机以及火车站建设等与蒸汽机车相关的全部基本技能，同时也学习《铁道作业用的机材·材料的使用》、《铁道的紧急建造》、《铁道的破坏》及《铁道的修理》等科目。1893年4月4日，日本军部下达的《第三十五号令》

中就有包含上述技术教育完整内容的《工兵操典》。至1894年中日"甲午战争"爆发，日本的军事物资和兵员输送主要依靠的是船运方式。所以，为满足日本对外侵略的需求，有必要组建一支专门的铁道部队。于是在1898年11月18日，日本正式成立了铁道大队，指挥官为工兵中佐吉见精。这支日本最初的铁道部队下辖部队本部、第1铁道中队、

▲ 侵华"八国联军"中的日军第5师团步兵

第 2 铁道中队以及电信中队，电信中队主要负责列车在运行途中与火车站的直接通信联络工作。日军铁道大队的首次出战，即是在 1900 年"八国联军"侵华战争中（日方称之为"北清事变"），7 月下旬，日本铁道队以吉见精中佐为指挥官，一个铁道中队为基干，编成"铁道派遣大队"于 8 月上旬从中国天津的大沽口登陆，配合率先到达的日军第 5 师团参加了 8 月 14 日的"八国联军"对满清皇都北京的总攻。

日俄战争爆发后，日本即动员在中国大陆的铁道队扩编成临时铁道大队，下辖大队本部（井上郎仁大佐）、铁道第 1 中队（藤田省三大尉）、第 2 中队（中村正一大尉）、第 3 中队（石井泰一大尉）以及在战时代替材料厂进行物资和资材补给调配而新设的"材料班"。动员完成后的临时铁道大队于 1904 年 3 月 1 日从中野出发，经由东海道线在神户港乘御用船"八幡"（丸）号出海，3 月 8 日从朝鲜仁川进行登陆后参与对俄作战，由轻便铁道向各方面运输物资以及从事建设"京义线"、"安奉线"、"新奉线"的工作。

日俄战争结束后，1908 年 10 月 1 日，日本从原本的徒步步兵及以马匹为中心的军队机动向近代机械化发展，于是将现有的铁道队扩编为"铁道第一联队"，并以铁道联队、气球队、电信队合编为陆军参谋总长所直辖的交通兵旅团，上级机关设有交通兵旅团司令部。交通兵旅团初代旅团长为落合丰三郎少将，第二任为中村爱三少将，第三任为太田正德少将，第四任为井上仁朗少将。

日德青岛战役之后的 1915 年 1 月，交通兵旅团改称为"交通兵团"，兵团长由井上仁朗少将担任。交通兵团的编制由原本的本部与 3 个铁道中队扩编为铁道联队，包括联队（本）部、3 个铁道大队（每个大队下辖大队本部及 4 个中队）及材料厂。该铁道部队是当时日本陆军在汽车未配备时在中国大陆作战中唯一的大量运输物资及运送陆军步兵支援战斗的手段。

就在日本陆军加入"联军"侵略北京的同年，日本本土的最早由本国人所开设的汽车贩卖业马达商会开始正式销售从国外进口的汽车，老板为松井民次郎，地址设在日本东京市京桥区的银座四丁目。当时这间商店的销售车种目录内包括自动自行车 5 辆、汽油汽车 23 辆、蒸汽汽车 12 辆，电力汽车 6 辆，电力瓦斯汽车 1 辆，总数为 47 辆。1902 年，东京自行车制造业的双轮商会老板宫田真太郎利用从美国引入的汽油机与自己商会制造的车体组装出了 2 辆 2 气缸 4 人座的轿车和 17 辆 24 座的公共汽车。原本以枪炮制造起家的东京宫田制造所也转为制造汽车，

▲ 位于日本千叶的铁道第一联队正门

▲ 铁道第一联队装备的美国"鲍德温"1C1 型蒸汽机车

1909 年在东京高等工业学校的帮助下，试做出日本第一辆空冷式 2 汽缸汽油机的双人四轮小汽车。而日本军用车辆方面的引进与发展则是在"日俄战争"结束后才逐渐开始，相对民间汽车业来说要晚一些。1908 年 4 月，陆军从法国购入的 2 辆民用自动货车运抵日本。同年 5 月，陆军技术审查部长指示大阪炮兵工厂试造军用自动货车。到 7 月，增订的 6 辆新式自动货车也通过船运到达，同月 22 日到 8 月 9 日的 18 天里，在仙台 – 青

▲ 日军外购的军用自动货车

▲ 日军第 18 师团汽车班在青岛作战中装备的"丙号"自动货车

森 – 东京之间进行了第一次军用汽车的野外长途运行试验。同年 12 月 17 日，从法国购入的车辆到达后日本随即着手再次试验，于 1910 年 2 月 11 日开始了历时 22 天的第二次军用汽车野外长途运行试验。这次的试验对日本军方此后装备使用军用汽车有着极其重要的历史意义和深远影响。

1911 年 5 月 4 日，大阪炮兵工厂的"第一号"试制车完成，7 月，"第二号"车也制造完成，这两辆最初的试制车被称为"甲号"自动货车。之后，工厂又相继完成了"乙、丙、丁"号试制车。在这些试制的车型中，依据法国施耐德公司（一战中制造出法国第一辆坦克的公司）生产的进口车型仿制出的"丙号"自动货车被军方认定为最适合军用的车辆，被定为制式车辆并进行量产。1913 年 9 月，根据"丙号"自动货车运行试验的性能情况，日本军队在埼玉县熊谷地区进行了军用汽车

使用所需的战略战术训练和演习，由汽、货车编成的辎重中队参加其中，这场演习中汽车的效用发挥得淋漓尽致。在此期间，日本军方也于 1912 年正式成立了对汽车军事用途的相关制度、技术等进行调查及研究的"军用汽车调查委员会"。

1914 年 7 月，第一次世界大战的战火在欧洲熊熊燃烧，对中国国土早有觊觎之心的日本于 8 月 23 日对德国正式宣战，趁机向当时驻中国山东青岛的德军根据地进行攻击。在日本陆军派遣的独立第 18 师团战斗序列中即出现了由 4 辆"丙号"自动货车组成的汽车班，班长为辎重兵中尉室吉次郎。这 4 辆"丙号"自动货车均为四轮无盖车，驾驶座设有可动式的折叠车篷。向青岛外征的汽车班便是日本军队运用军用汽车参加的首次实战。但却由于受到数量和规模的限制导致其在参战期间的行动范围较小，主要任务只是负责

攻城火炮的弹药以及航空器材的运输工作。尔后，在整个交战中日本军队曾缴获了相当数量的德军军用汽车，这对之后日军军用汽车的发展与运用提供了重要的参考。

另一方面，在日军汽车班出兵青岛的同时，日本本土的铁道部队也进行动员，由铁道联队（铁道第1联队）一部编成临时铁道第3大队（大队长藤田省三），与汽车班共同归独立第18师团所指挥。由龙口登陆后于崂山湾构筑架设登陆用栈桥，并在龙口至东李村之间铺设了长达50公里的手压式轻便铁路，命名为"崂山线"，用于进行弹药运输任务。同年8月底，日本本土方面以铁道联队为基础编成临时铁道联队（联队长山田陆槌），于9月上旬从日本本土出发，10月8日自崂山湾登陆后，于崂山湾以西的沙河口为起点对临时铁道第3大队建造的"崂山湾"线进行了25公里长的轻便铁路线延长，并与临时铁道第3大队共同对日军攻略山东铁路线的要地济南进行了攻城重炮及弹药的铁路运输

▲ 日军强征青岛当地中国百姓在手压式铁道线上使用手压式轨道台车进行弹药运送

任务。

此外，日本派遣至欧洲战场前线的军事观察团武官以及军用汽车调查委员会人员也对在第一次世界大战中参战的协约国与"同盟国"大量装备使用的火炮牵引车、卡车（自动货车）、装甲汽车和新式武器——坦克的效用有了深刻的认识，为日本装甲战车的初期发展打下了坚实的基础。

第二节 日本引进的首部战车
——英国 MK. IV 型坦克（"四号"型重战车）

1918年10月，一战即将结束之际，身为协约国的日本派遣观察团到欧洲战场考察，观察团武官之一的辎重兵大尉大谷芳藏在实地调查中见识到了英、法盟军所使用的坦克在陆战中产生的革命性重大影响，并与此时在英国留学的辎重兵少尉水谷吉藏进行沟通后，将一部详细的报告交给了日本陆军参谋本部，日本高层随即决定向国外购入这种新

▲ 日本陆军技术本部科学研究所所长绪方胜一中将

式的陆战武器——坦克用来研究。以日本陆军技术本部科学研究所所长绪方胜一中将为首的"欧美战车购买团"前往欧洲和美国进行坦克装甲车辆的选购。

战车购买团最先前往美国，同设计师约翰·沃尔特·克里斯蒂进行接触，对其先进高速坦克的设计和构想比较认可，但是因为克里斯蒂自己并没有制造工厂，无法给日本提供坦克量产和补给方面的帮助而被放弃。随后购买团又去往英国与维克斯公司进行了接触，非常满意该公司制造的"维克斯"MK.1中型坦克，然而维克斯公司以忙于本国陆军坦克部队装备、没有富余的产量来供应日本为由拒绝了日本。在法国，雷诺公司虽然也在开发新型的坦克，但与美、英一样，都难以将最新型的坦克提供给日本，不过该公司在一战时期剩余的"雷诺"FT型坦克的库存量十分丰富，可以卖给日本。

然而购买团在反复商议后，却对是否购买法国"雷诺"FT坦克产生了两个质疑：

第一，如果购买第一次世界大战时期制造的坦克在未来战争中使用的话，就必须要考虑到未来坦克使用技术的进步和运用思想的变化。

第二，"雷诺"FT坦克的时速为8公里，虽然按当时同期的其他坦克发展来看也还没有落后于时代。但要是和正处于设计阶段的时速高达30公里的"克里斯蒂"快速坦克相比，则远远不足了。

于是购买团一度陷入了十分纠结的消极状态，无奈之下只能电请在东京的陆军省高层定夺了，之后他们得到了身为陆军技术本部部长的铃木孝雄大将对坦克购买的答复意见。内容如下：

▲ 铃木孝雄

"最低限度要购买训练所需的雷诺坦克，陆军型坦克车队装备的坦克则以后用国产坦克比较合适。将来对于坦克的整备，平时部队的教学先使用为轻坦克（10吨以内，如法国雷诺），之后增加研究所用的重型坦克1辆（20吨以内，如英国中型坦克）。"

最终，日本坦克购买团准备购入英国MARK系列重型坦克的最新型号MK.V型，但交涉的结果与此前相同，购入最新型的计划被厂商回绝，于是军用汽车调查委员水谷吉藏大尉只得向英国公司订购了一辆相对较老式的IV型（雌性）坦克。

1918年10月17日，从英国购买的日本历史上第一辆坦克——"马克"IV型重型坦

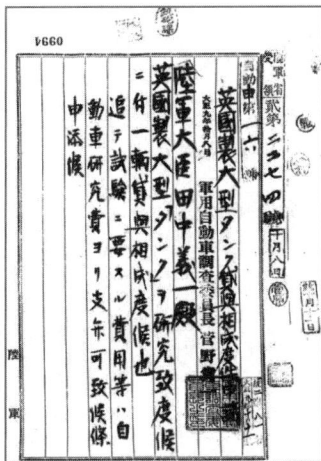
▲ 日本购买英国制大型"坦克"（即MK.IV型坦克）的档案文件

克和随行的英军技术指导教官布鲁斯少校等官兵 4 人乘坐"静冈"号（静冈丸）货轮抵达日本神户港，尔后在神户港进行了倒装转运，由货船"新泻"号（新泻丸）运送至横滨港，当时对于这个重达 27 吨的坦克，动用的是川崎造船厂可吊挂 50 吨货物的重型起重机进行作业。当到达日本横滨港后，码头上的日本民众们在看到这个奇妙的菱形庞大物体时纷纷惊叹："这是什么东西？"

28 日，坦克从横滨港以铁路运输方式送抵汐留火车站（旧新桥站），卸车后由英国方面的人员驾驶操作，从汐留一路行驶到信浓町的陆军辎重兵第一大队驻地，因为 MK.IV 型坦克的吨位较重，所有路上经过的

▲ 日本购入的 MK.IV 重型坦克，车身上最初还留有斑驳的一战英军迷彩涂装及编号

桥梁承重都进行了加固，防止桥梁承重不够造成塌方。29 日，"马克"IV 型坦克被转送至青山练兵场，于当日在日本皇族和高级军官面前进行了公开演示。

原乙未生少尉（时任日本陆军炮兵少尉）回忆：

"第一次世界大战中使用的英法坦克在战后被日本作为参考品买回国以供研究，当时我在青山演兵场的一角，观摩了刚买回来的 MK.IV 重战车的行驶演示。当时这种坦克是战时根据拖拉机和汽车勉强设计出来的，最初这种坦克在欧战呈现出怪异的姿态——一边以厚重的装甲抵御枪炮一边进行攻击，这种冒着生命危险向敌军阵地突击的攻击方式，我想是必须要有极大勇气的。虽然这种坦克已经落后于时代，但是为了研究详细的构造情况，日本还是买了回来。"

▲ 在日本神户港进行转运的 MK.IV 坦克

▲ 到达日本横滨的 MK.IV 坦克

▲ 原乙未生

同年 12 月，由于日本当时并没有专门的战车教育部门和机构，只好在东京信浓町驻地的辎重兵第 1 大队内设立了"军用汽车试验班"（后为日本陆军汽车学校），将 MK.IV 重型坦克放在那里进行研究。

"军用汽车试验班"的编制为辎重兵少佐 1 人，大尉 1 人，中尉 2 人，下士 7 人，

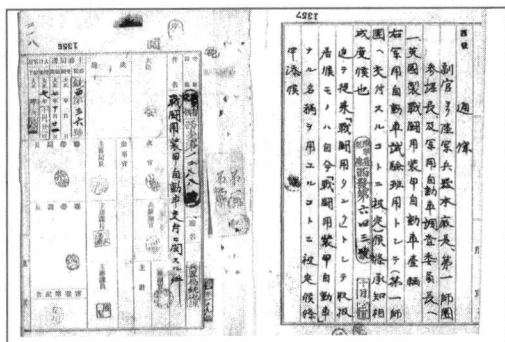
▲ 日军试制装甲汽车的制造要求档案文件

▲ 军用汽车试验班的学员与 MK.IV 重型坦克

▲ 陆军汽车学校运行试验中的 MK.IV 重坦克

士兵 23 人、锻冶长 1 人（技术维护），总人数为 35 人。也有部分从其他师团以及陆军步兵学校教导队挑选的军官被派来进行学习和研究。

之后，这辆 MK.IV 坦克于日本东京一些地区进行了数次运行试验，并在各地进行了巡回演示。与 MK.IV 坦克一同到来的英军指导教官布鲁斯少校等 4 人完成任务后也于 1918 年年底被日本方面授勋后回国。

1918 年 11 月 6 日，日本对英国陆军少校布鲁斯等 4 人申报授勋文件中记录：

"英国陆军少校布鲁斯等四人对今回向英国购入的战斗用装甲车在护送途中注意周到，恪尽职守。到达本邦（日本）后更亲切指导说明教授其操作方法，在短时间内便教会操作要领，对我军事上的效力功绩显著。特此奏请申请为布鲁斯少校等四人颁发勋章。"

最终，这辆坦克被称为"第一号纪念战车"，车体重涂为一战时期的英军黄、暗褐、暗绿三色实边迷彩，放置于靖国神社游就馆

E.C. Bruce	少校	勋四等旭日小绶章
F.B. G. Moore	中士	勋七等青色桐叶章
F.Jaylor	下士	勋七等青色桐叶章
F.J.Dale	一等兵	勋八等白色桐叶章

▲ 勋四等旭日小绶章　　▲ 勋七等青色桐叶章

▲ 勋八等白色桐叶章

▲ 于东京代代木练兵场进行试验的 MK.IV 重型坦克

▲ 东京"战车周"向公众展示中的 MK.IV 重型坦克

▲ 靖国神社·游就馆展出的 MK.IV 重型坦克

门前进行展览直至第二次世界大战结束前夕，此后不知去向。一种说法为，1944 年日本由于战事，钢铁紧缺，将这辆坦克回炉炼钢再利用。另一种说法为，终战时，被美军方面运走。

第三节 日军参与的西伯利亚干涉作战及使用的部分机械化装备

1918 年 3 月，新生的苏俄政权与德国单独签订了《布列斯特－立陶夫斯克条约》后退出了一战战场。因此，英国与法国决定武装干涉俄国内战，阻止协约国储存在俄国境内的战争物资落入苏俄或德国之手。它们帮助捷克军团推翻从伏尔加河到符拉迪沃斯托克（海参崴）铁路沿线的苏俄政权，支援白俄军重新夺取全国政权，以图恢复东线战场。然而由于英军、法军主力尚在西线战场，无法抽调太多军力实现上述目标，为此英、法便拉拢美国、日本、中国（北洋政府）等协约国成员派遣军队干涉俄国内战，史称"西伯利亚干涉"。

1918 年 8 月 2 日，日本以保护俄国境内日本侨民为由，正式发布"出兵西伯利亚宣言"，并动员组建了"西伯利亚派遣军"（浦潮派遣军）。最初的"浦潮派遣军"由日军第 12 师团 12000 人为基干，派遣军总司令官由大谷喜久藏大将担任，并统一指挥各国"派遣军"对苏作战，其中包括美军 7000 人、法军 2200 人、中国军 1000 人、英军 800 人，合计二万三千余人的多国兵力前往西伯利亚。后来，随着西伯利亚战局的扩大化，日本方面又陆续向西伯利亚增派了第 7 师团、第 3 师团、第 14 师团、第 5 师团、第 11 师团、第 9 师团、第 8 师团共计 9 个师团的兵力。

由于当时俄国境内主要城市都在铁路沿线上，所以军事运输和补给主要也都是依靠铁路运输。于是，这场战役便多是以铁路线

▲ 大谷喜久藏

为中心，利用步、骑兵及装甲汽车来支援装甲列车在有限区域内进行战斗，"派遣军"和苏联红军各方都在作战中投入了大量的铁路装甲车辆，日本派遣军也预料到会在西伯利亚发生较多的铁道战，于是也临时组建并派遣了装甲汽车班和铁道部队。

"浦潮派遣军"装甲汽车班分为 3 个小队，编制装备为"奥斯汀"装甲车 2 辆，"哈雷"摩托车 3 辆。后来由于预想到在西伯利亚铁道沿线上会有一番苦战，于是又由大阪炮兵工厂紧急赶造了试制的装甲汽车 4 辆。该部主要配属给"中部尼港"守备队的步兵，用于铁路沿线进行的警备及侦查任务，并同时进行实地运用试验及训练。这是日本历史上首次在实战中投入使用装甲车进行作战。

细见惟雄中尉（时任"西伯利亚派遣军"装甲汽车班小队长）回忆："第一次世界大战中，当时英德战线上形成持续胶着状态，英军坦克突然出现突破了德军的阵地，战势发生了

▲ 细见惟雄

"浦潮派遣军"装甲汽车班	
班长	真砂野圭 中尉
·第一小队	细见惟雄 中尉
"奥斯汀"M1918 装甲车	
（オースチン M18 装甲自動車）	2辆
·第二小队	角和善助 中尉
试制轻装甲车（試製軽装甲自動車）	1辆
试制重装甲车（試製重装甲自動車）	2辆
·摩托车侦察队	三原鼎中尉
"哈雷－戴维森"摩托车（ハーレー・ダビットソン側車付自動二輪車）	3辆

重大转变。这次实战就是战车的诞生。

之后大正九年的春天，还是年轻步兵中尉的我，参加了西伯利亚事变。当时西伯利亚出征中的法国军归国部队在海参崴码头进行集训。这个时候是我第一次在照片以外真正接触到了坦克这东西的实物。一位人不错的法军下士官让我试乘了他的坦克，回国之后我才知道当时乘坐的是雷诺战车，如果试着考虑一下，不知道是否会是我命运的分歧点。同年5月，本土方面向西伯利亚送来2辆英国制的"奥斯汀"装甲车，我偶然地担任了这个小队的队长，被任命研究装甲车的作战法及操作法。"①

一 英国"奥斯汀"装甲车

（一）"奥斯汀"1918 年型装甲车

第一次世界大战爆发后的 1914 年 8 月，沙俄军决定组建装甲车队，但当时的沙俄并没有制造和量产坦克的能力，于是向英国奥斯汀公司订制了相当数量的装甲汽车，接到订单的奥斯汀公司便以轿车底盘为基础制造出了铆接装甲板车体的"奥斯汀装甲车 1 型"，并按沙俄方面要求的规格装载了两个并列式可旋转机枪塔，装备"马克西姆"重机枪。价格为每辆 1150 英镑。俄军将 1 型投入作战后发现，该车装甲十分薄弱，无法有效抵御枪弹射击。英国奥斯汀公司方面在得到沙俄

▲ "浦潮派遣军"装甲汽车班第一小队装备的"奥斯汀"装甲车

▲ "浦潮派遣军"装甲汽车班第二小队及摩托侦察队装备的试制装甲车与"哈雷"摩托车

① 此时在日本国内，已买入了英国"四号型"战车1台、"惠比特"A型战车2台、法国的"雷诺"战车数台，在步兵学校和汽车学校进行最初的研究。

的反馈后以马力更大的中型卡车研制出了改良型，即 2 型、3 型及 1918 年型，并在俄国内战爆发前卖给了俄国。日本方面也在 1918 年西伯利亚出兵前向奥斯汀公司急购了两辆 1918 年型，编入"浦潮派遣军"装甲汽车班运送至西伯利亚前线。

性能参数	
重　量	5.2 吨
车　长	4.9 米
车　宽	1.5 米
车　高	2.58 米
时　速	55 公里 / 小时
乘　员	5 名
装　甲	4-7 毫米
武　装	马克沁重机枪 2 挺

▲ "浦潮派遣军"装甲汽车班所装备的"奥斯汀"1918 年型装甲车，可以清晰的看见车身上的迷彩涂装

（二）"奥斯汀"装甲车白俄型（White – Austin）

西伯利亚地区的沙俄（白俄）军队将在作战中损坏的"奥斯汀"装甲车解体后，与当地使用的"菲亚特"及"福特"装甲车的零部件进行重组，临时拼装出 3 辆装甲车，组成一个装甲车排。其中 2 辆为固定双机枪炮塔（涂装编号为 1、2 号），1 辆为单独可旋转机枪塔（涂装编号为 3 号）。之后这 3 辆装甲车于沙俄军溃退时被同盟的日军所收缴，但日军在宣传中声称是在作战中从苏联红军手中缴获的。

性能参数	
重　量	5 吨
车　长	4.5 米
车　宽	1.5 米
全　高	2.5 米
时　速	20 公里 / 小时
乘　员	5 名
装　甲	4 毫米
武　装	马克沁重机枪 2 挺（单机枪塔 1 挺）、日军缴获后换装为"三年"式重机枪

▲ 装备 3 辆"奥斯汀"装甲车白俄型的白俄军装甲车排

▲ 日军所拍摄的"奥斯汀"装甲车白俄型照片，并于照片上注明为被赤卫军遗弃的坦克

◀ 日军收缴的"奥斯汀"装甲车白俄型的单机枪塔型

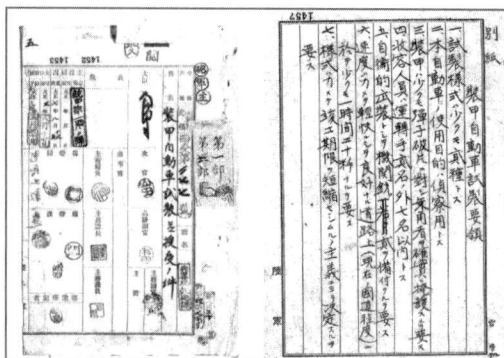

▲ 试制装甲汽车制造要领文件

▲ 日军收缴的"奥斯汀"装甲车白俄型双机枪塔型

二　日本试制装甲汽车

1918 年 4 月，日本出兵西伯利亚干涉俄国内战前，陆军部要求技术本部与大阪造兵厂紧急试造了数辆装甲车，配属于"派遣军"，在西伯利亚铁路沿线上进行作战及测试，制造所需费用为 24 万日元，从"浦潮派遣军"的军费内拨出。

装甲汽车试制要求：

第一，试制装甲车的式样至少需要两种；

第二，试制装甲车主要用于侦察；

第三，装甲至少要能保护车内乘员抵挡枪弹破片；

第四，乘员除 2 名驾驶员外要保证在 7 名以内；

第五，自卫武装需要装备 2 挺机枪；

第六，速度上要能轻快地在良好的公路上行驶（现今日本国道程度），时速至少需要 20 公里；

第七，因竣工期限缩短，式样以简单实用为主。

（一）试制轻装甲车（三吨）

试制轻装甲车是由大阪造兵厂外购的由三吨自动货车底盘基础上进行改造的。车轮为木制结构，与路面接触的外部加入了橡胶片。因当时日本还未开发出防弹钢板，于是车身装甲板只能以厚度约 4mm 的普通钢板代替。该车驾驶座前设有两扇开关式的观察窗，驾驶座侧面设有乘员搭乘用的车门，门上也设有开关式的小型视察窗。车体左右侧面有 3 个视察窗兼射击孔的双扇复合门式的圆形窗。武装为车体上面搭载的单独圆形可旋转机枪塔内 1 挺"三年"式重机枪。

试验的结果显示，试制轻装甲车的行走性能比试制重装甲车要稍微优良一些，但在西伯利亚冬季冻结的道路上行驶依然容易打滑。

作战中还发现, 车体装甲防护性很差, 导致车体被敌军枪弹击穿, 车内乘员也因此受伤。

（二）试制重装甲车（四吨）

▲ 日军西伯利亚派遣军的试制轻装甲车（三吨）

性能参数	
重　量	3 吨
车　长	4.5 米
车　宽	1.5 米
车　高	2 米
时　速	20 公里 / 小时
乘　员	5 名
装　甲	4 毫米（普通钢板）
武　装	"三年"式重机枪 1 挺

试制重装甲车与试制轻装甲车同为大阪造兵厂所试造。试制重装甲车是在日本国产的"丙号"自动货车（四吨自动货车）底盘的基础上进行改造的。该车在设计上采用了少见的双行驾驶系统, 车内前后部均设有一座驾驶台, 前进和倒退操作相同。前部驾驶席前面设有开闭式观察窗 3 个, 战斗时将窗口关闭, 但依然可以从各窗上设置的观察孔（狭缝）向外部观察。车体左、右两侧各设有兼射击用的双扇门形式的观察窗 3 个。此外, 驾驶座侧面的乘员用舱门也设有外部视

▲ 日军西伯利亚派遣军的试制重装甲车（四吨）

察用的开闭式观察窗。车身上部搭载 2 个半圆形的可旋转机枪塔，各装载 1 挺“三年”式重机枪。

试验结果，该车因体形原因，运动性能迟缓，一般前进行驶性能较优，倒退行驶性能则较差。与试制轻装甲车相同，在作战和试验中，车体装甲板也易被击穿，于冬季道路上容易打滑。

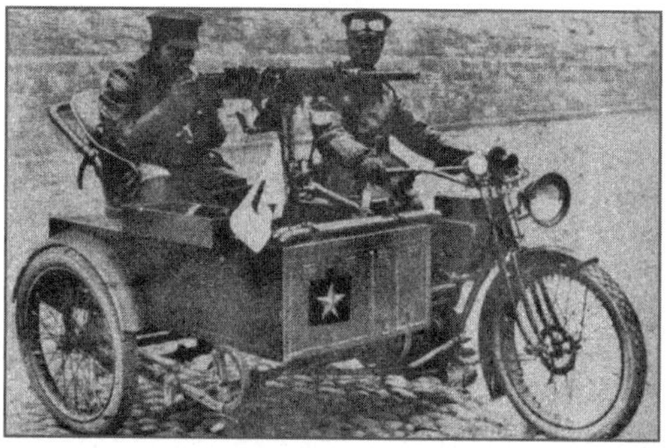

▲ 美国“哈雷·戴维森”（harley davidson）三轮摩托

性能参数	
重 量	约 4 吨
车 长	约 4.5 米
车 宽	约 1.8 米
车 高	约 2 米
时 速	约 16 公里 / 小时
乘 员	7 名
装 甲	约 4 毫米（普通钢板）
武 装	“三年”式重机枪 2 挺

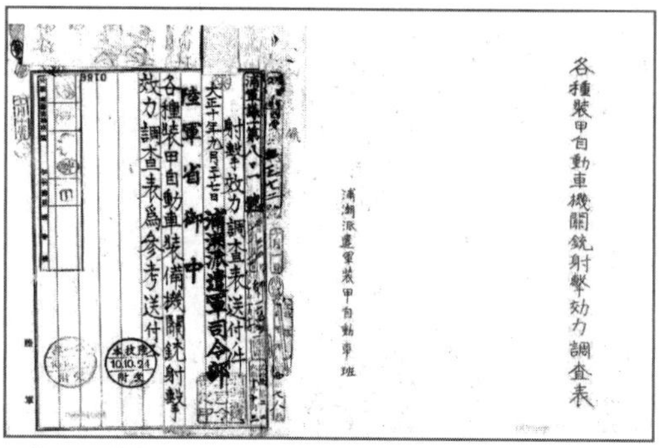

各種裝甲自動車機關銃射擊効力調査表

浦潮派遣軍裝甲自動車班

大正十年九月二十七日 浦潮派遣軍司令部

陸軍省御中

射撃効力調査表送付ノ件

各種裝甲自動車裝備機關銃射撃効力調査表為参考送付

▲ 各种装甲汽车机枪射击效果调查表文件

三 美国“哈雷·戴维森”1915 年型摩托车

西伯利亚干涉前，日本从美国哈雷公司购入了一些欧战中美国陆军采用的制式“哈雷·戴维森”1915 年型摩托车，用于各部队的联络及传令。“浦潮派遣军”装甲汽车班摩托侦察队装备的“戴维森”三轮摩托将边斗改装为箱型结构，并搭载 1 挺“三年”式重机枪，箱内装有一定数量的“三年”式机枪所用的子弹板。

四 装甲汽车班试制装甲车射击测试及训练情况

（一）射击及防弹测试

备注:“重”代表重装甲车(英国“奥斯汀”装甲车），“轻”代表轻装甲车（日本试制装甲车），“左、右”分别代表左、右炮塔机枪。

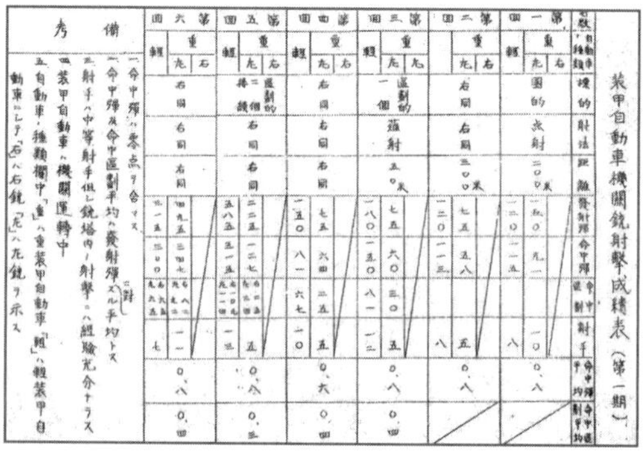

裝甲自動車機關銃射擊成績表（第一期）

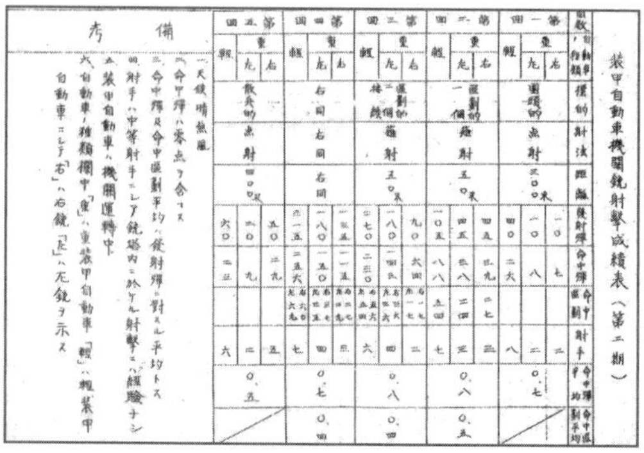

裝甲自動車機關銃射擊成績表（第二期）

▲ 试制装甲汽车射击成绩表文件

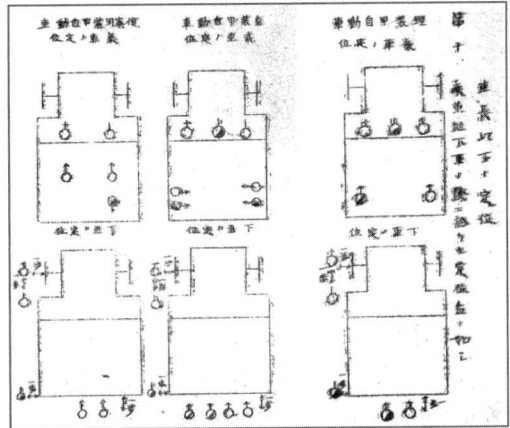

▲ 各种装甲板抗枪弹测试表文件

▲ 装甲车乘员站位（从左至右为"奥斯汀"装甲车、试制重装甲车、试制轻装甲车）

（二）训练及队形

"浦潮派遣军"装甲汽车班班长真砂野圭于训练报告中记录："现时西伯利亚的装甲车型号和装备多种多样，装甲汽车班配属的机枪手教育为一直以来实验和研究基础。"

第一，装甲车的主要任务是以迅捷的速度、确实的防护以及炽盛的火力进行侦察和局部战斗，并维持增进与其他兵种协同作战能力。

第二，装甲车通常是在良好的道路上行驶，但是作战需要，道路以外的各种特殊环境地形的通过方法也必须要习惯和熟练掌握。

第三，军官对于汽车和机枪的性能说明需要精熟，士兵对于自己通常所使用的武器也要注意日常维护。

第四，战时信号旗使用法：

1. 发现敌兵时 —— 红色旗按圆形摇动

2. 前方之敌——向上高举

3. 后方之敌——朝向地面

4. 左（右）之敌——向左（右）挥动

5. 射击开始——从右到左挥动

6. 射击停止——从上到下挥动

第五，装甲汽车班人员乘车及车内站位。

车长——车长；運轉手——驾驶员；助手——副驾驶员；銃手——枪射手；预备銃手——后备枪射手；

第六，装甲汽车班之队形，如下图所示。

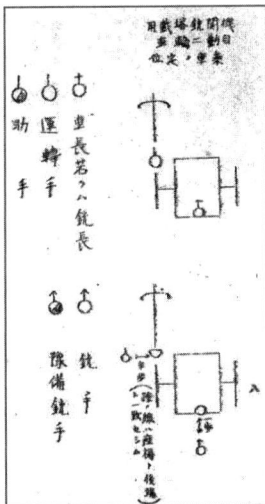

▲ 机枪摩托车队乘员站位

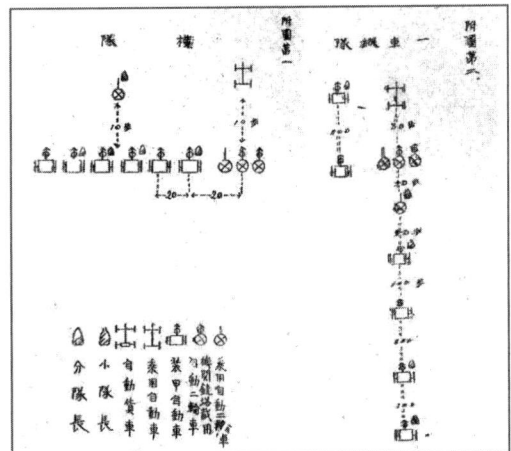

▲ 横队　　　　▲ 纵队

五 法国"雷诺"FT-17 轻坦克

第一次世界大战结束后的 1919 年，世界各国都从一战时的作战经历认识到坦克的重要性，日本也不甘落后，在购买了英国 MK.IV 重型坦克后决定续购轻、中两种类型的坦克。原本期望能利用购入新式坦克的方式，从而学习并研制出时速可达 30 公里 / 小时的领先世界的坦克，但经过"欧米战车购买团"的调查，各国坦克公司均不愿将自己的新式坦克对外出售，只有法国雷诺公司还有大量一战剩余的"雷诺"FT 轻型坦克积压在库，购买团鉴于时速 8 公里的"雷诺"坦克尚未落后于时代，在请示了日本陆军技术本部后决定批量购入"雷诺"坦克用做战车兵教练及研究，于是由日本驻法国大使馆武

▲ 日本购买的"雷诺"FT-17 坦克（皮托炮型）

▲ 日本购买的"雷诺"FT-17 坦克（哈奇开斯机枪型）

◀ 抵达日本港口的"雷诺"轻型坦克

▲ 在陆军步兵学校内进行测试及研究的"雷诺"FT-17（皮托炮型）轻型坦克

官代为购买了 10 辆，总价格约 67 万 6 千法郎，并于 1919 年 12 月 17 日由"三池山"号（三池山丸）货轮运送到日本，并存放于日本陆军步兵学校内供军用汽车试验队研究使用。

1921 年 10 月"西伯利亚干涉"后期，日本方面派遣汽车调查委员会的岩城庄助炮兵大尉组成调查班，携带两辆法国"雷诺"FT-17 轻型坦克到俄国极寒地区的萨哈林（库页岛）地区，进行"严寒地带战车构造机能及运动性能等相关研究"，并将两辆"雷诺"坦克分别代称为"第一号"战车和"第二号"战车，至 1922 年 5 月的 7 个月时间内对"雷诺"坦克进行了大量特殊使用方法的研究及实验。因日本当时购买的这批"雷诺"坦克均为法国雷诺公司一战后库存剩余的旧货，导致试验中故障频发。

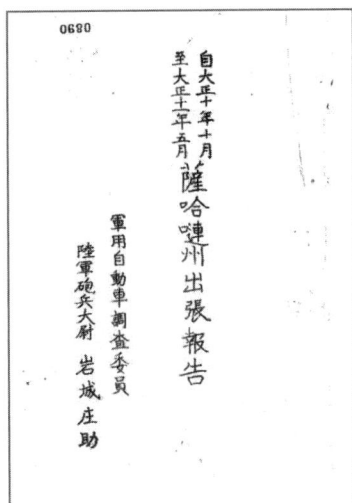

▲ 岩城大尉于萨哈林公差报告书

绪言：

一、卑职于大正十年10月下旬开始约七个月的时间里，以战车构造机能及运动性能等为研究目的前往严寒期的萨哈林地区。于10月28日小樽港（日本北海道小樽市港口）乘船出发，11月5日登陆卡斯特林港，尔后在尼港市方面守备队长的指挥下，在卡斯特林港及基济湖附近实施了各种实验及研究调查。

第二年5月1日，由卡斯特林港乘船返回，于当月5日登陆小樽港。

二、在此期间实施的各种实验及研究调查因所需设备及材料上准备不充分，未能得到预期的结果，始终有些缺憾。

三、当时研究使用的两辆战车在实验初期，第一号战车的发动机就发生了故障，但是在当地完全无法修理，于是之后只能以第二号战车为唯一实验目标，这是此行最为遗憾的事。

实验经过及概要：

第一期实验概况（1921年11月上旬－1922年1月下旬）

战车于1921年10月31日登陆卡斯特林港后，我们修理了各车的散热器，并对战车的各部分进行了分解和调整。12月上旬至1月下旬在尼港开始进行了各种实验及研究，在此期间第一号战车的发动机发生了故障无法修复，于12月7日后一号车停止了试验，之后二号战车的发动机部分也发生了异常，于是对战车大分解后进行了检查及调整。

第二期实验概况（1922年1月下旬至1922年3月中旬）

1月下旬沿尼港－基济湖－木林斯库－苏夫斯库的路线进行了长途行军试验。2月2日于尼港出发，当日到达基济湖，至2月7日期间在基济湖上进行重炮牵引的相关试验。2月8日牵引两门重炮出发前往木林斯库，在湖上运行途中发动机发生故障停止了运行，2月9日至10日由人力拖拽送至基济守备队车厂进行分解后运往尼港守备队进行修理。3月17日修理完成后开始返程运行，途中再次发生与之前相同的故障，导致无法运行，试

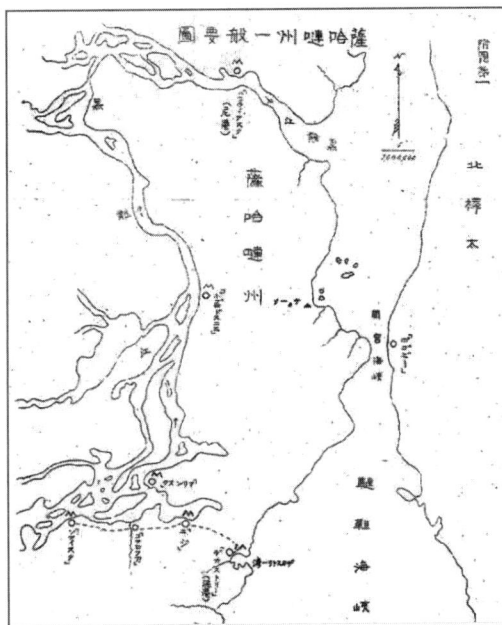

▲ 俄国萨哈林（库页岛）地区图

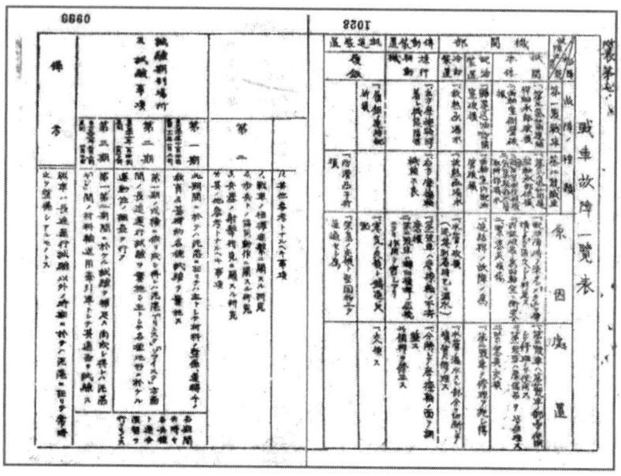

▲ 试验期间"雷诺"坦克故障情况的文件

验到此停止。

第三期试验概况

对特别润滑油及备用的机枪于零度环境下实施了对比试验。

结论：

雷诺式战车的构造坚固，机能性良好，尤其是运动性能非常优秀。于冬季萨哈林附近的各种地形都可以有效使用。

六 西伯利亚铁道战

（一）第一、第二铁道队的编成

1918 年 8 月 3 日，日本"浦潮派遣军第一铁道队"临时编成，由工兵少佐浅野正雄担任队长，下辖队（本）部、两个中队、以及材料厂，配属于第 12 师团，支援联军对哈巴罗夫斯克（伯力）的占领作战，其中由河野巽大尉指挥的第二中队利用铁路展开了日本最初的铁道作战。

同年 8 月中旬，"浦潮派遣军第二铁道队"也受命编成，编制与第一铁道队相同，由村上正路少佐担任指挥官。从日本内地出发的的第二铁道队于 1918 年 9 月 10 日到达满洲里地区，并配属于第 7 师团藤井幸槌中将旗下，协同白俄军对被破坏的鄂嫩河铁路桥进行维修。

（二）临时铁道联队和野战交通部的编成

1918 年 10 月，由于开始展开大规模的铁路作战，日本方面紧急对西伯利亚的铁道部队进行了大幅度的增兵，下令编成"临时铁道联队"。

"临时铁道联队"由宫田勇太工兵大佐担任指挥官，将既有的第一铁道队及第二铁道队扩编为第一大队及第二大队，并将日本本土的铁道联队留守人员编成第三大队，以此三个大队合并成联队编制，并且在俄国东部以主要城市和火车站为中心的地区设置统管机构"野战交通部"，由武内彻中将担任部长。

（三）西伯利亚的铁道战

在俄国内战中，由于战斗是在西伯利亚道路网并不发达的地区中进行，而水路在严寒冬季也已结冰，于是铁路便成了独一无二的交通途径。

战时，利用铁路攻击及防御的机动作战是不可或缺的，攻击方面是利用铁路线对敌兵站及补给点进行打击；防御方面则是对抗及防止敌方对铁路沿线的相关设施进行破坏。于是在这种的战局中，用于铁道警备及作战的"装甲列车"就成为了苏联红军（布尔什维克党）、白俄军（反布尔什维克党）两军必不可少的武器，

而派遣到西伯利亚的"协约国干涉军"的各国部队也大量使用以铁路车辆为基础制造出的多种多样的装甲列车以及骑兵进行机动作战，并在作战中将装甲列车的制造及战术使用都提升到更加成熟的境界。其中比较典型的就是将装甲列车编成混合兵种部队，以步兵及骑兵为基础，支援装甲列车作战。

▲ 苏联红军装备的 BP No.19 装甲列车（1915 年生产于基辅铁路机厂），主武装为 76.2mm M1902 野炮。

▲ 苏联红军装备的 BP No.49 装甲列车（1919 年生产于红色索尔莫沃工厂），主武装为 76.2mm M1902 野炮。

在"西伯利亚干涉"初期时的双方装甲列车，除早期沙俄时代遗留下的之外，大多是利用现有的货车或客车，简单堆砌上沙包或粗方木等材料作为防护的"战斗列车"，一般也被俗称为"半装甲列车"。之后开始逐渐用软钢板及混凝土作为防护材料，在当地进行紧急改造后投入使用。而随着铁道战的扩大和战局的延展，以战斗列车中现有的无盖货车或有盖货车为基础附加上装甲及武装，成为了真正的"装甲列车"。

1. 苏联红军

红军最初的装甲列车是于 1917 年 10 月至 11 月在彼得格勒的菩提洛夫工厂制造的 BP NO.1 及 NO.2 两辆简易装甲列车。1918 年 1 月，苏联红军组建了"苏维埃共和国汽车装甲兵管理中央委员会"，用以监管坦克及各种装甲车辆的研发、训练等，尔后随着战

事的发展，红军逐步控制了俄国境内的大部分工厂，而红军的装甲列车主要由菩提洛夫工厂与布良卢契克机械厂进行设计，并由科洛姆纳、格尔洛夫卡、卢甘斯克、马里乌波尔以及叶卡杰林诺斯拉夫等地的大型铁路机车工厂分担制造。早期的装甲列车的结构大多较为简易，主要是在普通车厢侧壁上开设射击口，再挂上架有野炮的平板机车，装甲则是用枕木、沙包以及用来充当防弹钢板的锅炉板。后在 1918 年秋，俄国铁路机厂以 1915 年"沙俄"时期的装甲列车为标准，制造设计较为精巧的加装钢铁装甲及旋转炮塔的制式装甲列车，形制包括一个蒸汽机车头、两节炮车、并在车头加挂两到三节的安全控制车。1919 年 1 月，红军改为采用三种标准制式装甲列车。

一号型装甲列车：1915 年沙俄传统型，中央配置两节炮兵车和一个装甲机车头，武器装备两门以上的 3 英寸野炮及 12 挺机枪。

二号型装甲列车：炮兵车上配置多门 4 英寸及 6 英寸海军舰炮。

三号型装甲列车：备用装甲列车，通

▲ 白俄军装备的简易装甲列车（铁道炮车），主武装为一门 130mm 海军舰炮。

▲ 白俄军装备的简易装甲列车（生产于海参崴兵工厂），主武装一门海军舰炮。

常作为补给车使用，用于载运、运输兵员及补给物资。

2. 白俄军

由于俄国境内大部分工厂被红军占领，导致白俄军的标准装甲列车多为沙俄时代所制造遗留的，其他的则多是各地白军利用现有的货车及武器自行拼凑改造而成，所以在质量标准及武器上相比红军都较为简陋，数量最高时达到八十余辆。其中"伊凡诺夫"军的铁道部队至 1919 年末，增加到 10 个装甲列车营，每营配备两列轻型装甲列车及一列重型装甲列车。另外"哥萨克顿河"军于1918 年成立了第一个装甲列车旅，下辖四个装甲列车营及两列独立装甲列车。

3. 协约国军

1918 年 9 月，在"浦潮派遣军"制造"备炮货车"（轨道装炮车）之前，由伊势喜之助大佐对白俄军、捷克军、美军、英军等协约国列强使用的装甲列车及其他铁道装甲车辆进行了调查。其中特别详细调查了作为日本友军的白俄"谢苗诺夫"军装甲列车及捷克军装甲列车。这些车辆多是以现有的货车为基础紧急拼凑制造的，因为钢板的不足，多数车辆采用混凝土和沙包等材料，甚至还有的用钢板来代替装甲板使用。

日军调查的铁道装甲车辆主要架构：

第一，大型有盖小口径装炮货车

主要由用于"东清"铁路（中东铁路）上的 21 吨大型有盖货车为基础制造，在木制车体的前面加装 15mm 厚的软钢板，木制车体侧面及后部里面用木框架成，内部用厚达 150mm 的混凝土填充，顶棚部分是钢骨结构，同样用混凝土覆盖。车体前后的顶棚部分各设有一个观察塔，并装有两组机枪用移动式防盾。关于射击设备，车体前面及左右部位各设 1 个火炮用射口，车体后半左右部位各设 2 个机枪用射口。搭载武装一般为 47mm炮 1–2 门，37mm 炮 2–3 门，机枪 2–3 挺。这种类型的铁道装炮车捷克军装备有 2 辆、白俄谢苗诺夫军装备了 1 辆。

第二，小型有盖小口径装炮货车

主要由用于"东清"铁路上的 7 吨小型有盖货车为基础制造，木制车体内部用木框架成，内部用厚达 180mm 的混凝土填充，顶棚部分由 5 根铁路钢轨组成，同样用混凝土覆盖。车体后端顶棚部分由 115mm 至 140mm 的混凝土覆盖并搭设了观察塔。原车体侧面的出入口用混凝土封住作为装甲，新设的出入口于车体前、后两侧。射击位置为设于车体前、后各一个、车体侧面各两个的小口径火炮用射口（机枪兼用），由于该车混凝土装甲重达 19 吨，远远超过车体使用的限制重量，因此没有被使用，而是放置于哈尔滨车站备用。

第三，无盖小口径双轮式装炮货车

主要由用于"东清"铁路上的 6 吨无盖货车为基础制造，设置有火炮搭载兼旋转用的木制炮座，火炮设有コ字型厚度 15mm 的软钢板制防盾。另外，搭载的木制炮座装有可拆卸的缓冲发射冲击后坐力的简易缓冲器。武装为"三一"式速射炮及英制5寸榴弹炮。白俄"谢苗诺夫"军制造装备了2辆这种类型的铁道装炮车。

第四，无盖中口径旋转炮架式装炮货车

该车与无盖小口径双轮式装炮货车大小基本相同，以铁道工事作业用的旋转式轨道起重机的车体为基础制造，将吊挂机构拆卸后，在原旋转部位装上30口径6寸海军舰炮，火炮设有原本就有的厚度20mm的防盾。这种类型的铁道装炮车在美军的指导下由捷克军制造完成了1辆。

第五，无盖小口径旋转炮架式装炮货车

主要由用于"东清"铁路上的19吨的积煤炭无盖货车为基础制造，车体前方搭载有仅对正前方射击的英国50口径3寸海军舰炮，车体侧面及后面的木制板内侧及车体后半顶棚部分装有铆接的10mm厚的软钢板。车体后半部分设置装甲的部位为弹药库兼乘员休息处。这种类型的铁道炮车与日本"浦潮派遣军"制造的备炮货车为同一种货车，英军制造装备了3辆。

第六，装甲机关车

该装甲机关车（火车头）为捷克军所使用，机车室周围装有15mm厚的软钢板，蓄水箱部分与蓄水箱周围用木框搭设，内部用厚150mm的混凝土填充。

（四）装甲列车的初战

在西伯利亚战乱爆发之时，"赤卫军"及"白卫军"同时使用众多的装甲列车展开战斗。西伯利亚的日本陆军与装甲列车之间的首次遭遇战是在1918年8月21日，第12师团对哈巴罗夫斯克（伯力）攻击敌前哨战时发生的。

当时的攻击部队为日军步兵第24联队的第一大队和以特种炮兵队为基干组成的左翼"稻垣支队"（指挥官稻垣清大佐），以及捷克斯洛伐克军团配属的4辆装甲列车。

在8月22日的上午，左翼"稻垣支队"配属的捷克军装甲列车与"赤卫军"4辆编成的装甲列车进行了炮战，在这场炮战中，可谓是"城门失火，殃及池鱼"，与装甲列车并行前进的"稻垣支队"也遭到无情的炮击，炮击造成步兵第14联队阵亡下级士官1人，士兵4人。

（五）第12师团的战斗列车

1918年8月，日本陆军第12师团登陆后，下辖的野炮兵第12联队第1大队就将一门"三八"式野炮装载到俄制的一辆无盖列车上，用于铁路线上的警备，成为了日本陆军最初使用装甲列车的部队，当时这辆列车被称之为"战斗列车"。

战斗列车的初战为1918年8月4日对联军进行支援的哈巴罗夫斯克（伯力）攻击战，此战中，战斗列车担任了向第12师团对先锋的骑兵第12联队及后续的"稻垣支队"等攻

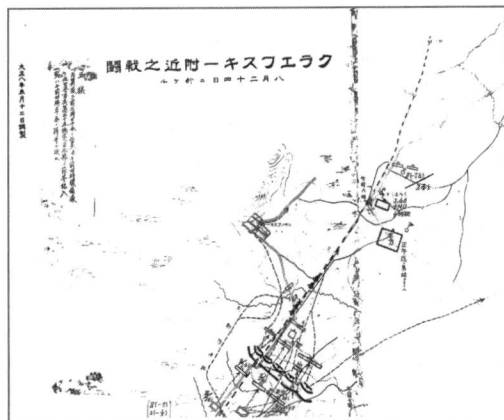

▲ 8月24日，哈巴罗夫斯克附近作战经过图。

击主力部队进行弹药补给输送等支援任务。

这个"战斗列车"由牵引的蒸汽动力火车头及用来搭载资材及兵员的客车、货车组成。最初以俄制无盖货车加上沙包和粗木方作为防护设备，武器为搭载的一门"三八"式野炮。列车的运行由第一铁道队第二中队来操作使用。

该"战斗列车"于8月24日，哈巴罗夫斯克（伯力）市前与"赤卫军"的战斗列车进行了交战，双方用车载的野炮及机枪进行了激烈的交火。在战斗列车的支援掩护下，搭乘列车的步兵下车展开作战，工兵第12大队的军官斥候（特种侦察部队）在平山义户中尉的指挥下向"赤卫军"装甲列车的后方进行了迂回，爆破了"赤卫军"后方退路的铁路线，尔后炮击破坏了"赤卫军"的列车并将其缴获。

▲ 日军所制造的备炮货车，可以清晰的看见搭载的 50 口径 75mm 速射加农炮

▲ 1918 年冬天，日军第三师团所装备的装炮货车，搭载 2 门 50 倍口径 75mm 速射加农炮

（六）备炮货车的制造

1918 年 9 月从日本本土派遣到中国东北哈尔滨的伊势喜之助大佐和协助的大角享炮兵中尉在沿海州和外贝加尔山脉方面的铁道作战中总结出，装甲列车的发展应将"先行炮兵使用"、"追击战使用"、"铁道守备使用"三个概念融为一体，让其拥有兼顾多种作战任务的功能，并对之后装甲列车的生产进行了制造指导和运用教学。[1]

这段时期制造的搭载火炮的货车被称为"备炮货车"，以在中国东部铁路广泛使用的自重为 19 吨、载重量 49 吨的用于运输石炭的被称为"五十吨载无盖货车"的车体为基础，搭载 2 门 50 倍口径 75mm 的速射加农炮，并用原车厢厚度 7mm 的底板作为装甲立置于货车四周，车体中央设置弹药存放处，火炮前装有 10mm 厚的可拆卸防盾。

这种"备炮货车"由"甲种备炮货车"及"乙种备炮货车"的 2 辆为一组。运用时，"甲种备炮货车"的火炮射界是针对列车前方和右侧方使用的，"乙种备炮货车"的火炮射界是针对列车左、右两个方向的，因此 2 辆一组为使用的原则。

货车搭载的火炮为旅顺要塞及永兴湾要塞备用的 8 门"50 倍口径 75mm 速射加农炮"及 1120 发弹药（榴散弹 800 发、榴弹 320 发）。完成后的两组 4 辆"备炮货车"进行了射击试验，并由第 3 师团隶属的野炮兵第 3 联队派遣的军官 1 名，下士官 3 名和士兵 21 名进行学习和使用，尔后于 10 月 7 日配备于第 3 师团。

---

[1] 伊势喜之助大佐和大角享中尉曾对在西伯利亚方面的各国使用的装甲列车进行了调查研究

▲ 试制轨道装甲汽车

（七）试制轨道装甲汽车

为了保证营业性列车的正常运行，为其排除铁路上的障碍。"浦潮派遣军"根据指示开发出了可用于轨道上进行巡防的"装甲轨道汽车"，1918 年 12 月试制完成了 1 辆，其车体结构基本类似于试制的轻型装甲汽车，车体上方设有小型观察塔，前部及侧面开有观察窗兼射击孔，车头装有 1 个大型探照灯。该车完成后即配属于日军第 14 师团，于西伯利亚周边进行了各种试验与操作人员的教学，尔后 1919 年秋第 14 师团回国前，转交配属于第 13 师团使用。

（八）第 12 师团的装甲列车、战斗列车编成

1. 装甲列车编成

第 12 师团的"备炮货车"以 4 辆"弹药车"和 4 辆"步兵车"进行改造而成，编成第 3、第 4、第 5、第 6 装甲列车四组，并于同年 11 月开始投入使用。

"弹药车"以美国式的无盖货车为基础，车体四周为约 7mm 的软钢装甲板，厢顶部分为木制骨架，上铺设铁皮，车体侧面设有两个开闭式的空气流通窗。

"步兵车"与"弹药车"的整体构造大体相同，区别在于"步兵车"车侧单面设有

10 个步枪用射击孔和 1 个机枪用射击孔。

另外还同时配有为搭载士兵提供餐食制作的有盖货车——"炊事车"、用于兵员休息的普通客车——"栖息车"，和负责前方警戒的装有沙包和铁道修理机材的无盖货车——"先头防护车"。

2. 战斗列车编成：

（1）先头防护车——炮兵车——弹药车——步兵车——火车头——栖息车——炊事车；

（2）先头防护车——火车头——栖息车——炊事车——步兵车——弹药车——炮兵车；

乘员基本编制为负责运行的铁道兵 3 至 4 名，从事作战的步兵 15 至 43 名，机枪兵 11 名、炮兵 10 至 13 名以及步兵指挥军官 3 名。装备方面由"炮兵车"（备炮货车）的现有装备火炮 2 门及"步兵车"搭载的机枪 2 挺、兵员各人携带的步枪组成。根据作战情况，人员及装备都有不同的增减。

3. 1918 年时第 12 师团的装甲列车运用概念

（1）铁道、电线以及火车站的警备；

（2）截断企图横穿铁道沿线的敌军；

（3）铁道沿线附近及各部落地的敌情搜索；

（4）铁道沿线各守备队驻屯地的警备；

（5）输送援护；

（6）铁道桥及轨道补修援护；

（7）以威吓为目的的运行；

（8）谍报勤务援护。

之后在 1919 年 5 月 13 日，第 12 师团受命返回日本本土，野炮兵第 12 联队使用的装甲列车移交给了第 14 师团，继续在西伯利亚地区使用。

（九）第 3 师团装甲列车的编成

第 3 师团 1918 年的装甲列车人员教育是由师团隶属的野炮兵第 3 联队军官 1 名、下士官 25 名进行的，他们被派遣至哈尔滨进行系统的教学。同年 10 月 7 日教学结束后，第 3 师团接收了"甲种备炮货车"及"乙种备炮货车"两组 4 辆并用于师团的作战区域内，编制为野战重炮兵第 4 联队下属的第 1 装甲列车及野炮兵第 3 联队下属的第 2 装甲列车。

（十）第 5 师团装甲列车的集团使用

1919 年，接替第 3 师团的第 5 师团于西伯利亚地区展开作战。同年 4 月 18 日，隶属第 5 师团"竹内支队"的"第 5 师团装甲列车团"在赤塔市附近对"赤卫军"的歼灭作战中使用了多辆装甲列车与"赤卫军"炮兵进行了炮战，尔后于库卡火车站缴获了其装甲列车及军用列车。

▲ 日本"浦潮派遣军"使用的新式装甲列车

▲ 日本陆军第十三师团（师团长西川虎次郎）于 **1920 年 4** 月于俄国极东沿海地区进行治安维持时，装备的新式装甲列车对过激派军进行武装缴械

"竹内支队"由步兵第 5 联队下属的第 2 大队为主力组成右纵队，左纵队则由第 3 大队为主力编成。另外，配属由第 1 装甲列车、第 2 装甲列车、第 3 装甲列车以及"谢苗诺夫"军装甲列车 1 辆共计 4 辆编成的"第 5 师团装甲列车团"。

（十一）日军新式装甲列车登场

在反游击战中，各国为了应对战局，逐渐对装甲车进行了进一步的改装，日本陆军也认为有必要制造真正意义上的装甲列车投入作战。

▲ "第一〇一号"

第 101 号步兵车	
制造时间	1919 年 12 月
重量	31.83 吨
武装	"大正三年"式重机枪 2 挺
乘员	36 人

▲ "第一〇二号"

第 102 号步兵车	
制造时间	1920 年 1 月 4 日
重量	29.15 吨
武装	"大正三年"式重机枪 2 挺
乘员	20 人

▲ "第一〇三号"

第 103 号步兵车

制造时间	1920 年 2 月 16 日
重量	31.2 吨
武装	"大正三年"式重机枪 2 挺
乘员	36 人

▲ "第一〇四号"

第 104 号步兵车

制造时间	1919 年 12 月 31 日
重量	37 吨
武装	"大正三年"式重机枪 2 挺
乘员	36 人

▲ "第一〇五号"

第 105 号步兵车

制造时间	不详
重量	31.9 吨
武装	"大正三年"式重机枪 2 挺
乘员	20 人

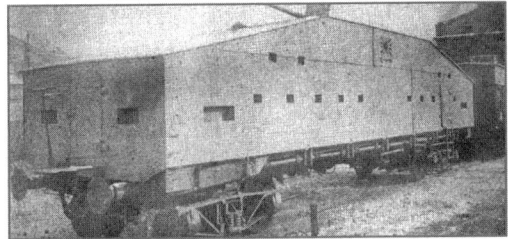

▲ "第一〇六号"

第 106 号步兵车

制造时间	1920 年 3 月 16 日
重量	31.6 吨
武装	"大正三年"式重机枪 2 挺
乘员	36 人

▲ "第一〇一号步炮兵车"

第 101 号步炮兵车

制造时间	1919 年 1 月 7 日
重量	29.76 吨
武装	"四一"式山炮 1 门，"大正三年"式重机枪 2 挺
乘员	20 人

▲ "第一〇二号步炮兵车"

第 102 号步炮兵车

制造时间	1919 年 2 月 27 日
重量	31 吨
武装	"四一"式山炮 1 门，"大正三年"式重机枪 2 挺
乘员	20 人

1919年9月，为增强火力，日军追加了装甲列车用的47mm速射炮10门及穿甲弹5000发，由关东军旅顺要塞的"浦潮派遣军"兵器厂负责配送。利用这些47mm火炮，按照每辆无盖货车1至2门的标准赶制出了多辆"备炮货车"，用于铁道警备任务。

1919年12月"备炮货车"搭载的50倍口径75mm速射加农炮在近距离作战中由于射击弹道低伸，山地作战中使用大受限制，在战事危急的时刻只能临时使用搭载的"三一"式速射山炮进行射击以解危局。尔后，由"浦潮派遣军"兵器厂紧急送来12门"四一"式山炮来替换原先的75mm速射加农炮。

在1919年-1920年间，"浦潮派遣军"兵器厂利用西伯利亚俄军海军工厂的设备，以白俄军的舰艇和货车为原材料，制造出了6辆装甲列车，分别命名为"第一〇一号"至"第一〇六号"步兵车。以及2辆兼具步、炮兵车功能的"第一〇一号"和"第一〇二号"

▲ 日军第7师团缴获的苏联红军装甲列车

▲ 搭载克虏伯152mm榴弹炮的苏联红军装甲列车

步炮兵车。这些新造的装甲列车与现有"备炮货车"以及缴获的各种装甲列车进行了适当的编组，投入到了警备及作战任务中。

（十二）日军缴获的装甲列车
1. 苏俄红军装甲列车

日本陆军第7师团（师团长藤井幸槌）于乌苏里附近地区缴获的苏联红军装甲列车，无盖货车改造的炮兵车上搭载1门"克虏伯"150mm口径加农炮。

2. "梁占诺夫"军装甲列车

这辆装甲列车为沙俄白军驻黑龙江"梁占诺夫"军（司令官为白俄将军梁占诺夫"СергейНРозанов"）所属，曾拨给哥萨克"卡尔梅科夫"军在格罗迪克沃用于绥芬河之间地区的警戒巡防。1919年11月的"盖达事件"中，"梁占诺夫"军投入这列装甲列车用于镇压捷克（叛乱）军。1920年1月，这列装甲列车于"梁占诺夫"军撤退途中被日军第13师团截获。该车由炮兵车、步兵车、火车头、炭水车及客车组成。"步兵车"是以钢制无盖货车为基础，于车厢前、后部加设钢制观察塔，车厢侧面设有步枪用射击孔。车身涂装原本为褐、绿色波浪线迷彩，日军缴获后重新涂为深绿色单色，并于侧面加上识别用的旭日旗。"炮兵车"是以普通无盖货车为基础，并于车厢中部靠前位置各搭载1门"三一"式速射山炮和1门47mm速射炮所拼凑的"急造炮兵车"。

3. "沙姆瑞兹"号装甲列车

这辆装甲列车最初在第一次世界大战中期的1916年1月，由欧德萨铁路机厂开始制造，第二年9月完工，命名为"沙姆瑞兹"号（即

"阿穆尔军团"号）。当时采用了较大的台车，配装 2 个双轴轨车，动力系统为菲亚特汽车的 60 马力引擎，在无蒸汽火车头的牵引下可以进行短距离的自走，最高时速 28 公里

▲ 白俄梁占诺夫军装甲列车

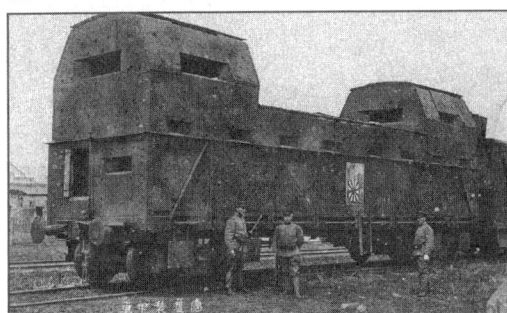

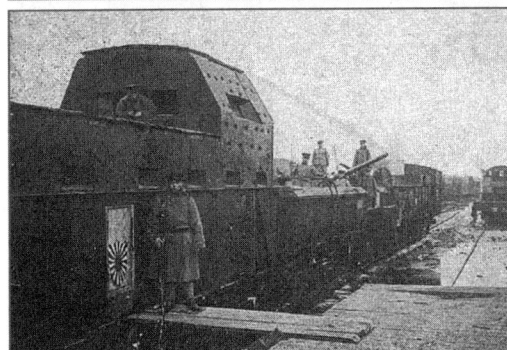

▲ 被日军第 13 师团收缴的白俄梁占诺夫军装甲列车

/ 小时，起初的武器装备为前、后两端旋转炮塔上装备的射速为 60 发 / 秒的"诺登菲尔特" 57mm 口径速射机关炮，制造完成后配属于克罗波夫少将指挥的俄军西南方面军"第二沙姆斯基铁道旅"进行作战。

1918 年 3 月俄国内战爆发后，这辆列车更名为"列宁号"，并加挂一节蒸汽装甲火车头和两节"红胡子"炮兵车，尔后配属于"赤卫军"前往西伯利亚讨伐捷克军。然而还没到达目的地，就在同年 7 月 22 日的"辛比尔斯克"战役中被捷克军所缴获，随后被更名为"欧力克号"（即"幼鹰"号），成为捷克军最强力的装甲列车。因"沙姆瑞兹号"

▲ 日军缴获的"沙姆瑞兹"号装甲列车

▲ 日军缴获的"沙姆瑞兹"号装甲列车

炮兵可以单独作战，于是被改称为"欧力克一号车"，由于原先的 57mm 炮弹用完无法补给，捷克军便将火炮换装为俄制"菩提洛夫"1902 年式 76mm 口径野炮，至 1920 初，一直被用于在铁路沿线上与"赤卫军"作战。1920 年 4 月，捷克军遭到"赤卫军"攻击，向海参崴撤退，担任军团后卫的"欧力克一号"于柴塔尔镇被同盟的日军所截住并收缴，收缴后的日军使用该车数次用于对抗"赤卫军"作战。之后经过交涉，日军将这辆车归还给了捷克军，而捷克军在退出海参崴时留给了

"白卫军"。1922 年 10 月海参崴被苏联红军攻陷后，部分沙俄白军在谢苗诺夫带领下连同这辆装甲列车流亡到了中国东北。

4．其他装甲列车

▲ 日军第 5 师团于赤塔附近缴获的"信越号"装甲列车

▲ 日军第 14 师团于浦潮车站缴获的苏军装甲列车

▲ 日军缴获使用的装甲货车

▲ 日军山田支队于弗兰克夫斯克市附近缴获的装甲列车

第四节 日本陆军战车队的创设
（最初的战车队）

1919 年，日本将购回的"惠比特"中型坦克与法国"雷诺"轻型坦克（其中 2 辆于伯力进行试验）送往辎重兵学校的军用汽车试验班进行研究和学习，陆军步兵学校方面派遣了三桥济大尉、我泽英夫中尉、石井广吉中尉 3 人向随车来日的英、法教官学习了战车的操纵与教学，并相继分配至陆军技术研究本部、大阪造兵工厂进行研究。1920 年 1 月，3 辆雷诺坦克及 2 辆惠比特坦克被转送至陆军兵学校教导队，由三桥济大尉、我泽英夫、石井广吉、细见惟雄、吉松喜三、加藤武一中尉以及下士 4 至 5 名、士兵 20 名对"雷诺"坦克的操纵法（各种运动、障碍及战壕的通过、夜间的肃静行进等）、作战法、射击法、指挥联络法及与步兵协同作战方法进行彻底研究，其中关于坦克的机构修理技术的训练最为辛苦。

当时的英国和法国是坦克方面的先进国家，英军的坦克运用理念是将其当作一种同时具备火力与机动力的新兵种，而法军方面则是将坦克单纯地作为步兵的支援武器来使用。日本方面经过分析后，把法国的坦克运用理念作为了自己发展的范本。在此期间，日军的坦克部队与"东京"师团、"宇都宫"师团、"高田"师团进行了相应的步、坦协同攻防演习。

1922 年春，步兵学校教导队的 5 辆坦克在行军途中接连发生了故障，入夜后到达目的地千叶县东金地区时，全部车辆均因故障而无法行驶，被迫结束行军，行程 28 公里。这次测试得出的结果是："部队行进时速 3 公里，坦克以履带连续行军一天的行程为 20 公里比较适当，并且必须每 3 天中要有 1 天对坦克进行整修。"

细见惟雄中尉（时任陆军步兵学校教导队队附兼副官）回忆："大正十一年，我从西伯利亚返回内地后，转任到步兵学校。当时同校里有 A 型 2 台、雷诺 3 台。同年秋，我由于进修战车，被队长武田大佐派遣到汽车学校学习，教学是以一名教官指导一名学

▲ 日军早期使用模型装甲汽车（丙号自动货车改）进行训练

生的一对一方式，我由教官乃台大尉用英国制的 MK.IV 重战车进行指导。这是我初次鼓起干劲操作坦克。有一天，演习解散之后，我主动进行学习，在与助手士兵一起操纵坦克回去的途中，通过壕沟时，无论如何进行操作和变速也过不去。之后因为未经许可进行操纵挨了教官的批评。

3 个月的修业结束后我返回了步校。与三桥、石井两大尉一同从事战车相关的指导，担任学员教练的小队长。在之后的一次演习中使用 5 台战车安全地进行了行军，其中有一两台因发生故障而落后。这个小队的编成有 A 型 2 辆、雷诺 3 辆、军官 1 名、下士官 5 名、士兵 20 名。

大正十二年 8 月，高田师团在关山演习场进行大规模的阵地攻防演习，我担任小队长率领步兵学校的 5 台战车参与了其中。这个演习正好是还在赤仓的皇后陛下订婚那年，良子女王殿下（香淳皇后）一家也到场观看，着实让官兵们一通紧张。

演习后，我提交了报告，对这次奇妙的演习效果很满意，自此，战车开始参加大规模的演习。"

第一次世界大战结束后，全球陷入了世界性的经济危机之中，世界各国都进行了大规模的裁军，在此裁军风潮之下，日本也为了减少军备预算，于 1922 年由时任陆军大臣的山梨半造前、后执行了两次裁军计划，共裁撤了军官 2268 名，准士官以下 57298 名以及军马 13000 头，缩减了相当于 5 个师团的兵力。

1924 年至 1927 年，日本再次派遣以陆军科学研究所所长绪方胜一少将为团长的购买团前往欧美，对日军所需要的兵器进行调查及购买。在此期间除了续购了之前买过的"惠比特"中型坦克（中战车）及"雷诺"FT 轻型坦克（轻战车）外，又订购了较新型的坦克如"雷诺"NC-27 轻型坦克（轻战车）、"圣沙蒙"M21 轮、履两用战车等。

1925 年 5 月，新任陆军大臣宇恒一成再一次进行裁军，缩减了军人 33894 名及军马 6089 头。鉴于第一次世界大战中出现的新式装备、武器、战术战略思想和日本自身的经济情况，虽然废除了常设的 4 个师团，导致日本兵力下降，但是此举却对日本军队近代化体制作出了重大改善，使其在质量上有了提高，史称"宇恒军缩"。

宇恒军缩新设单位：	
2 个战车队	久留米 千叶
1 个高射炮联队	浜松
2 个飞行联队	浜松 屏东
1 个台湾山炮联队	台北
陆军自动车联队	东京
陆军通信学校	神奈川
陆军飞行学校	三重 千叶

1924 年，日本在所购坦克原配的法国"皮托"炮及"维克斯"机枪弹药用光后，即于 4 月的《战车换装机枪及平射步兵炮相关文件》中指示，根据军备整理新设的第 1 战车队及步兵学校战车队所需要的战车（坦克）由陆军造兵厂对车载武器进行换装。"雷诺"战车换装日本国造的"十一年"式平射步兵炮及"三年式"重机枪；英国制中型战车均换装 4 挺"三年式"重机枪。

同年 4 月 1 日，由汽车队改编的陆军汽车学校（校长为天谷知彰少将）正式组建，与此同时，军用汽车调查委员会被废除，委员会的业务由陆军汽车学校接管。

1925 年 5 月 1 日，根据裁军计划，千叶的步兵学校教导战车队及久留米的第 1 战车

▲ 第一战车队第二任队长石原常太郎中佐

第1战车队（第一戦車隊）		
（大正时期）		
队长	三桥济中佐	
装备	"惠比特"A型中战车	2辆
	"雷诺"FT-17轻战车	5辆（炮型2辆、机枪型3辆）
（昭和时期）		
队长	石原常太郎中佐	
装备	"惠比特"A型中战车	3辆
	"雷诺"FT-17轻战车	8辆
	"雷诺"NC-27轻战车	10辆

▲ 5月8日武器配备数目表　▲ 7月29日武器配备数目表

队正式建立。同月8日，陆军兵器本厂向陆军步兵学校教导战车队调给了重战车（"惠比特"A型）1辆、轻战车（"雷诺"FT-17）1辆、轿车1辆、自动货车1辆、挎斗摩托车2辆。第1战车队编制与此相同。尔后，日军于7月29日继续将换装修理完成的战车配备给了这两个战车队。

▲ 久留米第1战车队正门

▲ 第1战车队惠比特战车队列

▲ 久留米第1战车队车库

▲ 久留米第1战车队装备的3辆雷诺FT型战车及1辆惠比特A型中战车

由于此时日本陆军的战术核心思想是把战车看作辅助步兵作战的支援性武器角色，所以战车兵被配属在步兵科内，与步兵一样佩戴制式红色领章（日本陆军"昭和五年"式军服，简称"昭五"式），领章上有代表战车兵的金属战车徽标。

步兵学校教导战车队（步兵学校教導戦車隊 简称步校）		
（大正时期）		
队长	大谷龟藏（后改姓尾高）中佐	
装备	"惠比特" A 型中战车	4 辆
	"雷诺" FT-17 轻战车	3 辆（炮型 1 辆、机枪 型 2 辆）
（昭和时期）		
队长	大谷龟藏（后改姓尾高）中佐	
装备	"惠比特" A 型中战车	4 辆
	"雷诺" FT-17 轻战车	11 辆
	"雷诺" NC-27 轻战车	8 辆

▲ 千叶步兵学校教导战车队成立

▲ 跨越散兵壕的千叶战车队的雷诺 FT 型轻战车

▲ 千叶步兵学校战车队的 104 号雷诺轻战车

▲ 千叶战车队的雷诺轻战车进行突破铁丝网测试

一 "惠比特" MK. A 中型坦克

因第一次世界大战西线战场的菱形 MARK 重型坦克体型过于笨重，且时速较低，虽然能够配合步兵对敌军战壕阵地进行有效的突破，但是并不具备追击能力，追歼的任务依然还要依靠骑兵来完成。于是根据英国军方要求，陆地战舰委员会开始研制一款能够协同骑兵进行追击的快速坦克。1917 年 10 月，由威廉·福斯特公司的总经理威廉·崔思顿爵士设计的第一辆快速坦克制造完成，最初被称为"崔思顿追击者"，后正式命名为"惠比特" MK.A 中型坦克。该车取消了过顶履带传动式方案，以"小游民"坦克底盘及履带为基础，内装两台"戴姆勒" JB4 型水冷式发动机，分别用于独立传动装置完成单侧履带的驱动，并在车身上方后部设计有固定机枪塔。该坦克在测试中展示了其良好的机动性能，在获得英国军方的许可后，便正式投入量产，前后总产量达两百辆。1918 年初正式装备英军坦克部队，于 3 月首次投入西线战场，并与德军 A7V 重型坦克发生了世界历史上的第二次坦克对战。

一战结束后的 1919 年，世界各国开始吸取大战时的作战教训，认识到坦克这种新式武器在陆战中的重要性，日本方面也以研究为目的又向英、法两国购买了 3 辆英国

性能参数	
重 量	14.23 吨
车 长	6.08 米
车 宽	2.62 米
车 高	2.75 米
履带宽	52.1 厘米
武 装	"哈奇开斯"气冷式 7.7mm 轻机枪 4 挺、"三年"式重机枪 4 挺（换装）
装 甲	前部 14 毫米、侧面 10 毫米、其他部位 6 毫米
引 擎	"泰勒"（Tylor）45 匹马力双 4 缸 side-valve JB4 汽油发动机
最大时速	13 公里 / 小时（Mark 菱形重坦克两倍以上）
爬 坡	40°
越 壕	2.13 米
渡涉深度	0.9 米
乘 员	3 名（车长、驾驶员、机枪手）
弹药基数	5400 发

▲ 步兵学校教导战车队的"惠比特"MK.A 中型坦克

▲ 日本刚购买回国的英国惠比特 A 型中战车

"惠比特"A 型中型坦克和 10 辆法国"雷诺"FT-17 轻型坦克。日本当时购入的这些坦克都是参加过一战或库存剩余的旧货。其中的 4 辆"惠比特"MK.A 中型坦克从涂装编

▲ 久留米第 1 战车队的 A370 号惠比特 A 型中战车

▲ 千叶战车队装备的惠比特 A 型中战车

号上推断，应为参加过 1918 年被德军方面最高指挥官鲁登道夫称之为"黑暗之日"的"亚眠会战"的英军第六坦克营所使用的。

二 法国"圣沙蒙"M21 轮履两用战车（サンシャモン M 2 1 装軌装輪戦車）

1920 年，法国圣沙蒙公司及 FAMH 公司开始共同进行设计、研制一款既能够用于公路上快速行驶，又可以在崎岖地形上越野前进，同时具备车轮及履带适应性的轮、履两用型坦克。

1921 年，第一辆原型车制造完成，车体为铆接结构，武装为 1 挺 8mm "哈奇开斯"机枪。但在随后的测试中发现，该车轮、履两种模式转变起来比较麻烦，由轮式转换为履带式时通过机械传动将车轴及车轮升起，收入前、后部位，在此同时将履带落下，此

过程大约需要十分钟左右即可完成。而从履带式转换为轮式则要麻烦得多，因轮式悬挂结构强度较弱，承重力不足，无法直接抬起车身进行转换，必需找一同宽的平行斜坡在车轮悬空状态下进行转换，尔后再倒回平地才能完成转换过程。这种复杂而麻烦的转换过程于战场上很难实现，并且极易损坏。

虽然转换过程非常麻烦，但在测试中该车表现出了良好的操控性。轮式模式行驶时的控制采用传统的方向盘进行，履带模式行驶时则是由踏板及控制杆控制。操控测试中发现，原先的一个乘员很难兼顾所有的操作，于是之后又增加了指挥官和机枪手。之后经过小幅度的修改后进行了批量生产，并命名为"圣沙蒙" M21 型轮、履两用坦克。1926年的"莫里斯－玛特尔"轮履坦克与此车十分相似。虽然这型坦克因"质量"有限，被法军方面所摒弃，但还是有少数国家产生了一些兴趣，购买了一些。1923 年，日本觉得这辆战车设计理念较为新奇，于是购买了 1 辆试制样车回来，并放在陆军汽车学校进行技术研究。

▲ 日军租借研究的法国"圣沙蒙" M21 轮履两用战车

▲ 测试中日军"圣沙蒙" M21 轮履两用战车

▲ 裕仁天皇于日本陆军汽车学校检阅各型汽、战车

日方在研究后发现，此型坦克除了上述缺点之外，装甲也很薄弱，运行时车内炽热非常，由于采用固定机枪座设计，机枪手视野也很受限制，并且在射击后退出的空弹壳会不断弹向机枪手。日方最后判定该战车可靠性非常差，设计也很鸡肋，实用性极低，最终归还给了圣沙蒙公司，没有批量购买。

三 法国"雷诺" NC1 轻型坦克

第一次世界大战结束后，法军剩余了大量的"雷诺" FT－17 型坦克。因为预算的限制，新型坦克的开发也进入了停滞状态。于是雷诺公司将这些剩余的 FT 坦克针对悬挂和动力系统进行改装试验。最初的改装在"雷诺" FT 型车体结构的基础上借鉴了"雪铁龙"半履

性能参数	
重　量	3.3 吨
车　长	3.6 米
车　宽	1.86 米
车　高	1.75 米
乘　员	2 人
装　甲	6 毫米
武　装	"哈奇开斯"气冷式 7.7mm 轻机枪 1 挺
引　擎	圣莎蒙（St. Chamond）15CV，8 升 6 缸汽油发动机
时　速	28 公里 / 小时（轮式）；6 公里 / 小时（履带式）
爬坡达到	30°
越壕可达	1.7 米
涉水深度达	0.7 米

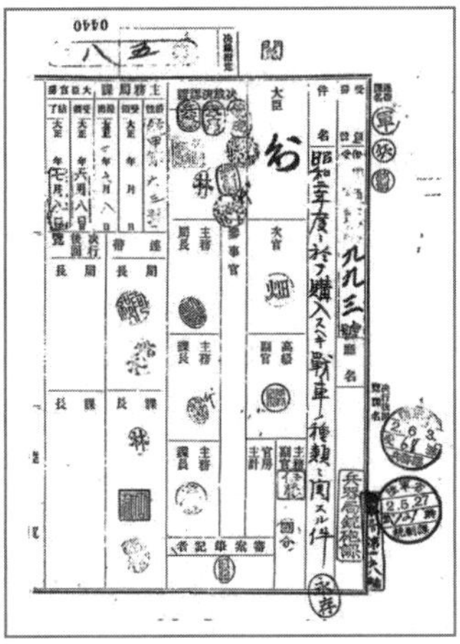

日本购买法国"雷诺"NC 型轻战车文件

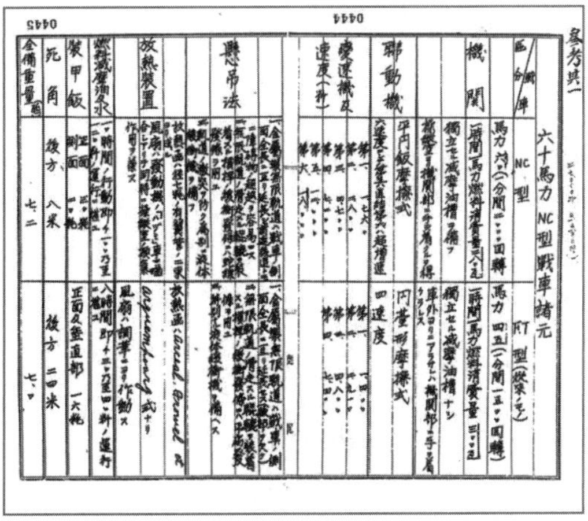

日本购买的"雷诺"NC 型轻战车性能诸元表文件

性能参数	
重　量	10.5 吨
车　长	4.41 米
车　宽	1.71 米
车　高	2.22 米
乘　员	2 人
装　甲	正面 30 毫米、侧面 20 毫米
武　装	原装："皮托"37mm 半自动火炮1 门、"哈奇开斯"8mm 机枪 1 挺；换装："试制一号"型 37mm 战车炮 1 门、"十一年"式轻机枪 1 挺
引　擎	"雷诺"4 缸 5000 毫升水冷式汽油机
时　速	18.5 公里 / 小时

日本所购买使用的"雷诺"NC 轻型坦克

日军装备的 303 号"雷诺"乙型（NC 型）轻战车

于野外测试的日军"雷诺"乙型（NC 型）轻战车

带车，制造出了 42 辆试制半履带型坦克，并投入到了法属摩洛哥的镇压叛乱中，这次改装的结果，虽然将时速提高到了 17 公里 / 小时，但是履带等结构却非常脆弱。之后 1926 年雷诺公司设计和采用了新式的悬挂系统，制造出新的第一辆原型车，名为"NC1"，该车单侧安装 14 个小型负重轮和 3 个立式减振弹簧，最高时速可达 18.5 公里 / 小时，是"雷诺"FT 型的 2 倍以上。

1927 年，法国雷诺公司为开辟海外销路，提出希望日本购入自己生产的新式 NC 坦克。为维持与雷诺公司的良好合作关系，并支持该公司的研究，在得知他们又研制出 FT 型的

▲ 日军步兵于"雷诺"乙型（NC型）轻战车合影

新式后续型后，日本方面派出了"绪方购买团"前往法国前后分批订购了23辆试生产的NC1型（又称"NC-27型"）坦克。1927年购买了17辆，其中6辆装备火炮、1辆装备机枪。

1929年继续购入了6辆，4辆装备火炮、2辆装备机枪。到达日本后的"雷诺"NC坦克随后便接受了各种形式的测试，在测试中发现，长距离的行驶会导致坦克发动机过热，致使其不能够达到预定的速度，履带也较容易断裂脱落，并且引以为豪的悬挂系统也非常脆弱，故障频发。不过由于当时坦克数量还比较缺乏，无奈之下，日本还是将这批NC坦克分配了步兵学校战车教导队及第1战车队。为了与之前购买的FT型坦克作区分，日方将FT型改称为"雷诺甲型战车"，NC型称为"雷诺乙型战车"。

第五节 日本国造装甲车辆的开发

一 陆军技术（本）部

1919年日本陆军省高层在研究了第一次世界大战的实际情况和日本的军事技术现状后，为了应对越来越进步的世界兵器技术，决定将原先的陆军技术审查部（明治36年4月成立）进行扩充，并把担任兵器检查业务的兵器厂、原陆军技术审查部所负责的兵器材料设计相关业务以及陆军炮兵工厂统一进行了合并管理，于同年4月12日正式成立了"陆军技术本部"。

陆军技术（本）部的职能及定义："（陆军技术本部是）对陆军兵器及兵器材料进行审查，统一制式及检查，同时对陆军技术进行调查研究及施行测试，并发展改良的日本陆军机构。"

陆军技术本部首任部长为有坂成章少将，本部设有总务部、第1、第2、第3部以及陆军科学研究所。总务部的主要职能为技术军官与陆军技师的人事管理。第一部主要担任

▲ 有坂成章

一般兵器的调查研究、审查、试验及射表编撰的相关事项。第二部主要担任工兵器材的相关事项。第三部主要担任兵器的制式、检查的相关事项。陆军科学研究所主要担任基础科学的研究。

1922年"山梨裁军"后，为了能够用国造牵引车替代当时所用的美国制"霍尔特"5吨履带牵引车，陆军技术本部的研究任务主要为牵引车及汽车方面。1923年8月下旬，由陆军技术本部第1部（部长黑崎延次郎）车辆班设计，大阪炮兵工厂制造的"日本第

▲ 美国"霍尔特"5吨履带牵引车

▲ 试制的"日本第一号"3吨履带牵引车

一号"3吨牵引车完成。这辆日本最初设计制造的50马力的履带车辆重4.3吨，单车时速最高达到18公里/小时。在随后的实际行驶测试和性能检测中发现，由于技术上还不够成熟，该车履带极易损坏。虽然这次试制牵引车设计和制作暴露出了很多缺陷，但还是为之后日本履带装甲车辆的国产化提供了极为宝贵的经验。

二 "试制一号"战车

关于影响日本陆军由外购战车转为对战车国产化的决定，在日本军事史上有两种说法。即"吉田嘉猷战车国产化建议"和"原乙未生战车国产化建议"。

（一）吉田嘉猷战车国产化建议

1925年根据"宇恒裁军"计划中的陆军需要机械化、近代化的计划方案，主管兵器行政事项的陆军省军务局军事科进行了会议，会议主题就"日本主力机械化兵器的战车在未来依然由外购渠道取得的话是否能够持续

保持充足，而由日本独自制造的话又是否可行"为题进行了讨论。与会者有：陆军大臣宇恒一成、军务局长畑英太郎、军事课长杉山元以及高级课员永田铁山等。

在此次会议前，负责战车相关事项的陆军技术本部车辆班出面与军事课高级课员永田铁山进行了联络，由于时任班长长谷川正道大佐在九州地区出差，所以改由代理班长吉田嘉猷中佐出面与军事课进行了联系。班长长谷川的观点为，日本的坦克战车技术条件还是比较有限，应以使用外购战车担当主力比较合适。而代理班长吉田中佐则是一位对发展国产战车非常积极的技术人员，他认为："兵器方面由本国自行制造是最好的，从外国购入兵器装备部队的话，没有纵深性并且战力也会比较薄弱。虽然以如今技术制造战车比较困难，但是坚持努力的话，一定可以成功制造出优秀的战车。"

（二）原乙未生战车国产化建议

由于兵器装备现代化的必要，日本陆军数次派遣购买团前往欧美诸国进行战车的选购，当时以技术本部内部车辆班的一批年轻技术军官为首的一些人极为反对购入第一次世界大战时期的旧型"雷诺"战车作为日本陆军机械化部队的主力装备。于是，在铃木孝雄就购买团是否应该大量购买"雷诺"战车的问题向技术本部车辆班全部人员征求意见时，车辆班成员纷纷表示反对。

原乙未生（时任技本车辆班中尉组员）回忆："当时我还在技术本部车辆班担任组员，在等待对战车必要性的进一步研究的命令时，对无视责任者的购买团感到不满，于是借此契机我向本部长呈报了国产开发战车的要求和意见。本部长问：'有信心开发战车吗？'

我回答：'这件事是在预计中并一直在进行研究，也已经有了设计方案。'在说明了方案计划后，本部长也认为大量购买雷诺战车并不适当，并向陆军省当局提出了战车国产化的意见方案。"

然而不管最终影响日本陆军高层进行战车国产化的决定是受上述某个人的影响又或是日本陆军高层集合了当时各种意见后而下的决定。总之在之后的 1925 年 3 月 8 日，陆军省正式决定由陆军技术本部车辆班（班长原乙未生）担任国产战车的试制计划，但是无论如何必须在 1927 年 3 月末财政结算前制造出战车，否则就必须将这笔战车的制造费用归还。当时世界各国开发新型坦克一般需时至少在四年以上，而开发的技术人员也需要至少一千人左右。在这短短 22 个月的期限内，让初次负责开发战车、仅有军官技术人员 4 名、绘图手 12 名的技术本部车辆班完成任务，着实给这些血气方刚的年轻人们出了一个巨大的难题！

同年 6 月开始，车辆班人员就开始废寝忘食地进行试制战车的设计工作，由于当时日本国产汽车产业还很弱小，于是他们选择了能够造出 4 吨货车的官方陆军大阪造兵厂制造原型车。又因为原先用于制造汽车的机床等工业机器都无法制造出战车，只好求助于汽车公司和神户制钢所等阪神地区的多家民间企业进行分担协助，一边制造所需要的新车床，一边同时制造所需的零部件。

设计者原乙未生在《日本战车 20 年的回忆》中记述了当时制造的情况："试做的开始非常困难。第一，当时日本的汽车工业还在摇篮时代，战车大型部分的制造即使在民间企业的协助下也很难完成。第二个困难是战车队设立后，在度日如年的等待，期望得到战车的补给，所以这样更加需要加紧完成。我们这次试制是设计技术者的试金石，失败的话会造成国产能力不足的印象，并转而依赖于外购。所以我们抱定了背水一战的觉悟。另外一方面这也是我们技术本部展现专研能力的好机会，开发出划时代的优秀战车。于是，在这个积极的抱负下制定了设计计划。"

"战车设计要领案"：

1. 作为主力战车需要能够适应坚固阵地战及机动战。

2. 单独在敌军阵地内有较高的作战能力。车内火炮及机枪的火力需要能够多角度方向进行射击。主炮塔装载一门 57mm 火炮，前面和后面各装载 1 挺机枪，侧面装载 1 门火炮、2 挺机枪，这样战车每侧都能够进行同时射击。57mm 火炮对敌军重火器阵地可以造成较大的破坏性，直接有效支援步兵。

3. 装甲的厚度要能够抵抗当时各国主要装备的 37mm 对战车炮（反坦克炮）。主要部位厚度至少需要达到 17mm，侧面要达到 8mm–10mm。但在希望增强装甲厚度的同时，重量不能增加过多，需要限制重量。

4. 公路上的最大时速要达到 25 公里 / 小时（第一次世界大战期间最高时速的"惠比特"战车也才 14 公里 / 小时），因为当时的制式 4 吨自动货车最高时速为 20 公里 / 小时，这样战车就能够与自动货车共同行动。所以考虑必须要能高速行驶。但是在公路以外的越野也要能够较快速行驶，所以要充分考虑到缓冲装置及操纵装置的耐久强度。

5. 只需要一名驾驶员即可完成所有驾驶操纵，日本军初期的战车需要 3 人来操纵，操纵性很迟钝。

6. 需要能越过宽度 2.5 米战壕，车体全长得有约 6 米。

▲ "试制第一号"战车

7. 能适用于铁路运输。

8. 携带的燃料需要保证 10 小时的行驶。

9. 满足这些条件的国产战车，重量不能够超过 16 吨。

于是，车辆班按照这些条件制定好计划后便开始日以继夜的突击作业，部分设计图完成后逐次送给工厂进行制造。大阪炮兵工厂当时是陆军最大的工厂，厂内的机械设备适合切割大型部件。悬挂部分的制造则被秘密交送到阪神地区的一些其他工厂，大型齿轮交由汽车公司，钢制部件及锻造品交由神户制钢厂。就这样，从设计到竣工用了 1 年零 9 个月终于完成了这划时代的成果。

1927 年 2 月底，在设计者及制造者的紧密合作下，日本第一辆国产的"试制第一号"战车制造完成，日本大正天皇嘉仁已于前一年驾崩，由皇太子裕仁继任，改年号为昭和，在位期间经历了中国抗日战争及第二次世界大战之太平洋战争。

（三）"试制第一号"战车概况

本车是全履带式的多炮塔坦克。车体上部靠前位置设有圆形 360° 旋转主炮塔一座，顶部设有一个车长指挥塔。为了能够破坏重机枪火力点，炮塔装载了 1 门仿制法国"哈奇开斯"6 磅短炮的试制型 57mm 口径战车炮，

这门试制战车炮于 1926 年 3 月开始研制，于同年 10 月制造完成，又经修改后于 1927 年 7 月装载到战车上进行射击测试，最终被定型为"九〇"式 57mm 口径制式战车炮并被日军大量装备。车身前部左侧及车身尾部各设有一个固定式副机枪塔，各装载 1 挺"三年"式重机枪。车身前部右侧内为驾驶室。车体后方斜坡处内部为机械室（发动机室）。

动力系统由装有行星齿轮装置的差动变速器进行分档及控制。这个结构是原乙未生设计的，拥有定半径转向、原地转向、紧急减速以及主刹车的功能。与离合器刹车式比较，动力损失很少。之后，这个系统成为日本作战车辆的标准装备。该车的转弯半径为

性能参数	
重　量	18 吨（为了强化武装及结构的稳定致使重量增加）
车　长	6.3 米
车　宽	2.4 米
车　高	2.43 米（加顶部车长指挥塔为 2.78 米）
装　甲	主要部分 17 毫米、侧面 8-10 毫米、底盘 6 毫米
武　装	试制 57mm 短战车炮（主炮塔）1 门、7.7mm "三年"式重机枪（前部及后部机枪塔）2 挺、火力死角范围为 10-20 米
携带弹药	炮弹 110 发、机枪弹 5000 发
发动机	V 型 8 气缸 140 匹马力水冷式发动机
传　动	前进 6 档、倒退 2 档
最高时速	20 公里 / 小时（原计划 24 公里 / 小时，由于重量增加难以达到）
最低时速	2 公里 / 小时
悬　架	双重平行四边形
履　带	特殊铸钢制 宽 0.35 米
乘　员	5 名（车长兼装填手 1 名、炮手 1 名、机枪手 2 名、驾驶员 1 名）
越　壕	3 米
爬　坡	43 度
越　障	1 米

4.6 米，只需要调动一侧的履带即可以实施原地转向。

悬挂部分为双重平行四边形，并装有 6mm 装甲板作为防护。转轮总计有 64 个，单侧有 8 对触地负重轮、3 个非接触地负重轮用于辅助爬坡，5 个拖带轮、1 个空转轮及 1 个尾部扣链齿轮。

由于技术不足，战车用的防弹钢板为低碳钢板。另外，当时包括日本在内的世界各国在熔接技术方面尚不发达，日本的国产战车只能全面使用铆钉作为装甲板的连接方式，并且为了增加车体结构的强度而在车体内部采用了纵横钢梁设计，所以最终导致战车的超重。

1927 年 6 月 20 日上午，"试制第一号"战车于大阪造兵厂由列车运送至测试起点北富士山演习场的御殿场站。7 时整，在请示过演习指挥官和田忠大佐后，开始进行卸车。旁边站立的原乙未生大尉看了下手表后开始在笔记本上记录。身穿作业服的技术本部职员们敏捷地解开捆绑的绳索，并将遮盖的罩布拉掉，日本陆军第一辆试制战车就这样展示在众人面前。检查完蓄电池后，技师咲山治三郎拎起 20 升的油桶向主燃料箱倒入汽油。尔后，陆军技术本部车辆班的 7 名职员一起行动，完成基础准备作业。随着前任班长今村贞治大尉的"乘员就位"口令下达，车长原乙未生、驾驶员上西甚藏、炮手咲山治三郎、通信兼装填手中世多助各自站到自己的位置上。"登车！""引擎发动！"一连串指示下达出来，经过七、八次空转后，8 缸 V 型 140 马力水冷引擎顺利发动起来。这个发动机是 3 年前原乙未生在技术本部火炮班兼职时，为大阪造兵工厂制造 150mm 加农自走炮发动机时设计试做的，之后就放置在

▲ 试验测试中的"试制第一号"战车

工厂一角，为了节约时间与车体的制造同时进行，才取来安装在车上使用。

取走固定枕木后的试制战车在原乙未生的口令下开始朝出口前进，担任引导任务的今村大尉乘坐摩托车、和田大佐乘坐汽车，部件工作车、燃料补给货车两辆为一列也随同出发。7 时 58 分，坦克从御殿场出发，向距离约八公里的目标地点"骑兵营"公开试验，开始行进。

最终，当日的公开试制战车试验演习得到了较好的成绩，轻易地越过了沙包障碍，同时堑壕的跨越也和预想的一样顺利通过了。射击稳定性良好，操作也比较轻快。原乙未生回忆："……看惯了时速 14 公里的中型

坦克的眼睛，再看到 18 吨的巨大身驱以时速 20 公里发出地动山摇的响声勇往直前的前进很壮观，有了国防力量大增的信赖感。"

受到这次成功的鼓动，陆军参谋本部决定继续对战车国产化进行研究。但是一个比较大的问题是车量，当时陆军要求重量为 12 吨，在设计阶段预定为 16 吨，但最后因各部分的强化而加重到 18 吨，这就导致 20 公里的时速未能达到军方要求的 25 公里。这对于当时以苏联为假想敌国，需要在广大的中国陆地进行运用的日本陆军来说，是一定要考虑的问题，所以这辆战车最终未能达到制式化的标准。

▲ 英国维克斯公司 MK.C 原型车

▲ 爱尔兰陆军的"维克斯"MK.D 中型坦克

三 "八九"式轻战车
（后定名为"八九"式中战车）

（一）英国"维克斯"MK.C 中型坦克（"毘"式十屯戦車）

1926 年，英国维克斯·阿姆斯特朗公司以英军 1923 年开始作为主力的"维克斯"MK.I/II 中型坦克的底盘为基础研发改进型号，并于 1926 年制造出两辆原型车，分别命名为"维克斯"MK.C 与"维克斯"MK.D 型。

该车为矩形车体，搭载一个可旋转的大炮塔，炮塔前部安装 1 门 6 磅 57mm 坦克炮，后部配备 1 挺"维克斯"7.7mm 机枪，车体前部左侧及车体两侧各装有 1 挺"维克斯"7.7mm 机枪。装甲上仍然稍嫌薄弱，仅6.5mm。悬挂系统基本与 MK.I/II 相同。履带采用新式设计，触地性良好。悬挂系统外侧安装有装甲护板。引擎为 132 匹马力的"阳光"6 缸水冷式汽油发动机，位于车体后部。最高时速可达到 32 公里 / 小时。C 型与 D 型唯一的区别是 D 型在炮塔顶部增加了一个车长指挥塔。

1926 年，就在日本本土的日本陆军技术本部秘密进行试造"国产一号"坦克的同时，日本陆军部高层担心战车国产化计划失败，做了两手准备，继续由"绪方购买团"进行外购考察。于是经过维克斯公司方面的推荐，维克斯公司可以向日本提供"维克斯"MK.I/II 的改进型"维克斯"MK.C 中型坦克。由于日本当时只有一战时期的旧型坦克，所以在获得维克斯公司的提议后，购买团考虑到能够购买到坦克制造方面最先进国家的制式坦克同等级的坦克是很不容易的事，并且还可以获得维克斯公司的最新技术。于是于同年7 月正式订购了 1 辆，也是唯一的 1 辆"维克

斯"MK.C原型车。而另一辆MK.D原型车则被爱尔兰方面准备组建装甲部队的陆军柯林斯·鲍威尔中校所买走。

1927年3月，"维克斯"MK.D中型坦克与随行的两名维克斯公司技术人员到达日本，并在户山原地区做接收前的试运行。由英国技术员驾驶的"维克斯"坦克在进行45度爬坡测试时，从气化器中漏出的燃料汽油顺着排气管渗到发动机上，导致发动机当场失火并被烧毁，车内的技术人员也被烧伤。之后取来了替换用的发动机进行修理，直到同年7月才维修完毕进行交付。这次意外事

性能参数	
重　量	11.5吨
车　长	5.59米
车　宽	2.544米
车　高	2.54米
乘　员	5人
装　甲	6毫米
武　装	57mm 6磅炮1门，"维克斯"机枪4挺
发动机	"Sunbeam"6缸水冷式汽油发动机（航空飞机用）
越　壕	2米
最高时速	32公里/小时

▲ 日本步兵学校内的"维克斯"MK.C中型坦克

故给日本方面留下了深刻印象，成为日本之后领先世界以柴油发动机替代汽油发动机的一个重要原因，而另一个重要原因则要在1932年的"一·二八淞沪抗战"中才可见分晓。

日本方面认为虽然"维克斯"MK.C坦克的薄弱装甲让其战术价值降低，但是其具备的技术，如高速性、轻快的机动性、良好的机械性能都非常优秀，也很具有参考价值。

（二）"八九"式轻坦克（"八九"式轻战车）

1928年3月，陆军技术本部以此前的"试制一号"战车为基础继续重型战车的研究，另一方面，由于"试制一号"战车重量过大，于是日军在经过技术会议后决定研究和开发新的十吨级轻战车，担任轻战车设计的依然为已经有经验的原乙未生大尉及技师上西甚藏。同年4月，技术本部申报了试制设计申请书，制定了设计条件。轻战车的基本形态上仍参考"试制一号"战车，车体及炮塔整体缩短，悬挂装置简略化，技术设计上主要参考了去年购入的"维克斯"MK.C中型坦克的优点。尔后，设计图于8月完成，交付大阪造兵厂进行试造。

设计参数要求	
重　量	约10吨
车　长	4.3米（宽、高需在铁道运输极限内）
武　装	37mm炮1门（360度可旋转炮塔）、重机枪1挺以上
装　甲	主要部位从500米至600米内能够抵抗37mm炮弹的射击
悬　挂	不妨碍越壕的情况下尽量保证柔软性
发动机	修改使用约100马力的航空飞机引擎、前进4档、倒退2档
最高时速	25公里/小时
爬　坡	2/3
越　壕	2米

1929年，由大阪造兵厂制造的试做车（试制八九式轻战车1号机）竣工完成，因保密需要称为"イ号"战车，这辆试做车从外观形态上看车体翼子板以上半部分较为接近"试制一号"战车，以下部分包括履带悬挂接近于"维克斯"MK.C坦克。武装为1门试制57mm战车炮和2挺"三年"式重机枪。自重9.8吨，发动机为100匹马力"戴姆勒"航空飞机用6缸水冷式汽油发动机，最高时速26公里/小时。6月25日陆军技术会议经过审议后对试做车提出了以下修改意见。

1. 修改意见

第一，本战车为单纯的步兵用伴随兵器，这样可以在牺牲若干速度的基础上加强装甲防护，需以坚固为主。

第二，战车作战最困难的是在车内的观察不便，在降低防护力的基础上将观察窗改为一层。

第三，考虑到预想作战地区的环境情况，为了能在泥泞地带行驶正常，需增加履带宽度。

尔后陆军技术本部对于修改意见第一项装甲的问题进行了回复说明："对当时世界各国出名的防弹钢板进行试验后，采用了比较良好的日本制钢公司制作的镍铬钢（即不锈钢）防弹钢板，正面为17mm，侧面一部分及炮塔为15mm，侧面大部分为12mm，底部为5mm，能在较近距离抵挡37mm榴弹的安全强度。"

2. 外观区分

第一，车体前装甲部角度形状接近假名"く"字式样。

第二，驾驶员座位于车体左侧，驾驶员正前方外装甲部分凸出。

第三，机枪手在车体右侧。

第四，舱门设于在车体正面右侧，向车体中心开启。舱门上方设机枪口。

第五，炮塔左、右两侧有两层旋转观察窗，为手动式。

第六，炮塔顶部仅有圆形舱盖，无车长指挥塔。

第七，两侧翼子板前部装有大型前照灯。

第八，试制半月形履带板。

第九，早期型悬挂。

第十，翼子板支撑架前面2根，后面3根。

第十一，注水口盖1个，设在车体上部左侧。

1929年10月，经过数次修改后的改良型战车完成，改良的战车车身因修改和部分强化，重量增加到了11.8吨。动力装置为直列式6缸水冷航空汽油发动机，118匹马力。变速箱为前进4挡、倒退2档，单行星齿轮转向系统，两个规定转向半径。主动轮后置，诱导轮前置。每侧9个小直径负重轮，4个托带轮。平衡性悬挂，2-5和6-9负重轮一组，第一负重轮为水平螺旋弹簧悬挂。每侧81节履带板。车体尾部可安装尾橇，越壕宽度可从2米提高到2.5米。装甲板为镍铬合金钢铆接结构，最大厚度17mm。

▲ "试制一号"轻战车样车

▲ 三菱制造完成的"八九"式轻战车纪念照

性能参数	
重　量	11.9 吨（自重）12.7 吨（全重）
车　长	5.75 米
车　宽	2.18 米
车　高	2.56 米
武　装	"九〇"式 57 mm 坦克炮 1 门（备弹 100 发），"九一"式车载机枪 2 挺（备弹 2745 发）
装　甲	前部 17 毫米、侧部 12 毫米、顶部 10 毫米
发动机	"东京瓦斯电气工业"直立式水冷 6 缸 100 匹马力汽油发动机
悬　挂	叶片式
最高时速	26 公里 / 小时（公路）、8-12 公里 / 小时（越野）
最大行程	约 140 公里

尔后这辆新的试制车于东京 – 青森之间 660 公里的长途运行试验中获得了良好的成绩，并在步兵学校进行了部分其他测试。但是由于当时日本的国道上脆弱的桥梁较多，10 吨战车通过的话会有危险，运行时只能主要依赖于铁路运输。另外，由于这辆战车是为了能够用于南方地区，耐寒、防热以及通风便成了重点，于是在 1929 年日军将它运送到台湾进行测试，从嘉义南下，在炎炎夏日中又沿北上路线到达屏东。之后于同年 12 月将试制车改称为"八九"式轻战车，并临时定为日本陆军的制式战车进行量产。原先的试制车是由大阪造兵厂完成，而之后的修改型及量产型则交由民间企业的三菱重工业公司建立的战车专门工厂完成。

3. 与"试制一号"轻战车外观改变之区分

第一，车体前装甲部位角度改为向外反折。第二，与试制原型车相比，车体正前方左侧无凸出部样式。

第三，车体正面右侧的上、下车前门分割为上、下两块，向右边开启。

第四，炮塔顶部增设土耳其帽形状的车长指挥塔。

第五，炮塔右侧无可旋转观察窗。

第六，其他部位与试制原型车相同。

◀ "八九"式轻战车多角度图

（三）"八九"式战车（甲型）修改型的变化

1. "八九"式中战车甲型（初期型 1931-1933 年）

（1）炮塔同最终修改型"八九"式轻战车的旧型炮塔，顶部设有土耳其帽型车长观察塔（也有旧型炮塔设有大型观察塔的式样）。

（2）炮塔上的上下车用舱口为从左右两边分割开启。

（3）炮塔右侧的选择观察窗废除。

（4）有初期型车体装载新型炮塔的式样。

（5）驾驶手用的观察门上的观望窗在车体左侧。

（6）炮塔和机枪口分别装载"九〇"式57mm 战车炮（也有部分车辆装载 37mm 改造狙击炮）及"三年"式机枪（后改为"九一"式车载机枪），生产途中增加了包裹覆盖机枪枪身的防弹器（装甲护套）。

（7）车体左右侧裙板上的注油口为右边 5 个，左边 2 个。

（8）甲型初期型履带改为仿英国"维克斯"6T 战车的钢制履带。1932 年后生产的装备为履带板间距缩短的后期型钢制履带。

（9）其他部位细节同最终修改型"八九"式轻战车。

▲ "八九"式中战车甲型（初期型）

2. "八九"式中战车甲型（中期型 1933-1934 年）

▲ "八九"式中战车甲型（中期型）

（1）车体正前方为一整块倾斜坡装甲板。

（2）上下车用前门改为一整块装甲板，向车体右边横向开启。

（3）驾驶手用的观察门为块状，观察门的旋转观望窗在车体偏中央位置。

（4）侧面的观察用窗设置在车体左右侧裙板（车体侧面的前端突出部）。

（5）车体右袖部设有手枪射孔和战斗观察孔。

（6）车体前面中央位置设有带装甲盖的小型前照灯。

（7）挡泥板支撑架废除，挡泥板增加加固板。

（8）加装了越壕用的尾撬（也有无装备的车辆）。

（9）消音器上加装防弹板。

（10）车体左右两侧袖部前端的大型前照灯废除。

甲型中期型（前期式样）

① 旧型炮塔装载大型车长观察塔。

② 前期型悬挂。

甲型中期型（后期式样）

① 新型炮塔（前部平坦）装载大型车长观察塔（舱门盖向前后分开）。

② 炮塔左侧的观察窗废除。

③ 后期型悬挂。

▲　甲型中期型（前期式样）

▲　甲型中期型（后期式样）

3. "八九"式中战车甲型
（后期型 1934-1935 年）

（1）新型炮塔，炮塔外部增设高射机枪座。

（2）后期型悬挂。

（3）驾驶手和观察门移至车体右侧。

（4）机枪手、机枪口及向车体左开启的上下车用前门换设至车体左侧。

（5）车体正前方中央装甲板分割为两块。

（6）车体左部前端设有手枪射孔和战斗观察孔（右边废除）。

（7）车体后部增设蓄电池储藏箱。

▲　"八九"式中战车甲型（后期型）

（8）消音器的排气口为圆筒形。

（9）车体右侧后部上的注油口盖为右边 4 个，左边 3 个。

（10）车体后部上设有机械室检查门。

（四）"八九"式战车车载武器的变迁（早期）主要武器：
1. 法国"皮托"SA18 37mm 坦克炮

　　该炮为法国的皮托工厂（Atelier de Construction de Puteaux，APX）于 1916 年所制造的步兵用平射炮，并于第一次世界大战中装备给英国陆军，日本购入后称之为「三十七粍機関銃破壊砲」（37mm 机关枪破坏炮）配备部队，并于西伯利亚出兵时投入使用。另一方面，皮托工厂于 1917 年将其改造为"雷诺"坦克所用的车载型坦克炮，并定名为 SA18 型 37mm 坦克炮。1919 年，日本在购入"雷诺"型坦克时也购买了一定数量的弹药。1925 年，该炮原配弹药消耗完后，陆军技术本部在研究车载武器方案时，曾准备更换该炮的内管以便能发射日本自造的"十一年"式步兵炮弹药，但最终还是直接更换了日本仿制的战车炮，因此"皮托"炮并未装载于"八九"式战车上使用。

▲ 法国"皮托"SA18 37mm 坦克炮

性能参数	
重　量	108 公斤
口　径	37 毫米
炮管长	34 厘米
射　速	25 转 / 秒
初　速	367 米 / 秒
最大射程	2400 米
高低射界	−9 度至 +10 度

2. "试制第一号"战车炮
（战车用"大正七年"式狙击炮）

　　该炮原为日本于 1917 年仿制法国"皮托"式 37mm 炮而成，称为"大正七年"式狙击炮（1922 年改进为"大正十一年"式平射步兵炮）。1925 年 5 月，日本陆军创设战车队后，因原本"雷诺"坦克所使用的"皮托"坦克炮弹弹药消耗完毕，于是陆军大阪造兵厂将"大正七年"式狙击炮改造为车载型战车炮，称为"试制战车用狙击炮"或"试制第一号战车炮"。改造时为了能够在炮塔内使用，将炮的后座长度限制在 30cm 以下，击发装置改为手枪的握把击发形式，并对其 3 倍光学瞄准镜修改为适用于战车防盾的样式。1932 年还曾把它临时安装在数辆"八九"式轻战车上使用。

▲ "大正十一年式"37mm 平射步兵炮

性能参数	
重　量	93 公斤
口　径	37 毫米
炮管长	38.5 厘米
射　速	25 转 / 秒
初　速	530 米 / 秒
最大射程	5000 米
高低射界	−9.5 度 +10 度

3. "九〇"式 57mm 战车炮

　　该炮根据 1926 年 2 月 25 日"陆普第 664 号"命令，由陆军技术本部第一部对战车用火炮进行研发而成。1926 年 3 月开始设计，同年 10 月由陆军大阪造兵厂制造完成试制炮，后经过数次测试并进行修改。1929 年 3 月，数次修改后的试制炮（乙号五十七耗战车炮）完工，并于大阪造兵厂及大津川射击场进行测试。同年 5 月在富士山裾野市，安装在试制轻战车上进行射击测试，尔后对瞄准具进行了修改。同年 8 月，又在关山演习场进行实用测试后，被认定为功能良好，并且实用价值比较高。1930 年 4 月 14 日，陆军技术本部申报了该炮定为临时制式化的报告，不久由大阪造兵厂第一制造所进行量产，至 1942

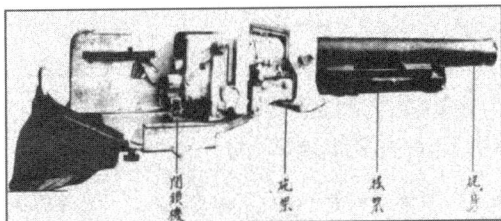

▲ "九〇"式 57mm 战车炮

性能参数	
重　量	135 公斤
口　径	57 毫米
炮管长	27.5 厘米
射　速	25 转 / 秒
初　速	349 米 / 秒
最大射程	5400 米
高低射界	−8 度至 +30 度

年 10 月底共计生产了 430 门，并正式安装于"八九"式战车上。

4. 辅助武器

（1）法国"哈奇开斯"M1914 型 8mm 重机枪（车载型）

该机枪由美国人本杰明·B·哈奇开斯（Benjamin B Hotchkiss）于 1867 年在法国所开设的哈奇开斯公司所研发，1892 年一名瑞典军官发表了一份导气式枪械运作的设计方案，哈奇开斯公司将此设计版权买断后借此研发出"哈奇开斯"M1897 气冷式重机枪，而"哈奇开斯"1914 年气冷式重机枪就是该机枪的 1914 年改良型，并成为第一次世界大战时期法国装甲车辆的标准车载机枪。日本于 1919 年购买"雷诺"坦克时随车配备了一定数量的此型机枪。另外值得一提的是日本还在 1905 年（明治三十八年）仿制并改造了法制的"哈奇开斯"M1897 气冷式重机枪，生产出了"三十八年"式 6.5mm 重机枪，成为本国自制的第一款量产重机枪。

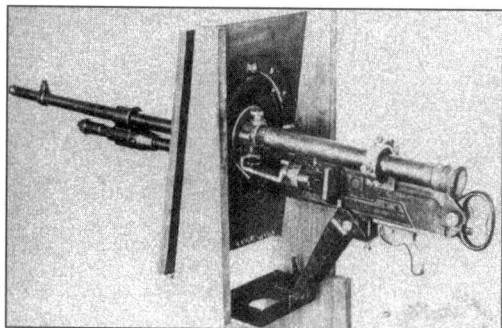
▲ 法国"哈奇开斯"M1914 型 8mm 重机枪（车载型）

性能参数	
重 量	24.4 公斤
口 径	8 毫米（7.92x57 毫米）
全枪长	141 厘米
射 速	450 发 / 分钟
初 速	701 米 / 秒
最大射程	5400 米

（2）改造"三年"式重机枪

该枪是日本枪械设计师南部麒次郎以本国 1905 年仿制法国"哈奇开斯"M1897 式重机枪而成的"三十八年"式 6.5mm 重机枪为蓝本改进研发的气冷式重机枪，并于 1914 年（大正三年）定型量产，成为日本军队最主要的轻型火力支援武器之一。最初由东京造兵厂进行制造，尔后由东京瓦斯电气公司委托生产。1925 年 5 月，日本陆军创设战车队后，为了替换"雷诺"坦克原配的"哈奇开斯"机枪，于是将步兵用"三年"式重机枪进行改装。为了适用于战车装载，将原先的弹板式供弹改为弹带式供弹，并把枪身缩短。最终定型为"改造型三年式机关枪"（改造三年式機関銃），配备于"雷诺"坦克及早期的"八九"式战车之上。

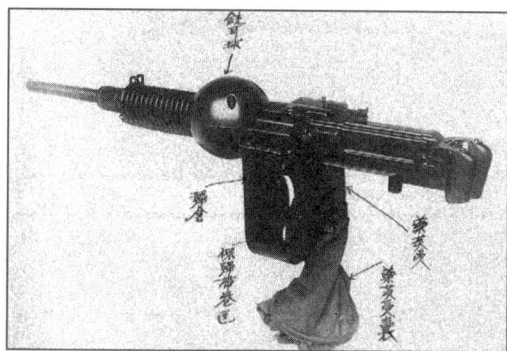
▲ 改造"三年"式重机枪

性能参数	
重 量	25.6 公斤
口 径	6.5 毫米
全枪长	53.7 厘米
射 速	500 发 / 分钟
初 速	740 米 / 秒
有效射程	1700 米（使用瞄准镜时最大射程 2200 米）

（3）"九一"式车载轻机枪

该枪为南部麒次郎所研发的日本国产轻机枪，在经过各种各样的试验修改后于 1922

年（大正十一年）完工，正式命名为"大正十一年"式轻机枪（即中国当时俗称的"歪把子"），并定为本国制式轻机枪进行量产。1923 年初，被大量配备给日本陆军的步兵基层部队之中。尔后，为了装配给"八九式"战车使用而进行了车载型的改造。在枪身上加装了防弹器（枪身套筒），枪托被缩短，弹斗装弹容量从 30 发增加到 45 发，并增设了一个 1.5 倍的光学瞄准镜。1932 年开始至 1936 年前后共计生产了两万挺，成为早期"八九式"战车和其他日制装甲车辆的标准武器之一。

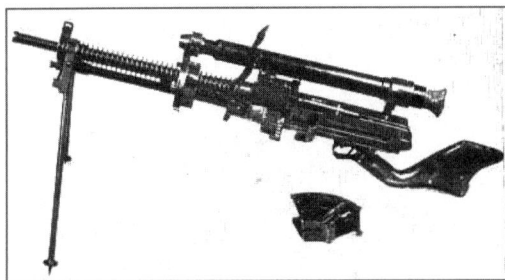

▲ "九一式"车载轻机枪

性能参数	
重　量	10.3 公斤
口　径	6.5 毫米
全枪长	110 厘米
射　速	120 发 / 分种
初　速	736 米 / 秒
有效射程	600 米（使用瞄准镜时最大射程 900-1500 米）

四 英国"维克斯"MK.A 型轻型坦克（"毘"式七屯戦車）

　　20 世纪 20 年代中后期，英国陆军所装备的 MK I 与 MKII 型中型坦克已经不能满足军队的使用需求，急需进行升级换代。于是维克斯公司便着手新式坦克的设计，按照军方崇尚多炮塔坦克的设计理念推出了"维克斯"A6 系列和 MK III 型多炮塔坦克，虽然英

国军方非常满意，但却因英国政府囊中羞涩根本无力负担其高昂的制造成本，使其计划一直无法真正付诸实施。在这种压力之下，维克斯公司在未与英军高层进行任何沟通的情况下擅自决定研发一款更加经济适用的轻型坦克来打破僵局，寻求一个崭新的出路。

　　1927 年，英国民间的两大军火制造商维克斯公司与阿姆斯特朗–威特沃斯公司合并，成立了英国最大的军火制造巨头维克斯 – 阿姆斯特朗公司。这也就开创了英国军火制造业的一个全新时代。

　　1927 年底，重组后的维克斯 – 阿姆斯特朗公司坦克设计团队将原有维克斯公司设计的多炮塔坦克的各项功能进行拆分，通过相似的底盘设计，依据不同的车体结构和武器配制设想了一种以重量 6 吨的通用底盘为基础的轻型坦克设计方案，并按照不同作战功能分为三个子型号，分别命名为"A、B、C"型，A 型为强调战壕突破和机枪火力的双机枪塔型；B 型为安装步兵炮注重火力支援功能的单炮塔型；C 型则为安装高速小口径坦克炮和机枪的用以坦克间格斗的双炮塔型号。

　　1928 年，维克斯 – 阿姆斯特朗公司在邀请英国著名坦克设计师约翰 – 瓦伦丁 – 卡登和维维安 – 洛伊德二人加盟其设计团队并成功收购二人创建的卡登 – 洛伊德公司后，在此二人领导的设计团队努力下，研发成功了名为"维克斯"6 吨坦克的首辆原型车，并由维克斯 – 阿姆斯特朗公司的埃尔斯维克工厂完成了其组装工作。这也是二人加盟后领导公司坦克设计团队完成的第一款重量偏大的坦克设计。最终经过反复的研究，设计组决定"维克斯"6 吨坦克只采用 A 型与 B 型两种子型号。

　　"维克斯"6 吨轻型坦克的 A、B 两种型

▲ 英国维克斯厂 MK.A 轻型坦克制造车间

号均采用 6 吨重的相同坦克底盘，车体为全铆接结构，装甲厚度为 13mm。车长 4.88 米，车宽 2.41 米，车高 2.16 米。采用主动轮在前，诱导轮在后的设计布局。悬挂装置采用两组轴对称板簧平衡式悬挂系统，每组悬挂系统装配主轴连接两套共 4 个小尺寸负重轮，每侧车体安装 4 个小托带轮，这种悬挂系统可以承受较长距离的行驶，高强度钢制悬挂系统可以承受至少 3000 英里的行驶负荷。

"维克斯"A 型轻型坦克安装有 2 个小尺寸座圈的圆筒形旋转机枪塔，各装载 1 挺

▲ 英国"维克斯"MK.A 多视图

"维克斯"7.7mm 水冷式重机枪。

但最终英国陆军方面更倾向于重量更轻的 4 吨坦克，只是订购了 10 辆用于教学。于是，维克斯公司转向国际市场上推销这款坦克，并将 B 型的外销型改称为 "维克斯"MK. E 型坦克，并且可以针对客户要求进行修改，在国际市场上刚一推出即受到了世界各国的青睐。

1930 年，得到英国维克斯公司方面新式轻型坦克外销消息的日本，即派遣"绪方购买团"进行采购。购买团调查后认为，该坦克的发动机室与乘员战斗室是以防火隔墙完全分离开的，安全性较高。其他如气冷式的汽油发动机、"马可尼"短波无线电机以及

▲ 日本购买的"维克斯"MK.A 轻型坦克

性能参数	
重 量	7.3 吨
车 长	4.88 米
车 宽	2.41 米
车 高	2.16 米
乘 员	3 人
装 甲	13 毫米
武 装	"维克斯"重机枪 2 挺（A 型）
发动机	"阿姆斯特朗·西德利·普马"（Armstrong Sideley Puma）80-98 匹马力汽油发动机
悬 挂	钢板弹簧负重轮
最高时速	35 公里 / 小时

使用高锰铸钢制造的履带都非常有参考价值。并且当时坦克武装以"机枪至上"主义为主流，于是购买了两辆双机枪塔的 A 型回国，涂装标示编号分别为"401"及"402"。

陆军技术本部在与"八九"式战车对比研究后发现，该型坦克的悬挂系统构造简单并且性能优秀，甚至要优于"八九"式轻战车。但是"维克斯"6 吨坦克搭载的无线电机虽

然小巧轻便适用于装载车辆，但由于功率太小造成其通信距离过短，而气冷式汽油发动机故障也比较频繁。另一方面，"维克斯"MK.A 型搭载的炮塔只能装载 2 挺重机枪使得其在杀伤火力方面过于薄弱。于是，日本方面在经过一系列包括射击、行驶、防弹装甲的测试后最终决定不续购该型坦克，转向鼓励国产战车的研制工作。

第六节　日本关东军

1905 年"日俄战争"之后，日本根据《朴茨茅斯条约》从俄国手中得到了中国"东清"铁路（即"中东"铁路）南段支线——长春至大连之间的铁道设施以及铁路两侧 16.7 米至 3000 米不等的附属地，总面积达 482.9 平方公里，除此之外还获得经营抚顺煤矿等种种特权。为保护"南满"铁路权益，日本成立"满铁守备队"，并驻留一个日本陆军师团。1919 年，日本在今辽东半岛南部（包括今大连、旅顺、金州）的关东州设立关东都督府，下设民政部和陆军部，满铁独立守备队和驻留师团统一归属关东都督所指挥。同年，在关东都督府陆军部的基础上，日本在旅顺口设立日本关东军司令部，首任司令官为立花小一郎，直属于日本天皇管辖。1931 年时关东军司令官为本庄繁中将，下辖第 2 师团、独立守备队司令部、旅顺要塞司令部、关东宪兵队、领事馆警察队等。

一　第二师团（仙台）

第 2 师团的前身仙台镇台（Sendai Garrison , Sendai chindai）成立于 1871 年 1 月，是当时刚成立的日本陆军 6 个地区指挥部之

一，仙台镇台守卫地区为从福岛县至青森县的本州岛北部地区。1888 年 5 月 14 日，6 个镇台被改编为师团，参与"中日甲午战争"以及"日俄战争"。1931 年时被派驻于中国东北的关东军司令（本）部旗下，当时编制包括步兵第 3 旅团（步兵第 4 联队、步兵第 29 联队）、步兵第 15 旅团（步兵第 16 联队、步兵第 20 联队）、骑兵第 2 联队、野炮兵第 2 联队、独立山炮兵第 1 联队、工兵第 2 联队、辎重兵第 2 联队以及临时装甲汽车队。

二　满铁独立守备队

1905 年"日俄战争"之后，日本根据《朴茨茅斯条约》从俄国手中得到了中国"东清"铁路南段支线的附属地及经营抚顺煤矿等种种特权。

满铁独立守备队与满铁自卫队同样为《朴次茅斯条约》下的产物，与满铁自卫队不同的是，独立守备队归属于日本关东军司令部统一管辖。按照协议的权利，日本于"南满"铁道线上每公里可安置 15 名铁路守备兵。于是在这个权利的基础上，1909 年日本陆军组建了"南满州铁路独立守备队"。第一任队

长为仁田原重行少将。最初的独立守备队包括守备队司令（本）部以及步兵6个大队，分驻于公主岭、奉天、大石桥、连山关，铁岭及鞍山等地，直至1931年。

（一）独立守备队轨道装甲车

在西伯利亚出兵还未结束时，"浦潮派遣军"就向关东军归还了"齐式装甲轨道车"、"斯式装甲轨道车"、"装甲轨道车"及非装甲的"乌式轻轨道车"，合计4辆轨道车辆。

归还的4辆轨道车在"关东军兵器部铁岭出张所"进行了机械整修，轨道宽幅由原来的广轨改为"满铁"用的标准轨，非装甲的"乌式轻轨道车"被加装了4mm的钢质装甲板。这4辆装甲轨道车于1923年配属于满铁独立守备队担任铁道警备任务，最后于1936年因车辆老旧而退出现役。

1. "斯佩里"式装甲轨道车

该装甲轨道车为日军独立守备队于中国东北南部浑河铁桥附近进行警备所用。从车体前部的"斯2"涂装可以推断其应为日本于西伯利亚出兵时所用的"斯"式轨道装甲车。改型装甲车车体上部装有圆柱形机枪塔，内装载1挺"三年"式重机枪。机枪塔顶部设有1个大型探照灯。

▲ "斯佩里"式装甲轨道车

2. "试制九〇"式轨道装甲牵引车（"隅田"PA型宽轨牵引车）

该车为日本东京石川岛造船厂汽车制造所按照陆军技术本部要求所设计的"试制"型轨道装甲牵引车。以"隅田"四轮自动货车的基础上附加装甲板，车体正面装有3个前照灯，侧面各设有观察窗兼射击孔3个。车体上部设有1个机枪塔，可装载1挺"十一年"式轻机枪。除了可于铁路轨道上行驶，此车也可以在一般公路上使用，于公路上使用时只需套装"明治"橡胶轮胎即可进行行走。制造完成后，配备于独立守备队进行实验兼使用。

▲ "试制九〇"式轨道装甲牵引车（"隅田"PA型宽轨牵引车）

（二）制式装甲列车

1925年，日本陆军部与满铁公司为了应对战时及事变，制定了军事输送规定，即"朝鲜线及满线军事输送规定"，并预想到在中国大陆地区可能会发生铁道战，于是定制了6组制式装甲列车。该型装甲列车以火车头、炮兵车及步兵车3辆为基础编成一组，主要装备75mm火炮，装甲厚度6mm-13mm，在实战时，列车前后连接上以无侧货车为基础

▲ 满铁制式装甲列车及满铁守备队

的防护车。这 6 组装甲列车于 1927 年时分批进行制造，尔后在"济南事件"中首次投入作战。由于装甲列车的重量导致速度下降，普通列车从长春至吉林之间仅需要 4 个半小时，而装甲列车则需要 7 个小时。

1. 满铁自卫队

1906 年日本根据《朴茨茅斯条约》创立了"南满洲铁道株式会社"，即"满铁"。打着公司的名义实行殖民经略。满铁成立之后，大举开拓中国东北的交通服务，将其铁路线进行延伸，修建了"安奉"铁路、"抚顺"铁路、"牛庄"铁路等支线，从奉天（沈阳）向东延伸，连接上中、朝边境的丹东及西伯利亚的铁路系统。为了防止铁道被破坏，满铁还组建了隶属于公司旗下的铁道警备自卫部队。初期满铁的自卫部队是由服过兵役的满铁公司职员为核心骨干，配备机枪、步枪、手枪、军刀及刺刀等组建而成的武装部队，即"满铁自卫队"。自卫队最初是在铁路沿线上的站点、桥梁等重要设备担任警备巡逻，并乘坐在危险地带行驶的列车上担任警备要员的任务，即"警备乘车"。

2. 炮兵车、步兵车的制造

陆军技术本部以画好的设计图为基础，于 1925 年 4 月开始制造"炮兵车"及"步兵车"各 1 辆，另外步兵车 1 辆则由满铁方面独自进行制造。这些车辆称为"炮兵车 1 号"、"步兵车 1 号"及"步兵车 2 号"。

（1）炮兵车

炮兵车是以煤炭用货车为基础进行制造，满铁内部称为"HISA"。车体上中央搭载 1 门俄制 50 口径 75mm 半速射加农炮，该型火炮是在旅顺要塞的馒头山炮台配备的两门中的一门。火炮为炮塔式搭载，装有后部开放式的钢制防盾，防盾具备正面 400 米距离、侧面 300 米距离对"三八"式步枪弹的抵抗能力。防盾的钢板为关东军兵器部所保管的西伯利亚出兵部队返还的防弹能力比较良好的钢板。

设有炮手出入口 2 个及取弹口 4 个。车体侧面设有升降用的垂直梯子。车身由 13mm 厚的软钢板覆盖，2 个出入口设在车身下方，并于车体前后各设 1 个、左右各设 2 个夜间警戒及搜索用探照灯照射用的"探照灯照明窗"。车体内部设置 2 挺"三年"式重机枪，车体前、后、左、右各设有 2 个开闭式的机枪射击孔，2 挺机枪组合射击可以对前方一百米距离内形成十字火力网。步枪的射击孔是在车体前、后、左、右设有 44 个（前面 4 个、后面 4 个、右边 18 个、左边 18 个）。这个炮兵车在设计阶段时称为"装甲列车炮"、"七糎半速射加农列车炮"等。

（2）步兵车

步兵车是以有盖货车为基础制造而成。用 13mm 厚的软钢板作为装甲固定于车体左右，并设有拉门式的乘员的出入口。车体中央上部设有指挥兼观测用的带观察孔的观望塔。射击孔是在车体前、后、左、右，共设有 36 个（前面 3 个、后面 3 个、右面 15 个、左面 15 个）。

（3）装甲列车的试验

炮兵车在完成后于满铁千山站附近用搭载的火炮进行了实弹射击试验，并在 2–7 公里的射击距离内变化仰角进行了 10 发榴散弹射击试验，试验结果没有任何问题。炮塔防护面上，日军希望可以将原先的后部开放式改成全防护的炮塔形式，另外要求将搭载火炮由"50 口径 75mm 速射加农炮"换装为"四一式山炮"。

步兵车完成后的试验结果中，展望台的高度低了 20cm。展望塔用的阶梯改为垂直式。车内增设了 3 个轻机枪用的枪架。

3. 装甲列车的运用研究

在制造装甲列车的同时，1924 年日本在本土实施了参谋演习，对真正的装甲列车进行了运用研究。

这次参谋演习的内容主要是装甲列车用于铁道沿线的警备、军用列车的保护及停车场重要据点的警备三个主要任务。演习使用的装甲列车为千叶的铁道第 2 联队利用现有的火车头和货车临时加装铁皮板而成的模拟装甲列车。

4. 装甲炮兵车及步兵车的改进和制造

日本在对 1925 年制造完成的"炮兵车 1 号"的测试使用中发现，实战中"炮兵车 1 号"

▲ 满铁装甲列车

搭载的 75mm 速射加农炮采用的后部开放式形制的防盾在防护性和防寒性方面对炮手非常不利，于是决定制造装备"四一"式山炮的开闭式旋转炮塔。尔后，于 1928 年 3 月开始试造，并定名为"炮兵车 2 号"。同年 5 月，济南"五三惨案"发生，北伐军与驻华日军爆发武装冲突，日本紧急加快制造速度，以便完成后能够投入使用，对付当时北伐军成建制的装甲列车。

1927 年 5 月 16 日，"炮兵车 2 号"制造完成，该车在原"炮兵车 1 号"车相同车体（即煤炭车）的基础上搭载装备"四一"式山炮的开闭式旋转炮塔。圆柱形的炮塔后部设有可供炮手乘员进出的仓门，并将"炮兵车1号"统一于当地换装"四一"式山炮。之后，根据新的设计方案，又陆续制造了"炮兵车3号"至"炮兵车6号"及"步兵车3号"至"步兵车6号"，于同年6月下旬全部制造完成。

5. 装甲机车头

在制造新型装甲列车的同时，为了增强防护性，满铁公司也对用于拖挂装甲炮兵车和步兵车的6辆蒸汽机车头进行了改造和加设了装甲板。主要对蒸汽机车头两侧的气缸、驾驶座四周及上部、前方的开闭式观察窗、侧面的开闭式小型车门、后部储水层部分加装覆盖了13mm厚的装甲板，于1928年5月底全部改装完成。随后，将完成的装甲机车、炮兵车、步兵车统一涂装了伪装迷彩。

6. "九一"式轨道装甲车

日军为了在中国大陆的铁道线上更好地配合步兵以及装甲列车执行占领、侦察、警备以及铁道附近的搜索和应急运行、铁道铺设、牵引货车等任务，于1930年开始在原本的"九〇"式轨道装甲车基础上进一步改进试造，于1931年完成制式的"九一"式轨道装甲车，并向中国东北运送了两辆，编为牵引车铁道班参加作战。

"九一"式轨道装甲车是在"隅田"六轮卡车的基础上制造出的，可于标准轨、宽轨以及公路上行驶。动力主要采用柴油发动机，并同时于车体左前部安装木炭发生器，可以在必要时消耗木炭作为动力能源。另外装有前进5档、后退1档的变速器。

由轨道型式转换至公路型式时，可用装于车体后部的千斤顶抬起车身，然后将安置于车体侧面的轮胎卸下进行替换安装，转换

▲ "九一"式轨道装甲车

需要12名技术员进行作业，大约需要消耗十五分钟。

"九一"式轨道车的装甲板为可拆解式，在必要时可将装甲板拆卸后使用，提高行驶速度。侧面装甲约5mm、上部2mm、其他部位约3mm，基本可以抵御在120米距离发射的7.7mm左右的直射枪弹。车体上部搭载的机枪塔设有前2后2，共4个射击口，可装载1挺"三年"式重机枪或4挺轻机枪。另外车体前部和后部各设有1个射击口，车体侧面各设有3个射击口。

7. 装甲保线监督车

除"九〇"式、"九一"式轨道装甲车外，日军在"满铁"铁路线上还使用了多种

形式的简易装甲保线监督车，专门用于在有危险的地段，担任军用列车及装甲列车的先锋探路车。

▲ 装甲保线监督车

8. 重炮装甲列车

1931年"九·一八"事变爆发后，日军为了准备与中国军队装甲列车进行对战及远距离炮战，于同年12月17日在沙河口工厂改造了1辆搭载"三八"式150mm榴弹炮的重炮车以及弹药补给车投入作战。

重炮车是在货车的基础上在前部安装了日造"三八"式150mm榴弹炮，该榴弹炮的射界仅限于对前方进行射击。射击时通过天窗前半部分的上部进行排烟及换气。专用于对重炮车进行弹药补给的弹药车是由有盖货车改造成的。

▲ 重炮装甲列车

|第三章|
早期中国装甲车辆
的引入及发展
（1922–1930）

第一节 早期中国铁道及装甲车辆

一 晚清军事工业

第二次鸦片战争中，重视骑射而忽略火器的清军遭受到英、法联军的沉痛打击。1860 年第三次"大沽口"之战，曾格林沁率领的 3000 蒙古铁骑，在联军强大枪炮火力的猛射下，仅 7 人逃出生天。

当时中国一些具有先进思想的爱国人士认为这是开天辟地以来未有之奇愤，凡有心知血气之人，均不应苟且偷安，需奋起以求自强之路。因此主张兴建近代军事工业，仿造欧洲兵器，试图在手工业基础上，改进和创造新式兵器，即"师夷长技以制夷"，以免中华为天下万国所鱼肉。

"明治维新"后的日本虽然并非资本主义强国，但却积极发展生产力，一方面大量购买欧、美诸国的枪炮舰船；另一方面引进先进工业设备，建立了如东京造兵厂、大阪造兵厂、横须贺海军工厂等军工厂，军事工业的发展使日本战略思想也由防御欧、美入侵转变为对外侵略与扩张。

1861 年，晚清政府开展"洋务运动"，命李鸿章、曾国藩等人选派人才专门学习欧洲各种枪、炮、舰船以及军工机械的制造与维修，并购买欧、美最新式的机械设备用于研究自产。同年 11 月，曾国藩于安庆设立内军械所，开创了制造机器设备和兴办近代军事工业的先河。1910 年，晚清政府已在全国各地兴办了四十多个军工厂，这些工厂在规模大小、品种、产量因兴办时间不同各有区别，部分工厂因官僚的贪污营私、管理人员的昏庸无知导致时兴时废，甚至于凋零倒闭。这些军工厂的兴办最终虽然没有取得重大的成果，但却使中国的军事工业迈出了从手工制造逐渐转化为机械制造的重要一步，部分缩小了同先进国家军事工业的差距，并相对提高了抵御外敌的能力。

（一）江南制造总局

江南制造总局是晚清最大的一所综合性军工厂，地址位于上海虹口，所以又称上海机器局。该厂于 1865 年由李鸿章、曾国藩、丁日昌等人创办，原址为美国商人设在上海虹口的"旗记"铁厂，因该厂原有的机器能修造轮船以及开花炮、洋枪等军用装备，于是李鸿章等人以 6 万两白银买下，并与上海两个洋炮局合并，改名为江南制造总局。尔后又从美国购入百余台机器设备并聘请 8 名外国技师开始制造枪炮。该厂在 1867 年到 1894 年间，共制造各式步枪 51285 支、火炮 585 门、水雷 563 具、炮弹 120894 发、舰船 8 艘、冶炼钢材 8075 吨。1917 年，更名为上海兵工厂。

（二）金陵机器制造局

金陵机器制造局是李鸿章继江南制造总局后兴办的第二所机械化军工厂，以 1865 年开办于南京雨花台的苏州洋炮局扩建而成。金陵机器制造局初期仅能制造部分枪、炮弹等消耗性军需品。之后于 1881 年，金陵制造局成功仿制出美国"加特林"旋转机枪 (当时被称为十管连珠格林炮)。1883 年，中法

▲ 曾国藩

▲ 李鸿章

▲ 江南制造局

▲ 金陵机器制造局

战争爆发，清军急需大量武器，两江总督曾国荃奏报朝廷申请拨发白银十万两，扩建金陵制造局厂房，增购美国机器设备五十余台，扩建工程于 1887 年竣工，共支出白银十万零四百六十两。1888 年，该厂又成功仿制出中国历史上第一挺"马克沁"水冷式重机枪。至 1896 年，该厂每年能够生产后装填步枪 180 支、各式炮弹 6580 发、枪弹十三万余发。民国时期的 1929 年 6 月，金陵机器制造局改称金陵兵工厂。

（三）汉阳枪炮厂

汉阳枪炮厂（又称汉阳兵工厂）是张之洞于 1890 年在湖北省汉阳大别山北麓地区所筹建的综合性兵工厂。该厂从德国力弗机器厂购入能够制造枪、炮的最新式机器设备各一套，其中造枪机器能够每日造出新式十连发德国"1888 年"式 7.9mm 步枪 50 支（即著名的"汉阳造"步枪）；造炮机器每年能够造出口径为 75mm 至 120mm 的"克虏伯"及"格鲁森"式火炮 50 门。1894 年 7 月，枪炮厂发生火灾，机器设备损坏，张之洞又再次购入新式机器，并扩建厂房。1904 年后改名为湖北兵工厂。至 1910 年共制造步枪十三万六千一百余支、各式火炮 988 门、枪弹 6300 发、火药 33 万磅、钢坯四十四万六千九百余磅。

▲ 张之洞

▲ 汉阳枪炮厂

二 民国初期的军事工业

中国农历辛亥年（清宣统三年），即 1911 年 10 月 10 日，以国父孙中山为首的革命党人以武昌起义为起点，发动了席卷全国的"辛亥革命"，推翻了满清政权，结束了中国两千多年的封建帝王统治，成立了中国历史上第一个民主共和制政体——中华民国。

在成功推翻满清王朝的统治后不久，北洋军阀头目袁世凯使用手段很快窃取了民主革命的成果，掌握了中华民国的领导权，成立"中华民国北洋政府"。由于民国初期军阀混战、战事频繁，清末"洋务运动"中创建的军事工业也成为军阀们重视的对象，受到短暂的战事影响后很快得到恢复。以金陵机器制造局为例，1912 年 8 月，江苏都督程德全委任王金海为制造局局长后，开始制造 6.5mm 枪弹，日产量达到了一万余发，并在日后不断提高产量以供给部队。

在 1912 年到 1927 年这段北洋政府统治时期，北洋政府新建了规模较大的巩县兵工厂，同时扩建了汉阳兵工厂。各地方军阀也大肆兴建自己的军事工业以扩充实力。如东北军阀张作霖就建立了全国最大的东三省兵工厂，山西军阀阎锡山建立了全国第二的山西兵工厂，其他一些军阀也建立了几十个大小不等的兵工厂。

武器上的发展主要有仿制成功德国"马克沁"M1909 式 7.9mm 重机枪（"民 24 年"式）、美国"勃朗宁"M1917 式 7.62mm 重机枪（口径改为 7.9mm，即"三十节"式重机枪）、奥地利"施瓦茨劳斯"水冷式 7.92mm 重机枪、丹麦"麦德森"式 7.9mm 轻重两用机枪、法国"昌查德"M1915 式 8mm 轻机枪、比利时"勃朗宁"BAR 式 7.92mm 轻机枪、日本"大正十一年"式 6.5mm 轻机枪（"辽造十七"式）、"明治三十八年"式 6.5mm 重机枪、"大正三年"式 6.5mm 重机枪（"辽造十三"式）等。另外还仿制成功了美国"汤姆逊"M1921 式 11.43mm 冲锋枪（口径改为 7.63mm 与 7.62mm 两种口径）、德国"伯格曼"M18/28 式 7.65mm 冲锋枪（俗称花机关）等。火炮方面先后仿制成功德国"克虏伯"29 倍 75mm 野炮，日本"大正六年"式 18 倍 75mm 山炮，日本"三八"式 31 倍 75mm 野炮和 29 倍 37mm 平射炮。还生产出包括 80mm、150mm 等一系列口径的迫击炮。

据不完全统计，北洋政府时期共建立 47 个兵工厂，从 1912 年到 1927 年间共生产各种枪支 725200 支，火炮 3643 门（其中迫击炮 2303 门），枪弹 84646 万发、炮弹 276300 发（其中迫击炮弹 125700 发），手榴弹 143200 枚、火炸药 1543800 公斤。

三 早期中国铁道之发展

中国满清政府自资本主义诸国入侵以来，国权丧失的悲剧不断上演，尤以铁道路权一项更为列强竞争的核心。因为铁道不仅能直接为列强分销商品与输出资本提供便利，更是侵略我国领土窃取国家资源与军事殖民的重要工具。列强在我国竞争铁道权利的结果便是在中国的领土上肆意占有和兴建自己"势力范围"内的铁道，并将铁道途经区域的中国领土像切蛋糕一样分割得支离破碎。所以，中国早期铁道建设的历史可依据不同的发展特性分为六个阶段：

第一阶段为满清政府排斥铁道建设时期，时间是 1863 年 –1894 年；

第二阶段为各国列强争夺铁路路权时期，时间是 1895 年 –1905 年；

第三阶段为满清政府收回铁路路权时期，时间是 1906 年 –1910 年；

第四阶段为各国列强重新争夺铁路路权时期，时间是 1911 年 –1918 年；

第五阶段为民国初期地方军阀分裂放任及破坏时期，时间是 1919 年 –1928 年；

第六阶段为统一后的南京国民政府建设时期，时间是 1928 年 –1938 年。

（一）满清政府排斥铁道建设时期（1863-1894）

早在 1849 年，身为晚清名臣的著名地理学家徐继畬所编著的《瀛环志略》中便记载了当时欧洲各国的铁路及火车等技术信息，如"造火轮车，以石铺路，熔铁为路，以速其行"。

1863 年，李鸿章率领清军于上海、苏州一带与太平军作战，并围困天京（太平天国都城，今南京市）时，英国铁路大亨史蒂文由印度来到中国，为了推销铁路，与上海二十几家英、法洋行联名向李鸿章要求修筑一条由上海至苏州间可与英国伦敦西北铁路线相媲美的铁路，并表示可用于军事运输，有利于对太平军的作战，但最终未能获得清政府的批准。次年 7 月，英国商人杜兰德 (Durand) 同样为了销售铁路而在北京宣武门外沿护城河自费修建了一段 0.5 公里长的窄轨"展览铁路"，并在轨道上运行轨道汽车以作展示之用，此举即为铁路引入中国的开端。但是铁路及轨道车辆这一新兴事物首次出现在清朝人的眼前时，却令世人恐惧异常难以接受，认为是妖邪之物。《清稗类钞》中记载："英人杜兰德于同治乙丑七月，以长可里许之小铁路一条，敷于京师永宁门（宣武门）外之平地，以小汽车驶其上，迅疾如飞，京人诧为妖物。"尔后，步军统领衙门以"观者骇怪"为由命杜兰德拆除了这段铁路。中国土地上的首条铁路至此夭折。

1872 年，美国驻上海副领事奥立维·布拉特福 (Oliverb Bradford) 与多家英国工商团体先斩后奏，未经清政府允许便擅自在上海成立了吴淞道路公司 (Woosung Road Co.)，谎称修筑一条从上海市区通往吴淞的普通马路，于 1873 年 3 月强行征购该段自老靶子路附近江湾至吴淞口长达 14.88 公里、宽约 13.7 米的土地，非法获取了该段土地的所有权，并聘请英国邪台马其沙公司（又称怡和洋行）作为其代理人。

1875 年 10 月，上海怡和 (Jardine & Matheson) 洋行从英国聘请摩利臣 (G.J. Morrison) 为总工程师兼代理人，以及总务约翰·萨特勒、第一工程师哲克森、第二工程师凡克斯、会计乔治·萨特勒四人由英国乘"格伦劳"号蒸汽轮船于同年 12 月 20 日抵达上海，并

于次年 1 月开始进行轨道铺设等工作，同年 4 月彻底完工。7 月 1 日，"吴淞"铁路正式通车，其里程约为 15 公里，采用 0.762 米轨距。翌日，英商于货车内增设客座，并铺设红呢地毯，招待当地中国人免费试乘。并以 0-4-0 式"先导号" (The Pioneer)、"天朝号" (Celestial Empire)、"华国号" (Flowery Land) 及"总督号" (Viceroy) 小型蒸汽机车拖挂由 5 列货车改装成的客车，在天后宫北至江湾段进行正式运营。

虽然中国领土上最早正式使用的铁路便以这段路线为嚆矢，但由于当时满清政府还处在封关禁海的阶段，人民排外之心较为激烈，对于外国人在我国铺设铁道更是愤慨，因此当时的上海道台冯俊光即向英国领事协商"吴淞"铁路停工，信函部分内容如下：

"查英洋行擅筑铁道一事，节经本道请贵领事谕饬停工，未荷允行，但事实违约，合再开列各例照会，烦请贵领事查照迅速转饬停工，所侯京信，并祈见覆施行：

1. 各国一切工务及筑路等事，其权归各国朝廷掌理。遍查地球各国从未有任别国之人开造火轮车路者，即如日本一国，只在他国借债，而筑造火轮车路，仍由该国自主。倘我中国竟任由他国之人造路，不但为地球各国内所笑，且恐此端一开，各国不依……

2. 人民在他国购买实业如地皮及房屋本应遵照该国之法律，除非条约内曾载明方能照办。华英通商条约并未有准人购地开筑铁路，亦未有准人自上海开路至吴淞……

以上条约如蒙领事察照，迅速转饬该商停工，听候贵国驻京大臣及总理衙门回信，自有妥当办法……如能妥为中止，幸不至决裂，则天下人民无不仰望大德，本道尤为感激无尽也。"

▲ "吴淞"铁路建成通车

▲ "吴淞"铁路上使用的"天朝号"蒸汽机车

同年8月3日，一名清兵在该段铁路线上被列车撞毙，引发民众激愤，清政府遂与英商进行交涉，最终满清政府以支付285000两白银，于一年半分三期付清为条件，收回"吴淞"铁路所有权，收回后随即拆除。在这一时期，各国列强开始不断通过各种私下手段要求清朝政府允许建设铁路和开放路权，但都未获允许。

（二）各国列强争夺铁路路权时期（1895-1905）

中日"甲午战争"之后，各国列强趁中国积贫积弱之时相继前来侵凌。法国于光绪1895年首先夺得了自龙州至南宁，龙州至百色的两条铁路建筑权。尔后，俄国先于1896年夺得了"东清"铁路（即"中东"铁路）的建筑权，后于1899年夺得北京向北或向东连接俄国铁路线承建的优先权，最终又于1902年夺得了"正太"线的建筑权及行车权。德国于1897年夺得"胶济"、"胶沂"两条

铁路的建筑权。英国于1898年夺得关内铁路借款权及"津镇"、"广九"、"浦信"、"晋豫"、"沪杭甬"和"道清"等六条铁路线的建筑权。另外，比利时还于1897年得到了"芦汉"铁路的建筑权及行车权，又于1903年夺得"汴洛"铁路的建筑权及行车权。美国也于1900年夺得了"粤汉"铁路的借款权。这段时期中，参加铁路权利竞争的主要是英、法、德、比、美诸国，其中相互竞争最激烈的按阶段为俄英、俄英德及英法诸国。

1900年八国联军侵华战争中的联合远征军第二任总司令阿尔弗雷德·冯·瓦德西在回忆中说：

"余常尽力在英俄两国利益绝对相反之间，譬如铁道问题互相激烈冲突一事，每每居中不为左右偏袒。"尔后德国也参与铁道竞争，与英俄发生对立。瓦德西很坦然地说道："关于铁道问题，势将与俄国发生冲突。俄国方面只以种种约定相许，以为延宕之计……余对此事，必须顾全英国方面之利益，以免英国人疑余……至于北京、天津、山海关、牛庄方面及逾此以外之巨大铁道，乃是中国国有产业，其中诚然参有英国资本，但为数不过百万马克而已……无论俄国与英国对于该路皆无丝毫权利可言。"

▲ 阿尔弗雷德·冯·瓦德西

列强承办铁路				
中东铁道	俄国	2855 公里	1897 年开工	1903 年通车（1905 年割让南部给日本）
胶济铁道	德国	395 公里	1899 年开工	1904 年通车（1921 年中国收回）
滇越铁道	法国	470 公里	1901 年开工	1911 年通车
九龙铁道	英国	46 公里	1907 年开工	1911 年通车

借款兴筑铁路				
京汉铁道	比利时	1214 公里	1897 年开工	1906 年通车
汴洛铁道	比利时	185 公里	1906 年开工	1908 年通车（后为陇海铁道线一段）
正太铁道	俄国	242 公里	1904 年开工	1907 年通车（1911 年中国收回）
京奉铁道	英国	843 公里	1864 年开工	1911 年通车（1929 年改为北宁铁路）
道清铁道	英国	163 公里	1902 年开工	1906 年通车
卢汉铁道	英国	311 公里	1903 年开工	1908 年通车（后改 1906 年改为京汉铁路）
粤汉铁道	美国	1096 公里	1899 年开工	1936 年通车
津浦铁道	英德	1009 公里	1908 年开工	1911 年通车
川粤汉铁道	英美德法	1769 公里	1908 年开工	1911 年通车
广九铁道	英国	143 公里	1907 年开工	1911 年通车
沪杭铁道	英国	195 公里	1907 年开工	1905 年通车（管理权为中国）
京汉铁道	日英法	1214 公里	1897 年开工	1906 年通车（比利时代中国建造）
吉长铁道	日本	127 公里	1909 年开工	1911 年通车（俄国转让给日本）
新奉铁道	日本	60 公里	1909 年开工	1911 年通车（北宁线一段）

（三）满清政府收回铁路路权时期（1906-1910）

日俄战争时期，满清政府鉴于俄国西伯利亚铁道强大的运输能力及日本利用我国关内、外铁路与其强行建造的"安奉"、"新安"两条铁道线转运军队的实益，开始感到借款造路权给予外国是极其危险的事情，于是开始与各国商议收回路权。

1905 年由湖北总督张之洞与广东总督岑春煊主张向美国合兴公司购回"粤汉"铁路，建筑权归湘、鄂、粤三省自理。在此前清廷所同意外国的铁路、矿山各项权利均为无条件的承诺，所以各国铁路不但获有其管理权，并且拥有营业权，矿山也有采掘经营权。后来因国民的激烈反对，于是满清政府对铁路借款方面改为较有利自己的方向。即凡为借款筑路的条约缔结时，开始保留其实权，我

国有自主管理及经营权。此时期中国铁路的建设多数还是与列强借款有关。

这段时期新增的"吉长"及"川粤汉"两条铁路线为日本继承的俄国在中国东北三省的权利，已较前期损失减少了许多。但此时期与各国列强相关的铁路已经基本建造完成，加之此前已建成的六千多公里，总里程已达到了八千多公里。

（四）各国列强重新争夺铁路路权时期（1911-1918）

在这个时期内，各国列强的铁路路权竞争重新复活的最大原因是由于沉重的外债导致满清王朝的覆灭，中华民国诞生，而窃国篡权的袁世凯执掌大权后希望能够政权稳固，也采取了铁路国有政策，欲在数年之内使全国铁道纵横交错，加速国家统一。然而当时

全国各省各自为政，都不愿意将款项上缴中央，政府财政愈蹩。于是此时铁路兴建的各国借款新闻遂无日不见诸报端。1912 年至 1918 年间，虽然只有 7 年，但许给外国的铁路权益则达到一万三千多公里，借款额更是高达八千多万英镑，使得各国列强在中国土地上的路权争夺再起波澜。

此时期的特点如下：

其一，均为间接投资的铁路，属于外国直接承办的铁道线已经一条都没有了；

其二，外国获得的铁道借款权、距离长度及款额均超过之前，显示出列强对中国的侵略意图愈加明显；

其三，在此期间建成的铁道线仅有陇海线的开封至徐州路段，其余属于未建成线路。

另外，此时期内国有铁道建成的有"粤汉"线的广韶段、武株段及"南浔"线等，民用方面有吉林双城、云南蒙碧、河北柳江的 21 条线，长达六百多公里，为当时中国铁路发展的一段鼎盛时期。

（五）民国初期地方军阀分裂放任及破坏时期（1919-1928）

袁世凯称帝失败病死后，中国被大大小小的地方军阀所割据，各方势力互相攻伐，内战不断。这种形势对铁路的影响方面有：

一、造成分裂、放任的现象，导致铁路的建设几乎全部停滞。

二、每次战乱铁路所受损失不可计数，尤其北伐军兴起以来，铁路所受损失更大。

但在这个时期也有两点值得注意：一是中国政府二次收回路权，第一次世界大战后，民国北洋政府也对德、奥宣战，于战后赎回"胶济"铁路；二是由于日本采取急进策略侵占中国东北三省，于是东三省的铁道在日本借款下得到了加速发展。

（六）统一后的南京国民政府建设时期（1928-1938）

1928 年，奉系军阀少帅张学良宣布"东北易帜"，南京国民政府名义上统一了中国。从此开始比较积极地从事新国家的建设，交通方面则依照国父孙中山的实业兴国计划，以"交通为实业之母，铁道又为交通之母"为宗旨，将铁路视为交通的主要工具、发展一切实业的基础。于是在国民政府行政院下，设立了中国历史上第一个真正意义的铁道部，专司铁路建设的事业。铁道部成立后，部长孙科（孙中山之子）就依据"庚款筑路"计划，开始着手于计划性的铁路事业建设。

四　出兵西伯利亚
（一）北洋政府陆海军西伯利亚派遣队

1918 年 3 月，苏联与德国单独签订了《布列斯特－立陶夫斯克条约》后退出第一次世界大战。因此，英国与法国决定武装干涉俄

▲ 民国年间的铁路火车站

铁道线路使用部分车辆型号			
京汉铁路	比利时	"Cockerill" XK5 型机车	32 辆
津浦铁路	比利时	四十吨全钢棚车	100 辆
京绥铁路	美国	"太平洋"式机车	3 辆
		"Mogul"型机车	2 辆
	比利时	四十吨全钢货车	100 辆
沪杭甬铁路		四轮客车	

▲ 出兵西伯利亚的各国军队步兵（中间者为中国北洋政府派遣军步兵）

国内战，阻止协约国储存在俄国境内的大量战争物资落入新生的苏维埃政权或德国之手。并帮助捷克军团推翻从伏尔加河到符拉迪沃斯托克（海参崴）的铁路沿线的苏维埃政权，支援白俄军重新夺取全国政权，以图恢复一战东线战场。由于英、法军主力尚在西线战场，无法抽调太多军力实现上述目标。为此，英、法便拉拢协约国成员派遣军队武装干涉俄国内战，史称"西伯利亚干涉"。

当时的民国北洋政府也与协约国进行交涉，以"自应一致派遣一二千人，并以保护领馆、侨商"为名要求一同出兵西伯利亚，并打算利用此机会收回被沙俄强占的部分权益，其中就包括"中东"铁路的控制权。同年3月，日本强迫北洋政府签订《中日共同防敌协定》，反对中国出兵西伯利亚，提供东北地区作为后勤基地及补给即可，日本"浦潮"派遣军会承担保护西伯利亚境内的中国华侨，借此达到趁机攫取在中国东北的利益。北洋政府方面于是将出兵目的由护侨修改为"援助捷克军团为宗旨"，此举

得了到美、法两国的支持，最终日本同意中国出兵。

确定出兵西伯利亚后，北洋政府立即成立参战处，由北洋政府国务总理段祺瑞兼任督办。出兵目的有两点：一是为了保障包括黑龙江航路在内的中国主权，防止在自己缺席的情况下，各国列强达成任何损害中国的协议；二是为了保护西伯利亚境内的华侨。尔后，北洋军以日本贷款的两千万日元进行扩编，以日制装备整编了一支编制为4个师的"西北边防军"，而北洋政府派遣西伯利亚的军队即是以边防军第7师（师长魏宗瀚）第33混成团为主力编成的"中国派遣军混成支队"，并由团长宋焕章任队长。该部编成为：第1营（营长刘春台）、第2营（营长苏炳文）、骑兵连、山炮连、工兵连、辎重连、重机枪连各一个，共计一千三百余人。该部队于同年4月18日由北京开拔，经天津－山海关－沈阳－长春－哈尔滨到达绥芬河站进入俄国境内。支队司令部、营部、炮、工、辎、机关枪连驻扎于双城子，骑兵连驻扎伯力。而步兵第1营与步兵第2营分别同日军第12师团于双城子至意满站沿线铁路及绥芬河以东至海参崴沿线铁路进行警备任务。10月26日，边防军又增派第3营（营长李源昆）及卫生队及辎重连六百余人前往，陆军派遣支

▲ 北洋政府西伯利亚派遣陆军

▲ 林建章

▲ 北洋政府派遣第一舰队 "海容号" 巡洋舰

队总兵力增至两千余人。

另一方面，同年 4 月 9 日，北洋海军派遣第一舰队主力 "海容号" 巡洋舰由舰长林建章指挥，从上海启航一路北上，于 17 日到达海参崴码头。尔后林建章升任为代将（民国初期以及二战时期日本海军的临时军衔。介于少将和上校之间，近似于英国海军的准将军衔。在陆军和空军中，不设置代将衔级），统一指挥驻海参崴的中国陆、海军。

（二）俄国内战中白俄军坦克

1916 年英国开始使用坦克后，俄国即有意收购这一新式武器。"十月革命" 爆发前不久，俄罗斯技术委员会在伦敦订购了英军的坦克，并预付了部分款项。但在陷入内战前尚未有一辆运到，只在内战爆发后才陆续运抵白俄军队手中。由于白俄没有能够生产坦克的工厂，所以都是从英国和法国进口的，白俄军所用的坦克以英国制为主，共有 4 种型号（3 种是英国制，1 种是法国制）参加了俄国内战："马克 5 号" 重型坦克，"惠比特" A/B 中型坦克以及法国 "雷诺" FT–17 轻型坦克。

1918 年 10 月 18 日，白俄在法国订购的第一批坦克（约二十辆 "雷诺" FT–17 轻坦克）抵达黑海港口奥德萨，并被分配到白俄军第 303 步兵师第 1 营第 501 特种炮兵团。其中 6 辆分别在 1919 年 2 月及 3 月的交战中被红军打败。在 4 月期间，至少又有 6 辆以上的坦克在法军仓促撤离时被留在了白俄当地。西方曾有传言说法国为南俄武装部队提供过 100 辆 "雷诺"。但这些既没有出现在白俄的订单中也没有在回忆录中提到。英军 "坦克先锋" J.F.C. 富勒少将曾于 1919 年 8 月检阅了南俄武装邓尼金的坦克部队，并作证说，红军缴获了 6 辆法国的 "雷诺" 坦克，而这其中的 3 辆是被白俄人捡拾的。

1919 年 9 月，海军上将高尔察克在对托博尔进行攻击前，曾迫切地要求美国提供坦克。尔后，1920 年 3 月，10 辆美国 "雷诺" FT–17 坦克抵达海参崴，而高尔察克已在 2 月被红军处死，支持布尔什维克的铁路工人在得知该计划后即将这批货物转移给了 "阿穆尔红色" 游击队（又称东北红色游击队或黑龙江红色游击队）。

北俄坦克支队有 4 辆英国 "马克 5 号" 重型坦克和 2 辆 "惠比特" B 型坦克，由 J.N.L. 布莱恩少校指挥，于 1919 年 8 月 11 日抵达北海（北冰洋）港口的阿尔汉格尔斯克。官方的说法是，坦克是被派遣来掩护盟军从俄国撤离的。然而非官方的说法则是，他们大概是为了在实战中测试新式的 "惠比特" B 型坦克的作战性能，因为在法国没有像俄罗斯这样的严寒地带，并且实战也是对武器性能最好的检验机会。

8月29日，为了支持装甲列车作战，3辆坦克沿沃洛格达铁路进行了简单的运行操作。但是，这次对坦克的测试却受到了俄罗斯北部巨大的森林和沼泽的局限，没有将性能充分展示出来。直到9月27日最后撤离的时候，总部位于索洛姆巴拉的坦克支队都在训练俄罗斯志愿者学习如何使用坦克。之后由10名官员和24士兵共同组成了新"北俄罗斯坦克军"，由肯特尼奇（kenotenich）上校指挥。

英国人撤走前给该兵团留下了2辆坦克，1辆"马克5号"（No.9085）和1辆"惠比特"B型坦克（No.1613）。据肯特尼奇给布莱恩的电报说，这些坦克在10月被妥善利用："完善的维护和出色的使用，使操作英国坦克的**兵团在战斗中光荣地占领了5个据点和波尔赛斯塔雅（Plesestaia）。"**

在接下来的几个月里，坦克对北方的红军造成了重大的威胁，红军开始增强对北部地区的进攻。于是白俄军队于1920年2月19日开始陆续撤退，S.T.多布罗沃尔斯基大将见证了该兵团人员在撤退前最后使用坦克的作战经过，并看到在红军进城前的几个小时里，准备撤退的坦克被装上驳船后，沉没在北德维纳河的场景。之后，占领此处的红军工程师勇敢地将其打捞了出来，并将这些坦克运到了莫斯科进行分析研究。白俄军的坦克部队至此覆灭。

第二节 军阀混战时期的中国装甲部队

一 奉军装甲部队

1900年"八国联军"侵华进攻北京时，俄国即在中国北方境内制造了几列装甲列车，并配属至哥萨克铁道部队沿"东清"铁道（中东铁路）向旅顺进攻，尔后又投入到日俄战争的奉天战役中。满清军机大臣在目睹了这些铁道装甲车后，曾提议支持发展装甲铁路炮兵，但最终未被采纳。

1922年，苏联红军取得了俄国内战的全面胜利，协约国干涉军也逐次退出西伯利亚，彻底溃败的白俄残兵大量退入中国境内的东北地区，其中为了求存的白俄第3军下属的"捷克友军团"迪米特将军即与东北的奉系

▲ 年轻时的张作霖

军阀张作霖进行了谈判，商定以捷克军团的武器装备作为交换条件，换取在东三省避居和谋生的权益，为了扩充军备的张作霖答应了条件，并由罗马尼亚人拉奇斯基为经纪人进行了两次军火交换。第一批交货为30000

支步枪，每支 13 元（银元），混在茶叶货包里足有 22 节车皮（一车皮等于一节车厢），由俄国边境伯格莱朱亚站经"中东"铁路运到绥芬河，再转到哈尔滨，改经"南满"铁路运到长春，最后抵达奉天（沈阳）。第二批交货的多为重型武器，于同年 10 月 3 日以 15 辆货车经"南满"铁路运抵奉天，其中包括炮弹 626 箱、炸弹 209 箱（5016 枚）、电线等物品 200 箱、飞机 1 架、法国制"雷诺"FT 坦克 12 辆与数辆装甲列车等。

（一）简易装甲列车

1922 年底，奉军于"中东"铁路线上使用一辆简易的轻型装甲列车担任巡防警备任务。该车是中国最早使用的装甲列车，为捷克军团在与张作霖的军火交易中移交的。此车以两轴煤炭货车为基础加装两层软钢板作为装甲，并于顶盖上设有观察塔，车厢侧面设有观察及射击窗，前部露天部分搭载一门不明型号火炮。

▲ 1922 年摄于"中东"铁道昂昂溪站的奉军装甲列车

（二）"欧力克"号装甲列车

这辆装甲列车最初于第一次世界大战中期的 1916 年 1 月由欧德萨铁路机厂开始制造，次年 9 月完工，命名为"沙姆瑞兹"号（即"阿穆尔军团"号）。当时采用了较大的台车，

▲ "欧力克一号"

▲ "欧力克二号"

配装两个双轴轨车，动力系统为"菲亚特"汽车的 60 匹马力引擎，在无蒸汽火车头的牵引下可以进行短距离的自走，最高时速 28 公里/小时，最初的武装为前后两端可旋转炮塔上装备的射速 60 发/秒的 57mm 口径"诺登菲尔特"速射机关炮。制造完成后配属于克罗波夫少将指挥的俄军西南方面军"第二沙姆斯基铁道旅"进行作战。

1918 年 3 月俄国内战爆发后，这辆列车更名为"列宁号"，并加挂上 1 节装甲蒸汽机车头、1 节装甲煤炭车、1 节"红胡子"炮兵车，后配属于"赤卫军"前往西伯利亚讨伐捷克军。然而还没到达目的地，就在同年 7 月 22 日的"辛比尔斯克"战役中被捷克军所缴获，因"沙姆瑞兹"号炮兵车可以单独作战，随后被更名为"欧力克号"（即"幼鹰"号），成为捷克军最强力的装甲列车，加挂的"红胡子"炮兵车则改称为"欧力克二号车"，由于原先装备的 57mm 火炮炮弹用完而无法补给，捷克军便将火炮换装为俄制"菩提洛夫"1902 年式 76mm 野炮。至 1920 初，一直被用于在铁路沿线上与"赤卫军"作战。1920 年 4 月被日军所截获，之后经过交涉，日军将这辆车归还给捷克军。1922 年 10 月海参崴被苏联红军攻陷后，这辆装甲列车与捷克军团流落到了中国东北，并在军火交易中被移交给奉军。奉军接收后将车体涂装从原来的深绿色改为淡绿色，并将一号车身漆上 NO.105 及"第壹○五號"，二号车身漆上 NO.103 及"第壹○三號"的字样。

（三）法国"雷诺"FT-17 轻坦克

1918 年协约国西伯利亚武装干涉中，法军由法属印度支那（越南）驻军中被抽调的 6 个步兵连以及 1 个坦克加强连（最初数量为一战法军坦克连 24 辆的标准编制，后又增派了 10 辆，共 34 辆）组成，总兵力约为两千二百人，并于 1918 年 8 月 8 日登陆海参崴，由日军总指挥配属支援捷克军团作战。

法军坦克连在西伯利亚的作战过程中，在铁路沿线被支持苏联红军的铁路工人缴获了 4 辆，后 1920 年 8 月法军撤离西伯利亚时，将剩余的 30 辆"雷诺"坦克其中的 10 辆运回法属殖民地印度支那，8 辆运往中国天津法租界配备给法国驻军，12 辆移交给捷克军团使用。最终这 12 辆"雷诺"坦克随捷克军一同溃败到中国东北，作为交换条件移交予奉军。

1922 年"第一次直奉大战"爆发，奉军战败后，张作霖开始发奋图治，进行整军改革。翌年，由东北新军第 2、6 旅选送的青年初级军官 11 人及校官徐世英共 12 人前往法国昂瑞夏留学，学习航空技术。其中 3 人因不适宜飞行训练，遂改为学习坦克技术，其中的一个名字便叫做商业昌。

1923 年，急于大力扩充实力的奉军主帅张作霖又委托在法国巴黎专门从事于购买防空设备、装甲坦克、飞机、军用车辆以及海军用具等军火交易谈判的中间人魏宗晋为代表，向法国军火公司购买大量现代化武器装备。魏在这次谈判中订购了"科隆德"(Caudron)、"布雷盖"(Breguet)、"戴姆勒"(Daimler) 等各式飞机 140 架以及"席特伦·克雷塞"履带坦克（即"雷诺"FT 坦克）10 辆，这些装备由法国布瓦苏公司进行销售。布瓦苏公司对军火业务非常熟悉，签订手续迅速，交易成效极高。1924 年张作霖又以"农用拖拉机"为名由布瓦苏公司经手购入 10 辆"雷诺"FT 坦克及一些火炮履带牵引车与飞机，这批军火从法国由英国轮船运抵大连，后转运至奉天。张作霖后又于 1925 年向法国布瓦苏公司续购了 14 辆，1926 年到货。

▲ 奉军装备的法国雷诺 FT-17 轻坦克

张作霖以外购的 36 辆 "雷诺" 坦克为基础编成奉军第 1 集团军第 1 骑兵旅坦克大队（时称 "唐克大队"），首任队长为商业昌少校，大队下辖 6 个中队，每个中队配备 6 辆坦克，隶属于 "直属军团" 司令少帅张学良麾下。是为中国坦克部队之始！

值得一提的是，因当时国内并没有生产柴油的能力，所有车辆所需油料均由海外进口，所以每月消耗油料的费用高达银元三千五百余元。另外这支坦克部队分别驻扎在北大营新整编第 7 旅与新民兵营两地，供其训练战车兵使用。

奉军所购买的 "雷诺" FT 型坦克的履带诱导轮及托带轮多为钢骨架外钉木板型，工具架均在车体左侧面。

岳超（时任奉军卫队旅作战参谋）回忆：

"奉军的坦克都是从法国买来，共 36 辆。这种坦克原是世界大战后的废品，行驶时发动机的声音特别大，动作却很缓慢，而且不是全金属制品，无限轨道里的大小轮子，都是木制的，外面包上一层钢皮，正面装甲相当厚，可以抵御机枪及手榴弹。车上配有平射炮一门，机关枪一挺。"

（四）美国 "帕卡德" 防弹装甲轿车

1921 年，张作霖为了保护自己的出行安全，从美国底特律帕卡德豪华汽车厂订购了一辆该公司 Twin Six 3-55 第三系列的轿车底盘，并交由纽约专门提供车身定制的 Brooks-Ostruk 公司进行装甲车身以及内饰的制造。"帕卡德" Twin Six 系列底盘是世界上第一款批量生产的 V12 缸动力的豪华轿车底盘，标准长度为 136 英寸（3.45 米），发动机最大功率达到 90 匹马力，良好的动力与坚固的车

架使之可以承载装甲增加的车重。

按照张作霖所规定的要求，车内装饰为纯手工打造，极其奢华的中式元素充分彰显了浓浓的华夏气息。并且在窗户外都装有钢铁百叶窗，车身后部两侧各有两个能够开闭的射击孔，可自由放下或拉起，副驾驶座上装有 1 挺美制 "勃朗宁" M1917 式水冷重机枪，在遇到突发情况时车内人员可以从前面及侧面向外射击。最终，这辆张作霖定制的豪华座车造价高达 35000 美元（当时一辆 "福特" T 型汽车的价格仅为 260 美元），为这一年美

▲ 车门处漆有 "张" 字的美国 "帕卡德" 防弹装甲轿车出厂

▲ 抵达奉天的美国 "帕卡德" 防弹装甲轿车

▲ 美国 "帕卡德" 防弹装甲轿车左右车门内部细节构造

▲ 美国"帕卡德"防弹装甲轿车内部细节构造

▲ 停于奉天街上的美国"帕卡德"防弹装甲轿车

国制造轿车中的榜首。

1927 年 6 月 18 日，张作霖于北京就任中华民国陆海军大元帅时，即乘这辆装载机枪的防弹装甲轿车前往中南海怀仁堂参加上任典礼。

二 张宗昌的"白俄"铁甲车队

1922 年，奉军宪兵团团长张宗昌因剿灭五站（为当时由海参崴向西去的第五个车站的代称）匪众有功，又成功收编不少兵源及枪炮，被张作霖任命为绥宁镇守使兼吉林防卫军第 3 混成旅旅长和中东铁路护路军副司令，在那时，中俄边境上来了很多俄国沙皇的溃兵，他们原本都是沙俄派往欧洲战场的军队，苏俄布尔什维克党"十月革命"成功后，这些原俄国军队不能回国，又被苏联红军堵截追剿，于是就沿着中俄边境流窜到了五站附近。张作霖知悉后即要求张宗昌在"保境安民"的原则下相机处理。不久，逃亡到

此的白俄军将领谢苗诺夫来到五站与张宗昌商谈，据谢苗诺夫说，这些白俄军队，因为转战很久，艰苦备尝，军中上下普遍存在着厌战情绪，又无粮无饷，精疲力竭，且又回国不得，因此很多欲放下武器，离开军队，自谋生计。除部分军人希望中国军队予以收容外，其他大部分官兵准备即行遣散，并希望奉军方面能资助自己一部分军费，作为遣散之用，自己可以将所携带的武器全部交出。张宗昌早年在海参崴混过，深知俄兵的作战能力，认为是扩编队伍，解决武器问题的好机会，对双方皆有利，当即允许照办。谢苗诺夫很快便将其武器装备移交给张，共计有步枪六千余支，机枪 48 挺，75mm 火炮 13 门，

▲ 张宗昌

▲ 格里戈里·米哈伊洛维奇·谢苗诺夫

此外还有枪炮弹药、炸药弹、通信器材等等。张宗昌接收后将白俄军五百余人单独编成了一个白俄部队，由聂卡耶夫带领，谢苗诺夫为顾问，如此招兵买马后不久，张宗昌的第

3 混成旅人数已过万人，其第 3 混成旅也正式编成。

1924 年 9 月第二次"直奉战争"时期，兼任奉军镇威军第 2 军（军长李景林）副军长的张宗昌，率领所部第 3 混成旅向热河进攻。玉麟山一战，张宗昌之前收编的白俄炮兵大队发挥了重大作用，突破了玉麟山这一重要关隘。10 月，为了直捣山海关方面直军的后方，张宗昌经过一夜的急行军，奇袭抢占了滦州火车站，并分兵趁势截击了溃退的直军。此役，张宗昌除收编了六、七万直军残兵外，更于火车站和沿途中缴获了直军丢弃的大量武器、弹药、粮食、被服，其中也包含了多辆火车。尔后，张宗昌在马厂对收编的直军进行整编，在此期间其所部白俄技术人员组成的工兵队将缴获的货车进行改造，造出了两辆铁甲炮兵车，分别取名为"长江"号和"长城"号。最初改造的这两辆铁甲列车较为简易，每列连同蒸汽机车头共有 6 节，机车头置于中间，后挂 2 节铁皮闷罐车改装的装甲兵车，车厢内加枕木墙一层，车皮和枕木墙之间填以沙土，车身两侧开有射击孔，并设有掩体；前后各有 1 节铁皮敞篷货车，搭载 1 门 75mm 野炮，炮座周围堆设沙包掩体，可以向前、左、右三个方向射击；最前方挂有 1 节平板车，用以放置铁轨枕木和修复轨道的工具，可随时修理被损坏的轨道。车上共装备火炮 2 门、机关枪 4 挺，乘员约五十名，全部为白俄官兵，归白俄军官葛斯特洛夫指挥，受第 1 先遣梯队司令聂卡耶夫（原白俄军赤塔警备司令、满洲里第 1 骑兵师中将师长）将军管辖。

1925 年 1 月，张宗昌奉段祺瑞之命，护送苏皖宣抚使卢永祥南下江苏，并剿灭直军齐燮元的残部。于是，张宗昌率部沿"津浦"路

▲ 张宗昌的白俄铁甲车兵与铁甲列车

▲ 张宗昌白俄铁甲车队的装甲列车（炮车上搭载日本制"四一"式 75mm 山炮）

▲ 张宗昌的白俄兵

南下，在占领了徐州后即直至浦口，并于浦口利用木船架设临时舟桥，将铁甲列车装载渡江。"长江"号铁甲列车在车长米诺乔夫指挥下，昼夜急赶，于步兵大部队之前与据守在上海北站的齐部（直系军阀江苏军务督办、苏皖赣巡阅副使齐燮元的部队）六百余人进行了激战，凭借铁甲列车凶猛的火力及厚实的装甲，张宗昌军一举攻占了上海。

牟中珩（时任直鲁联军第65师165旅第2团中校团附）回忆：

"65师是张宗昌收编白俄兵成立的一个师。师长是聂卡耶夫，骑兵旅长是马连克，都是俄国人，马连克还是俄国贵族。该师除165旅以外其余都是俄国人。165旅是56师的补充旅，该旅是因为在屡次作战中白俄兵损失过重，才于1926年春招募中国兵成立的。

"我曾听旅内资格较老的军官们说65师是在苏联十月革命白俄集团失败后，由西伯利亚退到哈尔滨一带，被张宗昌收为第一梯团。该师在收编初期，战斗力甚强。官兵都是俄国人，武器马匹都是俄国带来的，武器装备比中国军队精良得多。骑兵旅尤为精悍，为中国骑兵所不及。及第二次直奉战争，奉军入关南下，张宗昌率军进攻直鲁两省，每当战争危机和前线无法支持时，即将白俄梯团增至前线，每战必胜，每攻必克。于是张宗昌在白俄的有力支持下，一直打到山东，当上了山东督办兼直鲁联军总司令。因此56师就成了张宗昌的骨干武力。张宗昌对白俄兵极为宠爱，待遇极为优厚。于是人们都称白俄师为'张宗昌的老毛子队'，白俄官兵亦自认是'张宗昌的老毛子'。"

白俄梯团在被张宗昌收编后，为张宗昌制造铁甲车，成立铁甲车队，并为其制造轻迫击炮和重迫击炮，装备张宗昌所有的部队，加强了张宗昌的力量。张宗昌率奉军南下，沿津浦铁路进攻直鲁两省，其铁甲车队出了不少力，为攻击铁路沿线的中坚武力。及张宗昌当了山东督办以后，济南铁路工厂又制造了许多铁甲列车，张宗昌的力量得到进一步增强。

▲ 身着中国军服的直鲁联军白俄军官兵

刘文清（时任白俄雇佣军联络官）：

"米里格罗夫，当时人都称他为米罗夫，原是海参崴俄国流氓，十月革命前，他去海参崴别维池克街经营小火柴厂，生产手枪牌火柴。1918年，我到海参崴格列斯大饭店做俄餐厨师。米罗夫所用厨师国登杰，和我是山东同乡，常约我到米家做菜，因此我和米家眷相处不错，常在一起喝酒。1920年初，帝俄海军上将高尔察克，在西伯利亚成立白色政权被红军消灭，之后又在海参崴须德兰斯哥街设立了白色的俄国临时政府，自任总统。1922年初，米罗夫依赖其女婿泽列维斯的财势，在日本驻军支持下继任总统。西伯利亚一带穷途末路的白卫军残余，想利用他供应的粮饷。因此他拉拢了一部分白卫军部队，大量发行巨额票面的西伯利亚币，支付军政各费。是年秋末，日本陆海军被迫撤走，红军从北面攻入海参崴，白卫军残余约万人溃退到中俄边界张宗昌的防地。米罗夫逃匿日本领事馆，密乘日本军舰转往大连。

"庚子年后，张宗昌到海参崴，终日在西明斯街鬼混，学会了俄语。西明斯街有宝局三十余处，张和宝局里揭盒的何文良（何是山东平原县人，以后在张手下当军长）结交了一些流氓赌棍专吃宝局。宝局冬季最盛，在淡月中张就召集同伙修中东铁路的零星工

▲ 操练中的张宗昌白俄兵

程。有一次张领下工资全部输光，工人找张索讨，张无法应付，因和米罗夫认识，经其出头调解并代垫付一部分工资才完事，因此张很感激他。

"1922年夏，张宗昌充奉军第3旅旅长兼绥宁镇守使，驻防中俄边境的绥芬河、东宁县一带，和米罗夫的管区邻近。第3旅枪支很少，实力很弱，张宗昌轻装简从到海参崴访米罗夫，临别时米罗夫送给张小甜瓜手榴弹40箱，还有少数枪弹，张此后成立炸弹团，以王栋为团长。

"1925年春末，张宗昌任山东督办，以米罗夫为高等顾问，我任米罗夫的翻译，经常与他在一起。他曾向我述说在海参崴和张宗昌见面的一些情况。大意如下：'张宗昌到海参崴时，日本驻留海参崴的陆海军正准备撤走，周围形势不利。我们除退到中国境内无路可走。我和张是患难朋友，和他谈到情况，他很愿意帮忙。口头约定，到万不得已时，俄军都退到张的防地借以保存实力。因此红军进攻后，我通知聂卡耶夫等向张的防区撤退，并派参谋车可夫到张处接洽。张不能容纳那么多俄国官兵，吃的用的也没法供应，十分为难。经聂卡耶夫等与张洽商，将所有步枪约一万枝，大炮二十多门，重机关枪四十多挺，连同弹药一起交给张，一部分技术人员也由张留用。除聂卡耶夫、米海

洛夫等几个高级将领暂在张处担任教官等职外，大部分官兵暂去哈尔滨自谋生活。

"1924年秋，第二次直奉战争时，聂卡耶夫由哈尔滨招到旧部三百人左右，组成先遣梯队，配合张宗昌部队作战，聂卡耶夫为该梯队少将队长。不久，刘世安所带中国兵内加入招募的白俄兵百余人，名为先遣混合梯队，均一同出关。及张当山东督办，米罗夫和张商定将白俄兵扩充。这时中苏已经建立外交关系，苏联政府曾抗议中国军队内有白俄官兵参加，更反对称之为俄军。因此，张宗昌将招募的白俄兵，改称'入籍军'。张宗昌任司令，米罗夫充帮办司令并在督署设有顾问办公室。"

第二次直奉战争终了，张宗昌的先遣混合梯队队长刘世安到滦州后，将俘获的直军运输用货车的四周设置了土袋，由白俄兵架设重机关枪，能射击三面，进退自如。经天津沿津浦路一直开到长江北岸。这是铁甲车的初始。

（一）张宗昌的中国造"斯蒂贝克"坦克？

1917年4月，美国军队参加第一次世界

▲ 美国"斯蒂贝克"步兵支援坦克

大战时，坦克对战争的作用已得到了验证。作为世界工业强国的美国在坦克研发上自然不甘落后于英法各国，于同年开始由各公司大力进行坦克的研制工作，先后设计出如"霍尔特"燃气电坦克、"福特"三吨坦克、"霍尔特"三轮蒸汽坦克、M1917六吨坦克（仿法国"雷诺"FT型坦克）以及MK.VIII自由型重坦克等。在设计过程中，美国多借鉴参考了当时英法两国的坦克设计理念。其中同年（1917年）由美国斯蒂贝克汽车公司设计，并于1918年完成样车的"斯蒂贝克"支持型坦克（即直接支援步兵坦克）便是大量参考了英国MK.V型坦克的构造设计。该坦克是斯蒂贝克公司基于"牛顿·卡戈"履带牵引车所制造，内部结构分隔为3个部分，前部为单独的隔舱，中部为战斗室（车体上部搭载2个圆形旋转炮塔），后部为发动机室（内装一款型号不明的4汽缸航空发动机）。这辆样车在完成后即被运往法国前线进行测试，由于此时第一次世界大战已经接近尾声，而该型坦克也没有什么特别的优势之处，最终

▲ 卢永祥

▲ 陈调元与齐燮元

没有被军方定为制式坦克投入生产，设计图及样车也下落不明。1926年2月，张宗昌停办了德州的德县兵工厂，将该厂的机器设备搬到济南新城兵工厂，尔后又新购入了大批机器设备，并聘请捷克的军工专家汉希特德为自己制造坦克、装甲车辆以及其他武器装备。这组由当时驻华美国海军陆战队员所拍摄的中国造坦克与此前美国试造的"斯蒂贝克"坦克在外观上有着惊人相似之处，但这辆中国造坦克的具体情况至今未发现有进一步的详细资料。

（二）直皖战争·江浙战役（1924年9月）

1923年11月-1924年1月，皖系浙江军阀卢永祥盘踞上海，占有港口之利，与上海的几名西方军火掮客来往较多，并通过他们作为中间人向欧洲各国军火商购买武器装

▲ 张宗昌的中国造坦克

▲ 江浙战区图

备。卢永祥通过法国布瓦苏公司经办，购入各型飞机 12 架、滑船 3 艘、军用摩托车 6 辆、汽车 20 辆以及法国"雪铁龙"M23 半履带装甲车 9 至 10 辆，这些装备经"朝云"号军舰运抵上海，尔后运往杭州。

咨议柳世裕关于粤湘和战及江浙备战情形致陆锦函（1924 年 1 月）：

浙江前由荷兰人经手，向法国购有新式飞机八架、侦探小飞机四架、武装铁甲汽车十辆，分存上海兵工厂。近日表面虽趋沉静，而浙省利用和平，为缓冲之计，筹备军实，添兵购械，不遗余力。十三日，奉天派来熟悉飞机俄人库克洛夫等八人，已将浙省存沪之飞机及武装汽车，悉数运杭，以便由俄人驾驶。

航空署督办赵玉珂报告特派员调查浙江军事航空情形给大总统呈文（1924 年 9 月 4 日）：

飞机之外附带器物，计有自动自行车六辆，自行车二十余辆，能运物或装枪炮之武装汽车九辆，可在凹凸地面驾驶，构造与寻常汽车不同，水面滑船三只。

《江浙大战记》"战事之酝酿"：

吴淞原驻有陆军第十师暂编团一团、第四十团一团、三十九团一团及第十师炮兵团第一三两营，为数约六千人。战事将启，复右各处调来大兵总计在二万以上，并由杭州开来装甲摩托车六十辆，每辆均装有机关枪二挺，配兵士十余人，实战时之利器也。

1924 年 9 月初，直系江苏督军齐燮元在曹锟的支持下，于江浙地区向皖系浙江督军卢永祥发动进攻。9 月 3 日上午，齐军（齐燮元军）约二千人由陆家浜站出发东下，经过安亭继续前进，在距黄渡卢军（卢永祥军）阵线二里摆开阵线。上午 10 时 10 分，齐军首先派出一排军队对卢军进行射击，随后卢

▲ 皖系浙江军阀卢永祥购买的法国"雪铁龙"半履带装甲车

军跑至较远处进行还击。战至中午 12 时，齐军且战且退，卢军尾随齐军进行追击，至下午 3 时，齐军已后退三十余里，卢军在离陆家浜不远处停止不追。尔后齐军以昆山为大本营，卢军以南翔大本营，持续鏖战于安亭与黄渡之间，互有胜负。4 日，齐卢两军又在黄渡附近铁路线交战，卢军分左右两路，向青阳港方向发起进攻。齐军即以 1200 名士兵进行抵抗，随后齐燮元调来 1 辆铁甲列车，于车上架设大炮，沿沪宁铁路线对卢军发炮，黄渡一带的房屋均被铁甲车发射的炮弹击毁，平民也被炮火所伤达二百余人。卢军随即以火炮进行反击，并一炮击中铁甲车，导致车内士兵阵亡三分之二，列车翻覆出轨，未死的齐军士兵也纷纷逃下车，并向齐军阵线冲进，双方沿铁路线进行激战。在此战中，装甲车辆首次亮相于中国战场。

（三）浙奉战争·固镇桥战役
（1925 年 11 月）

1925 年 10 月 8 日，直系浙江军阀孙传芳于杭州召集浙、闽、苏、皖、赣五省代表举行秘密会议，结成"五省联盟"，准备发动"讨奉战争"。10 日，孙传芳以"秋操"为名，部署浙军 4 个师另 6 个旅于浙江长兴、江苏松江（上海）地区。至 15 日，由江浙边境分三路出击："以李宝璋师直扑上海，以卢香亭师渡太湖袭占丹阳，以谢鸿勋师经宜兴攻取南京。尔后，孙传芳一举夺得松江、上海，长驱直入，直抵南京，不暇入城，便渡江北上。"此时的张宗昌已于同年 5 月就任山东督办，屯兵济南，并扩编了"白俄"铁甲车队的规模，任命葛斯特洛夫为铁甲车司令，除在津浦路上设置的机械工厂将原有的"长江"、"长城"铁甲列车进行整修外，

还制造了"泰山"号与"河南"号两辆铁甲列车。孙传芳部北上后，即于津浦铁路线上遭到奉张作霖之命率大军及 4 辆铁甲列车南下的张宗昌部的阻击。11 月初，孙传芳军的谢鸿勋师与乘坐铁甲列车的张军前敌总指挥施从滨部于固镇发生遭遇战，孙军知道白俄铁甲列车的厉害，于是派兵绕至铁甲车队的后方，将铁轨拆毁，前后夹击，"长江"号与"长城"号铁甲列车被击毁，其余两辆逃回，铁甲车司令葛斯特洛夫在内的数十名白俄兵阵亡，张军前敌总指挥施从滨也在固镇以南被俘，被押解至蚌埠地区处决。

郑俊彦等关于解除南京奉军武装及杨宇霆、郑谦潜逃暂由陈调元维持秩序等情通电（1925 年 10 月 19 日）：

"其（奉军）津浦路线窜至乌衣之兵车数列，被我驻扎该处之徐团预将铁道拆毁，故即下车顽强抵抗，经我军猛烈痛击，敌势不支，向后溃退，适派出江北之追击队孙团赶到，前后夹击，歼灭殆尽。"

▲ "长江"号铁甲列车

徐大同（时任张宗昌随军参谋）回忆：

"当时张宗昌奉到命令后，即派施从滨率部为前锋，向蚌埠前进，并派白俄部队沿津浦铁路东侧南下以掩护施部的侧背。施从滨部经过几天的整顿补充，即由兖州、泰安防地先后开到蚌埠，并在附近布防。不意防务尚未就绪，孙军已首先发起猛烈攻击，施部不支，纷纷溃退，蚌埠遂由孙军谢师占领。施从滨退出蚌埠后即在固镇以南坐着白俄部队的铁甲火车指挥作战，企图挽回败局，终至兵败被俘。

"施从滨在同孙部在固镇以南作战的时候，后方还有铁甲车一列和军械处的弹药车数辆，随时可以支援和补充。后来谢鸿勋师派出迂回部队绕到固镇以北，将铁路破坏，切断了施部的退路，施部受到前后夹击，纷纷向北溃逃，施从滨和他的随行人员，全被孙军俘虏。铁甲车上的白俄部队，拼命用机枪扫射，但时间已久，弹尽无援，欲进无路，欲退不能。他们本能自己修理铁路，因被包围，亦无法下车进行。当时的铁甲车司令葛斯特洛夫自认部属全非中国人，平时纪律极坏，强奸妇女，无恶不作，参加中国的内战，如果被俘定难活命。于是把人集中一起，连女眷在内，共七八十人，浇上洋油点上火，一阵浓烟起处，这伙白俄全数火葬在铁甲车之上。弹药车上的军械员邢进福也当场被俘。当时固镇桥北的南宿州至夹沟一带，程国瑞、王栋、许琨等部队陆续到达，相继与孙接战。李恒珍率领的弹药车队也开到夹沟车站。孙军当时算是军阀中首屈一指的劲旅。经过一昼夜的激战，程国瑞先登火车退走，其他部队也都顺着津浦铁路向北退却。11月8日，孙军先头部队占领徐州，张军转移到山东境内韩庄以北一带据守。孙张之战，至此告一段落。"

马葆珩（时任孙传芳军敌前总指挥）回忆：

"张宗昌在北平给白俄军领了一大批活牛活羊，还有大宗白兰地洋酒、大炮台香烟等名贵东西，专门供应这一批白俄军享受之用。施从滨部经过数日整顿补给后，就由兖州、泰安防地，先后开到蚌埠附近，但施军布防尚未就绪，即遭孙传芳的谢鸿勋师和卢香亭师取钳形攻势，把蚌埠的西南东三面包围，连夜向市区施军猛冲，施部本是缺少训练的老弱残兵，又兼军饷久欠不发，兵无斗志，一遇谢卢两军夹攻，便纷纷溃退。蚌埠也随即被占领了。

"张宗昌的白俄军，由济南沿津浦线东侧，掩护施从滨向南急进。孙军占领蚌埠后，便立命李俊义旅的我（当时为团长）团驰赴津浦东侧迎击白俄军。我团官兵一路胜利，便有轻敌急功的念头。先头尖兵因过于突出，一遇白俄军，全部五十余人完全被大队白俄军包围杀死。残忍像野兽的白俄军甚至对孙军士兵挖眼睛、割鼻舌、取心肝以取乐。卢香亭大队开到，立即展开激烈冲杀。大部白俄兵赤膊作战，一手拿着白兰地酒瓶，一手拿着上好刺刀的步枪，一面狂饮，一面冲杀，凶猛如同野兽一样，把我团几乎击溃。副团长、营长大多被打死，士兵伤亡甚众。我急命步兵全线撤退，将全团机关枪和大炮集中火力轰击，当即打死白俄军八百多名，他们才酒醒，弃枪逃窜。

"施从滨部撤出蚌埠后，仍在蚌埠以北坐着铁甲车督战，希图挽救失败的局面。不料谢师上官云相团，已绕到固镇桥以北，把铁轨拆掉，断绝了施军的归路。固镇以南卢师我团，又趁消灭白俄军的余威，向施军猛攻。此时施军遭到孙军腹背夹击，同时又悉白俄军已被消灭，感到孤军被围，形式紧急，就下令铁甲车开足马力向北速驶。铁甲车到固镇桥时，施从滨见长达一里的铁桥面上，挤满了向北逃窜的自己部队，他不忍在自己的部队的身上碾过去，又命铁甲车往南开。没开几十里远，见大部孙军冲杀前来，又急命铁甲车往北行驶。到固镇桥时桥面仍是挤满着部队，争先恐后的向北逃窜。此时由北向南截击的上官云相团正包围着奉军缴械，固镇以南的我团，又紧追前来。在生死关头，施就不顾自己部队的生命，急命铁甲车开足马力，在自己部队身上冲过桥去，桥上一千多人立刻化为肉饼，冲下河去的也不计其数。当时血肉横飞以及惊叫惨呼之声，真是无法形容。施从滨驶过固镇桥后，满以为可以逃此大难。那知铁轨以被拆掉，铁甲车立即倾倒路旁，他和随从人员全部被俘。"

刘文清（时任白俄雇佣军联络官）回忆：

"张宗昌、米罗夫到济南后，由白俄技术人员设计，令济南津浦铁路大厂，将货车外层加装铁板，制成长江号、长城号、云贵号、河南号四列铁甲车，正式成立铁甲车队，以格斯道夫为少将司令，布克斯为上校大队长。每列车安设大炮6门，马克沁重机枪24挺。

"1925年秋末，奉系安徽督办姜登选被孙传芳逐走，米罗夫同张宗昌到徐州指挥阻击孙军，我亦随往。张召济南镇守使兼第五军军长施从滨到徐州镇守使署，委施为敌前总指挥，并许他攻下安徽以后即保他为安徽督办。张和施及米罗夫共进晚餐痛饮。饭后，召住在徐州的铁甲车司令格斯道夫、大队长布克斯会谈铁甲车如何配合进攻孙军。格斯道夫对张说：'由铁甲车队领先，要一气先打到上海。'施从滨即同格斯道夫上长江号铁甲车，指挥4列铁甲车共白俄兵约四百人

沿津浦路南进。米罗夫派我在徐州车站守着电话和铁甲车联络。夜半，电话突然不通，据在长江号当翻译的族侄刘延相逃回来对我说，当夜12点后，长江号冲至固镇车站以南，后面三列车跟进，过桥时突遇地雷爆炸，枪声四起，铁路被破坏，进退不能，旋孙军四面包围。司令葛斯特诺夫、大队长布克斯先后阵亡，白俄兵大部分战死，少数被俘，逃出者只有几个人。施从滨也在被俘之内。

"当铁甲车队被歼之后，孙军乘胜北上，张宗昌、米罗夫仓皇退至韩庄。米罗夫责备张的步兵没有跟上去，以致惨败，张责备铁甲车队不派侦察兵，只顾前进，过于疏忽。"

普利马科夫（时任张家口苏俄顾问团副团长）回忆：

"几天以来，报纸上又大登特登有关上海的消息。属于吴佩孚集团的浙江督办孙传芳将军，率军攻打了上海。会战数日以后，他击溃了鲁军，使几个师转到了他这方面来，并使涅恰耶夫将军的俄国白卫军队伍遭到了惨重的失败。据说，孙传芳的士兵将俘获的三百名白俄军砍下双手，理由是害怕俘虏攻打押送队，夺取押送队的武器进入山区打游击。孙传芳在与白匪作战中，夺取了他们的装甲列车，借助于装甲列车，他正在向山东推进。"

三 大元帅府铁甲车队

1924年春，俄国人列米（уreр.д）被苏联政府派到中国，援助及支持孙中山进行革命斗争。列米早年为布尔什维克党，参加了列宁领导的俄国"十月革命"，并于俄国内战中先后任苏联红军装甲部队副团长、团长、副师长等职，列米向孙中山提出："**以苏俄为榜样，扩大革命军，先统一广东，再以广**

▲ 孙中山

东为革命根据地，进行北伐，继而统一全中国。"于是，孙中山任命列米为"大元帅府"军事顾问，参与训练及扩建革命军工作，并接收了苏联赠送的4辆铁道装甲汽车。

1924年8月，"辛亥革命"时期广州商人为自卫成立"广州商团军"，团长陈廉伯在英国人支持下策划商团军发动叛乱，妄图推翻广东革命政权，建立"商人政府"，并通过英商南利洋行购置了一批枪支弹药，由英国轮船"哈佛"号运往广州。这批军火于同月10日抵达后，在广州天字码头附近江面遭到蒋介石率领的"江固"舰查扣。尔后，孙中山写信给蒋介石，将扣留商团的军火中拨出一部分，按照苏联顾问列米的要求，配备给以宣传革命及铁道巡防为目的组建的铁甲车队使用。

1924年8月23日 大元帅手令介石：

"将扣留之械内检交李糜（列米）将军驳壳枪175支，手机关枪18支，及两项足用之子弹，为铁甲车队之用。"

1924年9月4日 孙中山手谕介石兄鉴：

"前日命李糜设备钢甲车四架，北江两架，东江一架，佛山一架，保护车路兼载宣传队为沿途宣传之用。佛山车已备妥，次日开始宣传，而兄处派人忽将手提机枪并短枪收回，致不能照计划举行。李糜因此大为失望，吾亦同此心。此事关于党务军事之进行，甚为要著，且我拟一二日后亲往韶关，更须此二铁甲车随行。务望照前令发足手机枪18枝，驳壳枪250枝，切勿延误为要。"

1924年9月8日 孙中山手谕介石兄鉴：

"前李糜要取手机枪18枝，为配铁甲车之用，务要照发，不可令学生带来，借用一时而带回去，此殊失李之望。李君专长铁甲车战术，一切须由其配办乃能灵捷，且敌人已来，窥翁源河头，欲断我省韶铁路之交通，我日内往韶关，则此铁路之防备更为急要。务望将手机枪同驳壳枪一齐交与卢振柳带回，俾李得以配备后方防卫。至要，切勿延误。"

10月，中国共产党两广区委委员长兼黄埔军校政治部主任周恩来亲自参与主持了铁

▲ 蒋介石

▲ 大元帅府铁甲车队之轨道装甲车

甲车队的组建工作，从黄埔军校抽调了该校优秀军官徐成章为队长，廖乾五为党代表，周士第为副队长，曹汝谦为政治教官，赵自选为军事教官。在此期间，广州"商团事变"爆发，尚未正式成立的铁甲车队即奉孙中山之命由蒋介石指挥参与了平定作战。

10月14日蒋校长奉总理命令文曰：

"兹为应付广州临时事变在未平期间内所有黄浦陆军军官学校飞机队铁甲车队工团军农民自卫军陆军讲武堂学校滇军干部学校兵工厂队警卫军统归蒋中正指挥以廖仲恺为监察谭平山副之。"

11月，大元帅府铁甲车队正式成立，列米向孙中山汇报了该队人员配备和装备情况。

周士第（时任大元帅府铁甲车队副队长）回忆：

"铁甲车队是由我党领导的，周恩来同志亲自组织的一支革命武装。一九二四年国共合作后，这支革命武装为支援广东农民运动支援省港大罢工，平定军阀叛乱，为保卫新生的广东革命政权，建立了不朽的功勋。这都已经是几十年前的事了，回想当年那如火如荼的斗争，至今在我脑子里仍留有清晰的记忆。"

▲ 周恩来

▲ 徐成章

▲ 周士第

成立后的铁甲车队指挥部驻扎在广州大沙头一幢四层楼高的洋房内，外面挂着一个引人注目的大牌子，上书"建国陆海军大元帅府铁甲车队队部"。

铁甲车队隶属于大本营航空局，定额136人，分为3排，每排分为3班，最初由大元帅府卫士队队长卢振柳兼任铁甲车队队长，11月改由徐成章任队长，廖乾五任党代表，副队长周士第（1925年6月接任队长），军事教官赵自选，政治教官曹汝谦。莫奇标、李海涛、高超分别任3个排的排长。

铁甲车队的装备，有铁甲列车1列，铁甲汽车4辆及一部分其他车辆，驰骋于广东省内各条铁路线上。班长、队员一律配备"三八"式长枪，排以上干部配备驳壳枪。长枪和驳壳枪都是苏联资助的。每排还有1支手提机关枪。

铁甲车队的铁甲列车由1节火车头、1节炮车、2节步兵车以及1节长官指挥车组成。车厢和顶端装有铁甲板，车厢两侧厢壁上都开了几排有高有低的长条形射击窗孔，在车厢内可用不同姿势立式或跪式射击，以及向外观察等，车内两边有板凳可以乘坐。铁甲车平时停放在大沙头火车站，外出作战或执行巡逻任务时，多用装甲火车头牵引。炮车上装有3个旋转炮塔，未装载火炮，仅装备1挺马克沁水冷式重机枪。当时大元帅府铁甲车队除了担负孙中山出巡时的护卫任务外，主要担负广九铁路（广州至九龙）的铁路护卫任务，这条线路是广州通往香港的唯一一条铁路，有着极为重要的地位。此时的铁甲车队所用的铁甲列车在装备性能和职能上来说，只能算是轻型护路铁甲车。

（一）广宁农民运动

1924年12月上旬，在中共两广区委的指示下，铁甲车队第1、2排到广宁镇压屠杀农民的地主，帮助农民运动。但因广宁不通铁路，部队乘铁甲车至花县后便弃车步行，铁甲车随即返回。

周士第回忆：

"我们于十二月十一日赶到广宁，驻在社岗地方。第二天清早，六、七十名农民自卫军出击敌人，在潭埠附近地方与地主武装发生战斗，铁甲车队随即赶来增援，声势大振，敌人抵挡不住，被我们缴获枪支数支。我方也被打伤三名铁甲车队队员及一名农民自卫军。"

（二）第一次东征

1925年2月1日，留在广州的铁甲车队第3排在排长高超率领下配属"东征军"攻打东江陈炯明的"救粤军"。第3排接到指示后乘铁甲车活动于广州至石龙敌人占据之铁路线上，执行如下任务：一、协同石滩友军，加强石滩

方面警戒；二、经常向石龙方面进行火力侦察，与敌人打许多小仗；三、沿铁路线发动群众；四、补修铁路、桥梁；五、掩护"东征军"集中、开进。第3排接到命令后即乘铁甲车沿广九铁路前进，作为先锋部队，协同友军攻击石龙、樟木头、平湖、深圳等处陈军防线，所向披靡，并迅速将敌人破坏的铁路、桥梁、车站等设备修复，清除了在铁路沿线意图炸毁铁路的匪兵，完全控制了广九铁路，并且铁甲车还常为前线"东征军"运送兵员、军火、给养等任务，保证了"东征军"后方交通运输的安全，使"东征军"顺利地向东江迅速进攻，打败了陈炯明。2月19日，铁甲车队返回广州大本营。

校长命令2月9日：

据铁甲车队于八日侦察归来报老虎坳樟木头一带均无敌踪，又据报告敌军谢文炳部千余人尹骥部二千余人经海丰向淡水前进。

步兵学生队务于午前七时以前派出一队乘铁甲车前进。

铁甲车务于明十日午前九时卅分由横沥站出发沿铁道经常平站出发经樟木头侦察前进但须随时修理铁道。

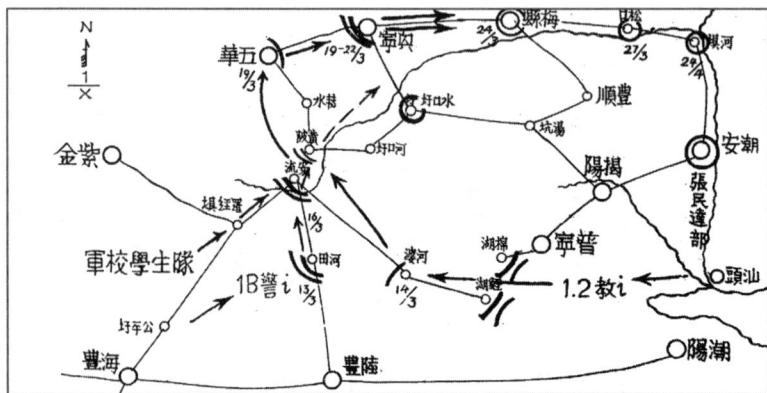
▲ 革命军第一次东征各战役经过要图

军官学校本部步兵学生队（缺一队）及炮兵营务于明（十）日午后一时以前准备完毕用铁道输送向塘头厦前进。

校长命令 2 月 10 日：

铁甲车队务必于明（十一）日午前八时向深圳搜索前进。

校长命令 2 月 11 日：

本日铁甲车队自深圳回称广九铁路南段并无敌踪。

（三）讨伐刘杨叛乱

正当"东征军"讨伐陈炯明之时，英、美列强趁广州空虚收买了驻守广州的滇、桂两军军阀杨希闵、刘震寰发动叛乱。在中共两广区委的指示下，铁甲车队和飞机掩护队奉命做好准备，在大沙头加固防御阵地，增强了警戒，投入平乱战斗。在杨、刘叛变时，铁甲车队官兵及时掩护了大元帅府、广东各党政机关政府、苏联顾问团的重要人物过江，撤往河南（广州海珠区）士敏土（即水泥）厂。6 月中旬，铁甲车队和飞机掩护队在徐成章的指挥下，从广州猎德附近渡河，迅速插入滇军侧后纵深，向石牌、瘦狗岭方面的敌人背后发起攻击，切断了石牌、瘦狗岭、龙眼洞方面之敌与广州市内之间的联系，有力配合了回师的"东征军"作战。

（四）封锁香港作战

1925 年 5 月，上海发生工潮，工人领袖顾正红被日本资本家枪杀。学生示威声援遭租界英籍巡捕开枪射杀，致十三人死，数十人重伤，史称"五卅惨案"，这一事件引发全国反抗外国在华势力的运动。同年 6 月 19 日与 21 日，香港和广州两地的工人阶级，为了声援上海的"五卅运动"，抗议帝国主义屠杀中国人民的暴行，在国共两党合作革命统一战线的支持下，举行了一次规模空前的大罢工，即"省港大罢工"。

"省港大罢工"后，为了更有效地打击英帝国主义，中共两广区委和周恩来决定全面封锁香港。在香港、九龙边界和广东沿海各港口以及海南岛，派出罢工工人纠察队担任维持社会秩序、缉拿走狗、镇压工贼和封锁香港的任务。但是英帝国主义经常在港九边界进行骚扰，给封锁工作带来了许多困难，为了支援工人纠察队，中共两广区委于 8 月初派周士第和廖乾五率领铁甲车队，到港九边界的南头、深圳、沙头角一带，协同罢工工人纠察队开展封锁香港的作战。

不甘失败的港英政府，一直采用各种手段破坏封锁，加派了大批军警来到边界，在深圳对面山上架上火炮，指向铁甲车队的铁甲列车。8 月 15 日，驻深圳沙头角的省港罢工工人纠察队发现走私船两艘，装满谷米，计划走私到境外，就前去检查，突然发现英舰两艘驶到附近的田心防线，使用机枪向我方扫射，阴谋掩护走私船逃跑。铁甲车队获悉迅即驰援。英军舰在遭到一阵扫射后便灰溜溜地逃走了。

▲ "东征军"临时使用的大元帅府铁甲列车

（五）沙鱼涌作战

10月3日，在英帝国主义支持下，陈炯明残部强行抓去了驻沙鱼涌的十多名省港罢工工人。铁甲车队闻讯后，立即由周士第和廖乾五率领4个班从深圳出发前往沙鱼涌支援。到达沙鱼涌后，便与工人纠察队一同加强警戒。

10月4日，在周士第等率领铁甲车队队员前往深圳沙鱼涌支援工人纠察队的同时，广州的国民革命军开始了"第二次东征"，在罢工工人的配合下向东江地区的陈炯明残部发动总攻。留守广州的铁道装甲汽车和铁甲列车即被用于东征期间高级军官及苏俄顾问的防护联络专车以及临时指挥部。

康奇茨（时任苏联广州军事顾问成员）回忆：

"十月四日十三点三十分，沙尔菲耶夫、舍瓦尔金顾问和他的翻译坐装甲列车到达这里（新塘）。我向第三师（东征军第三纵队）德尔顾问帕纽科夫建议，把掉队的第九团调到其他部队去。十六点，我们坐装甲列车去石龙。列车上的装备极为简陋，都是普普通通的货车车厢，蒙上一层铁甲，而且是粗制滥造的，没有车厢平台。装甲列车有一节普通的二等车厢，师部就设在这个车厢里。二十分钟后，到达石龙。我在石龙过夜。早晨七点半，装甲列车往回开，二十分钟后又回到了新塘。"

另一方面，11月4日凌晨3时，沙鱼涌一线的敌军残部由东、南、北三面对周士第率领的铁甲车队发动夹攻，并且有英国军舰2艘拖着4艘满载士兵的民船汹涌驶来，发起登陆攻击。铁甲车队与纠察队坚守阵地，击退了敌军轮番的疯狂进攻，守住了沙鱼涌阵地。

到了上午7时多，英国一艘军舰由香港驶来，用2挺机枪进行扫射，并且有1架英国飞机在阵地上空盘旋，掩护敌军攻击，铁甲车队黄华然班英勇进行了多次抗击后，全部阵亡。

9时，敌军源源来到，占领全部高地以及沙鱼涌街口。周士第当机立断，下令突围，杀出一条血路，最终突破了敌军包围圈。此战之前省港罢工工人纠察队与铁甲车队共有一百多人，事后仅存罢工工人纠察队员5名，铁甲车队周士第和廖乾五、蔡文铎等12名，总计17人。而在省港罢工工人纠察队、铁甲车队的奋勇反击下，反动武装也遭受十分沉重的打击。共击毙参谋1人、连长2人、排长5人，打死打伤反动武装二百余人。至11月5日凌晨2时，铁甲车队所剩下的人员返抵深圳。深圳一带农民闻讯后送来大批慰劳品，欢腾的群众站在铁甲车上及其周围热烈鼓掌。许多人爬不上铁甲车，就将铁甲车围得里三层外三层，高呼着口号，热情地欢迎省港罢工工人纠察队与铁甲车队凯旋。

中国共产党领导人之一的毛泽东同志在广州主持农民运动讲习所时，在向学员讲话中，对铁甲车队帮助开展广宁农民运动、消灭刘杨、肃清国民党右派反动武装、封锁香港等斗争中作出的贡献，给予了很高的评价。

四　国民军的铁甲车

1924年第二次直奉战争时期，本应奉命出古北口进击开鲁、攻击奉军的直军第3军总司令的冯玉祥趁直、奉两军于石门寨、山海关等地激战正酣时突然回师，与驻北京的孙岳、胡景翼联合反戈占领北京，发动"北京政变"，推翻了直系军阀政府，并把清朝末代皇帝爱新觉罗·溥仪及其家眷驱逐出故宫，致使直系兵败。尔后于同年 10 月 25 日改所部为"中华民国国民军"，自任总司令兼第 1 军军长，但迫于形势，将皖系军阀段祺瑞推举为北洋政府临时执政，并电邀孙中山赴京共商国是。

1925 年初，迫于奉、皖两系军阀的压力，冯玉祥于察哈尔省张家口（今属河北）就任西北边防督办，所部"国民第一军"改称为西北边防军。在此期间，冯玉祥通过国共两党的关系与苏联政府建立了联系，请求苏联进行军事援助，并派遣苏联军事顾问指导。苏联政府于同年 3 月 21 日通过了援助"国民军"武器弹药并派遣顾问和教官的决议。于是 4 月底，三十多名苏联军事顾问来到张家口，成立"张家口顾问团"，团长为维托夫特·卡基米洛维奇·普特纳（原苏联红军第一步军军长及列宁格勒警备司令），副团长为维塔利·马尔科维奇·普利马科夫（原苏联红色哥萨克骑兵第一军军长），参谋长为科尔涅耶夫，成员有军事顾问格列夫、铁甲车顾问卡里诺夫斯基、骑兵顾问久克、炮兵顾问佩特凯维奇及政治顾问纳乌莫夫等，顾问团步、骑、炮，工各兵种齐全，阵容相当强大。

（一）张家口铁甲列车苏联顾问

卡里诺夫斯基，全名为康斯坦丁·勃罗尼斯拉沃维奇·卡里诺夫斯基。1919 年毕业于莫斯科高等装甲学校，1919 年 11 月 17 日被任命为南方战线的第八号装甲列车车长。俄国内战期间获得两枚红旗勋章。第一枚勋章是表彰其领导下，装甲列车全体人员在突破波洛兹克－莫洛杰奇诺铁路线上的加特卡车站附近两湖隘口的波兰白军牢固防线时所表现出的主动顽强精神——八号装甲列车在开到一座被毁的桥梁前时，用火炮和机枪

▲ 冯玉祥

的火力为步兵和坦克开辟了道路。第二枚红旗勋章是为了表彰其在保卫亚谢立达河渡口和消灭敌军优势兵力时所表现的无畏精神。战后，卡里诺夫斯基进入工农红军军事学院进修。期间写了一部学术著作以及几篇介绍在各种战斗中使用装甲部队的文章。1925年－1926 年担任张家口铁甲列车总顾问，与切金及巴尔科指导制造了 5 辆铁甲列车。返回苏联后，任工农红军摩托机械化管理局副局长，1932 年死于飞机失事。

切金，生于 1894 年，张家口工程兵顾问，参加过第一次世界大战与俄国内战，1925 年来华后与卡里诺夫斯基一起为冯玉祥国民军设计制造了 5 辆装甲列车。离华返回苏联后被任命为古比雪夫工程学院副院长。

巴尔科，张家口铁甲列车顾问。曾随卡里诺夫斯基铁甲列车队参加国民军第一军的天津战役。1926 年初死于血中毒，葬于北京。

得到国民军领导人的信任后，苏联顾问即在国民军中积极开展广泛的工作，主要军事活动有六个方面：一、培训军官；二、协助生产武器弹药；三、视察部队；四、协助国民军接收军火；五、参与司令部的工作，协助制定作战方案；六、协助国共两党在国民军中开展政治工作。

协助生产武器弹药是苏联顾问的重要工

作，因国民军的武器装备为从各个国家进口而来，口径也各不相同，而且陈旧过时。

勃拉戈达托夫（时任开封苏联顾问团副团长）回忆：

"二十年代的中国军阀部队跟革命前的袁世凯军队比较起来，部队的总数增长了三倍，而兵额增长了近四倍。由于整个经济基础薄弱，军阀们无法建立自己的军事技术基础。他们不得不从国外购买必要的武器。众所周知，军阀部队的武器有百分之四十多是进口的。这便使得中国军队的武器五花八门。军队配备的步枪常常是各个国家的都有，日本的 6.5 毫米口径、德国的 7.6 毫米口径、日本老式的 6.8 毫米口径、国产的 7.9 毫米口径、俄国三英分口径、美国的、奥地利的、意大利的、法国的等等。武器这样的复杂，使得部队的弹药供应也十分困难。武器的技术质量也相当低劣。"

另一方面，生产武器弹药的工作中最重要的是指导国民军制造新式装备——装甲列车。在此之前，国民军并没有配备装甲列车。铁甲列车顾问卡里诺夫斯基向冯玉祥提出了《关于装甲列车在战争中的作用》的报告，受到了冯玉祥的重视。后冯玉祥批准建造装

▲ 停于天津车站的铁甲列车

甲列车的计划，并命令立即施行。在张家口的火车制造厂里，顾问卡里诺夫斯基、切金及巴尔科等人指导国民军制造装甲列车，并且有一名德国人也参与制定装甲列车的计划。该装甲列车由 2 节加装了钢板的货车车厢组成，搭载 2 门 75mm 火炮和 8 挺机枪，一部分机枪安装在旋转炮塔的顶部和侧帮上。另外，将蒸汽机车头也装设了钢板。制造成功后的列车在苏联顾问的指导下进行了试验，结果证明性能良好，符合设计要求。其后又继续制造了 4 辆，并以此 5 辆装甲列车组建了铁甲车队，队长由张吉士担任，苏联顾问卡里诺夫斯基等人任铁甲列车队顾问，并且对车组人员进行了编组，同时在铁道线上展开军事行动的训练。

此外，苏联驻河南军事顾问团副团长勃拉戈达托夫于同年 11 月 28 日约见了继任国民军第 2 军军长兼河南省督办的顾维峻，向其提出提高国民军第 2 军战斗力的建议。当时即决定用现有的工具制造出两辆装甲列车。尔后顾维峻便命令抽调了两辆机车头改装铁甲列车，并抽出 6 门火炮和一部分铁路机车的操作人员。

普利马科夫（时任张家口苏联顾问团副团长、铁甲车机枪顾问）回忆：

"1925 年 5 月 1 日……比我们早来的客人都已入席，低声谈着话。除了很多国民军军官和将军外，这里还有一个蒙古代表团和几个外国人军事顾问。副官把我们介绍给他们——两名俄国人、一名德国人和一名日本人。日本人是国民军顾问松村少校，德国人是国民军工程兵顾问特莱尼先生，俄国人是前红军军官、俄国顾问哈宁中将和多连少将。在随意的闲谈中，哈宁和多连告诉我们，他

们已在国民军中工作几个月了，目前正忙于建造装甲列车和在一般战术学校里培训军官。他们知道我们熟悉机枪和装甲坦克业务后，乃邀请我们参加制造装甲列车的工作。我们马上就同意了，因为我们已经闲得不耐烦了。

"1925 年 5 月 3 日，这天哈宁来找我们，邀请我们到建造装甲列车的机车制造厂去。装甲列车的制造和装备，是在车库的一个单独部门里进行，那里有国民军士兵守卫着。厂内的工作分为两部分：一部分是装甲列车的制造，另一部分是武器的制造。建造工作是我们俄国的军事顾问卡里诺夫斯基所主持，为国民军制造和装备第一辆装甲列车。被任命将来担任装甲列车指挥官的张上校（张吉士）也在场。一百来名中国五金工人，在俄国专家的指导下进行着工作。我对中国工人的工作观察了一小时，得出的结论是：除了熟练程度之外，无论是在技术操作，还是在聪明才智上，在哪一方面，中国工人都不逊于欧洲工人。张上校领我来到车库的一角，那里的桌子上放着未来的装甲列车图纸。根据设计图的预定，装甲列车上必须安装七五毫米口径的火炮，并且在铁甲车的周围安装八挺机枪，列车将有两节装甲车厢。熟悉了图纸以后，我们认为图纸很完善，按照这个图纸制造出来的装甲列车，车厢会相当坚固，火力也相当猛烈。我向张上校祝贺了这一良好的开端，张上校邀请我们参加制造和装备装甲列车的工作。和俄国同志们商量以后，我和艾凡斯就决定立即着手工作，我负责监督和检查八挺机枪的安装。多连这位学识渊博的炮兵专家负责从事两门火炮和炮膛的部署及安装工作。哈宁全面领导装甲列车的制造和装备工作。我们穿上蓝围裙一号，就着手工作了。进行铆接炮塔的工人们向我们伸出手来，帮助我们钻进钢壳内。艾凡斯在第一号车厢里工作，我在第二号车厢里工作。我钻进炮塔，把炮安装在炮架上以后，检查了炮塔的效能和射角，结果完全合乎要求。只剩下安装和固定机枪了。以后的时间就做这项工作。到晚上，我们竟完成了八挺机枪的安装工作。张上校和哈宁同志到我们这里来看了好几次，看到我们专心地工作，他们赞许地微笑着，也钻进安装的炮塔里。工作结束以后，我们查看了全部装置，检查了杠杆系统和滑轮的灵活性，一切都好。只剩下给装甲列车涂伪装色和进行试验性射击了。涂伪装色要占去好几天时间，然后，再开往射击场……当时决定，我们再亲自参加制造另一辆装甲列车的工作，以便在工作中训练国民军军官。另外，工程师德国人也应当参加拟定装甲列车的制造计划，意大利人和日本人准备离开军队，他们不是专家，也不打算参加我们的备战工作。他们未被列入我们的工作计划。

"1925 年 5 月 10 日，我们在制造装甲列车上忙了好几天……定于今天进行装甲列车的试验性设计，因此我们来到哈宁同志哪里。在哈宁处，我们碰上了多连和李大钊教授……我们对李大钊教授提供情报表示谢意后，就和哈宁同志一起到装甲列车那里去了。

"我们在装甲列车旁遇到了张之江将军（察哈尔都统）和他的随员。有人向他介绍了我们，他就请我们到挂在装甲列车后面的车厢里。张之江将军是一个不问政治的典型军人。他给我们的印象是相当坚毅果断。元帅的参谋长刘骥将军坐在他的旁边。刘骥将军转过身来问我们：'装甲列车好不好？'我懂得这个问话，回答说：'好。'为了正确表达，我翘起了大拇指。他的中国话讲得很快，翻译当即翻译了他的话，'我听说世界大战时使用过装甲列车。这是中国工人按照你们这些老大哥的指示亲手制造出来的我国第一辆装甲列车。我很高兴即将看到它的效能，因为这使我联想到我们军队必将使用这辆装甲列车。也许，你们还要谈谈你们的意见，介绍一下你们的经验？'哈宁同志简单地向他介绍了装甲列车的效能，以及作战特点。刘骥将军细心听完之后，思索了片刻，紧接着说道：'好，很好。'随后，刘骥将军把话题转到了欧洲军队的战术上，我们只好向他详细地叙述了法国装甲列车的冲击和德国包围战术的一些基本原则，并为此画出草图来说明这些原则。无论是刘骥还是张之江，都细心地听取了我们的见解，并插入了他们的意见。

"就在这个时候，装甲列车开到了射击地点，停在一个高岗的脚下。透过树枝可以看见悬崖脚下二公里处已经设置好了靶子，而机枪的射击靶子摆得近一些。我们进入装甲列车的车厢。多连指挥炮兵，我指挥机枪。我们发出口令：'各就各位！'当炮手旋转炮塔的时候，我们已准备好射击，于是，我发出口令：'左侧射击！'八挺机枪同时开了火。从我的观察塔里看到一块块靶块消失了，腾起了弹击飞溅起来的沙土。然后，开炮了，悬崖脚下升起一团团黑烟。几炮之后，我们下令停止射击。观察兵向靶子跑去。和他们一齐跑去的，还有将军们及其随员。我们巡视了一下装甲列车，检查了各种装置。一切都正常，我们的设计是正确的。

"中国的军官从靶子那里慢慢走回来，老远就向我们呼喊：'好，很好！'同时兴奋地翘起大拇指。张上校（铁甲列车队指挥官 张吉士）喜气洋洋，这是他的喜庆事。刘骥将军进入装进车厢，装甲列车很快就开回

▲ 冯玉祥的装甲汽车

去了。他细心观看了全部装置，检查了斜槽的可见度，钻进了指挥室。他了解了每个螺丝钉的作用，观看了每个炮塔的旋转情况，查看了每挺机枪的射角之后，他感到很满意。

"1925 年 5 月 28 日，第二辆装甲列车也开始制造了。在张上校的领导下，中国人亲自动手干起来。我们只是去偶尔检查一下工作，查看下火炮和机枪安装的情况。"

（二）冯玉祥的装甲汽车

1925 年 3 月 21 日，苏联政府与国民军就军火援助达成协议后，苏援武器弹药就开始由苏方负责运输到外蒙古的库伦，由国民军前去接收，尔后再由国民军运到张家口等地。当时从库伦到张家口的运输条件比较落后，武器运输尤其是重型装备运输非常困难。冯玉祥主要以国民军第 1 军租用民间的五十至一百辆货车或骆驼队的一千八百只骆驼负责运输。但就在军火运输途中，苏联政府拨给冯玉祥的一批装甲汽车因陷入沙漠，失去联络而全部损失。

鹿钟麟（时任国民军参谋长）回忆：

"……在此之前，苏联曾给我们一批装

甲汽车，因沙漠地难走，全部损失。我们由于前车之鉴，所以这次吸取了那次的经验教训。"

（三）国奉战争·天津战役（1925 年 12 月 9 日 -23 日）

1925 年 12 月，先前与冯玉祥密谈的奉军将领郭松龄于山海关宣布脱离奉军，加入冯玉祥的"国民军"。尔后国民军从南、北两路夹攻天津奉军直隶督办李景林部队，张之江及郑金声率领国民军第 1 军担任北路，进攻杨村车站的李军马瑞云所部；邓宝珊及徐永昌分率国民军第 2、第 3 两军担任南路，由保定进攻马厂的李军李爽垲所部。12 月 7 日，南路邓宝珊部向马厂进攻，遭到李爽垲部顽强抵抗，经过数次争夺战后，于 11 日攻占马厂。北路的张之江部协同新组建的铁甲车团于 12 月 9 日率先向杨村车站的李军阵地发起攻击。李军马瑞云部负险防守运河南岸，张之江部虽然迭次进行冲锋，但终未能攻占。当晚，张之江部指挥官许明山及铁甲车指挥官张吉士与随同的苏联铁甲车顾问商议后，决定趁直鲁联军尚未炸毁杨村铁路桥之前，派出铁甲列车并协同两营六个连步兵为突击队夜袭杨村车站，但进至落岱车站后得报，杨村方向的铁路桥被炸毁，并有一辆国际列车停在附近。在工兵连夜奋力抢修好铁桥后铁甲列车即于凌晨通过铁桥对李军、马瑞云部发动了突袭，凭借铁甲车上的优势火力，使李军于杨村车站遭到了沉重打击，其后又从车站继续以铁甲列车对李军侧翼发动猛击，马瑞云部不支向汉沟、北仓退却，国民军继而攻占了杨村车站。12 月 12 日，占领杨村车站的北路军三面包围北仓，退守至此的李军依仗坚固战壕对峙，并伺机反击，于是双方又于落岱至杨村之间展开了猛烈的争夺战，

国民军伤亡重大，最终被北路李景林部重新夺回杨村及落岱。20 日，冯玉祥下令总攻，北路张之江、李鸣钟、宋哲元均赴前线督战，其右翼向黄后店、敖咀一线展开，左翼向王平镇展开，中路向汉沟镇展开。与此同时，李景林反攻得手后电请山东督办张宗昌派兵支援，张宗昌派程国瑞、徐源泉两军携"白俄"铁甲车队开往青县、沧州一带支援李景林部，之后国民军与奉军的铁甲车各自配属所部步兵进行了激烈交战，但铁甲车之间并未发生直接交火，22 日国民军攻占汉沟车站，并于 24 日进占天津。

中方当事人与俄方当事人关于此战的回忆多有出入，主要区别在于中国指挥官和苏联顾问对作战的主次作用。因 20 世纪 60 年代苏联方面出版的这一批在华苏联军事顾问回忆录以政治宣传目的为主，内容多有夸大和美化苏联顾问之嫌，所以此处内容为摘录中俄双方各自回忆及战报之真实度仅供参考。

▲ 张之江

▲ 李景林

▲ 国民军铁甲列车

许明山（时任国民第一军第一混成旅旅长）回忆：

"当时冯派了三个旅，由张之江带领集中丰台待命。本来是准备应援郭松龄的，李景林误会这支队伍是应援国民一、二军而来夹击他的，因此他就再不后撤，并且将杨村附近的第31号铁路桥予以破坏，调配军队，准备国民军再向前进就予以迎击。张之江按照协议，去天津接任河北督军。冯派了我带了一个混成团随张前去。我与全团官兵乘第一列火车出发，第二列车内有苏联顾问，第三列车是张建侯率领的铁甲车兵。第一列车到落岱时，铁路局方面报告，说杨村以西的31号桥被炸。在军车前面还有一列客车，因不能前进，也停在落岱车站。这时正是冬天（12月上旬）……随后我接到张之江的命令，让我前进备战。我令铁路局把客车开回丰台站，并知会沿路各站兵车让路给这列客车通过……在顾问团的参加之下，我们在窦张庄开了个军事会议。会议决定，我仍为先头部队，连夜进占杨村。我在天明以前到达了杨村，31号桥已由铁路工程兵和我们的工兵修好。后面的顾问团等列车，天明后也到了杨村。由顾问团主持在杨村车站又开了个军事会议。顾问估计前方敌军不多，可能是奉军后方有变，让我率部向前挺进。我所带的队伍只有两个营，后续部队不知什么时候可以到达，我如孤军深入，万一杨村车站被袭击，我军联系将被切断。因此，我执意要先守住杨村。双方争执不下时，铁甲车司令张建侯为了打破僵局，建议由他率铁甲车前进，遇有情况，让我给他掩护。我毫不犹豫地答应了。在铁甲车要出站的时候，站东边有五辆卡车，车上载满了日本兵，他们看见铁甲车前进，就往天津开去了。铁甲车到达京津公路和铁路的交叉点，就发现了敌人，开始战斗。我听到炮声，就带着两营部队从铁路两侧前进，掩护铁甲车作战。我以两营之众，协助铁甲车连续战斗了两昼夜，后边的队伍还没有上来。第三天上午10时左右，李景林以一个旅从铁路南侧冲破了我军防线，直逼杨村。我正在铁路北指挥，听到后方枪声，估计铁道南有了新情况，马上把一个营调到铁路南侧。这时候张之江作为前线总指挥已率部到了杨村。来袭的敌军在杨村附近，遭到了迎头痛击，加上我部的侧击，狼狈后退，损失巨大。我方亦有伤亡。

"在我们这一次战斗中，有一列插有万国旗的所谓国际列车向东开来，当它驶到铁路和公路的交叉地方，奉军的炮火就向其射击，他们只好停车。所谓国际列车停车的地方，距离我方阵地很近。从车上下来几个军官装束的外国人，询问我军的指挥人员是谁。我就在战壕里接见了他们。他们由车上取下一箱白兰地，一箱饼干，两箱罐头送给我。我劝告他们不要前进，以免发生误会。他们接受了我的劝告，上车开回北京去了。

"从12月12日起，我部连续激战到了21日，这天晚上，又在杨村开军事会议。参加会议的有张之江、鹿钟麟等高级将领。会上决定全线总攻击，我奋勇自任中央突破任务。22日拂晓，开始攻击前进。在铁路左右的两营和我身边后的一营，以至我的护兵都加入了突击作战。我一营第一连全体官兵，因抢夺敌人阵地，遭到敌方铁甲车扫射，几乎全殁；余众仍奋勇争先，绝不返顾，终于把敌军击败。这一次作战，我部伤亡四百余人。我们追敌至汉沽以后，奉命休息，旋被调回北苑休整。顾问团肯定了我执意坚守杨村的战略观点，给我送来了手表、照相机等礼物。

大约在二十三四日，我军就占领了天津，李景林顺津浦线南撤，天津治安由张之江维持。

　　"南口作战从 4 月开始，一直到 7 月上旬……我带着一个旅直奔大山口（长城口），利用长城地形掩护撤退。上半夜我就住在大山口，下半夜撤退的部队陆续到达，因行动仓促，铁路、桥梁都未破坏。我恐前途受阻，由大山口到怀里又转柴沟堡，查看交通情况。我到柴沟堡时，奉军的铁甲车也到了……尔后，奉军的兵车随着铁甲车也到达了柴沟堡了，把我截留在铁路以南，我无法通过铁路，只好改换便装，回到北京。"

普利马科夫（时任张家口苏联顾问团副团长兼铁甲车顾问）回忆：

　　"12 月 8 日，第一军开始展开，以向天津进攻。张之江将军指挥的那个军的军部设在廊坊火车站。李景林的部队部署在梅厂镇、杨村车站，以及顺运河到静海车站一线的防御战地上。杨村车站是第一道防线的据点，从装甲列车的炮塔上可以清楚地看到杨村车站后面纵深地带的第二道防线和在那里干活的士兵。装甲列车在向落岱车站推进；阿莲、多连、哈宁登上炮塔，观看烟雾弥漫的战壕，力求弄清敌人的防御体系及其薄弱环节。站在装甲列车光滑而又倾斜的钢壳上的三个人，脑子里闪现出同一个想法，要用装甲列车的夜间突袭来占领杨村，否则一旦桥被毁坏，这里的战斗就要拖久了。他们彼此交换了这个想法后，就坐在光滑的车顶上吸起烟来，随后乃下令装甲列车开往落岱。装甲列车轻轻地摇晃着，钢板轰轰作响，它迅速地向西开去。黄昏的时候装甲列车开到了落岱车站，指挥部设在附近的地主庄园里。张上校走出装甲列车，傲慢地坐在从客车上搬出的椅子上，双手挂着佩剑，以英雄式的口吻告诉官兵，他怎样和外国顾问冒着生命危险去侦察杨村车站，以及子弹如何像雹子似的打在装甲列车上。听众都大为惊奇，他们一边看着旋转的炮塔，一边听着。顾问们走到他的跟前，看到他的副官给他拍摄的站在装甲列车炮塔旁的各种威武姿势的照片。张上校损人爱说大话，但他还是个善良的男子汉，不是个懦夫，他简直爱上了自己的钢甲乌龟，爱上了钢甲乌龟的灵敏和精确的机械装置。

　　"12 月 9 日夜……顾问首长哈宁以全体顾问的名义，建议今夜步兵突击队乘装甲列车去夜袭，并占领杨村车站，因为次日桥梁可能被毁坏，占领火车站就很难了，顾问们本人也乘坐装甲列车同去。于是，张之江同意了，并下令组织突击队，命令装甲列车准备夜袭……顾问们讨论了天气，希望天气有助于战役顺利进行，然后告辞，返回装甲列车，准备夜间的行动。载着 6 个步兵连的 12 辆车厢，挂在修好了的装甲列车上。曾在战术学校学习过的韩中校，被任命为突击队长。张上校以兄长的口吻低声对他讲述了作战计划：装甲列车走在前面，突击队的列车在后面跟随，相距一俄里。装甲列车进站后，突击队要紧跟着迅速冲进车站，占领车站……装甲列车没有发信号就悄悄地从车站向夜幕中驰去，在辽阔的原野上，冬季凛冽的海风在钢板所有接缝处怒吼着。装甲列车在落岱车站停了下来，因为得到了报告，一列从天津开来的国际特快客车停了杨村。杨村车站附近的桥梁被炸毁了，所以国际特快列车在等待修桥，到明晨才能开车。黎明前，桥梁修好了。国际列车通过了落岱车站，和国际列车错车之后，装甲列车开足马力驰上桥头，用机枪火力驱散了企图埋地雷炸桥的敌人工兵。天亮时，装甲列车从杨村车站向前移动，发现梅厂－张贵庄－汉沟一线已设防，敌人在那里布置了大量兵力，并用野炮向装甲列车开火。杨村车站前面三公里处，一座小桥被炸毁。装甲列车冒着敌人的炮火来回行驶，运去工兵修桥。这时，从南面向装甲列车涌来一股密密麻麻的敌人。这是留在在杨村车站以南第一道防线上的步兵，他们现在才开始向第二道防线撤退。他们必须在装甲列车旁边通过。当他们接近时，装甲列车的机枪和火炮猛烈地向他们开火。跟随装甲列车前进的摩托押道车带着给韩中校的命令来到杨村，要他从车站向敌人侧翼发起攻击。半小时后，跑步前进的步兵营出现了。他们迅速展开，发起攻击，敌人遭到重大损失，逃往汉沟第二道防线。

"12月16日，敌人开始活跃起来。敌人步兵在天津以南渡过运河，向落岱车站发起进攻，出现在国民军的交通线上。12月16日晨，艾凡斯和多连乘装甲列车前往落岱车站，以便支援调到那里的绥远都统李师长所辖的一个后备旅。落岱和杨村位于同一个盆地上，从装甲列车的炮塔上望去，勉强是一片严冬无雪的平原。在风沙弥漫中，远处的小村庄之间有步兵队伍在部署，接着他们在田野上展开了密集的散兵线。装甲列车的炮塔开始慢慢地转动。回过头来的艾凡斯看到多连在向他作手势。他告别了军官们，迅速向列车走去。军官们也都跑回各自的排里。炮尾架受到钢板掩盖着的机械装置的牵制而颤动。艾凡斯走到列车跟前的时候，车帮上黄光一闪，第一颗炮弹飞向灰茫茫的田野。装甲列车像一个普通的大石块立在那里，它的火炮在进行射击。钢壳在轰隆的炮声中抖动着。从炮塔中可以看到，敌人后备部队里

冒起炮弹爆炸的烟柱，远处灰色的人群在四处逃窜。机枪击中火力射击临近的散兵线，以猛烈的火力支援护卫装甲列车的半连人，把敌人控制在原地。子弹常常射到钢板上，发出啪啪的响声，随后像树条抽打铁骑似的发出轻微的嗡嗡声。敌人遭到迎头痛击而大为吃惊。我们的设想实现了，敌人被牵制住了，我们向张上校打电话报告了战况。一小时后，敌军恢复了常态，开始向前推进。装甲列车又开火了。虽然敌军推进得很慢，但毕竟是前进了，所以我们的半连人跑回装甲列车，爬上里面堆着砂袋的装甲货车。这些车厢里都有射击枪眼。

"敌人距离列车还有几百公尺远。多连同张上校商量以后，决定让他们靠近、发起冲锋时，再用机枪扫射。装甲列车停止了射击，在一公里的路段上开始缓慢地往返行驶。敌军步兵振奋地站立起来，以密集队形高喊着杀杀杀冲向装甲列车。冲锋的散兵线汇合上千的人群，冲向装甲列车。当能看到他们的面孔时，多连向站在火炮和机枪旁边的士兵们发出射击口令。张上校在八挺机枪和两门火炮震耳欲聋的响声中，接连重复喊了三遍射击口令。火炮发射榴散弹，机枪连续不断的射击。这种火力的杀伤力极大，冲锋的浪潮被装甲列车的铜墙铁壁所阻挡，向后逃窜。在装甲车的里面，轰隆隆的射击声震耳欲聋。机枪手和炮手发狂地进行着射击。战斗头几个小时里的神经紧张状态在这种射击中得到了缓和。中国机枪手由于激动而面色苍白，他们按着机枪扳机，以嘶哑的声音洋洋得意地大喊大叫着。艾凡斯坐在旋转炮塔里，冷静地向撤退的人群进行瞄准，加大了标尺进行排射。当撤退的敌军超出火力范围以后，装甲列车平息下来。张上校表扬了全体官兵，

向他们宣布,要买五十斤猪肉来犒赏大家。在炮火轰鸣声中失去理智的士兵们,表现各不相同,有些人倒在机枪旁边睡着了,另一些人非常兴奋,从列车上跳下来,挨着装甲列车骄傲地走来走去,彼此拍着肩膀,兴奋地呼叫着。

"但是就在这天夜里,敌人对这次失败进行了报复。敌军士兵乔装打扮成农民和商人,潜入前线。他们悄悄地走到杨村车站,袭击了军部和顾问的车厢。当响起紧急警报时,顾问们迅速穿上衣服,跳出车厢对敌人进行还击。返回车厢后,艾凡斯才发现,他在紧急情况下竟反穿了皮靴。

"12月23日八点钟的时候……装甲列车向汉沟车站前进,停在一座被炸毁的小桥旁边。这时,装甲列车的炮塔开始了速射,工兵队迅速修复了桥梁,用枕木十字交叉架起了临时渡桥。十点钟,汉沟车站方面的战斗正酣,装甲列车的机车小心地开上桥去。列车沿着临时渡桥缓慢地行驶,机车过去后,开足马力冲入敌人步兵层层防护的汉沟车站。列车上的机枪猛烈扫射敌人步兵,两门火炮集中火力猛轰岗楼旁边的敌炮兵连。敌炮发射几发炮弹后就哑巴了,步兵也放下了武器。通往天津的道路打开了。傍晚的时候,装甲列车已临近城区,它的炮弹落在火车站附近。那里已响起枪声和手榴弹的爆炸声。国民军占领了天津。"

勃拉戈达托夫(时任开封苏联顾问团副团长)回忆:

"……顾问卡里诺夫斯基和切金本来不是工程师教官,但他们利用张家口的机车库,建造了五辆铁甲列车,并教授中国士兵们使用这些铁甲列车。在天津附近的战斗中,他

们成功地在实战中发挥了自己的本领。

"1926年2月16日。孙传芳的将军靳云鹗指挥的部队在白俄将军涅察耶夫铁甲列车的支援下,向田维勤部队发起了冲锋并将其消灭。田维勤将军让自己的部队和顾问们谁有能力谁就逃,然后自己乘小轿车逃到了开封。3月1日,我们在夜晚约十一点离开了郑州。从郑州到洛阳,火车开得非常慢,用了近一天半的时间。由于转运部队组织得相当糟糕,我们一路上走走停停。货车一列接着一列。我们在一个车站上几乎停了一整天,因为出了故障,车头无法上水。这样,我们的铁甲车便成了普通客货车。

"敌人于1926年2月底从北京和天津两个方向同时转入了进攻。李景林率领的由2个步兵师和1个骑兵旅组成的山东部队,在涅察耶夫铁甲车队的支持下,于3月1日占领了马厂并继续向保定进攻。国民军第3军未做抵抗就退到了铁路西北地区。于是,国民军第1军的第1、4、9、11师被调来对付李景林的这支部队,在马厂以北展开了激战。李景林的进攻被暂时阻止住了,3辆铁甲车被打毁,1辆被缴获。

"鉴于在1925年12月的天津战役期间所立的战功,佩特凯维奇顾问、卡里诺夫斯基和翻译鲍卡尼科都被授予红旗勋章。维赫列夫指挥铁甲列车,突破布雷区,夜袭并占领了杨村车站,从而穿过了奉军的第一道防线。卡里诺夫斯基由于积极主动、勇猛顽强地指挥铁甲列车参战而被授予了军功奖章。在天津战役期间,1925年12月16日,当李景林将军指挥的奉军部队迂回到落岱车站,绕到国民军第1军后方时,卡里诺夫斯基主动向落岱车站派出几辆铁甲列车,粉碎了敌人的历次进攻。在我们的顾问来到国民军第1

军以前，人民对铁甲列车全无了解。根据卡里诺夫斯基画的草图和他的讲解，以及经军功专家切金工程师的帮助，在张家口车站铁路工厂造出了几辆优质铁甲列车。火炮都安在能活动的铁甲炮塔上，机枪和步枪都在铁甲车平台上。"

（四）直奉联军反冯战争·马厂战役（1926年2月20日—2月24日）

1925年末，张宗昌的直鲁军山东铁甲车队又经白俄工程人员设计，由津浦路大槐树工厂用机车客车及载重40吨的货车外加70mm的厚钢板，制造了新的"泰山"号、"山东"号、"云贵"号、"河南"号4辆铁甲列车。鉴于此前失败的经验，每列车由八节车厢组成：第一节依然为材料车，以平板货车为基础改造，专门用于装载钢轨、枕木和一切修路器材，预备铁路被破坏时立即修复；第二节为炮台车（炮兵车），以货车为基础加装铆接钢板作为装甲，并分为三层，下层装载重炮，中层装载山炮，上层装载迫击炮及重机枪；第三节为机枪车（步兵车），也用货车加装钢板，在车厢两旁挖射击口数处，士兵可于车厢内以枪械向外射击；第四节为蒸汽机车头；第五节为长官乘坐车并附餐车，是以高级客车外挂钢板；六、七、八三节和前一、二两节相同。第八节后，另挂铁闷罐车（防护车）一节，车厢内有驻守两排步兵，作为掩护部队。

"泰山"号的炮台车两节，在车底铺上平铁板后，又筑有30cm厚的钢筋水泥，车厢两旁又加筑钢筋水泥夹壁。因此车身过重，所以车轴上均加装弹簧设备，致使铁甲列车在过桥或拐弯时行驶速度均要减慢。各列车都没有设置门窗，二至七节可以直接通

行，车身外部涂有迷彩防护色，每一列车配备三八式野炮七门，追击炮两门，重机枪二十四挺。

到了1926年初，在英、日两国的支持下，张作霖、吴佩孚、张宗昌、阎锡山缔结了共同反对国民军的协定，结成直、奉军阀"反革命联盟"。冯玉祥得知消息后，为了转移联军视线，避免过早与直奉联军展开正面交战，并为了缓和国民军内部的矛盾，即于1月1日宣布下野。冯玉祥将军权交予张之江后，便由库伦转到苏联，去往欧洲游历。然而冯玉祥的下野却没能阻挡直奉联军对国民军的进攻，国民军与直奉联军的战争于1月下旬分别在山海关、山东、河南等地全面展开。

1月19日，奉军入关占领九门口及山海关，国民军为防奉军长驱直入，由国民军前敌总司令鹿钟麟率领韩复渠第1师、佟麟阁第11师、郑金声第3师、孙连仲骑兵第2师以及张吉士铁甲车团等部开抵滦州、卢龙一带进行布防。

2月下旬，山东方面的李景林残部和张宗昌组成直鲁联军，向国民军第2军发动全面攻势，一路势如破竹将山东全部占领，国民军奉命撤回河南布防。之后，在吴佩孚的"十四省讨贼联军"发动对河南的进攻时，直鲁联军也发动了对直隶（河北）的进攻。国民军第1师此时于天津南边的青县马厂兵

▲ "河南"号铁甲列车

营附近设防修筑工事，战线长达六七十华里。2 月 20 日，攻占沧州后的直鲁联军李景林部两个步兵师、一个骑兵旅以及白俄涅恰耶夫率领的第 65 师 165 旅与马厂的国民军第 1 师进行了激战，国民军张吉士及卡里诺夫斯基指挥的铁甲列车于激战中突然从车站内驶出，对白俄军进行了猛烈的射击，随后白俄军车可夫的铁甲车队也到达战场，但随即遭到国民军铁甲列车的攻击，慌乱中后退的车可夫铁甲列车接连遭到国民军铁甲列车的炮火攻击，车可夫受伤，所辖"泰山"号装甲列车被击毁、"河南"号被缴获，剩下的"山东"号、"云贵"号沿铁路线逃回济南。当天，双方又进行了数次惨烈的拉锯战，此后，直鲁联军援兵到达，张宗昌所部毕庶澄率领的渤海舰队与英、日两国舰队一起对马厂的国民军进行了炮击，国民军在寡不敌众的情况下被迫败退。24 日，直鲁联军攻占马厂。

《青县志》记载：

"沧州，国民二十三军败北。二十三日联军分三路入青，西至大城东至沧静之交。城乡民舍十无一空，丈夫供输送，妇女任爨炊，老弱奔走不暇，山崩地陷，境内沸然。当是时国民军设防于马厂左右，鏖战二十余日，溃捷时忽进退无常，凡火线履广可六七十里，袤可三四十里，纵横躁躏，居民之家私荡然无存。自有战事以来，雁害之剧，莫为此为甚。国民一军忽由津至，联军不支节节退却，一军进逼所在，激战至兴济、辛集以南，相持十数日，战祸至为惨酷，嗣国民一军之退，联军大至络绎于途，及至事定。两方供给费以亿计，而无形之损失当倍蓰之，人民被枪炮伤亡者一百余名，烧毁庐舍千有余间，尤为可惨。"

普利马科夫（时任张家口苏联顾问团副团长）：

"海上吹来了狂风。天津南边马厂车站附近平原上，覆盖着厚厚一层灰黄色的尘土。狂风大作中，沉闷的炮声和密集的枪声时远时近地传来。国民军部队正与山东督办张宗昌手下的涅恰耶夫将军的俄国白卫军匪徒进行战斗。涅恰耶夫将军指挥的旅，是从俄侨中招募来的志愿兵。参加这个旅的人都是一些凶狠、堕落的家伙，他们的名声很坏。只要让他们为所欲为，他们就会很卖命地打仗。残酷的棍棒制度，在俄国白卫军的匪徒中维持着纪律。

"在狂风怒号、尘土飞扬中，这个旅进攻了马厂。服饰华丽的军官和士兵们一起向前推进，这些满不在乎的白俄匪徒带着鼻音下达口令，指挥队伍前进和射击。韩复渠将军的第 1 师，在马厂车站附近修筑了防御工事。曾在西伯利亚辽阔雪原上打败过这些白匪的顾问卡里诺夫斯基，知道怎样接待他的本国人。韩复渠与卡里诺夫斯基商量以后，占领了有小河掩护的防御阵地，命令步兵在炮兵没打炮之前不准射击，待白匪到达小河跟前再开火。装甲列车埋伏在马厂车站中，准备随时突入敌军散兵线，用机枪火力消灭他们。韩复渠将军和卡里诺夫斯基就坐在马厂车站的报务房里。电报机旁放着电话机，和各炮兵连及观测所进行联系。观测所设在离小河不远的铁路岗楼顶上。战斗准备好后，卡里诺夫斯基前往观察所，以便观察敌军，并下达射击口令。他从车站出来，经过掩蔽在车站建筑物后面的装甲列车走向岗楼。多连从装甲列车上向他挥手，告诉他已经准备就绪……卡里诺夫斯基爬上屋顶后，和军官并排卧倒在那里，从皮套里取出望远镜，细心观察田野，搜索这每一小块土地。岗楼前，路堤笔直地伸向远方，小河上轻巧地架着一座便桥。往西几公里处，可以看到一条过去专为皇帝修建的大运河。从运河到铁路路基，沿河岸向东一块块田地上，第1师的士兵列成密集的散兵线。士兵们几乎一动不动地趴在战壕里。白俄匪的阵地离得很近。他们的炮兵向战壕轰击。同时，炮弹从头顶呼啸而过，飞向车站。穿着中国军服的白匪军离得越来越近，快到小河边了，离第1师沉寂的散兵线最多只有三百步了。卡里诺夫斯基转向电话机通过翻译告知韩复渠将军开火。电话打通以后经过几分钟，十二门火炮开始猛烈轰击，空气突然颤抖起来。十二颗榴弹在进攻者中间爆炸了。于是，寂静的小河沸腾起来，国民军步兵随即协同进行射击，机枪也猛烈开火了，进攻的白匪军发出冲杀的呐喊声。这时，装甲列车开足马力从车站冲了出来。它过了桥，像一块灰色大石头滚进敌人的散兵线。突然从车帮两侧喷出机枪射击的烟雾，闪现出火炮射击的火光。白匪军支持不住了，他们扔下武器，遗弃重伤号，惊慌逃窜。他们的装甲列车来晚一步，到了战场，立即遭到国民军装甲列车的攻击，在后退时，又遭到炮火的追击。在这一天里，涅恰耶夫将军发起六次冲锋，都被打退，他的朋友车可夫上校被打死（车可夫并未在此战中阵亡）。毁坏了的装甲列车里退回到了济南，在那里加以整顿。涅恰耶夫将军后来发表谈话说，他认为国民军是个训练有素、能够抵抗欧洲军队的强大敌人。"

（五）直奉联军反冯战争·南口战役（1926年5月–8月）

1926年4月，国民军与直奉联军作战失利，被迫从河南、山东等地撤退，集结于北京地区。6日，直奉军阀"反革命联盟"下达总攻击令，兵分五路向驻守北京的鹿钟麟国民军第1军发动总攻。15日，国民军第一军遭到直奉联军的四面合围，退出北京。向北京西北郊区的南口、京绥路方面退却，南口为燕山山脉的一个狭小山口，地势险要，易守难攻，是通往绥远地区的交通要隘，自古便为兵家必争之地。国民军将领刘汝明指挥的暂编第10师（下辖3个旅，张万庆第28旅、胡长海第29旅、王义元第30旅）在3月便奉命到达南口地区进行防守，并加强防御工事，包括加深外壕和修筑碉堡以及利用平绥路机厂发电，在阵地前架设电网。

5月初，联军推举直系军阀吴佩孚担任进攻南口的总司令，前锋部队为田维勤部的20个旅兵力，并将前指总部设在长辛店。28日，吴佩孚下令总攻南口。奉军的万福林骑兵师及马占山旅攻击南口左侧的关公岭，于珍等部攻击南口正面，奉军的炮兵群集中火力，对南口东端龙虎台阵地猛轰，每日落弹一万多发。但国民军刘汝明部的南口守军凭借深沟高垒，沉着地将其击退。当晚，直军将领田维勤亲率3个旅长及所辖部队向刘汝明部进行投诚。事后，忙于解决叛乱的直鲁联军被反攻的刘汝明部击退。直系吴部屡遭挫败后不久，奉、直、鲁联军在张学良、张宗昌的率领下再次向南口发起攻击，二人亲自乘坐"白俄"铁甲列车于前线指挥作战，但也遭到刘汝明部炮兵的猛烈攻击，大惊之后的张学良与张宗昌即乘铁甲列车仓惶撤回北京。无奈之下，奉、直，鲁联军只好每天或进行猛烈炮击，或用铁甲列车在前线进行袭扰，以求冲破国民军阵地的外壕。为了解除敌军铁甲列车对守军的不断袭扰，刘汝明指挥部队将几辆铁罐车装满石头，准备在敌

▲ 刘汝明

▲ 张学良

▲ 奉军白俄铁甲列车

▲ 协同步兵作战中的奉军雷诺坦克

炮及重迫击炮，编组成左路、中路及中央三个炮兵群向国民军阵地猛轰，并派遣航空队的战机对守军阵地进行猛烈轰炸。之后，为求快速突破南口阵地，又从沈阳调来了9辆法国"雷诺"FT坦克对国民军所构筑的防御工事进行冲击，掩护步兵作战，然而由于奉军的"雷诺"坦克越壕宽度不够，无法顺利驶过国民军的战壕，被迫在外壕边上停住了。国民军抓住这些"雷诺"坦克无法越壕并且视野有限的弱点，用过时的鸟枪发射大量小型铁砂霰弹射击坦克的观察孔，奇迹般地对坦克内的乘员眼部造成了杀伤。最终，这场奉军战车队的首战以损失3辆坦克、剩余兵力无奈返回奉军后方休整而黯然结束。

刘汝明（时任南口国民军暂编第十师师长）：

"这一次完全是奉军和直鲁军主攻，张学良、张宗昌亲自坐着铁甲车到前方指挥。我们的炮兵也向他们的铁甲车猛烈射击，他们急急开回北京，攻击也停顿了。事后据我们派在北京城内的密探回报，据他们的副官说：炮弹片炸得铁甲车乱响，差一点被南口炮兵打死。张、吴原想南口只有一师人，而他们以二三十个师的兵力来打，应该把我们吓也吓跑了。没想到打了一个月，我们仍是屹立不动，而他们反而损兵折将伤亡很大。一时无计，便只是每天猛烈炮击，或是铁甲车沿着铁路迫近我们的阵地扰乱。铁甲车是那时铁路上的利器，是一列装着铁甲的火车，有五六节车皮，每节车上有七五口径大小的炮和机关枪，火力相当强。普通小口径炮又贯穿不了它的装甲，在铁路上行驶也相当迅捷，还可以带不少兵，车上还有铁道工人，可以修复破坏不大的铁轨。对付它实在相当头疼，我想了个主意，找了几个铁闷罐子车，

铁甲车来袭的时候，用火车头把这些罐车拉出来，依托居高临下的地形，再加上火车头的动力产生强大的冲击力将敌铁甲车撞个人仰车翻。但不知是因消息走漏还是什么原因，奉军之后再未派出铁甲列车参战。

8月1日拂晓，奉、直、鲁联军兵再次分三路向南口发起全线总攻，由张宗昌率领的直鲁联军为左翼，在京绥铁路左侧向当面的国民军防线发动进攻；于珍率奉军第10军为中路，在京绥铁路右侧向南口的国民军防线正面全力攻击；高维岳指挥奉军第9军为右翼，由泰陵向北挺进。

总攻开始后，奉军以第一次世界大战时期的战法，首先以炮兵群集中山、野、榴弹

装满了石头，打算等铁甲车再来的时候，用火车头把它推出去。南口是居高临下，再加上火车头的力量，冲力必大，可以撞它一下。一切都准备好了，不知是保密不好，还是怎的，铁甲车竟从不再来了。

"敌人有时也有飞机来，不过只有一架，一天我师部附近也落了几个炸弹，只炸伤一个卫兵及一个译电员，那时的飞机实在是不能构成威胁。敌人也有坦克车，但都很小，开到我们的外壕边上也就开不过来了。

"八月九日南口当面由奉、吴、张宗昌再举总攻，铁路以东奉直鲁军选了六个攻击点，每个攻击点都使用一个旅兵力，用宝塔式的攻击。铁路以西也有直吴军四五个旅攻击。攻击一开始先用炮击，再用坦克车及步兵排、连、营、团冲锋，我的三个旅同时告急，我的师属独立营，能作战的都到前线去了。到了十二日，敌人的坦克车九辆，将我们关公岭东沙河摊所构筑的石墙冲倒，所有的防御全毁，电网被破坏的也很多，电流也不通了。战况如此的惨烈，所幸将士们都能用命，卒能将敌人一一击退。"

五 国民革命军铁甲车队（北伐时期）

1924年11月，孙中山以苏联政府援助的1列铁甲列车和4辆轨道装甲汽车为基础，组建了"陆海军大元帅府铁甲车队"。铁甲车队的主要任务是担任"广九"铁路的巡防及于车厢上张贴革命宣传海报及孙中山与苏联军事顾问的护卫。由徐成章任队长，周士第任副队长。"大元帅府"时期的铁甲车队曾参与第一、二次东征、刘杨叛乱、封锁香港等作战。

1925年11月，大元帅府铁甲车队全体人员被整编为国民革命军第4军独立团，叶挺任团长，周士第任参谋长，成为了一支传统的步兵部队。

另外在国民革命军北伐前，总司令蒋介石还以苏联援助的火炮为基础成立了直属于总司令部的独立炮兵第1营及第2营，由蒋必和杨德良分别担任两营营长。1926年8月北伐军攻打武汉直系军阀吴佩孚时，独立炮兵营被配属给第4军，用于进攻中的火炮支援作战，战斗中还缴获了吴佩孚部使用的原属于国民军的一辆铁甲列车，此后独立炮兵营奉命乘坐缴获的铁甲列车前往江西战场，与此同时，攻占武昌的中路北伐军缴获了吴军田维勤部的"追风"号及"大路"号两辆铁甲列车（此两辆铁甲列车为吴佩孚于长辛店机车厂所制造。吴佩孚南下抵抗北伐军时即电令急调这两列铁甲车南下），江西战场方面的东路北伐军也缴获了直系军阀孙传芳的一辆"吴淞"号铁甲列车与几辆蒸汽机车头。同年12月底驻于南昌的国民革命军总司令蒋介石，眼见各路军阀均拥有各自的铁甲车部队，于是下令以独立炮兵第1、2营为基础成立"国民革命军铁甲车队"，并由原第1营营长蒋必任少将司令、第2营营长杨德良任上校参谋长。独立炮兵营装备的火炮及缴获的铁甲列车一同交予汉阳兵工厂，由苏联顾问指导改造成搭载俄制火炮的全新铁甲列车，完成后即配属于国民革命军铁甲车队使用。

▲ 东征时期的北伐军轨道装甲车

承继云（时任国民革命军铁甲车队司令蒋必子侄）：

"北伐时期的国民革命军铁甲车部队，是后来从国民革命军独立炮兵第1营和第2营的基础上重新整组而成的，它的负责人是蒋必。北伐战争发动前，蒋介石担任国民革命军总司令。当时的军械、火炮大都是由苏联援助的。蒋介石为了不将这新式军械去装备各省军队，而又不敢明目张胆地将它一齐拨交他的嫡系部队第1军，于是就以火炮装备有限，应以集中使用为好为由，成立独立炮兵第1营和第2营，由总司令部大本营直辖调遣，蒋介石为了便于控制这两支炮兵部队，就派蒋必为第1营营长，杨德良为第2营营长。当时主要战场是湖南方面国民革命军第4军、第7军、第88军对付吴佩孚的战役，故独立第1、2营炮兵均奉命驻扎在韶关待命。独立团曹渊第1营万献建连奇袭攸县成功，一举攻克株洲。吴军退守平江、岳州一线。第4军独立团在农协武装的配合下，猛攻平江，平浏镇守使陆沄自杀。国民革命军越过幕阜山进入鄂南。吴佩孚为守住武汉和湖北，飞檄调他在中州的主力入鄂，用铁甲列车驻守汀泗桥北，并命攻临南口的悍将秦大需坐镇贺胜桥，扼守汀泗桥与陆水一线，阻止国民革命军的北进。由于北军炮火猛烈，进驻羊楼司的北伐军进展困难。第4军代军长方鼎英乃急电大本营，请求炮兵增援。蒋必在9月得到命令后，即率部队驰援羊楼司用炮火掩护第4军猛攻汀泗桥。为避开敌军装甲列车炮的火力，第4军决定避实就虚，在汀泗桥以东陆水上游部分偷渡，以切断北军汀泗桥后路。蒋必遂将所部向陆水南岸上游方向运动，用炮火摧毁北军的的简单工事，独立团得以迅速渡过陆水向北直插，一举切

断粤汉，使汀泗桥和贺胜桥间联络切断。然后独立团1营向汀泗桥前进，2营则向贺胜桥偷袭。北军因后路被切断，军心动摇，第4军自铁路正面猛冲过桥，俘获敌铁甲列车。秦大需见事不可为，乃绕道奔往武昌。吴佩孚、刘玉春得到前线败耗，亲自赶到贺胜桥，下令斩决逃跑旅长两名，但兵败如山倒，已不能遏止。独立团1营先头部队驰过林间时，敌被斩旅长的遗体还血迹淋漓，可见敌军逃跑的仓皇。北伐军既克贺胜桥，前哨直指武昌南郊。吴佩孚逃入汉口英租界内藏身，将武昌城交付刘玉春，命令死守。本来独炮1、2营均应继续掩护第4军、第7军攻武汉，但这时蒋必又接到蒋介石的急电，命独立炮兵第1、2营即乘被俘的铁甲列车南返株洲，转开江西战场。湘赣铁路南萍段尚未修筑，故炮兵行动非常艰苦，这就为蒋必提供了立志改变炮兵运动作战方式的思想基础。

"独炮1、2营入南昌后，就驻扎在南昌城内东北角距城门200米的某大庙内。北伐军又乘胜沿南浔线北进取九江，在马廻岭俘获敌1辆铁甲列车。时蒋介石也驻南昌。为警备南昌一线，蒋介石将铁甲列车拨交蒋必，并下令在独炮1、2营的基础上改建国民革命军铁甲车部队。任蒋必为少将司令，杨德良为上校参谋长，所有独立炮兵第1、2营的火炮均配备在铁甲列车上。当时独立炮兵第1营的炮械数量也极为有限，全营仅野炮6门，山炮4门，其他就是每班1挺迫击炮。"

汉阳邓厂长勋鉴：

铁甲车必须赶速制造，与俄顾问协商。厂中尚有制造炮弹旧机，可修者轻注意速修！

中正

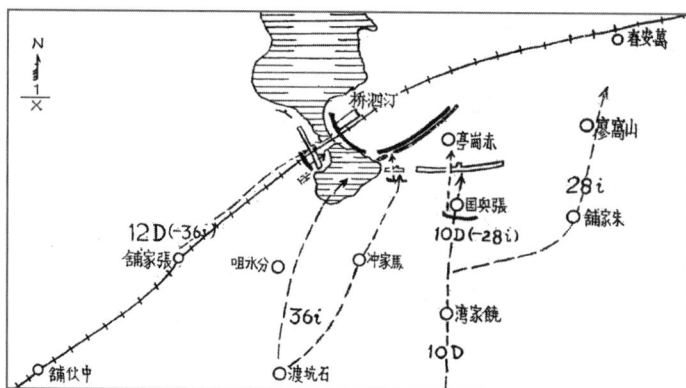

▲ 北伐军汀泗桥桥作战经过要图

（一）北伐战争·汀泗桥战役
（1926 年 8 月 29 日 -30 日）

1926 年 7 月 9 日，广东国民政府的国民革命军总司令蒋介石于广州进行誓师典礼，发动打倒北洋军阀统治、统一中国的"北伐革命战争"，并于 27 日自广州率北伐军出发北上。同年 8 月，正当直系军阀吴佩孚与奉系军阀张作霖于南口联合夹击国民军时，北伐军长沙会议制定了第二期作战计划，决定趁尚滞留在京汉路北段吴佩孚军未及南下时，兵分三路向北推进。以第 4、第 7、第 8 三军为中路军，唐生智任前敌总指挥，沿武长路直捣武汉。第 1 军第 2 师与第 6 军为中路军总预备队。第 2、第 3 军为右翼军，掩护中路军右侧后安全。第 9 军、第 10 军和第 8 军教导师为左翼军，掩护中路军左侧背。之后中路军右纵队的第 4、第 7 两军在李宗仁的率领下接连攻克平江、汨罗河及汀泗桥等地。

（二）北伐战争·贺胜桥战役
（1926 年 8 月 29 日 -30 日）

1926 年 8 月 22 日，得知湘中大败的吴佩孚，急率刘玉春、陈德麟、张占鳌、靳云鹗等部数万人从保定乘车迅速南下增援，并于 28 日调来原属国民军第 2 军的铁甲列车（该铁甲列车原为国民军第 2 军靳云鹗部反水后带入直军），吴亲自在铁甲列车上指挥所部固守贺胜桥。

29 日，北伐军右纵队第 4 军的独立团（原大元帅府铁甲车队改编人员）奉命由桃林铺附近沿铁路向贺胜桥正面发动攻击。当日黄昏时分，在各部队相继完成攻击准备后，却遭到吴军的猛烈的炮火袭击。这时第 4 军独立团正由团长叶挺率领自咸宁城东北地区的驻地出发奔赴前线，行军途中突然接到第 4 军第 12 师师长张发奎的紧急命令，命其快速驰援左翼正与吴军交火的第 35 团。独立团接令后随即前往，到达桃林铺南部地区时，与沿粤汉铁路线往来驰骋的吴佩孚铁甲列车发生遭遇战，因独立团没有可以破坏铁路的工具，难以阻止铁甲列车的冲击，于是在当地农民的提议下，叶挺独立团将稻草堆在铁路上暂时阻止了铁甲列车的前进，并及时地增援了遭到攻击的第 35 团，同时还攻击了袭击第 35 团的吴军侧背。之后在粤汉铁路工人组织的"交通破坏队"的协助下，将临近火线的铁轨拆除，阻止了吴军铁甲列车的前进。至 30 日拂晓，独立团及其他各部相继进占黄石桥、吴家湾、廖北

▲ 叶挺

路学校以北地区。随后，叶挺率独立团第1营及直属队组成"特别大队"，在贺成铺高地一带策应各方友军，独立团重机枪连则布置于铁路线左侧，防御吴军铁甲列车的冲击。5时10分，北伐军官兵全线发起总攻，冲进吴军阵地，双方展开惨烈的白刃战。激战中，叶挺独立团突破吴军一线阵地，吴佩孚亲自乘坐铁甲列车于前线督战，并以卫队团手执大刀压阵，高呼"后退者即杀"来挽救颓势。战至上午，虽然吴佩孚以暴力迫胁所部士兵，但其第二线阵地已多处被北伐军所攻占。贺胜桥北端吴佩孚所乘的插有"吴"字军旗的铁甲列车一节车厢虽被北伐军炮火击伤，但却未被彻底击毁，狼狈地向武汉方向撤退。经过一天的血战后，北伐军取得了"贺胜桥之战"的胜利，打开了拱卫武汉的最后一道大门。

李宗仁（时任国民革命军第七军军长、北伐中路军右纵队指挥官）回忆：

"吴佩孚于八月二十八日亲到贺胜桥部署一切。其兵力在贺胜桥设防，计有第十三混成旅、第二十五师、第八师等，都是吴佩孚的精锐。此处还有自汀泗桥退下的前武卫军马济，以及宋大霈、董政国等残部万余人。合计不下十万人。并有铁甲车和山炮、野炮数十门、重机枪二百余挺。全部实力较我前方作战的第四、七两军总数多出数倍。"

邓演存（时任国民革军第四军参谋长）回忆：

"国民革命军第四军独立团（团长叶挺）为北伐战争先锋队。该团是周恩来同志以黄埔军校共产党员、共产主义青年团员为骨干，以铁甲车队全体官兵为基础组成的。团内有党的领导，有党的组织，团成立了中共支部，

各连建立了党小组，因而战斗力很强，成为威震敌胆的铁军。

"贺胜桥地势岗岭起伏，茶树丛生。西南有黄塘湖，东北有梁子湖，河流交错，低洼地区被水淹没，成为一片汪洋。粤汉铁路纵贯南北，为鄂南第二门户要冲。吴佩孚闻汀泗桥已失，宋大霈全军覆灭，即以卫队团、第三混成旅、第八师及第十三混成旅及其汀泗桥败退残部共约数万人，扼守贺胜桥、杨柳档之线，自乘装甲火车在桥北亲自督战，企图作最后挣扎，挽回败局。……在黄昏时各部队进入攻击准备位置时，即遭到敌人炮火猛烈射击，枪声彻夜不停。我军保持镇静，不见敌人不放枪，待命开始总攻。在最前线部队与敌对峙，密集队伍在后边待机加入火线作战。粤汉铁路工人组织的交通破坏队，

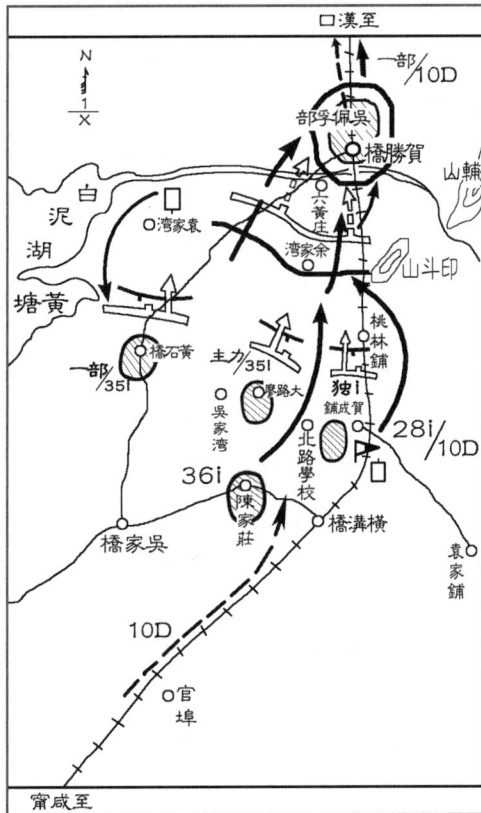

▲ 北伐军贺胜桥作战经过要图

奋勇接近火线拆开铁路钢轨，协助北伐军前进，防止敌人装甲火车的袭击……在激烈战斗中，叶挺独立团突破敌人第一线阵地，攻占印斗山、袁家湾附近地区，吴佩孚亲乘装甲火车以卫队护卫，往来督战，后退者即被杀死。前线敌军进退皆死，因而拼命挣扎。但我独立团前赴后继，勇猛冲杀，敌人在正面死力节节抵抗……到三十日拂晓以后，发起全线总攻，激战至上午，第二线战地几处为我军攻占，敌军纷纷逃退，都被吴佩孚督战队射杀，跳水逃跑而溺死者数以千计，有的龟缩一隅，悉被缴械。在贺胜桥北端，吴佩孚所乘装甲货车，又为我北伐军炮火击中，伤车厢一辆，仍能开动北遁。我军前线官兵冲至距离火车约两三百米左右时，从烟雾中望见车上有一面"吴"字大旗摇摇欲坠。"

周士第（时任国民革命军第四军独立团参谋长）回忆：

"……二十九日黄昏前，独立团由驻地出发，途中接到张发奎的命令：敌人现向第三十五团出击，甚为猛烈，独立团应即跑步增援。独立团跑步到桃林铺以南时，敌人铁甲车正从对面冲来。但是没有工具破坏铁路，以阻止铁甲车冲进。当地农民说：把稻草堆在铁路上，它就不敢来了。农民和战士们都去搬来许多稻草，堆在铁路上，敌人铁甲车真不敢来了。向第三十五团阵地出击之敌，遭到独立团的侧翼攻击，也退走了。"

（三）北伐战争·武昌战役
（1926年9月26日-10月1日）

1926年8月底，北伐军连克平江、汀泗桥、贺胜桥等地后，即日夜兼程，沿粤汉铁路线向溃退的孙传芳军全速追击。到了9月

1日，北伐军进抵武昌城下，并包围了此城。北伐军完成包围后随即集中炮火对城墙进行轰击，但由于武昌城墙坚固，始终未能摧毁。之后又分别于3日和5日组织奋勇队（敢死队）冒着枪林弹雨两次发起爬城攻击，据守城上的孙军居高临下集中机枪火力疯狂扫射，造成奋勇队官兵大量伤亡，城池依然未能攻破。于是，北伐军决定改变战术，转攻为守，将武昌城死死围困，借此休整部队，待机再攻。

9月中旬，指挥第4军围攻武昌任务的攻城司令邓演达与副司令陈可珏召开军事会议，原本计划于19日，以步、炮兵以及轰炸机诸兵种协同攻城，快速解决战斗。但此时接到中路北伐军前敌总指挥唐生智的通报，称城内守军将领刘玉春及陈嘉谟因弹尽粮绝有意投降，故延缓攻城计划。但到9月下旬，仍然没见城内守军有投降的动向，于是再次召开军事会议，筹划攻城方案。在第4军独立团团长叶挺的提议下，邓演达决定在城角挖掘地道，于墙基下埋上炸药，以爆破方式摧毁城墙。计划决定后，粤汉铁路工人及独立团战士以贺胜桥一战缴获的吴军丢弃的两辆载货车厢为基础，在车厢四周焊上钢板，车厢两侧开了射击孔，并在车上架设2挺重机枪及1门火炮，将其改成铁甲列车车厢。改造完成后即于26日黄昏，装载独立团侦察队、通信队，机枪排以及矿工约百人左右，由粤汉铁路工人以一节蒸汽机车头从徐家棚车站牵引至通湘门车站，搭载的矿工下车后进行挖掘作业，其余作战人员于铁甲列车车厢上用机枪及火炮对其进行掩护，如此连续4天夜间往返工程作业。于10月1日凌晨4时左右，当挖掘地道作业快完成时，被守城孙军发觉，为了阻止北伐军挖掘地道并抢夺城外的粮库，在孙部刘玉春银元重赏之下，组

成了以千余名精锐官兵组成的敢死队，借助城上炮火及机枪的掩护，从通湘门楚望台小城门冲出，一部对独立团防地发动突袭，一部将通湘门车站的铁甲车包围。虽然铁甲车守兵顽强抵抗，但孙军敢死队凭借优势兵力及火炮支援，将铁甲列车抢去，并向相国寺方向发起进攻。第4军独立团第8连及机枪连在参加过欧战（第一次世界大战欧洲战场）的第8连连长李海涛率领下进行顽强阻击，连长李海涛阵亡。与此同时，第36团一部与独立团一部由檀门直冲通湘门车站，以优势兵力进行合围，将铁甲列车抢回，继续挖掘作业。孙军守军因恐北伐军趁势冲进城内，即将城门关闭，城外未来得及退进城内的孙军敢死队在大部被歼后残部被迫投降。

10月10日，北伐军在城内投诚部队的策应配合下再度攻城。叶挺独立团由通湘门附近爬墙入城，与孙军守军展开激烈巷战，攻占筑有炮台和环形工事的制高点蛇山。经过40天的激烈战斗，武昌终被攻占。

李汉魂（时任国民革命军第四军第十二师三十六团参谋）回忆：

"停火两日，未见动静，我军判断敌人在故弄玄虚，不能不痛加严惩，陈副军长兼司令从实战经验中对比了许多种攻城方案，最后选择了挖地道攻城，恰巧总司令部从铁路线上调来了一列铁甲列车并送来数十个矿工兄弟，挖地道的条件一下子具备了，因布置第四军独立团由侦察队率矿工前赴通湘门车站以铁甲列车作掩护即时开始挖掘地道。工程的进度很迅速，城内敌人闻知，军心动摇，粮食渐尽尤属致命的威胁。我们原就不敢对敌人突围或小股逃窜掉以轻心，果然，敌人确曾有过由通湘门楚望台小门冲出，意

图阻止我军开挖地道并劫持夺其积储城外仓库的粮食，当时此一地段围城部队为独立团叶挺部，当即奋击，敌兵散开向铁甲列车包围，城上敌炮火又配合扫射，竟将铁甲车夺去。叶团长判断敌人不是什么大志，向南是我军大后方，向东斜出江西亦道远难与孙传芳部队靠拢，而我在三十六团防地根据监视敌人动态及其突围前锋并无后续，亦判断敌人纯属饿慌了才出此下着，只要夺回铁甲车，继续掩护挖地道的工程，出城敌人亦易制伏。因此与叶团长共同下令由檀门口直冲车站，我团与叶团互传羽檄，遂以优势兵力合围，除铁甲车无恙归来，工程人员得以持续挖道外，并乘势向楚望台小门关闭，那批出城骚扰不成，经我军合击后纷纷向城边溃败的敌人，竟至前无归路后有追兵，只好悉数束手缴械。"

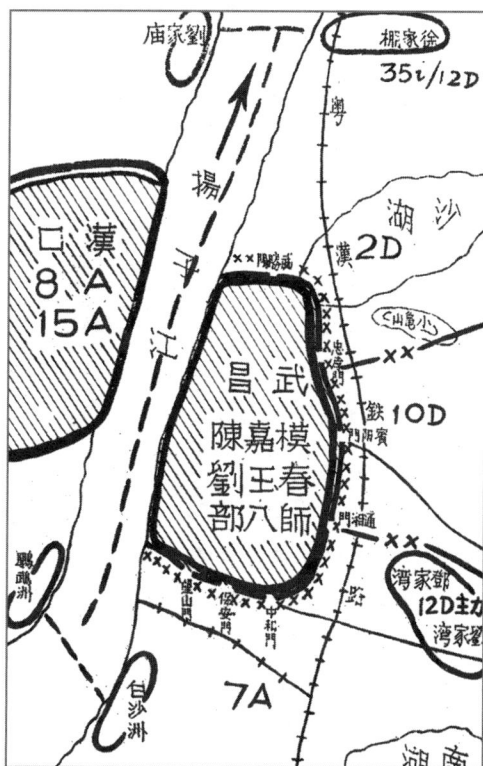

▲ 北伐军封锁武昌城态势略图

张发奎（时任国民革命军第四军第十二师师长）回忆：

"北伐军总司令部命令第七军、第四军和第一军第二师挑选一批士兵攻城，每个师都负责组建一个攻城营。我下令三个团长各挑选一个连，由各团长指定一名军官率领。敢死队是长官挑选的，但若非自愿，不会编入。他们必须是勇士，我指定了最勇敢善战、最足智多谋的军官欧震指挥这个攻城营，并着手准备竹梯。

"虽然我们的士兵趁着夜色攀梯，但仍被敌军发觉了。城墙高峻坚固，故军只要把云梯推倒就行，所以我们的士兵折损于敌军炮火者并不多，但从梯上坠落伤亡者却不少。我们没有重炮，因此攻城营伤亡几达三分之一。在两次攻城失利后，我们放弃了这一计划。

"此时，汉阳守将刘佐龙向北伐军投诚。1926年9月6日，第八军攻下了长江北岸的汉阳，翌日攻下汉口，切断了地处长江南岸的武昌敌军之粮食供应线。他们只好紧闭城门死拼，刘玉春也拒绝投降。

"要想推开武昌城门是不可能的，因为故军在城门背后布下重兵，又垒起沙袋顶住城门。所以我们决定挖开城墙地基，埋设炸药。叶挺本是学工程的，他指挥了整个爆破进程。叶挺负责东湘门附近的作战，铁路从这里穿过。根据叶挺的建议，我们改装了两辆吴佩孚弃置的载货车厢，四周围上钢板，两侧钻了枪眼，每辆铁甲车装载数十名叶团官兵，然后夜间用一节火车头推动这两节车厢向东湘门再趸回。一批士兵跳下铁甲车挖掘炸药坑，其余人留在铁甲车厢上用机枪等火力掩护。这一行动并没成功，敌军清楚明白我们在哪儿挖掘，摧毁了我们的计划。

"黄埔军校工兵营也参与爆破，叶挺负责的是挖掘工作。我看到还有矿工参与掘进。10月1日上午，故军3000人冲出通湘门，欲阻止我军挖掘地道，并欲夺取城外仓库存粮。经一日鏖战，故军大部被歼。"

周士第（时任国民革命军第四军独立团参谋长）回忆：

"第四军围攻武昌时，独立团担任通湘门方面的围困任务。叶挺想到了一个办法，把缴获来的一列铁甲车开到通湘门附近，掩护坑道作业攻城。铁路工人把一列铁甲车从徐家棚车站开到湖西边铁路上，独立团战士以数日工夫用钢板和沙包把铁甲车装备得更加坚固，以侦察队、通信队和一个机枪排（两挺重机枪配备在铁甲车上）进行防卫。安源的数十名矿工工友被动员起来帮助挖坑道。叶挺同志亲自摸到城边侦察地形，决定在通湘门车站附近开坑道口，坑道中挖出的土倒上坑里或湖里，以免被敌人发觉；在通湘门车站附近构筑工事和设置铁丝网，以加强铁甲车的防御。又派第三营于通湘门车站东南，协助侦察队、通信队、机枪排掩护坑道作业，九月二十六日黄昏后，铁路人员冒着敌人强烈的炮火，将铁甲车开到通湘门车站坑道作业口附近，放下铁甲车又将机车开回来。连日来，铁路工人在夜间多次摸到城下检查和修复铁路，冒着敌人的强烈炮火从南湖西边铁路上将机车开到徐家棚车站把铁甲车拉回来，又将铁甲车开到通湘门附近把机车开回来，四次往返于城下，均完满地完成了任务。他们这种英勇的精神和机智的动作，受到了赞扬。铁甲车开到坑道附近以后，城上的敌人不断猛烈地射击。矿工工友和独立团的战士们，就在这弹雨之下开始了坑道作业。由于他们鼓起了干劲，日夜轮班，坑道作业进展很快。各种攻城准备工作也做得差不多了，我们快要攻城了。

"英美帝国主义不断给刘玉春、陈嘉谟情报，他们知道了包围武昌的仅有第四军；我军在通湘门附近坑道作业；孙传芳军沿着长江向武汉前进已到大冶、铁山等情况。于是，刘玉春、陈嘉谟挑选人员组织敢死队。士兵每人发白洋十元，官长每人发数十元甚至数百元，令其由通湘门出城攻击我军、破坏坑道作业、抢粮，并与孙传芳军取得联系。

"十一日四时左右，敌敢死队三千多人，在通湘门城墙上强大的猛烈的火炮和机关枪火力掩护下，突然由通湘门出城来。我守在铁甲车上的侦察队、通信队、机枪排和挖地道的工人（有武装），顽强地进行抗击。敌人的炮火毁坏了铁甲车，他们就爬在铁甲车底下抗击。终因敌人炮火猛烈，已不可能守住铁甲车，于是侦察队、通信队、机枪排和工人乃退到金凤嘴附近待援，敌人继续向南湖（独立团团部驻地）方面进攻。当敌人冲出城市时，情况十分紧急，叶挺先令近前的机枪连、补充连跑步到南湖以北之长虹桥附近占领阵地抗击敌人、掩护各营展开，以通湘门为目标向敌攻击。第二营由南湖向梅家山、通湘门攻击，第三营由莲溪寺向通济门攻击，侦察队、通信队、机枪排和工人由金凤嘴向通湘门攻击，第一营向中和门南面街道之敌攻击。敌人以炮火掩护其敢死队，在相国寺、梅家山、通湘门车站和中和门南面街道上顽强抵抗。激战约一小时，将敌击退，独立团各部队均向通湘门方面攻击、追击，城内敌人恐独立团乘胜攻城，遂将通湘门关闭。冲出城外之敌不能退回城里，大部被独立团俘虏、缴械，一部分退到城下的则躲在城壕里，等到黄昏后，敌人才从城上放下绳子，把他们一个个地拉上城去。"

梁秉枢（时任国民革命军第四军十二师三十六团侦察队队长）回忆：

"九月底，邓、陈召开军事会议，积极筹划攻城方案。那时，共产党组织的粤汉铁路工人乘一列铁甲火车及开矿工人一百余名来协助北伐军。因为经过两次爬城攻坚，损失较重，乃采用地道攻城计划，以叶挺独立团派兵一连、机枪一排、配备火炮一门乘铁甲车开进通湘门车站附近，掩护部队协同开矿工人日夜轮流作业，积极协助各部队挖地道攻城工作，独立团在通湘门附近挖掘地道，第十二师第三十六团第九连连长谭申霖率队在宾阳门附近挖掘地道，第十师在武胜门附近挖掘地道，当三条地道快将接近城脚，因从地道中挖出的新土堆积地面过多，敌知北伐军挖掘地道，似有震惊状态，城上敌人军官频频前来窥伺侦察。

"十月一日，有敌军约二千余人，借火炮掩护，由通湘门、中和门、保安门陆续冲出，企图破坏北伐军挖掘的地道。一部冲出城外，被叶挺独立团第一营击退；另一部千余人冲至通湘门车站一带，妄图将我铁甲车包围，独立团第七连和机枪排，第二营和侦察队仓促应战。因受到城上敌人炮火猛烈射击，而且众寡悬殊，敌人夺我铁甲车后，复向宝通寺进犯。叶挺团长闻报，急令部队增援，直冲车站，夺回铁甲车，激战达一小时，敌纷纷向城内溃退。独立团蹑紧敌人冲杀，城内敌人为了阻止北伐军乘势冲入城内，即将城门关闭。冲出城外的敌人，大部分为独立团包围缴械。"

（四）北伐战争·浙沪战役
（1927 年 3 月 18 日 –21 日）

1927 年初，东路北伐军于浙江战场重创直系军阀孙传芳的"五省联军"主力。2 月 23 日，东路军于杭州军事会议上制定了进攻浙沪苏的作战计划。孙军即求助于驻守山东的张宗昌率部南下救援。3 月 1 日张宗昌的鲁军前敌司令涅恰耶夫率白俄雇佣军及鲁军三千余人，乘铁甲列车抵达松江。

值得一提的是，白俄雇佣军此时使用的铁甲列车并非是鲁军自己所有，而是孙传芳所赠予。1926 年 6 月，孙传芳令沪宁铁路局在铁路货车的基础上制造出三辆铁甲列车，分别名为"吴淞"号、"嘉兴"号以及"南京"号，这些装甲列车基本构成为：两节平板台车、两节步兵车、两至三节炮兵车及一节蒸汽机车头，搭载三到四门火炮，其中专属于前敌总司令指挥车的"南京"号还挂有一节内饰奢华的司令车。余下的"吴淞"号已在江西"马廻廊战役"中被北伐军缴获，"嘉兴"号在孙传芳向张宗昌求援后交予前来支援的白俄军铁甲车队使用，"南京"号则配给驻防上海的鲁军第 8 军司令毕庶澄作为其指挥车。

3 月 15 日，东路北伐军前敌总指挥白崇禧令第 1 军第 2 师刘峙部担任正面攻击，第 26 军周凤岐部从浙东平湖出发担任右翼进攻，第二纵队的第 1 军第 1 师薛岳从亭林进攻毕

▲ 北伐军中山号铁甲列车

▲ 中山号铁甲车兵

▲ 白崇禧

▲ 孙传芳

庶澄。战斗开始后，当地的国民党党员即发动地方群众对革命军供应物资和担任向导，中共地方武装组织也不时对鲁军守军后方发动袭击。淞江是上海的屏障，地处滨海，水路纵横，沟渠交错，是作战非常艰难的区域，守军毕庶澄第 4 混成旅在此构筑了强固的防御工事全力死守，涅恰耶夫白俄军铁甲车队也于 31 号铁路桥拼死抵抗，致使北伐军被阻于嘉兴、嘉善一带难以向前推进。同月 18 日，白崇禧为压制鲁军桥头堡的重机枪阵地打破僵局，指示铁路局急造一辆搭载俄制 76.2mm 的火炮（俄制 M1902 年型 76.2mm 野炮）的铁甲列车，尔后杭州闸口铁路机车厂工人用了三天时间用六节货车进行了改造，赶制出一辆铁甲列车，命名为"中山"号，于 21 日完成后立即交付白崇禧部队，但此时前线薛岳部已经连续三夜猛攻将敌击退，于是白即命令司令部参谋章培乘坐铁甲车前往杭州接运地方部队一个团，到前线对降兵进行缴械，

用以补充己方部队。"中山"号事后开往嘉兴搭乘白崇禧与总部人员去往淞江，至64号铁路桥时，遭到天马山上鲁军残部火炮的射击，但未受到损伤，随后开到淞江车站时，薛岳已将该站占领，淞江车站的白俄军因喝醉还未酒醒，全被薛岳部所俘虏，停于车站内的"嘉兴"号铁甲车一辆也被缴获。

章培（时任国民革命军总司令部参谋）记述：

"……孙传芳不甘心失败，又向张宗昌求救，张已派毕庶澄为前敌总司令，率兵到达上海，外加从福建溃退下来的周荫人残部，两部合计也号称十万人，有进犯浙江的企图。因此白崇禧在杭州大致部署之后，即率所部东进到嘉兴。知敌已进占淞江，其先头是张宗昌的白俄雇佣兵铁甲车队……白即命我持特急命令，带着铁甲列车，星夜到杭州将该团调来（旧督军卫团）使用。我到杭州，天尚未亮。叫开营门，唤醒张乐，告以前方大胜，总指挥要你团即刻去缴械补充。张乐听了十分高兴，随即吹号集合全团，到车站跟我上车。火车开回嘉兴，正是上午八时光景。白崇禧已率总部全体人员，在车站等候。登车完毕，立即开行。车到嘉善，白下车检查刘峙的第二师。刘见白就哭诉他所属各团都已失去联络。白当面给以指示后，就上车向淞江前行，到达六十四号桥，见桥上布有铁丝网。天马山上的敌炮，还向我铁甲车开了几炮。白崇禧令工兵下车检查桥梁，拆去铁丝网，继续前进。到了淞江车站，薛岳师交来白俄俘虏数百名。因薛月师星夜挺进，这些白俄雇佣兵尚在醉卧之中，猝不及防，全部被俘。车站上还停着白俄雇佣兵所用的铁甲车，其中官兵所用的车厢，装潢得十分漂亮，里边还留着许多高级烟酒和香水之类。"

白崇禧（时任国民革命军中路北伐军前敌总指挥）：

"进攻上海之前，何将军在杭州召开了一次军事会议，参加人员只有我与苏联顾问蔡巴诺夫及各军师长。蔡巴诺夫主张杭州由少许部队留守，主力绕长兴、宜兴，出武进（常州）、吴县（苏州）、昆山，切断京沪铁路，断绝上海之外援。我除了认为蔡巴诺夫之意见可行外，还主张分一部分力量沿沪杭铁路挺进，因为革命军已占领嘉兴，正准备前进。蔡巴诺夫因为听闻齐燮元与孙传芳相战时，为了渡淞江在淞江相持数月，坚决反对我之意见，何将军很难决定，宣布暂时停会，以便疏导双方意见。我面报何将军：'我知道淞江之障碍，已令铁路局准备铁篷车，前端装置俄制之七六二山野炮；敌方最坚强之阵地，莫如淞江三十四号桥之桥头堡，而此地也是我军必经之途。若铁篷车能抑制敌人桥头堡之机枪阵地，工兵即可破坏敌方防守之铁丝网，我军前进则无问题。'何将军听我有如此部署，始同意我之意见，第一军之第一师、第二师、二十一师及第二十六军归我指挥，沿沪杭铁路前进，第三师、十四师、十四军之两师、十七军之两师以及十九军一部分由何将军统率出长兴。杭州则由陈仪留守。这一计划因为是我建议的，我由炮兵营长蒋璧陪同坐了铁篷车亲至前方督战。所幸敌人之机枪掩体多被我方炮兵摧毁，工兵扫除了所有铁丝网，大军顺利地渡过淞江，占领松江城，毕庶澄沿江防守之部队，因第二师刘峙在淞江下流渡河进攻，毕部被压迫入上海闸北车站。"

▲ 靳云鹗

（五）豫奉战争・郑州战役
（1927 年 3 月 23 日 –24 日）

1927 年 1 月 31 日，直系军阀吴佩孚在同北伐军作战中败北撤退至河南后，有意归顺奉系军阀张作霖，而直系靳云鹗部的高汝桐、刘培绪等将领均不赞成，便推举靳云鹗为河南保卫军总司令，反对奉军入豫。于是张作霖即下达以武力占领河南的命令，令其子张学良率荣臻第 17 军与曹耀章的奉军铁甲车队对靳云鹗的"河南自卫军"发动攻击。至 3 月 18 日，胡毓坤部占领郑州，并击溃靳军陈德霖部四个团。靳云鹗丢失郑州却不甘失败，于 3 月 23 日命其心腹第 1 军军长高汝桐指挥所部沿"京汉"铁路发起反攻。之后，高汝桐即从所部之中挑选出五百名精锐士兵组成冲锋队，于凌晨时分亲乘临时以机车头加设铁板改造的铁甲列车带领冲锋队沿铁路线正面拼命冲击，同时命所部步兵自两翼出击对奉军进行突袭，奉军两连也配属曹耀章部铁甲车进行反击。战至深夜，奉军步兵战力不支，败退撤回。高汝桐即指挥铁甲车突破奉军阵地至十五里堡附近，但因车速过猛或是有意为之，高汝桐所乘铁甲车的车前挂钩吸挂上停在轨道上还没被机车头拖回车站的奉军铁甲列车，于是高汝桐即向来路返回欲将奉军铁甲列车拖回阵地俘获。而奉军铁

甲列车上的士兵并不愿束手就擒，但他们的铁甲列车既没有机车牵引又没有装备发动机，根本无法自己行驶。在此危机关头，奉军铁甲列车内的炮兵班长冒着近距离发射会导致炮管爆裂的危险，操纵铁甲车炮塔上的俄制野炮对高汝桐铁甲列车平射一炮，炮弹当即将高汝桐铁甲车车头击毁，车内的高汝桐与其参谋沈其昌连同全车人员当场被炮弹撞击车壳的冲力震死。高汝桐毙命后，所部豫军随之瓦解溃退，奉军继而获得胜利。此后，张学良将高汝桐的铁甲列车连同其尸体运至郑州车站装棺入殓。

张学良（时任奉军第三方面军司令）回忆：

"我们那时候有个铁道队长，姓曹，这个人现在哪儿去了我不知道。那时候都走铁道啊，那个铁道的车呀，当年还是张宗昌在中东路时制作的，我们管它叫"铁甲车"，敌人也有。其实就是什么呢？就拿道木啊，拿铁板挡着，中间夹上水泥，然后，搁一个炮，搁机关枪。好坏不管了。我们打仗时有悬赏，那个时候吴佩孚军队的指挥官姓高，叫高汝栋，这高汝栋还是我的一个同学呢，我认得他，他是保定军官学校的。当时，他是前敌的总指挥，我们就说，悬赏十万块钱，要把他抓住。你知道我们军队的规矩，用军队里的话说就是，喧哗无好事。你懂吗？这是《孙子兵法》上讲的。我早上还睡大觉呢，不管天有多冷，我向来睡觉是脱光了，光屁股睡。

"一大早上，就听外面乱嚷嚷的。头一回这样儿，我还没醒，吵嚷什么？我就赶快把衣服穿上，想看看到底吵什么。有人（报告）说，曹队长在外头。我说，叫他进来。进来后我就问，曹队长，你干什么？他说，我是来管军团长讨赏的，我要钱。我喝斥他说，

什么事你笑嘻嘻的？他原来是给我当参谋，我当参谋长时，他当团参谋。我说，你说正经话，不要扯淡。干什么呢，怎么回事？他说，我把高汝栋给打死了。我说你别瞎扯淡，到底怎么回事？他说，是这么回事。我们的铁甲车，在平汉路作战，打仗的时候，铁甲车后面都是跟着好多个步兵。那天跟了两个连的步兵前进。打进来打出去，差不多打了三进三出。后来，我们军队退了，把铁甲车给扔在外头了。底下人就来报告，说人家步兵都退了，把我们给扔在外头了。连长安慰士兵说，你不用怕，一会儿我们的火车会回来拉我们，这天还黑着呢。天刚一亮，这铁甲车也动了。那铁甲车后头就是一个炮，俄国的炮，当年是张宗昌装的。哎呀，铁甲车终于移动了！可是，跑了一阵子，那里头有个连长就说，不对，方向不对，是往那边走了，不是往咱们这边走。再一看，原来是敌人的铁甲车把我们的铁甲车钩上了，勾走了。这是敌人的铁甲车啊，那儿就是高汝栋的司令部，他看见这儿有一辆车，就给挂走了。我们这铁甲车里有个班长，是管这个炮的，他说，他妈的，我给他一炮算了！这个时候不打，什么时候打？那旁的人忙说，你打不得，你一打，咱们离这么近，炮筒子就炸了。他说，去他妈的，我不管那套！结果，使那么大劲儿，"咣"一炮，就把他们前头整个铁甲车撞残了，一车的人都死在车上。并不是被人打死的，也不是炮弹炸的，里头的人都是震死、闷死了过去了，有的人眼珠子出来了，有的人肠子出来了，有的人腿打坏了。你说这军队！这一下，我们不但没退却，反而打胜了。我一听赶紧说，赶快下命令，赶快追击。我们就出击了，好家伙，一下子打出去几十里，把他们的总司令给打死了，把军长也给俘虏

了，把师长也给俘虏了，整个打了个大胜仗。"

刘家鸾（时任奉军第二军参谋长）回忆：

"……那次东北军占领郑州后，高汝桐亲率士卒奋勇进攻，直至郑州十余里处一个小站，企图一下攻克城垣，击退东北军。他又改造了火车车厢，装备一些铁板之类，作为铁甲战车使用，亲自乘车指挥。但真伪战车毕竟不同，东北军的铁甲车是真的前后设有炮位，交战不久后就击中了高汝桐的铁甲车，机车爆炸，车厢打翻，全体官兵死伤枕籍，东北军铁甲车把破车拖回郑州，在车厢尸体中检查到了一个尸体衣袋内带有高汝桐之名片，但不认识这个死者是否是高汝桐，故即前来司令部报告，时已深夜12时，张学良闻报，即把我叫去说：你和高汝桐是同学，立刻去车上看看是不是他？如果死了立即设法装殓起来，并指示把所有受伤官兵抢救下车，送医院和医疗队治疗。我去车上一看是高汝桐，已被炸身亡，即命人抬出备棺装殓。"

> **致张作霖电**
>
> **1927 年 3 月 24 日**
>
> 钧鉴：我军自占领郑州后，敌人屡谋反攻，均被击退。敬（24 日）晨敌军长高汝桐亲乘铁甲车率亲卫对敢死队等前进冲锋，行至京汉路十五里堡时附近，被我军包围，用炮将其铁甲车击破，高死车内，余众尽覆灭。业将敌铁甲车同高尸运来郑州测站妥为装殓。高为敌方悍将，靳某依为心腹。高已阵亡，敌军瓦解，两部溃退。我军现在分途痛击，一股荡平，即在旦夕……特此电闻。张学良敬叩。
>
> **1927 年 3 月 26 日**

崔其勋（时任河南保卫军军需官）记述：

"河南保卫军成立后，虽有十八师之众，实际上除高汝桐第一军、刘培绪第二军两军之外，其余均是陪衬，多无战斗力。现决心北伐，第一仗应将主力放在前线。高汝桐自告奋勇愿攻打第一阵。特选善战官兵五百人，作为冲锋队。部队进抵郑州以南，与奉军接火，展开激战，冲锋队奋不顾身，前仆后继，冲击约四个小时，敌军不支准备撤退，高汝桐登上铁甲车车头，亲自指挥迎敌。敌于此紧急时刻，也开来了一辆铁甲车，前后挂两个车头，将高所乘坐的铁甲车挂住，强拉到敌守线边缘，枪炮齐上，高汝桐和参谋长相继身亡，部队遂撤退二十余里防守。"

（六）北伐战争·临颍战役（1927 年 5 月）

1927 年 4 月，直系军阀吴佩孚的"十四省联军"主力在两湖地区遭北伐军重创，自此一蹶不振，所部靳云鹗于河南自立保卫军后，也战败于奉军。另一方面，下野游历苏联后回国的冯玉祥于五原誓师出任"国民联军"总司令，并决定出兵策应北伐。于是，武汉方面的国民政府正式决定发起"第二次北伐"战争，征讨奉系军阀张作霖。4 月 19 日，唐生智被任命为第 1 集团军第 4 方面军总司令，所部沿"京汉"路向河南进军。冯玉祥为第 2 集团军总司令，所部由陕西沿"陇海"线向东进军，与友军在郑州会师。并以第 1 集团军第 4 军（军长张发奎）、第 11 军（代军长黄琪翔）、独立第 15 师（师长贺龙）作为第一纵队，第 4 军军长张发奎为纵队司令。负责对右路奉军进行攻击。

5 月 26 日，武汉北伐军第一、第二纵队于河南接连攻占奉军重兵防守的据点，并全线突破百里沙河，紧追败退下来后撤至许昌屏障临颍的奉军。张作霖深知临颍一战关乎奉军全局成败，只有取胜，才能抽出兵力讨伐冯玉祥的国民联军，否则将有被国民军及北伐军夹击，继而全军覆灭的危险。于是，他立即在临颍一带集中奉军主力，包括郑州开到的第 10 军王树棠三个步兵旅（第 4 旅、第 37 旅、第 45 旅）、两个炮兵团（野炮兵第 4 团、山炮兵第 4 团）；第 17 军六个步兵旅、一个骑兵旅；第 8 军残部以及航空飞机队一队、战车队十辆法国"雷诺"FT 坦克（一说 5 或 6 辆），共约十万兵力。为了振奋士气，少帅张学良亲赴临颍前线指挥作战，痛哭誓师，欲凭借预先构筑的强固工事及先进武器装备与武汉北伐军在临颍铁路沿线正面决死一战。

5 月 27 日，纵队司令张发奎下令，由副军长黄琪翔指挥第 12 师、第 25 师率先攻击临颍城东及城北；独立第 25 师由小商桥攻击临颍城南；第 10 师从羊石向临颍西南推进，并对鄢陵方面警戒；张发奎自率第 26 师作为总预备队，随正面跟进。对临颍城南、北，东形成三面围攻的作战态势。

28 日拂晓，各师于指定位置分别向临颍奉军发起攻击。

临颍城东方面，第 12 师率先与具优势兵力的奉军及几辆协同步兵往来冲击的"雷诺"坦克展开激战，伤亡惨重，张发奎即令预备队第 26 师 77 团蒋先云部对城东第 34 团阵地进行驰援，蒋先云建议舍弃正面、迂回新庄，先攻破奉军的炮兵阵地，而后插入城北，截断奉军退路，张发奎应允后蒋即率部迂回至辛庄一带向占有居高之优的奉军发起猛攻，恶战中蒋先云连中数弹，重伤身亡。

凌晨 5 时，临颍城南方面的第 36 军两个师及独立第 15 师也兵分三路向据守该处的奉

▲ 穿过街道的奉军雷诺坦克

军发起攻击，在此起彼伏的冲锋号声鼓舞下英勇地与奉军骑兵展开血腥的白刃拼杀。与此同时，由铁路工人组成的国民革命军前敌指挥部京汉铁道大队也投入到了城南的激战，于小商桥处沿平汉铁路驾驶铁甲车对南线攻城部队进行支援。

下午 1 时，第 71 团、第 76 团、第 77 团也对城北奉军左翼部队进行攻击。两军从凌晨战至下午，在奉军拼死顽抗下，北伐军攻击正面官兵伤亡巨大，情势危急，张发奎见状急调后方蔡延锴第 10 师等部向前线增援。此时，随军的苏联顾问均建议下令撤退，被张发奎拒绝，战至下午 2 时 50 分，蔡延锴所率的第 10 师赶到，城外各线北伐军得知增援已到，士气大振，随即发动全线总攻，在对奉军防线连续数次猛烈冲击后，奉军开始军心动摇，逐渐向后溃退。虽然张学良亲临前线督战，下达了"退者即毙"的命令，也已无法阻止退如潮水的溃兵，张学良心知临颍城已难以守住，便留下山炮兵第 4 团以及 4 辆"雷诺"坦克进行强火力掩护，自己亲率残部 1 个步兵旅弃城向北，经京汉铁路桥逃往黄河北岸。下午 3 时左右，被留守负责掩护任务的 4 辆坦克中增援东门一线的 3 辆"雷诺"坦克刚出临颍东关便被溃退下来的残兵阻塞住道路，既不能前进也无法后退，于是

坦克内乘员亦绝望地弃车逃遁。3 辆坦克中，1 辆弃于北场村村头路边，1 辆弃于临颍北关，1 辆已驶上公路的被弃于五里河桥头。剩下 1 辆增援北线的坦克也随着南线的溃败而被弃于北城门外。至 4 时，北伐军终于攻入临颍城，北伐军李汉魂的第 36 团赶至北门时缴获了奉军丢弃于此的 1 辆"雷诺"坦克，东门 3 辆也被苏联顾问率兵缴获，因当时前线没人会操作坦克，这 4 辆"雷诺"坦克拍照后便被上缴中央。

1927 年 8 月 27 日《时事新报》记载：

"第二次北伐，唐生智对于共产党系之军队，既已步步提防，临颍战役临时变更计划，以与共产党有关系之队参加正面作战，致彼损失八千多之士兵。贺龙深知唐生智的居心，但他顾全大局，27 日便和第一纵队的其他部队一同转向西方展开攻势。他 1 个团进攻黑龙潭之敌，亲率主力进攻京汉铁路上的要点小商桥，8 时发起猛攻。一场血战，双方伤亡八百余人。残敌不支，向临颍撤退，独立第十五师占领了小商桥，解除了对第三十六军右翼的威胁。8 日，贺龙挥师北向参加对临颍的总攻。他在第十二师和第三十六军之间加入战斗，以一部兵力向临颍城南方进攻，协同第三十六军作战，主力进攻临颍东南方敌军侧翼，协同第十二师、第二十六师作战。从早晨 6 时苦战至 16 时，突破敌军阵地，俘敌数百，缴获前线奉军 5 辆坦克中 3 辆，占领临颍城南侧地区。"

张发奎（时任国民革命军第一集团军第一纵队司令）记述：

"1927 年 5 月 27 日拂晓，我们进攻临颍。除了蔡延锴的第十师担任后卫，我把所有的部

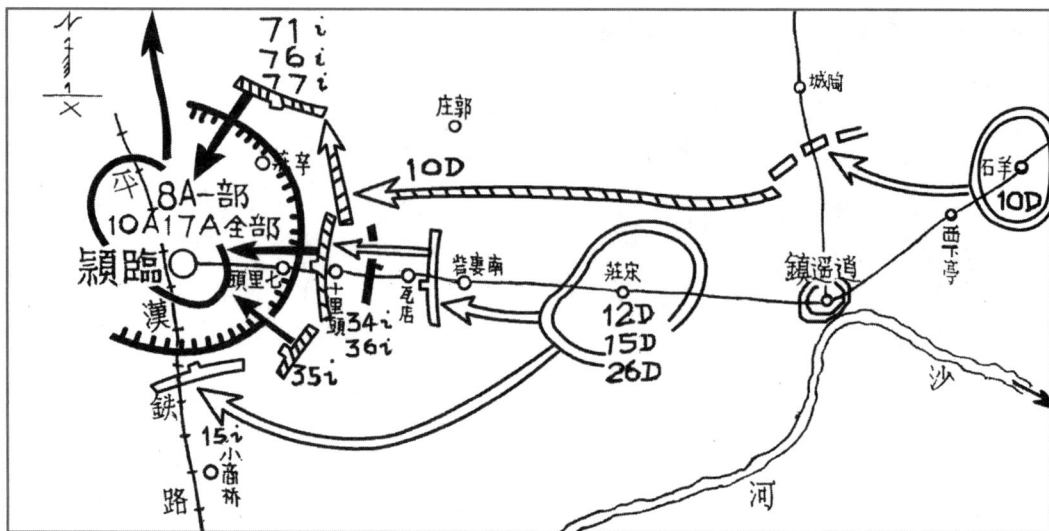

▲ 北伐军临颍附近作战要图

队都投入了这场战斗。敌军在各方面都占了优势——他们有空军、坦克、大炮等。我听说我们的机关枪炮兵连跟着一些步兵单位后撤了。这是从北伐出发以来我军首次退却，我赶到前线，士兵们一见到我就回到自己的岗位。这就是为什么我常常讲战事的胜负同战场指挥官素质高低有很大关系。

"……此时，蔡廷锴赶到了指挥部，李汉魂从前线报告张学良已经撤走了。那时大约下午四点钟。毫不夸张，我在最后五分钟的坚定不移，扭转了战局。胜利是属于能坚持到最后五分钟的人的。如果张学良坚持到黄昏，我们就不得不撤退了。

▲ 临颍作战中被北伐军缴获的东北军"雷诺"FT型坦克

"保定军校第八期毕业的李恒华带着他驻守临颍的炮兵团投降了我们。他们的武器大多是山炮，也有些野战炮。于是，我解散了机枪炮兵营，淘汰了陈旧的山炮。这一战，我们发了一笔"洋财"，大大改善了火力。

"我们俘获了奉军四辆坦克，这是我首次俘获坦克。拍照存证后，我们将这四辆坦克上缴给军委会，因为我们根本不懂得使用这些新式武器。"

李汉魂（时任国民革命军第四军第十二师第三十六团团长）记述：

"此役我军虽获胜，但全军伤亡总数字在二千四百人以上。其实如果在日前攻占宋庄之际，趁敌仓皇撤退，阵脚未稳，不遑集结时，我大可乘胜直抵临颍城下，也许能够兵不血刃而得之。全军缴获临颍敌军步枪千余，迫击炮十余门，机枪五挺，坦克四辆，军车三辆。其中由我团缴获的步枪四五十杆，坦克一辆。坦克为我挥军赶至北门时俘获的，有人向我报告时，我只漫然嘱咐暂置城门外，及俄国顾问发觉，才请我派人看守，并纳入他部所获的三辆行列中。我追溯此一情形，颇觉自己直似乡巴佬进城，但见新奇，不知重视，一如去年打平江时缴获迫击炮一样，初不解其为冲锋陷阵之宠物，宁不愧然！"

（七）北伐战争·津浦铁路战役（1927年5月）

1927年3月接连攻克浙、沪等地的蒋介石北伐军，在4月又攻占了"五省联军"总司令孙传芳所雄踞的南京，于19日成立了"南京国民政府"，与武汉国民政府分庭抗礼，形成了宁汉对立的局面。

武汉国民政府兴师北伐后，5月1日，蒋介石也发布出师北伐的命令，并将南京北伐军兵分三路：第一路由何应钦为总指挥，率部由镇江、常熟等地渡江，肃清江北之敌；第二路由蒋介石自任总指挥（白崇禧代任），前敌总指挥陈调元，率部担任"津浦"铁路正面作战；第三路由李宗仁任总指挥，前敌总指挥王天培，率部解六安、合肥之围，尔后由芜湖渡江北攻"津浦"路。孙传芳的"五省联军"与张宗昌的"直鲁联军"于北伐军攻占南京前，即撤至长江北岸，分别集结于

运河两侧及"津浦"铁路沿线，凭江固守，阻止南京北伐军向江北地区推进。

5月3日，南京北伐军第三路军奉命北上，相继攻克了含山、巢县。16日攻打临淮关中，遭到"直鲁联军"七个步兵师及其白俄铁甲列车的凶猛反击，联军司令张宗昌乘坐铁甲列车督战，南京北伐军第三路军第2师奉命死守，于21日在友军部队支援下击退直鲁军，继而攻占临淮关，并缴获其中一列"湖北"号装甲列车及其他大量武器装备。22日攻占蚌埠后，"直鲁联军"及白俄军继续向北溃退至徐州、宿县附近的溪口、黄山、夹沟一线。蒋介石于蚌埠的军事会议中命第10军攻占夹沟据点；第44军和独立第5师攻萧县；第7军与第33军为总预备队。

夹沟为"津浦"铁路的重要防守据点之一，退守至此的张宗昌"直鲁联军"残部用钢筋水泥构筑防御工事，集结重兵约万余人在此防守，并于铁路线上继续以白俄铁甲列车及十余辆自制的坦克往来突袭，支援步兵作战。25日，第10军第29师师长杨胜治率第29、30师及教导第2师、炮兵团对据守夹沟的"直鲁联军"发起进攻。"直鲁联军"凭借坚固工事守住要隘，以火炮、机枪、飞机、铁甲车进行立体化攻击，与第三路军进行了猛烈的攻坚战。黄昏时分，北伐军历经苦战终将夹沟攻占，并缴获白俄军使用的铁甲列车"长江"号与"长城"号，以及直鲁军自制的十二辆坦克，尔后被第三路军前敌总指挥王天培编为"中山第一号"至"第十二号"。随后第三路军乘胜追击，终于6月2日攻下"津浦"、"陇海"两线的重镇——徐州。

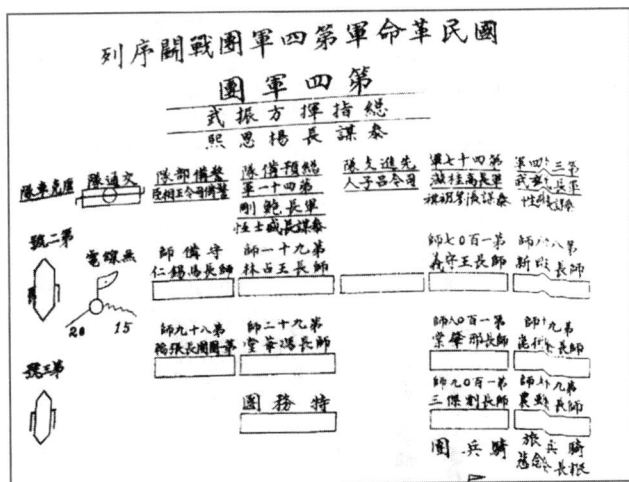

▲ 北伐军第四军团战斗序列内的"唐克"车（坦克）队

▲ 直鲁联军褚玉璞部使用的铁甲列车

徐庭瑶（时任国民革命军第二师副师长）回忆：

"我调到南京任第二师副师长后，奉命率队继续北伐，沿铁路线前进，铁路线上有很多张宗昌的铁甲车，这时对付铁甲车作战是很困难的，因为当时没有炮的话，对于铁甲车是没有办法损坏的，而铁甲车上则有数门炮与十余挺机关枪，车上所带的弹药又很充足。在敌我武器悬殊的情况下，他们的战术是先用炮猛打，打了以后就开足马力往前猛冲，冲到近处就用开枪猛射，车上官兵都是白俄，白俄们好酒吃肉，伤兵被他们拖上车便杀死煮肉吃，这种残忍的铁甲车惨绝人寰，在当时实在是骇人听闻的怪物。

"当时第二师攻到临淮关时，在路以左的部队突然失利，第二师奉命死守临淮关，白俄以铁甲车二列冲到临淮关后面八里的地方，从后面向我们打炮，四列铁甲车向我们前后夹击，打了四天，敌人步兵七个师从四面把我们包围，我们阵地成了一个孤岛；到了第五天，给敌人一个反攻，才把敌人打退。"

王天锡（时任国民革命军第十军副军长兼二十八师师长）记述：

"……战斗开始后，敌以火炮、机枪凭籍坚固的工事防守，铁道线上则以铁甲车扼守。我军官兵前仆后继，占领了夹沟，夺获战车十二辆（王天培当时命将十二辆战车编为中山第一至十二号）及其他军用品无数。"

（八）北伐战争·南京江防要塞战役（1927年4月-5月）

1927年4月，"直鲁联军"前敌总司令褚玉璞于济南重新整编残部，组建了直隶铁甲车队，在京汉路长辛店机车厂由直鲁军的白俄技师仿造张宗昌的山东铁甲列车，制造了"直隶"号、"湖北"号两辆铁甲列车。并委任所部中国军官为车长，白俄军官为副车长。直隶铁甲车队司令最初由刘世安担任，尔后由"直隶"号铁甲车队长孙寰洲接任。

同月15日，整编完成的褚玉璞率部携直隶铁甲车队沿"津浦"铁路南下集结于浦口地区，准备反攻南京北伐军。褚军将火炮架

▲ 清末时期引进的要塞炮

江宁区要塞炮台名称及所属地域	
江宁要塞第一台	富贵山
江宁要塞第一台一分台	清凉山
江宁要塞第一台二分台	雨花台
江宁要塞第二台	狮子山
江宁要塞第三台	东炮台
江宁要塞第四台	幕府山
江宁要塞第五台	乌龙山

设于浦口镇东门大厂附近，向下关北伐军射击了数百发炮弹，欲借火炮掩护强行渡江，但是炮弹大多因射程不够，落入江中。此时的江宁要塞司令姚琮，当即令第2、第3炮台以大口径要塞炮对集结于江对岸的褚军进行猛烈还击，褚军见无法渡江随即下令撤退。同月21日5时，褚军沿铁路调来"湖北"号铁甲列车，并以车上架设的重炮向下关方向轰击。姚琮令第2、第3炮台迎击，褚军铁甲列车即沿铁路向后撤走，留下部分褚军残兵于江边用步枪隔江进行射击，此役中，第2炮台的一名二等兵陈克被褚军铁甲列车炮的弹片炸伤腮部。22日拂晓6时左右，褚军由西北方划船渡江，再次向下关进行突袭，狮子山第2炮台官兵发现后即对江面上渡江敌船进行炮击，褚军在划船中多人中弹落水后，只得狼狈溃退。与此同时，褚军千余人从浦口镇方向，用步枪机枪，向下关射击，姚琮即令第3炮台向该部还击十余发炮弹，尔后该部褚军战力不支无奈撤退。同月25日凌晨5时，浦口洋油栈附近，褚军枪声连连，借漫天烟雾，逼近下关江边，但随即遭到第2炮台发炮阻击，该部受重创后撤退。5月4日晚7时左右，褚军直隶铁甲队的"湖北"号及"直隶"号铁甲列车沿铁路线开到，对下关北伐军猛烈炮击，姚琮又急令第2、第3炮台发炮迎击，与褚军两辆铁甲车对轰数炮，褚军铁甲车队两辆铁甲车当即被炮弹命中，就地倾翻，协同的褚军步兵大惊，四散溃逃。事后，这两辆铁甲车被褚军以机车头拖回车站修复。

14日上午9时，修复后的褚军"湖北"号铁甲列车协同步兵再次进攻，与狮子山第2炮台对射四个多小时，第2炮台的一发炮弹击中褚军阵地附近的房屋，引起大火，"湖北"号铁甲列车即原路退回。19日上午6时，

狮子山第2炮台及第3炮台对浦口褚军连续炮击，掩护北伐军成功渡江，尔后北伐军占据浦口高地，并以火把为号，指引各友军部队进击，浦口褚军难以抵抗，即沿津浦铁路向北溃逃，褚玉璞也乘铁甲列车返回北方。这一阶段的南京下关要塞防卫战至此以直鲁联军褚玉璞部的溃败而暂且告一段落。

（九）北伐战争·龙潭战役（1927年8月20日-31日）

1927年8月20日，孙传芳与张宗昌达成同盟协议，以日本陆军大佐冈村宁次为"五省联军"总顾问，集结残部李宝章、上官云相、梁鸿恩、崔锦桂、段承泽、郑俊彦等部十万余人，浩浩荡荡从济南乘列车沿"津浦"铁路南下至浦口地区，企图一举切断"沪宁"西段铁路，从而重新夺回南京。孙部即于浦口布置阵地，架设山炮、野炮、迫击炮及铁甲炮车等重型武器，向下关一带北伐军据点进行猛烈炮击，孙军主力借后方炮火掩护由划子口十二圩强行渡江。下关江宁区要塞司令姚琮，当即命令第2、第3、第4各炮台台长分头开炮还击，在密集地炮火轰击下，孙部的一辆铁甲列车车头被击毁，孙军占据的浦口货仓房屋也被炮弹命中，燃起大火，至第二天方才熄灭。21日，姚琮司令派本部副官徐雄任狮子山炮台指挥，另派掩护队营长余宗鲁任幕府山炮台指挥。下午3时，孙军开来"直隶"号铁甲列车一辆，至浦口江边附近，向狮子山第2炮台射击，又令车载野炮向下关一带发射数十枚炮弹。姚琮见状立即命令第2、第3炮台对"直隶"号铁甲车进行还击，双方炮战至晚7时，"直隶"号退回花旗营，战事方止。

23日下午3时半，孙军又以架设的火炮

▲ 江防要塞炮

▲ 直鲁联军铁甲列车

群及"湖北"号、"直隶"号铁甲列车，向狮子山方面轰击数十发炮弹。狮子山炮台指挥官徐雄即命第2、第3各炮台进行迎击，经过两个小时之久的炮战，将北岸孙军击退。下关火车站中的货栈，因中弹起火，遭受了巨大损失。

24日下午4时左右，孙军"湖北"号铁甲列车开至浦口车站水台一带隔江对南岸进行炮击，第3炮台附近的煤炭港、车站、堆货栈等重要设施均被炮弹命中，烧毁大半。幕府山第4炮台当即向北岸车站水台还击两炮，将"湖北"号铁甲列车击退。南岸车站附近居民被流弹击毙四人，导致下关市面上十分冷清，人心惶惶。

25日凌晨3时，孙军铁甲列车又在浦口连续对狮子山炮台进行射击，该炮台予以还击数炮，此日炮战仅炮台士兵食堂被击毁，其他并未造成太大损失。

26日凌晨5时左右，孙传芳乘夜黑雾浓下令主力部队从江北望江亭、大河口及划子口等地乘百余艘帆船借风势，向江南岸发起排山倒海的猛扑。其中一艘进攻兵船与正从武汉返京（南京）的北伐第三路军总指挥李宗仁以及谭延闿、孙科等人所乘的"决川"舰发生遭遇战，李宗仁发觉后当即与谭延闿率所属警卫排士兵一齐举枪射击，所乘"决川"舰也以装载的四门排炮及一门40mm火炮对孙军兵船进行轰击，双方在短距离内隔船对射，一时烟雾迷蒙，枪弹横飞。身居邻船的陈调元及随带的一连配有手提机关枪的警卫连士兵也以猛烈火力进行支援，终将该船所乘敌兵悉数击落水中，事后迅速脱离战场驶回南京。与此同时，乌龙山炮台也对江面连续炮击，击沉多艘孙军兵船，孙军一部船队即转向下游十二圩江面，向龙潭方向进攻。另外在乌龙山炮台以东负责南京右翼防御的第1军部分阵地不幸被偷渡的孙军一部成功占领，江防军仓促应战，致使乌龙山七座炮台中，被孙军攻陷了四座。

另一方面，25日沪宁铁路线上担负卫戍江南防务的南京国民革命军铁甲车队自沪宁线西段巡防返抵常州途中，至镇江以西六百渡附近时，发现铁道被破坏七十余米，铁甲列车不能通过，只能要求铁路局工人进行抢

▲ 李宗仁

▲ 五省联军嘉兴号铁甲列车

▲ 直鲁联军湖北号铁甲列车

修。26日清晨，铁甲列车队司令蒋必与白崇禧乘铁甲列车抵达常州召开军事会议，通告属下：**"孙传芳的五省联军已成功登陆上岸，并向栖霞山及龙潭地域突进，沪宁线也已被切断。"**他们随即计划由何应钦与李宗仁指挥西路军，从南京东面出发迅速夺回栖霞山及龙潭地区。东路军由白崇禧亲自指挥，自镇江向西打通铁路交通线，与西路军在栖霞会师，歼灭南渡的孙传芳部队。并令卫立煌第14师快速向镇江集结，在蒋必铁甲车队炮火的掩护下向高资、桥头、下蜀等地挺进。陈诚第11师沿沪宁线向镇江前进。

26日上午，蒋必亲率铁甲车队满载陈诚第11师官兵开赴镇江，此时之前被破坏的铁轨已全部修复，于是所部继续向高资、桥头、下蜀等地驶去，其间一面向江南岸的孙军桥头堡发炮轰击，一面由陈诚第11师步兵沿铁路线搜索前进，突进至龙潭附近时，发现西路军与敌军在栖霞山地区激战正酣。蒋必见

铁甲列车炮的射程已经可及栖霞山，即令列车所配火炮接连对孙军炮兵阵地进行猛轰，以援助西路军东进。孙传芳从望远镜发现龙潭附近有南京军的铁甲列车助攻，即下令调一师兵力攻击龙潭，企图俘获铁甲列车，消灭这一火力点。此时，第11师的一个团正在路北进行掩护，留在铁甲列车上的步兵见敌兵涌来，纷纷下车迎击，伏卧在铁轨间凭借路基组成火力网进行阻击。两军于龙潭地区激战至傍晚，夜幕降临时分，孙军从东西两翼逼近铁甲列车，第11师步兵在孙军的夹击下被迫放弃列车后撤。致使铁甲列车孤军陷入孙军重围之中，孙军士兵纷纷攀上铁甲列车准备将其俘获，此时铁甲列车司令蒋必亲率车内所部数十人于列车上与孙军进行近身肉搏。在此危急关头，蒋必仍令属下接连使用铁甲列车所配主炮对敌军桥头堡射击了数十发炮弹，给予敌兵重大杀伤。孙军为消灭铁甲列车对己方阵地的威胁，全力奋起夺车。蒋必见路南友军已自顾不暇，救援无望，其败局已定自身也无力回天，为求自保，避免过大牺牲，于是打开南面车门，让车内幸存战士逃离列车，从铁桥上跳入江中自行逃生，蒋必也在全部官兵逃离后最后一个跳入江中，游向南岸与友军会合。孙军遂将铁甲列车占领，但因没有会操作列车炮之官兵，所以未能立刻使用列车炮进行作战。

28日上午8时，成功逃回镇江的蒋必率余下的铁甲列车与第2师、第11师所部重新沿铁路线向西反攻，在铁甲列车的掩护下，东路军顺利进占下蜀，与孙军展开激战。蒋必因获知龙潭以北的敌军已剩五万余人，当即命令集中全部列车炮火力进行轰击，大力杀伤集中在江岸附近的敌军，后又集中东路军的全部主力进行围歼，夺回被缴获的铁甲

列车，增强自身战力。当晚，蒋必与友军部队又趁着夜幕集中全部火炮及列车炮火力，配合步兵部队发起总攻，将敌彻底击溃，打通了"沪宁"线。事后又将夺回的被缴铁甲列车送返镇江进行修理。

29日晨，补充弹药后的铁甲车队，以第一列车满载卫立煌部向西进攻，第二列车满载陈诚部西进。路南各部见铁甲列车开拔，也相继配合其向西进攻。入夜，蒋必指挥第一铁甲列车的火炮向敌军猛射，迫使孙军向江边退却。第2师及第24师随即攻克龙潭车站，铁甲列车便通过龙潭继续西进，在步兵掩护下，于午夜时分行至栖霞站东3公里处。30日拂晓，蒋必亲自瞄准栖霞山高地的敌军炮兵阵地，用列车主炮连续射击，将孙军炮兵阵地悉数摧毁，扫清了友军东进的障碍。事后，东、西两路军顺利于栖霞站会师，孙军则向江岸撤退，蒋必命两列铁甲列车分属东、西两军掩护友军对孙传芳残部进行围歼。孙传芳眼见大势已去，与顾问冈村宁次仓皇登上小火轮（轮船）逃离。31日，南京北伐军推进至龙潭江边，终将孙传芳的"五省联军"全部歼灭，取得了最后的胜利。

（十）北伐战争·涿州战役
（1927年10月-11月）

1927年6月6日，山西晋系军阀阎锡山放弃与奉系军阀张作霖的合作，转而响应国民革命军北伐的号召，将所部晋绥军番号改为"国民革命军第3集团军"，于同年9月誓师北伐，以主力进抵娘子关，沿"京汉"线北上，一部由晋北地区经"京绥"线南下，意以夹击北京与保定之间的奉军，与北伐军会师于京津地区。阎锡山为了切断"京汉"、"京绥"铁路线的联络及运输，于10月7日

▲ 傅作义　　　▲ 张学良

急电晋军第4师师长傅作义袭占涿州、良乡一带以遮断"京汉"路之交通。

傅作义领命后即率全师由浑源南关出发。于10月11日晨，派先遣支队对据守涿州正在接防的奉军卫队王以哲部施行突袭，于12日拂晓占领了涿州，继而向涿州车站出击，破坏了车站和以北的桥梁，遮断了"京汉"铁路的交通线。14日，傅作义率余部击溃围城反攻的奉军后入城。全军进城后便立即按照防御计划于各重要据点构筑防御工事，设置众多供步兵使用的卧、立、跪各式掩体并储备大量威力巨大的手榴弹于城墙之上；另外还设置铁丝网、鹿寨供机枪、火炮侧射、斜射之用；同时将城墙腰部部分掏空放置火炮及重机枪形成暗堡，待敌进攻时将城砖摘下向敌射击；又用木轮手推车装满砖瓦砾石运到城墙之上，并在城上每隔20米处设一土堆，以备临时急用；还在每一个城墙垛口附近存放大量沙袋，以备堵塞缺口；城垛多设交通沟及监视哨等位置。城防系统准备完成后不时派出哨兵搜索敌情，固守待援。

奉军方面，张学良得知晋军傅作义部占领涿州城后，立即增调奉军第15师、第23师（师长安锡暇）、炮兵第6旅重炮团（团长刘翰冬，配日制三八式120mm榴弹炮）及工兵司令柏桂林部等共计三万多人，欲一举夺回涿州，恢复京汉线交通，安定后方。

晋、奉两军自15日开始一直激战至18日，奉军数次进攻虽然对晋军造成了一定的打击，但自军伤亡更为巨大。进攻期间万福麟调来由商业昌率领的战车大队一个中队以及曹耀章率领的奉军铁甲车队进行增援。曹耀章所部铁甲列车首先攻占了城外的涿州车站。后商业昌率所部六辆法国"雷诺"坦克与奉军卫队旅岳超部步兵一支交替掩护攻至涿州城东北角吊桥附近，到达城下后坦克便排成一列纵队对据守城墙上的晋军第8团火力点枪炮齐射，进行火力压制。晋军遂集中城上及城腰的炮火进行还击。一时枪炮声四起，烟尘弥漫，双方炮火对射中，涿州城东北角遭奉军炮火击毁，而奉军战车队在转移阵地过程中，两辆坦克在横向拐弯时，被晋军城腰炮火击中侧面翻倒，无法行动，车内乘员当即阵亡。双方又激战至午后时分，晋军第3营一部从东门冲出，将奉军步兵及战车队击退，晋军第3营营附和第10连连长以下百余人阵亡，奉军战车队仅剩四辆坦克撤回至西河村后方阵地休整。夜间，晋军将被击毁之敌坦克上的武器与弹药拆卸下来运进城中，配与守军使用。

23日与24日，奉军再次集中炮火，并在曹耀章铁甲列车（涿州车站铁路线）和商业昌战车队的支援下，对东门和两侧附近进行了两次攻击，在守城晋军以东南、西南两处城角炮兵进行炮火反击后，奉军损失惨重，无奈之下只得撤退。此役，守军也付出了第3营营长卫振邦阵亡、第2营营长阎树海受伤及以下官兵百余名伤亡的代价。之后的27日及30日两日，奉军又先后两次以炮火轰击为先导，后由商业昌率战车队掩护步兵对涿州城波浪式地进攻数次，但均未奏效。

11月7日拂晓，休整后的奉军再度对涿

州城东北及西南两处城角进行炮轰，城墙上部守军防御工事被悉数炸毁。至中午，奉军炮火愈猛，在奉军发射的各种炮弹中以烧夷弹（燃烧弹）最多。致使城内数处起火，其中南门火势最猛，烟焰漫天。奉军借机再度加强炮火攻击，并派出大队步兵在炮火的掩护下兵分多路同时登城。商业昌也率战车队直抵城脚，待城崩出现缺口后随时准备冲锋。但守城晋军城腰部工事坚固，未受到炮火重创，同时还伺机对攀爬城垣的奉军士兵不断射击，确保了城池不失。激战一直持续到黄昏，奉军战力不支开始逐次撤退。战斗中商业昌所率战车队于城东南角外被晋军侧面负责协防的炮兵团所使用的山炮发射的零线子母弹（火炮使用的一种小口径榴霰弹，因为引信极短出膛即炸所以命名为"零线"）击毁一辆后，全队撤回后方阵地。

20日，守城晋军因无线电信号机（无线

▲ 涿州战役中步坦协同作战的奉军战车队

电发报机）机油用尽，便紧急张贴悬赏购油之告示。晋军一名士兵得知后，见先前被击毁的奉军坦克还丢在城外，于是便冒死冲出城外夺取坦克车内的燃油。城外奉军发现后，即对这名晋军士兵进行射击。该兵躲过弹雨，趴伏在坦克底部。见车身油箱完好，便用锥子将油箱凿穿，用所带铁桶接满后飞奔回城内。这位英勇的战士如此往复三次，接满三桶后如数交于守城总指挥傅作义手中。傅作义大为惊奇，问该兵怎能如此毫发无损地全身而退。该兵回答说当时只是一心想着取油，也没见到有子弹射过，所以也就没有刻意避让。听完士兵叙述后傅作义即将此事报于晋军总司令部（遗憾的是此士兵的名字未能留下）。后来，奉军最后一次总攻涿州城时，奉军战车队再度出阵，以该部所剩3辆坦克平行冲锋，掩护步兵以云梯登城，然而在守城官兵奋起反击下依然未见成效，被迫撤退。至此，中国历史上的第一支坦克部队——"奉军坦克大队"于军阀混战中共损失了10辆，剩余26辆。

柴济川（时任晋军第四师第八团团附）回忆：

"十月十九日拂晓，敌又集中各种火力并附有战车和装甲汽车三四辆，对城东北角附近第八团防区，实行强攻。我军集中炮火，城上与城腰的侧防火力配合压制歼灭攻城之敌。城东北角又被敌炮火轰毁，几成土坡。敌步兵在其战车和装甲车的协同掩护下，实行仰攻。我第三营奋勇反击，并以一部出东门向北侧击。激战至午后，敌终未得手，被我击退，敌装甲车一辆被击毁遗弃城下，敌我双方伤亡均甚惨重，我第三营营附和第十连连长张树德以下伤亡百余人。敌于十月二十三、四两日又集中炮火，在铁甲车（车

站附近）和战车的协助下，对东门和两侧附近，先后攻击了两次，均被我击退。敌有一辆战车被击毁遗弃于城外东南角下，我第三营营长卫振邦阵亡，第二营营长阎树海受伤，士兵伤亡百余名。"

岳超（时任奉军卫队旅司令部参谋）回忆：

"奉军几次总攻总不能得手，且招来更大的伤亡。万福麟于是忽然想调用坦克队参加作战，但是就开来了6辆，主要目的是消灭城头机枪火力点。我奉命参加作战，指示攻击点。我同坦克车队队长商业昌率领坦克前进。奉军坦克都是从法国买来的，共36辆。这种坦克原是第一次世界大战后的废品，行驶时发动机的声音特别大，动作却很缓慢，而且不是全金属制品，大小轮子都是木制的，外面包上一层钢皮，正面装甲相当厚，可以抵御机枪及手榴弹。车上配有平射炮一门，机关枪一挺。

"我们把坦克纵队引到吊桥附近，就在吊桥下面找到了隐蔽（护城河里冬季无水）。这时候，城上的傅军已对坦克枪炮齐发，坦克着弹很多，但都没有击中要害。坦克迅即向城墙射击，把对方火力完全制压。但在变换阵地的时候，车身刚向右拐，就被由城根火力点发射出来的炮弹击中侧面，立即有两辆歪倒在地上，无法行动。入夜，仅有四辆回到后方。那两辆坦克的车长和炮手都阵亡了，坦克上的平射炮、机枪、子弹及其附件，都被傅军于夜间拆卸了运进城去，补充了他们的军备。第二次作战时，又损失了一辆。这个坦克中队，两战损失了半数的坦克，但对战事并没有发生有利的作用。"（奉军坦克在南口于冯玉祥部队作战时损失3辆。冯军以鸟枪用砂子射击瞭望孔成功，坦克手双

目失明，无法作战。在河南与北伐军作战时损失 4 辆。连同涿州损失的 3 辆，一共 10 辆）

六　中华民国东北地区战事简述

1928 年 6 月，在北伐军蒋介石第 1 集团军、冯玉祥第 2 集团军、阎锡山第 3 集团军、李宗仁第 4 集团军的联合进攻下，张作霖的奉系安国军终于在华北地区全线崩溃。同月 3 日，自知无法抵挡的张作霖向南京国民政府发出求和通电后，于凌晨 1 时，乘坐一辆"蓝钢"列车（豪华观光列车）离开北京返归奉天（今沈阳）。

张作霖所乘坐的这辆"蓝钢"列车为清朝晚期慈禧太后委托英国所制造，满清灭亡后，这辆"蓝钢车"作为国际特快列车于津浦线上使用，1923 年 5 月 5 日，这辆列车载着两百余名中外旅客于津浦铁路线上的临城火车站附近被土匪孙美瑶所劫持，史称"临城火车大劫案"。临城劫案的翌年 9 月爆发的"第二次直奉战争"中，这辆"蓝钢车"被张学良所缴获。此列车的组成包括：一节蒸汽机车头，一节铁甲车，三节三等车厢，两节二等车厢，两节"蓝钢"头等车厢，一节豪华花车，一节餐车，五节头等车厢，一节二等车厢，两节三等车厢，一节一等车厢，一节铁甲车，一节货车，共计二十二节。

▲ 张作霖

▲ 皇姑屯爆杀事件现场

▲ 东宫铁男

（一）皇姑屯事件（1928 年 6 月 4 日）

1928 年 6 月 4 日凌晨 5 点，张作霖所乘坐的这辆"蓝钢"列车在返回奉天（沈阳）途中，行驶至奉天西北皇姑屯车站以东由日本控制的"南满"铁路与"京奉"路交叉处三洞桥（桥上为"南满"铁路，下方为"京奉"铁路），因张作霖之前一直不肯满足日本提出的在中国东北境内的种种特权（如开矿、设厂、移民以及在葫芦岛筑港等）而心怀不满的日军命独立守备队第 4 中队中队长东宫铁男（后于 1937 年 11 月 14 日的中日"第二次淞沪会

▲ 被炸毁的"蓝钢快车"

战"中被中国军队击毙）在"蓝钢快车"第八、第九、第十节车厢经过桥下时引爆了预先埋设在此的 120 公斤 TNT 黄色炸药。炸药爆炸的强大破坏力当即使上方桥梁的钢板瞬间崩塌，列车车厢砸毁，车内的黑龙江督军吴俊升当场死亡，第八节车厢中的张作霖被甩出车外身受重伤，尔后被卫队急救回大帅府，晚上 9 时 30 分，张作霖终因伤势过重，医治无效而身亡。

赵绍武（时任奉军安国军第七旅旅长）回忆：

"一九二八年六月三日，张偕随行人员，登上京奉路的蓝钢专车，悄然离开北京，退向沈阳。车到新民时，张的日籍顾问町野武马，因事先行下车，临别与张握手说：大帅多保重！张毫不介意地说：怕什么？我也不是泥做的？然后张大声下令开车！翌晨，专车通过皇姑屯车站，到达京、南满铁路交叉点地道口时，轰然一声巨响，蓝钢车被毁，同车有张景惠幸存，吴俊升当时身死，张作霖受重伤，急运沈阳抢救，据说在途中张作霖还妈啦个巴子！妈啦个巴子地叫骂不止。但张终以伤重，医救无效而死。"

鲍毓麟（时任奉军安国军第四十七旅旅长）回忆：

"张作霖乘坐的是当年西太后的专车。专车前节是蓝皮车，极易辨认。潘复和鲍贵卿都在那个车厢，车到天津后，潘、鲍下车了。和张作霖同车回到东北的有莫德惠、刘哲等人，日本顾问荒木五郎也随张同行，但都不在一个车厢里。张的五夫人寿夫人带行李什物坐压道车在前面走，张的六太太岳夫人和张同车，在张的那节专车后面的另一个车厢里。张的卫队团长于恩贵和卫队营姜营长都在专车前节车厢里。温守善一直在专车里负责照料。车到山海关时，黑龙江督军吴俊升上车，他说他是代表东北各方迎接大帅回沈阳的。上车后老哥俩坐对面，谈些北京、沈阳情况，张作霖精神还好。六月四日早，专车到达皇姑屯车站，……张和迎接人员招呼后，专车继续前进。

"老道口离皇姑屯车站约二百米，是日人经营的南满铁路和中国的京奉铁路交叉点，南满铁路在上面穿行，京奉铁路在下边穿行，上边有日本人设立的岗楼。日本人根据不平等条约享有满铁附属地特权，老道口属于日本的警戒线。

"离开皇姑屯车站后，张乘坐的那节专车只有张作霖、吴俊升和温守善。由于当时正是早晨五、六点钟，张和吴都望着窗外熹微的晨光和青绿的庄稼，边看边谈。正当这节车穿行老道口交叉点时，轰隆一声大震，烟尘滚滚，砂石纷飞，正好把这节专车炸碎。吴俊升当时被炸死，脑袋上被扎进一个铁钉子，躺在车角。张作霖被炸出约三丈远。温守善也受伤，被钢板和碎板碎皮铁皮盖压在下面，急忙爬起来到张的眼前。张当时没死，内里伤看不见，咽喉处有很深的一个窟窿，流了很多血，污染领襟，温用一个大绸子手绢给堵上，由温守善和张学增把张作霖抱到赶来的齐恩铭的汽车上。张作霖由于受伤过重，到沈阳大南门里帅府家中后，仍神志不清。打强心针，灌白兰地酒，都无济于事，不久就断气了。张学良得知其父被炸身亡消息时，尚在京汉线上指挥撤军事宜，不容分身，直到第三、四方面军顺利撤入京奉线后，他才把善后问题委由杨宇霆代为执行，本人换上灰布士兵军装，搭乘铁甲兵车离开防地回沈阳，以逃避日本军的监视。"

（二）中俄战争·中东路战役（1929 年 7 月 -12 月）

1928 年 6 月 5 日，北洋政府的最后一位统治者张作霖因"皇姑屯事件"逝世，其子张学良于 6 月 18 日从前线秘密赶回奉天处理善后事宜，并接任父亲张作霖的奉军大统帅之职。同年 12 月 29 日，少帅张学良发表通电宣布"遵守三民主义，服从国民政府，在东北将原北京政府的红、黄、蓝、白，黑五色旗改为南京国民政府的青天白日旗"，史称"东北易帜"。所部安国军全部改番号为"国民革命军东北边防军"。至此，南京国民政府名义上统一了中国，胜利地完成了北伐。

1929 年 7 月，在南京国民政府蒋介石的支持下，张学良开始执行蒋的所谓"革命外交政策"，希望废除外国列强对中国的不平

等条约，收回国家各项权益，并强硬对抗苏联。他下令收回中东铁路的电话权，并强行接收苏联管辖的"中东"铁路（又称"东清"铁路或"东省"铁路），直接导致中苏关系破裂，史称"中东路事件"。8 月 6 日，苏联红军组建"苏联红旗特别远东集团军"，瓦西里·康斯坦丁诺维奇·布柳赫尔元帅任总司令（曾任国民政府北伐军军事总顾问），远东军下辖第 21 师、第 35 师、第 36 师三个师以及一个骑兵旅和一个"布里亚特蒙古"骑兵营，共约八千余人，并由 3 辆装甲列车作为铁路运输工具，负责空中掩护的是 32 架作战飞机。另外为了加强突击能力，布柳赫尔又调来一支独立坦克连，配备 9 辆原在西伯利亚远东地区赤塔的 T-18 轻型坦克。尔后，"苏联红旗特别远东集团军"便集结于中苏边境，准备对华作战。（另外据中方估测，在双方冲突期间苏军方面还不断增兵，最高峰时其兵力绝不少于八万人）海军方面负责支援的是阿穆尔河区舰队（阿穆尔河即俄语黑龙江）。1929 年，"中东路事件"前夕，阿穆尔河区舰队已有三个舰艇大队（浅水重炮舰、炮舰和装甲艇共 14 艘）、一个扫雷舰中队、一个航空队（14 架飞机）和一个陆战营。

8 月 8 日，苏联远东军派出百余名士兵携大炮两门、机枪三挺，在鸥浦县街南门外与中国东北边防军交火，互有伤亡。之后苏军又派出飞机 5 架在绥芬河市上空盘旋，鸣"空炮"二百余响，在东山陆军防所附近及国界三道洞子各投弹一枚，后又派来飞机 27 架在中国领空飞行数圈后折返而去。下午 4 时左右，苏军百余人占领满洲里红山嘴子。夜间进至三卡（即额尔德尼托罗辉卡伦）。

8 月 15 日，张学良也集中东北边防军兵力，任命王树常为"防俄第 1 军"军长，兼

东路总指挥；胡硫坤为"防俄第2军"军长，兼任西路总指挥。

16日，苏军派出两个连步兵与一个连骑兵由苏联境内的阿巴该图向扎兰诺尔中国阵地进攻，双方战斗两小时，互有伤亡。午后2时半，苏军步、骑、炮约一师兵力，由阿巴该图越境，向扎兰诺尔站进攻，炮击东北军阵地，双方激战五个小时后，苏军主动撤退。

17日，中国国民政府发表对苏联交战宣言。为了增强边防军防卫力量，又从吉、黑两省抽调梁忠甲、丁超等四个旅开赴中苏边境。

18日晚10时半，苏联远东军又开始向扎赉诺尔东北军第43团2、3营阵地攻击。

19日下午1时，驻扎在赉诺尔的中国守军东北军第43团阵地对面的苏军又增兵约六七百名。下午5时，苏联远东军又出动飞机5架由阿巴该图向十八里小站飞来支援步兵作战，经激战后于当日攻陷绥滨县城。

20日晨6时，苏军以一列装甲列车由十八里小站沿铁路线向满洲里东面梁忠甲旅骑兵团的阵地冲去，距阵地1公里处时，苏军装甲列车上跳下两百余名苏军士兵，以步枪及装甲列车上的火炮对东北军发起猛烈攻击，东北军奋起反击，至下午1时左右，该部苏军进攻未遂乘车撤回，仅留下一队炮兵对东北军阵地进行掩护性射击，至晚上9时停止。25日，苏军步、骑兵四百余人，在扎赉诺尔驻军43团阵地右前沿约千米处构筑工事。31日，苏联军船炮轰黑河察哈彦等三卡伦，守军哨卡悉数被焚毁。

9月9日下午，苏军于满洲里地区持续向十八里小站附近的东北军进行炮击，并用机枪进行扫射，掩护装甲列车上配属的两、三百名苏军步兵向梁忠甲旅左翼阵地发动的突击，晚上8时半战斗结束。另外在下午4时，

苏军飞机8架还轰炸了绥芬河车站，导致中方伤亡五十余人，一团长受伤。

10月中旬，苏联远东军向东北军防线发动总攻，双方随即展开激战。11月11日，少帅张学良命令成立哈尔滨戒严司令部，15日宣布全面戒严。

11月16日深夜11时，苏军开始了进攻扎赉诺尔火车站的军事行动，可刚刚被临时调来的苏军独立坦克连根本没有做好战前准备，不仅燃料不足，而且弹药基数也几乎为零。其中3辆坦克就连机枪都还没来得及安装，坦克连连长也没有扎赉诺尔火车站地区的军用地图。经过一夜艰难的行军后，只有4辆T-18坦克准时到达了攻击发起地点。经过长时间等待后才得到了后勤补给车的燃料和弹药予以补充。苏军原计划独立坦克连全部9辆坦克都应被用于支援第107步兵团的作战，但到攻击发起时，另外5辆T-18坦克依然没有到达指定地域。

17日拂晓，苏军开始对东北军阵地进行炮击，上午10时，苏军第36师向扎赉诺尔火车站发起总攻。苏军战前并未对东北军防线进行侦察，他们认为东北军防线中除了最外层是反坦克堑壕外，其余均为普通战壕。但东北军将大量反坦克堑壕都修建在中间的一道防线内。于是在战斗中，苏军坦克遇到

▲ 苏军的 T-18 型轻坦克

东北军挖掘的反坦克堑壕后被迫停下，并和东北军的火炮展开互射。由于东北军炮兵射击精度极差，所以没能将苏军坦克击毁。

而其他 3 辆没有到达指定攻击地域的 T-18 坦克，一辆中途抛锚无法行动。另外两辆因迷路而错误地开进到苏军第 106 "萨哈林"步兵团的攻击区域。在指挥官本想让其参战的时候却发现这两辆坦克并未携带弹药。只得要求这两辆坦克充当活动堡垒协同该团步兵向东北军阵地发起攻击。

18 日，苏军把侥幸没有在之前战斗中受到损失的 8 辆 T-18 坦克全部配属给第 108 步兵团，支援对两个高地的进攻。战斗持续了大约三个小时，坦克队再次被东北军的反坦克堑壕所阻，其中一辆被东北军士兵投掷的手榴弹炸伤无法行动，但另一辆利用机枪扫倒了战壕内的东北军士兵，后续跟上的苏军步兵轻而易举地就拿下了这两个高地。

同日下午 1 时，扎赉诺尔煤矿也被苏军占领，驻守此地的东北边防军韩光第旅长及张林雨团长阵亡，全旅官兵伤亡过半，千余人被俘。此后苏军又成功攻占扎赉诺尔火车站，将进攻矛头转向满洲里火车站。独立坦克连剩下的 7 辆坦克排成进攻队形继续支援第 108 步兵团作战，它们一边用机枪和火炮向东北军猛烈射击，一边向前快速推进。因苏军步、坦协同作战较差，坦克将步兵远远丢在后面。致使其中一辆坦克因深入东北军的防御堑壕过近，当即遭到了无数手榴弹雨点般的攻击，导致履带被炸断，传动机构毁坏，车体受损严重，乘员重伤。另外两辆又不慎跌入壕沟无法行动，直至苏军占领阵地后才将其拖出来。

在激战两昼夜后，梁忠甲旅长亲率全旅官兵拼死抵抗，方才迟滞了苏军的进攻。但此时扎赉诺尔方面已经完全失守，东北军彻底失去外援，战事已对中国军队十分不利。

19 日，东北军司令部所在地南山头已经几乎无兵可用，苏军飞机又频繁投弹轰击，双方越战越近，最后直至白刃肉搏。在中国军队司令部门前的战斗最为激烈。由于寡不敌众，东北军伤亡巨大，待双方对峙到 24 日晨 3 时，东北军守军已弹尽粮绝，无力坚守。梁旅长无奈之下只得命令剩余官兵向扎赉诺尔方向突围，希望绕道达赉湖退守，以待援军。但最终突围失败，被苏军迎头拦击，只得退回满洲里，随后苏军炮火猛烈轰击市区。造成民屋大量损毁并起火燃烧。背城一战的中国守军为保全城内百姓的人身和财产安全，减少战火带来的损失。同时为残存官兵寻求一条生路，不得已地向苏军司令官交涉停战事宜。当时，苏军的总指挥沃斯特洛索斯基要求解除中国军队的全部武装。而中国军队则要求苏军进入市区后要严守纪律不得骚扰百姓，并对解除武装的官兵保全生命，予以优待。苏军答应全部条件后。双方即以停战，苏军进入市区。东北军守军全旅被俘官兵约七千余人，轻伤六百余人。梁忠甲旅长，李、张两参谋长及各团长均于 24 日被送往苏联境内关押，魏副旅长殉国，其余官兵阵亡约一千五百余人。

11 月 23 日，苏军占领嵯岗车站。又出动飞机 12 架轰炸海拉尔，呼伦贝尔公安局等行政部门自海拉尔向博克图撤退。4 天后，苏军部队攻占海拉尔。

同月 26 日黑龙江省政府和东北边防军司令官公署决定，从即日起在齐齐哈尔宣布戒严，并委任窦联芳为临时戒严司令，所有驻省军警均归该司令指挥。

由于战事不利，再加上得知南满铁路方

面日军有异动情况，反对与苏作战的张作相力劝张学良和平解决中苏争端，经过百般权衡之后张学良同意双方谈判。于是，于12月3日由蔡运升与苏联代表斯曼诺夫斯基在双城子签订《停战议定书》（又称"双城子会议纪要"）。

12月16日，蔡运升与苏方代表斯曼诺夫斯基、梅里尼可夫在伯力外交公署开始举行中苏预备会议。22日，双方在伯力签订《中苏伯力会议草约》，两国罢兵息战，"中东路事件"得以解决。

整个"中东路事件"中，中国军人死伤及被俘人员约九千余名（伤亡二千余人，被俘七千余人）。据苏联方面统计，苏军被击毙二百八十一人，受伤七百二十九人。张学良、王树常、胡毓坤、于学忠、邹作华、沈鸿烈等人虽未能于此战中获胜，但他们的"积极抵抗苏联红军"的态度和立场，让他们获得了中华民国政府颁发的首批青天白日勋章。

另外值得一提的是，在中苏冲突爆发的同时，张学良曾急电下属将所部已改番号的"东北边防军第一骑兵旅战车大队"的26辆法国"雷诺"坦克全部运往满洲里地区御敌。但最终因苏军迅速取胜并控制了铁路枢纽，这些坦克均未能按时抵达前线参战。

朱可夫（时任苏联红旗特别远东军司令部参谋）回忆：

"就在开始行动之前，我们的部队由于装备了MC-1型坦克的一个坦克连而得到加强。远东军面临着在战斗中首次协调步兵部队和坦克部队的配合行动……我们在有MC-1型坦克连支援的第36师战斗的地方进展最为顺利。这次战斗总的来说是最有意思的。我们第一次看到坦克同步兵协同作战。

坦克连参战的有十辆坦克。在炮轰之后，坦克冲出阵地。所有这些，当然，比起卫国战争时期运用坦克的方法来，相差得非常之远。坦克没有投入突袭。它们冲破防线，掩护我们的步兵。红军战士的行动也很古怪。他们也来不及跟着坦克进攻，而有些人着迷似地看着在运动中喷火的钢铁乌龟。记得1929年的时候。在军队中服役的农民小伙子只是凭传闻才知道有坦克和拖拉机。假如我们把坦克同步兵的配合行动搞得好，我们还可能闪电式地发展战绩。"

赵绍武（时任东北边防军第七旅旅长）回忆：

"一九二九年秋，因中东铁路问题，中苏之间发生冲突，苏联以重兵攻打我东北国土，引起中苏战争。这是张学良掌权以来，所遇到的第一件国际大事。那时，我东北军已经换了国民党的旗帜，隶属国民政府，听从蒋介石的指挥了。这次战争由东北边防军司令长官张学良指挥，以驻吉副司令长官张作相和驻黑副司令长官万福麟副之。

"战争爆发时，我是张作相指挥下的第七旅旅长，驻防哈尔滨，担任哈长铁路线的护路任务。当时，张学良刚刚接手统帅，东北军刚刚进行改组，指挥系统较乱，这都是我方的不利因素。苏军在武器装备方面，上

▲ 中东路战役中被苏军缴获的东北军督战队旗帜

有飞机，下有坦克，更配合有很多重炮。在兵力方面，也占有绝对优势。我吉、黑两省边防军既无飞机，又无坦克，武器既少而又陈旧，兵力众寡悬殊。

"……整个战场西侧（即黑龙江省与敌接壤处）的边防军，是韩光第的十七旅，韩是东北讲武堂毕业的，是我的同学。他在苏军的压力下，由海拉尔进驻扎兰诺尔，虽然奋勇抗敌，终于遭到全旅被歼，韩光第也壮烈牺牲。"

张国忱（时任张学良秘书）回忆:

"……其后不久，苏联先用飞机轰炸，继而宣布撤退驻哈总领事馆，并调大军屡次攻猛攻我边境。在攻我扎兰诺尔时，我17旅全军覆没，全旅七千人，仅逃出一个；3个团长阵亡2个，旅长韩光第战死。扎兰诺尔失守后，苏军转攻满洲里，我守军弹尽援绝，满洲里失守，旅长梁忠甲战死。"

梁忠甲（时任东北边防军黑龙江军旅长）记述:

"十九日早六时，敌铁甲车一列，向我骑兵团阵地前进，至千米远处，当有步兵二百余名下车，向我射击，战一时退回。但炮兵仍在国门附近，向我射击，其他无战斗。"

"中东路事件"的解决，对当时的中华民国政府造成了极其重大的影响，民国政府的高层意识到以当时的中国军力，同时对抗入侵蒙古的苏联和意图入侵东北的日本是根本无法在短时期内办到的，只有卧薪尝胆，以图自强。同时，苏联势力的不断扩张使得日本关东军更加急迫地想在中国东北采取行动，而东北军的迅速溃败，又暴露了其外强中干的现实情况，这也坚定了日本关东军在中国东北铤而走险的信心。于是在两年后的1931年9月18日，日本便发动了蓄谋已久的"九·一八事变"，彻底拉开了其妄图侵吞中华，称霸世界的历史帷幕。

|第四章|

抗日战争全面爆发前的
中日局部战争
（1931-1933）

第一节 国民政府中央军装甲部队之初建

一 铁道炮队

1925 年 3 月 12 日，国父孙中山病逝于北京。1929 年 5 月初，北伐完成后的南京国民政府决定举行国父孙中山先生"奉安大典"以及"北伐阵亡将士追悼会"，将停放在北京香山碧云寺的孙中山灵柩运回南京中山陵安葬。

原北伐军铁甲车队的司令蒋必由于与何应钦因"龙潭之战"互相倾轧，随后便挂冠告退，前往日本陆军炮兵学校进行深造，因而铁甲车队司令由杨德良担任（后由屠金声继任）。

此后，国民政府于"奉安大典"时委任了中将参军蒋锄欧作为"护灵"铁甲车的司令，率领"中山一号"、"中山二号"铁甲车以及其他相关列车共同组成的护灵车队，搭载两大队士兵驶赴北平，将国父的灵柩护送至南京的中山陵安葬。护灵车队的配置序列如下：

宣传列车、前导列车、"中山一号"铁甲列车、"中山二号"铁甲列车（中途撤走）、步兵列车、"中山三号"铁甲列车、灵榇列车、"中山四号"铁甲列车、来宾列车和公使团列车。

▲ 奉安大典的国父灵柩列车

▲ 护灵铁甲车 "中山二号"

▲ 徐庭瑶

"奉安大典"之后，蒋介石即正式任命蒋锄欧为首都铁甲车队司令，设司令部于浦口。1930年爆发的蒋、冯、阎"中原大战"中，铁甲列车重上战场，并担任作战中的主力。

同年5月下旬，冯玉祥第3军团据守于兰封附近，并配属转投晋军的原铁甲第1大队中山2号铁甲车于陇海铁路线上，以强大火力支援，致使担任陇海线正面攻击的中央军第1师伤亡甚大，攻势受阻。第1师代理师长徐庭瑶逐急调中央军的云贵号、长城号

▲ "中山四号"铁甲列车

两列铁甲车参战，但有鉴于己方2列铁甲车火炮威力及性能均不及中山号，逐计划将4辆机关车的2列铁甲车连接，并向中山2号铁甲车冲撞，将该铁甲车用挂钩勾住后，开足马力将向后拉，以将中山号缴获。一切准备就绪后，徐庭瑶于25日下午5时，登上长城号铁甲车下令向前猛冲，中山2号铁甲车在发现后，即开炮猛烈轰击，但连续射击十几炮都未命中，徐庭瑶也下令开炮还击，但也未命中。而当长城号铁甲车加速前进至400米距离时，被中山号铁甲车接连命中两枚炮弹，车上人员死伤较多，机械也损坏无法前进。徐庭瑶逐下车指挥铁路两侧的步兵继续攻击，此时，中山2号铁甲车射出的一发炮弹落于徐庭瑶前面十余步处爆炸，导致徐庭瑶当场被5个破片命中身受重伤，而由于天色渐黑，双方停止战斗，徐庭瑶逐被救护到师部并转往徐州医治。

"中原大战"后期，铁甲车队改番号为铁道炮队，司令仍由蒋锄欧担任。战后重新整编为4个大队，14个中队。并由德国军事顾问皮尔纳进行装甲列车技战术的指导工作。

司令部	司令蒋锄欧	辖第13、14中队，驻浦口，巡防"京沪"线。
第1大队	大队长戴鸿宾	辖第1、2、3中队，驻济南，巡防"津浦"北段及"胶济"线。
第2大队	大队长蒋顺泗	辖第4、5、6中队，驻开封，担任"陇海"线巡防。
第3大队	大队长王灏鼎	辖第7、8、9中队，驻徐州，担任"津浦"路南段巡防。
第4大队	大队长顾懋林	辖第10、11、12中队，驻汉口，担任"平汉"线巡防。

《装甲列车之组成及其运用讲义》
——皮尔纳（节选）

2. 装甲列车之性能及运用

a. 性能

装甲列车为装甲而具有武装之列车。其武器大都用轻炮及若干机关枪组成，因此使得装甲列车与大炮连合，有参加步兵战斗之可能，此外甚且能参加炮兵战斗，于特别情形之下，更可为海岸装甲列车，以防御敌船及阻止敌人登陆之用。

装甲列车之要点，在装有铁甲，故不能与未装铁甲之铁道炮车相提并论，未盖装甲之铁道炮车与最重之平射炮相等。

装甲列车为一活动而显著的参加战斗之兵器，与战车及装甲汽车同样，此种列车，为一种移动灵敏之武器，具有非常战斗能力，及精神上之作用，惟不适于长时之火战，且对于有重炮之敌人，无抵抗力。

b. 运用

装甲列车，由高级司令部配属于某部队，而指定一定任务，如：

充铁道运输之警戒；

掩护部队之乘车及卸车；

扰乱敌人卸车；

铁道线之威力搜索，有时且附带遮断及破坏任务；

向铁道线及交叉点实行威力的开展；

掩护无依托之侧面；

掩护退却；

援助边境之守卫；

作战正面愈薄弱，实行作业区域愈小时，又果断而富于企图心之指挥官，在其指挥下之装甲列车，功效最大。尤其以能策应直接跟随，或侧面进行之军队，两军并用，可得前后连环保护之利；

侦察敌情，可籍飞机及乘轻便装甲摇车或车头上之本军斥候行之，停止时警戒，用放出之步哨，常常准备射击，并防敌方为脱轨之企图，局部抵抗；

步兵（出击队）使其离车，而取包围式前进，同时由列车中发猛烈炮火以援助之，如敌退避，则装甲列车可以毫无顾虑而向前猛冲；

遇剧烈抵抗，可于受敌炮击时，籍烟幕以中止战斗；

对于敌方装甲列车战斗之主要目的，在攻击敌人车头，并令步兵下车，将其后路切断，然后猛烈之炮火下前冲；

如不愿与敌车作战，可发烟以遮蔽己车，用车辆冲向敌方，或设置障碍物以阻止之；

对敌人之低行飞机，可用机关枪以为保护；

以部队防御敌方装甲列车，宜在不易通视之地形，并利用曲线，斜坡，暗设封锁，使敌车出轨，并于出轨地段预备炮兵，迫击炮与机关枪，连同各种远近战兵器，向敌人车头协力进攻，并向其列车背后突击，而炸毁其路轨；

使用上述之各种原则，在战斗列车与乘用列车分离作战时，其较大时限，万不可能超出一日以外。修理停车场，应在战区之中心，但须在敌火效力以外。如占领某地桥梁，某地车站，为其唯一任务，决不可无计划行驶，在无军队掩护，而欲深入敌境施行突击者，依原则宜重垒并用两列车。

3. 武器装备

欲集强有力之火力于极狭之地位，则宜置多量之重机关枪，轻迫击炮，并具有最大射击速率之平射炮，但以顾虑后坐力之故，口径应限为七五公分（八八公分口径炮须用特别车辆），欲向各方发挥射击效力，须用旋转炮架，依经验所得，七五公分海军炮之有护板防盾炮架者，及五公分炮之有铁塔者（具较大射击速率且操作容易）为适用。小口径如三七公分者不适用于。

轻迫击炮作战，在完全掩护下，可作曲射炮之用。

重机枪以其火力大，故可作主要兵器，用特别临时炮架，构筑于炮眼或旋转塔内。

其战斗射击，以向两边，或斜向前，或斜向后为常。

最好以车具备两炮，其第二炮（常用较小之口径）之地位，高于前炮，每车置两架轻迫击炮，引信弹药之存放处，置于两门迫击炮间，炮架安于满盛石子之厚板箱下。

除沙车与指挥车以外，其余各车，均装置机关枪，普通原则，各方应具相等之火力，最前与最后炮车，各有两挺机关枪，于行进方向之射击效力，与两挺机关枪之射击圈行进方向相交叉，并可竭力扩大侧面射界，两枪之间，更装有一探照灯，其余机关枪之配备，依可供用之位置而定。指挥车与无线电台，则无机关枪之装置，恐妨碍发电及命令交通。

4. 驾驶技术之基本原则

就以上种种原因而论，装甲列车须有前后均等之组成，如不均等，而使机车据首或尾部，则全列车之战斗力，仅限于一方面，倘欲变换作战方向时，则全部车辆，须一一拆卸而旋转之，且各传话筒亦须拆离，即有旋轨板可以使用，然欲立刻达到变更方向目的，此乃甚不多见之事，是必须将列车驶至有此项设备之车站方可，即此均足损失时间甚多。

为应付敌人之机车或车辆之撞击，须用特别设备抵御之，最易举而又保险者，厥在车尾部拽一辆或二辆平车，此车须用极简便之装置，俾可与相连炮车易于脱离，使此车得以尽力向敌方冲击，将敌车冲出轨外，并取去挂钩之一面而向敌推去。

装甲列车之机车，关于速度之需要甚少，其需要者，乃迅速的制动性，与大的牵引力（轮轴纵长者牵引力大）。

装甲列车须有大的运动力，如货车机车甚为适宜，快车机车及客车机车，因其轮轴太高，牵引力太弱，均不适用，该机车速度虽大，以无可用，亦等于废力，煤水机车，亦甚无用途，因其蓄煤及水之地位颇小，在暂时或可使用，若作长时间之行驶，其所需之煤水必不能尽量携带，有于煤水机车外，另行附拖曳一煤水机车，以为救济之用者。

5. 全车之组成

全车之中心，为机车及煤水车，此二车之前后，为第一二指挥车，因求指挥上与技术上便利起见，在机车与第一指挥车之间加入弹药车及厨车，以便指挥官及副指挥官，可瞭望所指挥之各车辆。

为指挥官之瞭望列车及阵地起见，指挥车上须造瞭望塔一座，指挥车之旁，可有第一迫击炮车及中迫击炮车，其射击范围，环车之全周，作战时指挥声音可以传达无阻，但附挂之炮车，无论用声音或传话筒均不易达到，其向前或向后之射击范围，成锐角形，其锐角之股为第一二指挥车或七五公分炮车。车尾机关枪之射击角度，约一百三十五度，其主要射击方向，是行驶方向，其它机关枪之主要射击方向，在行驶方向之斜面，其侧面之角度，约有一百二十度，列车尾端，备

有撞车，因该车只为保护之用，故无武器及
其他任何装置。

6. 装甲

所有车辆，以及机车弹药车厨车，因防
御尖头弹及钢芯弹之故，均须装铁甲，由实
验方面所得之结果，以侧面铁甲为最廉，而
又最保险，平常车辆，装十五公分厚装甲一层，
其中用砂石贯之，上面之掩护铁甲，最后用
十五公厘之镍钢甲，煤水车之装甲，以及司
机位置，均宜用砂石贯于装甲板中，汽锅对
于尖头弹，颇可以防御，弱防御尖头钢芯弹，
亦须用铁甲，如保护机器水箱，以及司机位
置之装甲，甚为重要，因此处为敌人唯一之
目标也，列车上面之装甲，亦甚重要，以便
铁甲列车通过高架桥，及堑壕或村落区域时，
不致受机关枪高射之危险。两车间之过道，
最好亦用铁甲护之。

7. 工具及器械

为小修理及修理破坏轨道计，必须携带
种种器械，因于最短期间修理已被炸毁之轨
道，多半由庄家列车负责故也，前后装车上，
载若干之轨条及横轨者，即是修理破坏轨道
之用。为轰炸铁轨用，须携带炸药一百公斤，
及缓燃导火线五十公尺，雷管六十，及工具
囊一枚。

二 陆军教导第一师骑兵团战车队

南京国民政府北伐结束后，蒋介石聘用
参加过第一次世界大战的德国军官为顾问，
并购买了大批的德国等各国新式武器装备，
利用南京军官团毕业学生成立装备新武器、
采用德式训练方法的新军"陆军教导队"。
购买的新兵器装备陆续运抵南京后，即将教
导队扩编成立为教导第1师（师长梁瀚嵩），
下辖三个步兵团（第1团团长白兆琮、第2
团团长张诚、第3团团长癫维藩）、一个炮
兵旅（旅长项致庄）、一个骑兵团（团长李
家鼎）、一个工兵团（团长孙立人）、一个
通信兵团（团长马崇六）。

另一方面，鉴于在多年的北伐战争期间，
国民革命军受到各路军阀装甲战车的威胁，
蒋介石逐渐认识到了坦克这一第一次世界大
战中诞生的产物在未来战争中的重要意义。
他曾说："**强国御侮，必须先建立机动之装
甲兵部队。**"于是，南京国民政府在"东北易帜"
后开始着手组建自己的装甲战车部队。

1928年，宋子文在出任国民政府财政部
长后，对盐务进行了各项改革，将财政部统
一管辖下的盐务署各缉私局的盐警，按美国
财税武装组织体系为蓝本，改编成若干缉私
总队，各地再根据业务量设立大队或中队编
制，并通过英国洋行向维克斯－阿姆斯特朗
公司购买了18辆（一说为24辆）"维克斯－

▲ "中山三号"铁甲列车

▲ 北伐战争时期国民革命军所缴获的奉军"雷诺"坦克

卡登·洛伊德"MK Ⅵ超轻型战车，准备用于协助海关缉私。该坦克是1915年，法国"坦克之父"埃斯蒂安将军提出的"装甲斥候蜂群攻击"理论即坦克集群作战战术概念影响下的产物。

1929年初，中央军由于已拥有少量在北伐战争时期缴获张宗昌"直鲁联军"以及张作霖"奉军"的旧式坦克（约四辆）和装甲车，于是欲成立自己的战车部队，蒋介石便下令将宋子文所购买的18辆"维克斯－卡登·洛伊德"超轻型战车拨交于卫戌南京的陆军教导第1师骑兵团（团长李家鼎）机枪排使用。并在招募新兵后将该排编制提升为连级规模。

3月1日，"国民革命军陆军教导第一师战车队"在南京的新小营正式成立。由黄埔第六期步兵科毕业生张杰英任中校队长，陈杰喜任副队长，下辖3个战车分队、1个运输补给汽车分队和1个修理所。中华民国国民革命军中央嫡系部队，至此开启了机械化建军的历程。

战车队正式成立后不久即配属于教导第一师步兵，于南京街头进行巡逻任务。每当战车队的坦克出现于街头时，通常都会引起路人的好奇与围观，因当时国人大多从未见过坦克这种奇怪模样的铁家伙，大家便称呼其为"铁牛"。

1930年10月，因不满国民政府裁军政策的西北军将领冯玉祥宣布反叛，并亲率西北军出潼关，兵分三路进攻河南。至16日，蒋介石令队长张杰英率领教导第一师战车队，配属于中央军，对冯玉祥的西北军进行讨伐，"中原大战"宣告爆发。其后，战车队即于河南前线与西北军作战。11月20日，中央军攻占洛阳后，于月底追击西北军至陕西潼关前线。12月1日战事结束，战车队即随中央军返回南京。

"维克斯－卡登·洛伊德"超轻型战车

"维克斯－卡登·洛伊德"系列超轻型战车由英国维克斯－阿姆斯特朗公司于1925年开始投产，经过不断的改进和发展，直到1927年推出标准型号的最终版MK Ⅵ型，这种超轻战车才得以大批量生产。直至1935年停产，共生产了450辆。其中英国军队装备了至少325辆，大部分为机枪型，主要武器为英国产维克斯MK Ⅰ型7.7mm水冷式重机枪1挺。少量为轻火炮牵引车、迫击炮车和烟雾弹车。英国军队还曾有安装47mm火炮进行试验的记录，这些车载武器可安装在车身上使用，也能卸下作为阵地战武器使用。"维克斯－卡登·洛伊德"超轻型战车是早期超轻战车中设计最为成功的一款，除英国军队大量装备之外，还被出口到欧洲、美洲以及亚洲的十几个国家，并且被波兰、法国、前苏联、日本、意大利和前捷克斯洛伐克等国仿制和改造，在其原设计的基础上开发出自己本国的超轻型战车型号。

▲ "维克斯-卡登·洛伊德"超轻型战车

三 交通兵第二团

1927年底，国军在北伐期间因通讯及交通技术落后，导致作战中失利颇多。因此，国民革命军新桂系将领李宗仁与白崇禧委任交通处处长李范一于南京城东常府街原三十四标的旧营房成立军事委员会军事交通技术学校（简称军交技校），下设有线电科、无线电科、汽车机械科以及铁道科。另设有一个军事交通机械修理厂，专门培养教育军事交通、通讯专业的相关技术人员。

性能参数	
重　量	1.5 吨
车　长	2.46 米
车　宽	1.75 米
车　高	1.22 米
装　甲	6-9 毫米
武　装	"维克斯" 7.7 毫米水冷式重机枪 1 挺
发动机	"福特" T-4 型 22.5 匹马力水冷汽油机
最高时速	45 公里 / 小时
最大行程	160 公里
乘　员	2 人

▲ 交二团战车队及其 "维克斯 - 卡登·洛伊德" 超轻型战车

1928 年 4 月，学校正式开学。同年秋，蒋介石下令在中央军校特别增设一个交通兵科，将军事交通技术学校收并入军校交通兵科建制内，原军交技校学生编列为中央军校第六期交通兵大队，由邱炜任大队长。翌年夏天，邱炜调入津浦铁路管理局委员会任委员，第六期交通兵大队学员也于 5 月毕业，蒋介石即以此毕业学员以及交通处部分人员，建立为陆海空军总司令部交通兵团，后于 1931 年扩编为两个团建制。

交通兵第 1 团为通讯部队（后改为通讯兵团），由华振麟任团长，担任军事通信；

交通兵第 2 团为运输部队，由斯立任团长，担任军事运输。

交通兵第 2 团（简称交 2 团）初立时，除一般汽车及铁道火车外，还将 4 辆装甲列车编为铁道第 1 大队及第 2 大队，主要培养及教育装甲列车的实际操作人员。

交通兵第二团人员编制：
1. 交通兵第二团汽车训练班 / 军官技术训练班

由于此时国军并未建立专门培养机械化方面人才的学校，如立刻筹办，时间及经费均不许可，于是决定先于交二团成立一个汽车训练班来做过渡，为将来成立机械化及装甲部队先行储备专门人才。1933 年 6 月 1 日，交 2 团便在南京三十四标团部的交通器材库旧址，成立了汽车驾驶训练班，隶属于军政部交通司，由钱振荣上校（保定军校六期工兵科）担任训练班班主任，并由德国军事顾问皮尔纳主持教育事务。

汽车驾驶训练班设班（本）部，下辖行政组、教育组（下辖教官队）、学员队、练习队和实习队。因为草创，设备较为简陋，

交通兵第二团	团长	斯立少将
	团附	钱宗陶中校
	军需主任	傅哲群
	材料主任	朱楣吾
	军医主任	王维
铁道第一大队	大队长	王瑞生中校
第二中队	队长	魏景禄
第三中队	队长	张维庆
铁道第二大队	大队长	奚望清中校
	大队附	卢光衡少校
第一中队	队长	曹瑞山
第四中队	队长	鞠朋
汽车大队	大队长	潘国屏中校
	大队附	钱立少校
		王鑫耀少校
		危炳少校
修理主任	周启邦	
第一中队	队长	邱子煦
第四中队队	队长	陈大业
雷电大队	大队长	霍骏中校
水雷大队	大队长	李携中校
铁道干部教导队	队长	黄安祥少校
	队附	骆品骥上尉
		唐治能上尉
铁道材料工厂		
汽车训练班	主任	钱振荣上校

人员及器材也很缺乏，其教学工作进展极为困难，可谓是步履维艰！

汽车驾驶训练班先后开办了四期。第一期于1933年6月1日开课，该期由中央军校选送第八、第九期优秀毕业生二十九人，交通兵第2团选派一人，共计三十名学员受训。训练时间原定为一年，但因部队急需此项人才，即于翌年4月20日提前毕业，经考试合格，准予毕业者为二十七人。第二期由中央军校选送六十六人，交2团选派二十五人，共计九十一人，于1934年5月15日入学，至翌年4月20日毕业，准予毕业者为八十八人。到第三期开始筹备时因中央军校已无学生可以选送，导致其生源紧张而无法开课，于是训练班便改为军官技术队，

征召交2团汽车队现役军官进行训练，籍以提升其理论基础，并与实践相结合进行统一的培训教学，用以培养汽车部队素质全面的基层军官。原定分三期进行训练，第一期训练时间五个月，第二期四个月，第三期三个月，共计一年时间。而实际上则是第一期学员于1935年5月13日开学，同年9月毕业，共计六十三人。第二期于同年第一期毕业后10月入学，至翌年2月毕业，共计二十八人。至第三期因马上要组建交辎学校，已没有再续办的必要，所以停办。于是，汽车驾驶训练班及军官技术训练班均仅各开办了两期就终止。可谓是国民革命军装甲兵教育的开端！

2. 交通兵第二团战车队

自陆军教导第一师成立战车队后，虽然下辖修理所，但是所部官兵多未受过维修机械车辆的训练与教育，这直接导致原本就已经是过时的"旧货"——18辆"维克斯－卡登·洛伊德"超轻型战车，训练及作战中极易损坏或出现故障，再加上缺乏修理所需的零配件，很难进行维修，最终导致了在南京街头随同负责首都警卫任务的教导第1师，执行勤务时经常发生抛锚事故，成为市民之笑柄，更有人讽刺地说："铁牛、铁牛，一走三抛锚！"蒋介石在得到报告后，即电谕购买该批战车的财政部长宋子文，告知他所购的这些战车损坏严重，应该马上订购战车所需的零部件用于修理！

1932年5月，蒋介石鉴于战车必须有良好的保修机构提升维修补给之效率，并为了培养教育装甲兵人才，而将18辆"维克斯－卡登·洛伊德"超轻型战车及原战车队人员调拨给配有汽修技师及汽车工厂的交通兵第

2 团。其中 16 辆改编为交通兵第 2 团战车队，第一任队长为张杰英。同年 9 月 1 日，队长改由中央军校第六期辎重科毕业的黄人俊中校担任，战车队驻地移至通光营房。另两辆同时拨给军事交通修造厂的汽车工厂作为研发技术之用。

在汽车厂研究战车期间，该厂受命成立了"战车改装小组"，对"卡登·洛伊德"战车的变速传动装置进行改装，以提高战车时速。

> 宋部长亲鉴：
>
> 　　前购之唐克车皆为旧货，不能使用，多半已坏……预备零件皆无，一经损坏或疏失即失去效用……

3. 交通兵第二团装甲汽车队

由于此时南京国民政府中央军只有一个战车队的装甲战力，而且当时中国军事工业还相当落后，技术资源十分贫乏，所以在继续向他国购买装甲车辆的同时，由军事交通修造厂的汽车工厂利用现有的各种品牌型号汽车及卡车，如雷诺、克莱斯勒、奥斯汀、斯蒂贝克、道奇、大蒙天、福特等车身底盘为基础，在车厢及引擎等部位加装钢板防护，并装载 1 挺水冷式重机枪或轻机枪作为武装进行简单的改造，自制成装甲汽车。通常乘员为 5 人，正副驾驶员各 1 名，射手 2 名与弹药手 1 名。所有乘员均配备 20 发自来得手枪 1 支（又称驳壳枪或盒子炮）。尔后，这些简单改装的装甲汽车与"北伐"及"中原大战"期间缴获的各地方军阀所使用的一些装甲车统一划拨给交 2 团，于 1932 年 10 月 1 日在南京的通光营房成立了交通兵第 2 团装甲

▲ 教导第一师骑兵团机枪排战车队

▲ 中央军校内进行教勤的交二团战车队

▲ 1934 年南京中央军校十周年纪念阅兵大典中参加分列式的交二团战车队

汽车队，队长为邵渭清中校。交 2 团装甲汽车队主要负责保护友军汽车队的运输、执行前线侦察搜索和维护后方交通线（如桥梁与通信的安全），以及类似传统骑兵所要执行的追击等任务。

童崇基（时任军事交通汽车修造厂战车改装小组成员）回忆：

"……民国二十一年冬将战车拨发交通兵第二团接管，同时拨两辆交军事交通修造厂汽车工厂做研发技术之用，余即于此时接触到克登劳尔特之战车，并受命参与改装该种战车之变速传动装置，以增加车速及便利操

其主要编制为：		
队长 邵渭清		
第一分队	队长 李辑瑞	装甲汽车 5 辆
第二分队	队长 郑绍炎	装甲汽车 5 辆
第三分队	队长 张信卿	装甲汽车 5 辆
补给卡车分队		
修理所		

▲ 国造福特卡车改装甲汽车

▲ 国造简易装甲汽车

纵。克登莱尔特战车之变速操控系统，原采用行星式齿轮变速，使三踏板式前进及后退式，因驾驶者操作不易，每因不慎误踩踏脚板式前进反后退，又因速度慢，缺乏战车以快速攻击敌人之战术功能，因此汽车工厂受命成立"战车改装小组"于三十四标，并指派汽车工厂上校主任陈世纲主其事。小组成员共计无人，同少校谭绍槼（毕业于湖南长沙省立工专），同上尉张介生（毕业于北京大学工学院机械系），同上尉谢守昌（毕业于浙江大学工学院机械系），同中尉朱鹤琴（毕业于上海市中华工业学校），最后是余以实习生身份参加。五人的工作分配；谭负责行政事务管理，张、谢负责技术规划及设计，朱负责绘图。余负责领工拆装及试车（含实战演习爬坡及超越障碍等技术演练），可说改造变速之成效余一人负有相当之任务压力。因小组成员五人中，只有余一人能领工实际拆装技术者，更因他们均不会驾驶汽车，战车更无论矣，又因他们身体壮硕而高大，克登劳尔特战车内驾驶座及机枪射击手座位空间极小，余身高未过 160，体重未过四十五斤，巧适在车内操作自如，因此小组赋予任务也最切实际。

"改装作业自民国二十二年开始，余也是自工专毕业，所谓克登劳尔特战车传动变速之改装，实则是那时美国制 A 型福特车之变速传动装置，移至战车安装，而将战车行星变速装置拆卸改装，其时就余在汽车专校所学的一点专业理论及操作经验所知，若以 A 型福特变速器改装于两吨重之战车，行驶于野战各种不同地形并能 超越战场所置之阻敌各种障碍几不可能，但由余人微言轻，虽一再提出建言说明此种装置决不可行，而未被采纳，结果耗时约九个月，参与人员也多已尽力，最后改装完成，由余驾驶试车，在南京城内明故宫机场在飞机跑道行驶，用前进二档排勉可行驶（A 型福特变速计前进有三档，倒退一档）用三档则发现发动机因扭力不足而无法前进且熄火，再用二档速度较原型变速加快很多，但发动机须高速转动，使冷却水箱水温骤升至超沸点，影响发动机运转而熄火，也使驾驶人籍射击在车体关闭中行驶（仅有视线透气），无法在车内忍受高温操作。"

田畔园（时任交辎学校战防炮营营长）回忆：

"我于 1928 年由中央大学转入军事交通技术学校，1929 年自中央军校第六期交通大队毕业。曾随徐庭瑶等人出国考察军事交通，返国后参加筹备交辎学校。1936年担任该校战车防御炮营营长，1937年调充驾驶兵教育第二团团长，1939年转任汽车第四团团长等职。

"1928年初春，国民革命军总司令部交通处长李范一在南京三十四标旧址开办军事交通技术学校。经过考试，录取学生五百余人，其中大部分是中学生，也有一部分大学生。开学后，教务处公布课程表上，标明有无线电报务系、有线电报务系和机械系。该校校长由李范一担任，实施军事管理，每天有两个小时的军事训练，由教育长朱世明负责。下分3个队，每队又分3个区队，派有队长和区队长等；另外有教务处，由恽震担任处长，教电机课程的有倪尚达、陈章等人，教机车铁道课程的有程广原、茅以新等人，教汽车课程的有柴志民、何乃民等人……1929年夏天，中央军校第六期毕业，交通大队编为一个交通兵团。当时邱炜把交通处下面的电台、通信队工作人员和工兵大队一部分学生分到该团担任见习官和排附等职，这就是国民党汽车部队最早的雏形。到了1932年蒋介石又将一个交通兵团扩编为两个交通兵团，华振麟任交一团团长，担任军事通信；斯立任交二团团长，担任军事运输。交二团除了汽车兵外，尚有一队铁道兵，是国民党最早的正规汽车部队。

"斯立是陆军大学出身，同邱炜关系很好，一切都遵照邱的意旨办理；他与华振麟的关系也很好，但学识能力比华要差些。因为交二团的上层军官大多都是保定军校和讲武堂出身的军人，对于新兴技术没有兴趣，他们还以旧有的观念和方法来带汽车部队，结果闹出了许多笑话。基层干部是中央军校第六期交通队和一部分工兵学生，上级主管认为他们初出校门，没有部队工作经验，为便于驾驭，就分化他们之间的关系，说什么交通学生技术虽然较好些，但受军事教育不够，态度吊儿郎当，没有军人的仪表；工兵队学生军事动作比较好些，但学问太差。至于驾驶兵的来源，完全是杂凑班。一部分是普通司机，技术不好，品德又差；一部分原是部队士兵，官长派下来学开汽车，没有认真学几天，就敢驾车在路上横冲直撞。对于这支新兴的技术部队，一套完整的正规训练教育计划，在该团是没有的。"

曹艺记述：

"自从袁世凯小站练兵后，中国陆军的步、骑、炮、工、辎五个兵种代替了满清绿营和湘军、淮军。接着是军阀拥兵自卫，混战十余年。虽然经过第一次世界大战，列强兵种大有改革，然而我国军阀部队，忙于自相残杀，兵制、兵器上中道自画，没有什么改进。一九二四年，中国共产党帮助孙中山创建新军，统一两广，一九二六年兴师北伐，摧枯拉朽，打垮了吴佩孚，又打垮了孙传芳、张宗昌。除了国共合作的路线正确，政治工作唤起民众，振奋士气是主要因素之外，北伐初期，由李范一在黄埔军校第四期主办了一期无线电专业高级班，后又在第六期设立了电讯、铁路、汽车等大队，那时的北伐军是一支朝气蓬勃，生命力旺盛，接受新事物快的队伍，实战中催生了无线电、有线电通讯兵；铁道工人、公路运输员工投入北伐队伍，带来铁路、公路运输的调度指挥知识和驾驶修理技术，还送来火车、汽车，因而成立了新的小型的特种兵连队。北伐军渡过长江，打跑张宗昌时，白俄雇佣军投降，缴收了装甲列车。这些特别的兵种，数量虽少，但超过步、骑、炮、工、辎的老范畴，东路军前敌总指挥白崇禧一下把它抢在手中，蒋介石也不示弱，大包大揽地从白手中夺过来，在他的国民革命军陆海空军总司令部下面，组成一个直属的交通兵团，由总司令部交通处长邱炜兼第一任交通兵团长。

"我国第一个特种兵部队交通兵团，成立于一九二八年，它不仅包括通讯和运输两种性质截然不同的连队，而且把作战于前线的铁道装甲列车、坦克战车、装甲汽车、机器脚踏车熔于一炉，就其内容，远不是交通两字所能概括。而这些，又都是中国陆军中前所未有的，它包罗最新的武器装备，在作战发挥出无可估量的能量。平时的装备、补充、管理、训练，战时的调度、指挥、运用，都十分庞大、复杂；技术的要求，各有所藏，样样都需要先进科学。单就材料的储备、供应和修理工厂的设置来说，就不是一个团所能胜任的了。

"一九二九年夏天，邱炜调任津浦铁路管理局委员会任委员，原交通兵团就同时扩编为两个团，交通兵第一团明确为通讯部队，后来干脆就改称为通讯兵团。随着形势的变化，通讯兵团和交通兵团分了家。留下来的铁道、战车、装甲汽车、军事运输汽车等这些机动的兵种，编成交通兵第二团。"

四 机关炮训练班

第一次世界大战中坦克装甲车辆的大规模出现，使世界各国均开始研发专门用于反装甲及航空兵器的小口径高平两用自动火炮。因 20mm 机关炮的射速快、初速高、弹道低伸等优点，可以在有效距离内击穿 1920–1930 年代各国所装备的装甲车辆，被临时作为反装甲武器使用。1931 年，国民政府考虑到日军已开始量产坦克，并组建装甲部队，苦于没有合适的反装甲武器，遂在德国军事顾问的推荐下，从瑞士 SEMAG 军火公司引进了一批一战时期德军机关炮的衍生型号——"厄利空"MC.S 型 20mm 高平两用机关炮（俗称"小钢炮"），用于担负反装甲及防空的任务。

之后，该批"厄利空"机关炮由军政部长何应钦配备给驻南京三牌楼三十三标的中央陆军步兵学校使用，并于该校内成立机关炮训练班（班主任马崇六），负责研究该炮的使用及干部的培养，由德国炮兵顾问鲍尔（Bogel）少校负责进行指导工作。训练班主要课目为机关炮操典、机关炮射击学、机关炮兵器学、机关炮班排连战斗教练、机关炮射击预习和实弹射击、机关炮驮载等。1931 年 –1935 年前后共招收了三期学员，第一期设军官队约六十余人，两个军士队约二百四十余人；第二期与第一期人数相同；第三期只设两个军士队，人数基本同于前两

▲ 中国军队装备的"厄利空"20mm 机关炮

期。1932年"一·二八淞沪会战"爆发后，陆军步兵学校机关炮训练班临时组成机关炮连（小炮连）前往上海参加对日作战，并有所斩获。1935年前后，国民政府又续购了"布雷达"20mm机关炮与"苏罗通"20mm机关炮交于该校研究使用。

瑞士"厄利空"MC.S型 20mm机关炮

该炮原型为第一次世界大战期间，德国人莱因霍尔德·贝克（Reinhold Becker）设计研发的"贝克"M2型20mm机关炮（Becker Type M2 20 mm cannon），之后由德国莱茵金属公司进行量产。因该炮既可高射又可平射并能够使用穿甲燃烧弹，在协约国制造出坦克后，即被德军在前线配备步兵用于反坦克作战。

由于《凡尔赛和约》禁止德国进一步生产这种火炮，于是1919年，"贝克"机关炮的设计专利被位于苏黎世的瑞士SEMAG（Seebach Maschinenbau Aktien Gesellschaft）公司所购买，继续开发。1924年SEMAG公司倒闭后被厄利空军火公司（Oerlikon Contraves）所收购，同时接收了该公司所有的生产机器设备、员工以及武器设计方案。1927年厄利空以原"贝克"机关炮的设计为基础，开发出"厄利空"S型20mm机关炮，为了提高该炮的反装甲及防空效力，其初速超过了原型的"贝克"机关炮，达到830米/秒。1930年，开发出改进的S1型。"厄利空"机关炮采用提前击发式（advanced primer ignition，API）后座力惯性供弹方式。子弹入口在上方，射击完的空弹壳从底部排出。扳机在右方，并使用环形瞄准器。

国军购买后，在对日作战中总结经验教

▲ 德国"贝克"M2型20mm机关炮

性能参数	
口 径	20 毫米
炮 长	2.21 米
炮 管	1.400 米
膛 线	1.246 米
高低射界	−15 度至 +90 度
方向射界	360 度
战斗全重	163 公斤（三脚架）；191 公斤（轮架）
发射速率	810 米 / 秒
枪口初速	820 米 / 秒
有效射程	914 米
最大射程	4389 米
弹夹容量	15 发长形弹夹
弹药种类	榴弹、穿甲弹
弹药威力	500 米内可穿 30 毫米厚钢板

训发现，在对空射击时仰角必须超过45°，否则射弹会在飞行一段时间后，掉落地面，其落点常常是在己方友军的阵地，会给友军带来意外的伤亡。至"布雷达"及"苏罗通"机关炮引进后，有了完善的操作使用教范，此情况才有所改观。

▲ "一·二八淞沪会战"时中国军队进行防空的"厄利空"20mm机关炮

吴锡祺（时任陆军步兵学校筹备委员）记述：

"1933年夏，步校由军政部领到一批机关炮。听说这批武器是经德国顾问的介绍，从欧洲买来的。德国顾问主张在军校另立机构，单独教育训练。步校闻知后，即向军政部力争，认为这种武器既是步兵武器，当然应先交步校来研究教育使用。后经何应钦批准，发给了步校。一共数十门炮，种类就有3种之多，一名欧利根，一名白拉达，一名苏罗通，口径全是2公分，平射时能打战车，高射时能打飞机，有连发装置，故定名为机关炮。步校领到后，经过调查研究，知道是由德国、意大利、荷兰等几个国家买来的，并不是什么最新式的武器，而是一种过渡武器，在欧洲各国已不适用。这种武器用以防御战车、装甲汽车、舰艇等，因口径太小（当时的战车等的装甲均逐渐加厚）已失去了效用；用来防空，虽能打低空飞机，但因没有附带观测器材，亦完全无法使用。而所带的炮弹，为数也不多，大概每炮只有1000发。我们只好要求德国顾问设法代买一批观测器材。后来买了一些携带式高测仪，才勉强能使用。步校为教用这批武器，于学员队外，首先成立了机关炮训练班，以研究委员马崇六兼班主任（马调任工兵团长后，由张权兼任）。第一期学员60人，军士240人，训练时间半年。修业期满后，再分配给各军使用。在第一期教育期间，研究编成了各种机关炮的操典、射击教范等。"

瀛云萍（时任陆军步校机关炮训练班观测助教）回忆：

"抗日战争前，我国没有战车防御炮，在军事教育中只认为步兵平射炮可以打战车（包括坦克和装甲汽车），但效果很小，因此当时坦克成了战场上的铁老虎。而当时日军坦克力量很雄厚，这就迫使中国不能不预做打算。因之，1931年我国从德国进口了一批二公分口径的机关炮，有精密的瞄准具，即能打战车又能打飞机，在当时算最先进的的火器了。此时，在南京步兵专科学校里成立了机关炮干部训练班，以马崇六少将为班主任。我在该校任观测助教，当时步校在南京三牌楼前清三十三标旧址，机关炮干部训练班就在院内。那年招集了第一期机炮班的军官队和军士队，这是我国建立打战车、打飞机部队的开头，但尚无战车防御炮这个名词，当然更没有这个兵种。1932年1月上海战役时，步校组成了机关炮连，称为小炮连，派到前方去参战，吸取经验，结果打战车、打飞机的效果都很好，乃大量训练这种干部，为将来建立这种军队打基础。后来，打飞机方面发展出了防空学校。步校的机炮班就专向打战车方面发展。"

第二节 "九·一八"事变

1931 年 9 月 18 日晚，蓄谋已久的日军开始动作，关东军驻虎石台兵营的独立守备队第 2 大队中队长川岛正雄大尉率领所部，沿"南满铁路"向南行进到文官屯一带，以实行夜间演习作为掩护，于 22 时 20 分左右，派遣以第 3 中队副中队长河本末守中尉和军曹小杉喜一为首的一个七人小分队在距奉天（今沈阳）北面约 7.5 公里的奉天火车站与柳条湖站之间的"南满铁路"引爆炸药，一声巨响后单侧约一米左右的小段铁轨被炸毁。之后，日军还将几件中国东北边防军的军服及枪械丢在现场，作为诬陷东北军破坏铁路的证据，史称"柳条湖事件"。

爆炸后，河本末守立刻下令对驻防奉天城外北大营的东北军第 7 旅（旅长王以哲）营房进行射击，并向关东军独立守备队第 2 大队大队长岛本正一中佐报告**"北大营的中国军队，炸毁铁路，并攻击守备队"**。随后，又立刻上报位于旅顺的日本关东军司令部。时任关东军高级参谋的板垣征四郎当即以中国军队炸毁"南满铁路"挑衅为理由，下令进攻东北军北大营和奉天城。于文官屯一带待命的第 3 中队和第 1、第 2 中队一部得到指示后，立即分别从西、南、北三面向北大营发起攻击，在虎石台的第 3 中队驻地里早已预先架设好的的火炮也在同一时间对北大营和奉天机场进行猛烈轰击。"九·一八"事变就此爆发，日方称之为"满洲事变"！

▲ 柳条湖事件现场

▲ 日本关东军司令部

关东军司令本庄繁令：

1. 第二师团应迅速向奉天集中，攻击该地之敌。

2. 步兵第三旅团长应指挥步兵第四联队及骑兵第二联队，负责长春的警备。同时秘密准备攻击该地附近的中国军。

3. 独立守备队司令官应以第一、第五大队主力向奉天前进。

4. 独立守备队步兵第三大队应迅速驱逐营口之敌，并占领该地。

5. 独立守备队步兵第四大队应迅速扫荡凤凰城之敌，并占领安东。

6. 独立守备队步兵第六大队以约两个中队迅速向奉天集中接受第二师团长指挥。

东北军方面，驻北大营的第 7 旅旅长王以哲在事前早已察觉日军将要发动攻击，而东北军大部主力均被调入关内配合南京国民政府中央军进行的内战，辽宁地区仅有东北军 6 个旅的兵力。于是他向张学良报告，张指示"采取不抵抗政策，竭力退让，避免军事冲突，一切依靠外交解决，千万不要逞一时之愤，置国家民族于不顾。"王以哲与第 7 旅军官及情报人员反复研究后，决定对于日军的进攻，采取"衅不自我开，作有限度的退让"的对策，决定如果敌军进攻，就在南、北、东之间待敌军进到营垣 7–800 米的距离时，在西面待敌人越过铁路时开枪还击。在万不得已的情况下，全军退到东山嘴子附近集结待命。为了应付日军的突袭，王以哲还将北大营四周的围墙按地段划分给各团守备。并以练习土工作业为名，构筑了各种掩体防御工事等其他应对措施。

18 日晚，日军对北大营发动突袭时，旅长王以哲正在奉天城内三经路的家中，留守北

大营内的第 7 旅参谋长赵镇潘及 3 个团长即指示第 7 旅全部进入预设阵地准备抵抗，并用电话向东北边防军荣臻请示，但荣下令"日军若是入占营内即听其侵入，绝不可以抵抗，武器也全部收入库内，并告以虽口头命令亦须绝对服从。"虽然得到如此命令，但北大营内的第 7 旅部分官兵，如第 7 旅旅部以及 620 团在参谋长赵镇潘及团长王铁生的指挥下并没有完全执行"枪械入库，不准抵抗"的命令，对已经突入北大营西北角的独立守备队第 2 大队第 2 中队展开英勇的抵抗。

深夜 12 时左右，独立守备队步兵第 2 大队第 1 中队、第 4 中队以及狙击炮（即 37mm 平射步兵炮）分队乘列车快速前进至柳条湖，在柳条湖车站下车后即向北大营西南角发起攻击。在日军猛烈炮火的压迫下，东北军第 7 旅 619 团和 621 团相继溃败，退出北大营，剩下 620 团及旅部卫队连与日军持续激战。

▲ 王以哲

▲ 王铁汉

▲ 沈阳的东北军北大营

至 19 日凌晨 4 时左右，仍据守营内顽强巷战的第 7 旅官兵已伤亡三百余人，北大营也被增援的日军全面封锁。此时，赵震藩参谋长及王铁汉团长决定按照原计划向指定地点进行突围。之后，620 团和旅部卫队连残部集中了全部火力，对日军发起了凶猛的反击，在毙伤日军数十人后，终于冲出了北大营的包围圈。最后，日军独立守备队于 19 日早晨将北大营完全攻占。

19 日凌晨，关东军司令本庄繁下令："**辽阳的第二师团主力向奉天增援；独立守备队第三大队进攻营口、第四大队进攻凤凰城、安东；第二师团步兵第三旅团主力、骑兵第二联队、独立守备第一大队分别进攻长春宽城区、二道沟、南岭等地。**"

至 19 日 10 时，日军先后攻占奉天、四平、营口、凤凰城、安东等"南满铁路"、"安奉铁路"沿线的 18 座城镇。长春地区的东北军自发反击，战至次日，长春陷落。1931 年

▲ 北大营

▲ 进攻北大营的日军独立守备队

▲ 北大营营门

9 月 21 日，东北边防军驻吉林省副司令长官公署参谋长熙洽率部投敌，关东军第 2 师团主力占领吉林。

而当东北军第 7 旅与独立守备队激战于北大营时，关东军第 2 师团先头的步兵第 29 联队开始对奉天城发起攻击。至 4 时 30 分左右，攻占了奉天内城西面城墙南、北线地区。19 日晨，增援的第 2 师团其余各部在师团长多门二郎的率领下到达奉天，并分兵三路协同临时编成的关东军装甲汽车队对城内各处进行总攻，第一路进攻商埠南市场，第二路进攻商埠北市场，第三路分两股兵力进攻大、小西关。

时任辽宁省警务处处长兼奉天公安局长的黄显声坚决违抗"不抵抗"命令，他毅然下令："**公安局各分局、队，将尽全力抵抗，非到不能支持时，决不放弃阵地。**"并当即指挥奉天三经路警察署、商埠三分局、南市场等地的警察及公安分队共二千余人于 19 日晨对已入城的关东军第 2 师团及装甲车队进行奋勇抵抗。但在日军的后续增援部队

▲ 进入沈阳城的关东军临时装甲汽车队

到来以及装甲车的猛烈攻势下，伤亡重大，公安各部按黄显声的命令向东关公安总局集中。至 19 日夜，沈阳各城门及东关公安总局先后被配属关东军第 2 师团的装甲车攻开，在守门的公安部队已无力继续抵抗的情况下，黄显声命令以分局、分队为单位突围出奉天。之后，日军于 19 日完全占领全城，奉天沦陷。

东北军军歌·满江红

北望满洲，渤海中，风浪大作。
想当年，吉黑辽沈，人民安乐。
长白山前设藩篱，黑龙江畔列城郭。
到如今，倭寇任纵横，风云恶！
甲午役，土地削；甲辰役，主权堕！
叹江山如故，夷族错落。
何日奉命提锐旅，一战恢复旧山河，却归来，
永作蓬山游，念弥陀！

▲ 黄显声

赵震藩（时任东北军第七旅参谋长）回忆："当日白天无事，至晚间十点二十分左右，突闻轰然一声巨响，震动全城（事后方知是日军在南满柳条湖附近炸毁铁路，诬为我军所为，以作发动事变的借口）。不到五分钟，日军设在南满站大和旅馆的炮兵阵地即向我北大营开始射击，并据情报人员称，日军在坦克掩护下向我营开始进逼。"

▲ "九·一八" 事变的关东军 "维克斯" M25 装甲车彩绘图

▲ 关东军简易改造的 "哈雷" 装甲摩托车

▲ "九·一八"事变中关东军装甲汽车队的"沃尔斯利"装甲车

熊正平（时任奉天市公安局督察长兼公安总队长）回忆："九月二十日，日军继续攻占我大小北关和大小南关；日军飞机多架，不时在空中侦察，有时扫射，居民有些伤亡。并有坦克车多辆，在街上纵横驰骋，商民愤恨异常。二十日下午日军占领了沈阳兵工厂及东塔飞机场，并开始于其占领区派持枪上刺刀的士兵在较重要的街巷口站岗。九月二十一日夜间，沈阳砖城各城门及东关公安总局、公安总队部大门，先后被日军坦克攻开，守门公安队颇有伤亡。在总局及公安总部集中的员警及公安队官兵受黄显声的指示，尽量携带武器弹药，以分局分队为单位由后门退出，连夜经新民向锦州集中待命。"

山峰奇（1940年任伪满洲国军海军江防舰队司令部翻译）回忆："1931年9月18日中午，我扒着门缝向外张望，一队日军跟着笨重、丑陋的装甲车正从门前慢吞吞地驰过，柴油的臭气和扬起的尘土呛得我连打了两个大喷嚏，引得队列中日本兵牵着的大狼狗一阵狂吠……这些从没见过的东西（装甲车）、钢盔、皮靴、闪光的刺刀和恶犬，让人心惊胆战。"

日军对"九·一八"事变之后运用坦克的经验总结摘要：其一，满洲事变参加坦克部队编制装备武器的概要，当初（一九三一年）左右是雷诺坦克一小队（五台）第一次世界大战中使用的轮式装甲汽车一小队（数台）；其次热河作战（一九三二年）雷诺战车二小队（小队攻击坦克装甲汽车五台）一小队（日本制重约三吨重型机械之装备）后八九式中战车一小队增派。其二，战斗经验：当时军队的战斗方式是第一次世界大战按照法国国家的编制、装备、作战训练试范在专门的步兵协同用法。在针对素质、装备低劣的土匪作战时坦克多为独立使用。

一 关东军临时装甲车队

由于早已预想到未来将在广阔的中国东北及其它地区作战，日本陆军技术本部于1922年开始，就在"西伯利亚干涉"时试造装甲车经验教训的基础上，开始研发新式的轮式装甲车，用于联络、侦察、警备等需要。至"九·一八"事变前，日本关东军以一辆"维克斯"M25型装甲车、两辆"沃尔斯利"装甲车以及二十四名乘员组建成"临时装甲汽车队"，配属于关东军第2师团麾下发动对奉天的进攻。

▲ 关东军临时装甲汽车队

▲ 关东军临时装甲汽车队

（一）日本"沃尔斯利"CP（AMR）型装甲汽车

沃尔斯利汽车公司曾经是英国最大的汽车制造公司，第一次世界大战爆发后，开始投入生产救护车、飞机、炮弹等武器装备。1918 年大战结束后，日本石川岛造船厂与英国沃尔斯利汽车公司签订了该公司车辆的独家制造权和销售权协议，并成立了石川岛汽车制造所（即现在的五十铃汽车公司），于 1924 年成功仿制了"沃尔斯利"CP 型 1.5 吨卡车，东京石川岛造船厂的仿制型最初被定名为 ARM 型。1927 年，石川岛造船厂与沃尔斯利公司解除协议后，石川岛便开始独自进行国产化的生产，并将其车名改为"隅田"。

1928 年，中国"北伐战争"时期，张宗昌的直鲁联军与蒋介石的北伐军在山东济南地区展开激战，日本为了从中渔利，即以当年干涉俄国内战的相同理由，以"护侨"的名义向山东济南派兵，并与北伐军发生军事冲突。为了增强机动战力，日本陆军部即令技术本部赶造数辆简易装甲车，运往济南增援。陆军技术本部在设计完成后，便交由石川岛汽车制造所进行制造。石川岛汽车制造所在"沃尔斯利"CP 型 1.5 吨卡车的基础上利用制造中的海军驱逐舰所用的高张力薄钢板作为装甲板，并于车身上安装一个可旋转机枪塔，装载一挺"大正三年"式重机枪，车体正前方副驾驶座前装载一挺"大正十一

▲ 日本"沃尔斯利"CP（AMR）型装甲汽车

▲ 济南"五三惨案"中的日军"奥斯汀"装甲车

▲ 石川岛隅田 ARM 型自动货车（卡车）

性能参数	
重　量	约 4.2 吨
车　长	5.562 米
车　宽	1.892 米
车　高	2.615 米
武　装	"大正三年"式重机枪 1 挺　"大正十一年"式轻机枪 1 挺
装　甲	6 毫米
发动机	30 匹马力 CP 型水冷式发动机
乘　员	3-5 名

年"式轻机枪，制造完成后定名为"沃尔斯利"CP（AMR）型装甲汽车。随后，两辆装甲汽车与早年购买的一辆英国"奥斯汀"装甲车合编成装甲车队被运送到济南参加作战。同年5月3日，日军制造了令人发指的"济南惨案"，又称"五三惨案"。

（二）英国"维克斯·克罗斯利"M25 型轮式装甲车

第一次世界大战时期，英国克罗斯利公司专门为英国陆军飞行队制造飞机燃料车及急救车等车辆。一战结束后，剩余的"克洛斯利"卡车被英国维克斯公司所回收，用于制造量产型装甲车。尔后，维克斯公司即在"克罗斯利"1.5 吨卡车的基础上覆盖 5.5mm 厚的装甲板，发动机装载于车体前部，车体上安设一个半球形的可旋转机枪塔，机枪塔设有前后各两个机枪座，装载两挺"维克斯"Mk.I 水冷式重机枪，最高时速可达 64 公里 / 小时。完成后配备于驻印度的英军，并定名为"维克斯·克罗斯利"M1923 印度型装甲车。后来，维克斯公司又制造了出口型的 M1925 型，出口到爱尔尼亚、阿根廷、南非等国家，前后总共生产了约一百辆。1931 年，日本陆军从维克斯公司购入了 3 辆进行试验及研究，称为"毗式装甲自动车"。到货后将 1 辆交给日本陆军技术本部用于研究，另外 2 辆配备于驻天津的日本"中国驻屯军"。"九·一八"事变爆发前夕，因日本购入该车时单价高达十几万日圆，价格是日本国产装甲车的五倍。于是，日本陆军技术本部将留在本土的 1 辆"维克斯"装甲车运送至中国东北，与日本国产的"沃尔斯利"装甲车合编为临时装甲汽车队，用以在实战中测试这两种装甲车的性能，并进行对比。

▲ 英国"维克斯·克罗斯利"M25 型轮式装甲车

性能参数	
重 量	4.85 吨
车 长	5.01 米
车 宽	1.88 米
车 高	2.61 米
武 装	"维克斯"Mk.I 型 7.7 毫米水冷式重机枪 2-4 挺
发动机	50 匹马力 直排式 4 缸水冷式发动机
最高时速	64 公里 / 小时
最大行程	128 公里
乘 员	4 名

二 东北边防军战车队

1928 年初，北伐军第三和第四方面军沿"京津"线对冯玉祥、阎锡山采取攻势作战，张学良亲赴保定督战，鉴于形势需要，张学良将驻河北的卫队旅扩编为陆军第 19 师（师长王以哲），并将十三辆"雷诺"坦克（张作霖早年所购入的三十六辆"雷诺"坦克在军阀混战至北伐战争时期，于南口战役损失三辆，在河南临颍损失四辆，以及涿州损失的三辆，共计十辆，尚剩余二十六辆）调拨给该师，编为师直属战车队，队长由李振远少校担任。同年秋，第 19 师由河北调回奉天后，张学良于 9 月制定整编计划，将第 19 师改为东北边防军步兵第 1 旅，原师直属战车队改为旅直属战车队，战车及人员编制不变，车库及官兵营房驻于沈阳北大营内。将另十三辆"雷诺"坦克编为东北司令官特种

▲ "双十节"北大营阅兵式（书刊摘录）及"雷诺"坦克

车队战车队，队长由田见龙少校担任，车库及官兵营房设于奉天东塔飞机场内（原驻沟帮子），主要担任机场警备任务。

1928年，改易旗帜的东北军番号统一改为国民政府所统辖的国防军番号（即国民革命军陆军独立 xx 兵第 x 旅），原东北军步兵第1旅改为陆军独立步兵第7旅，旅直属战车队编制不变。东北边防军司令长官公署所直辖的特种兵部队如宪兵、铁甲车队、通信队、探照灯队等包括战车队在内未改变番号，只进行了内部人员调整。

1929年秋，中苏两国爆发"中东路战役"时，张学良为了对抗苏联红军的T-18型坦克，急电命令将所部战车队的二十六辆"雷诺"坦克全部运抵满洲里前线御敌。但苏军以装甲列车率先控制了"中东铁路"枢纽，导致依靠铁路运输的东北边防军坦克未能按时抵达前线参战，无奈只好退回原驻地。

同年"双十节"，东北边防军在北大营举行了一次规模隆重的阅兵典礼。参加检阅的部队包括第7旅、骑兵、炮兵、工程兵、辎重兵、战车队及汽车队。航空队还进行了飞行表演。第7旅旅长王以哲任阅兵总指挥官，张学良身穿上将礼服接受王以哲的报告。陪同人员包括吉、黑两省的副司令官张作相和万福麟，以及边防公署的高级幕僚、驻辽宁省各旅长等。此次阅兵规模之大在东北军中前所未有，显示了东北边防军的"强大军事实力"，北大营南面围墙上挤满了前来观看的沈阳市民。

"九·一八"事变中，奉天被日军所占领后，入城的日本关东军临时装甲汽车队于北大营、东塔飞机场各缴获了13辆及11辆东北军的"雷诺"坦克，共计24辆。而事变爆发当晚，东北军战车队的装甲兵为防日军缴获坦克后利用，将战车队配备的这批坦克武装全部拆卸掉，并对坦克内部进行了不同程度的破坏，其中仅有2辆"雷诺"坦克因不明原因突出重围得以幸存，未被日军所缴

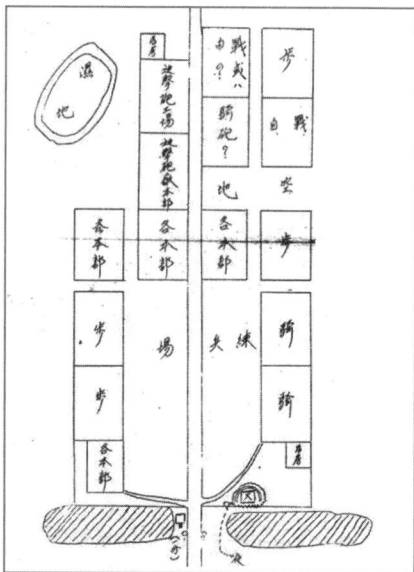

▲ 日军绘制的北大营营区平面图

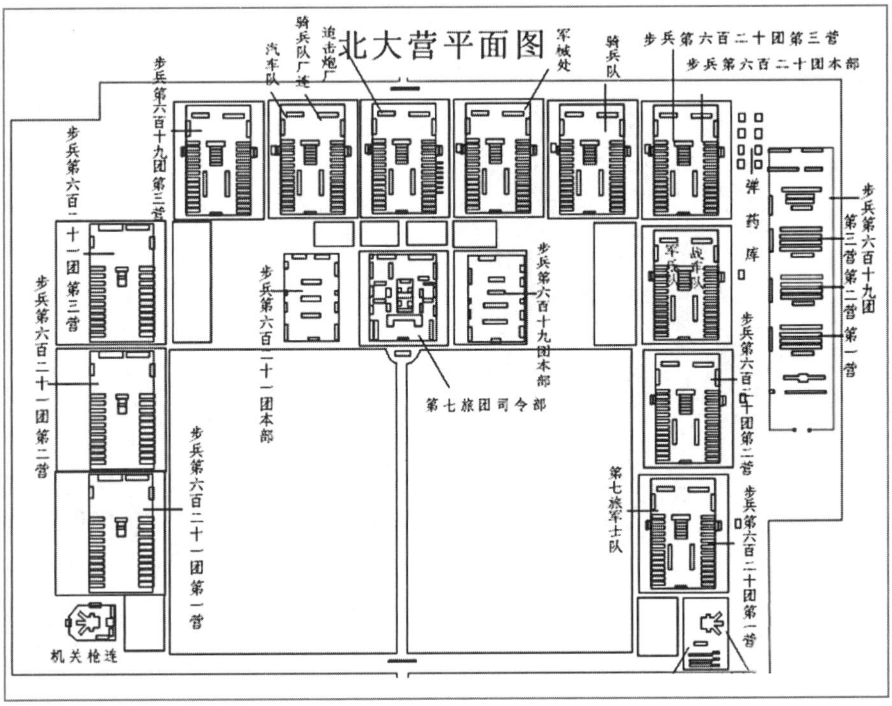

▲ 北大营平面图

获，尔后于 1933 年初，张学良将这 2 辆雷诺坦克转送于南京中央军校作为教练车使用，保存了东北军战车队的最后一条血脉。

中方在"九·一八"事变后对东北所丧失的武器装备的统计中记录：共损失**"樂鳌式戰車"**（即雷诺型坦克）**26 辆**，总价值约 **936000 法郎**。战后，日军在对缴获的 24 辆坦克进行检查时发现它们均未装配武器，也没有任何修理配件，引擎都无法正常发动。仅有东塔飞机场中的 5 辆机枪搭载型车况较好。后来，坦克由关东军汽车班技术人员进行了整备及修复，安装上从东北军处缴获的

"捷克"式 ZB-26 轻机枪，并于 1931 年 11 月，奉关东军参谋水野的指示与关东军临时装甲车队合编为"临时派遣第一战车队"。

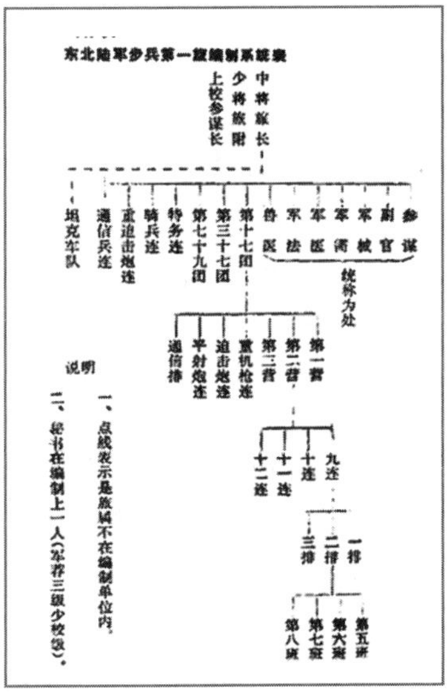

▲ 东北陆军步兵第 1 旅编制表

国民革命军东北陆军战车大队建制			
大队部	大队长 李振远	法国"雷诺"FT-17 轻型坦克	2 辆
第一中队	中队长 冯国勋	法国"雷诺"FT-17 轻型坦克	6 辆
第二中队	中队长 不详	法国"雷诺"FT-17 轻型坦克	6 辆
第三中队	中队长 张振铎	法国"雷诺"FT-17 轻型坦克	6 辆
第四中队	中队长 王茂臣	法国"雷诺"FT-17 轻型坦克	6 辆

▲ 南京中央军校内的原东北军"雷诺"FT 型坦克

李士廉（时任东北讲武堂第十期学员）回忆：

"当年，驻北大营步兵第七旅的武器装备，在当时东北军中是比较精良的。除步枪外还有轻重机枪、重迫击炮、平射炮和掷弹筒，还有十余辆轻型坦克车。但他们在日军突然袭击下，一是事先毫无准备，再加不抵抗的命令，被迫在仓促还击中撤出营地，官兵伤亡以及枪炮弹药装备的损失都很大。"

▲ 东北军北大营坦克车库

▲ "临时派遣第一战车队"装备的原东北军"雷诺"FT 型坦克

训令

奉天省长公署训令　　　　第九〇五号

训令各属

案准

东三省保安总司令部咨开案据陆军特种车队队长田见龙呈称窃职队改编就绪前曾请领关防已蒙钧部颁发业经启用呈报在案惟职队所属战车队汽车队探照灯队等尚用原有关防自当及行更换以期名实相符而昭信守拟请钧部颁发职队所属战车队汽车队探照灯队关防三颗 以昭郑重而资应用理合备文呈请鉴核示遵等情前来除指令照准刊发木质关防三颗 文曰陆军特种车队战车队队长之关防陆军特种车队汽车队队长之关防 陆军特种车队探照灯队队长关防随令颁发并分咨暨通令外相应咨行贵请烦查照为荷等因准此合行刊登公报通令各属一体知照此令

中华民国十七年十月二日

奉天省长　翟文选

东北军"雷诺"FT-17 轻型坦克之武装

1. 法国"皮托"SA18 式 37mm 坦克炮

该炮为法国的皮托工厂（Atelier de Construction de Puteaux，APX）于 1916 年所制造的步兵用平射炮，并于第一次世界大战中装备于英国陆军。英国皮托工厂于 1917 年将其改造为"雷诺"坦克使用的车载型坦克炮，并定名为 SA18 式 37mm 坦克炮。奉军以军火交易的方式购入的 36 辆"雷诺"坦克中，一部分是装载原配的法国"皮托"坦克炮的火

▲ 法国"皮托"SA18 式 37mm 坦克炮

性能参数	
重　量	108 公斤
口　径	37 毫米
炮管长	34 厘米
射　速	25 转 / 秒
初　速	367 米 / 秒
最大射程	2400 米
高低射界	−9 ~ +10 度

炮搭载型，另一部分是装载"哈乞开斯"重机枪的机枪搭载型。

2. 法国"哈乞开斯"M1914 式 8mm 重机枪（车载型）

该机枪由美国人本杰明·哈乞开斯于 1867 年在法国所开设的哈乞开斯公司研发，1892 年一名瑞典军官发表了一份导气式枪械运作的设计方案，哈乞开斯公司将此设计版权买断后借此研发出"哈乞开斯"M1897 式风冷式重机枪，而"哈乞开斯"1914 年式重机枪就是该机枪 1914 年的改良型。并成为第一次世界大战时期法国装甲车辆的标准车载机枪。东北军在购入的"雷诺"坦克中，其中一部分为装载该机枪的机枪搭载型。

▲ 法国"哈乞开斯"M1914 式 8mm 重机枪（车载型）

性能参数	
重　量	24.4 公斤
口　径	8 毫米（7.92x57 毫米）
全枪长	141 厘米
射　速	450 发 / 分钟
初　速	701 米 / 秒
最大射程	5400 米

3."辽造一四"式 37mm 步兵炮（车载型）

该步兵平射炮为奉系军阀张作霖的奉天兵工厂于 1925 年所仿制的日本"大正十一年"式 37mm 平射步兵炮。在东北军"雷诺"坦克的原配法国"皮托"炮弹药用完后，奉天兵工厂将"辽造一四"式火炮改造后装载于"雷诺"坦克上用以替换，并于炮身上加装了保护装甲。

▲ "辽造一四"式 37mm 步兵炮（车载型）

性能参数	
重　量	13.5 公斤
口　径	37 毫米
炮管长	10.73 厘米
射　速	25 转 / 秒
初　速	450 米 / 秒
最大射程	3330 米

三　东北边防军铁甲车队

1930 年 10 月"中原大战"时期，张学良命东北边防军铁甲车队第 1 大队长韩梦黑率铁甲车第 1 大队第 1、第 2 中队的"沈阳"号、"长春"号随东北军主力入关援蒋。战后，张学良将缴获自阎锡山晋军的"长江"号（即原直鲁联军"长江"号）、"中山"号（即

国民革命军东北陆军铁甲车司令部（司令 曹耀章）：		
第一大队	大队长 韩梦罴	
第一中队	中队长 沈瑞礼	沈阳号铁甲车
第二中队	中队长 刘汉山	不详
第二大队	大队长 赵良弼	
第三中队	中队长 不详	山海号铁甲车
第四中队	中队长 不详	长江号铁甲车
第三大队	大队长 周永业	
第五中队	中队长 沈士桢	中山号铁甲车
第六中队	中队长 段春泽	河南号铁甲车

▲ "中山"号铁甲车

原中央军"中山纪念二号"）以及1931年3月率部倒戈东北军的石友三旗下的"河南"号（即原直鲁联军"河南"号）铁甲车等全部收编，并进行统一整编，改番号为"铁甲车司令部"。至"九·一八"事变前，进驻关内驻防。

四 通辽战役

在"九·一八"事变爆发的同时，满铁公司按照日本关东军的指示，将停置在奉天和辽阳仓库内的六组装甲列车由关东军装甲兵开往前线。而日本本土方面也从铁道第1联队抽调八名技术人员并由工兵中尉后藤之敏率领，配备两辆新制造的"九一"式轨道装甲车编为后藤铁道班。以上装甲列车及轨道装甲车达到中国东北前线后即配属日军各部沿铁路线进行作战。

同年9月22日，关东军第2师团以装甲列车作为先导，迅速攻占吉林后，继续向辽宁方面进行追击。10月初，在日本的煽动下满、蒙独立，并欲以通辽作为首都。尔后，日军于大蒿子、大林站等处，以大批军火武装当地的蒙古族人、朝鲜族人以及白俄土匪。13日夜，日军集中钱家店的蒙族匪军，分为南、北两路向通辽进行突袭。北路为蒙匪军骑兵，沿县道进发。南路为关东军装甲列车一辆，沿铁路线掩护蒙匪军骑兵前进。驻通辽的国军东北边防军独立骑兵第3旅旅长张树森在得到报告后，为执行"不抵抗"政策，避免与日军发生武装冲突，即命第40团团长王奇峰，将该团官兵布置于距离铁道远约3里外的南沙坨子一带。而通辽汪徽波县长、公安局蒋局长率领公安大队警察，分布在城外东北面，自卫团、商团埋伏于街内。

锦县十四日下午六时本报专电

今日上午二时有日军到皇姑屯通知站长，谓有六列兵车将由南满路开往北宁路，每距七分钟有一列车通过。五点二十分第一列日本铁甲车通过，开往巨流河。余五列兵车上均载步骑兵，到马三家子后下车，占据村庄，驱逐人民，铁甲车又进窥锦县模样。

▲ 作战中的日军"九一"式轨道装甲车

14日拂晓，匪军五百余名，攻占通辽火车站，并纵火焚烧民房，猛攻天庆东商号，迅速向通辽城内进击。在进入通辽街道后，匪军遭到埋伏于城内的团警从暗处射击。在公安警队及地方士绅张忠阁、王振锋等率领商民团于街上与匪军展开激烈巷战时，城南外的王奇峰团长忽闻城内响枪，即亲率所部骑兵第1、3两连入城驰援，团副杨希贤率第2、4两连由四洮路向小街基进攻。之后王团长、蒋局长及张忠阁等率部对匪军进行围攻，经数小时激战后，击毙匪军二百余名，王团第1连连长赵恩顺也于激战中身中数弹不幸阵亡。尔后，王团长派军进行追击，并用机枪架在背上向盘踞在天庆东商号内的匪军射击，将其全歼，取得了第一次守城作战的胜利。

通辽十四日下午三时十分本报专电

今日上午六时余有大批胡匪二三千人攻掠通辽街市及车站，匪内有蒙人鲜人俄人，均受日人之指挥，分头抢劫。东北骑兵第三旅与匪军发生巷战，非常激烈，击毙匪徒甚多，第三旅亦略有伤亡。在激战时，有日飞机在空中观战。约二三小时匪军始不支退出，日飞机亦随同他去。第三旅派第四十四团跟踪追击，将四洮路桥梁拆断。现该匪退到南坨子扬言反攻屠城。第三旅因兵力单薄，已向彰武县调来步兵一营分防。通辽车站机务车务等处员司及工程司均于今日下午二十分逃亡彰武县避难，站长未走。车站挂钩夫张某被流弹打伤，通辽人民伤亡及损失尚未判明。

通辽十四日电

（一）今晨二时二十分有大股蒙匪沿四洮线来袭通辽，离通仅有十余里，经驻通骑兵第三旅派第四十团往剿。

（二）第四十团与蒙匪激战，击死匪徒甚多，匪众不支，退至通辽县街基地方，准备集合后再图反攻，我军夺回通辽街市。匪众约四五千人，内有蒙匪甚多。现我军由彰武县派兵五百名前往助剿。又据报告，日兵死列车开抵马三家子后，车全卸空，三列开回皇姑屯。

（三）本日通辽我军与股匪交战，结果骑兵三旅赵连长阵亡，生擒蒙匪一名，当即枪决。

打虎山十四日电

本日上午二时四十分有日军到皇姑屯称，有兵车五列由南满站开来，转往新民，每隔七分钟开一列。其第一列铁甲车及第二三四五等列车，分载骑步兵队，已先后到达马三家子站。除铁甲车又前进新民模样外，其余各列车大部分均下车，驰往各村庄屯驻。

15日晨，日军派来一架轰炸机向通辽的闹市区连续投掷9枚炸弹，当场炸死男女老幼14人，断头缺肢血肉飞溅，惨不忍睹。当晚，日本关东军乘装甲列车，冲占车站，但一些爱国的侠盗义士事先将铁路枕木下挖成空洞，致使装甲列车陷入坑中，未能进一步前行，后被日军派拖车拉回。尔后，骑兵第3旅旅

▲ 从沈阳站开出的关东军"满铁型"装甲列车

长张树森向在北平的张学良致电汇报作战情况，并申请救兵用以增强防御战力，于是张调派了一辆装甲列车到通辽支援第3骑兵旅作战。

至11月10日中午，日军再次驱使蒙匪军作为先头部队向通辽发起进攻。此次，日军增派四辆装甲列车，载满日军及匪军，由四洮路进抵距通辽6-7里的地方后，用列车火炮猛轰通辽城，造成中国军民十余人死伤。东北军骑兵第3旅旅长张树森率兵再次进行防守作战。而此时，日军又派来飞机一架，用航空机枪从东门外往通辽城内射击，并以装甲列车一辆，从五道木村向城内轰射十余发炮弹，再次炸伤国人五名，毁房屋二十余间。11日晨8时，这辆装甲列车又向五道木车站轰射11发炮弹，下午2时又向通辽车站轰射十余炮，民房、车站在列车炮的炮击下毁损严重，四洮站工作人员被迫全部撤出。下午3时，关东军派两辆装甲列车，一辆距站15里，一辆距站4、5里，待命出击。不久，第一辆装甲列车在逼近通辽北站约二里后，派出二十多名日军下车徒步进至北站，并埋下地雷，后又派出一支便衣队意图破坏通辽到木里图之间的铁路桥。

11月2日，占据通辽南站的日军因未受到抵抗，于当晚退回北站休整。次日上午又由北站向南站发射两炮。中午12时40分，又有两辆增援的装甲列车从四平开来，并派兵下车挖掘战壕准备固守。约一小时后，日军又开到一辆装甲列车，此时日军装甲列车已达五列，并将通辽和开鲁之间的铁轨拆毁。在战壕挖好后，日军于壕沟前埋设地雷，壕内架设机枪，向驻守通辽的东北军骑兵第3旅旅长张树森率部发出最后通牒，称如再不撤退，日军将随即发起总攻。但遭张部断然

拒绝。11月4日早8时，日军开始用列车上的火炮向通辽中国守军阵地发起炮击。至7日，日军及匪军将通辽城南一带完全封锁。对通辽形成包围之势，无奈之下中国守军被迫退出通辽，日军随即进占。

五 江桥战役

1931年9月下旬，关东军在连续占领东北辽、吉两省后，又继续向黑龙江省进犯，但因考虑到苏联势力范围的影响，关东军采取与通辽作战相同的作法，以许诺委任黑龙江省省长、提供军火扩充其军事实力及给予大量现钱资助等诱饵，收买了洮辽镇守使张

▲ 马占山

▲ 江桥作战中的关东军

▲ 江桥作战中的东北军

海鹏。10 月 1 日，张海鹏自立为边防保安总司令，利用关东军提供的大批军火扩充军队，进攻当时黑龙江省的省会齐齐哈尔。10 月 15 日，张学良电令黑河警备司令兼步兵第 3 旅旅长马占山代理黑龙江省主席。之后，马占山奉电令，调一个步兵旅、两个骑兵旅、三个步兵团、一个炮团连同原有的警卫队（团），共约一万余人，部署于齐齐哈尔的交通要地"洮昂"铁路线上嫩江大桥以北的大兴、汤池、三间房、昂昂溪、富拉尔基一带，构筑成三道防线。16 日拂晓，张海鹏所部徐景隆旅作为先锋向嫩江大桥发起攻击，徐景隆进攻时被守军事先埋置的地雷炸死，伪军也因进攻中伤亡惨重而溃退。马占山为防止日伪军再犯，令江桥守军俞兆麟旅炸毁嫩江大桥的三个桥孔。至 10 月底，关东军在数次利用伪军进攻失败后，以中国军队破坏江桥为理由决定直接出兵，派遣第 2 师团步兵第 16 联队所部为主力组成"嫩江支队"，在独立飞行第 8 中队的空中支援下，对江桥守军发起进攻，以掩护人员修桥。

11 月 4 日拂晓，"嫩江支队"乘大雾之际，从江桥车站向中国守军发起猛烈突击，守军的马占山卫队团徐宝珍、张竞渡部奋起迎击。之后，关东军调来五架轰炸机向守军连续投掷六枚炸弹，将大兴车站炸毁。傍晚 6 时，"嫩江支队"集中兵力，在独立飞行队轰炸机的掩护下向江桥发动总攻击，随后以关东军铁道中队四辆装甲列车进攻大兴站，对江桥正面大兴线守军主阵地猛烈炮击。江桥中国守军奋起还击，与突入阵地的日军展开白刃战。至晚上 8 时，在江桥守军的顽强抵抗下，日军败退。

11 月 5 日拂晓，日军"嫩江支队"派一辆载满"满铁"工人的装甲列车，在步、炮兵

▲ 多门二郎

▲ 关东军装甲汽车队参与作战

的掩护下，开进"洮昂"路，开始抢修嫩江大桥。7 时，日军在火炮及轰炸机的掩护下强行渡江，遭到了江桥守军的猛烈阻击。10 时，在日军猛烈的炮火轰击下，中国守军被迫后撤至左、右两翼阵地，日军随即抢占了江岸的第一线阵地。至中午，赶到前线的马占山指挥吴德霖团和徐宝珍团进行反攻，并急调骑兵第 1 旅萨布力团从两翼包抄日军。日军在侧翼遭到守军骑兵迂回突袭后再次败退。

6 日凌晨，关东军司令本庄繁急令第 2 师团师团长多门二郎亲自率领在郑家屯的步兵第 29 联队主力、骑兵第 2 联队、临时野战重炮兵大队以及混成第 39 旅团所属的步兵一个大队、野炮兵联队主力和一个工兵中队前往江桥救援"嫩江支队"。自清晨起，战斗一直持续到深夜，双方伤亡均损失严重，马占山见状即令部队乘夜色撤至大兴站以北休整，并以昂昂溪铁路线上的三间房站（距齐齐哈尔以北 70

▲ 对东北军进行炮击的日本关东军"满铁"装甲列车（炮兵车）

▲ 战壕内的东北抗日军

华里，距嫩江大桥以南60华里）为中心，再次构筑三道防线。由于关东军在此前阶段作战中伤亡严重，同月11日，本庄繁又令第2师团主力长谷旅团、步兵第16联队、第4联队（欠第3中队）、第29联队第1大队（欠第3中队）、骑兵第2联队及配属的第28联队的第2中队、野炮兵第2联队（欠第8中队）、工兵第2中队进行增援。位于嫩江南岸的日军野战炮兵第26联队第3大队、临时野战重炮兵大队以及关东军临时装甲汽车队集结于大兴站地区，准备下一阶段的进攻。

11月12日，江桥方面的关东军在增援部队的支援下，再次对马占山军发动猛烈进攻。14日拂晓5时，第2师团以骑兵配合临时装甲车队为主力，在火炮掩护下，向据守汤池、蘑菇溪间第一道防线的马占山军骑兵第1旅发起突袭，但在程志远旅骑兵团的增援下，马占山军经过数度激战后，成功地守住了汤池一线的阵地。至17日，关东军后藤铁道班也到达江桥，归第2师团多门二郎师团长指挥。

稍后，多门二郎下达进攻命令：

天野少将率步兵第十五旅团及步兵第七十八联队、骑兵一分队为右翼队；

长谷部少将率步兵第三旅团、骑兵一分队、临时装甲汽车队、轨道装甲车班为左翼队；

炮兵队长大谷大佐统一指挥野炮兵第二联队、第二十六联队第三大队、临时野炮大队；

▲ 日军在车场内修理的"九一"式轨道装甲车

▲ 满是弹痕的"九一"式轨道装甲车

骑兵队长统一指挥骑兵第二联队、骑兵第二十八联队第二中队；

航空队队长长岭大佐统一指挥独立飞行第八、第九中队；

步兵第十六联队及骑兵一分队为预备队。

18 日晨，第 2 师团即按攻击计划以骑、步、炮约三个联队对马占山军三间房主阵地发起全线总攻，并以轰炸机、装甲车配合作战。至下午，因东北军阵地已经被炮火轰炸到已经无法再守的境地，守军已趋弹尽粮绝，敌我火力悬殊越来越大。马占山不得不于同日下午下令全军撤退，向海伦方向战略转移。

关东军后藤铁道班于下午趁东北军后撤之际沿轨道突破昂昂溪站，尔后于昂昂溪以北榆树屯附近进行侦察时，与撤退中的百余名东北军发生激战，后藤铁道班随即以"九一"式轨道装甲车上所装载的机枪进行反击。激战中由于过度使用，轨道装甲车发生故障，在发动机无法运行后遭到东北军地围攻，但因这队东北军未携带重武器，无法对铁道班装备的"九一"式轨道装甲车造成重创，并在关东军援兵到达后，急于撤退，故未能将日军战车歼灭，进一步扩大战果。

19 日，日军完全攻陷齐齐哈尔，"江桥抗战"至此宣告结束。

第三节　天津事件

一　中国驻屯军装甲车队

早在 1900 年 5 月，"义和团之乱"（又称义和拳）爆发时期，日本政府便趁机以"护侨"为名义组建"清国临时派遣队"进占天津。1901 年，在各国列强的强迫下，满清政府签订了丧权辱国的《辛丑条约》，英、法、德、意、日、俄、奥、比八国取得了在中国境内驻军的特权，日本随即以保护侨民及警卫领事馆等名义，组建了总数 1650 人的新"清国

驻屯军"，派遣驻扎于北京、山海关、秦皇岛、滦州、昌黎以及天津等地，驻屯军司令部设于天津日租界的海光寺内，并且按照条约规定，中国军队驻地必须远离天津外国租界 10 公里以外。

1911 辛亥革命爆发，满清政府被推翻后，日本趁机增加了驻屯军的兵力，并改"清国驻屯军"为"中国驻屯军"（俗称天津驻屯军），司令部仍设于海光寺。1931 年，日本陆军方

▲ 中国驻屯军（天津驻屯军）装甲车队

▲ 中国驻屯军（天津驻屯军）装甲车队

面增强了天津驻屯军步兵队的战力，将 1928 年购买的英国"维克斯"M25 型装甲车两辆与在测试后淘汰的意大利"菲亚特"3000 型轻战车组成"装甲车队"配备于天津驻屯军步兵队，并派遣辎重兵下士（官）负责教授"菲亚特"战车的操纵技术，以便充分发挥其战车的性能。

"菲亚特"3000 A 型（1921 年型）轻战车

一战末期，意大利菲亚特汽车制造公司自行研制的"菲亚特"2000 型坦克与英国 MK 系列坦克一样过于沉重，并且造价不菲，不适于进行制式化量产。于是，1918 年意大利菲亚特公司即以法国所赠送的"雷诺"FT-17 轻战车为基础研制新型的国产轻战车。同

▲ "菲亚特"3000 A 型（1921 年型）轻战车

性能参数	
重 量	5.5 吨
车 长	4.15 米
车 宽	1.64 米
车 高	2.19 米
装 甲	6-16 毫米
武 装	"菲亚特"6.5mm 轻机枪 2 挺
发动机	"菲亚特"V4 直立四汽缸水冷式汽油发动机（50hp）
最高时速	21 公里 / 小时
最大行程	95 公里
乘 员	2 名
越 壕	1.5 米（附尾撬）
悬 挂	立式弹簧

年 6 月完成第一辆试制样车，在经过测试及修改后被定为意大利军制式坦克，定名为"菲亚特"3000 型突击坦克（Fiat 3000 assault tank）。在试制车完成后，意大利军便预定了一千四百辆，但同年 11 月因战争宣告结束，意大利军即将订单减至一百辆。

最初的"菲亚特"3000 坦克（1921 年型）仅装备 2 挺双联装的 6.5mm "菲亚特"机枪，火力较弱。于是菲亚特公司被意大利军方督促研制火炮型，至 1930 年完成 37mm 炮型，定名为"菲亚特"B 型（1930 年型），第二次世界大战前夕，"菲亚特"3000 的 6.5mm 机枪型轻战车被改名为 L5/21 型，37mm 炮型改为 L5/30 型。

日本方面通过"战车购买团"于 1927 年 12 月，从意大利菲亚特购入了两辆最初的 21 年型，与之前购入的"雷诺"FT 型进行对比测试。在测试后发现，经过改良的"菲亚特"3000 型坦克在时速性能上较"雷诺"FT 坦克有所提高，并且考虑到前后左右的稳定性，在车体设计及密封性上也有所提高。另外，陆军技术本部对该车采用的射击手用潜望镜技术，评价非常高。

但是，"菲亚特"3000 因为提高时速，增大了发动机的输出功率，致使车体进行了轻量化处理，装甲十分薄弱，各部强度也不足，尤其是履带极易损坏。最终陆军技术本部认为"菲亚特"3000 坦克缺乏实用价值，不适合装备日本陆军而没有批量引进。

二 事件始末

1931 年"九·一八"事变后，日本为了策应东北的军事行动，减少山海关内外中国军队和人民武装的反攻力量，转变国际对日本侵略的舆论谴责，将侵略矛头转向中国华

北，于是日本秘密派遣特务土肥原贤二至天津日租界，煽惑居住于此的前清宣统皇帝爱新觉罗·溥仪前往东北，出任日本扶持的满洲伪政府傀儡皇帝。同时，与驻屯军司令香椎浩平勾结，招揽原北洋军阀时期军政人员、

▲ 土肥原贤二

亲日汉奸以及天津当地青、红帮土匪流氓，分发枪械组成便衣队，作为先锋刻意制造武装暴乱，趁骚乱挟持前清废帝溥仪去往东北，并占领天津市公安局，继而控制住整个天津地区。

天津市公安局局长为 1930 年就任的张学铭（兼任天津代市长、张学良二弟），下属警察以及保安总队，共约三千余人。包括步兵队、骑兵队、迫击炮队、轻机枪队、重机枪队、自行车手枪队等，并配有装甲汽车，保安总队下设三个大队，大队下分七个中队，每中队还包括一个自行车队和一个直辖骑巡队，为天津的主要武装力量。

11 月 8 日上午，天津公安局保安队第 3 大队队长李荫坡接得密报：**天津便衣队正指挥李际春（即日本电影明星歌星李香兰之义父）、副指挥张璧（原北平警察总监）等集结两千余便衣队，意图分三路进攻华界。各路均以省、市政府及公安等重要机构为占领目标，以海光寺日本军营的钟声为号，一路由闸口沿海河街进攻，夺占公安局；一路由**

▲ 张学铭

南马路、东南城角、草厂庵、东马路、大胡同，抢夺金钢桥，占领省政府；一路由海光寺日本兵营出发向各街道各区署、所进攻。

又据密报：**土肥原在中原公司以西的大同公寓、万国公寓为指挥中心，集结日本部分驻军、宪兵以及日侨、浪人组织的"义勇军"千余人，发给枪支，分布各要路口，为便衣队助威和督战。**

保安队随即召开紧急会议，布置如下：

（一）将所得情报非正式地通知各国驻津领事馆。

（二）即刻将库存的枪支弹药，发给各中队直接掌握，以利及时补充。

（三）命令各中队立刻准备沙袋、铁丝网等防御物，构筑防御工事。

（四）令各保安队、警察署官警，一律归队归署，严守岗位，准备待命。

晚 10 时，海光寺内的驻屯军司令部内响起进攻信号的钟声，埋伏在租界各路口的便衣队兵分三路向公安局发起进攻，由于公安局已经提前戒备，便衣队即改变原定计划，第一路由海光寺过墙子河，迂回偷袭公安局后门，第二路由闸口直接进攻公安局正门，第三路则埋伏于海河北岸，作为预备队。

10时15分，保安队于各路以事先在大街上构筑的临时防御工事与便衣队发生激烈交火，第一路便衣队依托日驻屯军装甲车队两辆"维克斯"装甲车的火力，迅速攻占日租界边沿的一区六所，尔后又向东门脸发动攻击，但随即遭到埋伏于此的警察队伏击，与此同时天津公安局的一辆装甲汽车驶过，从车内向协同便衣队的驻屯军"维克斯"装甲车投掷手榴弹，其中一辆日军装甲车水箱被当场炸裂，车内日驻屯军曹长宫本、两名乘员以及便衣队十余人被悉数俘虏。至9日凌晨3时，在警察局保安总队作为预备队的第2大队增援后，经过反击，大部分日驻屯军及便衣队被击溃，日驻屯军司令香椎中将见大事不妙，随即提出停火，进行谈判。

9日早晨6时，日驻屯军及便衣队在修整后即撕破停火协议，从东、西两面发起第

▲ 天津市街作战中的驻屯军"维克斯"M25装甲车

▲ 天津市街作战中的驻屯军"菲亚特"3000型轻型坦克

二次进攻，东路由便衣队总指挥李际春亲率所谓的数百人敢死队在日驻屯军的炮火准备后，以机枪及"维克斯"装甲车为掩护，随装甲车跟进的便衣队沿海河西岸向闸口冲去，防守闸口的两个中队在第5中队队长桑振山的指挥下奋勇还击，边打边撤。李际春"敢死队"即趁闸口守军后撤之际，将公安局抢占。与此同时，南开中学一带战斗也极为激烈，炮声和密集的枪声交相大作，日驻屯军装甲车队出动两辆"菲亚特"3000坦克，于南开及南市一带往返梭巡进行示威。此后，日军眼见硬攻不下，即采用以外交谈判为主，军事扰乱为辅的计策来应对事态，其间还断断续续发生多次交战。

至11月26日晚8时，在日驻屯军的指挥下，所剩不足千人的便衣队残兵以及日本驻屯军士兵和"义勇军"共两千余人在以"菲亚特"坦克前行掩护下，分别于西广开、南关下头、怀庆里、宁家大桥、万德庄、炮台庄等处发起最后一次攻击。并在"维克斯"装甲车的保护下，于闸口、海光寺等地架设火炮，向东浮桥的公安局及金钢桥的省政府猛轰。但是，在中国军民的奋起抵抗下，进攻的日军再次失败，便衣队也死伤严重，最终全部溃散。

28日，日本海军军舰"朝颜"号载送五百余名海军陆战队士兵于日租界山口街靠岸登陆。之后，在日本的军事及外交双重压力下，天津公安局保安队除留小部分驻防原地外，主力大部奉命撤到海河以北，"天津事件"宣告结束。

宁向南回忆：

"九日上午六时，日军由兵营开始用山炮向我界射击，同时以装甲车两辆、轻重机

枪掩护便衣队，向我保安队守地猛烈攻击。我保安队官兵奋勇还击，军民均有伤亡，财产损失惨重。终未能前进，旋又退回日租界。"

王律飞记述：

"……李际春、张壁的暴乱指挥部设在日本租界万国公寓2楼28号。为便于指挥作战，日本人又同意便衣队下设副官、参谋、秘书。军医、军需五大处。司令之下设若干支队，支队下设几个到十几个分队，分队下设8至12个棚，每个棚设头目1人、士兵10人。共招募2000多人，武器弹药全由日本人配发，大部分为步枪和手枪。每支队只配轻机枪2至3挺，重机枪和暴乱用的迫击炮全由日军掌握。另外还配有坦克、装甲车十几辆，以作冲锋之用。

"……日本人是不甘心失败的，在11月26日晚8点，又网罗剩下不到千人的便衣队，再加上兵营里所有的四百多日本兵、一千多日本义勇军，共两千多人，分成两路，以坦克、装甲车为前导，组织最后一次大冲击、大进攻。这次战斗打得很激烈。王一民将所有的预备队及能战斗的警察都投入了战斗，与日军决一死战。双方打了整整一夜。最后，还是以我军胜利，日军失败而告终。近千名的便衣队，死的死、伤的伤，其余的全都打散了。"

孙铭九（时任天津公安局保安队教官）回忆：

"九日上午四时许，全线激烈争夺战虽稍有缓和，但日本方面仍在指挥便衣队向我线各街道进攻。至四时半，闸口附近处，日本出动铁甲车掩护便衣队。与此同时，日军司令香椎却继续以电话要求，限令中国武装警察及保安队于即日上午六时以前，撤退至距日租界线三百米以外地区，否则日军要自

由行动。九日晨五时，保安队遵照公安局长张学铭命令，由原地后撤三百米。为避免事态扩大，各教练官分别到各线采取相应的布置。孙铭九担任由海河沿闸口之线到东马路的观察任务。当他来到闸口时，日本兵用铁甲车掩护便衣队向我防线冲来，一时枪声大起。孙铭九当即令第五中队长桑振山坚决抵抗，不要后撤；一面将情况报告总部黄冠南请求派队增援。在激战中桑队长腰、腿部负重伤，孙铭九即迅速将马克沁重机枪整理好，猛烈射击，使之无法冲上来。在战斗中，日本军在日租界以炮火支援，我方附近民房遭到破坏。在增援部队到达后，合力狙击，打退了便衣队的进犯。当孙铭九来到东浮桥头时，见到总队长王一民，他说"准备把总队部撤至特别二区"，可见这一带战斗的激烈情况。在闸口进犯的便衣队，是由汉奸头目李际春直接指挥的二百名所谓敢死队。在日本铁甲车、炮火支援下，利用我队后撤三百米之际，一举冲到东浮桥边，抢占我公安局，再以后续的千余名便衣队，攻占我其他各重要机关。

"与此同时，南开中学一带接战极为激烈，炮声和密集的枪声交相大作，南开及南市一带又呈一片恐怖状态。日军出动坦克两辆，往返梭巡示威。其他各地如西广开、西门里、西关大街、西马路、宁家大桥等地，均有便衣队进犯，时作时止。至夜半十二时许，西营门、五马路西口、南开洋灰桥及怀庆里一带，战况又现激烈状态，但均为我保安队击退。"

第四节 "九·一八"事变后东北地区作战情况

一 锦州战役

"九·一八"事变后，日军迅速占领了东北大部分地区，并于 1931 年 11 月进犯东北边防军司令长官公署所在地锦州。

国民政府在美国授意下，向国际联盟提议划锦州为"中立区"，由英、美、法、意等国派军驻扎。这一建议，激起全国人民及海外侨胞的愤怒和反对。旅居巴黎的侨胞痛殴中国出席国联的代表施肇基，要求国民政府退出国联。

1932 年 1 月 1 日，日本关东军从三面向锦州发动总攻，中国驻军三万余人奉国民政府命令，稍作抵抗后即撤入山海关内，2 日锦州被占领。东北全部沦陷。

（一）饶阳河战役

1931 年 11 月 26 日夜，关东军受到天津中国驻屯军的紧急求援电报，于是本庄繁于 27 日凌晨 1 时下令，担任沟帮子以东"北宁"铁路守备任务的独立守备队步兵第 2 大队于

▲ 日军航拍的东北军"中山"号铁甲列车

5 时 40 分，沿"北宁"铁路线乘军用列车迅速驰援，并用装甲列车在前面开道。混成第 4 旅团于上午 8 时 15 分至 11 时 45 分从沈阳乘军列随后跟上。由于在此前的"长春战役"中原独立守备队步兵第 2 大队大队长负伤，于是由副官板仓繁代理大队长亲乘临时配属的装甲列车在第 2 大队的军列前进行护卫任务，并负责全队的作战指挥。这辆装甲列车的乘员除指挥官板仓外，还有车长下芝中尉和下级军官一名，炮手五名，日"满保线"区员十五名。约 8 时 15 分，板仓的装甲列车到达白旗堡车站，车站站长向板仓警告"一辆货物列车正由饶阳河车站方面驶来，而与饶阳河车站间的电话线已经被切断，无法通讯。"可是板仓还是决意向饶阳河方向前进。8 时 30 分，板仓装甲列车继续从白旗堡车站出发，并冒着大雪以 30 公里的时速前进。

9 时 30 分左右，向饶阳河车站行驶途中的板仓装甲列车，突然"轰"地一声遭受到了炮击。板仓繁回过神来后，当即命令车长

▲ 从白旗堡车站出发的板仓装甲列车

下芝准备反击，随后发现发射炮弹的是中国军的一辆八节装甲列车。而这辆装甲列车正是东北军铁甲车第3大队第5中队沈世祯指挥的"中山"号装甲列车，沈世祯在发现前方的日军装甲列车后，当即下令抢先以炮兵车搭载的苏制 M1903 年型 76.2mm 野炮对其发射。板仓装甲列车在遭到"中山"号炮击后，也以搭载的"四一"式 75mm 山炮进行还击。于是，双方装甲列车在铁路线上进行了近一个小时的猛烈炮战，在这一小时内，板仓装甲列车虽然连续发射了八十余发炮弹，命中"中山"号数发，但仅击坏外层的部分装甲钢板。而跟随板仓装甲列车之后乘坐于军列内的独立守备第 2 大队步兵因"中山"号的猛烈炮击，而且炮弹不停地在列车周围爆炸，导致车内日军完全无法下车，只能听天由命地待在车厢内。

中午 11 时 30 分，在队长沈世祯的指挥下，"中山"号装甲列车枪炮齐发，攻击愈演愈烈，没有衰减的迹象。而板仓的装甲列车车身已多处受损，炮弹也只剩二十余发，在装甲列车乘员之一的"满铁"田中助理向板仓繁报告情况后，板仓繁即命令车长下芝立刻向前方进行突击，对"中山"号装甲列车进行撞击，试图在近距离对战中击毁"中山"号。可是东北军"中山"号铁甲车队长沈世

▲ 被抬下装甲列车已经毙命的板仓繁

▲ 被东北军"中山"号铁甲车的重机枪射的弹孔密布的板仓"满铁"型装甲列车

祯预先已将铁路线中段破坏，当板仓装甲列车发现已经被毁坏的路轨后，紧急刹车，而"中山"号装甲列车此时已后撤至饶阳河车站，趁板仓装甲列车刹车未稳之际，当即进行了一轮猛烈炮击，当场击坏日军装甲机车头，而在列车指挥官板仓繁正下达指挥命令时，"中山"号的一发炮弹恰好落在板仓所站的车门附近，剧烈的爆炸后，板仓左腹部被弹片贯穿，生命危在旦夕，另有一等兵松本、机车头驾驶员中森等多人死伤。

在此期间，"中山"号装甲列车依然没有停止攻击，继续猛烈炮击，板仓装甲列车从车长下芝以下，已完全丧失作战能力，只得由原路撤退。最后，重伤的板仓繁于返回途中死亡。

这一场中日装甲列车间的对决，虽然双方在装甲列车性能上没有太大差距，但中国

▲ 重伤急救的板仓繁

军队最终凭借常年在军阀混战中获得的装甲列车技战术经验，得以完败日军，在击毙敌军最高指挥员后，迫使其撤退而告终。

同日下午四时，日军增援部队到达，并伴有九架轰炸机于空中连续投弹。因"中山"号并未装载高射机枪，只得边打边退，将沿途多数铁轨及桥梁进行破坏。日军增援兵车追至饶阳河车站时，因多处铁路被破坏而无法前进，无奈之下停止了追击。沈世祯即指挥"中山"号向打虎山方向撤离。

《九·一八大事记》：

"11 月 27 日上午 9 时许，日军混成第四旅团先头部队在飞机、装甲车的配合下，开抵新民境内的青岗子附近，当即遭到埋伏在铁路两侧的抗日义勇军的阻击，被击毙多人。时有东北军的一辆装甲车滞留在白旗堡（今大红旗）附近，经义勇军动员，装甲车的爱国士兵也参加了阻击敌人的战斗。义勇军以装甲车做掩护奋力抵抗，打退日军多次进攻。战斗从上午 9 时一直打到下午 3 时，义勇军杀伤大量敌人后，主动撤出，日军始进入绕阳河车站。"

于打虎山附近激战 我军死伤多名！【奉天特派员二十七日发】：

「二十七日正午，于白旗堡附近北宁线北进中的敌人装甲列车（编者注：中国东北军中山号装甲列车）和我装甲列车（编者注：板仓繁指挥之满铁型轻装甲列车）遭遇，并于该处开始了猛烈的遭遇战，此战中我军将校一名战死，下士兵也有多名战死伤者，直到傍晚将敌人的装甲列车击退。装甲列车的遭遇战是相当罕见之事。」

【奉天二十七日发联合】

「二十七日早上，于饶阳河战斗中战死的军官确认为奉天守备队第二大队板仓大尉」

昭和 6 年 11 月 28 日东京日日新闻【茅野特派员专电】

「敌人的装甲列车为八辆（编者注：应为八节），是非常优秀的装甲列车」

东北军"中山"号装甲列车：

该辆装甲列车为五省联军孙传芳于 1926 年命沪宁铁路局在上海所制造，后于 1927 年 3 月的"浙沪战役"中被北伐军所缴获，改名为"中山二号"铁甲车。北伐战争结束后，编入"护灵"铁甲车队，作为"奉安大典"的护灵车。

1929 年，唐生智反蒋后，原配属于中央军的铁甲车第 1 大队的"中山"一、二、三号装甲列车倒戈转投晋军阎锡山。尔后，中

▲ 东北军"中山"号装甲列车

央军电报请求阎锡山归还纪念孙中山的"中山"号系列装甲列车,未果。1930年"中原大战"中,东北军从晋军手中缴获了"中山"号系列装甲列车,后将"中山"一、三号送还中央军,留下"中山二号"编为铁甲车第3大队第5中队。

(二)"营沟"线战役

关东军在进占白旗堡、饶阳河后,于12月17日兵分三路沿京奉、大通、营沟三条铁路线同时发起进攻。12月20日,按照第2师团长多门的命令,关东军铁道中队以及步兵第30联队等部队从营口出发进占田庄台。

关东军铁道中队的中队长为工兵大尉半田伊之助,由中队(本)部、后藤轨道装甲车队("九一"式轨道装甲车两辆)、蒲田装甲列车队(第3装甲列车、"九一"式轨道装甲车一辆、装甲保线监督车一辆)组成。

12月23日中午12时半,先头的关东军铁道中队沿铁路线快速行驶到营口以西十六公里的田庄台东魏家沟附近,正遇上驻于此地往来运送旅客及巡查的东北军第19旅655团及刘汉山铁甲车队的装甲列车,而这辆装甲列车正是此前的"中山"号装甲列车。

随后,关东军铁道中队的蒲田第3装甲列车在发现东北军装甲列车后当即抢先发炮轰击,刘汉山装甲列车进行还击,因蒲田装甲列车的炮兵车仅搭载一门山炮,而刘汉山部这辆装甲列车的炮兵车搭载了两门野炮。是以,蒲田装甲列车发射两炮的时间,刘汉山装甲列车已连续对其发射了八炮。双方炮战至午后1点半左右,关东军铁道中队在刘汉山装甲列车的连续炮击下战力不支而撤退,其后,日军增援的第2师团步兵第30联队携一个骑兵大队、一个野炮兵大队赶至,继

▲ 蒲田装甲列车队的第三装甲列车(满铁型)

而以步、炮兵攻右翼、骑兵攻左翼,对刘汉山装甲列车进行两面夹击。刘汉山装甲列车奋力抵抗,在激战多时后,最终为避免遭到合围的危险,即从田庄台车站撤退至大洼车站,田庄台遂即失守。当晚,田庄台乡团集合五六百人,对田庄台车站进行反攻突袭,激战一夜后,至24日晨,日军突围而出,田庄台车站光复。下午1时,重整兵力的第2师团又向田庄台车站发起进攻,至2时,再度将田庄台攻占。

25日上午9时左右,攻占田庄台的第2师团炮兵在航空队轰炸机的配合下对大洼车站的刘汉山铁甲车队进行了猛烈炮击。激战中大洼车站与田庄台车站之间一段轨道被炸毁,另有其中十余枚炮弹于刘汉山装甲列车附近爆炸。第2师团一队步兵趁机对刘汉山装甲列车发动突袭,但随即在东北军655团的迫击炮支援反击下溃退。之后,日军掩护铁路工人修复了被炸毁的路轨。下午3时,关东军航空队又派来轰炸机一架向刘汉山装甲列车投掷炸弹,其中一枚于机车头旁爆炸,装甲列车受到了轻微损坏,但仍然未失去行动能力,一度退出田庄台地区。与此同时,于沙岭的辽南抗日义勇军司令张海天、项青山等得知田庄台及大洼被攻占后,即于当日夜率领三千余人,配合东北军第19旅对田庄

台和大洼车站进行围攻,战斗激烈异常,此后,辽宁义勇军于"营沟"线上,与日军第2师团反复作战,日军每进一步,都要付出较大的伤亡。

临时派遣战车队

1931年12月17日,日本关东军临时汽车班将"九·一八"事变中缴获东北军的"雷诺"FT坦克整修出五辆,装载上"捷克"式ZB-26轻机枪后与日本本土方面调来的一辆日本外购的"雷诺"NC坦克以及两辆"沃尔斯利"装甲车合编成"临时派遣第一战车队",队长为百武俊吉中尉(1897年7月17日佐贺县出生,日本陆军士官学校第三十三届毕业生,毕业后在陆军第18师团步兵第55联队担任中队附,1927年调至久留米第1战车队进修)。随即将其通过铁路运输方式送往锦

▲ 利用铁道运输的关东军百武战车队的原东北军"雷诺"FT型坦克

▲ 在沈阳大街上示威的百武战车队的"雷诺"FT型坦克

州前线进行作战,以增强战力以及在实战中测试两种"雷诺"坦克的性能。

1931年12月19日【沈阳特讯】

在东大营至日兵原驻约一混成旅,刻除一部北上攻黑外,余于本日(15日)早九时同骑兵五百余名西上,地点大约在新民以西各处,东大营现已无日兵驻扎。昨日(14日)有日本坦克车五辆在街上示威,又飞机三架被我方在沟帮子对过打毁,昨已用载重车载回东塔修理。

12月28日晨,第2师团开始对盘山县发起进攻,退守至大洼车站及盘山车站之间的刘汉山铁甲车队"中山"号及义勇军、东北军第19旅当即进行阻击。第2师团在关东军飞行队轰炸机的协同下,以步、骑、炮兵将刘汉山铁甲车队包围,装甲列车以步兵车上的两挺机枪向四面还击,攻击列车左翼的第2师团骑兵大队被击退。下午4时10分,关东军飞行队增援6架轰炸机对刘汉山装甲列车前后部投掷重爆击弹数十枚,炮兵车及步兵车被炸弹的冲击波震起,险些出轨,炮塔也被击中损毁,无法旋转。高射机枪也因发射过量,弹簧损坏,无法使用,所挂两节材料车被炸翻,前后的轨道也被炸毁。装甲列车前后共遭受四十余发炮弹,虽然大多跳弹,仅使钢甲外壳略有凹陷,但连日来受到日军陆、空严重打击,装甲列车基本已经失去作战能力。后在655团援军的支持下,铁甲车队官兵奋力对装甲列车和铁轨进行抢修,于29日凌晨3时修复后撤往盘山以北的胡家窝堡休整。

29日上午10时,占领大洼车站后的日军先以飞行队轰炸机将盘山车站南端铁道一

▲ 由锦州站开出的"满铁"型装甲列车

段炸毁，尔后即派遣第2师团步兵三百余人在临时派遣战车队三辆"雷诺"坦克的掩护冲击下对退守至盘山的东北军独立第19旅655团骑兵营（缺一连）及辽南抗日义勇第一路军阵地发起猛攻，其中一支骑兵连在迂回突袭第2师团旅团司令部时，遭到驰援的临时战车队"沃尔斯利"装甲车的阻击，全军覆没。尔后，守军因损失严重，不得已于下午撤出盘山。至1932年1月2日，在日军三个师团的兵力强攻下，锦州沦陷。

1931年12月24日 北平

马主席、副司令官公署并转各司令、各旅长高代兴安屯督办、苑旅长、张长官、东省铁路督办公署、护路军丁总司令鉴：新密。漾午后一时，我甲车巡查沟、营路线，至田庄台南魏家沟铁路破坏处附近，适有日甲车一列，计装甲车一辆，载炮，拦门刃挖有枪眼之铁棚车二辆，载日兵五十余名，进至该处，保护工人百余名修复铁路。见我甲车开至，当即发炮二响。我甲车为自卫计，还击八响。二时许，日方于甲车之后，增步兵四百余名，附炮七门，另以骑兵百余攻我左翼，步兵多名，攻我右翼。我军竭力抵御，激战移时至四十分，我驻守田庄台镇之步兵不支北退。日步、骑、炮兵四、五百名携大炮十余门，速将该镇占据，

我甲车仍在车站坚持中……特电通告。张学良。敬戌秘印。

1931年12月26日 北平

马主席、副司令官公署并转各司令、各旅长高代兴安屯督办、苑旅长、张长官、东省铁路督办公署、护路军丁总司令、骑兵第六旅白旅长鉴：敬日九时占据田庄台镇之日军发炮向甲车射击，将车站南端铁道炸毁数节。我甲车退至北洋旗外，继续抵抗，同时日机一架，向我扫射，我甲车以炮还击。十二时日炮兵即开始向我甲车猛攻，发炮七十余响，我甲车中十余弹，退至田庄台北八里抵抗。午后三时半，日机掩护步炮连合之日军进至田庄台站，我甲车即集中火力猛烈射击，该日军又退去。四时半，日军掷炸弹五、六枚，一弹中我机车。我甲车遂再退二里，日方复将车站占据，现仍对峙激战中……特电通告。张学良。宥密印。

▲ 关东军百武战车队的"沃尔斯利"装甲车

▲ 参加盘山黄家屯附近作战的"沃尔斯利"装甲车

潘喜庭记述："十二月初，日本政府命令关东军进犯锦州，以期完成侵占东北的第三期计划。右路军由日本陆军之花第二师团主力组成，二十二日由辽阳、海城出发，偷偷渡过辽河，二十四日突然袭击，在飞机、铁甲车配合下攻占了田庄台；二十六日又占领了大洼，然后准备兵分两路进攻盘山县。张海天、项青山等闻讯率义勇军三千余人赶到，为了牵制日军，配合东北军第十九旅六五五团铁甲车队反攻，于二十六日晚，进攻田庄台，日军约五百余人，在佐藤联队长指挥下进行顽抗。张海天率领义勇军，迅速从北面突破敌人封锁线，冲入街内，与日军展开巷战。经过三四小时的激烈战斗，击毙日寇五十余名，杀伤百余人，余者狼狈逃回营口，逐夺回了田庄台……此后张海天率领义勇军在营沟线上，与日军第二师团第三十九联队反复战斗。二十八日，日军进攻盘山县，受到中国驻军第十九旅护路队刘汉山铁甲车队的抵抗，敌我双方正在城内外进行混战。张海天听到炮声后，立即亲率千余名义勇军投入战斗，协助官兵多次击溃日军的进攻，激战一昼夜，护路队铁甲车中山号被击坏，弹尽无援，而日军援兵不断开来，我军不得已如盘山北胡家窝棚；二十九日，盘山失陷。是日晚七时，老北方率一部义勇军分二路偷袭营口，牵制北犯日军，遭到日军抵抗而退。三十日，日军在上有飞机，下有铁甲车的配合下，开始向胡家窝棚进攻，中国护路队铁甲车队与日军展开车战，我方由于炮弹不足，虽击毁敌车一辆，但也未能阻止日军的进犯。胡家窝棚地势平坦，无险可守，战斗至晚，护路队乃向北退至沟帮子最后一道防线。"

日军在侵占齐齐哈尔后，已无北顾之忧，于是继续西犯，夺取辽西重镇锦州。此时，东北军驻辽西的部队为锦州张延枢的第12旅、兴城绥中常径武第20旅、义县孙德荃第19旅和退到锦州的王以哲第7旅残部，以及驻锦州刘韬东的重炮第8旅。张学良令以上部队统归从沈阳退出来的黄显声代为指挥，沿大凌河西岸构筑阵地，迎击日军。

二 哈尔滨战役

由于哈尔滨是北满的政治、经济、文化中心，也是中苏共管的"中东铁路"的枢纽，华洋杂处的国际市场，更是东三省特别行政区署所在地，其地理位置与政治影响都十分重要。1931年12月26日，日本关东军决定集结重兵攻占哈尔滨。以李杜及丁超为首的哈尔滨驻军即组建"吉林自卫军"进行哈尔滨地区的保卫作战。

日本及其扶植的伪政权为消灭原驻吉林的东北边防军副司令长官公署卫队团团长冯占海的抗日武装，派吉林"剿匪"司令于深澄指挥伪军向北进攻，进而夺取哈尔滨，作为控制吉林、黑龙江两省的中心。

在吉林榆树地区，冯占海部主动放弃舒兰城，诱敌深入。伪军中计后向驻防水曲柳的姚秉乾旅大举进攻，遭到姚旅顽强抗击。当天，宫长海旅绕到伪军后方发动突袭，姚

吉林自卫军总司令	李杜
中东路护路总司令	丁超
前敌总指挥	王之佑
第二十二旅	赵毅
第二十五旅	马宪章
第二十六旅	宋文俊
第二十九旅	王瑞华
暂编第一旅	冯占海
独立骑兵旅	宫长海、姚秉乾
山林警备游击队	宋希曾等

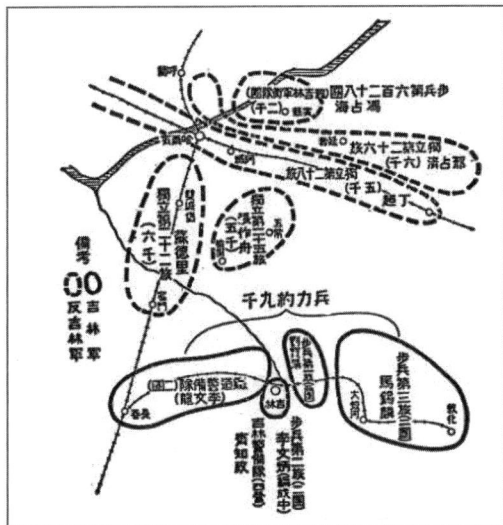
▲ 战前两军态势图

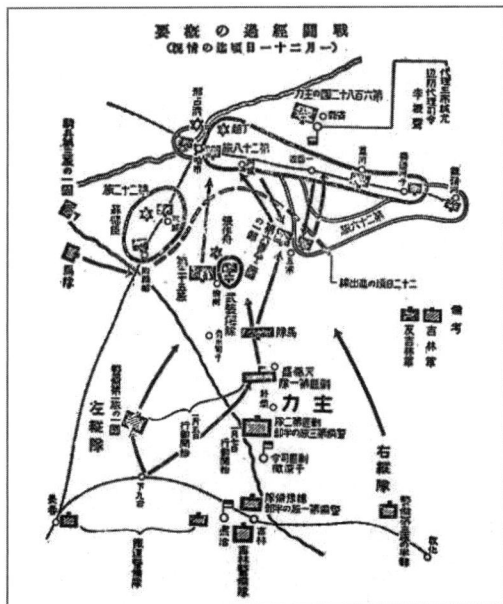
▲ 双方作战图

旅也从正面发起反击。伪军马锡麟旅受袭后溃逃，由于全军溃散，日军的督战队也束手无策。此时，冯占海又率一个旅参加战斗，追击伪军马旅，经七小时激战将舒兰收复。此战，警备军共毙伤日伪军近千人，俘虏数百人，另有伪军数百人反正。取得了水曲舒兰战斗的胜利。

1932 年 1 月 16 日，伪军于深澄部在榆树被东北军第 25 旅击溃。但冯占海鉴于舒兰城态势孤立，被迫放弃舒兰，将部队撤退到五常以北。1 月 19 日，冯占海为取得部队急需的经费，率一个营冒险自阿城抵拉林仓，被日伪军重兵包围。次日，在增援部队配合下击退日伪军，部队损失二百余人，被迫放弃拉林仓，返回阿城。25 日，冯、李率部进至哈尔滨东郊，第 22、第 26、第 28 旅先后宣布起兵响应。翌日晨，冯、李两部分四路进入市区，将五个警察总队强行解除武装，共缴步枪三千余支和一批重武器；并将第 26、第 28 旅和一个团布防于上号地区。冯占海部四个旅和两个支队布置于三棵树、南岗地区。将第 22 旅调至双城堡，准备抗击日军进攻。同日午后，日军飞机向哈尔滨散发传单，公然限令抗日军即日退出哈市。日本驻哈领事馆也向各国领事馆发出通告，声言日军将于 28 日 3 时进入哈市。

1932 年 1 月 28 日晨，本庄繁借口"护侨"，携重兵进攻哈尔滨，命关东军第 3 旅团长谷部照率第 4 联队、炮兵大队及"雷诺"坦克两辆，从长春乘火车去哈尔滨作战。29 日又下达作战命令：**第 2 师团向长春集结，尔后以车运至哈尔滨；混成第 4 旅团一部，从齐齐哈尔以车运至安达、肇东，从哈尔滨北面策应第 2 师团作战；关东军飞行队第 1、第 3、第 8、第 9 中队掩护第 2 师团集结、开进和进攻。**接到命令后长谷遂率第 4 联队从长春乘火车出发。此时铁路多处被东北军破坏。29 日拂晓，其列车到达松花江南岸的老哨沟一带时即遭到东北军的攻击。日军立即改为攻击前进，在不断遭到阻击的情况下，于当晚进至三岔河以北的石头城子村。同日夜，赵毅旅得知日军进攻哈尔滨的消息，立即作好战斗准备。

▲ 参加双城堡作战的百武战车队的"雷诺"NC坦克

▲ 进入哈尔滨的关东军百武战车队

30日拂晓，旅长赵毅率六个营轻装急进，突袭十里铺，一举将伪军刘宝麟旅击溃，俘敌七百余人，缴获枪支六百余支，随即返回双城堡，准备歼灭北上日军。20时许，日军第3旅团长谷部一个支队及两列军列先后开进双城车站，拟在双城宿营，翌日再向哈尔滨进攻。赵毅部正在此处设伏。当日军先头部队军列到站，日军下车集结，正准备部署对哈尔滨进攻的时候。设伏官兵乘敌架枪吃饭、毫无准备的有利时机，突然从三面发起攻击，以猛烈的火力将敌压迫于站台上下，继而以刺刀、手榴弹与敌展开白刃战。日军措手不及，死伤惨重。2月1日，日军紧急派出集结于长春的天野步兵第15旅团以及临时派遣第1战车队（"雷诺"坦克六辆、"沃尔斯利"装甲车两辆）驰援双城，并向双城堡发动总攻。赵旅困守孤城，伤亡团长以下六百余人后，被迫放弃双城堡，退到哈尔滨。双城遂即失守，哈尔滨门户洞开。

2月3日，日军第2师团各部先后到达

苇塘沟河地区集结。开始进攻哈尔滨外围自卫军的前哨阵地，第2师团步兵第3旅团和伪吉林"剿匪"司令于深澄指挥五个旅为右翼纵队，向秦家岗、南岗、上号地区中国守军进攻；日军步兵第15旅团为左翼纵队，经松花江畔八里堡向顾乡屯进攻。经战斗自卫军前哨阵地全部失守，退回基本阵地。4日晨，日军发起总攻，自卫军全部投入战斗，下午，日军展开于铁路两侧的顾乡约屯以南、永发屯、杨马架一线，第3旅团在铁路以东，第15旅团在铁路以西。炮火准备后，日军发起攻击。吉林自卫军利用工事和村庄房屋顽强抵抗，炮兵集中火力对进攻的敌军猛烈射击，杀伤了大量敌人。日军攻击顿挫，转为就地防守。至16时，杨马架至永发屯地段被日军占领。自卫军顽强抵抗，日军转为重点进攻，其左翼纵队猛攻顾乡屯。防守该地的自卫军第28旅利用民房、墙垣坚决抵抗，但旅长王瑞华却临阵脱逃，部队失去了指挥，只得放弃阵地退入市区。同时，日军右翼纵队猛攻自卫军第26旅的防区，旅长邢占清率部拼死

▲ 哈尔滨街道上的关东军百武战车队

▲ 参加哈尔滨入城式的关东军百武战车队

抗击，终因装备悬殊，被迫放弃南岗阵地，退到十六道街江坝上。在此前后，王之佑指挥的西、南防线也相继失守。在此紧急时刻总司令李杜亲临前线，组织部队在市区边缘构成第三防线，战至天黑，将日军阻止于原地。

　　1932年2月5日拂晓，自卫军开始反击，首先以炮兵实施火力准备，对铁路以东的日军第3旅团阵地集中射击，尔后步兵开始出击。第一线日军陷于苦战困境。第2师团长多门二郎急令炮兵对反击的自卫军实施拦阻射击，并将坦克队和预备队投入反击。飞行队的四个中队从双城临时前进机场起飞，轮番轰炸、扫射，以支援地面部队作战。战斗异常激烈，双方伤亡惨重。自卫军由于没有空军支援，受日军飞机威胁巨大，最终于5日下午全线撤至哈尔滨以东地区，日军进入哈尔滨市内，哈尔滨沦陷。

第五节　"一·二八"淞沪战役
（1932年1月28日-3月3日）

▲ **30 年代初的上海**

一　日本海军上海特别陆战队装甲车队

　　20世纪初，日本与其他列强一样在上海公共租界拥有大量居住于此的侨民和产业。同时，为保障当地日本在华权益和侨民的安全，日本海军"第一遣外舰队"也驻留上海。同时在公共租界内设有兵营，供海军陆战队使用。舰队的船员则驻守军舰之上，停泊于码头或游弋于黄浦江出海口之内外海域。如遇突发事件，可通过日本本土的镇守府临时

▲ 日本海军上海特别陆战队装甲车队

编组成的特别陆战队和陆军部队进行驰援，
以化解危机。

1927 年 2 月"北伐战争"时期，北伐军
与五省联军于浙沪地区激烈作战。日本海军
就以保护在上海日本租界的本国侨民为理由，
派海军运载本土镇守府特别陆战队一个大队
三百余人派往上海。同年 3 月上旬，佐世保

▲ 日本海军上海陆战队装备的"维克斯·克雷斯利" M25 装
甲车（日本海军第九号）

▲ 日本海军上海陆战队装备的海军"九〇"式装甲汽车（日
本海军第十号）

▲ 日本海军上海陆战队装备的"维克斯 - 卡登·罗伊德" VIB
型超轻型战车

▲ 笹川涛平

日本海军上海特别陆战队装甲车队编制		
本部	笹川涛平大尉	
第一分队	安村中尉	
第一小队	"维克斯·克雷斯利" M25 装甲车	3 辆
第二小队	"维克斯·克雷斯利" M25 装甲车	3 辆
第二分队	长谷部少尉	
第三小队	"维克斯·克雷斯利" M25 装甲车	3 辆
第四小队	"九〇"式装甲车（早期型）	2 辆

镇守府和横须贺镇守府也各派一
个大队共计五百余人进驻上海。
后在护卫巡洋舰"利根"号舰长
植松磨砺大佐的指挥下五个大队
（共计二千二百余人）编成"联
合陆战队"。

▲ 日本海军上海陆战队装备的简易改造的装甲汽车

同年 9 月，上海周边战事结束，联合陆战队大部分返回日本，仅海军第一遣外舰队下属的一部分水兵以"上海特别陆战队"的名义留下常驻上海，并将总部大楼驻于公共租界内的虹口区。

1931 年 9 月，趁"九·一八"事变之机，日军又增派了两个大队，使总数达到一千八百人左右。由于上海陆战队兵员人数较少，所以通过在装备的质量上来弥补兵员的不足，并组建了适用于巷战的轮式装甲车队。上海海军特别陆战队主要装备："三八"式步枪、"伯格曼" MP-18 手提机关枪（冲锋枪）、"十一年"式曲射步兵炮、"四年"式 150mm 榴弹炮、"保"式 50mm 炮、"哈雷戴维森" 1931 型挎斗摩托、改造装甲汽车、"维克斯·克雷斯利" M25 装甲车（编号为日本海军 1 号—9 号）、"九〇"式装甲车（编号为日本海军 10 号、11 号）以及"维克斯·卡登洛依德"超轻战车等。

二 上海万国商团装甲车队（Shanghai Local Volunteer Crops Armored Car Company）

万国商团的正式名称为"上海本埠义勇队"（Shanghai Local Volunteer Crops），成立于清朝末期的 1853 年。最初它是为预防太平天国起义军攻打上海时对上海外国租界内侨

▲ 上海万国商团装甲车队的"罗尔斯·罗伊斯"装甲车

万国商团编制	
司令部	指挥官 汤姆上校（Cal Thomas）
负责作战指挥及后勤保障机构	
A 大队	甲队、乙队、上海苏格兰队、犹太队、防空队；
B 大队	美国队、葡萄牙队、美国后备队、美国机枪队、菲律宾队；
C 大队	俄国常备队、俄国义勇队；
骑兵大队	上海骑兵队和美国骑兵队；
特种大队	上海工程队、装甲车队、中华队、日本队、译员队、运输队和通讯队；
炮兵大队	上海重炮队、上海轻炮队。

民造成侵害，而由英、美领事组织成立的由外国侨民民兵志愿组成的武装组织。因其主要成员为外国洋行职员，故被俗称为"万国商团"（SVC）。万国商团装甲车队（Armored Car Company）成立于 1928 年，前身为 1903 年"商团"甲队的"马克沁"机枪排，1917 年 2 月，改编为"独立机枪队"。1921 年 11 月，上海工部局从英国订购了六辆"罗尔斯罗伊斯"装甲车，于机枪队建制内增设一个装甲车排。尔后至 1928 年间连续购买了五辆，共有十一辆装甲车，自此以后数量维持不变。装甲车涂装编号除队长指挥车为"C"外，其余车辆为罗马数字的"1-10"。而原"独立

机枪队"建制内的装甲车排也于 1928 年脱离机枪队编制成为独立单位，并正式改称为"万国商团装甲车队"（Shanghai Local Volunteer Crops Armored Car Company）。

1931 年 5 月，上海公共租界区内的英、美、意、日等国驻军组建公共租界的最高防务机关——"防务委员会工部局"，并由万国商团总司令参加防务委员会商定的防务原则，规划租界区内各国侨民居留区及各国驻军防卫范围。万国商会担任的防区为东至北江西路，西至梅白克路一线，特种大队装甲车队于此线街巷上进行巡防。

三　上海法租界坦克队

在 1918 年的"协约国西伯利亚武装干涉"中，法军是由从法属印度支那驻军中抽调的六个步兵连以及一个坦克连（最初数量为一战法军坦克连标准编制二十四辆，尔后又增派了十辆）组成，总兵力约为两千两百人。它于 1918 年 8 月 8 日登陆海参崴，由日军总指挥配属支援"捷克军团"作战。法军坦克连在西伯利亚的作战中，在铁路沿线被支持苏联红军的俄罗斯铁路工人缴获了四辆。1920 年 8 月法军撤离西伯利亚时，将剩余的三十辆"雷诺"坦克中的十辆分别运到法属殖民地——印度支那各地，八辆运往中国天津的法租界供法国驻军使用，另外十二辆辗转落入中国东北的奉系军阀张作霖手中。其中运往法属殖民地印度支那的十辆雷诺坦克又被分送到西贡及河内等地，编成单独的法军坦克排。1927 年"北伐战争"时期，因浙沪地区战况激烈，为保护上海法租界的安全，殖民政府将越南西贡的法军坦克排六辆"雷诺"FT 调至上海租界，后常驻上海。1931 年 5 月，上海公共租界区各国成立"最高防务

▲ 上海法租界坦克车队的雷诺 FT 型坦克

委员会工部局"后，法租界及租界西部的凯旋路至徐家汇一线便由法军担任防卫，司令官为马凯尔上校（Cal maicaime）。

四 战役经过

"九·一八"事变后，东北三省沦陷。全国人民哀东北之沦亡，起而杯葛，以经济绝交的手段想敦促日本军阀醒悟。由于上海是中国当时最大的商埠，中国经济的中心，"杯葛运动"（抵制日货运动）一举可以号召全国，此举足以制日本人民之死命。为此日本人处心积虑地想阻止中国的"排日运动"。同时，日本关东军为了将国际目光的焦点从东北移开，掩护建立伪满洲国傀儡政府，即由关东军高级参谋板垣征四郎、花谷正串通日本上海公使馆助理武官田中隆吉，暗地里策划在上海制造事端。现场执行者为宪兵大尉重藤宪史以及女间谍川岛芳子，后于1932年1月18日下午4时，故意唆使日本日莲宗僧人天崎启升、水上秀雄和信徒三人（后藤芳平、黑岩浅次郎、藤村国吉）与中国三友实业社总厂的工人发生冲突殴斗事件，结果导致僧人水上死亡，天崎等二人重伤。之后以此为借口指使上海的"日本人在华青年同志会"数十名暴徒、流氓携带火把等武器纵火焚烧了三友实业社厂房。并掀起一连串事端，导致中日矛盾冲突逐渐激化，事态愈演愈烈。

21日后，日本海军军舰及增援陆战队队员陆续到达上海。同时，位于北四川路的日本海军陆战队司令部大楼实行戒严并增强了防卫，虹口一带的日本海军陆战队还在街上武装示威，驾驶装甲车穿梭不息，并以火炮炮口指向马路两旁的市民进行威吓。

担负防卫上海任务的国民革命军第19路军总指挥官蒋光鼐、军长蔡廷锴、淞沪警备司令戴戟等为预防日军随时可能发动的进攻而制定了如下的应对计划：

（一）根据日方现派大批舰队来沪，有向我政府威逼取缔爱国运动并自由行动至企图。

▲ 蒋光鼐

▲ 蔡廷锴

（二）我军以守卫国土，克尽军人天职之目的，应严密戒备。如日本军队确实向我驻地部队攻击时，应以全力扑灭之。

（三）第七十八师第一五六旅担任京沪铁道以北至吴淞、宝山之线，扼要占领阵地。第一五五旅担任京沪铁道线（包括铁道）以南至虹桥、漕河泾之线（南市、龙华之团即在原地），扼要占领阵地。

吴淞要塞司令率原有部队固守该要塞，并且与附近要塞之友军，确保联络。

铁道炮队及北站之宪兵营归第七十八师第六团团长张君嵩指挥。

丹阳第六十师黄茂权团，限明日（24日）开至南翔附近待命外，其余沈光汉师、毛维寿师为总预备队，在原地候命。

各区警察及保卫团受各该地军队高级指挥官指挥。

日军在上海的兵力配置：

此时日本在华的海军，为第1和第2遣外舰队。停泊于长江流域及长江口以南的海域，由盐泽幸一少将的第1遣外舰队担任巡逻警戒；青岛地区以南沿海及以北之海域，则由津田静枝少将的第2遣外舰队负责。

▲ 盐泽幸一

其在上海地区的兵力配置有：

第 1 遣外舰队 司令长官：盐泽幸一（少将）

第 15 驱逐队，配备驱逐舰 4 艘和轻巡洋舰"大井"（1 月 23 日至上海）

第 22 驱逐队，配备驱逐舰 4 艘和轻巡洋舰"夕张"

第 23 驱逐队，配备驱逐舰 4 艘

第 30 驱逐队，配备驱逐舰 4 艘、轻巡洋舰"天龙"以及旗舰"安宅"

水上飞机母舰"能登吕"搭载"一四"式水上侦察机 6 架（1 月 24 日抵达上海）

以上舰只及辅助船分布于长江口以南沿海，另炮舰分布于长江下游、中游及长沙地区。

海军陆战队 指挥官：鲛岛具重（大佐）

中央警备队

本部直属部队，负责警戒虹口地区的日租界和后备支援任务。

第一大队 大队长：铃木光信（少佐）

第一、二中队，负责守卫北四川路以西正面的横滨路、北河南路之间的第一线阵地。

第二大队 大队长：多田野佐七郎（大尉）

第四、五中队，各一个小队，负责警戒北四川路以东正面和以北花园街地区。

第三大队 大队长：高桥一松（少佐），负责警戒第一大队后方安全。

"夕张"号、"常磐"号水兵陆战队，负责警戒虹口区日租界安全。

北部警备队

野炮队，负责警戒北部地区，炮兵阵地设于打靶场一带。

虹口警备队

"大井"号、"安宅"号水兵陆战队，负责警戒老靶子路以南租界安全。

西部警备队

第一大队第三中队，负责警戒西部丰田纺纱工厂地区安全。

东部警备队

第二大队第四中队（一个小队）、第五中队（一个小队）

第一水雷战队各驱逐舰水兵陆战队，负责警戒东部工厂地区安全。

（一）第一阶段作战

1 月 28 日，日本海军陆战队约三百人自江湾路移驻横浜路日本小学内进行警戒，同时又派出五辆装甲车与三十余辆武装摩托车协防。窦乐安路路口则驻扎日陆战队四十名余名，机枪四挺，武装摩托车十余辆，之后日本小学内的日陆战队增至五百余人，并配步兵炮四门。此时日本海军司令今井更叫嚣四小时内即可占领闸北。公共租界工部局特张贴布告："**本埠形势紧张，自即日下午四时起，宣布戒严，并以英国陆军司令弗莱曼任上海各国联军总司令。**"于是公共租界内，各国军队陆续展开防务。法租界内的越南巡捕也全部出动上街维持治安。

至晚 11 时 30 分，由于天通庵车站方面因兵力及地形原因，中国军队未曾设防，所以最先遭日本海军陆战队的占领。海军陆战队（指挥官鲛岛具重男爵）即以天通庵车站为据点以第 1、第 2、第 3 大队及便衣队对上海中国守军突然发起袭击，史称"一·二八"事变。之后发展成为"第一次淞沪战役"的上海保卫战也由此爆发。

日军攻击路线为右翼由虹江路口，沿宝山路、宝源路、横滨路一线展开，左翼则以第 2 大队第 5 中队于鸿济路向青云路方向进攻，第 4 中队沿天通庵路方向进攻。南线的第 1 大队第 1 中队沿宝兴路方向攻击，第 2 中队沿虹江路方向攻击，第 3 中队沿老靶子路攻击，第 3 大队沿广东街向北进行攻击。

▲ 于沙包工事后射击的中国第十九路军

▲ 北四川路交叉口的日海军陆战队以"维克斯"装甲车（1 号、6 号车）为中心，据守在沙袋堆砌的扇形防御工事内

▲ 据守于闸北宝山路的中国第十九路军

陆战队的"维克斯"装甲车队被一辆一辆地配属于各个中队协同作战。

上海守军第 19 路军军长蔡廷锴得到前方报告后立即下令部队进行抵抗，以第 19 路军第 156 旅第 6 团（团长张君嵩）于闸北"京沪"线北站出发，沿淞沪路之宝山路、虹江路、中兴路、天通庵路、青云路等各路口，向八字桥攻击前进并在此构筑第一线防御阵地。会文路至宋公园路之线，为第二线防御阵地。闸北的上海公安局警察队及保卫团在阵地前担任警戒任务，宪兵第 1 团第 1 连、上海公安局警察大队第 6、第 7 中队以及中央铁道炮队固守北站，并原地待命。

青云路方面，日陆战队第 2 大队第 5 中队中队长乘坐配属该队的第 3 号"维克斯"装甲车协同陆战队员及便衣队依托房屋建筑为掩护沿街道快速突进，至青云路及横滨路交叉口时，对防守该处的第 19 路军第 156 旅第 6 团第 2 营阵地率先发起攻击，并撞毁了守军左翼的防御工事。之后，日海军陆战队以 3 号"维克斯"装甲车在步兵前掩护进攻。炮塔上的两挺"维克斯"7.7mm 机枪疯狂地对第 19 路军官兵扫射，并对个别目标采取了点射的狙击方式，该处守军将士损失惨重。在吸引第 19 路军注意力及火力后，便衣队隐蔽在装甲车左右两侧，陆战队紧跟其后，向中国守军阵地冲击。在守军第 6 团第 2 营的还击下，日便衣队纷纷登上道路两旁的民房楼上，向守军射击。日陆战队在第 5 中队中队长的指挥下，两队步兵向中国军队阵地加速冲击。中国守军的第 2 营营长吴康鉴见状，也亲率所部爬上横浜路医院的洋房和光明玻璃厂的楼上，从楼上使用机枪和手榴弹对日陆战队的装甲车和跟进的步兵接连发起攻击。

▲ 从建筑物内向外投掷手榴弹的中国第十九路军战士

▲ 日海军陆战队装甲车队的第 1、2 号维克斯装甲车

日军的装甲车车体多处遭受损伤破裂，乘员见势不妙迅速调头驶回。守军随即将木桥烧毁撤到对岸，之后双方只得隔岸作战。

虬江路方面，日陆战队第 1 大队第 2 中队协同数辆装甲车以优势火力对防守该处的第 6 团第 1 营阵地发起猛攻，以致中国守军伤亡惨重，一时被装甲车冲入防线内，战局十分危险。但随后因第 19 路军预备队的迅速驰援，得以恢复战线，增援虬江路该处的机枪兵张天、王华胜等人因到达时间仓促，突遭日军装甲车袭击，机枪手在危急之下未待机枪架好，就用双手捧起机枪，向装甲车冲去，敌车瞬间被击坏，乘员悉数被打死，英勇的他就这样缴获了此车！其余装甲车见状仓皇后撤，继而守军阵地得以稳固。随后，日陆战队第 2 中队再次协同装甲车展开进攻，守军第 1 营向装甲车上大量投掷手榴弹，可爆炸后的破皮却被装甲车的装甲弹开落到自己的阵地，反倒造成了不少己方官兵的死伤。随后守军发现用手榴弹从地面上滚过去，在装甲车底盘下爆炸，可以有效地对装甲车造成破坏。于是官兵们就如法炮制，给日军的装甲车造成不小的损失。

梁岱（时任第十九路军第七十八师第一五六旅第六团团附）记录：

"（1）第一营附迫击炮一个排，沿横滨路、天通庵路、青云路之线占领既设防御工事，右翼与第二营密切联系，特别向左侧以北地区警戒；（2）第二营沿虬江路、北站、宝山路之线占领既设防御工事，左翼与第一营密切联系，特别对右侧注意敌人利用公共租界的行动；（3）第三营为预备队，在湖州会馆附近疏散隐蔽；（4）迫击炮连（欠一排）在湖州会馆广场构筑掩体和阵地，随时准备策

日海军陆战队装甲车队的第 4、5 号维克斯装甲车

应第一线营的战斗；（5）通信连在太阳庙原驻地不变，立即构筑总机掩体，并保持前后方通信线路畅通无阻；（6）卫生队在第一线后方预设伤兵收容所，作战中及时将重伤兵转送到后方野战医院，以及抢运阵亡将士的尸体到后方妥善处理；（7）第一线营构筑防空掩体以防敌机轰炸扫射；（8）前线指挥所设在湖州会馆内军警联防办事处。"

翁照垣（时任第十九路军第七十八师一五六旅旅长）回忆：

"十一时二十分，张团长用电话报告：已遵令依原配备，饬各营进入阵地；另饬第三营营长吴履逊派兵一连防守宝山路，协同北站的宪兵第一团之一连及铁道炮队，固守北站，为我军左翼据点。并报日军已在北四川路天通庵车站一带集合。我当即告诉他说：好好准备，杀敌机会快来了！

"十一时三十分，在寂静而又紧张的气氛中，忽然听到了一阵极清亮的步枪声，接着便听到密如连珠的机关枪声……这时又接到张团长的电话：日军已开始向我们攻击了！他们由虹江路、广东路、宝山路、横滨路、天通庵路、青云路等处，用铁甲车掩护，向我们这边冲过来……打吧！不许退走，守住

原有阵线……这便是战斗的开始！

"我一方面令第六团奋勇作战，一方面令第五团准备增援。战争打响约莫半个小时，混乱的激战渐渐稳定，枪声一阵阵加密。这时大部日军，以铁甲车数辆掩护，由虹江路、宝兴路、广东路等处向我正面阵地进攻，横滨路、天通路、青云路等处敌军，约莫六七百人，也以几辆铁甲车掩护，向我们阵地冲锋，来势极为凶猛。日军跟着铁甲车后，从容不迫地前进……铁甲车在突然停下片刻之后，又冲过来了！五十码、三十码……一排手榴弹雨点一般地飞出去，一阵巨响震耳欲聋，一团团烟尘飞腾起来。铁甲车这时转了头。惊慌失措的敌人，争先恐后，抱头鼠窜。卟卟卟卟……我军的机枪又活跃起来。刹那间，在阵地前面，敌尸骸枕籍……当时我们在战报上写道：毙敌三百余人，伤数百人……令人惋惜的是，我们没有缴获敌人的装甲车，只是炸坏了两三辆。"

29 日凌晨 1 时 40 分，广东路方面，第 3 大队大队长高桥一松少佐乘坐第 5 号装甲车与另两辆装甲车突进至三义里第 19 路军第 156 旅第 6 团第 1 营阵地附近，守军据守于路口两旁的商店楼上，对该部日军进行猛烈夹击。激战中，中国守军第 1 营倒地未亡的伤兵，将手榴弹塞入通过的一辆日陆战队装甲车底盘下，只听"轰"的一声，这辆装甲车涌出浓浓白烟，即被炸毁在路旁了。另外，第 2 连班长潘德章在日陆战队高桥少佐乘坐的第 5 号装甲车配合步兵冲锋时，虽左臂中弹却依然坚持着用机枪向敌兵扫射，十几名日军应声倒地。同时中国守军第 1 营的多挺机枪所喷射的弹雨劈头盖脸地砸在装甲车身上，发出有如击磬般地响声。事后日方整修

时发现 5 号车上残留有五百五十余个弹痕，可见战况是多么地激烈！另外，虽然"维克斯"装甲车的装甲有 5.5mm 厚，但由于命中角度合适，其中多发子弹成功地贯穿了 5 号车的车体装甲，击中了车内的第 1 大队大队长高桥一松少佐的头部，致使高桥当场重伤休克。同车的装甲车队第 2 分队队长长谷部与驾驶员隋川多人也各自受到不同程度的损伤。"维克斯"装甲车的机枪和机枪塔也被击毁。在增援的陆战队员赶到后，才将受伤的高桥等人从损坏的 5 号装甲车内拖出，经广东路撤回租界，送往陆战队本部医院急救。

在宝兴路一线作战的第 1 大队第 1 中队配属装甲车队第 4 号装甲车在突进至中国守军第 1 营第 3 连战前构筑的铁丝网工事前时忽然紧急刹车，这是因为陆战队"维克斯"装甲车为轮式战车，无法如履带坦克一样破坏铁丝网后前进，所以只能被迫停止前进。在装甲车停住的瞬间即遭到此处的中国军队潮水般的反击，陆战队瞬间陷入被动挨打的状态。该中队队长指示小队长赤尾俊二少尉率领七名队员携带炸药对铁丝网进行爆破，其余人员占据附近房屋架设机枪进行掩护射击。随后，日军爆破小队包括小队长赤尾俊二在内的两人被守军当场击毙，三人负重伤。但是，铁丝网还是被炸药炸开了一个四米左右的缺口。日军第 1 中队中队长当即下令身背投掷弹囊的手榴弹手乘坐 4 号装甲车加速从缺口冲进，在装甲车猛烈的机枪扫射下，中国守军阵地被撕开缺口，日军手榴弹手连续从装甲车窗口投出数枚手榴弹，而中国守军也不断向日军装甲车投掷手榴弹，瞬间一系列强烈的爆炸，将中国军队的阵地炸毁，双方均死伤惨重，中国军队的机枪连连长张金山、营附陆彬先后阵亡。

▲ 巷战中的日海军陆战队装甲车队的第 3 号维克斯装甲车

▲ 与日海军陆战队员协防的第 4 号维克斯装甲车

翁照垣（时任第十九路军第七十八师一五六旅旅长）回忆：

"……在这次战斗中，我第六团第一营第二连下士班长潘德章，当敌人在广东路街口用铁甲车冲锋时，他沉着地用机枪扫射，击毙数十名日军，后来一颗敌弹打中了他的左臂，他仍咬紧牙关继续射击，终使敌人狼狈而退。同连上等兵伍培、伍全兄弟二人，在闸北宝山路奋不顾身地和敌人肉搏。他们左冲右突，见一个刺一个，刺毙约十几个后，终为敌人所害，而敌人比他们多十倍！第三连中尉连附谭绍平和上士班长张桂林，在闸北宝山路宝源路口，当敌人冲来时，他们都酣战如狂，在击倒几十人后，自己也受了伤。同伴请他们退下，他们却反而冲上去，终于在一阵敌方的炮火之下，以身殉国。其它如第二营第五连连长钟国华，第三营第八连少尉连附，都在截击敌人的铁甲车时，表现出特殊的勇敢。"

《海军陆战队上海戦闘》中记载:

"便衣队突然从侧面袭来，常磐小队留下就地阻击。在夜暗中继续前进，五米，十米，侧面出现一簇簇黑影。（大队长）打开后门，对着黑影大喊：是 XX 小队么？砰砰砰砰砰……'大队长，敌人的子弹阿！快关门！'这是长谷部装甲车分队长在喊。这样，旗手被叫了回来，战车闭门前进，边进边用机枪对外射击。但是，当战车到达中国阵地的沙袋工事前时，中国兵的抵抗达到了疯狂的程度，不断传来子弹打在车体上的声音。战车内不时有点点的闪光出现，那是从射击孔飞进来的手榴弹弹片，周围的情况根本无法看清。因为侧门上的中弹声音稍少。旗手稍稍推开侧门，随后报告击中装甲车的弹片正在崩飞杀伤周围的日本兵。他边从那里向外望，边喊道：'前方二十米，有三挺敌人的机枪！'一语未毕即被一弹命中，随着一声'我中弹了'掉落车外。'快向后爬！'车中的日军对旗手大喊，免得他被再次打中。"

1 月 29 日凌晨 2 时 30 分，在虹江路一线作战的第 1 大队第 2 中队配属两辆"维克斯"装甲车，与据守在"淞沪"铁路线的北火车站附近一栋三层楼房内的宪兵团和上海公安局警察激战。忽然，日军发现这些装备低劣的非正规作战部队的防守火力出现了大幅度增强，并不时伴有火炮进行炮火支援。这种情况让正在进攻的日军陆战队猝不及防，造成了多人伤亡。第 2 中队中队长立即派摩托车队一名队员骑"哈雷"摩托趁夜色迂回到

▲ 准备中的日海军陆战队的第 4、6 号维克斯装甲车

前方进行侦察，不一会儿这名队员返回，急急忙忙地下车向中队长报告说："北停车场附近有敌军的装甲列车！"而这装甲列车正是隐藏于北火车站内待命的中央军铁道炮队的"北平"号（原五省联军"北京"号）与另一辆不明身份的装甲列车。在得到上级指示命令后，它们立即从车站内开出，以搭载的 75mm 火炮对攻势正凶的日海军陆战队猛烈轰击，致使日军陆战队第 2 中队死伤惨重。陆战队第 2 中队中队长当即将配属自己的两辆"维克斯"装甲车派出，对"北平"号进行袭扰攻击，一辆吸引"北平"号的火力及注意力，另一辆掩护铁道破坏小队对铁轨进行爆破。虽然两辆"维克斯"装甲车用高机动游弋方式，以装载的四挺"维克斯"机枪对"北平"号进行猛烈射击，但对于拥有厚重装甲的"北平"号来说，这完全无法造成有效的伤害。之后，两辆"维克斯"装甲车又换装烧夷弹进行射击，将宪兵团及警察据守的房屋点燃，日军陆战队铁道破坏小队也趁混乱之际将铁轨炸毁一段，但是依然无法消除"北平"号给予的威胁。

至 29 日上午 6 时，上海市公安局派两辆装甲汽车增援北站守军，途中与日军装甲车遭遇。上海公安局装甲车抢先从车内向敌装

▲ 铁道炮队的"北平"号铁甲列车

▲ 据守上海北站的宪兵第6团宪警

甲车投掷了一枚手榴弹，并伴以车载机枪猛烈扫射。日军陆战队装甲车由于与"北平"号装甲列车激战多时，乘员已十分疲惫，未曾想到遭遇中国装甲车的突袭，顿时手忙脚乱，上海公安局装甲汽车的枪弹当即击中日军装甲车多处，其中一辆油箱被弹片击中险些起火爆炸，另外中国军队投掷的手榴弹爆炸后的弹片也穿透装甲直接击中了该车车长的颈脖，其余三名乘员也都负伤。

上午8时左右，日本海军陆战队（本）部自知无法快速突破守军阵地，即命令重型火炮进行支援，同时停泊于上海吴淞口外的"能登吕"号水上飞机母舰搭载的几架"一四"式水上侦察机也飞往闸北北火车站上空对第19路军阵地进行轰炸，多处阵地防御工事被炸毁，守军一度发生动摇。"一四"式水上侦察机进行了几轮的轰炸，但都未命中中国

军队的装甲列车，其中还有数枚误投到公共租界区内，遭到了租界当局的谴责和警告。至9时左右，"一四"式水上侦察机再次对北火车站进行轰炸，这一次命中了北火车站管理处的楼房，爆炸将火车站钟楼和大厅烧毁，大火还波及到旁边车站，站内的"北平"号装甲列车也被炸坏两节车厢，中国守军的宪兵连及警察队因抵抗不住日军炮火的轰击，与"北平"号一同撤出了北站。随后，日军在炮火的掩护下，继续以"维克斯"装甲车为先导，步兵在车后紧随，向宝山路、虹江路各路口冲击，试图夺取北站。但在赶来增

▲ "能登吕"号水上飞机母舰

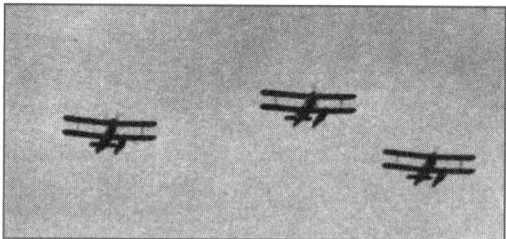

▲ "一四"式水上侦察机

▲ "北平"号铁甲列车

援的第78师师部预备队及宪兵第6团1营的奋力抵挡下，夺站未遂。下午6时，中央铁道炮队的"北平"号装甲列车从后方开回北站，于共和新路附近掩护中国守军阵地右翼安全。

《上海抗日血战史》记载：

"该晚能以少数兵力击败日军三千人者，实奉我蔡军长区师长翁旅长等高级指挥官指挥得宜，并得我军第五团第一营、宪兵第六团第一连、铁道炮队铁甲车等加入作战，暨警察第三、六两队及各警团之协助，与我士兵奋勇所致。"

《海军陆战队上海战闘》中记载：

"战斗中，中国装甲列车忽然出现，迂回的坂口第二小队遭到炮击，用机枪应战，中国列车稍微退却，看到这种射击不能阻止自己，又重新向前开进，用车上机枪扫射我军，对于重炮装甲列车，除了用飞机轰炸以外，别无办法。早晨11点，我军飞机出现在闸北，装甲列车终于开始退却。飞机追上去投弹，第一发没有命中，击中了上海北站的建筑物，黑烟飞扬，很快起火，能登吕号的飞机继续追击，直向真如方向追去，无果。为了阻止装甲列车的前进，本部工作队十二点二十分于虬江路和宝山路交界处炸毁路轨。"

铃木实（日本海军上海陆战队第一大队第二中队传令兵）回忆：

"山中中队在虬江路顽强的敌阵中陷入苦战，虽然取得一定进展，但是敌军在北停车场、宝山路等地显然留有大量部队，随时可能从我占领阵地的侧面突入。此时，坂口小队长率一个班向北站搜索攻击，一直打到敌军阵地前50米，攻击一座三层小楼。此时，

敌军装甲列车炮开始对我阵地炮击，两弹在我阵地附近炸裂，造成多人负伤。看到这一情况，小队长转而命令占领街垒防御，虽然双方一度打成对峙，但是很快我军的机枪阵地就被炮弹击毁。小队长让身为传令兵的我前去抢救机枪手。我刚一出发，又一发炮弹在附近爆炸，我的大腿当即中了弹片，是贯通伤。小队长将我背出来，但我不肯撤退，称'一条腿也可以骑自行车传令啊！'然而，一上车我就因为失血太多栽倒下来。"

梁岱（时任第十九路军第七十八师第一五六旅第六团团附）记述：

"我们最受威胁的是敌利用装甲车掩护步兵向我阵地冲击（当时战士称之为铁牛）。初战时我们吃亏，乃组织敢死队，潜伏马路两旁的店户内，待其驶近，即以密集之手榴弹将其炸毁。有的战士将十个手榴弹扎成一捆，埋在阵前五十公尺的马路中央，加以伪装，再用铁丝以一端集束十个手榴弹的引信管，另一端牵至阵地内，看准其驶近目标时，将铁丝拉动，隆然一声巨响，铁牛应声倒地。我们在没有地雷配备的情况下，是用这样办法来对付敌人的铁甲车。二十八日和二十九日两天，敌军反复数次向我阵地猛攻，均被击退，停获敌军十数名，击毁和缴获装甲车

▲ 铁道炮队的"北平"号铁甲列车另一视角

三辆，从而坚定了全体官兵抗战的信心，鼓舞了全国人民敌忾同仇，粉碎了敌酋狂妄叫嚣四小时占领闸北的狂妄计划。"

29日夜11时30分，上海市公安局第6中队六名警官在天通庵路与通记路交叉口的沙袋工事里防守时，日军陆战队30余名队员协同数辆装甲车趁夜幕偷偷摸到该地。守卫此处的警员向其询问口令时，日军则直接用机枪子弹作以回答，中国警察立即以步枪进行还击，但因寡不敌众，遂往横浜路方向撤退。在向驻守该处的公安局第6中队中队长孙谋报告后，孙谋立刻率部驰援。双方激战十余分钟后，因日军火力凶猛，第6中队无法对抗，只得撤退。后因日陆战队已将天通庵车站占领，第6中队警察遂于青云路地域进行集结，在此处遇到了正赶来增援的宪兵第6团机枪

▲ 与日海军陆战队协防租界的万国商团装甲车队的"罗尔斯·罗伊斯"装甲车（1号）

▲ 日海军陆战队的"九〇"式装甲汽车（报国1号）

队，随后立刻组织反击，战约两个小时后，驻昆山的第19路军两个营闻讯后也赶来加入了反攻作战，在军、宪、警合力之下，终将该部日军包围，并给予重创，同时还缴获了该部日军的三辆不明型号装甲汽车，其中一辆被完全击毁，而另外两辆尚能使用。

从1月28日至29日各个战线的日本海军陆战队装甲车队的"维克斯"装甲车因冒进和视野较差等原因，悉数被中国军队以枪弹及手榴弹击坏，无法行动，后被日军奋力抢回，由技术人员进行修复。另外其中一辆车体较大的（海军陆战队"报国1号九〇"式装甲车）则被中国守军彻底炸毁。

（二）第二阶段作战

1月29日，由于英、美上海总领事的从中调停，第一阶段作战失利的日本海军指挥官盐泽幸一同意从1月29日20时开始停战3天。但是在此期间，贼心不死的日本海军趁机休整，并从本土向上海派来"加贺"号、"凤翔"号两艘航空母舰及海军陆战队第4、第5大队进行增援。于1月31日和2月1日两日，先后到达上海附近，停泊于上海以东约130公里的马鞍列岛海面。翌日，日本海军为了统一指挥和灵活作战，组成"第三遣外舰队"，由海军中将野村吉三郎任司令官，并获总部批准再次对闸北发动进攻。3日晨，日陆战队首先向青云路地区炮击，尔后由新到的第5大队从六三公园方面采取攻势，下午1时左右，停于北火车站内的"北平"号装甲列车奉命冲锋至淞沪线，于宝山路站东对江湾路发炮，将六三花园附近的日陆战队第5大队一部四十余人歼灭。日海军随即出动飞机对守军各阵地进行轰炸。

4日上午7时左右，日陆战队第2大队

▲ 对敌陆战队射击投掷手榴弹的中国第十九路军官兵

野炮队先以"山内"式 47mm 速射炮子母弹向闸北第 19 路军阵地后方施行纵向射击。随后第 1 大队野炮队于陆战队（本）部附近以两门改造的"三八"式 75mm 野炮向第 19 路军前线阵地的防御工事及附近房屋进行轰击，至 9 时，中国守军在宝山路、天通庵路一带工事及所据房屋，多数被炸毁，第 19 路军为避免炮火对自己造成无谓的死伤，就仅留少数士兵于最前线观察情况，大部后撤。当日军炮火沉寂后，再重新回到前方阵地修复工事固守。11 时，日军分三路由新民路、虬江路、宝通路、宝兴路、天通庵路、青云路等地再次向中国守军发动全线攻击。

左翼由日陆战队第 5 大队配属装甲车四辆进攻天通庵路（含）以北地区；

中路由日陆战队第 3 大队配属装甲车两辆进攻天通庵路（不含）至商务印书馆之间中国军队阵地；

右翼则由日陆战队第 1 大队配属装甲车两辆进攻商务印书馆至虬江路之间阵地。

11 时开始，日军各部按计划由铁路线附近开始攻击前进。日陆战队第 5 大队由大队长太田实少佐率领，以"维克斯"M25（编号为 1 号车和 9 号车）等四辆装甲车为前导，对天通庵路的中国守军第 60 师 120 旅阵地拼死猛攻，战至下午 2 时，天通庵路附近的日

军装甲车，在守军奋勇抵抗下，被用手榴弹炸毁两辆。

2 月 5 日，在闸北方面，日陆战队依然按照前日部署再次分三路发起进攻，最为激烈的战斗在天通庵站一带展开，奥迪安戏院后的邢家桥路其次，北火车站及福生路再次之。上午 8 时 30 分，日军用了约三个小时对宝山路上的商务印书馆附近一带的第 19 路军阵地进行炮击，守军阵地一片狼藉。之后中路及右翼的日陆战队两个大队于 11 时 30 分

▲ 猛烈射击中的中国第十九路军重机枪兵

▲ 日军陆战队"维克斯"装甲车（4 号）

开始全线攻击，中路的第 3 大队五十余人协同三辆装甲车，由奥迪安戏院后的邢家桥路向西进攻。在通过广东路时，事先滞留敌后并埋伏于此的第 19 路军邓志才旅第 1 团一部从街道两旁用机枪猛烈射击，封锁并截断了该部日军的退路，围而歼之。日军所装备的四挺重机枪均被守军缴获，装甲车见势仓惶后撤。又遭邓志才旅第 4 团的迎头痛击，两辆装甲车被中国军队的手榴弹炸坏，剩下的则逃回己方阵地。下午 2 时左右，从福生路向宝山路进攻的右翼陆战队第 3 大队协同三辆"维克斯"装甲车（编号为 2 号、4 号和 6 号车）遭到中国守军阵地的正面迎头阻击，4 号车慌忙于道路上进行 U 形调头，准备撤退，却不慎陷入左侧的泥坑里，无法驶出。中国军队见状，当即以迫击炮猛击日军后路，并用机枪火力掩护一个敢死队欲将其缴获。这时，日军第 3 大队大队长立刻急令"维克斯" 2 号与 6 号车迅速冲向已趴窝的 4 号车，并火力掩护乘坐牵引车的技术人员对 4 号车进行施救。在两辆装甲车的掩护下日军技术人员到达 4 号车附近，将两块钢板立于路上，用来抵挡中国军队射来的子弹开始了营救作业，用了两个小时工作人员才艰难地用千斤顶将装甲车托起，并用牵引车将其拉出泥坑，在此期间日军工作人员有两人被中国守军击毙，另有两人重伤。

在江湾方面，因前日日军陆战队在老靶子路及福生路作战失利，逐于凌晨 3 时抽调七百余名精锐士兵向江湾路中国守军阵地发起进攻，守军见日军冲进，并未立即进行阻击，只待该队日军深入接近防地后，守军由道路左、右两侧突然杀出将敌围歼。此役中方称共歼灭日军五百余人。至 5 时左右，日军陆战队紧急调派配备"维克斯－卡登·罗伊德"

▲ 从日军陆战队本部出动的"维克斯－卡登·罗伊德"轻战车

▲ 翻过土坡的日军陆战队"维克斯－卡登·罗伊德"轻战车

轻战车的"横须贺战车队"对江湾路的第 119 旅中国守军发动攻击，在该处第 119 旅官兵激烈地阻击下，用集束手榴弹炸毁了其中一辆，战车队队员小圆荣藏军曹被手榴弹破片击伤，而队长整田惠助则被子弹击中胸腹。

之后，日本海军陆战队指挥官认为第 19 路军后方阵地非常坚固，三日来全线均未取得进展，伤亡巨大。考虑到夜间不易警戒的问题，随即下令所有部队于下午 4 时返回原阵地集中防御。

翁照恒记述：

"……经过数小时的激战之后，我们得到了两种经验，一是应战要沉着，敌人的冲锋是一鼓作气的，只要经过几十分钟的激战便崩溃起来，他们的情形非常慌张，动作又极迟缓，这完全是缺乏实际的战斗经验所致。第二是应付铁甲车的办法，铁甲车是掩护冲锋的利器，敌人凭借铁甲车的活动，常几次冲过我们的阵地，而使我们遭受到了相当的损失，但我们的官兵随即聪明地发现抵抗的办法，第一种是待铁甲车迫近时用手榴弹将它炸毁，手榴弹抛在车底下的炸毁力最大。另一种是让铁甲车冲进，先以全力对付车后的步兵，然后以一部分迫近车旁，将车炸毁或者是预伏着机关枪，让他们一直冲过之后，从后面痛快地射击，这时前后夹攻，敌人就会失去抵抗的力量。"

王大文（时任第十九路军七十八师军械处长）回忆：

"一九二七年，浙江警备师改编为第十一军，我在第二十四师七十一团任团副，第十一军后在江西编入第十九路军，总指挥蒋光鼐，军长蔡廷锴，我任十九路军第七十八师上校军械处长，负责武器弹药的供给工作。

"初期战事主要在闸北地区进行。当时十九路军的布防情况大致是：第六十师及第七十八师的一部驻守闸北，第六十一师警备江湾、大场一线，吴淞、宝山防线由第七十八师及第六十一师的一部担任。一·二八之夜，日军分三路向闸北进攻，十九路军翁照垣旅当即还击，打退敌人进攻。日军装备精良，大多为重武器，且配以装甲车，而十九路军的武器装备极差，大多为老式的汉阳造的'七九'步枪，每支枪配一百五十发子弹，其它武器极少，也无装甲车。战争打响后，上海各外报记者到闸北前线采访，对十九路军能否以如此低劣的武器抵抗和战胜日军甚表怀疑，但十九路军全体将士在上海人民及全国人民的支持和声援下，士气旺盛，浴血奋战，决不后退。比如在市街战中，日

军装甲车几次冲破我街垒防线，十九路军士兵就冒死攀登屋顶，投掷手榴弹炸毁日军装甲车，致使日军无法越雷池一步。

"为了改善十九路军各部武器弹药的供应，当时曾采取一些措施。首先向南京政府请求调拨，未有结果。后通过各种关系向上海各洋行购置到一批新式的武器弹药，立即分发各部，每连得三支捷克式自动步枪，每团的机枪连得六挺手提机枪，每团的迫击炮连得六门迫击炮。这些武器弹药均以昂贵的价格购来，因财力有限，购置不多，但也大大增强了十九路军的战斗力。

"尽管十九路军装备低劣，但广大将士仍斗志昂扬，大智大勇地与日军进行战斗。有一次，七十八师在作战会议上讨论对付日军装甲车的问题，设想了不少办法。我提出，立即派人到昆山、苏州一带农村搜集稻草，在夜深人静时将稻草铺垫在日军装甲车必经的路面上，挑选最勇敢善战的士兵组成敢死队，各人配备多发手榴弹，埋伏于马路两侧，伺机杀敌。俟日军装甲车行经这些地段时，车轮或引擎被稻草缠住，无法开动，敢死队便用集束手榴弹塞入车内引爆。后来用这个办法曾炸毁日军三、四辆装甲车，一时传为美谈。"

（三）江湾之战

2月2日，日本陆军中央部见上海战局进展不理想，便令第9师团紧急动员和第12师团临时编成的一个混成旅团。同月5日，派遣第9师团、上海派遣混成旅团（混成第24旅团）及独立战车第2中队等部队于指定地点集结，乘船驰援在上海的海军陆战队，陆军所有上海派遣部队统一由第9师团师团长织田谦吉中将指挥。但因上海战事告急，

决定先派遣混成旅团（旅团长下元熊弥少将）先行支援。6日上午11时，上海派遣混成旅团从佐世保搭乘第2舰队所属舰艇前往上海。在此期间原日本海军上海陆战队指挥官鲛岛大佐因指挥不利被降职为陆战队参谋长，指挥官由植松练磨少将接任。在得知混成第24旅团将于翌日（7日）到达吴淞口后，立即决定由陆战队掩护该旅团登陆。

7日上午7时50分，植松亲率两辆装甲车及常磐陆战队百余人从陆战队本部出发，沿黄浦江岸到达吴淞铁路码头西侧地区。9时，开始攻击吴淞江南岸杨家宅南侧及蕰藻浜的第19路军第5团阵地，横须贺第2陆战队正于此时到达吴淞镇铁路码头一带登陆，上陆后与最先登陆的混成旅团步兵第46联队第1大队及植松指挥的海军陆战队合兵一处，从

▲ 重见伊三雄

▲ 重见战车队的"八九"式轻战车（初期履带型）

张华浜站附近对吴淞镇及蕰藻浜铁桥一带第19路军防守阵地集中火力猛攻，掩护混成旅团主力上陆。据守蕰藻浜的第4团第8连连长赵金声督率所部，依托防御工事死力抵抗，相持约一个半小时后，第8连死伤过半，遂在连长的率领下将蕰藻浜铁桥破坏后撤至蕰藻浜北岸阵地。

2月5日，日本陆军部临时抽调了久留米第1战车队人员，配备日本新式的"八九"式轻战车五辆（狙击炮型）、"雷诺"NC型轻战车十辆（四辆狙击炮型、六辆"十一年"式机枪型），共携带"十一年"式机枪弹弹药八万四千七百四十发（一挺机枪配备六千四百八十发）、狙击炮破甲榴弹一千二百八十一发（一门配备一百六十发）组成

▲ 重见战车队装备车辆情况的日方档案文件

日本陆军上海派遣军独立战车第二中队编制			
中队本部	重见伊三雄大尉	"雷诺"NC轻坦克	1辆
第一小队	原田一夫大尉	"八九"式轻坦克	3辆
第二小队	今村健护中尉	"八九"式轻坦克	2辆
第三小队	坂田俊雄少尉	"雷诺"NC轻坦克	5辆
第四小队	前田孝夫大尉	"雷诺"NC轻坦克	4辆
其它车辆		维修用汽车	1辆
		附属车	1辆
		轿车	1辆
		1.5吨卡车	8辆
		三轮、两轮摩托车	3辆

独立战车队第 2 中队，中队长由日本陆军士官学校第二十七期毕业生重见伊三雄大尉担任，并配属于第 9 师团麾下前往上海支援。

2 月 7、8 两日，第 9 师团分别从各卫戍地出发。9 日午后在日本广岛宇品港完成集结，并分两个运输船队先后启航奔赴上海。师团长织田谦吉搭乘"三笠"号战列舰率第 1 舰队于 9 日先行出发，到达门司海域后与第 22 驱逐舰队会合由其护航前进，第 1 舰队在 14 日晨于吴淞铁路码头登陆，翌日登陆完成，于沈家巷镇与杨树浦一带集结。第 2 舰队与独立第 2 战车队于 10 日从门司出港，乘"法兰西"（丸）号运输船在"东云"号、"吹雪"号驱逐舰的护航下，于 14 日 22 时许到达上海外海，16 日在吴淞炮台的炮击下勉强登陆成功。重见战车队于第一线阵地后方 5-6 公里的公共租界区内的明华制糖厂集结，准备以江湾镇正面为目标进行攻击。

中国方面，右翼由国民革命军陆军第 19 路军军长蔡廷锴将军指挥。防守部队为新增

右翼军指挥官	
第十九路军	军长 蔡延锴
第六十师	119 旅、120 旅
第六十一师	121 旅、122 旅
第七十八师	155 旅、欠156 旅第四、第五团）
第八十八师	独立旅第二团
第八十八师	独立旅（欠第二团）、宪兵第六团、南市地区团警

左翼军指挥官	
第五军	军长 张治中
第八十七师	259 旅、261 旅）
第八十八师	262 旅、264 旅、独立旅）
华侨救国义勇军	
要塞地区	指挥官谭启秀 副指挥官翁照恒
第七十八师	一五六旅（欠第六团一营）

援的中央军第 5 军第 88 师独立旅第 3 团（即税警总团第 3 团）及宪兵第 6 团，负责死守南市、龙华，虹桥亘北新泾河以南一线；第 19 路军（欠第 78 师 156 旅）、第 88 师独立旅第 2 团，负责固守北新泾河以北亘曹家渡、中山路、真如车站北增一线；第 60 师攻占北站 – 闸北亘八字桥 – 江湾北端之线，迎击江湾正面之日军，乘机向虹桥、引翔港方面出击。第 61 师任预备队，集结于大场镇西南，并以一部死守江湾镇。

左翼的中国军队是为增援上海而新组建的国民革命军陆军第 5 军，军长是张治中将军。它负责夺占江湾北端亘庙行镇东端 – 蔡家宅 – 胡家宅 – 曹家桥一线地区，并以主力于大场镇北杨行镇南及刘家行之间，迎击由江湾北方地区来犯的日军，还以一部于罗店 – 浏河 – 小川沙方面警戒江面日军动向。

2 月 18 日上午 9 时，重见战车队在战车整备完成后，奉师团长之命由队长重见伊三雄大尉率领原田、今村小队长以及士兵九名从宿营地出发至辽东竞马场，在该地的第 9 师团步

▲ 登陆上岸的日本陆军上海派遣军独立战车第 2 中队

▲ 于明华制糖厂内集结整备的重见战车队

兵第 7 联队山口敏寿少尉指引下于 11 时驾车到达江湾镇以北第 19 路军第 60 师阵线前约两公里的天乐寺，重见留下四名士兵在后方看守车辆后亲率其余人员对天乐寺西方 200 米处的小吉浦河地区进行战前侦察。

原田一夫（时任独立战车第二中队第一小队长）回忆：

"当时年轻的我引导步兵少尉山口和一名士兵以低姿势前进两百米达到小吉浦河边，用重见队长的望远镜观察江湾镇方向天乐寺境内进出的警戒兵后，向重见队长报告寺院方面中国便衣队的情况。"

尔后，重见及今村中尉带领 3 名士兵渡河沿天乐寺实施进一步侦察。在留下 1 名哨兵警戒后，重见亲自爬上天乐寺土墙，对西端进行全范围观察。与此同时，正于小吉浦河以南 500 米处进行侦察的原田等人突然遭到来自三个方向的中国守军第 60 师的集火射击，山口后方的 2 名士兵当场中弹身亡。重见手下只有 1 名负责警戒的士兵，无法支援。于是在中国军队射击的十几分钟里，河岸边的原田、山口等人完全无法动弹。恰巧在重见所处位置以南约一百米的民屋中日军第 9 师团步兵第 35 联队第 7 中队的栗原经忠侦察小队听见了枪声，迅速赶到。以 3 挺"十一年"式轻机枪进行掩护射击，被困的原田及山口趁机将阵亡者的尸体拖了回去，才得以解围。事后，重见因在无支援火力的情况下将部下暴露于前而深感自责。

2 月 19 日，中国守军方面在发现日军增派战车部队参战后，遂制定防御敌战车的教导命令，如下：

一、阵地前之河沟，两岸必须削成绝壁，并设法增加河沟之宽度深度，但须注意对此河沟设置侧防机关。

二、潮水涨时，须将河之下流堵塞，使水增深。

三、阵地前无河沟者，须掘外壕，务使敌战车不能直达我外壕。

四、于敌战车通行之阵地前后，更须多设宽沟的陷阱，上面盖以薄板，敷以泥土，使与平地相似，我阵地内的木板须能通行人马。

同日，日军第 9 师团师团长按原定计划下达攻击准备命令，重见战车队主力配属右翼部队步兵第 5 旅团步兵第 7 联队作战，其中前田第 4 小队 4 辆"雷诺"NC 轻战车配属于该联队的步兵第 1 大队，第 1、2 小队配属于步兵第 2 大队（大队长空闲升少佐）；坂田的第 3 小队"雷诺"NC 轻战车 5 辆被配属于左翼部队的海军陆战队使用，随同海军陆战队装甲车队一起在右翼部队攻占江湾镇之后，从江湾镇向侯家木桥一带挺进，负责警戒混成第 24 旅团的右翼安全，并进行侦察搜索任务。

20 日拂晓 5 时 15 分，日军步兵第 2 大

▲ 于江湾停置中的重见战车队的雷诺 NC 轻战车

▲ 步战协同中的重见战车队"八九"式轻战车

队长空闲升向重见转达了攻击命令："上午 7 时，预定开始攻击前进。战车中队从天乐寺附近位置向江湾镇铁道道口进行攻击准备。"7 时 20 分，日军开始总攻击，先以飞机对中国守军阵地进行侦察，投掷炸弹后返回，随即日军便以火炮猛烈轰击中方阵地。至 8 时，重见战车队在步兵第 7 联队第 2 大队步兵之前，沿军工路进占天乐寺，之后向西快速突进至中国军队第 60 师阵地前 300 米外李家屯时，遭到了守军防御工事的阻挡，无法继续前进，协同跟进上来的第 2 大队步兵与守军发生激烈交火。

9 时左右，日海军陆战队以重见战车队坂田第 3 小队 5 辆"雷诺"NC 坦克（中方记录为十余辆）向八字桥第 120 旅阵地进攻。在尾随战车之后的日军靠近后，守军 120 旅

即以机枪猛烈射击，同时还用迫击炮向日军战车及步兵轰击。日军以战车为掩护拼死前冲，守军用手榴弹予以阻挡，待日军"雷诺"坦克冲入守军阵地时，将士们即以手榴弹引发事先埋设的地雷，轰然巨响后，坂田第 3 小队的 2 辆"雷诺"坦克即被炸毁。中国军队乘势反攻，日陆战队战力不支遂由原路撤回，由于守军担心日军埋伏，故没有追击，只在阵地内用步枪向日军溃兵追射。

另一方面，上午 8 时，配属右翼步兵第 7 联队第 1 大队的重见战车队前田小队以 4 辆"雷诺"NC 战车（中方记录为二十余辆）作为前导，掩护步兵对江湾路西万国体育场的第 19 路军第 60 师 119 旅第 1 团 1 营发起进攻，在守军勇猛还击下，双方不时发生肉搏近战。至中午 12 时，前田小队的 2 辆"雷诺"NC 战车于江湾竞马场南面五差路东约两百米处的壕沟附近被守军事先埋设的地雷所伤，1 辆

▲ 攻击前进中的重见战车队雷诺 NC 轻战车

▲ 防御工事后的中国军队

▲ 作战中的重见战车队 "八九" 式轻战车

坦克的履带当即被炸断，另 1 辆陷入泥地内，无法行动。车内乘员立即呼喊数十名掩护的日军步兵进行支援，但在第 19 路军的密集射击中，日军步兵始终无法顺利靠近战车。于是被炸断履带的前田小队长座车内乘员百田二郎上等兵及杉山元一等兵只得冒着弹雨爬出车外勉强将履带接好，并将陷入泥地内的另 1 辆战车拖出。

当夜，临时改变攻击重点的重见战车队配合右翼攻击部队五百余人对第 19 路军阵线后方进行迂回作战，向江湾镇南方进行快速机动。21 日 6 时，重见战车队主力到达江湾车站西侧，在后方炮火的掩护下，冒着守军的弹阵，排成一字形纵队向孟家宅一线阵地强行推进，开到约数百米处时，先头 3 辆战车陷入守军事先挖好的宽约四米的垂直壕沟（反坦克壕）内，重见战车队其余战车见状

即于壕沟前停住。因重见战车队配备的"八九"式战车及"雷诺"战车越壕宽度仅有两米左右，也没有辅助通过设备和器材，战车队无法继续前进，于是就沿壕沟一线展开，与中国守军进行远距离的激烈炮战。

至下午四时许，受到中国军队奋力还击的重见战车队被迫中止了攻击，重见下达了即刻返回的命令，残余的各型战车便返回后方的战车厂内，进行燃油及弹药的补充。尔后，又担任了掩护步兵收敛死伤者的救助任

▲ 日军后方车库内的重见战车队的 "八九" 式及 "雷诺" 坦克

▲ 中国军的 150mm 重迫击炮

务。晚 7 时，车厂突然遭到了中国军队突如其来的火炮袭击，国军利用国造的"二九"式 150mm 迫击炮发射的其中一枚炮弹直接击中了车库附近的一辆"哈雷"摩托车。随后引发大火，火流将摩托旁车库内的两辆"八九"式战车引燃。战车的汽油发动机在被炙热的火苗烘烤后发生了爆炸，导致这两辆战车完全毁坏，化成一堆废铁。

另外，在 21 日的战斗中，日混成第 24 旅团独立工兵第 18 大队第 2 中队奉命破坏庙行镇的国军第 5 军第 87 师阵地前的铁丝网障碍。然而，第 87 师的阵地障碍结构是由参加过第一次世界大战堑壕战的德国军事顾问所指导修筑的，宽 2 米、深 4.5 米的战壕外设置了延伸度将近 4 米的多层交叉重叠式网状铁丝网障碍，且所用的铁丝均从外国购入，强韧度极大，日军工兵队员的二号铁丝网钳根

▲ 于庙行镇据守的中国军队

▲ 对中国军队阵地铁丝网进行破坏中的日军爆炮队

▲ 日军混成旅团工兵爆破决死队的残余人员

▲ 日军所谓的爆弹三勇士

本无法剪断。为了使己方主力步兵及战车队能顺利通过该阵地障碍，日军指挥官急令步兵第 24 联队的碇大队不惜一切代价将中国军队设置的铁丝网破坏掉。于是工兵第 18 大队第 2 中队长松下环大尉即令所部 36 名工兵，组成第 1、第 2 爆破队两个特别攻击队。其第 2 爆破队（队长东岛时松少尉）又分为两个班，第 1 班分成 3 个组；作为预备队的第 2 班分成 2 个组。爆破队把竹筒塞满炸药，再由稻草竹叶包裹，做成长达 4 米的应急爆破筒（每根须由 3 人抬行操作）准备向中国军队的铁丝网发动袭击。

22 日凌晨 3 时，第 1 班班长马田丰喜军曹用携带的发烟筒将 87 师守军的视线遮挡住，随后第 1 班爆破组的 3 人抬着爆破筒向铁丝网冲去。距离铁丝网还有约十五米距离时，发烟筒施放出的烟雾被风吹散。第 87 师的守军发现阵地前有敌人活动后，当即使用

机枪扫射，除第1班班长马田和第二组的小佐佐吉郎一等兵得以幸存外，其余工兵全部被当场击毙。

第1班任务失败后，第2班班长内田德次伍即刻下令再由两组破坏突击队继续完成任务。第1组的3名一等兵北川丞、江下武二、作江伊之助抬着爆破筒一同出击。在临近铁丝网时，位于前面的北川、江下被中国军队击毙，身处最后的作江左腿也被击中，他在大喊一声"天皇陛下万岁！"后将爆破筒插入铁丝网内，爆炸声中三人被炸成碎片，铁丝网被也被炸开一个缺口（之后此三人因为成功炸开了缺口被日本帝国主义冠以"爆弹三勇士"之名大肆宣扬）。

铁丝网被撕开缺口后，日本陆军混成旅团步兵在重见战车队及海军陆战队装甲车队的掩护下发起冲锋，企图一举占领庙行镇阵

▲ 日方记录的"一·二八淞沪"作战第九师团（含独立战车第二中队）死伤表

▲ 江湾激战后的重见战车队

地，中国守军第87师竭力还击，同时由左、右两面向日军发动夹击，并包抄其后，施以围攻。战斗马上由短兵相接发展转为混战肉搏，至下午5时，守军将日军2辆坦克破坏，还俘虏了1辆装甲车。

自1月29日至3月3日上海战事结束，日本海军上海特别陆战队共损失3辆"维克斯"M25装甲车，日本陆军独立战车第2中队损失"八九"式战车2辆、"雷诺"战车4辆。（其余战车都受到不同程度的损伤，事后被日方重新修复）

日军装甲部队在战斗中的经验总结

整个上海战役的作战基本属于利用坚固建筑物为掩护进行的城市攻防战。其中闸北方面的巷战，日军在海军陆战队装甲部队的协助下取得了不错的效果，而市外的水网地带却给日军带来了巨大的难题，使其陷于连续苦战。在中国军队弹雨打击下，日军只能在"八九"式战车的火炮掩护下才勉强压制住中国的火力，进而临时架设桥梁，让进攻步兵渡河。

在这场战役中，日军的装甲部队在火力支援和战术机动方面的发挥并不是非常理想，几乎成为中国军队火炮的靶子。

参战后的日本战车兵对其战车提出了**"装甲厚度以及观察孔都有改善必要"**、**"作业用战车也有生产的必要"**的建议。在整个上海作战的渡河行动中，日军战车在压制中国军队防御火力上也没有充分发挥作用，近战时也暴露出很多缺点。每辆战车在战后都残留下数千的机枪弹痕，可见近战之激烈程度。

另外，"一·二八"事变中参战的"八九"式战车与初期试做车型采用了相同特征的履带，这种履带为三菱重工制造的初期生产型。

履带在量产的过程中进行改良后，从旧式的履带板的动轮齿两枚合并的方式改为履带板齿一枚咬一枚的新型样式，也成为了之后"八九"式战车的标准履带。

《沪战与军器》（转载申报）：

从上古弓矢刀剑时代，到了枪炮万能的时代，杀人利器的进步不知已费了多少的精力，然而到了今日，那些杀人的家伙，都没有用了。为什么呢？今日所用的军器，跟了科学的进步，战争的经验，和各种技术的改良，

▲ 于步兵前作为先导的重见战车队雷诺 NC 轻战车

▲ 江湾作战中的重见战车队雷诺 NC 轻战车

▲ 日本海军上海陆战队装甲车队与陆军独立第二战车队

实有出人意料的奥妙。

我们说到军器，可把一九一四年世界大战为划分期，大战以后到了现今中日战争，就是这回日军使用的最新式军器，又可划分为一时期，因为这十余年来，科学工艺的尖锐化，真使我们不可思议。

回溯封建时代的武士，身披甲胄，佩带弓箭刀剑，以为自卫，现今的步兵，则用铁兜，钢马甲，假面目，手榴弹，手枪，步枪，掷弹器，似为个人的防御，个人防备以外，还有什么部队防备，这种防备的方法，愈弄愈妙，神奇莫测，推其所以能到这样的地步，完全是列强各国，以过去战役的贵重体念为纬，以现代科学的精髓为经，极力改良装置而成功的，他们为维持本国的存立起见，不惜巨大的经费，准备未来的大战，现在我把军器的沿革与最近淞沪战争日军所用的新式军器，分类的说明概要，那就可以知道这回战争的惨酷了。

日本的坦克车，是在世界大战后所仿造的，就是模仿英国政府所赠的女性坦克车为标准，近年来，出品渐多，这回开到上海战争的，系该国唯一独立的久留米战车队，都是八九式的日本货，内装八九式的战斗机，但其武装速力破坏力等，倒也很厉害，在闸北江湾作战时，对于侦察战斗重爆击，颇为活动，可是为我军地雷击毁的也不少，这一点，就是他们日本报纸，也承认不讳。

五　日本战车研究札记之试制无线遥控战车

早在 1914 年第一次世界大战初期，英国将军卡德尔和皮切尔两人就向英国军事航空学会提出研制一种无需用人驾驶，而是利用无线电操纵的小型飞机，以之对敌军阵地进

▲ 于日比谷公园中操作展示的"长山号"无线遥控战车

行投放炸弹。该设想得到了英国军事航空学会理事长戴·亨德森爵士的支持后，开始进行秘密研发。至 1916 年 9 月 12 日，第一架无线电操纵的无人飞机在美国试飞成功。

而日本方面也于一战结束之后开始进行无线电操纵的研究。1926 年 1 月，陆军工兵出身的担任无线电操纵研究的长山三男中尉，最早利用无线电操纵舰船模型在水面上试验航行。同年 4 月，长山又在立川飞机场利用改装的美国"福特"小汽车进行了汽车无线电遥控操纵行驶的试验，试验结果较为成功。之后的 1927 年 4 月，在日本陆军技术（本）部开发第一辆国产坦克"试制一号"战车的同时，长山也开始了秘密研究"无线电操纵遥控小型战车"的工作。至 1930 年，长山设计出第一辆试制无线遥控战车，该车由陆军东京造兵厂制造完成，命名为"长山号"。

车的底盘是以美国"福特松"小型耕耘机改装而成，采用锅炉钢板铆接的车体结构，车体侧面设有外观近似于"加特林"多管机枪的筒状排气管，车体上部装设一个小型机枪塔，内部装有一个无线电操纵系统。在该年于日本东京的日比谷公园（日比公会堂前）的"第一届无线电产品展览会"上，"长山号"公开进行了试验展示。长山使用按钮键盘操纵遥控战车的前进、后退、转向以及机枪塔的旋转、投放炸药等各种作业。此次展示后被当时的日本媒体宣传为"世界上最初的无线遥控战车"。但这辆"长山"号无线操纵战车因行驶中的自动变速系统不佳，所需无线电机尺寸过大，并无法有效改进，最终仅停留在了试制样车的阶段。长山也在无奈之下放弃了对战车无线电操纵的研发。至 1932 年"一·二八"淞沪战役后，日军对只能以所谓"爆弹三勇士"的肉弹战法来应付铁丝网等障碍物的现状进行了检讨。为了减少士兵在此方面的无谓牺牲，日军再次对利用无线遥控车辆进行敌军防御工事爆破的方法产生了兴趣，继续开始了对无线遥控战车的研发工作，并相继利用"八九"式战车为基础制造出了 K-2 号、使用"九四"式轻装甲车为基础制造了 K-3 号战车。

六 "一·二八"事变中中国部队使用的装甲汽车

在上海对日作战的中国军队中，不仅有来自广东的粤系地方部队国民革命军陆军第 19 路军和中央系的国民革命军第 5 军将士，更有一支上海本地的准军事部队——上海市警察总（大）队的近千名怀揣报国之志，誓以鲜血洗国耻的英勇警察部队。他们在装备低劣的情况下，配合中国正规部队和宪兵部队在上海北火车站附近阵地与进犯日军展开殊死搏杀，用鲜血和生命捍卫了中国警察的尊严和荣誉！

而在这支英雄的警察部队中，有一支鲜为人知的装甲部队，即"上海警察大队装甲汽车队"。该部队大概装备有四、五辆改装过的轮式装甲汽车，在"一·二八"事变中担任警戒和巡逻任务，并在上海北站的战斗中与日军装甲车展开对战，将一辆日本海军陆战队战车队的"维克斯"M25 装甲车击伤，同时协助"北平"号装甲列车击退进攻之敌，为守军巩固阵地做出了极大的贡献。

中国警察部队的这些轮式装甲汽车从外形上看与日军使用的"维克斯"M25 装甲车十分相似，但其并不是从英国维克斯公司直接购买的标准量产型号，其轮胎、挡泥板、大灯、车前杠、乘员舱门及散热器（阻尼器）装甲护板等处为自行改造的设计。全车装备

▲ 中国军队使用的装甲汽车

▲ 日方技术人员正在维修己方装备的"维克斯"M25 装甲车，从照片上可以清楚地看出与中国军队装甲车与其外形上的区别

有"维克斯"7.7mm 水冷式重机枪二至四挺（设有 4 个机枪眼，但一般情况下只安装 2 挺重机枪），乘员四至五人。对于这些装甲车的来历，暂时还没有出现详细的文字史料记述，据推测可能是从上海租界内的外国巡捕房处所购置或从英国 1927 年撤走的正规部队遗留武器中所获得，原本用于上海租界以外的中国政府管辖区域的治安巡逻和稳定社会治安之任务。在"一·二八"事变爆发后，因日军的装甲部队使用频繁，对中国军队造成严重威胁，故中国方面的警察部队特将其投入战斗，配合友军进行对日军的抵抗作战。并获得了不错的战果。

第六节 日本陆军骑兵装甲车的开发

第一次世界大战期间，一直被誉为"战场之星"的骑兵部队在机械化装甲部队出现后，逐渐被时代所淘汰。20世纪20年代的日本也于一战后进行的数次裁军中决定新设战车部队及汽车部队，而对陆军骑兵部队的编制进行缩减，裁撤了上万匹军马。一直在日本陆军中人气颇高的骑兵科对此深感危机，于是委托日本军用汽车调查委员会在陆军习志野骑兵学校成立汽车研究班，用日本购买的法国"雷诺"坦克、英国"奥斯汀"装甲车、"哈雷－戴维森"摩托车等车辆进行骑兵机械化的试验及研究。在对"奥斯汀"装甲车进行调查时，研究其是否适合骑兵部队侦察及作战后发现，该车重量过大，在道路状况较恶劣的地形下完全不适合，故而将其放弃。

一 试制水陆两用轮履装甲车（试作一号车、二号车）

自第一次世界大战出现坦克这一新型陆上兵器后，20世纪20年代初期，世界各国对坦克及装甲车的功能产生了无数天马行空的设想，其中一些出色的设计得以付诸实施。水陆两用装甲车辆既是这一时期的传奇产物。1921年，美国人克里斯蒂研制出世界上第一辆水陆两用装甲车的样车。

在日本，陆军骑兵学校汽车研究班在最初考虑到制造骑兵装甲车除了必须具有一定的野外、道路及越壕机动能力外，还要有能

够在河溪以及泥沼地带的浅水区域快速行动的能力，并且要有不依赖工兵架设渡桥，直接跨越河流的浮渡功能。于是，研究班从欧美各国购买了"圣沙蒙"轮履两用装甲车以及"克里斯蒂"水陆两用装甲车来进行研究。

1926年，石川岛造船厂汽车制造部在陆军技术（本）部的帮助下，根据骑兵学校汽车研究班的要求完成了第一辆水陆两用装甲车样车。该车主要参考了"圣沙蒙"轮履装甲车的一些设计特点而制造完成，日方将其称为"试制一号水陆两用装轮装轨并用装甲

▲ 日本外购的美国"克里斯蒂"M22水陆两用装甲车

▲ 日本外购的法国"圣沙蒙"M21轮履两用装甲车

车"。此车主要以陆地行动为主，水上行驶为辅。车体采用防弹、防水的封闭式设计，并搭载一个球形固定炮塔，因考虑到水中的密闭性，只在车塔一体式的固定炮塔顶部设有一个可供乘员进出的舱口。行走装置采用车体前后各装一轴两轮，车体中部为履带的轮履两用设计。虽然此车名为水陆两用超轻装甲车，但实际上也只能在较浅的河溪内进行短时间浮渡，与真正的水上航行还有很大的差别。

在其之后，石川岛造船厂汽车部又根据第一次的经验于同年完成了第二次的改良设计。行走装置基本与"试制一号"车相同，而车体方面，为了减低水阻力，在参考了"克里斯蒂"水陆两用装甲车的设计特点后改为船型结构，炮塔也改为可旋转式。车体后部的引擎增加了用于水上航行驱动的螺旋桨推进器。车轮直径增大，可利用车轮行驶跨过深度为40-50cm的浅水区域。陆地行驶时最高时速可达45公里/小时，水上航行时速为9公里/小时。日方在测试中发现，该车只单纯具有侦察效用，火力支援方面则非常羸弱，与理想中的骑兵装甲车还差很多，于是在测试完成后即交予陆军骑兵学校教导队用于教学使用。

二 "雷诺"六轮轿车改装装甲车

20世纪20年代中期，日本从法国购买了一批专供日军高级指挥官用于指挥及联络之用的"雷诺"六轮高级轿车，同时期中国的汽车公司也曾代理进口过一批该型号的法国"雷诺"（当时称为"莱纳脱"）汽车进行国内销售。1928年，日本陆军技术（本）部在研发骑兵用装甲车的过程中，即以此型号轿车为基础，在车身上加装防护钢板，在车体上部搭载一个

▲ 日军宪、骑兵装备的"雷诺"改装甲车

小型可旋转炮塔，并内置1挺"十一年"式轻机枪，将其改造成简易装甲汽车，配备给宪兵部队使用。

三 "石川岛"水陆两用装甲车（隅田AMP改）

在试造完成"试作二号"水陆两用装甲车后，石川岛汽车制造所于1929年5月以"隅田"AMP型汽车为基础开发出一款新式试制半履带水陆两用装甲车。该车延续"试作二号"车的模式，为了在水中确保浮力、降低水阻力、

▲ "石川岛"水陆两用装甲车（隅田AMP改）

进一步提高水上航行速度，该车体结构被改为大容量的棱角剖面舟艇式样，并于车体上部偏后位置搭载了一个小型可旋转炮塔，装配 1 挺"十一年"式轻机枪。行走部分采取前部设置车轮，后部安装履带的半履带设计样式，车轮中央可装设水上航行用的螺旋桨推进器。

该车在水中航行时，可将车轮卸下，于原车轮中央位置换装螺旋桨推进器作为驱动力，以履带部分一端作为车头前进方向。而在陆地上行驶时则相反，是以车轮一端作为车头前进方向，履带部分为驱动力。

该车在完成后即投入测试，测试结果是水上及陆地使用情况均较为良好，但从水中转向陆地使用时，从水边地质到陆地上这一段柔软地区战车行驶十分困难，作为对骑兵支援用的装甲车来说并不适合，于是最终被否决，未能成为制式装甲车。

四 试制"九二"式装甲汽车（海军"九三"式装甲车）

因考虑到在骑马行军时若遭受空中攻击，缺乏防空及反击能力的骑兵部队极易受到威胁，陆军骑兵学校感到装备有对空武器的伴随车辆很有必要。而另一方面，在为骑兵部队机械化而试造的轮履水陆两用装甲车项目数次均告失败后，日本陆军技术（本）部重新进行了检讨。

1932 年，由日本陆军技术（本）部设计，石川岛汽车制造所利用英国"沃尔斯利"六轮卡车为基础覆盖铆接装甲钢板制造完成了 3 辆装甲车，临时定名为"九二"式装甲汽车，为"九二"式重装甲车之前的试验车型。该车底部加设了在经过突起地面时能够保护底盘安全的辅助车轮。另外，根据骑兵方面的希望，战车上搭载了一个增大射击仰角的旋转炮塔，内

装 1 挺"维克斯"7.7mm 水冷式重机枪，炮塔上增设了一个全方位射界的摇动式横向对空高射机枪架，可装载 1 挺"十一年"式轻机枪。除高射机枪架外，车体正面及车体两侧各设有 1 个轻机枪座。之后，陆军并未正式将其采用为制式装甲车，只将其充当"国防献金运动"的资助而移交了两辆给海军上海特别陆战队，

▲ 试制"九二"式装甲汽车（海军"九三"式装甲车）

性能参数	
重 量	6.4 吨
车 长	4.94 米
车 宽	1.83 米
车 高	2.64 米
装 甲	8-11 毫米
轮胎尺寸	32×6 英寸
武 装	"维克斯"7.7mm 重机枪1挺 "十一年"式轻机枪 4 挺
发动机	直列式 35 匹马力 4 缸水冷式汽油发动机
最高时速	60 公里 / 小时
最大行程	240 公里
乘 员	5 名

编号分别为"报国-2"（藤仓号）、"报国-3"（藤仓号-2），并改称为海军"九三"式装甲车。

五 "九二"式重装甲车（"隅田"TB型"九二"式轻战车）

1930 年 10 月，日本千叶县的习志野陆军骑兵学校进行了特别骑兵演习，这场演习是以骑兵部队为主题的，演练诸兵种联合指挥的运用和作战，并对未来如何运用装甲车作战也一并进行了演练。

这场演习分为红军与蓝军两方阵营，各自配属 3 辆装甲车组成装甲车小队。装甲车均为之前所试造的简易装甲车及外购装甲车。在实际操演中，装甲车小队的机动力和火力虽然没有发挥出理想的效果，但与军马相比，火力还是优势得多了。于是骑兵部队提出一系列明确要求，希望再进一步制造能够更有效对抗敌军装甲车辆的骑兵用武器。

其具体要求如下：

运动性的标准：

1. 道路以外越野，特别是中国东北地区恶劣路况等需要能够轻易行进，在野外最少也要能到达与骑马相当的速度。

2. 需要能够担任所有在广阔地区内急速行进的搜索作战任务，比较良好的地形环境下时速要能够达到 40 公里以上。

战斗标准：

在以敌军阵地为目标攻击时，要具备对敌军装备的装甲车进行破坏的能力。

另外，参加演习的各部队也综合意见，提出了一些要求：

1. 装甲车从半履带式改为全履带式。

2. 迅速开始射击时，射击速度要非常快。

3. 对高度 3000 米以下的飞机具有杀伤力。

1931 年 6 月，陆军技术（本）部按照

要求性能	
重量	4-5 吨、履带间距 1.5 米
时速	最大 40 公里、15 公里、后退 10 公里
攀爬	通常 2/3
运行时间	约 10 小时　行走装置 全履带式
乘员	3-4 名
武装	13mm 机枪 ×1（枪弹 1500 发）、重机枪 ×1（枪弹 3000 发）、轻机枪 ×1（抢单 50 发）
装甲越壕	能够绝对抵抗 7.7mm 枪弹 1 米的壕沟、渡涉 60 厘米 -70 厘米水深
备注	机枪需要能够对空射击

▲ "九二"式重装甲车多视角图

上述的要求进行了设计，并委托石川岛汽车制造所进行制造。同年 10 月 12 日，第一辆试造原型车完成，被称为"隅田 TB 型九二式"轻战车。该车车体采用了当时世界上少见的整体焊接构造，在经陆军技术（本）部及骑兵学校的各项测试后，对悬挂装置与对空射击装置等进行了若干的修改后，正式作为骑兵用搜索装甲车进行制式化量产，最初被定名为"九二"式装甲车，后因日本开发出新式的"九四"式轻装甲车（即"九四"式豆战车），而改名为"九二"式重装甲车。根据"日本兵器工业会资料"记载，该车从 1933 年开始量产至 1939 年停产，共计生产了

167 辆，其中包括数辆日本民间募集捐款制造的"爱国"号。

该车全重 3.2 吨，在正式制式化量产前，武装为车身前部右侧、车身上部旋转炮塔以及炮塔外侧各装载 1 挺的"十一年"式 6.5mm 轻机枪。1933 年热河战役后，车身前部右侧的"十一年"式轻机枪被换为 1 挺仿造法国"哈乞开斯" 13.2mm 重机枪的"九二"式 13mm 车载机关炮，并正式定为"九二"式重装甲车的主要武装。在此期间还装载过 37mm 平射炮进行试验。

悬挂装置：试制原型车单侧为两个两组共四个小型负重轮及三个托带轮；早期生产型改为两个三组共六个负重轮，托带轮数量不变；后期生产型改为两个两组共四个大型负重轮（转轮直径增大），上部拖带轮改为两个。

作为骑兵部队的装甲战车，该车是以时速为第一原则而开发研制的，所配备的引擎为美国"富兰克林"卡车用的气冷式直立 6 缸汽油发动机（67hp），最初为进口，后来由石川岛汽车厂用"隅田 C6"的名称特许生产，与美国仿制"雷诺" FT 坦克的 M1917/18 型轻型坦克为同一款引擎。消音器设于车体后部左侧，最高时速 40 公里 / 小时，远超过在 3 年前制式化的"八九"式轻战车的 25 公里 / 小时的最高时速。

▲ 日本国民捐赠的多辆爱国号"九二"式重装甲车

该车的缺点也比较明显，如主要武装的"九二"式 13mm 机关炮与小口径的机枪相比射速上不够理想，另外在攻击附加了防弹装备的目标时，与大口径的火炮相比其杀伤力也略显羸弱，同时为了提高时速，又牺牲了一定装甲防护力，最厚部位的装甲厚度也

▲ 爱国 12 号"九二"式重装甲车

▲ 爱国 4 号"九二"式重装甲车

性能参数	
重 量	3.5 吨
车 长	3.94 米
车 宽	1.63 米
车 高	1.87 米
装 甲	6 毫米
主武装	"九二"式 13mm 机关炮 1 门（车身前面）
副武装	"九一"式 6.5mm 车载机枪 1 挺（炮塔上）
发动机	"隅田" C 6 风冷式直列 6 缸汽油机（45 马力 / 1600 rpm）
最高时速	40 公里 / 小时
最大行程	200 公里
乘 员	3 名

只有6mm，连步枪子弹也能够轻易地击穿它。并且由于当时日本在焊接工业上发展并不成熟，所采用的焊接结构也导致车身整体强度不足，极易被撞坏。另外，悬挂装置的强度也很不足，可靠性不佳。

"九二"式13mm车载机关炮

日本从1920年7月20日，按照《参第三九八号兵器研究方针》开始着手对13mm机关炮进行研究。1922年4月10日，研制项目被定名为"对空射击用13mm重机关枪"项目，并规定了具体的研发细节要求。

1. 对在高度2000米以下飞行的飞机以及坦克能够给予足够的杀伤效果。

2. 高射及平射兼具，以高射为主。

3. 口径13mm左右。

1927年4月27日，日本方面通过特殊途径获知法国哈乞开斯公司研发出新式的13mm高射机枪，立即派采购团进行购买洽谈。1928年11月，日本从英国维克斯公司购入以高射为主平射为辅的"维克斯"D型点五〇口径重机枪，但此重机枪因在弹道及机能测试中成绩并不理想，没有达到日本方面的要求而被放弃。次年4月，日本成功与哈乞开斯公司方面签订"哈乞开斯"13mm双联装高射机枪（Hotchkiss M1929/1930 machine gun）的购买合同。同年12月，机枪到达日本，随即开始进行测试。

1930年5月1日，日本于伊良湖射击场附近对"哈乞开斯"高射机枪进行弹道、技能以及弹药的各项试验。3月，又于明野飞行学校对飞行目标进行炮架及瞄准具的试验。经过两次试验后，日本认为它达到了预期的效果，对其较为满意。

1931年，日方对"哈乞开斯"高射机枪

作为骑兵用装甲车的车载型机枪进行了试验与研究。翌年2月，又在对"哈乞开斯"高射机枪按照车载型进行修改后，完成了试制的13mm机关炮型号，并于同年在富津进行了数次射击试验，根据试验中发现的缺点再次进行了多项修改。后于1932年12月27日作为车载机关炮进行临时的制式化生产。

1933年热河战役后，陆军骑兵学校教导队的石井隆臣大尉在中国华北及热河地区对骑兵装甲车的实际作战情况进行了调查。日本根据报告和使用装甲车人员的要求，决定对"九二"式装甲车的火力进行增强并修改悬挂装置的结构。之后将车体上的"十一年"式车载机枪更换为13mm车载机关炮，并将该机关炮正式制式化，定名为"九二"式车载13mm机关炮。制式化后的"九二"式车载机关炮主要搭载于装甲车，以敌轻战车、装甲汽车及飞机等武器为主要攻击目标。"九二"式车载机关炮配有车外用三角架、

▲　"九二"式13mm车载机关炮

性能参数	
全　长	1360 毫米
炮　重	26 公斤
口　径	13.2 毫米
炮身长	1000 毫米
初　速	745 米/秒
射　速	约450发/分
弹头重量	51.7 克
弹药全备重量	119 克

瞄准眼镜、备用炮身、分解工具以及维护工具等其他附属品，必要时可从车上卸下做地面攻击使用。

六　骑兵第一旅团装甲车队

1932 年 3 月 9 日，日本关东军于伪满洲国成立典礼上，委任假意投降日军的原东北军将领马占山将军为伪满洲国军政部长（类似国防部长之职）。3 月底，马占山趁国联调查团到东北调查的机会，利用伪职的身份筹集军费，并暗中秘密调用 12 辆汽车、6 辆轿车将筹集到的 4400 万元款项、300 匹战马及其它军需物资偷运至黑河。4 月 2 日，马占山借巡查各县部队为由，亲率二百余名部属离开齐齐哈尔，于 7 日抵达黑河，通电反正，再次举起抗日义旗。随即与李杜、丁超、苏炳文等各路抗日武装组成"东北救国抗日联军"，改黑河警备司令部为省府行署，并出任联军总司令，进行三路出击日军的战斗部署。随后，马占山率旧部徐国珍的暂编第 2 旅（驻讷河、嫩江市附近）、徐景德的步兵第 3 旅（驻黑河附近）、吴松林的骑兵第 1 旅（驻青冈、绥化附近）、邰斌山的骑兵第 2 旅（驻呼兰、绥化地区），以及朴炳珊的炮兵第 20 团等部于哈尔滨以北的绥化、海伦地区展开对日游击作战。

同年 4 月，日军从日本本土派遣陆军第 8 师团（杉兵团）、第 10 师团（铁兵团）到达哈尔滨，开始对马占山的抗日联军进行讨伐。6 月 6 日，习志野的骑兵第 1 旅团（旅团长吉冈丰辅少将，曾因在"日俄战争"中担任军官侦察队队长时所立的战功而在日军部队中极富声望）收到向中国东北出击的命令后，吉冈旅团长借此出战之机，向骑兵兵监部提出了采用新式的骑兵用"九二"式装甲车来装备骑兵第 1 旅团装甲车队的要求，希望组建一支"机甲中队"承担搜索侦察的任务。接到要求的骑兵总监柳川平助向日本陆军参谋（本）部进行申报，但是参谋（本）

▲ 骑兵旅团装备的"九二"式装甲汽车

▲ 骑兵旅团装备的"维克斯 - 卡登·罗伊德"VI 机枪战车

骑兵第一旅团编制		
第十三骑兵联队	联队长 山内保次大佐	本部、第 1、第 2、第 4 中队、机关枪小队
第十四骑兵联队	联队长 河野健息中佐	本部、第 1、第 3、第 4 中队、机关枪小队
骑炮兵中队		2 个小队 4 门"四一"式 75mm 骑兵炮
旅团机关枪中队		2 个小队 16 挺重机枪
临时汽车队	队长 吉桥健儿中尉	"试制九二"式装甲汽车 3 辆、"卡登·罗伊德"战车 1 辆、军用卡车 15 辆

部以步兵用"八九"式战车尚未有常设战车队、骑兵用战车参加作战还为时尚早为理由，拒绝了该项提案。于是，骑兵兵监部以骑兵学校现有的"试制九二"式装甲汽车与"维克斯－卡登·罗伊德"Ⅵ机枪战车组成装甲汽车班编入了骑兵第1旅团野战汽车队进入中国东北，将其用以实战测试。

编制完成后的骑兵第1旅团乘运输船于6月15日由大连登陆。17日，到达齐齐哈尔后，按照关东军司令部的要求，与关东军野战电信队无线电小队合并。并将一组"十五年"式四号短波无线电信号机搭载在装甲车上，以便进行对电台的防护。6月18日，关东军司令本庄繁电令骑兵第1旅团配属于第14师团，对呼、海以西地区的马占山部进行扫荡作战。

根据军命令，第十四师团长于19日下达了如下部署命令：

骑兵第1旅团，在龙沟、依安以东的泰东车站附近集结，并于6月21日发起行动，应在对敌扫荡中经克山以南和通肯河以西的拜泉。26日到达明水。尔后经三道镇向拜泉前进，与平松、平贺、青冈各支队相策应搜寻敌人将其消灭。

骑兵第1旅团于6月22日从克山出发，24日到达拜泉后，根据情报得知，马占山部于24日已由李金屯（拜泉以南约50公里）一带向东北方向转移。随后，骑兵第1旅团反复北上、南下追击马占山军，除偶尔与小股马军游击队发生遭遇战外，始终未能寻获到马占山的踪影。

历经了一个多月强行军作战，骑兵第1旅团的军马因疲劳成疾或陆续倒下，或铁蹄脱落，而所装备的"九二"式装甲汽车由于持续得到燃料和备件的补充，才勉强能够进行长时间的行驶。这充当地体现了机械化装备的优势所在。

第七节 兴安岭隧道战役

1932年，由于吉、黑各部东北义勇军武装力量未能团结一致合力抗日，被日军逐个击破。同年4月，日军击溃丁超、李杜、冯占海各部主力；5月至7月，马占山所部也被击溃；9月至10月，日军又对辽东义勇军残部进行歼灭扫荡，王德林部被消灭后，东北地区仅剩下 "哈满"线上的苏炳文黑龙江省步兵第2旅与张殿九的黑龙江省步兵第1旅了。其中苏炳文为1932年3月31日在海拉尔举旗起义的。9月27日，张殿九率部奔赴海拉尔与苏部会合。10月1日，在会师协商后，苏、张两部通电全国誓死抗日，将所属部队改名为"东北民众救国军"，苏自任救国军总司令，张殿九为副总司令。东北民众救国军以富拉尔基、朱家坎、碾子山为第一、二、三线阵地，前敌总司令部设于扎兰屯，后将满洲里的日本特务机关、国境警察署等行政机关攻占，并俘虏了大批日本人。

同年11月，日本关东军在利诱苏炳文失败后，即下令以第14师团为主力，向扎兰屯以东对苏、张的东北救国军发动攻击，并派遣铁道第1联队第1大队所属的第2中队支援第 14 师团作战，由步兵第 28 旅团指挥官平贺少将一并指挥。

11 月 27 日，铁道第 1 联队第 1 大队第 2 中队从克山出发至齐齐哈尔集结，与铁道第 1 联队材料厂厂长林进少佐协议后，准备与材料厂一部修理车合编为修理列车队。30 日，步兵第 28 旅团下达变更命令，由材料厂长林进少佐（后任铁道第 1 联队第 1 大队长）指挥铁道第 2 中队与满铁修理班，在五〇三号装甲列车（五〇三号装甲列车是从东北军"中东路"护路军处所缴获，列车长指挥官为炮兵中尉野原，车组乘员由石川少尉以下共 29 名步兵组成，装备"十一年"式轻机枪 4 挺、"三八"式步枪 20 支）的援护下进行铁道修理任务。12 月 1 日，正式将其编为"林铁道修理队"。同日上午 9 时，铁道第 2 中队从富拉尔基出发，于翌日上午 6 时到达朱家坎车站。在 8 时 45 分依次以装甲单车队（"九一"式轨道装甲车两辆）、五〇三号装甲列车、修理列车的编组顺序从该地出发。

尔后，日军第 10 师团、第 28 旅团、混成第 14 旅团以茂木骑兵旅团为先锋，向驻守嫩江岸边富拉尔基和朱家坎的救国军阵地发起攻击，林铁道修理队在装甲列车的掩护下，沿途对被救国军"博克图"铁路爆破队炸毁的铁轨及桥梁进行修复。至 29 日，日军的总兵力已超过此处救国军数倍，武器装备也占压倒性优势，前线救国军被迫逐次后撤，救国军扎兰屯前敌总司令部也遭到关东军装甲车队的突袭，伤亡数十人。

30 日，苏炳文委任孙麟为兴安防守司令，率一营兵力扼守兴安岭山洞隧道，原计划准备炸毁隧道铁路，但因兴安岭隧道铁路段属于苏联方面所有，工程艰巨，难以修复，并接到要求不可破坏而放弃此计划，改在兴安

岭隧道前 100 米处的铁路桥上安置地雷，并于山洞隧道内隐藏 1 列 3 节装满石块的火车，等待日军装甲列车驶来时用以撞击之用，以达到阻击追击日军的目的。

11 月 31 日（日方记录为 12 月 3 日）中午 12 时 50 分，林铁道修理队的"装甲单车队"（即原铁道 1 联队第 1 大队第 2 中队所属）由队长荒木克业工兵中尉率领，乘两辆"九一"式轨道装甲车携带脱轨器为先头向博克图车站方向进发。于下午 2 时以后进抵

▲ 孙麟

▲ 荒木克业

▲ 从博克图站出发的荒木装甲单车队

博克图车站, 荒木在收到其站长的报告后, 得知了博克图车站前方的兴安岭隧道有救国军一营五百余人据守, 于是 12 时 15 分由荒木率装甲单车队从博克图站出发, 先行前往侦察, 后续的修理列车及装甲列车在混成第 14 旅团宫本大队的掩护下在第 72 号退避站进行补给, 并在原地等待命令。

下午 12 点 30 分, 装甲单车队高桥军曹以下 7 名下士官兵在荒木克业率领下到达大兴安岭隧道东麓环状线路交叉点的环形线下方约二百米时, 在兴安岭隧道上方据守的孙麟救国军发现并当即开枪进行射击, 荒木装甲单车队也以"九一"式轨道装甲车的机枪进行还击, 激战中将兴安岭隧道前的铁路桥(全长 17 米)上的枕木点燃, 为了让后续部队顺利前进, 荒木派遣 8 名属下, 对铁桥进行灭火并拆除救国军安置的地雷和炸药。

下午 3 时 15 分, 在荒木所部正一边抵挡救国军孙麟所部的攻击, 一边修复铁路桥时, 山上的孙麟令士兵将预先隐藏在隧道山洞内的 3 辆装满石头的无盖货车(日方称之为"突放车")由高处突然向下急放。日方记载: **"荒木眼见货车迎面冲来, 急令所部"九一"式轨道装甲车向后撤退, 自己亲率三名部下携带脱轨器下车, 于铁路桥前方快速安装两个、后方一个。荒木正冒死确认安装情况时,**

▲ 日本航拍的大兴安岭环状线

▲ "九二"式脱轨器

▲ 脱轨的"突放车"残骸

3 节装满石块的货车到达, 然而列车先后轧中脱轨器而脱轨翻倒, 车内装载的石块四下飞散, 其中数块当即砸中没来得及逃走的荒木, 导致其当场死亡。"

中方记载: **"正修复铁路的日军工兵, 发现突放的装石列车后, 改为快速破坏铁轨, 但因触及地雷炸死大部分日军, 装石列车在将日军轨道装甲车撞翻后, 也脱轨翻倒。"**至此, 孙麟所部成功完成阻滞日军追击部队的任务, 并于 12 月 1 日撤回海拉尔。日军追击部队于 12 月 4 日下午方才修复清理完该段的铁路, 通过隧道继续西进。

日本关东军司令武藤信义因荒木克业的所谓"功绩"首次授予铁道部队个人感谢状, 于荒木死亡之处修建了纪念碑, 并在日本千叶县的铁道第 1 联队驻地内原号手训练的一个小山丘上修建了荒木的铜像, 将其作为铁道兵"军神"予以纪念。二战结束后, 铁道第 1 联队驻地内的该铜像被毁, 原铁道第 1

联队驻地如今已经改为千叶县千叶公园，而原先的荒木铜像处改名为荒木山。

▲ 荒木克业阵亡地点与其铜像

苏炳文（时任东北民众救国军总司令）回忆：

"十一月中旬，已届冬令，江河封冻。日军将九月间与我军作战伤亡较重的茂木骑兵旅团及贺师团的二十八旅团，撤回后方。又以松木直亮的第十师团为主力，以新由辽宁调来之精锐骑兵股部旅团为先驱，附以装甲车、坦克、飞机等，向嫩江西岸开始行动。用铁甲车掩护工兵修复江桥和被我方破坏的铁路，步兵向我富拉尔基、腰库勒一带阵地攻击。我军奋勇抵抗，敌炮兵和飞机交相轰炸。阵地多被破坏，激战四日，伤亡颇重。总部为减轻损失，缩小正面，电令张玉廷总指挥放弃现守阵地，撤至朱家坎第二线阵地，由我博克团爆破队将前方铁路桥梁彻底破坏。埋设地雷，阻止敌铁甲车前来助战，并在阵地前方及两翼薄弱地点设置障碍物和地雷等，阻敌攻击前进。此时江河结冰坚固，敌人骑兵和铁甲车运动便利，对我两侧威胁甚大。敌步兵配合各兵种向我朱家坎阵地开始总攻击。陆空协同，战斗猛烈。我步兵四团团长钮玉庭、步兵一团中校团副孙庆麟均负伤较重，官兵伤亡六百余人。由步兵四团一营长常玉林接任该团团长。总部考虑敌军兵力数倍于我，兵器优劣相差悬殊，若再继续抵抗，势必损失更大。决定向后撤到碾子山第三线阵地进行休整补充，以利再战。部队二十八日全部撤到碾子山。刚进入第三线阵地，敌军骑兵股部旅团由左侧方压迫我军向南方退却，使与后方断绝联络。二十九日拂晓，敌军约五、六百人，乘装甲汽车由南绕道奇袭扎兰屯前方总司令部。据索伦族骑兵队长报告，有敌军骑兵千余人，正由甘南方面向南进。我警备扎兰屯兵力不过一营有余，占领山头，扼守重点地点，竭力抵抗。敌机六架低飞扫射并投弹轰炸，敌兵向前猛攻。此时我前方电话断绝，扎兰屯北方山上发现敌军旗子，总部官兵伤亡数十人。谢总参谋长为避免全部被俘，下令部队向哈拉苏车站集合待命。我此时正在兴安岭视察阵地。阅悉前方消息，即派专车前往哈拉苏接应谢、金两参谋长和撤退的官兵到博克图。我当与谢、金两参谋长密议因我前方主力军被敌击溃，并压迫向南方退却，不可能退归后方。现有兵力只有学兵连、警卫营及步兵九团，共二千余人。敌势强大，进攻迅速，兴安岭虽险，以我少数兵力也难久守。况且蒙旗见我军溃败，未必不趁火打劫，讨好敌人，做落井下石之举动。当前之计，莫如以一营兵力扼守兴安岭山洞（山隧道甚长、工程艰巨、铁路方面要求不得破坏，因难修复），布置地雷，破坏盘山路轨。隐蔽在山洞内一列装满石快的火车，俟敌铁甲车前来时，放下与之相撞，阻止其前进。另控制一列火车为守洞部队在必要时乘用。按此计划做了部署之后，我与谢、金两参谋长及前方收容的官兵等乘专车撤回海拉尔。

"三十一日，敌军先头的铁甲车达到博克图站，并向兴安岭盘道上行驶。我队将装石的列车由高处向下急放，正在修复铁道的故军工兵数十人，忽见放下的列车将与铁甲车相撞，奋不顾身，猛力破坏铁路，触及地雷，装石列车达到时脱轨撞翻，路基严重破坏，故铁甲车却安全无恙，工兵大部炸死。后来听说日军战报载称：在兴安岭战斗中，工兵某某中尉英勇救护铁甲车，光荣战死，充分表现了武士道之精神，立碑战死处，以资表扬。我驻守兴安岭部队完成任务后，于十二月一日午间安全撤回海拉尔。故大部骑兵通过山洞向西前进。"

孙麟（时任东北民众救国军兴安防守司令）回忆：

"一面派人将通博克图的电话破坏，一面堵塞山洞。31 日，故军先头的铁甲车到达博克图站，并向兴安岭盘道上行驶。率部将装满石子的车皮由高处向下急放，正在修复铁路的故军工兵数人，忽见放下的列车飞奔而下。这车石子恰好把日寇铁甲车翻在山坡上，日寇铁甲车和工兵官兵颇有伤亡。从而有效地阻止了日军的追击，给苏炳文部队和家属安全撤退到苏联提供了保证。"

第八节　长城抗战

一　山海关战役

1932 年 7 月，张学良任命驻守山海关的独立步兵第 9 旅旅长何柱国兼任临永警备司令，辖区为临榆、抚宁、昌黎、卢龙、迁安五县和都山设治局地域，辖区内驻军包括独立步兵第 9 旅、独立步兵第 20 旅、骑兵第 3 旅、炮兵第 7 旅第 13 团之山炮 1 营以及工兵第 7 营。

因满清政权与列强签订的《辛丑条约》规定，有"天下第一关"之称的山海关南门外的火车站早在 20 世纪初期就已驻有日本"中国驻屯军"秦榆（秦皇岛、榆关）守备队。东门外则是接替俄国在华权益的苏联红军的军营，不远便是日本关东军的驻地。1932 年 11 月，日本中国驻屯军的秦榆守备队队长落合正次郎数次怂恿何柱国于滦东和热河间实行独立自治，何柱国采取拖延战术，始终未给予明确答复。之后的 11 月至 12 月，按捺不住的日本关东军开始由皇姑屯至山海关一线的各车站调驻重兵，并派第 8 师团开抵锦州，同时，驻旅顺的日本洋田第 2 舰队又派驱逐舰十余艘分驻于山海关与秦皇岛之间，准备对山海关乃至热河省强行发动侵略作战。

12 月 8 日夜，配属日军第 8 师团的第 3 装甲列车，以支援山海关（即榆关）日本"中国山海关驻屯军"追击所谓"土匪"（即东北义勇军），开往山海关站补给碳水为由，进抵山海关站东端的长城缺口，突然向城内猛烈轰击了 38 发炮弹，并谎称是遭到中国驻军的袭击才被迫开炮。9 日早晨 6 时，两架日机在城内低空盘旋，铁甲车仍停于榆关车站。此时日本航空母舰一艘、驱逐舰两艘开抵秦皇岛。"炮击山海关"事件后，日军威逼何柱国承认炮击事件为误会，并继续拉拢利诱何柱国就范。何柱国再次施以缓兵之计后赶往北平汇报，并与张学良等召开军事秘密会议，做了军事部署。会议决定由商震的第 32 军开赴滦河（后转冷口）进行支援，宋哲元的第 29 军开赴喜峰口，王以哲军开赴古北口（后改为徐庭瑶的中央军第 17 军），万福麟和缪澂流推进到右翼的界岭口以北地区。

1933年1月1日元旦晚9时20分，驻山海关附近的日本驻屯军守备队及宪兵队于南门地区故意挑衅，声称遭到了中国军队的袭击，并向城上守军举枪射击，南门守军第626团石世安部当即予以还击。翌日上午8时左右，日军增援第8师团（步兵第5联队、步兵第17联队）、伪满国境警备队、蒲田第3装甲列车队、临时派遣战车小队等部三千余人到达山海关车站。10时，第3装甲列车率先对山海关南门城楼等处发起炮轰，日守备队一部在中尉儿玉利雄的率领下强行攀登城墙，并向城上投掷手榴弹，据守南门的626团第1营随即对攀爬城墙的日军进行射击，并向下砸预先准备的石块，儿玉利雄等其它几名强行攀爬的日军被当场击毙，从城墙上掉落。

1月3日上午10时，日军以停泊海面的"芙蓉"号和"刈萱"号两艘驱逐舰上的舰炮、第3装甲列车、野炮兵队以及从绥中飞来的航空队7架轰炸机，海、陆、空三军联合向山海关城内实施大规模的猛烈轰炸，并派爆破队对城门进行破坏，至下午3时，守军防御工事及城墙多处被毁，百武俊吉率战车队"雷诺"坦克在炮火的掩护下，将被破坏的

▲ 攻打山海关的百武战车队的原东北军"雷诺"FT型坦克

▲ 攻占山海关后拍摄炫耀的百武战车队

城门撞开，守门的第626团营长安德馨以下，第2连连长刘虞裳、第3连连长关景元、第4连连长王宏元、第5连连长谢镇潘等军官先后战死，全团伤亡半数以上。团长王世安率预备队第1连于城内南门大街县公署一带与百武战车队进行殊死巷战，战斗中1连长赵壁连重伤，排长以下官兵伤亡惨重。在四城门均被日军攻破后，王世安见已无法抵御，遂率残部十余人由北水门撤出，山海关随即宣告沦陷。

二 热河战役

川原挺进队与临时派遣第一战车队

1933年1月山海关沦陷后，日军即以锦州为大本营，开始进攻热河省（省主席汤玉麟），企图击溃该地区的中国军队主力，并占领长城以东地区，封锁关内外的交通，割断关外东北抗日武装与关内的联系，为进攻华北开辟前进战略基地。于是，日军以3个

师团兵力分三路对热河发起进攻，一路由绥中进攻凌源，一路由锦州进攻朝阳，一路由通辽进攻开鲁。

1月28日，日本关东军司令官武藤信义正式发布"关作命第466号"作战命令，对所属部队下达全面进攻热河的预备命令。作战计划为：以两个师团、两个步兵旅团、一个骑兵旅团及炮兵、战车、航空等部队从绥中、锦州、打虎山、彰武、通辽的铁路沿线地区出发，兵分五路相互策应、加强右翼（东侧、北侧）快速迂回作战。

驻扎沈阳的临时派遣第1战车队的编制及装备也于此时进行了调整，将原先缴获自东北军的"雷诺"FT坦克及自购的"雷诺"NC型坦克替换为日本国造的"八九"式轻战车及"九二"式重装甲车。

日方记录：

"配发临时派遣第一战车队，八九式战车十二辆、九二式装甲车三辆、自动货车五辆、乘用轿车一辆、侧车附摩托车三辆、修理用汽车一辆，编制为本部、四小队、段列一，以及关东军汽车队本部、七中队、材料厂。"

2月21日，进攻热河省北部的骑兵第4旅团（旅团长茂木谦之助）以骑兵第1旅团

为模板组建了临时旅团装甲汽车队（队长为鲛岛宗隆骑兵大尉），装备"九二"式重装甲车7辆，由第6师团师团长坂本政右卫门指挥，作为先头侦察部队从彰武、打虎山向西进攻防守热河省北部开鲁地区的孙殿英第9军团、冯占海的东北义勇军和崔兴武的热河军各部。2月底，兵临赤峰城下的骑兵第4旅团装甲汽车队的"九二"式重装甲车奉命配合"四一"式骑兵炮对赤峰城垣及守军阵地进行射击。此时，"九二"式装甲车多用途车载机枪已换装穿甲弹及曳光弹，虽攻击毁伤力增强但因该车装甲太薄，有数辆遭守军从城上投掷的手榴弹所破坏。3月2日，骑兵第13、14联队最先冲入城内与孙殿英所部巷战，装甲车队于骑兵之后进行支援作战。同日，赤峰城沦陷。

另一方面，从锦州经义县攻占朝阳的第8师团指挥所部混成第14、33旅团及临遣第

▲ 新装备"八九"式战车的百武战车队（临时派遣第一战车队）

▲ 汤玉麟

▲ 战壕中的东北抗日武装

▲ 热河作战中的百武战车队"九二"重装甲车及"九二"式装甲汽车

1 战车队进攻热河省省会承德。

随后，临时派遣第 1 战车队队长百武俊吉大尉奉命要求所部不管道路状况如何恶劣，必须按时到达朝阳，配合第 8 师团进行对承德的进攻。之后，百武俊吉率战车队从奉天出发由铁路运输南下，在锦州北部的义县下车后开始以履带行军方式前进，出发开始 5-6 公里后，路况开始变得较为恶劣，路宽窄于战车履带宽度的道路甚多，在连日零下 20 度的寒冷天气中一边修路一边修理战车行走装置的故障，其行进速度十分缓慢，一天仅能前进约 10 公里左右。

说句题外话：在此之前，"九·一八"事变爆发后的 1931 年 12 月 18 日，日军以缴获东北军及日本自行购买的"雷诺"坦克临时编成了一支战车部队投入中国东北的作战，之后随着东北战线的不断扩大，战车队的各战车被打散建制，分配到各个师团作战，发生过很多特殊的使用情况。连"战车队（1 辆），支援步兵作战"的命令都有，甚至到了以战车的数量来制定作战任务的地步。战车一度

成为奢侈（贵重）品，"战车队"的运用思想已经荡然无存。百武俊吉回想在 1927 年夏天和陆军士官学校的前田孝夫中尉、原田一夫中尉等人，向久留米的第 1 战车队队长吉松寺藏（吉松曾于法国留学两年，学习第一次世界大战时期坦克战的各种经验以及战术，并教授给百武等人）学习的战车战术与如今现实情况相比简直是天壤之别。

2 月 28 日，到达朝阳后的百武俊吉赶往朝阳市政府内的第 8 师团司令部参加军事会议。但因迟到了一会儿，会议作战命令在此之前已经下达完毕。发到百武手上的只有临时印刷的命令书。根据作战计划，由于热河地区没有铁路线，无法使用铁道运输方式，而地形主要为平坦地势及山岳地带，于是，日军历史上首次以诸兵种混编成机械化快速纵队——即"川原挺进队"（队长为川原侃少将）。为了达到快速挺进作战的目的，必须以自动货车为兵员运输载具，因此需要大幅度增加汽车的数量，于是以原关东军野战汽车队（队长为落合忠吉中佐）主要装备"千代田"、"隅田"军用卡车的三个中队为基础，又征集了所有在东北的日本民间企业公司拥有的自动货车。这些征集来的车辆涂装各式各样，更有刻画各个企业名称及商品名的车铭牌。如第 4 中队主要装备的"雪佛兰"卡车和第 6 中队装备的"福特"卡车等。尔后，以此一百多辆万国牌汽车扩编成了 4 个中队。随着战线扩大，最终编成了 13 个汽车中队，用于作战运输。

松木熊吉（时任关东军野战汽车队小队长）记述：

"野战汽车队，特别是美国制的福特车在热河作战中相当活跃。虽然到目前为止我

军很努力开发国产卡车，但是还是过于沉重。在这一点上福特卡车重量轻，速度可以达到一百公里以上。热河作战中的兵站线延伸到达一千公里，而且并不仅仅只是跑一次，速度的差距就体现出来了。"

另一方面，临时派遣第1战车队按照师团命令，战车队主力在队长百武指挥下配属于第8师团的川原挺进队沿朝阳－叶柏寿（340公里）－三十家子（296公里）－平泉（472公里）－承德（208公里）进行快速进攻。另外，战车队的永山第1小队以及关东军汽车队的

▲ 百武战车队的"八九"式战车，先头坦克使用的为早期型履带

▲ 配备大量各型汽车的川原挺进队

摩托车一辆、自动货车两辆配属于混成第14旅团及步兵第5联队主力，在步兵第14旅团旅团长服部兵次郎少将指挥下由绥中－凌源－平泉道进行作战。

1月28日下午1时，战车队主力各小队逐次全力配合川原挺进队步兵第17联队前卫部队（步兵第17联队第1大队、步兵炮半队、联队山炮小队、工兵第2中队）快速挺进。崛场第2小队于下午2时率先从朝阳出发，向西面25公里的大班先行。尔后，当日晚11时，神田第4小队及段列队到达朝阳，简单休整后再次出发，经过彻夜行军，于次日（29日）上午5时到达大班后与先到的崛场小队汇合。米田第3小队于29日上午10时到达朝阳，因战车连续发生故障，不得已配属师团主力的第二梯队行动，百武命令其它小队先行出发，百武战车队于大班休整了2小时后于上午7时继续前进。至9时，前进了20公里，追上了挺进队的机械化主力部队，挺进队乘各型汽车呈一列纵队快速行军，追上挺进队的战车队没有超过，而是于队尾紧跟。

3月1日下午2时左右，从日军汽车纵队前进方向传来炮击的轰鸣声，挺进队的先头部队于叶柏寿地区遭到了万福麟的华北第4军团独立第30旅（旅长于兆麟）第388团的顽强抵抗。日军侦察兵报告，**该团兵力约两千人，配备重机枪十余挺、迫击炮及山炮**

数门，作战顽强，技战术灵活。由于战车队所装备的"八九"式战车和"九二"式装甲车均没有配备无线电，于是百武从炮塔上探出半个身子挥动指挥官旗，以信号旗语向部属传达"各车，加快速度！"的命令，车队受命向最前方第一线急进，然而前进道路多处已被热河守军事先破坏，导致战车队不时碰上裂坑等恶劣路况，履带严重受损，发动机也常在通过裂坑时突然熄火。3个小时后，战车队在勉强到达叶柏寿附近的平安地村时，赶上了挺进队的前卫部队步兵第17联队，其部队正分左翼队与右翼队两路攻击前进。此时，战车队能参加作战的只有百武的"八九"式轻战车两辆及"九二"式装甲车一辆。随后，前卫队司令官处向百武发来命令，战车队依令沿街道协助右翼队进行攻击。不久从街道南侧的秫线传来了机枪连续发射的声音，百武即命所乘坐的"八九"式战车驾驶员沿道路攻击前进，炮手装填炮弹，准备射击，后续的"九二"式装甲车也紧随其后。傍晚，战车队协同右翼队步兵从村南侧，一边用车载机枪射击一边向守军第388团阵线突进。

天色渐黑，晚上8时左右，挺进队一名曹长拿着川原的命令向百武传达了下一步作战命令："根据目前的战斗态势，挺进队于夜间通宵后撤，明后天开始准备追击。战车

▲ 百武战车队的"八九"式战车（甲初期型）

队在初始地点附近集中，由战车队长指挥两辆装甲汽车，向叶柏寿方面进出，确保对敌情及地形的侦察。"命令下达时间为晚7时30分，可此时已经是晚上8时30分了，足足晚了1个小时。百武立即于三四公里后方的攻击初始地点逐次集结所部。叶柏寿位于战车队集结地的西面5公里处，中间还有一条宽约五十米的大凌河，由于月光微弱，再加没有任何夜间作战经验，这个命令对日军战车队来说实属困难。

百武于是令乘员将燃料和机枪弹药补充齐备，接着与乘员讨论起行动方案："从能看到的目标地域判断，目标地势为较平坦的波状地形，南北处裂坑较多。在地图上也能发现，没有什么能够阻碍车辆通过的障碍，影响行进速度的主要问题是两三公里外横穿而过的大凌河，根据情报桥梁已被守军破坏，只能指望零下20度的气温下能够将河水冻结，当冰厚达到50厘米以上时车队就可以渡河了。另外依据战车兵的作战经验，以北极星为基准，夜光反射照亮的大凌河河面及高地上的残雪作为参考，用以辨明前进的方向。"当燃油及弹药补给完成后，百武战车队开始了日本陆军的首次战车夜间行进作战。不过虽说是战车队，其实只有两辆"八九"式战车及两辆"九二"式装甲车而已。队伍开始向目的地叶柏寿出发，此时已是3月1日晚9时了。

在战车队用20分钟前进了1公里后，就遭到了潜藏于暗处的中国守军第388团的伏兵零星射击，日军乱成一团却未发现任何人影，完全搞不清楚敌情和地形的百武生怕遭到伏击，于是急令停止前进，所有发动机熄火，车灯也都关闭。有此经历，百武战后回归内地时即将战车队教练规定增加了一条："夜

间攻击的战车，须时不时地停止引擎，关闭灯光照明，这有利于侦察情况。"

晚 10 时左右，战车队达到大凌河河岸，百武下车于河面检查后发现，河宽约 50 米左右，但有的地方冰层较薄，只有采取迂回前进的办法。百武就命令车长下车徒步指引各车向对岸前进。第 3 号指挥官车先行过河后，开始进行掩护射击准备。全部车辆过河后，遭到了北岸 300 米处守军步兵的射击，战车队三辆车按照命令排成横队以车载机枪向火光处进行还击。双方激战片刻，因守军仅装备步枪，火力不足，无法有效地进行阻击，阵地上构筑的铁丝网及战壕亦被战车轻易突破，守军无奈撤退。

晚 11 时左右，战车队西进 2 公里后，到达叶柏寿村东部的三岔路，因战车没有装备探照灯，无法进行有效照明的观察。等了一

▲ 风雪中炫耀战功的百武战车队，后面为"千代田"装甲汽车

▲ 百武战车队的"千代田"（爱国 2 号）装甲车

会儿，百武确认没有遇袭的危险后，命令第 2 号车车长佐佐木曹长代为指挥，自己则乘装甲车于凌晨 1 时返回后方 5 公里处的攻击初始地域向挺进队长川原侃报告，并指引段列补给队到达叶柏寿地区进行补充休整。

3 月 2 日晨，激战一夜的日军第 8 师团川原挺进队见叶柏寿久攻不克，即又分出一部兵力绕过叶柏寿进攻凌源县城。包裹着毛毯睡在战车里的百武被突然叫醒，得到从追击队（本）部下达的命令：**"叶柏寿顽抗一夜之敌已经于昨天后半夜向凌源方面撤退。挺进队从现在开始向凌源方向急追。步兵第 17 联队担任追击队，战车队于追击队最前端位置，对敌小部队进行驱逐，首先向凌源对面前进。"**

于是，百武战车队部分战车作为追击队先锋开始突进。但经前日的作战，8 辆"八九"式轻战车全部发生故障无法进行追击任务。百武只能乘坐所部的一辆"爱国 2 号千代田"装甲汽车参战，并向第 17 联队借调了一辆"九二"式装甲车（车长杉浦少尉），以及段列队的一辆轿车及卡车组成战车追击队。另一方面，百武命第 2 小队队长崛场库三中尉指挥正在修理战车的战车队残部迅速地跟进追击。上午 7 时 50 分，百武装甲车队从叶柏寿西南出发，前进约 30 公里后到达凌源附近时，突然遭到了驰援叶柏寿至凌源一线中国守军第 30 旅阵地的第 29 旅第 864 团增援部队的迫击炮轰击。百武车队快速转移至凌源北侧的高地下进行反击。乘坐汽车的步兵第 17 联队随后于百武车队后方 2 公里处下车。上午 11 时 30 分，百武装甲车队沿中央道路开始攻击前进，跟进上来的步兵以装甲车作为活动堡垒进行射击。下午 1 时 20 分，百武车队以南方 35 公里处的三十家子为目标继续

▲ "九二"式重装甲车（13mm 机炮搭载型）

▲ 百武战车队的"千代田"装甲车与川原挺进队步兵进入承德城

全速急追。2 时左右，孤军深入的百武装甲车队队尾遭到携带弹药车及迫击炮的凌源守军迂回突袭，后续的"九二"式装甲车车内的杉浦少尉手腕部中弹。百武生怕遭到合围，急令车子前原军曹向前强行突破，并用车载机枪猛烈射击掩护。快速行驶了三四十公里到达五道染子附近村庄时，已经是傍晚 5 时。由于引擎过热，百武令其停车熄火让发动机冷却，等待段列队及步兵联队的到来。3 月 3 日下午 1 时，百武率队配合步兵联队攻占平泉城后继续向 80 公里外的最终目标承德进发，途中通过积雪厚达 30cm 的山地，并与据守山峦两侧高地的承德守军交战。期间，汤玉麟不战而撤出承德。3 月 4 日上午 11 时 50 分，川原挺进队骑兵第 8 联队进入承德城，同日下午 2 时，百武装甲车队与步兵第 17 联队入城。11 日，热河宣告沦陷。

川原挺进队编制：

步兵第十六旅团（第三十二联队、第十七联队，约一大半骑马小队）

野炮兵第八联队特设山炮第三中队

工兵第八大队两个中队

无线一分队

卫生班一部

关东军汽车队

第二梯队：

步兵第十七联队第七中队

临时派遣第一战车队

临时重炮兵中队

高射炮队

弹药二小队

卫生班主力

三 长城战役

1933 年 3 月，日本关东军司令官武藤信义指挥关东军第 6、第 8 师团、混成第 14、第 33 旅团、骑兵第 4 旅和航空兵、海军各一部四万余人及伪军三万多人，企图攻占热河、古北口以东的长城一线，伺机进占冀东。

在中华民国国民政府军事委员会北平分会代理委员长张学良的指挥下，中国先后调集十四个军二十余万人，试图保卫热河和依托长城要隘，阻止日军入关。张学良任集团

部队编制			
本　部	队长百武俊吉大尉	"八九"式轻战车	1辆
第一小队	队长永山仙一中尉	"八九"式轻战车	3辆
第二小队	队长官堀场库三中尉	"八九"式轻战车	3辆
第三小队	队长米田玄暲中尉	"八九"式轻战车	3辆
第四小队	队长神田利吉少尉	"九二"式重装甲车	3辆
段列队	段列长今井特务曹长	"八九"式轻战车	2辆
其　它		"千代田"装甲汽车（爱国2号）	1辆
		挎斗摩托车	3辆
		轿车	1辆
		卡车	7辆
		整备器材运输卡车	1辆

军总司令兼第1方面军总指挥，下辖第1、2、3军团（第3军团司令万福麟），共五个军又一个师的兵力；第2方面军总指挥为张作相，辖4、5、6、7、8军团共九个军又一个师，分布于长城各口，固守御敌。日军一百二十八骑不费一枪一弹轻取承德，十万东北军不战而退，国人以为奇耻大辱，张学良无奈引咎辞职。3月12日，何应钦接替张学良指挥之职。

日军在攻占热河省后，顺势南下向长城各口推进。何应钦执行国民党政府一面抵抗、一面交涉的政策。沿长城线布防，意图阻止日军进攻。以西北军第29军（军长宋哲元）担任冷口（不含）经董家口、喜峰口、罗文峪至马兰峪一线的防务；以中央军第17军（军长徐庭瑶）于古北口至南天门一线驻防；以第32军（军长商震）担任由董家口（不含）经冷口到刘家口与义院口方面的防务；调由长城防线后撤的东北军担任"北宁"线天津以东及冷口以东的防务；并调晋军傅作义所部担任独石口方面的防务。

至此，"长城抗战"的大幕渐渐拉开。

（一）喜峰口之战

1933年3月初，日军独立混成第14旅团（旅团长铃木美通）由凌源直接进攻冷口

长城抗战示意图 1933年3月-5月

方面。担任防守冷口至马兰峪一线的国民革命军第29军（军长宋哲元）第37师（师长冯治安）、第38师（师长张自忠）率部奋力抵抗。

由于装备不如日军，守军只能以奇袭、夜袭的战法迎战。3月9日，日军夺取喜峰口，当夜，第37师第109旅旅长赵登禹下属的王长海团长率大刀队夜袭喜峰口，重新将喜峰口夺回。然而五百多人的大刀队却仅生还二十余人。3月11日，当地猎户关仁景、于连贵等人自告奋勇为中国守军充当向导，于夜间带领大刀队东出铁门关，西过潘家口，由山间小路迂回至敌后包抄日军，赵登禹率左翼大刀队突袭日军步骑兵营地，第113旅旅长佟泽光率右翼大刀队突袭日军炮兵阵地，给日军造成不小损失。当时中方战后宣称歼敌数千，史称"喜峰口大捷"。而据日方资料记载，此战日军损失为死亡数人，伤不到20人。

（二）罗文峪战斗

喜峰口失利后，日军从承德方向调集早川、濑谷义的第31、第8两个联队，并附骑兵两个团，装甲车十余辆，飞机二十架，联合伪蒙古、伪朝鲜军两个旅，总计兵力万余人，向长城罗文峪口进攻。3月17日至19日，中国守军第29军派出暂2师及第37师一个团、第38师一个团进驻遵化罗文峪一带各隘口，

▲ 大刀队的模型坦克

由暂2师刘汝明师长指挥，总兵力约六千余人，在罗文峪一带的长城防线上迎战来犯日军。血战三日后，第29军官兵共杀敌三千多人，自身伤亡一千七百余人，成功击退日伪军的进攻，守住了罗文峪。然而，日军后又向滦东突进打开缺口，4月7日再攻喜峰口，头两天进攻均被宋部所击退。11日喜峰口腹背受战，中国守军陷入被围歼的窘地。于是3月13日，第29军各部奉总指挥何应钦将军之命全部撤出喜峰口，在兴城以北的滦河西岸地区布防。

（三）古北口战斗

1933年3月9日，关麟征率中央军精锐的国民革命军第17军（军长徐庭瑶）第25师到达河北密云县的石匣镇，将部队开到古北口前线。出古北口东关不远，即与日军的前哨部队发生遭遇战。关麟征将军亲率第149团进军右翼高地，意图占领有利地形抗击日军。战斗中，25师遭到日军潜伏在此的侦查部队的狙击。双方展开短兵相接，战况甚烈，关麟征师长负伤多处，浑身是血。身旁随从官兵十余人全部战死，第149团团长王润波也中弹身亡，但中国军队仍奋力冲杀，终将敌人击退，占领了高地。11日，日军第8师团主力向中国守军右翼阵地发起进攻，负责守卫的东北军王以哲部战力不支被迫撤退，制高点将军楼失守。日军占领古北口关口后，乘胜包围第25师戴安澜的第145团，师长关麟征负伤，由杜聿明担任代理师长之职率部继续同日军苦战。经请示军长徐庭瑶将军同意后，145团在古北口以南的南天门一线构筑阵地，进行防御。

3月12日，日军在火炮和飞机的支援下发动总攻，激战中守军第145团被分割成两

▲ 固守长城的中国军队

段，师指挥所再次受到攻击，看到情况已无可挽回，第 25 师官兵只得无奈后撤。

（四）南天门战斗

1933 年 3 月 13 日，黄杰率中央军第 17 军第 2 师于密云县石匣镇一带御敌，接替第 25 师南天门地区的防务，守备黄土梁、南天门、八道楼子一带阵地。14 日，第 17 军全部德式装备的第 83 师（师长刘戡）投入战斗。4 月 16 日，日军飞机十余架向南天门、石匣、密云一带阵地猛烈轰炸。21 日，日军步兵不断向黄土梁、南天门、八道楼子等中国军队阵地连续发起攻击，持续 5 个昼夜末有停歇，尤以左翼八道楼子一地最为惨烈，落弹三千余发，防御工事尽被摧毁，营长聂新、团副吴超征等军官均以身殉国，守军将士大多尸骨不存，化为灰烬。

开战之初，第 145 团的副团长吴超征兼任侦查先锋营率领一营官兵奉命驻守"帽儿山"高地的八个碉堡，由于联络中断，没有接到军部的撤退命令，始终据险死守。日军在久攻不下之后调来飞机和重炮对守军阵地进行猛轰，该营的八个碉楼因工事坚固且居高临下，故在日军猛烈炮火轰击下中国官兵依然能够顽强抵抗，直到子弹打光，又用刺刀与日军展开近身肉搏，整营将士全部壮烈牺牲，无一生还。

4 月 23 日，日军三千余人在飞机大炮的掩护之下向南天门再度发起进攻，先后 4 次强攻都被中国守军击退。日军后又从 421.2 高地迂回到大、小兴安岭一带继续进攻仍未得逞。24 日，日军再次向 421.2 高地发起集团冲锋，战至 10 时左右，421.2 高地终告失守。从 4 月 21 日到 25 日，守军第 2 师已伤亡了六千多人，无力再坚守下去。于是徐庭瑶调刘戡的第 83 师接防南天门，第 2 师撤至后方进行休整。日军攻占八道子楼后，将山炮运至高地，向中国守军进行炮击，并在坦克的掩护下发动强攻，南天门最终被日军攻下。

从 4 月 28 日到 5 月上旬，第 83 师连续在 372 高地、425 高地、车头峪、大小兴安岭、上堡子、笔架山、香水峪等地与日军作战，伤亡惨重，阵地不断被日军攻占，刘戡因自责欲杀身成仁，但被参谋长符昭骞等人阻下。战至 5 月 11 日，总指挥何应钦将军下令全线撤退。19 日，第 17 军撤至顺义北苑地区，"长城抗战古北口战役"宣告结束。

第五章

中华民国南京国民政府装甲部队之初期发展

（1929–1937）

第一节 中国军事留学生

20 世纪 20 年代末期，中华民国南京国民政府最高领导人蒋介石历经多年的军阀混战，深深感到组建一支强大的现代化国防军实为重要，于是决定派遣大量的军事留学生到英、美、德、法等西方强国学习现代军事科技，希望培养新型的现代化国防军事人才，为中国部队的体系建设做出贡献。

1929 年，南京中央陆军军官学校（简称中央军校）第六期学员毕业考试后，训练部总监对步、炮、工、辎、交通各科毕业生进行了选拔，考选标准为各兵科毕业生考试成绩前 20 名以内、政治考试分数在 90 分以上、年龄 25 岁以下者。经过选考，录取了正式生 32 名，备选生 15 名，于同年 8 月在南京炮标成立了留学预备班，教务长由曾留学法国学习军事的梁子骏将军担任，队长由保定军校毕业、留学美国学习体育的汪强担任。留学预备班分为英、美、德、法四个语言班。德

文教员为德国人谭玛丽（后加入中国国籍），英文教员为留美学生杜庭修。9 月，留学预备班正式开学，主要科目为外语。另外每周学习数、理、化各科三至四个小时。留学预备班在经过 8 个月的学习后，翌年 5 月，先后乘船出国进行深造。

留德学员 15 名：蒋铁雄、柴钊、杨中平、萧劲、杨厚彩、郑瑞、岳制量、田鄂云、徐焕升、林馥生、李忠依、楼迪善、欧阳杰（学习期间其中一人因病去世，另有一人因个人原因退学）。

留法学员 13 名：何新文、郭海乐、廖耀湘、蔡庆华、郭彦、程雁飞、孙信璋、王观洲、刘恩荫、蔡仁清、周昭、王菊林（其间一人被开除）。

留英学员 11 名：胡献群、谢肇齐、李申之、陈平阶、胡光熹、陈延缜、倪福欣、林潞生、窦济华、封成林、严伯俊。

留美学员 8 名：周宏沼、阮积熙、陆瑞科、彭展寰、于德源、张毅、吴家让、唐铁成。

法国方面，留法的中国学生中，蔡仁清、刘恩荫进入索姆机械化骑兵学校，主要学习战术、马术、机械三科，并于机械科的实习工厂实习修理各种装甲车和摩托车，同时学习各种机械原理与制造。

美国方面，中国学生多数进入的是普通大学的军事训练科。其中唐铁成最早在华盛顿大学就读，后又转入南伽罗尼省陆军军官学校，专攻坦克及反装甲技术专业。

英国方面，北伐结束后，身为西北军骑兵第 1 师代旅长的耿耀张升任少将旅长。升职后耿耀张向冯玉祥提出，坦克的出现表明骑兵这个兵种已成昨日黄花，即将退出历史舞台，为抵抗列强的侵略，中国人必须拥有并掌握坦克这一新式的武器装备。之后，耿耀张表明了想前往英国学习坦克战术的愿望，并得到了冯玉祥的支持。1928 年，冯玉祥将其送往英国皇家桑德斯军官学校进行学习。由于第一次世界大战期间，英国最先发明了坦克，取得较为辉煌的战绩，战后各国均派留学生前往英国学习坦克的使用与制造。学生分别来自德、美、法、苏、意、日等国。最初的中国留学生只有耿耀张一人。直至 1930 年后，南京国民政府的留英学生开始进入英国皇家桑德斯军官学校学习。在英国四年的留学时间里，耿耀张和后来加入的中国同学系统地学习了坦克设计、制造与使用，结识了众多不同国家的同行学生，并留下了深厚的友情。

德国方面，此时已经有桂永清、彭克定、徐培根等 5 人在德国军校就读。其中彭克定为湖北云梦人，1924 年在武昌云梦同乡会的资助下进入广州黄埔军校第二期学习，并参加了广东国民革命军的第一次东征、平定刘杨叛乱等作战，1926 年 8 月北伐战争中的武昌战役时期，他与丁炳权等人组成国民革命军武胜关别动队，支援北伐军主力攻打武昌城。1928 年彭克定经鲍罗延介绍，由邓演达指派前往苏联莫斯科中山大学学习，经费由武汉国民政府提供。留苏期间，彭克定参与了一部分中国留学生反对斯大林的游行活动，被苏联当局流放至西伯利亚某地煤矿厂劳动。直到 1929 年，经南京国民政府派遣邵力子前往交涉，将西伯利亚的中国劳工召回，彭克定才得以回国，后经原黄埔军校秘书长、学生总队长张治中的大力推荐，于 1931 年被派往德国柏林陆军大学参谋班学习机械化战术。

由于德国政府限定只能够接收已就读的 5 名中国军事留学生，留学德国的 13 人因此缘故不能即时入学，于是徐焕升、李忠依、林馥生等 3 人改学航空专业；蒋铁雄、杨中平、岳制量、郑瑞、欧阳杰等 5 人转到瑞士军校学习；柴钊、萧劲、杨厚彩、田鄂云、楼迪善等人则转投奥地利的军校。1934 年底，阿道夫·希特勒担任德国元首后，大肆扩军备战，成立了众多各类军事院校，同时应南京国民政府请求，将转入瑞士及奥地利军校学习的中国留学生统统转回德国军校。留学生们在德军部队中实习了半年后，被分配到各步兵、炮兵、工兵等专业学校学习。

1936 年，蒋介石通过在中国帮助国军整训的德国军事顾问莱谢劳（General Von Reichenan）将军，将次子蒋纬国（生父戴季陶、生母重松金子）送往德国留学军事。同年 10 月底，蒋纬国由上海乘坐客轮，经马六甲海峡，横渡印度洋后，于 11 月 19 日在法国马赛港登陆，接着从巴黎出发到达德国首都柏林，进入柏林大学语言先修班学习德文，并给自己起了个德文名字——WEGO（罗格）。翌年

9月，在进入德国军官学校前，蒋纬国被分配到德军第1山地步兵师第98团第2营第5连接受入伍前训练，在此期间，蒋纬国参加了两次德国发动的军事行动，第一次是吞并奥地利，他随所属部队进军至奥地利边界；第二次则是入侵捷克斯洛伐克的作战，蒋纬国随军占领了捷克苏台登地区。另一方面，同年（1937年）春，孔祥熙作为英皇乔治六世的加冕特使率陆、海、空三军武官出席盛典。活动结束后孔祥熙即被派往德国，认识了在中国驻德使馆协助谭伯羽进行采购坦克、火炮等武器装备的工作的耿耀张，并利用耿耀张及蒋纬国与德军装甲兵师长们的同学关系，了解了德军装甲兵的经验，观摩学习了当时德军装甲兵的一些重要演习。

蒋纬国（时任德军第1山地步兵师第98团第2营第5连军官候补生）回忆：

"……回顾历史，英国人在1918年以战车的机动性转变了整个作战观念。英军先以机械化部队进攻，再以摩托化部队攻击，最后以步兵完成接收，占领据点，因此打赢了第一次大战，但是英国在战后却没有发展装

▲ 蒋纬国

甲，反而是德国在第一次大战后走上了机动建军的路线。一九二八年，德国国防部派古德里安正式开始研究组织装甲兵，同年，我

国的战车队已经成军，纳入陆军行列。所谓阅兵，除了展示军力外，就是告知民众，我们已经有哪些军队成军，不仅仅是在实验室里做实验，也不是在设计场上做试验，而是已经交给野战部队，经过多次的试验之后，在野战演习中经历各种科目的演习，证明可用之后，再纳入军中，也就是所谓的成军。而且德国——全世界闻名的闪电战的主人，在一九二八年才刚刚开始研究，古德里安也是从步兵中调出来的，所以被调派带领运输连，目的在先让他与机械接触。当时德军的运输连尚未机械化，仅仅是摩托化（原名汽车化），摩托化与机械化都讲求快速，但是摩托化的战斗兵要下车以后才能战斗，而机械化的战斗兵在战车上就可以射击。"

中国共产党军队装甲兵的启蒙

1931年12月，中国共产党领导的工农红军于湘鄂西根据地反"围剿"战斗中节节失利，红军仓促集结于瓦庙集一线，与国民政府军东线主力两万余人进行了惨烈的阵地战。是年1月25日，红1师25团团长许光达（黄埔军校第五期炮科毕业）奉命率全团于拂晓前到达"汉宜"公路应城至龙王集之间的毛家畈一带伏击国军第4师张联华部，以此分割歼灭参与"围剿"的国军。至1月31日，气温骤降，双方战斗愈加激烈和艰苦。激战中团长许光达在亲自前往第2营前沿阵地指挥作战时，被机枪击中胸口身负重伤，紧急送往上海治疗，尔后又辗转送至苏联进行治疗，在伤势痊愈后，被中共中央指派进入苏联国际列宁学院进修军事。

1936年8月，苏联首都莫斯科的东方大学成立了"苏联东方大学坦克技术学习班"（又称坦克特种兵学习分部），对外称为汽车训

▲ 许光达

练班。该班主要教授汽车、坦克及炮兵技术。在苏联疗养的许光达即被中共中央调到东方大学进行学习，并担任该班的党支部书记。不久，由中国工农红军、东北抗日联军以及在苏联远东地区的革命人士选送的学员也陆续前来报到，开始了为期1年的学习。

全班共有五十多人，分成了6个班。许光达（化名洛华）除担任党支部书记外还是中国学员的管理负责人。第1班班长李国华（阚贵义），第2班班长李玉亭（倪景阳），第3班班长傅福庆，第4班班长张平，第5班班长大东，第6班班长不详。学员有李林（刘李林）、宋志远（侍文臣）、李金荣、胡汉标、胡望山、赵福、李玉珍、杨太虎、费有（冯晋臣）、李玉山、田学文、马维贤、星武（蒋泽民）、王书、关有、孙进有（王浩清）、孙三（李志华）、王升、李树成、吴团民、林亭、李申（孙万贵）、李友（张海龙）、张发、喜良（黄颜思）、柯武英（杨青山）、井山（井卫泽）、张万才、徐光新、刘福臣、李德山、刘大祥等。

坦克技术学习班的校址设在距莫斯科东南约十公里的一所沙俄时代的别墅内。全院长约四百米，宽约三百多米，周围筑有木桩和板条的篱笆墙，北半部建有一座两层小楼，是中国学员的宿舍。上层共有大小五个房间，中间较大的一间是客厅，也是全体学习班学员的会议活动室。第1、2、3班则各住一大间，

许光达单住一小间。下层西边有四间，为第4、5、6班的寝室，中间的是餐厅，东边则是厨房。楼的东面和北大门内有四栋平房，是苏方服务人员的宿舍。楼南面有一块平地，初期坦克驾驶教学就是在这里进行。出北大门，有一条东西偏南的沙石马路，是学习汽车驾驶的训练场地。

学习班的教学工作由苏联红军克林莫夫少将主持，他冬天穿一件长筒皮大衣，中国学员亲切地称他为"大皮袄"，他和五名教员并不住在学习班内，只是按照课时的安排定期来学习班上课。克林莫夫少将有一位中尉助手，是常住学习班的，负责学习班日常的教学工作，经常和中国学员在一起。教室设在东平房的一间屋子内，由于中国学员的文化程度参差不齐，所以又被分为了两个级别班。学员们学习的重点是坦克驾驶和坦克分队战术等科目，教学模式比较速成，一般上午以课堂授课为主，下午是自习时间或以班为单位到汽车和坦克上进行实际操作。

开学后首先是学习汽车知识，而第一堂课则是由一位苏军上尉教员讲述世界汽车发展史。在讲授汽车原理时，教员们常在黑板上画图或指着汽车挂图讲解，或用从汽车上拆下来的零件进行讲解。当中国学员对汽车构造和原理基本了解后，就进入实车驾驶阶段。学校为中国学员分部配备了6辆汽车，每班1辆，并随配1位辅导员，他们穿着便服，负责带领学员在马路上或平坦的空地上进行教练。每个学员轮流驾驶，辅导员手把手地教中国学员。经过一段时间训练后，大家都能熟练地掌握汽车的操作要领了，而且可以独立地在马路上进行驾驶。

学完汽车理论和实车驾驶后，便是进行坦克技术的学习。教授坦克技术的教员是

一位苏军少校,第一堂课简略地讲述了坦克的发展史及其在战争中的作用,之后是讲坦克的构造和工作原理,同时还教授了一点射击方面的知识。教学的苏方教师均是极富经验且非常认真的军事人员。为了便于中国学员的理解与学习,他们经常采用挂图或到坦克前对照实物进行讲解。在教学初期,苏方为便于教学,给中国学员配备了一辆苏制的T-26坦克,后来为了提高学习效果,使学员有更多的机会到实车上学习,又特意调来了两辆英制"维克斯"-II型坦克。理论学习结束后,中方的学员们便在楼南的空地上进行坦克实车驾驶训练,依据各班级次序轮流上车,由苏方的辅导员手把手地教授驾驶要领。辅导员对中国学员要求得很严格,每一个动作都要做到准确而且熟练,在空地上进行了一段时间的实车教学后,学习班就组织中国学员到苏军坦克部队的教练场上进行坦克的实操训练,先在比较平坦的道路上进行,然后再在复杂的地形上驾驶,通过上下坡、弹坑、车辙桥等多种障碍物来进一步提高学员的驾驶技术。同时,中国学员还在射击场利用坦克进行了原地对固定目标的射击和暂停间对固定目标的射击等科目的训练,多数学员以机枪代炮,也有少数学员进行的是实弹射击。

通过大量的实车实地教学,中国学员们都基本上掌握了坦克驾驶的技能,并能进行独立的坦克驾驶操作。

另外,战术课一般由克林莫夫将军授课,着重讲述营、连级的战斗战术,偶尔也讲一点师、团级的战术。在授课过程中,他不但组织中国学员进行图上作业,还将学员们带到苏军的营地内进行沙盘作业,甚至还在野外对学员进行徒手作业训练。作业中,有时由苏军人员讲解示范,有时由苏军和许光达等有过实战指挥经验的中国学员共同演练,还有时完全由中国学员自己演练。

经过一年多的学习,1937年初冬,中国学员们的学业全部结束。1938年上半年,学员相继回国。经新疆迪化(今乌鲁木齐市)返到延安后,他们被分配到中共部队的各个岗位,彻底投入到了中国抗日战争的工作中。

第二节　中国赴欧美军事考察团

一　军事考察团之起因

1933年的"长城抗战"中,日军坦克及装甲部队给中国军队造成了极大的损失,在此刺激之下,参加长城战役的第17军军长徐庭瑶萌生了建立一支现代化、机械化的陆军部队以对抗日军的设想。

摘自《长城作战结论》:

本军自3月10日参战至5月19日撤至北平城郊为止,为时七十日,大小数十战。以血肉之躯当新锐之器。我伤亡万余人,敌军伤亡确数达七千余人,炮弹消耗二十万发,至战斗之末,敌军实已精疲力尽,自认古北口、南天门方面,为侵沈热以来所未有。我军虽

▲ 徐庭瑶

受重大之牺牲，亦获有相当之代价。况我九松山之良好阵地，构筑二月有余，最为险要坚固，尚未利用，若非因全局之撤退，则此线之激战，必会再予敌以重创，惜乎未予利用而自动放弃，不无遗憾耳。

敌军优点：

一、物质优良，供应充沛。

二、军队素质良好，战场纪律严格，执行命令坚决。

三、军事教育良好，士兵射击准确，善于隐蔽，独断能力强，干部善于指挥。

四、各兵种均能发挥其特有性能，切实协同动作。

五、军队组织完备，通讯救护尤为灵敏迅速。

六、应用新战术，极端发挥战场之威力与杀伤力。其能力以应用新战术者，因有适合新战术之编制。

七、后方勤务完备，对于战场清扫迅速。

八、筑城作业强大。

九、侦察绵密。

十、以炮兵为攻击主兵，其炮兵优点：1.炮种精良，射程较远。2.炮弹充分。3.有很多汽车附属炮兵，运送力强。4.观察通讯器材完备。5.人员技术精炼。6.炮兵战术运用巧妙，杀伤力大。7.战场运动快。与步兵、航空兵协同好。

敌军弱点：

一、兵力不足，缺乏勇敢精神。

二、不惯夜战，夜间活动力弱。

三、缺少实战经验。

四、步兵离开炮火援助之下，不敢单独行动。

五、不善爬山，行动笨缓。

我军优点：

一、爱国热情高涨，杀敌心切，不惜抛头颅、洒热血，富有勇敢牺牲精神。

二、遵守纪律良好，不扰民，买物按价付钱，老百姓很满意。

三、在近战、肉搏、夜间作战及低吼突袭等战斗中，表现良好。

四、各级干部全力投入指挥作战，身先士卒，舍命与敌拼搏，能针对敌军特点，因地制宜，想方设法，滞阻敌人进攻速度。

五、人人能忍苦耐劳，坚持斗志。

我军缺点：

一、编制不完善，特种兵缺乏，不适合现代战争。

二、无空军助战，缺乏防空炮火，在敌飞机临空威胁时，部队难以活动。

三、各师素质不等齐，致高级指挥官，对于因应战况之变化而作的部署，极感困难。

四、各级指挥官对使用炮兵，间有欠研究者，以致炮兵不能发挥其固有之性能。对战术也有少研究者，判断力弱，不能适应战况使用兵力。

五、初级干部多不识字，我阵地新式工事之价值，纵经临时多方指导，亦不适合高级指挥官之意图。

六、各级指挥官有忽视报告的重要性，不能适时报告，且每有报告不实之弊。

七、物资缺乏，器械窳旧。

八、射击军纪不良，浪费弹药。

九、班长智能低下，无独立作战能力。

十、医疗救护组织不健全。

十一、缺乏特种通信工具及器材。

十二、特种兵技术欠佳。

十三、步炮指挥官未能精确联络，以致难收步炮协同之效。

十四、担任掩护特种兵的部队，多未能确切尽到责任。

十五、弹药输送缺乏系统组织，尤感汽车缺乏，致运输缓不济急。

十六、对空多缺乏认真隐蔽和伪装。

今后应改进之点：

关于编制

一、步兵宜减少，空军、炮兵、特种兵宜增加。

二、步枪宜减少，自动火器宜增加。

三、后勤方面宜多编练汽车队，医护组织要健全，平时应抓紧训练。

关于教育

一、应以日军为主要敌人。

二、制定教育计划。

三、加强官兵思想教育，明耻教战，树立亡国图存和爱国思想。

四、各级长官，对于战术，应结合长城战事，详加研究。

五、加强近战刺杀教育和夜间战斗的训练。

六、应特别研究对付飞机、坦克的方法，试验用步兵火器对低空飞机射击的方法，和对坦克的狙击方法。

七、应竭力研究减少敌炮兵损害之法，竭力讲求疏散纵深阵地构筑法，对地下掩蔽部及阵地内交通等具体事项作讨论。

八、培养专才，学会对毒瓦斯的防护方法。

九、加强对特种兵的技术教育。

关于设备

一、应设法添置防空火炮、战车、大炮、反战车炮、装甲汽车并编练战车队。

二、添设重炮兵部队，对现有炮兵测量、瞄准器具及通讯器材应添置完备。

总结：

一、中日战争今后无法避免，中国应把日帝当成最凶恶的头号敌人。

日本帝国主义自甲午海战得逞签订《马关条约》以来，早已抱定吞并全中国的野心。"九·一八"事变后，辽东巨野，尽陷铁蹄，数日之间河山变色。这便达到了日帝"欲征服支那，必先征服满蒙"之目的，其后更逐步扩大其侵略范围，在东北，让傀儡政府登场，在华北亦在肆无忌惮作侵占的准备。并向我沿海要埠侵扰，乃有天津事件、福州告紧纷至沓来。终于爆发了淞沪之战和长城之战。国民政府迫于各种原因，采用委曲求全、妥协忍让的方针。在国民政府作了重大让步、日方达成目的后，签定了《淞沪停战协定》和《塘沽协定》。虽使战火暂时平息，但委曲绝对不能求全。日本的侵略并不因中方让步而停止，反而会鼓励他们，以后作进一步更大的侵略。只要日本侵占全中国之野心不死，中日之间今后爆发新的战争是无法避免的。我国应该把日本帝国主义当成最凶恶的头号敌人。

二、弱国无外交，这是中国多年来饱受列强欺凌的一个惨痛教训。

日本和西方列强都有对中国侵略之野心，如欲谋求西方列强对日本干涉的外交努力，从根本上说，往往都是无济于事。我国必须放弃谋求列强干涉而存的幻想，只有依靠自己的力量，把日本打败，才能保卫自己。

三、我军在装备方面远较日军落后，因而我军的军备革命，实迫在眉睫。

鉴于长城之战中，中国军队参战的有中央军11个师，东北军12个师，晋军与29军13个师，共有兵力36个师。而日本国小、兵少，仅动用了部分关东军，在兵员数量上，我军在日军十倍以上！由于日军训练有素，并拥有现代化装备，在空军、炮兵、坦克、步兵诸兵种的协同作战中，对我军发动猛烈攻势，我军是以劣势装备，凭高昂的爱国热忱与敌人拼杀，故每战伤亡都大，甚至十分惨重。虽然在战役进程中，我军也取得了一些重大胜利，予敌以重创，但最后还是日军得手。17军长城作战70天，第25师、第2师、第83师所余原有官兵不过三分之一，甚至有的营、连伤亡殆尽。其主要原因也是我军在装备方面远较日军落后所致。而17军的装备还远较其他部队优良，17军尚且如此，其他部队则可想而知，因而我军的军备革命，实迫在眉睫。

四、建立新的国军，应走现代化、机械化的道路。

当今世界列强各国，都有其发达的工业作基础，把最新的科学技术成果，广泛地应用在武器装备上，因而各种武器推陈出新，日新月异，杀伤威力不断增大、军队运动速度大大加快。在战略上，形成陆、海、空立体作战的格局；在战场上，使用空军、炮兵、坦克等多种支援步兵协同作战的体系日渐完善。建军现代化、机械化，已成为列强的建军要旨，日军在这方面已有一定规模，德国更是领先一步，英、法等国也在不懈努力以一争高低。我军必须要迎头赶上，多方搜集列强建军情报，研究、探索适合我军的建军办法和经验，大力创造一切必要的条件，努力建成一支现代化、机械化的部队，以便在今后发生的中日战争中，把日军打败。

五、培养专业军官，要先走一步。

由于现代化、机械化部队，其作战和战术运用，有其特殊性，而且军事装备上具有各种科学技术的内涵，因而培养足够数量合格的专业人材十分重要，这要先走一步。从我军实际情况考虑，当前建议先建立战车、通信、交辎三所专科军事学校，招收高中毕业生，录取后，与中央军校相同，半年入伍训练，两年或两年半的本科教育，入伍期要加强英文、数、理、化的学习。本科时，侧重本专业的战、技术教育。在教学方法上要理论联系实际，学生要有足够的实习和实地操作的时间。

二 中国赴欧美交通军事考察团之经过

1935年3月9日，经徐庭瑶向蒋介石请示，国民政府军委会及交通部部分人员组成赴欧美军事交通考察团，由徐庭瑶、俞飞鹏（交通部长）任正、副团长，正式名称为"军事委员会特派考察团"，成员中还有津浦铁路管理委员会委员长邱炜选派的交通兵团内的优秀军官。一行共22人（军事方面18人、交通通信方面4人），军事成员有铁甲炮队司令蒋锄欧、军政部交通司长王景录、交通兵第1团团长华振麟、交通兵第2团团长斯立、交通兵第1、2团大队长、修理厂长、第17军参谋金克绍、第17军炮兵团团长储松、翻译员贾成瑄以及秘书金肖祖等人，成员正式职称为"军事委员会特派专员"，前往欧、美各国进行军事、交通以及建军经验的调查。临行前，徐庭瑶将军为使外国政府能以同等军级予以接待，特自愿降衔一级，以中将身份出国，之后再未佩戴上将军衔出席任何场合。考察团费用则经由行政院副院长兼财长的宋子文出资支援。

5月10日上午9时，中国代表团从上海乘坐意大利"康拓威特"（Conte Verde）号邮轮出发，先后到达意大利、瑞士、德国、捷克、苏联、瑞典、丹麦、比利时、法国、英国，美国等11个国家。其间，考察团由中国驻外使节与有关部门协调安排，前往了各国的专科军事院校、特种兵部队、交通通讯中枢以及军事科学技术研究部门参观访问，观看了各国军队的演习及表演，并参观了坦克、汽车、火炮的制造工厂。

在德国会见希特勒时，应徐庭瑶的希望及要求，希特勒表示将一个汽车制造工厂的全部设备和图纸资料出售给中国，并在初期阶段，派遣德国技术人员前往中国帮助指导教学，等中国技术人员能够自行制造汽车后再行撤回。交换条件是要求中国把大豆、粮食等农产品以优惠价格卖给德国。考察团在于海上航行途中，徐规定每日上午10时至12时进行研究讨论会，徐庭瑶在首次研讨会中说："我们此次考察遍历诸邦，大家要努力

悉取其所长，归而献诸国人。欧洲各国之所以强盛如彼，其由来者渐，决非一手一足之劳，一朝一夕之所能奏效，但创造难而摹仿易，是尽人皆知，列强经过很多年，耗费无限脑力、金钱、时间，经过反复试验改进而成为有实战价值的科技成果，是我们考察的重点，我们要学习他们建设现代化军队的组织方法，吸取他们的经验以为我用，才能不虚此行，因此要求大家在参观访问中，要尽可能记下详尽的笔记，及时利用时间，对自己分工负责的部分，整理成考察报告的内容，以便归国后，能迅速的向上峰呈送考察报告书。"

在考察团于英国期间，蒋介石即致电徐庭瑶等需要特别注意考察英国的铁路工业及装甲部队，添购各种所需要的新式武器装备及聘请有实际经验的专业军官前往中国。并要求研究带回机械化兵种所需要的各种相关教材与范本。

国民政府军事委员会特派考察团

伦敦公使转俞次长、徐军长：

对于坦克车等各种机械化与电气、化学之武器，编制、组织、技术。而尤其注重管理方法与训练等，须灌注全神研究；如能得此操典范令供给尤善……专任机械、电气化，有经验者不妨聘请……

中正（1934年12月6日）

伦敦公使转呈俞次长、徐军长勋鉴：

现正筹办机械化兵种研究所，专为编练机械、电气、化学等各种新兵器，及交通部队之主管部门。兄等须特别注重考察各国此等兵种之相关典范。

中正（1934年12月27日）

《徐庭瑶赴欧美考察日记》之部分摘要（1934.6.18-10.18）

6月18日

上午9时，参观意国野战重炮兵第八团，详情如考察报告书第364页所记载。下午4时参观野战炮兵第十三团，6时30分参观毕。详情如考察报告书第362页所记载。

6月21日

赴罗马西北郊之西威大弗克亚，参观炮兵工兵学校。上午参观工兵部，下午参观炮兵部。详情如考察报告书221页记载。

晚8时30分赴意相墨氏（作者注：墨索里尼）宴会，席设罗马俄国饭店。习俗凡客未携眷者必邀女客作陪。本日陪予者，为意多罗尼亚公爵夫人。

6月22日

上午参观意军战车连，详情如考察报告第259页所记载。下午4时，在农矿部参观教育电影。6时与陆军部所派之军官谈话，询问民用工业战时统制方法。详情如考察报告书第51页所记载。

6月23日

上午赴罗马南部70公里之奈吐鲁参观炮兵射击学校，详情如考察报告书第231页所记载。

7月31日

上午6时赴波斯登，参观通信兵第三营机械化通信化连。午后1时即在该营部午餐。下午参观讲堂及营房。详情如考察报告书第331页所记载。

8月1日

上午7时赴波斯登参观通信兵学校各教室及授课法。下午参观该校教育连。详情如考察报告书第105页记载。

10月7日

上午11时达到莫斯科，有政府人员20余人及红军政治部保卫队一个连，在火车站欢迎。下午1时，由俄外交部国际交通司女秘书道不罗司盖娜接待，拜访交通副部长赖可夫，国防次长捷夫司盖，参谋次长灭润令诺夫、铁道部次长不诺光阿诺鄂夫，外交人民委员会副委员长司道明尼亚郭，大军区副司令戈西斯。

下午5时赴大使馆茶会，下午9时，赴俄交通部长晚宴。

10月8日

上午10时40分，赴列宁墓献花圈。

上午11时参观故皇宫。12时参观执行委员会陆军步炮兵学校，详情如考察报告×××页所记载。

10月13日

上午10时参观红军博物馆俱乐部。

下午7时赴使馆吴代办晚宴。下午10时40分离莫斯科，在亚历山大火车站上车，有俄国政府10余人相送。

10月16日

在柏林休息，整理在德、俄考察报告。

10月17日

上午11时40分，拜访德国总理希特勒，下午整理报告。

10月18日

上午赴德国阵亡将士墓献花圈，德派步兵一连举行阅兵式及分列式。

第三节 第一次国共内战
之围剿与反围剿作战

第二次国内革命战争（土地革命战争）时期，在中国共产党的领导下，工农红军经过三年艰苦曲折的游击战争，于1929年4月，转战至江西南部地区，以瑞金为中心，在赣南及闽西一带建立了中共中央根据地（又称"中央苏区"），后于1931年11月，成立"中华苏维埃共和国"红色政权。南京国民政府蒋介石基于"攘外必先安内"的原则，在日军侵占华北期间，从1930年11月至1934年10月间，先后对中共中央苏区进行了五次大规模围剿作战，并于江西南昌设立军事委员会行营。1933年4月8日，蒋介石急令上海市长吴铁城将上海警察局已装备的装甲汽车[①]和后购买的新型装甲汽车送往江西。同日，蒋介石又电令南京宪兵司令谷正伦将交通兵第2团装甲汽车队调往江西，划归南昌行营指挥，支援"围剿红军"的作战。由于蒋介石多次亲赴南昌监督并指挥前线作战，交2团战车队旋即派出1个装甲分队驻防南昌，专司保护蒋介石的个人安全之责。但因国军此时所用的装甲汽车多为临时赶制，其技术均较为粗糙，而其加装钢板后的车身体积又过为沉重，造成其越野能力十分拙劣，同时又因赣南地区多为丘陵地形，道路及桥梁等交通建设也非常落后，实难发挥装甲汽车轻快灵活的机动能力，常将所通过的桥梁与道路压垮压坏，并且在工农红军飘忽不定的游击战术攻击下，受损率极高。在长期作战中，国军装甲汽车严重缺乏保养，机件损坏严重，又得不到及时补充，修复困难，最后只得拆除其装甲钢板及车载武装，仅作为国军高级军官等人员往返行营及战地间的运输工具使用。战后，这些装甲车一部分被改做一般运输车辆，编入中央军校汽车大队，负责教育运输任务使用，另一部分被编入骑兵装甲汽车队仍作为装甲战斗车辆使用。

同年9月，工农红军在"反围剿"期间依然不断发展队伍，扩充兵员至八万余人。并从国军手中缴获了各式各样的新式装备，为了"反围剿"斗争的需要，适应技术装备的发展，解决指挥与训练的问题，0月17日，中共中央军委发出训字第1号命令："**将红校组织从新变更，以原有高级班上级班，改为红军大学校；以六期团改为红军第一步兵**

▲ 国造装甲汽车

---

① 应为"一·二八淞沪战役"中，中方警察部队购买使用的装甲车及缴获日海军陆战队的装甲车

学校；以七期团改为红军第二步兵学校；以工兵营、炮兵连、重机关枪连、防空和装甲车连为基础改为红军特科学校，学校设在江西瑞金武阳围镇。"

中国工农"红军特科学校"校长为胡国泽，政委袁血卒，训练处主任由苏进担任。学校边办学，边作战，主要负责培训工农红军特种部队的指挥员和专门技术人才。1934年4月红军长征时，该校改编为军委干部团特科营，是为中国共产党军队培养装甲兵技术人才的初始。

▲ 战后被上海警察局接收的原法租界巡捕房装甲车

上海吴市长（吴铁城）：

上海警卫部及公安局前有装甲汽车，现有几辆请即借运江西。若有现资可购，请购四、五辆运赣。

中正（1933年4月8日）

南京谷司令（谷正伦）：

请将装甲汽车运来南昌候用为盼。

中正（1933年4月8日）

上海吴市长、浦口邱委员长（邱炜）：

此次购来之装甲车分量太重，此间桥梁最多不能超过五吨，凡来装甲之车辆，请勿用装甲重加装置。

中正（1933年5月12日）

军令部陈次长（陈仪）：

拟即购装甲汽车三十辆，战车八十辆，价目几何？并车式样与牌号皆须详报，……。

中正（1933年6月7日）

宋部长（宋子文）：

……坦克与装甲车请如数订购……

中正（1933年7月20日）

熊主席（熊式辉）、贺旅长：

装甲汽车已到几辆？其驾驶技术与训练如何？永乐一带公路巡察可用之，请详查考复。

中正（1933年9月3日）

何部长（何应钦）：

甘肃进击部队应利用装甲车甚急！尽速赶制三十辆，无论如何必须完成，而现有此种存车应运来西安。何时可用？盼即复！

中正（1936年11月15日）

▲ 中共领导的工农红军

同年 11 月，在中央苏区的共产国际军事顾问李德的指示下，萧劲光、粟裕率领刚组建的红 7 军团，越过黎川和南城，借助山间小道，隐蔽接近金溪县的浒湾镇，出其不意地攻击了驻浒湾的国军第 36 师宋希濂部的一个团和第 85 师一个营的守军部队。

11 月 11 日上午 11 时，红 7 军团对浒湾守军的预备阵地古竹街内的第 36 师一团发动突袭，该团在受袭后放弃预备阵地退至主防御阵地固守，红 7 军团随即依托古竹街向浒湾守军主阵地发起进攻，连续攻坚一昼夜都未能拿下。此时，据守琅琚的国军第 4 师邢震南部得到消息迅速驰援，在前往浒湾的途中遭到红 7 军团打援部队的攻击，被阻滞于大仙岭、八角亭一带。驻南城珀玕地区的红 3 军团于同日凌晨出发，在下午 4 时赶到国军第 4 师后方，联合红 7 军团阻援部队进行对敌的围歼作战。但在合围之前，邢震南已急命所部修筑好了野战防御工事，决心拼死抵抗。由于参加合围的红军部队没有有效的通讯联络，致使两个红军军团在合击邢震南部两天的情况下，都未取得决定性的战果，双方战局形成胶着状态。而于此同时，驻于南城的国军第 3 路军总部又派出了交 2 团装甲汽车队的两辆装甲车及十二架飞机，以优势火力向工农红军各部发起进行攻击，在经过三天的激战后，工农红军共损失了一千一百多人，指挥官之一的彭雪枫也身负重伤，无奈之下只能于 11 月 15 日被迫撤退，最终放弃了围攻浒湾的作战计划。

▲ 粟裕

粟裕（时任红七军团参谋长兼二十师师长）回忆：

"这是一场恶战，这次作战从战役指挥到战术、技术上都有教训。战役指挥中通讯联络差，军团之间未能协同配合，当三军团迂回到敌后，向敌人猛攻时，我们不知道；而当敌人向我们这边猛攻时，三军团又不知道，所以未能配合上，打成了消耗战。从战术上看，敌人在向我发起反击时，派飞机、装甲车协同步兵作战，这是红七军团未曾经历过的。五十八团团长是一位打游击出身的干部，人称'游击健将'，打仗很勇敢，但从来没有见到过飞机轰炸的场面。敌机集中投弹，他叫喊：'不得了啦，不得了啦！'其实他不是胆小怕敌，而是没有经过敌人空袭的场面。十九师是红七军团的主力，战斗力强，擅长打野战，但没有见到过装甲车，这次敌人以两辆装甲车为前导冲击他们的阵地，部队一见两个铁家伙打着机枪冲过来，就手足无措，一个师的阵地硬是被两辆装甲车冲垮。"

第四节 陆军骑兵师装甲车队

1933年12月30日，在德国军事顾问皮尔纳的建议下，国民政府军委会军事参谋部向军事委员会委员长蒋介石提出："窃查现时作战，战略搜索，虽多付于空军，但空军易受天时之限制，而我国空军又属幼稚，似宜设较大单位之骑兵，担任战略上之搜索。兹按骑兵使用之趋势，及本国情形，拟就骑兵旅编制草案一件，拟即依据作为制订战时编制之基础，是否是当，理合附呈草案一分，备文呈请鉴核。"

骑兵旅系统表之说明：

一、本表系统据现时骑兵使用之趋势与我国国情。

二、现时战争趋势战略搜索，多付于空军，但空军易受天时限制，仍有赖于骑兵，且我国空军幼稚，势非有较大单位骑兵，任战略上搜索不可。至战场内之搜索，更须恃骑兵担任之。我国预想作战地在华北一带，骑兵运用，颇属便利。故拟以骑兵旅为平时最大单位，至战时再合数骑兵旅为骑兵集团。

三、骑兵之指挥运用，须能确实掌握。是旅以二团及骑炮、经高射炮，装甲汽车、通信、特务各一连编成之。

四、骑兵团，为掌握确实运用便利起见，团之编成，宜采用三连制，更为增大徒步战之力量，而附属机关枪连强大其搜索威力，附属以装甲汽车排为联络确实而附以通信排。

五、骑炮兵连，现时战争趋势，骑兵施行徒步战之时机极多，乘马战几为其副任务为增大徒步战时之战斗力，故在旅内附骑炮一连。

六、轻高射炮连，现今航空发达，一日千里，防空设备，颇关重要。又为易于随同骑兵行动起见，故以轻高射炮一连附于旅内。

七、装甲汽车连，侦察搜索为骑兵主要任务。现时战争警戒严密，搜索侦察颇属不易，非强行实施不可。故为达成此项目的起见，于旅内附属装甲汽车一连，以增大骑兵侦察，及搜索之威力。

八、通信连，骑兵运动性甚大，常与主力部队隔离，其唯一之联络，厥为通信。故于旅内特附通信一连，以通信之确实与敏捷。

九、特务连，为避免减少各团战斗力起见，故特设特务一连，使专任旅司令部之警卫。

旅团部及连排各编制草案：

装甲汽车排：为指挥便利起见，故以装甲汽车二辆、二轮汽车（摩托车，旧称机器脚踏车）四辆编成之，即有装甲汽车两辆，亦颇足增大团之搜索威力。

装甲汽车连：装甲汽车十数辆，分别配以轻炮及机关枪，即足协助骑兵旅，达到强行搜索之目的。又为便于指挥起见，故该连以三排，共装甲汽车十二辆编成之。而全连因随同装甲汽车行动，故设载重汽车八辆。二轮汽车五辆，为期传令迅速而设。所有技士及车工、枪工等士兵，专司汽车及枪炮之修理。至军需、军械及排附等军士设置之理由，同骑兵连。

▲ 皮尔纳

《装甲汽车连编制及讲义》
——德国军事顾问皮尔纳

装甲汽车连编制，一连分三排，每排装甲汽车四辆；侦察半排，装甲汽车二辆；用二轴推进之装甲汽车三辆，每车内容四人（驾驶员一人，驾驶助手一员兼司无线电事务，车长一人，射手一人）。无线电装置现只有排、连车中有。

一、连本部

战时本部

军官二人，军士及兵士共十五人。

机器脚踏车五辆，野地客车二辆。

装甲汽车一辆。

二、装甲汽车排

每排军官三人（排长一人，班长二人）军士及兵士二十二人。

对于空中及地面之观察与掩护，应配置

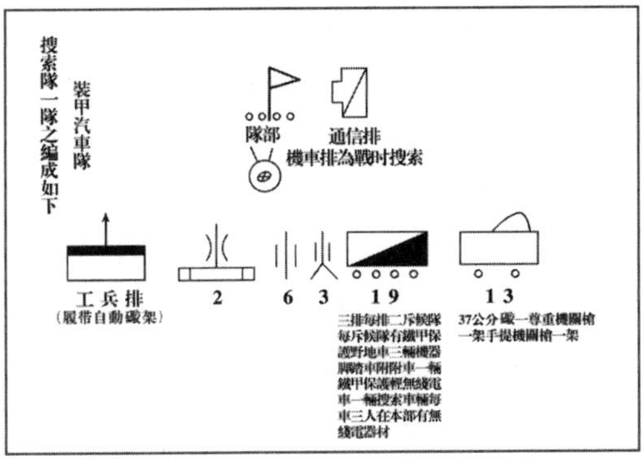

▲ 装甲车队搜索队编成图示

装甲汽车能立刻向目的地活动。配置步哨于车辆附近地方，为守备宿营之用。命令随时作预备。

三、装甲汽车队自身之援助，则有下列各要点，宜补充之。

（一）分配一个或数个单位，为内部守备之用。

（二）在可通行之道路上用步哨警卫，遇夜间或雾中与不能通视之陆地上，必须有装甲汽车为步哨之援助。

（三）相互之援助，须先有一致规定，探照灯关于防御之用途功效甚巨。

（四）关于伪装事项，其着眼与战车同。

1935年7月，骑兵旅编制计划根据实际情况进行了更改，国民政府军委会将原东北骑兵第1至第5师、第505师骑兵团、暂编第10师及原中央骑兵第1、第11、第13各旅合编为五个全新的建制骑兵师，即骑兵第3师、第4师、第6师，第7师与第10师。暂时将三分之一的装甲汽车队设为各师部的直属队，进行统一调配及指挥。

国造辅助装甲车

20世纪20年代中后德国陆军建军时期，国军的德国战车顾问皮尔纳曾在德军兵工署担任负责监造各种试制坦克及装甲车辆的军官，根据德国装甲兵之父海因茨·古德里安的回忆中所述："皮尔纳上尉煞费苦心地将一些近代化的要求应用到那些坦克模型上，其中包括有良好工作效率的引擎、周围都能够射击的枪炮、优良的机动性等等。"30年代初，皮尔纳应国民政府的聘请，前往中国作为国民革命军的战车、装甲汽车、交通、装甲列车等方面的军事顾问，在华期间，除负责教授中国军人装甲战车等相关的技战术外，也帮助中国政府设计及制造了一批装甲汽车，其中皮尔纳绘制的名为"中国造辅助装甲汽车"的图纸，便是以德国KFZ.231六轮装甲车为蓝本，并根据中国方面的实际现状进行了更改，从KFZ.231六轮装甲车的六轮卡车底盘改为四轮卡车底盘，主武装为正面1门"苏罗通"20mm机关炮和后部1挺"马克沁"水冷式重机枪。《装甲汽车性能及所需之武装》中是这样叙述的："装甲汽车，乃已经装甲，并可为强有力之运输工具，此车以轮行，平时可通行于坚固之马路及平坦之地面上，在运动战时，乃利用之为一种重要之武器。为行军警戒计，为搜索敌人计，为分开行进之各部及行进于不安之地域，得以安全及迅速联络计，咸以用装甲汽车为宜，对于距离较远而甚属重要之地点，能迅速占领之，尤为此车之特长，此外则可于追击或退却之际，并常担负破坏工作之任务。"

一、汽车工艺方面之需要

a. 无论道路作何状况，均有极大之速度。

b. 重量最轻，强有力之发动机，重量不得超过六至七吨。

c. 最大之运行范围。

d. 无论在前进或后退时，均有相等之速度，若经过之地形，能增高运行速度时，则转无关重要矣。

e. 有在任何地形均能运行之最大可能性，并能克服一切障碍物。

f. 空气流通，发动机与机器室及战斗室，均须分开。

g. 有保护之可能性，当发动机开始发动时，不必离开本车。

关于a点及b点，其最大速度每小时能至七十公里，平均每小时三十至四十公里，是为前列问题中之第一前提，此种速度与发动机之强弱，车身之重轻（最重不得过七吨）及推进至方法（四个车轮或四个以上之车轮）均有关系，对于敌人机关枪之火力及飞机之攻击，均赖有最高速度，始堪为该车良好之保障。

关于a点，在较大之行程限度中，关于装灌燃料，至少须经过三百公里，始得于同日内为第二次之增加，俾得完成远方搜索，阻击敌人，及长途运行之特别任务。

关于b点，对于敌人施行突然之攻击，有随时驶入障碍物后之可能，在马路上回转式，经过时间较长，难免受敌人之火力，因之制造此种汽车之技术，必须有相当之设备，即当回车时，不必另用任何物件，立刻可以转回进行。

关于e点，各种障碍物，均足阻止装甲汽车向良好之道路进行，必强迫之使其迂回曲折，损失时间，依道路网之状况，别取一道，或为不良好之路，或为不坚实之路，向之进行，因有此种原因，故装甲汽车必须具有任何地形皆可通行之特性，又凡车辆迂回曲折，别取他道时，往往于所负之任务不能立时解决，故上述特性，乃装甲汽车不可缺之条件，如能具此例见，则街道间之壕沟（约深1.5五公尺）可以越而过之，小河流可以绝流而渡之，（河边软泥之适合性约为0.8公尺）并以适当之速度，对于短距离之田间横切物，亦可以制服之，不受其障碍。欲达到任何地形皆可通行之目的，则该项汽车须有三个或三个以上之车轮，车轴，轮带（轮带拖车），并有与轮带相连之前轮或后轮以补助之。制造装甲汽车，对于任何地形均有进行之可能，乃为大可注意之一点。

关于f点及g点，装甲汽车四周关闭，

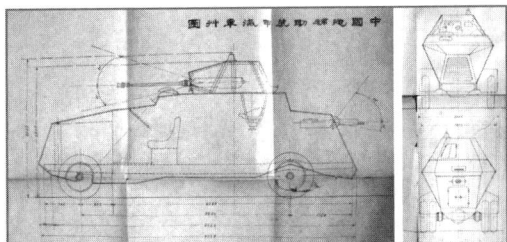

▲ 中国自制装甲车的设计图纸

加以发动机之发热并排泄气及炮烟，此种状况，在夏日尤为强烈，久在其上极难忍受，故流通空气之设备，必须加以注意，排气筒之装置，以勿使用瓦斯侵入车内为佳，发动机与可封闭之入孔，可用中间壁分开，但须严密使空气不能通过。

如斯则在汽车通行时，或突遇敌炮火，可不致阻滞而离开本车，为达到此种同样之目的，故除用电气发转外，并于车之内部设有便于以手转车之装备。

二、装甲汽车兵器之需要

a. 兵器及各种观测器具之装备。

b. 通信器材之装备。

c. 对于敌人兵器作用之防护器材。

关于a点，除手击兵器以防护自身外，其最要者：

（1）一个能毁坏铁甲之武器，用以攻击敌人之街道装甲车，及其障碍物，此时最适用者为20mm、37mm及50mm的小口径炮，如用重火炮则嫌过重。

（2）对于活动目标之武器，即是在远距离用一挺或二挺之重机关枪，在近距离用机关手枪、手榴弹、轻机关枪，此等武器对于飞机亦复有用。

（3）炸药用以执行爆破任务，火灾最重要时毁灭自己之汽车，不致将便于交通并易于工作之汽车落于敌人之手。

▲ 抗战结束后由国民党政府制造的装甲汽车

（4）观测器具如望远镜、转视镜（然亦视地位之广狭），因在严密封闭之汽车，必须用此等观测，始能精确，又因兵器占地较多，重量亦大，故因之对于弹药地位加之限制。

炮弹数目：一百发

每机枪：三千发

有关于地面作战之三足架，应至少有一机枪准备，炮及机关枪之备置，应时作射击准备以及需要时可立即向各方面应用，此项可由转塔及各面射击孔之装置以达目的，射孔及视孔应详密装置，并须在不用时有防御射击之可能。

关于c点，虽装甲汽车之最要用途以其速度而定，但为装甲汽车有时须深入敌境方能完成任务时，故亦应有防御钢心尖头弹及炸弹碎片之钢甲，坡形或圆形之钢板常以其滑度可增加抵抗力而减轻重量。

装甲汽车之高度因目标问题以愈低愈佳。全车装甲设破裂以能防御毒气为佳，发雾装置有时甚佳，故甚希有此装置，防空以速度大为最佳之防御，停止时以在掩蔽地点为宜故伪装非一定必须。

第五节 陆军交通兵第二团战车营

1934年春，在军事考察团赴欧美各国学习研究前，蒋介石即委任孔祥熙为考察欧洲各国实业特使，请求欧洲各国给予中华民国国民政府在经济及外交方面更大的支持，用以对抗日本。还向欧洲各国大量采购了各种工业产品。后又经与各大军火公司洽商，采购了众多的军械武器。

最初蒋介石有意委托孔祥熙主要从法国批量购买战车、装甲车及飞机等大型军火装备，但最终却因诸多原因而未能从法国购买，只得从其他渠道进行购置。

> 孔部长勋鉴：
>
> 前速购法国军械以钢甲战车与坦克车位最急用，又中级与初级教练机亦须急购。索样式选购大为急需60至100辆。……
>
> 中正（1934年1月14日）

▲ 意大利生产的"菲亚特"CV33超轻坦克

▲ 上海怡和洋行

同年初，从英国学习汽车及战车专业的耿耀张归国后在黄镇球主持兴办的南京中央防空军事学校任教期间发表了两本著作，即《军用汽车学》和《汽车之基本设计》。前者被防空学校和后来的交辎学校选作教材使用。后者为耿耀张和耿耀西兄弟二人合编而成，并由清华大学顾毓琇教授作序，被多所大学作为参考书而收藏。尔后，耿耀张从德国同学处了解到了德国兴建装甲部队的信息，在与黄镇球商讨后，共同向上级提出了建立一支国军独立装甲部队的建议。同时又因蒋介石在江西围剿工农红军时急需坦克及装甲车用于作战，因此在兵工署长俞大维的大力支持下，正在欧洲各国巡访的孔祥熙向意大利菲亚特公司紧急定购了18辆"菲亚特"CV-33型轻型坦克回国，准备建立一个具有示范意义的轻型战车团派往江西地区协助中央军的"围剿"作战，但这批"菲亚特"小坦克到货后，却不知何故被封存在南昌的军需仓库内，未曾使用。

5月, 孔祥熙委托香港怡和洋行从中斡旋, 由怡和洋行向英国维克斯 – 阿姆斯特朗公司以较为优惠的售价, 前后订购了 20 辆英国 "维克斯" MK.E 型轻坦克 (其中 4 辆为改进后的指挥型坦克)、16 辆 "维克斯 – 卡登·洛伊德" (VCL) M1931 型水陆两用坦克以及 32 辆 "维克斯" 5 吨多用途火炮牵引车等一批军械装备。之后, 孔祥熙向蒋介石报告了对外军火采购的具体情况, 装备明细为: 卜福斯高射炮 16 门; 火炮牵引车 32 辆; 高炮配件 14 件 (7 月初在瑞士交货); 15 公分火炮 12 门; 10.5 公分火炮 36 门; 轻机枪 5000 支 (8 月底前在汉堡交货); 坦克: 中型 6 吨 12 辆、小型 2 吨 12 辆、4.7 公分坦克炮弹 3200 发 (9 月底前交货); 4.7 公分坦克炮弹 6000 发 (11 月前交货); 二十响驳壳手枪 5000 枝配弹 500 万发 (6

▲ "维克斯" M1933/34 轻型坦克

▲ "维克斯" M1936 轻型坦克

月底前交货); 二十四年式七九步枪 1 万枝并子弹 1 亿发 (1935 年 2 月前在汉堡交货); 飞机炸弹样本 5 种 (共 215 枚) (6 月前到沪); 坦克: 中型 4 辆、小型 4 辆、4.7 公分坦克炮弹 2860 发 (1936 年 5 月 1 日前交货)。

英国 "维克斯" MK.E 型轻坦克分三个批次到达中国, 第一批次的 12 辆 B/E 型 (出厂编号: VAE 800-811) 于 1934 年 11 月到达上海, 怡和洋行聘请了两名英国坦克技师威尔斯·道森和柯莱, 与 "维克斯" 坦克一同前往南京, 教授国军 "维克斯" 坦克的装配、驾驶以及作战等技术。第二批次的 4 辆 B/E 型 (出厂编号: VAE 845-848) 及第三批次的 4 辆 B/E 型指挥车 (出厂编号: VAE 1148-1151, 为维克斯公司按照中国军方要求专门改装制作的安装有大功率军用电台的车型) 分别于 1935 年 5 月与 12 月交付中方。这些交付中国的 "维克斯" 坦克均全车涂装四色实边式迷彩。翌年 (1936 年), 中方再次通过怡和洋行向维克斯公司订购了 4 辆安装电台的 "维克斯" 4 吨轻型坦克 (至今未确定其具体型号, 疑似为 "维克斯" M1933/34 或 M1936 型轻型坦克), 作为南京中央军校教勤部队作教练车使用。

一 英国 "维克斯" MK.E 型轻坦克

英国 "维克斯" MK.E 型轻坦克是英国维克斯 – 阿姆斯特朗公司生产的 B 型 6 吨坦克的外销型型号。由于英国陆军在此款新型坦克研制完成后对其进行了测评, 英国军方在提出悬挂系统的可靠性方面存在问题后, 没有进行定购和装备。于是维克斯公司便开始对国外潜在买主中进行宣传, 不久之后苏联和波兰等国开始上门订购并获得了海外生产许可, 之后各国在该型坦克的基础上研制出本国的制式型号 T-26 坦克（苏联）和 7TP 坦克（波兰），并大量投入生产，总数达到了万辆以上。日本方面也于 1930 年购买了两辆 A 型（双机枪塔型）回国进行研究，并与本国制造的"八九"式坦克进行对比测试。虽然该坦克名称为"6 吨坦克"，但是在客户的需求下，重量最终会增至 8 吨左右。

中国所购买的第一批次（出厂编号：VAE 800-811）及第二批次（出厂编号：VAE 845-8848）的英国"维克斯"MK.E 型轻坦克，搭载一个圆筒旋转炮塔，武装采用了新颖的主炮与机枪同轴装载的"复式炮座"设计，于炮座上装载一挺"维克斯"7.7mm 水冷式同轴机枪（副武装）与一门维克斯公司专为出口坦克所设计的短管 47mm 坦克炮（主武装），并使用一套瞄准装具，仅需一名枪炮手即可进行操作，可根据目标性质的不同，随时切换为火炮或机枪。维克斯 47mm 坦克炮最大射

▲ 英国"维克斯"MK.E 型轻坦克（波兰改装型）

▲ 英国"维克斯"MK.E 指挥型轻坦克

▲ "维克斯"47mm18 倍径短管坦克炮

▲ 装载于渡船上的中国军队装备的"维克斯"MK.E 指挥型轻坦克　▲ 战车第 1 连（虎连）装备的"维克斯"MK.E 轻坦克炮塔局部特写

▲ 演习待机中的战车第 1 连维克斯 MK.E 轻坦克

性能参数	
重　量	8 吨
车　长	4.88 米
车　宽	2.41 米
车　高	2.16 米
装　甲	17 毫米
主武装	"维克斯"短身管 47 毫米火炮 1 门
副武装	"维克斯"7.7 毫米水冷式重机枪 1 挺
发动机	"美洲豹"四缸直立式 80 匹马力汽油发动机
最高时速	35 公里 / 小时
最大行程	90-160 公里
乘　员	3 人

程 6 公里，发射高爆弹的炮口初速为 302 米 / 秒，发射穿甲弹的炮口初速为 488 米 / 秒，在 500 米距离内可击穿厚度 25mm 的钢板，理

Numer, odbiorca Number, customer	Silnik, numer Engine, no	Gaźnik, typ, numer Carburettor, type, no	Iskrownik, numer Magneto, type, no	Prądnica, typ, numer Dynamo, type, no	Rozrusznik, typ, numer Starter, type, no
V.A.E. 545 USA	–	Claudel Hobson C.48.A	B.T.H. S.G. 4-1	Lucas C.575	Lucas RM 575/3
V.A.E.546 Finlania, Finland	H.E. 1	Claudel Hobson H.48.A 24568	B.T.H. S.G. 4-1 354206	Lucas C.575 143	Lucas RM 575/3
V.A.E. 800 Chiny, China	H.E. 125	Claudel Hobson H.48.A 36852	B.T.H. S.G. 4-1 339814	Lucas C.575 167	Lucas RM 575/3 297
V.A.E. 801 Chiny, China	H.E. 124	Claudel Hobson H.48.A 36842	B.T.H. S.G. 4-1 339728	Lucas C.575 150	Lucas RM 575/3 302
V.A.E. 802 Chiny, China	H.E. 127	Claudel Hobson H.48.A 36844	B.T.H. S.G. 4-1 339822	Lucas C.575 202	Lucas RM 575/3 299
V.A.E. 803 Chiny, China	H.E. 126	Claudel Hobson H.48.A 39387	B.T.H. S.G. 4-1 339762	Lucas C.575 190	Lucas RM 575/3 286
V.A.E. 804 Chiny, China	H.E. 128	Claudel Hobson H.48.A 47515	B.T.H. S.G. 4-1 339798	Lucas C.575 189	Lucas RM 575/3 279
V.A.E. 805 Chiny, China	H.E. 129	Claudel Hobson H.48.A 47511	B.T.H. S.G. 4-1 339790	Lucas C.575 188	Lucas RM 575/3 290
V.A.E. 806 Chiny, China	H.E. 131	Claudel Hobson H.48.A 47513	B.T.H. S.G. 4-1 339770	Lucas C.575 195	Lucas RM 575/3 288
V.A.E. 807 Chiny, China	H.E. 132	Claudel Hobson H.48.A 47510	B.T.H. S.G. 4-1 339726	Lucas C.575 191	Lucas RM 575/3 281
V.A.E. 808 Chiny, China	H.E. 130	Claudel Hobson H.48.A 47516	B.T.H. S.G. 4-1 339924	Lucas C.575 197	Lucas RM 575/3 311
V.A.E. 809 Chiny, China	H.E. 133	Claudel Hobson H.48.A 18024	B.T.H. S.G. 4-1 339820	Lucas C.575 182	Lucas RM 575/3 280
V.A.E. 810 Chiny, China	H.E. 134	Claudel Hobson H.48.A 47508	B.T.H. S.G. 4-1 339784	Lucas C.575 186	Lucas RM 575/3 293
V.A.E. 811 Chiny, China	H.E. 135	Claudel Hobson H.48.A 36850	B.T.H. S.G. 4-1 339750	Lucas C.575 177	Lucas RM 575/3 321
V.A.E. 845 Chiny, China	H.E. 136	Claudel Hobson H.48.A 27625	B.T.H. S.G. 4-1 339752	Lucas C.575 203	Lucas RM 575/3 312
V.A.E. 846 Chiny, China	H.E. 137	Claudel Hobson H.48.A 27071	B.T.H. S.G. 4-1 339754	Lucas C.575 206	Lucas RM 575/3 285
V.A.E. 847 Chiny, China	H.E. 138	Claudel Hobson H.48.A 27626	B.T.H. S.G. 4-1 339828	Lucas C.575 214	Lucas RM 575/3 287
V.A.E. 848 Chiny, China	H.E. 139	Claudel Hobson H.48.A 27639	B.T.H. S.G. 4-1 354220	Lucas C.575 211	Lucas RM 575/3 315
V.A.E. 1148 Chiny, China	H.E. 168	Claudel Hobson H.48.A 27624	B.T.H. S.G. 4-1 339818	Lucas C.575 140	Lucas RM 575/3 322
V.A.E. 1149 Chiny, China	H.E. 172	Claudel Hobson H.48.A 27637	B.T.H. S.G. 4-1 339766	Lucas C.575 196	Lucas RM 575/3 278
V.A.E. 1150 Chiny, China	H.E. 173	Claudel Hobson H.48.A 27887	B.T.H. S.G. 4-1 339810	Lucas C.575 187	Lucas RM 575/3 328
V.A.E. 1151 Chiny, China	H.E. 174	Claudel Hobson H.48.A 27629	B.T.H. S.G. 4-1 339850	Lucas C.575 208	Lucas RM 575/3 326
V.A.E. 1810 Bulgaria, Bulgaria	H.E. 207	Claudel Hobson H.48.A 68007	B.T.H. S.G. 4-1 246062	Lucas C.575 79	Lucas RM 575/3 201
V.A.E. 1811 Bulgaria, Bulgaria	H.E. 208	Claudel Hobson H.48.A 67999	B.T.H. S.G. 4-1 246130	Lucas C.575 295	Lucas RM 575/3 325
V.A.E. 1812 Bulgaria, Bulgaria	H.E. 209	Claudel Hobson H.48.A 67829	B.T.H. S.G. 4-1 246436	Lucas C.575 78	Lucas RM 575/3 316
V.A.E. 1813 Bulgaria, Bulgaria	H.E. 210	Claudel Hobson H.48.A 68004	B.T.H. S.G. 4-1 246154	Lucas C.575 88	Lucas RM 575/3 329
V.A.E. 1814 Bulgaria, Bulgaria	H.E. 211	Claudel Hobson H.48.A 68010	B.T.H. S.G. 4-1 247431	Lucas C.575 80	Lucas RM 575/3 328
V.A.E. 1815 Bulgaria, Bulgaria	H.E. 212	Claudel Hobson H.48.A 67996	B.T.H. S.G. 4-1 246140	Lucas C.575 76	Lucas RM 575/3 318
V.A.E. 1816 Bulgaria, Bulgaria	H.E. 213	Claudel Hobson H.48.A 68008	B.T.H. S.G. 4-1 250907	Lucas C.575 75	Lucas RM 575/3 324
V.A.E. 1817 Bulgaria, Bulgaria	H.E. 214	Claudel Hobson H.48.A 68011	B.T.H. S.G. 4-1 246151	Lucas C.575 77	Lucas RM 575/3 317
V.A.E. 1975–1982 (8) Syjam, Siam	H.E......	Claudel Hobson H.48.A	B.T.H. S.G. 4-1	Lucas C.575	Lucas RM 575/3
V.A.E. 1983–1986 (4) Wlk. Bryt., Gr. Britain	H.E......	Claudel Hobson H.48.A	B.T.H. S.G. 4-1	Lucas C.575	Lucas RM 575/3
V.A.E 1650–1665 (16) Finlandia, Finland	H.E......	Claudel Hobson H.48.A	B.T.H. S.G. 4-1	Lucas C.575	Lucas RM 575/3
V.A.E. 1666–1681 (16) Finlandia, Finland	H.E......	Claudel Hobson H.48.A	B.T.H. S.G. 4-1	Lucas C.575	Lucas RM 575/3
V.A.E. ...... Mark F prototype	Rolls Royce Phantom	–	B.T.H. S.G. 4-1	Lucas C.575	Lucas RM 575/3

▲ 20 世纪 30 年代 "维克斯" MK.E 轻坦克出口中国的出厂编号及数量

论射速可达 10 发 / 分。炮塔内可携带的弹药基数为，47mm 炮弹五十发，同轴机枪弹四至六千发。而中国购买的第三批次（出厂编号：VAE 1148–1151）4 辆则与之前交付的同型坦克略有不同，是维克斯公司根据中国方面的要求，于这批坦克炮塔后部加装了一部铆接的装甲箱，内置一台"马可尼"SB 4a 型无线电台，作为连长或排长的指挥车所使用。

二 "维克斯－卡登·洛伊德"(VCL) M1931 型水陆两用坦克

1931 年 2 月，英国的维克斯－阿姆斯特朗公司研发出一款两人用轻型水陆两栖坦克，并制造完成两辆实验样车向英国陆军部官员进行展示，分别命名为 A1E11 和 A1E12，但由于英国陆军方面发现这种坦克的悬挂装置容易损坏，而且机械部分不太可靠，并且同

▲ A4E11（L1E1）型

时期英国军方为了减少军费，也在利用加装浮筒的"维克斯"MK II型轻坦克进行水陆两栖的行驶测试，希望尽量利用现有车辆满足各种作战需要，因此该型坦克没有被英国陆军列为制式装备。

于是，维克斯公司于1932年将其转向了国际军火市场，并将该坦克的外销型定名为"维克斯－卡登·洛伊德"1931(VCL) L1E1型与L1E2型水陆两栖坦克，之后被中国（广东及中央政府）、暹罗（泰国）、荷属东印度（印度尼西亚）和苏联等国购买，苏联还仿制了其本国型号T33，并以此设计为基础，开发出了自己国家的著名水陆坦克型号T37与T38型。

该型水陆两栖战车采用铆接船型防水车体和一对焊接的钢制浮体设计。动力系统采用一台88匹马力"梅德斯"EST-6缸水冷式汽油发动机，陆地最高时速约27英里（43.5千米）/小时，水面最高时速约3.72英里（6千米）/小时，车体上部的小型旋转炮塔内装载一挺点303（7.7毫米）口径的"维克斯"水冷式重机枪。行走装置包括主动轮和两个双轮组板簧平衡悬挂，不设诱导轮。履带上侧的挡泥板为中空钢架结构，内部嵌有两组

软木板来提升坦克的水上浮力。该车在水中行驶和转向时依靠车体尾部的螺旋桨来提供推动力，转向舵装在螺旋桨后面的一个圆筒内，由驾驶员的操纵杆控制。A1E11型（L1E1）及A1E12型（L1E2）的区别主要为驾驶舱的装甲罩形状，A4E12型在测试时在行走装置外侧额外添加了加固横梁。

当年的国军装甲兵内部刊物《战车学》记载：

"一九三一年十月，最引人注目之水陆两用战车，逐于此际出现。是式战车之着想，远在一九一七年，为富勒将军提之，当时曾被众人所笑然，其后于一九二二年，更行制造浮游战车，不料又于试验中沉没矣。时之今日，居然由理想而实现。此新式水陆两用战车，不但能通过广而且深之水面，即急斜面，泥泞地，凹凸不平之原野，以及慕进浓密之篱薮等亦能之。系由维克斯·阿姆斯特朗公司所制造。称之为卡登洛伊德水陆两用战车。陆上最大时速，约七十三千米，但在攀登倾斜三分之一斜面时，则仅十千米内外。水上航速一小时，约十一千米。籍特殊推进机推进。此革命战车，由外形观之，与普通轻战车略同。其互异之点，唯用特殊树木制成Flort（浮动）状之浮水器耳。前面装甲之厚度，约九毫米，对近距离之普通枪弹及距离约五十米之穿甲枪弹，可获安全又于接缝处所，曾施设特种工作，可无浸水之虞。自水陆两用战车出现以来，往时所认为障碍之河川，至是已无说置虑矣。以之攻击在河岸任防御之步兵，妨害工兵之架桥作业，及掩护友军渡河之诸作业，均得胜任之。尤以登陆作战为有价值。苟能将多数水陆两用战车，以兵舰——潜自海岸进入内陆，有此新式战车，何而不克耶？撤退时，依籍飞机与无线电之联络，亦可在不同之登陆点归舰。若能迅速不断复行

性能参数	
重　量	3.1 吨
车　长	4.05 米
车　宽	2.14 米
车　高	1.86 米
装　甲	9 毫米
武　装	"维克斯" 7.7 毫米水冷式重机枪 1 挺
发动机	"梅德斯" ESTB 六缸 88 匹马力水冷式汽油机
最高时速	40公里/小时（陆上）6公里/小时（水上）
最大行程	150 公里
乘　员	2 人

▲ A4E12（L1E2）型

▲ 涉水中的 A4E12（L1E2）型

▲ 国民政府购买的 "维克斯" A4E12（L1E2）型水陆两用坦克

南昌蒋委员长钧鉴（1934年5月11日）：

……增购6吨重及2吨半重唐克车各四辆，业经派员与怡和洋行接洽。顷据报称结果两种车价皆允照首批合同之价格减一百分之二，炮弹减价一百分之五共计二千八百六十颗；三项总价值英金四万九千六百二十五磅零三个半便士，……。

弟熙（1934年5月11日）

南昌委员长钧鉴（1934年5月17日）：

……，英国六吨重战车小炮弹，除前附十二辆合同订购之三千两百颗外，已知二月梗电谕另订六千颗，经于四月五日电呈在案。奉钧电加订六吨重战车四辆又附炮弹二千八百六十颗，总计战车十六辆共有炮弹一万两千六十颗，每辆计已配七百五十四颗。兹请加订三千九百四十颗，凑足每车配一千颗之数，特此电覆，钧察。

弟熙（1934年5月17日）

南京蒋委员长钧鉴：

……前向怡和洋行订购英国维克斯厂之唐克车先后共三十二辆，首批八辆已经到沪，第二批八辆冬日可到。而该洋行为便利我方运用该车，计特自费由英聘请专家两名于本月冬日到沪，拟至京教授我方安装、驾驶、作战等技术，预定留华至本月二十八日为止。据称若我方有意继续聘请，甚愿效力……

弟熙（1934年12月1日）

奇袭，则敌必疲于奔命，而沮丧志气。建造水陆两用战车，要者以能供：一、浮渡水上之用；二、潜沉海底或行驶于河川水中之用；三、陆上活动之用。而制成所谓潜水战车者为有利。"

1934年下旬，国军从英国维克斯公司所购买的32辆新式坦克以及"哈雷"摩托车等其他装备陆续达到南京后，在德国军事顾问团团长亚力山大·冯·法肯豪森将军及战车顾问皮尔纳的建议下，11月，原连级战车队被扩编为战车营，成员以原交2团战车队及汽车驾驶训练班毕业学员为基础，编制及人事教育仍由交2团管理，驻地原于南京城内的马标，后迁至丁家桥。战车营营长为朱锡麟上校（保定军校三期），编制辖营部、战车连三个、警卫排、侦察排、通信排以及修理所各一个。战车第1连（连长钱立），代号为"虎连"，分为三个排，共装备英国"维克斯"MK.E型轻坦克16辆，连长一辆，每排五辆，连长及排长各装备一辆指挥型坦克。战车第2连（连长任润田），编制与战1连相同，配备"维克斯－卡登·洛伊德"水陆两用坦克16辆，代号"龙连"。战车第3连（连长黄人俊）为原交2团战车队，配备16辆"维克斯－卡登·洛伊德"超轻型坦克。

交二团战车营编制	
营部	营长朱锡麟
战车第一连	连长钱立
战车第二连	连长任润田
战车第三连	连长黄人俊
警戒排	排长舒仲虎
战车侦察排	排长谢凤岗
通信排	排长陈平如
修理所	主任李恩旭

第六节 陆军交辎学校

1934 年 5 月 1 日，交 2 团汽训班停办后，国民政府以汽车驾驶训练班毕业学员为骨干，在南京三茅宫成立交通兵学校筹备处，隶属于军政部交通司，专门培养国军机械化干部人才，积蓄力量为日后建立现代化部队奠定基础。交通兵学校筹备处下辖学校、战车、工厂、装甲汽车等四组，筹备处主任由邱炜中将担任，负责筹措建校事宜。第二年，筹备处主任邱炜返乡探亲时，因阑尾炎突发而去世，建校工作继而中断。后来，蒋介石任命还在欧美考察的徐庭瑶接任去世的邱炜将军继任交通兵学校筹备处主任一职。

1935 年 3 月 9 日，赴欧美军事交通考察团在历时 10 个月的考察研究后，乘船回到上海，再转乘火车至南京。回到南京的徐庭瑶立即抓紧时间，整理并撰写完成了六十余万字的《考察欧美各国军事报告书》呈送给蒋介石。内容包括世界今后战争发展趋势、各国战略战术指导思想、各国军队编制装备现状、战时动员、后勤保障、各特种兵学校的军官养成、军事工业的生产以及各国军队现代化、机械化的未来走向等诸多方面，并详细进行了综合性的论述总结。

报告同时指出中国现阶段军事建设需要参考世界各军事强国的整军经验，将中国传统的陆军样式转化为机械化的现代陆军的实施办法，并对开办各现代化军官学校提出了切实可行的建议。另外，徐庭瑶还撰写了《机械化军备革命》一书，自费印刷了两千册赠

▲ 徐庭瑶

送给军内的高级将官们，大力提倡军队进行机械化和现代化建设。

同年 5 月 1 日，根据中日签订的《塘沽协定》的要求，徐庭瑶正式撤去第 17 军军长的职务，被任命为辎重、通信及训练总监部三个部门的兵监之职并兼任陆军通信兵学校及交辎学校储备处主任，开始展开筹备建校的相关工作。尔后，徐庭瑶奉令将交通兵第 2 团汽车驾驶训练班 36 名学员以及师资、设备、器材等全部人员及装备一并接收，同时将校址从南京三十四标迁至丁家桥，并将名称改为交通兵筹备处汽车驾驶训练班，教授二轮及三轮摩托车、各种汽货车、战车等的驾驶与保养。

交辎学校校址最终选定在南京城内丁家桥的原中央炮兵学校校舍内，即满清政府 1910 年举办的中国历史上第一次国际性博览会"南洋劝业会"的旧址。因该校房屋破烂不堪，故接收、估工、报案、批准、招工、修缮等均由徐庭瑶规章悉备。9 月 11 日，陆军通信兵学校成立后不久，徐庭瑶即辞去通

信兵学校教育长职务，集中精力筹办交辎学校，9月底，交辎学校建校工作基本完成。

同年11月，国民政府军事委员会为了能

▲ 陆军交辎学校

▲ 交辎学校徽章

使国军机械化技术教育资源集中使用并统一，正式决定将筹备中的陆军辎重兵学校与交通学校合并办理，更名为"陆军交辎学校"，直接隶属于军委会训练总监部，由蒋介石兼任校长，徐庭瑶出任教育长。该校内分为交通兵与辎重兵两科，学校本部直属单位由实习工厂（厂长张世纲，后由吴公懿继任）、特务排、战车教导营及战防炮营组成。此时，在欧美各国学习的军事留学生也相继学成归国，学习相关专业者便于交辎学校任职。交通科负责训练机械化部队的干部培养，教育处长为肖仁源。交通兵科下辖学员队与练习队两部分，学员队又设有甲级与乙级两队。甲级学员队队长为李承恩上校，后来是原第17军第25师副师长杜聿明。甲级学生队又分为学员班与技术班，技术班又分有汽车驾驶班以及机械修理班。汽车驾驶班第一期于

▲ 德国战车顾问皮尔纳（左）与鲍硕特（右）

1936年4月30日开学，教育时间为6个月。机械修理班第一期于1936年4月7日开学，教育时间为7个月。两队同时于1936年10月22日举行毕业典礼。乙级学员队首任队长由英国皇家桑德斯军校毕业的胡献群中校担任，后由留美步兵专科的吴家让上校接任。辎重科负责训练汽车和兽力运输部队的干部培养，教育处长为蔡宗濂，也分为学员队和学生队两队。

交辎学校的师资力量有随"维克斯"战车一同到来的英国技师威尔斯·道森和柯莱，德国军事顾问皮尔纳父女、鲍硕特以及德国物理学博士罗曼等外籍教官，还有汽车构造学教官陈继唐、汽车修理教官吴公懿、汽车零件学教官方友鹤、汽车力学教官陈止戈、内燃机学教官蔡兆雄、以及曾任美国别克汽车公司工程师的石久华等中方教官，另外还有著名翻译贾成瑄与朱和生，朱和生后在交辎学校担任汽车学专业主任教官。

陆军交辎学校成立后，国军因有编遣六十个调整师的计划，急需大量机械化干部人才为建军基础，故于陆军交辎学校内成立校（本）部直属交通兵练习大队。练习大队长为彭子言上校，该队下辖一个战车防御炮排、两个汽车连、三个摩托车连、战车排、装甲汽车排、修理排以及试验排各一个。招收初中学历程度的学兵参加，训练时间为一

年半，前三个月为基本军事训练，之后为相关技术专业训练。

1936 年春，交辎学校在南京招考录取了59 人，并成立了交通兵科第一期学生队，学生队分交通兵学生队、技术学生队及战车学生队。同年 7 月 1 日开学，训期为 19 个月，1938 年 2 月 3 日毕业。第一期学生队队长为吴家让，第二期为胡献群。战车学生队队长为谢肇齐，这即是近代中国装甲兵学科教育的开始。

一 交辎学校战车教导营

1933 年，从德国柏林陆军大学参谋班专修装甲机械化战术归来的彭克定上校担任起战车教导营营长。上任后，彭克定就以方便指挥为由，将战车营连、排级主要干部除战车第 1 连连长郭恒建之外，全部任用其同乡亲信的湖北云梦或黄陂人。如第 2 连连长汪文彦为湖北云梦乡大汪村人（彭克定之舅表弟），第 3 连连长胡守敬为湖北云梦隔蒲区发水店附近人，第 4 连连长汪绍宽为湖北黄陂人。营部直属单位的军需室上尉军需官方俊三、中尉军需官蔡俊卿、副官室上尉副官彭大钧（彭克定之族弟）、书记室上尉书记员彭世卓、中尉书记员徐应同、少尉司书柳世杰、军械室中尉军械员方履忠等也均为湖北云梦人。

彭克定在担任战车营长期间，在交辎学校的外籍战车顾问皮尔纳等人的帮助下，亲自编订了《战车兵操典》、《军队机械化》等著作，拟定战术训练计划，作为国军装甲兵的正式教材使用。蒋介石对好不容易组建起来的战车营的训练及装备保养情况非常关心，甚至对操作练习后在保养方面怠慢失职者予以重罚，因此彭克定又制定了《车辆保养条例》的相关规范，系统且全面地对军用车辆的维修保养问题进行了约束，并亲身指挥训练，随时下连队检查车辆的保养情况，因此培养出了一大批技术娴熟的国军装甲兵骨干人员。

《陆军机械化》导言：

本书系著者来华一年期内在中央陆军军官学校所授之讲义，为使现代军官关于汽车、战车、装甲汽车易于明瞭起见，故均择其重要者采录之，书内之译者均依其种类区别者，但彼此可单独成章，并不限前后相属之必要。

▲ 陆军交辎学校战车教导营

著者希望此书能与汽车军官或非汽车军官均以相当之参考。

——战车顾问皮尔纳

为了迅速且有效地培训国军机械化部队的专业干部，及为交辎学校现职干部提供进修学习的机会，徐庭瑶从第一期交通兵科甲级学员队毕业生中，优选出 13 人为学员队第二期学生，称为战车军官训练班，由 3 位英国顾问随班指导，另有 1 名留美的军校第十期毕业生担任翻译。1936 年 9 月 15 日正式开学，召训交辎学校所属战车教导营及其他部队的现职参谋与团附，教学时间为期四个半月，至 1937 年 1 月 27 日毕业。

第三期学员队及以后各期，生源均由各部队、各军事学校保送现职军官组成，统一来校进行短期培训。总共分为两种班级：一为军官训练班，训期 6 个月，学习战车与汽车部队在战术上的运用及一般机械化军事知识；另一班为军官技术班，训期为 1 年，学习战车及汽车驾驶、修理、保养和管理的专业技术。

召训目的在于提高国军现役机械化部队和其他部队的军官对战车技术、战术与新兵器效能的基础了解与运用。此外，为了灌输战车军官新式的学术思想，提高步、炮等各兵科军官对战车方面的认识，使其对各兵种联合作战能有充分的了解，学校除了注重战车战术学习外，还将各兵种对战车防御的研究及各兵种与战车协同作战等皆列为主要科目进行教学。另外，因战车行驶时都十分颠簸，在对敌人进行射击时，大多时间都要在震动中进行瞄准，所以必须掌握特殊的技术要领才能命中。于是战车射击训练就成为了战车专业中最主要的科目之一。还有，战术班召收的所有学员，都必须在开学后首先在战车教导营实习 10 天，以对战车的使用及性能有一个较初步的认识。

二 交辎学校战防炮教导营

1936 年 11 月，交辎学校成立战车防御炮教导营，以田耕园任营长，营下辖战防炮连三个、通信排及修理所各一个，驻地位于南京岔路口。教导营成立后，招募到湘籍士兵五百名便开始训练。1937 年 1 月下旬，教导营接收到了德国莱茵金属 PAK.37mm 战车防御炮以及各式手枪、步枪等武器装备。5 月，交辎学校又拨发了 18 辆"福特"汽车给教导营使用，使该营战力逐日激增。最初国军使用的反装甲战术教材是留美的唐铁成所编写的《对战车防御之研究》，后在 1936 年由交辎学校自行编印了《防御战车纲要草案》等教案予以增补。

《对战车防御之研究》的部分摘要内容：

自序

现世之战中，已日趋于机械化，而代表地上机械化军主力之战车，在我国今日，尚无若何发展，且我以工业落后，人材艰难，纵能急起直追，亦非短时间所能济事，我赤胸露腿之武装同志，倍受机械化军之摧残，考其对于抵抗之道，即未讲究于先，复未提倡于后，人为刀俎，我为鱼肉，志在诸国者，能不痛病思痛，以设法补救者乎？

以机械战争之必然盛行，对战车防御在将来之战争，甚关紧要，至于防御之方法，无论在兵器上，战术上，筑城上，各国皆竭力讲究，以期完善，而我国尚缺乏可供研究之专书。编者有鉴于此，故收集欧美各国所采之法，截长补短，以树立我国对战车防御之基本教则，此本书之所由作也。

对战车防御，随战车之进步而进步其为学正方兴未艾，尚望全国军事学家，各抒伟见，示我周行！籍收集思广益之效，不徒编者之幸已耳。

——民国二十三年八月七日于南京训练
总监部 唐铁成

第一节 对战车防御之必要

战车之为兵器，以其内部枪炮之适当配置，而能杀伤人马；装甲之厚，而能抵御敌火；发动机与循环轨道之设，而能于崎岖地运动神速；以本身之重量及其摩托之马力，而又有冲击蹂躏之能力；在现时战场上构成步兵主要成分之步枪，自动与半自动步枪，及小口径轻重机关枪兵等遇之，冈不被其摧毁，故世界各国，鉴于过去欧战之经验，与将来机械战争之复杂，关于战车防御方法，无不详细研究，今日我国整个的国军，较之列强，尚乏足够之战略及战术上的移动性，较有利于攻击目的之阵地战；而战车乃由欧战中之对阵而产生，故对战车防御，在战车尚未发展之我国，实为重要！我国现以工业幼稚，财力绵薄，对机械化兵器之攻击，施行防御，较为合算，何也？盖我国增大火器之口径于发射速及子弹之能力，较敌增加战车或装甲汽车之钢甲厚及运动速，为法较简，为价较廉；不宵惟是，对战车炮以静制动，以逸待劳，破坏战车之可能性较大，而被战车破坏之可能性较小——亦由我海岸炮之于敌兵舰是也。虽然，吾人决不能依赖战车防御之利益，而漠视战车之发展；反之，亦不能以战车之发展，而不讲究地上部队对战车防御之方法；盖对战车炮，是一种防御兵器，战车，是一种攻击兵器；防御之进步，实由攻击之进步而进步，而防御之目的，在求攻击之胜利，攻防互赖，

▲ 观测准备中的中国军队 37mm 战防炮组

为战术根本原则，故吾人纵于新战车发展中，对战车防御方法，亦宜求精密……（后略）

田畔园（时任交辎学校战防炮营营长）回忆：

"1934年蒋介石组织了一个赴欧美军事交通考察团，由徐庭瑶、俞飞鹏分任正、副团长，另有铁甲车司令蒋锄欧、军政交通司长王景录、交通一、二团团长华振麟、斯立和团内大队长、队长等人随行，共三十余人。于是年5月搭船出国，历经意大利、德国、美国等，于1935年3月回国。徐庭瑶返国后不久，蒋介石即发表他为交通兵学校筹备处主任，我充当筹备委员。10月，辎重兵学校与交通兵学校筹备处合并，成立交辎学校，徐为教育长，蒋兼任校长。该校内分交通科和辎重科。交通科教育处长是肖仁源，训练机械化部队干部；学员队队长杜聿明，杜原任第十七军关麟徵师副师长，是徐的老部下；学生队队长胡献群，是中央军校第六期交通队留英学生。辎重科教育处长蔡宗濂，训练汽车和兽力运输部队的干部。也有学员队和学生队，校部直属练习队，由彭子言担任队长；将交二团内的英法小型坦克编入校内为战车教导营，由黄埔军校二期留德学生彭克定任营长；从德国购进三七平射炮编为战车防御炮营，由田畔园任营长，并有德国顾问参加教练。

"在那时，该团还有一个德国顾问皮尔纳，但也是不学无术，平时到连队看看，空谈教育和训练；斯立也是一副不懂装懂的样子，站在一边点头连连称是。因此，指挥无方，胡乱使用，车辆损坏率很大，肇事日有所闻。由于当时各国车辆都向中国进口，交二团的车辆装备也就成了世界汽车大展览，机器零件各不同，修配困难，加以驾驶技术太差，人为损坏率高，以致全国唯一的汽车部队，形成瘫痪……"

旷文澜（时任陆军机械化学校助教）回忆：

"徐庭瑶字月祥，安徽省无为县人，保定军官学校第三期毕业。北伐时任师长，1933 年任第 17 军军长，长城抗战中，率部在古北口重创日军。

"1934 年，蒋介石组织了一个军事交通考察团，以徐庭瑶为团长，派赴欧美各国考察军队机械化情况。徐庭瑶率领的军事交通考察团，遍访美英法德意等国，于 1935 年冬回国，曾在南京中央军校作考察报告，报告强调了建设新的机械化部队、快速部队、装甲部队是打败日军的重要军事手段。徐庭瑶考察归国后的第二年，陆军交辎学校在南京丁家桥正式成立，徐庭瑶任中将教育长，蒋介石照例挂校长虚名。此交辎学校即机械化学校的前身。徐庭瑶在国民党高级将领中，是善于领兵作战的优秀军事人才，为人沉静稳重。他虚心钻研，广泛吸收欧美先进经验，不仅主持了陆军机械化学校之教育，而且领导了机械化部队之建立与指挥。

"在机械化部队之建立上，徐庭瑶首先是赏识重用杜聿明。杜是陕西米脂人，黄埔军校第一期毕业。1936 年，关麟徵任第二十五师师长，杜聿明任副师长。当时关、

杜失和，徐庭瑶即调杜聿明来机械化学校任学员队队长，此时徐已蓄意培育杜聿明。一年以后，即荐杜聿明任国民党军第一个装甲兵团团长。1937 年冬，机械化学校迁往长沙，杜团驻湘潭，国民党军第一个机械化师第二〇〇师就是此时以杜团扩建而成。1938 年冬在广西全州又以第二〇〇师为基础，建成机械化的新编第十一军，徐庭瑶任军长，杜聿明任副军长。

"胡献群，江西南昌人，黄埔军校第六期生，留学英国皇家炮兵学校。1936 年交辎学校在南京成立时，任第一期学生队队长。1937 年杜聿明任装甲兵团团长时，胡在杜团任战车营营长。1938 年杜聿明在湘潭成立第二〇〇师时，胡任该师第一一四九团团长。

"1936 年 3 月，陆军交通辎重兵学校在南京成立，下设交通与辎重两科。校长蒋介石，教育长徐庭瑶，后期胡献群。

"学员队，1936 年，办了第一期学员队，称为汽车军官训练班，共招学员百余人。首任队长杜聿明，约一年后由谢兆齐（福建人，黄埔六期生，留美）接任。当时正是中央军校第十期学生毕业之际，故第一期学员全部由黄埔十期毕业生来校受训，以专习汽车驾驶、修理、保养等技术为主，在校一年。由第一期毕业学员中优选十三人作为第二期学员队学员，由三位英国顾问随班指导，另外还有一名翻译（黄埔十期生，留美）。

"第三期学员队及其以后各期，均由各部队、各军事学校保送现职军官来校短期培训。分为两种班级：一为军官训练班，训练六个月，学习战车、汽车部队在战术上的运用及一般机械化知识；一为军官技术班，训练一年，以学习战车及汽车驾驶、修理、保养和管理为主。

"学生队，1936 年在南京建校时，设立

了一个学生队, 是为第一期学生。后来这期学生并入中央军校第十三期。第一期学生队队长胡献群。学生队学生以普通高中毕业学生应考, 在校学习三年。1938年招第二期学生, 也只一个队……"

谢膺白（时任南京中央陆军军官学校第八期学生第二总队长）回忆:

"军校聘用德国顾问是由1929年开始的。那时全国的步兵操典已经改编, 军校的军事学教程也完成依照德国的译本, 一切教官和干部都要从新学习。那时我是高级班主任, 也要以身作则, 率领全体干部参加上堂听讲和野外练习, 可见德国顾问不只教育学生, 同时也教育干部。德国顾问成员颇多, 良莠不齐……例如战车顾问皮尔纳就是一个身材高大而又极其粗蛮的家伙。他对于汽车教练, 极其粗枝大叶, 不求效果。学生只凭一辆老爷式汽车和一辆破旧的坦克, 学了半年还不懂得驾驶, 更谈不上什么小修了。皮尔纳还担任汽车学的课目, 上堂讲解时, 性急气浮。学生听着, 不大了了。有些学生听得不耐烦, 便不免发生打盹的现象。如果给他看见了, 他马上就跑到那个打盹学生的身旁, 将他衣领一提, 用力推出教室门外, 使学生哭笑不得。德国顾问当时每月拿高额薪金800元, 旅行川资还在其外。那时军校一般干部, 均发国难薪, 即折半支薪, 例如少校128元, 只支64元。因此, 一般干部对于这些德国顾问, 也有些不平起来了。"

冯少云（时任国民革命军陆军第二〇〇师师部汽车连连长）记述:

"1934年以前, 国民党当局对机械化部队这一兵种的威力和作用, 虽然早已有所认识, 并曾成立了一个汽车训练班培训干部, 但由于技术力量和武器装备缺乏, 尚处于萌芽阶段。1934年, 蒋介石一方面派徐庭瑶到欧洲考察机械化部队, 一方面从欧洲购回一批战车和机器脚踏车, 成立了一个战车营。

"交辎学校, 该校成立是为了培养机械化兵种和辎重兵之各级干部, 以达到发展机械化部队和辎重部队之目的。交辎学校由三个单位合并改组而成。其一, 辎重兵学校于1935年夏结束, 改编为交辎学校, 未变动组织, 仍继续培训。其二, 交通兵第二团的汽车训练班成立于1932年, 以李承恩为班主任。这个训练班共办了2期, 培训学员60名, 学兵百余人, 于1935年夏结束, 并入交辎学校。其三, 战车营亦于1935年夏并入交辎学校。该营原直属军政部, 成立于1934年。营辖三个战车连, 一个机器脚踏车连, 驻南京城内马标, 以后迁入房山营房, 营长彭克定。其装备是从欧洲购回的坦克, 共有两种类型, 一是英国造威克斯水陆两用2吨半战车, 装有机枪1挺, 只能担任搜索警戒渡河的任务; 另一是英国造的6吨半威克斯战车, 装有1门小炮, 口径为3.7厘米, 机枪2挺。这种车比前一种威力大, 火力强, 可协同步兵担任主攻。该营并入交辎学校以后, 编制人事驻地均未变动, 也没有新的补充。

"交辎学校校部设教育处, 下分交通、辎重2科; 训练处下设交通学员队、学生队、练习队和辎重兵学员队、学生队; 还有一个通讯队。另外还有总务、军需等机构。

"交通兵学员队队长由李承恩担任, 队附3人, 由冯恺、郑绍炎、徐克勤担任。队分3个班, 每班学员三四十名, 教练时3个队附各率领1个班, 分别教授汽车及机器脚踏车之驾驶技术。关于机械化部队之战斗、战术及战防炮使用等都由德国顾问皮尔纳教授。汽车机械原理及拆卸、修理、装合由教官刘史赞讲授。关于战车之驾驶、机炮使用等课目，平时只作书面讲授、在毕业前才去战车营作三四次实习教练，所以实际知识仍是有限的。这个队的学员是轮流调训各部队各级现役军官，每期受训时间6个月，先后共办了4期。1936年1月，队长李承恩同教育长徐庭瑶发生矛盾，辞去队长职务。徐报请蒋介石调陆军二十五师少将副团长杜聿明接充。学生队的学生都是中央军第10期辎重科的学生，是代训性质。练习队则训练招考来的青年学生。这三个队都是以培训机械化兵种之干部为目的。辎重兵的学员队、学生队是以训练辎重兵各级军官为目的。学员队是调训各部队辎重兵之干部，学生队是招考来的青年学生，其训练课目以辎重运输为主，有驮马、人力运输、汽车、船舶、铁道、航空运输，以及兵站业务……"

陈德谦（时任陆军交辎学校战车兵科学员）：

"第一次世界大战，坦克产生并显示其威力，引起世界各大国的广泛注视与兴趣。九·一八事变前后，南京国民政府开始意识到飞机、火炮、坦克确为当代军备中不可或缺的锐利武器。为了陆军的机械化，逐派出大批黄埔军校第六期毕业生到欧美各国留学，想建立一支机械化部队。九·一八事变后，日本军国主义继续积极向关内侵进。徐庭瑶当时任第十七军军长。古北口长城抗战，他打了胜仗，反倒交卸了兵权。按罢官出洋的老规矩，他乃率一个军事考察代表团出国考察欧美各国军事，回来写了厚厚一本《考察欧美各国军事报告书》，主要介绍了英、美、德、法等国的军备机械化、摩托化的情况。1942年他写了一本

《机械化军备论》，指出现代军备，必须走机械化、电气化的道路。1935年，由他主持筹备创办第一个战车学校配置——陆军交辎学校。

"战车，主要是指坦克。这个兵种，叫战车兵、坦克兵、也叫装甲兵。所谓机械化部队，主要是战车部队，同时包括步、骑（装甲汽车及机器脚踏车）、炮、工、辎、通信、防空等各兵种的机械化与摩托化。

"1936年，在南京丁家桥，成立了一个陆军交辎学校。蒋介石兼任校长，徐庭瑶任中将教育长，负责该校交通兵科的领导。该校是由交通兵科与辎重兵科合并而成。交通兵科实际就是战车兵科。据闻当时为了保密，才用这个名称。辎重兵科，也有个教育长，名叫斯立。这个兵科才是搞后方辎重、交通运输的。这个兵科是以骡马及兽力车为主，只有少数汽车。1938年，在长沙金井，陆军交辎学校改为陆军机械化学校时，该兵科分出去，另成立陆军辎重兵学校。

"交辎学校成立之初，出国留学的黄埔军校第六期毕业生回国后，纷纷到该校任职。如德国留学生耿光耀、英国留学生胡献群、美国留学生吴家让、阮绩熙、谢兆齐、郭彦、法国留学生蔡庆华等。

编制与人员：

教育长 徐庭瑶	**教育处长** 肖仁源
总务处	**研究委员处**
警卫连	

"学员队，杜聿明任少将队长，胡献群、吴家让先后任队长，学生系在各兵种学兵考选，专为培养战车军官。

"技术第一期学生队，学生从练习大队修车排学兵中考选。专为培养战车、汽车部队里的车辆修理的技术人员。

"练习大队，耿光耀任大队长。学兵系

招考初中及小学毕业的学生。大队下隶战车连、机踏车连、汽车连、通信排、修车排等。这个大队供学员、学生学习车辆驾驶及修理，并作演戏之用。训练出的学兵在毕业后分配到战车部队当士兵或修车技工。

大修厂、小修厂：

"实习工厂，吴公懿任主任。供学员、学生实习修理。这个厂里的教职员，多数是过去学过汽车构造的技术人员以及在上海修汽车的老师傅，这些老师傅有手艺，但缺文化知识。

各种车辆：

战车，法国雷诺式3.5吨水陆两用轻战车。炮塔上装机枪两挺。车内驾驶手一、射手一、弹药手一。

意大利菲亚特式1.5吨轻战车。装机枪两挺。无炮塔，车身高约1.6米。车内 驾驶手一、射手一。

英国维克斯式3.5吨轻战车。炮塔上装机枪两挺。车内 驾驶手一、射手一、弹药手一。

机器脚踏车，英国哈雷牌两轮、三轮机器脚踏车，三轮车上可装轻机枪一挺。

装甲汽车，德国式的，6个汽车胎轮。上装机枪、前二、后一挺。

载重汽车，牌子很多，各国的都有。从较早的法国老利合牌，到美国的福特、道奇、万国、斯蒂倍克，还有德国迪塞尔牌柴油车，吨位皆在2至5吨。

教练小轿车，美国福特与雪佛兰两种。形式与小包车一样，4个汽缸。

各式牵引车，有履带式的，有实心轮胎式的，还有带爪钩的钢轮式。分汽油引擎与柴油引擎，牌名很杂。

"以上所述的战车，数量不过从数辆到数十辆，都是先后分批从国外进口的。当时世界上的战车日新月异，性能装备不断改进革新，各国都列为保密武器。因此，这些进口的战车在其本国都是陈旧老式而不再进行制造的，所以也只能当作教练车使用。其中维克斯战车还算是较好的，一直教练用到1945年。雷诺本是很老式的，该校1938年由南京内迁时，就全部拨交给了中央军校成都本校的战车队。菲亚特这批战车，外部迷彩油漆一新，里边机件都是旧的，这在拆修时才发现。教练时常出毛病。据说，宋子文到意大利，被军火商人买通，得了一笔回扣，就当作新车购进了。在该校从南京迁长沙时，大部都丢了。

外国顾问：

"该校初办时，随着进口的战车，来了一些外国顾问，如英国的威尔斯、道逊、技师柯莱（在校较久，1943年回国），德国的皮尔纳等。中央军第十期中，曾办过一个德文译述班，训练出一批德文翻译。抗战中，后因对德宣战，希特勒召回全部在中国的顾问，一时搞德文翻译的人纷纷改行。1940年，在广西柳州，由原来的德国顾问推荐，该校曾聘请过一个德国顾问应鹤福来校教机械化战术，时近一年。应鹤福在第一次世界大战中，当过德国战车部队的伍长，退伍后在柏林一家商行当职员。他是犹太人，在德国呆不住，是以私人名义应聘来我国的。后来也来过几位苏联顾问，时间很短就走了。这些顾问上课，德国与苏联顾问讲课认真，精简扼要，态度服装端正严肃，对翻译人员很有礼貌。只有英国顾问，讲课啰嗦，东扯西拉，一年的课要拖两年，态度傲慢，有时坐在讲台上，嘴叼雪茄，领带都没打好，对翻译人员也不礼貌。

学员、学生与学兵：

"从1936年第一期学员起，先后连续办了十多个学员队。名称有学员队、军官训练班、军官技术班，共训练出学员约计六百多人。这些学员都是在职军官，从上尉到上校都有。他们为了参加机械化部队，不得不在该校受一次训，因为按规定，其他兵种的学历，是不能在战车部队或学习里任职的。从第一期交通学生队起，先后连续办了八期各科的学生，共训练学生两千余人。这些学生，都是招考高中毕业的学生，毕业后就是本兵科的军官或军佐。名称有交通兵科第一、二、三期学生队，技术第一、二、三、四期学生队，战车第一、二、三、四期学生队，到第四期后，就只有战车学生队与技术学生队，另外还有一个保管学生队，只办了两期。从南京练习大队起，训练出约三千多名学兵，训练时间不统一。毕业后分派到战车部队、汽车部队、军用汽车修理厂及仓库等当班长、技工、保管军士等，工种一般分驾驶与修理。名称有练习大队、驾驶军士训练大队、驾驶兵教育团等。"

曹剑浪撰文：

"1929 年，蒋介石出于对工农红军的武装镇压与各派系军阀斗争的需要，从英国购买了 24 辆戈登式小型坦克，组建了一个战车连，这便是我国第一个装甲兵分队。1935 年，蒋介石又从英国买来 32 辆维克斯系列的各型坦克，其中性能比较好的有 MK.I 步兵坦克，车重 11 吨，装甲厚度 60 毫米，时速 13 公里，装有 7.7 毫米或 12.7 毫米机枪 1 挺，战车连随着扩编为战车教导营。

"国民党军应用装甲兵的基本原则是分散使用，直接以火力支援步兵战斗；防御时一般作为固定火力发射点，以火力抗击对方步兵的冲击。"

第七节 民国二十四年秋季大演习

1935 年秋，国民政府军事委员会以"试验过去教育的成绩，并探求编制、装备、战术改进之方针"为目的在南京举行了国军建军以来首次军一级对抗演习，此次演习以卫戍京畿（当时国民政府首都南京的周边地区）地区、接受德制装备教育最完整的中央军新制部队为核心，共有步、骑、炮、工、通讯、交通及战车等兵种部队约二十余万人参加。内容包含了当时现代化军事行动中所涉及的全部项目。演习分

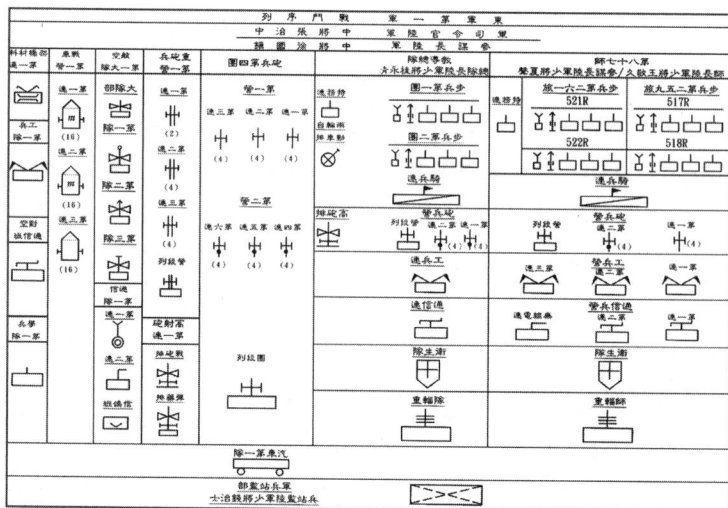

▲ 东军（第一军）战斗序列

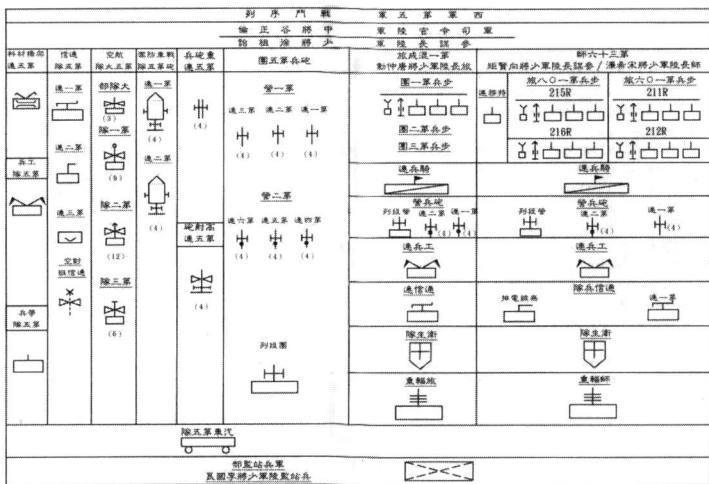

▲ 西军（第五军）战斗序列

各军除步兵师外，还有独立炮兵团、航空队等作战单位，各种德制新式装备如 150mm 重榴炮、"卜福斯" 75mm 山炮、"莱茵金属" 37mm 战防炮、"卜福斯" 75mm 高射炮以及"苏罗通" 20mm 小炮等火力也均投入于该次演习中。

因东军被演习统监部（即演习导演部）设定为具有优势火力的进攻方，故所属部队配有较多的炮兵，并以陆军交辎学校战车教导营以东军直属独立战车第1营的建制参加战斗序列，新购入的"维克斯" 6吨坦克、"维克斯"水陆坦克以及旧式的"维克斯－卡登·罗伊德"坦克共48辆皆投入到演习中。相对于火力优势的东军，西军则以轻快机动为主，故西军主力部队编制偏重于轻装，为了增加机动力，又配属了九十余辆汽车（其中四十辆为军属汽车队所有，另五十辆则是从南京江南汽车公司临时征集而

为东军与西军；东军第1军（军长张治中，参谋长徐国镇），由陆军第87师（师长王敬久）、中央军校教导总队（总队长桂永清）及各特科部队组成，扮演由杭州湾经太湖以南往南京方向进击的角色；西军第5军（军长谷正伦，参谋长徐祖诒），由陆军第36师（师长宋希濂）与第1混成旅（旅长唐仲勋）组成，担任防卫南京的守备部队。演习设定两军相互对进，预计在句容附近地区进行决战。

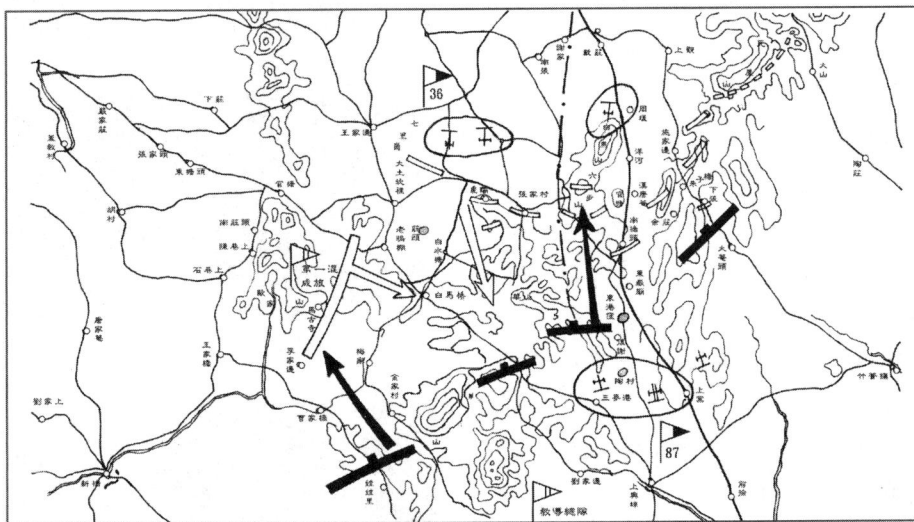

▲ 12月6日东、西两军于白马山、六步山一带决战态势图

▲ 演习中西军配备的 37mm 战防炮

来）。另外，由于东军拥有 1 个营 48 辆坦克的装甲战力，为求得战力平衡，西军配属了新到的德国 37mm 战防炮两个连共 12 门组成战车防御炮第 1 连（连长田鄂云）及第 2 连，作为反制坦克的防御力量，以便同时操练坦克的攻击防御、反装甲作战以及反反装甲等各项战术技术科目。

秋季大演习于同年 12 月 2 日展开，东、西两军双方进行了各种攻击、防御、遭遇、追击、转进等演练。12 月 6 日，两军最后在句容附近屋瓦山、白马山一带地区展开，进行了最后的会战，独立战车第 1 营在这天以全营兵力，在步兵重火器、空中支援火力的协同掩护下，向拥有战防炮的西军防御阵地发起攻击，成为此次大演习的最高潮时刻，两军参演官兵都奋力表现，使整个演习比较顺利地完成了。

东军第 87 师瓦屋山、六步山一带攻击计划：

战车队使用于京杭公路以西地区，第一队有吴棚附近潜伏北棚西端地区，第二、第三队进入阮前凹，华山间地区，明日六时止，战斗准备完毕。

攻击实施，战车队于步兵第一线，突击开始之前进，即可超越步兵线，加入战斗，预定战斗之突入线，第一队由北棚西端地区

发起，沿 128.0 高地东麓，向左旋回，突入白马山，六步山谷，再向右旋回，直捣二里岗敌阵，第二、第三队预定由阮前凹，华山间，沿汽车道，经薛庙北向，直捣敌之北镇阵地，战车队若将敌压迫，须进出于上饶之线集结，以准备尔后之战斗。

西军第 36 师白马山附近防御计划：

战车防御炮队，先归二一一团团长指挥，在东港窑附近，占领阵地，准备射击，待前进阵地撤去时，即在薛庙官塘附近占领阵地，准备灭敌战车之攻击。

独立战车第 1 营之攻击命令：

营攻击命令

十二月六日二时于浪家山营部

一、敌军被我军压迫后退，看在瓦屋山白马山六步山张家村老虎坝之线占领阵地，顽强抵抗敌炮兵阵地，在二里冈及北镇一带。

▲ 秋季大演习中的东军战车营

在白马山六步山之间一带有敌少数战车防御炮。敌阵地之前线在余庄南桥头至南角之线。

二、我第八十七师于明日上午开始攻击当面之敌。

三、营在京杭东路左侧攻击。攻击方向，指向二里岗北镇一带。

四、第一连华山东南方一千二百公尺处，第二连（附小战车排）在第一连与华山之间，均需于六日二时，进入准备阵地。

五、营区分为两个战斗队，与一预备队。

第一队：第一连之一排在右

　　　　第一连之一排在中央

　　　　第二连之一排在左

第二队：第一连之一排在左

　　　　第二连之一排在右

预备队：第二连之一排与小战车排

六、全营分二部迂回160高地攻击前进。

第一队第二队第一连右翼两排迂回该高地前进，其余部分向160高地西侧前进。

第一队之第一连之第一排须紧沿160高地西斜面前进，其左排亦沿160高地西侧超过稻田地前进。

第一队第二队左翼之各排向北镇前进，歼灭该处敌炮兵，其余之各排沿160高地与207高地间山腰之西侧攻击前进，歼灭二里岗附近之敌炮兵。

七、第八十七师之炮兵于攻击间集中火力向二里岗及北镇并向160高地与207高地腰部前方射击。步兵重火器向敌战车防御炮迅速压制，驱逐机于攻击开始间掩护，向敌纵深攻击。

八、攻击开始，用绿色信号表示。达到攻击目标，用红色信号表示。

九、第三连派出小战车两辆为斥候车，担任右翼迂回部分之搜索。左翼由小战车三辆担任搜索，侧方由各该排处置之。

十、本营到达攻击目标后，就地集合待命。

十一、余随预备队前进，现在华山后在白马山六步山之山腰西侧处。

营长 彭克定

传达法 集合各连长先口授尔后以笔记命令下达

第八节 西安事变
（1936年12月12日-20日）

在此次秋季大演习中，演习统监部对于各兵种、武器的效能，均制订了一定的评判标准，以作为战力评比以及判定演习部队胜负的依据，并于第四十条战车测评标准内，对当时战车的属性与用法都作了明确的说明。

《武器威力评判之标准》第四十条战车篇：

甲、战车为纯粹攻击兵器，其主任务为开突击步兵攻入敌纵深地区之路（压制敌步兵机关枪巢，迫击炮及压坏障碍物等）。战

▲ 西安事变中的张学良（前排左三）

▲ 绥署装甲汽车

▲ 中山 3 号铁甲列车

车为步兵重要辅助兵器, 与步兵协同行动。

乙、我步兵已突入敌阵, 并与敌战斗, 而无炮兵掩护时战车之援助特别重要。

丙、战车配属于重点或决战所在之步兵, 能否使用以地形为标准。

丁、战车猝袭若成宽正面, 并向纵深区分必能取胜。

戊、突击出发阵地之选择, 颇关重要。莫若利用步兵线附近之地凹及地物。应避地上发现, 并伪装以防空中侦察, 庶散开战车亦得疾进, 无须多向侧方转移, 即可开始攻击。

己、被攻步兵对战车攻击之举备:

(一) 最要原则为不射击战车而射车后跟进之步兵, 抵抗战车之地勘, 委诸专门兵器。

(二) 用尖头钢芯弹射击战车, 距离需在一百公尺内, 无尖头钢芯弹则待至最近距离, 射其视孔。弹若射中无保险之视孔, 破

片铅质喷射车内, 威力颇大。其有保险玻璃之视孔, 玻璃必因受弹命中而不能透视, 车内员兵, 不碍失明, 非换避弹玻璃不可。

(三) 战车若企图碾压单独散兵或机关枪巢, 士兵等即应避入小孔, 或依陡坡以上手榴弹为集团装药, 使爆炸战车 (轮之履带), 否则无效。

(四) 最有效之战车障碍, 为松张之大铁丝网卷 (不可扎紧), 否则无效。

1936 年 12 月 12 日, 在陕西负责 "清剿" 陕北中共红军的西北剿匪副总司令东北军少帅张学良, 因不满蒋介石 "攘外必先安内" 的政策, 遂与陕西绥靖公署主任西北军将领杨虎城联合发动兵谏, 由杨虎城第 17 路军解决了在西安和咸阳城内所有的蒋系中央各军事机关和部队, 张学良的东北军则到临潼将前来督战的国民政府最高领导人蒋介石扣留于华清池内, 要求蒋介石接受 "停止内战, 一致抗日" 的主张。震惊中外的 "西安事变" 由此爆发。

12 月 12 日凌晨 2 时许, 杨虎城手令绥署装甲汽车队队长陈俊英即刻率队迅速赶赴临潼, 归刘多荃指挥, 配合张部捉蒋。走到灞桥以东附近时, 汽车队遭到蒋系西安市公安局局长马志超属下的武装警察队阻拦。陈俊英即令装甲车用车载机枪进行扫射, 在击毙警察队两三人后冲了过去, 于黎明拂晓时分到达临潼。之后, 装甲汽车队一个排被并入张部的搜山部队参加寻捕蒋介石的任务, 并派出三辆装甲车于华县方向进行警戒。

与此同时, 西安绥署特务团 (团长阎揆要) 在白水县防地接到杨虎城急电, 令所部轻装急行向渭南挺近。特务团下午 3 时到达渭河大张渡口, 翌日晨, 特务团奉令, 团右翼依

▲ 突进中的战车营维克斯 MK.E 轻坦克

托华山，左翼隔"陇海"铁路，与渭河的第42师冯钦部协同作战，并会同东北军工兵部队将"陇海"铁路赤水车站附近的赤水铁桥炸毁，以阻止中央军部队铁甲列车的前进。

南京国民政府方面为解救被困的蒋介石。13日，身为南京中央军校教导总队总队长桂永清在未接到任何命令的情况下，率教导总队第1、2两团及总队直属部队渡过扬子江，由浦口火车站出发，经"津浦"铁路再转"陇海"铁路抵达潼关地区，据守下营一带，与据守赤水车站的张学良东北军形成对峙。16日，南京国民政府决定对张学良与杨虎城的"叛军"下达"讨伐令"，明令时任国民政府军事委员会参谋总长的陆军一级上将何应钦为"讨逆军总司令"，徐庭瑶任东路军敌前总指挥，飞抵洛阳，乘车赶赴潼关。并指派交辎学校战车教导营副营长蔡庆华少校率领战车第2连作为先遣部队，进抵西安华阴地区。随后战车教导营营长彭克定率全营赶上，配合教导总队进行"讨逆作战"。12月18日–20日，东北军第105师奉命以赤水为中心阻击进攻华县的中央军校教导总队，12月20日晚，教导总队第2团奉令攻击前进，战车教导营第1连16辆"维克斯"6T坦克担任掩护任务。当晚10时，战斗开始，战1连两辆坦克掩护步兵前进时，在步兵阵地后方开炮，因步战

双方联络不善，炮弹直接掉落在己方阵地，造成友军两人被当场击毙，数人受伤的悲剧。其后战车教导营遭到了东北军第105师第2营特种连（该连下辖机枪、迫击炮、平射炮各一排）连长侯明哲少校、排长康宝钧上尉（机枪排）、庆丰田中尉（迫击炮排）所部的突袭反击，平射炮排排长徐康阶率领所部平射炮向战车教导营战1连发炮阻击，但终因寡不敌众被中央军的进攻部队所俘，该役不到三个小时便告结束。"讨逆军"完全占领赤水车站，东北军残部向赤水以西的张家岭一带撤退。

12月25日，在以周恩来为首的中国共产党代表团的调解下，蒋介石被安全释放，"西安事变"得到和平解决。事后张学良也随同蒋介石夫妇一道返回南京。

在战车教导营出战前，由于战事需要，"讨逆军总司令"何应钦听任战车教导营官兵肆意领取油料，竟然每个连都能领到上千桶汽油，每桶为5加仑，数量之巨大可见一斑。1937年1月，西安事变结束后，战车营奉令返回南京，由于出发前战车和汽油均由火车运送，而返程时没有火车可用，汽油也未用多少，大量剩余的油料就成了战车营的负担。加之在此期间，战车营长官彭克定于战车营大部之前先行返回了南京，于是营部军需官方俊三、副官室副官彭大钧以及第2连连长汪文彦便心生贪念，依仗自己是营长的族亲，几人密谋后，决定用汽车将汽油运到浦口，再用驳船运过江，在过江时烧掉四、五十桶汽油，制造假象，掩人耳目，暗中将大批汽油在黑市上私自倒卖。同时对外谎称在经过南京下关煤炭集运区时，第二连某排意外发生火灾，导致大部分汽油及部分车材被烧光。由于20世纪30年代初的中国汽油十分匮乏，

1升汽油（19升左右为1加仑）价格高达约4、5角大洋（当时人均月收入约三块大洋），于是此事件一经发生，便震惊朝野，国民政府最高当局下令彻查，史称"煤炭江事件"或"倒卖汽油贪污案"。终于，此事被战车营第1连连长浙江人郭恒建所发觉，在受人指使后，他愤然检举了营长彭克定伙同族亲的贪污行为，致使彭克定于1937年1月30日以贪污腐化为罪名，被何应钦下令送到陆军军法处禁闭，并撤职查办，其战车营长之职于1月31日由交辎学校练习队队长彭子言接任。

关于"西安事变"的相关记载与回忆摘录：

"……东北军一〇五师第二营特种连，机枪、迫击炮、平射炮各一排，驻地华县城内，12月18日－20日，教导总队进攻华县时，特种连少校连长侯明哲、上尉排长康宝钧、中尉排长庆丰田、徐康阶以平射炮阻击战车教导营的维克斯六吨坦克，但因寡不敌众被俘。

"12月12日，杨虎城十七路军担任解决在西安和咸阳城内所有的中央蒋系各军事机关和部队，张学良的东北军担任到临潼捉蒋和应付在陕甘的中央军反击。尔后张学良即命东北军骑兵第六师师长白凤翔和第十八团团长刘桂五以及一〇五师师长第二旅旅长唐君尧三人，率部每人配两支德制毛瑟手枪或手提机枪前往临潼，尔后又派孙铭九率特务营至临潼华清池捉蒋。

"蒋介石披着意大利防弹橡皮的黑色斗篷。在西安事变中被不知道哪一个拿去了。

"12月12日拂晓，西安绥署特务团（团长阎揆要）在白水县防地接到杨虎城急电，令所部轻装急行向渭南进发，下午3时到达渭河大张渡口。翌日晨，特务团奉令，团右翼依托华山，左翼隔陇海铁路，与渭河的

四十二师冯钦部协同作战，并会同东北军工兵将陇海铁路赤水车站附近的赤水铁桥炸毁，以阻止中央军铁甲车前进。

"16日，中央军明令发布任何应钦为讨逆军总司令，刘峙为讨逆军东路集团军司令，顾祝同为讨逆军西路集团军司令……"

郭白涛（时任中央陆军军官学校教导总队军需官）回忆：

"1936年12月西安事变发生后，桂永清未奉命令，独断率教导总队一、二两团及总队直属部队渡江，由津浦铁路转陇海铁路西出潼关，紧急应变。据我记忆，12月13日晚，紧急集合，团长胡户儒宣布奉总队长之命：'北平已与日军接触，本总队奉令紧急北上，我团为先头部队。'当时士气旺盛，以能参加抗战而欢跃，当晚步行至下关。渡过长江后，随即登车，加快开行。12月15日，团部列车抵潼关，不久，接前途列车由铁路电话报告，车过下营，铁路已断，东北军在赤水车站附近据守，团长令在下营车站附近下车，占领村庄，向西警戒。东北军以赤水车站为据点，构筑简单工事，正面挖壕引渭河水泛滥，拒止前进。对峙数日，后续部队源源西来，当时蒋介石还扣留在西安。南京讨伐派决定以后围攻。约是12月20日晚，第二团奉令攻击前进，南京坦克车队开来掩护攻击。当晚十时，开始战斗，仅两三小时，即告结束，占领赤水车站。东北军向西撤退，我军亦未追击。这一战斗共阵亡士兵19名，其中两名还是坦克车掩护前进时，在步兵后面开炮打死的，初组坦克部队，有轻型坦克20余车，编为龙队、虎队，以彭克定为队长，彭曾任教导总队自动车长，此次率新型机械部队协同作战，原想有良好表现，显示坦克威力，

岂知两方都没有协同作战的实际经验,联络不善,步兵前进时,弹落我方阵地,击毙两人。"

陈俊英（时任西安绥靖公署教导团装甲汽车队队长）回忆:

"1935年,我调绥署教导团装甲汽车队任少校队长。我的前任队长是马俊秀,以后廖多余又接换了我的职务。

"装甲汽车队是在南阳战役打唐生智缴获的底子上组建的。当时有带斗的摩托车7辆,装甲车3辆。人员虽有一百多人,装备却甚好,计有马克沁式重机枪12挺,捷克式轻机枪16挺,德国制手提式冲锋枪180支。这支所谓机械化部队,在西北军、东北军是唯一的,因此甚受杨将军的重视。

"西安事变的发动,事先我一点也不知道。12月12日晨约2时许,杨的一个副官直接给我送来一个杨的手令,写是我的名字。内容是,即速率队赴临潼,归刘多荃指挥,

执行任务。手令的字好像似周梵伯的。那个副官还传达杨主任的一道口头命令,见到警察就打,当时装甲汽车队归警卫团建制,杨将军直接给我下手令还是第一次。

"装甲汽车队略事准备就出发了,走到灞桥以东,果然遇上马志超的警察,他们全副武装,阻拦我们的前进。我们在装甲车用机枪扫射,打死他们两三个人,冲了过去,直奔临潼。

"到了临潼,天近黎明,我急忙跑到华清池内,见到白凤翔以后,才知道这里发生了什么事。当时,战斗已经基本结束,蒋介石的卫队被打死的尸体到处都是。白让我派一个排搜山找蒋介石,派3辆装甲车向华县方向警戒。我的那个排上山后,还未到山上,就听着吹号,蒋介石找到了。那时有6点多钟……西安事变后的十多天里,装甲汽车队奉命每天晚上在市区巡逻,并设置了端履门、东大街、北大街一带的路障。"

第九节 绥远抗战之百灵庙战役
（1936年11月10日-24日）

1936年,内蒙古德王（德穆楚克栋鲁普亲王）出任察哈尔伪蒙政府副委员长,2月10日在日本关东军的支持下,伪"蒙古军总司令部"正式成立,建立伪蒙古军,由德王亲任伪蒙古军总司令,李守信任副总司令,下辖9个师、1个炮兵团和1个宪兵队。当年5月12日,"蒙古军总司令部"正式改为"蒙古军政府",云王、索王、沙王任正副主席,德王任总裁。

同年3月,日本关东军总部指示田中隆

吉依托李守信的伪蒙古军,秘密组织"大汉义军总司令部"并招纳原绥西民团头目王英

▲ 德王（德穆楚克栋鲁普亲王） ▲ 李守信

出任总司令。尔后，日本人私下以每月二两烟土的丰厚津贴为诱饵收服王英，命他在化德县以土匪及散兵为主拼凑了五千余人的汉奸队伍，号称"西北蒙汉防共自治军"，驻守于察哈尔省北部地区。11 月 3 日，"西北蒙汉防共自治军"改称"大汉义军"。月初，伪蒙军副总司令李守信、"大汉义军"总司令王英赴天津，接受日军的"侵绥"指令。同月中旬，德王、李守信所属的伪蒙古军一万余人和王英的"大汉义军"，在察绥边境和绥北地区集结，并于 11 月 13 日对驻守红格尔图的晋绥军发动进攻。至 20 日傅作义将军于红格尔图初战告捷的当晚，乘敌伪军一时难以再犯之机，晋绥军先发制人，对绥远北部、内蒙古西部重镇的包头百灵庙地区发动了反攻，并于归绥召集孙长胜、孙兰峰和袁庆荣等部，部署作战事宜，要求以最快的速度达成作战目标，完全消灭敌守军。同时，傅作义任命孙长胜为前敌总指挥，孙兰峰为副指挥，袁庆荣为参谋长，指挥步兵第419 团（欠一营），第 421 团（团长刘景新，欠一连），第 70 师 315 旅补充第 1 团（欠一连），骑兵第 8 团以及三个特务连之兵力，配属炮兵第 21 团第 3 营（内配装甲汽车 1 辆）以及第 6 连小炮 2 门，无线电 3 台，汽车队（24 辆汽车）以及钢甲汽车队（20 辆"晋造"装甲汽车），以最快的速度和手段占领包头百灵庙地区。

百灵庙位于内蒙古自治区包头市达尔罕茂明安联合旗驻地，是中国中原地区通向漠北的西路要冲。蒙古族一年一度的那达慕大会的举行地之一。位于大青山以北的盆地中，艾不盖河流过镇内，向北汇入腾格诺尔。面积2.5 平方公里。清康熙年间达尔罕贝勒建庙于此，始称"贝勒庙"。庙成于乾隆四十六年（公

元 1781 年），赐名广福寺，为藏汉风格合一的庙宇。百灵庙系由贝勒庙转音而来，初为"白林庙"，后改"百灵庙"。当地蒙古族习称巴吐哈德苏木，意为营盘庙。其地理位置西通白云鄂博，东接乌兰花，南抵武川及呼和浩特，是方圆数百里草原地区的物资集散中心，战略价值十分重要。

23 日下午 3 时，晋绥军出击部队从百灵庙以南 85 公里二份子镇地区集结出发。当晚10 时左右到达百灵庙附近。第 419 团第 1 营立即向前推进，将庙内的守军击溃，占领庙东南第一层山头。左纵队及右纵队和骑兵纵队在得知中央方向打响后，开始加快前进速度，虽地形生疏，但是士兵们很快就冲过了百灵庙外围的第一道防线，进入百灵庙周围的山丘之内。

24 日凌晨，双方在百灵庙外围的群山中展开激战。攻击部队深入各山的伪蒙军阵地，伪蒙军依托工事顽固阻击晋绥军部队的进攻，经过反复拼杀后，战局进入胶着态势。

▲ 伪蒙古军装备的机枪汽车

▲ 装备日造"三八"式步枪的伪蒙古军士兵

▲ 装备晋造"汤姆森"手提机枪(冲锋枪)的晋绥军士兵

▲ 晋绥军装甲汽车队　　　　▲ 张仰贤(右)

早7时左右,在晋绥军副司令孙兰峰的指挥下,攻击部队发动总攻,并将山炮营搬到前沿高地,12门山炮和8门"苏鲁通"小炮同时发射,对女儿山的伪蒙军阵地实施摧毁性轰击,掩护装甲车队和步兵进攻,而后延伸射击至百灵庙内固守的伪蒙军各据点。第421团团长刘景新亲率预备队一个营,在钢甲汽车队6辆装甲车的掩护下向百灵庙心脏地区的庙东南角山口(沟内有适于通行汽车的公路)的伪蒙军阵地猛冲,预备队第3连(连长张振基)奉命搭乘钢甲汽车队装甲车进攻伪蒙军后,吸引了大量敌人火力。因

伪蒙军借山头居高临下之势,以猛烈火力予以阻击,中尉排长蔡玉庆负重伤,战士伤亡达三十余人,先头的一辆晋绥军装甲车也遭到伪蒙军的集火,车内乘员均中弹阵亡,该车停滞不前致使沟道被堵塞,后续车队难以通过。驾驶第二辆装甲车的司机张仰贤(山西赵城人)眼见前车驾驶员阵亡,当即从侧面超车,继续向前冲锋,后续各车随之跟进。伪蒙军再次集中火力,并投掷集束手榴弹将张仰贤所驾驶的装甲车车轮击毁。张仰贤遂从车内冲出,冒着敌人的枪林弹雨登上了之前的第一辆装甲车,将原乘员从车内拖出后,发动战车继续冲锋,配合步兵攻占了百灵庙女儿山的山头阵地。

至上午9时30分左右,伪蒙军大部被歼,晋绥军一举收复百灵庙全境。在发现战况不利后,日本特务机关长盛岛角芳首先率部逃跑,伪蒙军的日本军事顾问烟草谷与伪蒙军第7师师长穆克登宝等人也分别乘汽车仓惶逃走。"百灵庙"战役大获全胜。此役后被称为"百灵庙大捷"。

晋绥军参战官兵战后回忆:

"我军发动拂晓总攻,将山炮营搬到前沿高地,12门山炮和8门苏鲁通小炮同时发射,向女儿山之敌实施摧毁性轰击,掩护装甲部队和步兵进攻,而后延伸射程向庙内固守之敌猛烈射击。进攻中,我军第一辆装甲车驾驶员牺牲,张仰贤驾驶的第二辆装甲车也被击毁,他冒着炮火,忍着伤痛,又登上第一辆装甲车,向敌人阵地猛冲过去,为战友们杀开一条血路。"

第十节 国民革命军陆军装甲兵团

交辎学校成立后不久，交通兵学员队队长李承恩和徐庭瑶由于观点不同产生了不少矛盾，于是李承恩便辞去了学员队长一职。适逢刚从中央军校高级班毕业的杜聿明也因与原部队长官第25师师长关麟征多有不和，不想回所属部队复职，再加上杜聿明原为徐庭瑶的旧部，且徐庭瑶对其十分赏识，因此徐庭瑶便将杜聿明调来接任学员队队长的职务。之后杜便成为军政部下属陆军战车兵团的指挥官，他麾下的装甲兵团也成为而后抗击日寇的精锐力量之一。

一 陆军装甲兵团的建制构成

1935年3月，德国军事顾问亚力山大·冯·法肯豪森上将（Alexander Von Falkenhausen）来华，担任德国驻中国军事顾问团的第五任团长。在他与前几任顾问团团长的共同努力下，中国的国防工业与新式陆军的现代化建设初见规模，新式装甲兵理念也在中国军队及政府高层中得到认识。1936年底，中国政府从德国采购的大型武器装备陆续到货后，在法肯豪森的大力倡导下中央命令陆军第25师副师长杜聿明少将筹组"陆军装甲兵团"，筹备期间设办公室于南京郊外方山营房，另有筹办参谋三、四人在南京城内玄武路百子亭1号杜聿明私宅处设立机要办公室，统筹装甲兵团编成等事宜。

1937年5月16日，国民政府军政部在与德国军事顾问协商后，参考德国魏玛防卫军时期的机动营模式，结合中国资源条件不足的现状，以有限的装备条件在南京郊外方山正式成立了最初的"陆军装甲兵团"，直接隶属于南京国民政府军政部管辖。该装甲团以原陆军交辎学校战车教导营（营长彭子言之职由胡献群接任）为基础，另拨调原隶属于交辎学校的战防炮教导营、交通司的机踏车队（摩托车队）、交通兵第2团装甲车队以及防空学校高射炮营等部队改编入装甲兵团麾下。装甲兵团团部设于方山定林寺，团部设有副官、总务、军需、军械及军医等科室。后来，装甲兵团又增加了一个特务排以及一个修理厂。装甲兵团组建后不久，团部直属装甲车队就奉命分驻西安及重庆两地

▲ 亚力山大·冯·法肯豪森

▲ 杜聿明

▲ 淘汰给中央军校做教练车的"维克斯－卡登·洛伊德"超轻坦克

担任护路任务。高射炮营（营长林泽环）也于同年6月奉命复归于防空学校建制。另外，除装甲兵团原有的官兵外，国军各军事学校及部队还调派人员来该部进行了短期或长期的集训，按各人特长分派有关队职或非主官职务。其中交辎学校交通兵科甲、乙两个学员队第一期毕业学员及队职人员几乎全部调入了装甲兵团的编制内，胡献群、彭壁生、董嘉瑞、萧平波、李恩叙、徐克勤、郑绍炎、冯恺等人均位列其中，一时间集国军军队、机械化部队技术人才之最。

同年6月，国民政府将从德国购买的"克虏伯"一号轻型坦克拨交于装甲兵团战车营第3连，替换了该连原先装备的"维克斯–卡登·洛伊德"超轻型坦克，而这些英国造的"豆"坦克大部分都作为了装甲兵团的预备车辆，少部分拨给了中央军校做为教练用车使用。同时，国民政府还将与"克虏伯"坦克同批采购的德国"豪须"轮式装甲车一并配给了装甲兵团，成立了装甲兵团的搜索营装甲汽车连，装甲兵团的战力得到充实。

1937年10月初，装甲兵团的编制进行了部分调整，新成立了一个准备营及一个补充营，作为一线部队补充兵员的预备队。原装甲兵团所属的装甲汽车队与机踏车队合并为搜索营第1、第2连，新组建的德式装甲汽车连改为第3连。

至此，装甲兵团下辖团司令部（团长杜聿明）、战车营（营长胡献群）、搜索营（营长萧平波）、战防炮营（营长田耕园，后为佟大方）、准备营（营长韩增栋）、补充营（营长高吉人）、战防炮教导队（队长冯尔骏）以及团直属通信连、特务排、野战医院、汽车修理厂（厂长李恩叙）等作战单位。

（一）装甲兵团司令部

装甲兵团司令部下辖参谋、副官、军械、军需、军医、军法等六处及政治部和秘书室。团长为少将军衔，由交辎学校教育长兼任。装甲兵团团（本）部设有一个无线电排，排长为上尉军衔，下辖三个班。团（本）部人员、武器编制为：军官42人、士官兵99人，车辆18辆，另配有装甲车1辆。

（二）战车营

战车营下辖4个连，其中第1、2、3为战车连，第4连为补给连。通信排、特务排、搜索排各一个。战车营营长为上校军衔，营部另辖有警卫排、侦察排及通信班各一个。营部人员编制为军官26人，士官兵115人。

战车营第1连连长为郭恒健少校，配备"维克斯"6T M1930 E型轻型坦克（英国"维克斯"MK.E型轻坦克）15辆，连部配备"维克斯"6T M1930 F型轻型指挥坦克（英国"维

▲ 集结中的战车营第1连维克斯 MK.E 轻坦克

▲ 集结中的战车营第2连维克斯水陆两用轻坦克

▲ 奥地利 ADGZ 重装甲车

▲ 集结中的陆军装甲兵团搜索营德制豪须 Sd.kfz221/222/223 装甲车

克斯"MK.E 指挥型轻坦克）1 辆（一说为 2 辆）；第 2 连连长为郑绍炎少校，配备"维克斯－卡登·洛伊德"(VCL) M1931 A4E12 型水陆两栖战车 15 辆，连部配备同款型号指挥战车 1 辆；第 3 连连长为赵鹄振少校，配备从德国新引进的 "克虏伯" Pz Kpfw I 号 A 型 (Sd.Kfz101) 轻型坦克 12 辆，每排 4 辆（其中有 1 辆作为专用教练车），连部配备 2 辆指挥汽车或 2 辆奥地利 ADGZ 重装甲车（推测）。之后不久，为了使战力平衡并且能够单独作战，战车营第 1、2 连的"维克斯"炮战车及"维克斯"水陆两用战车重新进行了混编，两连各分配到部分"维克斯"MK.E 型坦克与"维克斯"水陆坦克（推测每连炮战车及水陆战车各占一半）。

（三）搜索营

搜索营下辖 3 个搜索连、1 个营属通讯排和 1 个营属补给排。搜索 1 连连长是李辑瑞少校，起初配备的是原交通兵第 2 团的剩余装甲汽车，在得到从德国进口的大量武器装备后，改换为英国与德国制造的各型三轮跨斗摩托车 36 辆，分别配备给 3 个搜索排，每排分得 12 辆，辖下每班 4 辆；搜索 2 连连长是冯恺少校，配备德制春达普（又称尊达普或聪达普）K800 型两轮摩托车 36 辆，编

制及数量与搜索 1 连相同；搜索 3 连连长是鲍熏南少校，配备德制"豪须"Sd.kfz221 型装甲侦察战车、222 型装甲战车及 223 型装甲通讯车共二十余辆和德国造奔驰牌军用轿车 1 辆及两轮摩托车 2 辆，另外还有其他型号的装甲汽车数辆。

（四）战车防御炮教导队 / 战防炮营

1937 年 7 月 7 日，中日战争全部爆发后，国民政府为统一机械化部队的指挥，将驻防江苏句容赤岗、徐州以及湖北武昌等地进行训练的 3 个战防炮营整编为战车防御炮教导队，队长为冯尔骏上校，归属于陆军装甲兵团建制，与独立战防炮营（营长田耕园上校）合并组成装甲兵团战防炮部队。

战防炮教导队下辖 3 个营，第 1 营营长为谢成章中校，第 2 营营长为张钦允中校，第 3 营营长为郭定远中校。因战防炮教导队本为团级编制单位，所以在当时被称之为"团中团"或"团内之团"。

战防炮营下辖 3 个 37mm 战防炮连、1 个 47mm 战防炮连、1 个营属通讯排和 1 个营属特务排。战防炮 1 至 3 连装备德国莱茵金属公司制造的 Pak35/36 型 37mm 战防炮 18 门，每连各装备 6 门，均由德国造"奔驰"牌 TYP 320WK 型军用轿车牵引，各连装备 6

辆，另外连部配备 2 辆。战防炮第 4 连装备奥地利造"百禄"式 47mm 战防炮 6 门。营属特务排及通讯排配属汽车及两轮摩托车若干辆。

1. 德国莱茵金属 Pak35/36 型 37mm 战防炮

1933 年 1 月 30 日，希特勒就任德国总理，开始一步一步地爬上了德国政府的权利最高峰，在他的法西斯政权当政后，德国开始大肆扩充军备，为发动新的战争做准备。在逐步摆脱《凡尔赛条约》的束缚后，德军开始大量研制并生产坦克、火炮、飞机及军舰等大型装备。与此同时，莱茵金属公司也按照军方的要求，于 1934 年研制出了一款名为 PAK-35/36 型的 37mm 新式的反坦克炮，大量装备部队使用。

PAK-35/36 型的 37mm 战防炮是一种轻型牵引火炮，战斗全重 432kg，最大射程 4.025

▲ 中国军队装备的德国莱茵金属 37mm 战防炮

性能参数	
重 量	432 公斤
口 径	37 毫米
炮管长	166.5 厘米
射 速	15 发 / 分钟
初 速	782 米 / 秒
最大射程	4025 米

公里，该炮为 42 倍口径，火炮放在两个装有气压轮胎的大型车轮上运动，依靠 4 个炮兵进行操作，使用十分便捷，可由汽车或装甲车辆牵引，并且还可放在卡车或铁路平板车上直接使用，甚至还可以使用畜力或人力进行牵引，德军二战时投入的大量三轮摩托车也可以承担牵引任务。

PAK-35/36 型战防炮能发射钨芯穿甲弹，还能发射超口径的榴弹作为火力补充。由于它本身的设计思路来自于一战的反装甲经验，因此它的穿甲能力相当之差，在一战时期，面对当时厚度只有 6-18mm 的坦克装甲，37mm 战防炮发射钨芯穿甲弹可以绰绰有余地穿透，可算是当时相当出色的一款反装甲武器。但到了第二次世界大战爆发前后，在面对世界各国大大强化后的现代化坦克装甲时，37mm 的炮弹就暴露出了自身穿甲能力不足的天生缺陷。最后，该炮由于威力严重不足，很快就被 PAK38 型 50mm 反坦克炮所取代了。

PAK-35/36 型的 37mm 战防炮共计生产了两万门以上，其中在 1939 年 9 月，德军就装备了一万一千二百门左右。

2. 奥地利"百禄"式 47mm 战防炮

"百禄"式 47mm 反坦克炮（本名为意大利"百禄"M-1935 式 47mm 战防炮 Canoneda47/32modello35）是第二次世界大战中意大利陆军装备的制式步兵火炮，其用途广泛，可以作为步兵火力支援，也可担任战防炮的功能，由于其可以拆分搭载的特点，在意大利陆军中甚至被作为山炮提供给山地师（意大利阿尔卑斯山地部队）使用。荷兰及罗马尼亚等国也曾少量采购过该型火炮。

"百禄"M-1935 式 47mm 战防炮于 1935 年正式定型投入使用，全炮重量为

316kg（带炮架），其炮身重 280kg；整个火炮全长为 3130mm，炮身长 1680mm，膛线长度为 1328mm，采用横楔式炮闩形式及液压弹簧式复位制退器；炮身使用三角支架方式并在两侧安装有两个可拆卸钢制炮轮（作战时将其炮轮拆下，但紧急情况下也可直接使用炮架进行开火。在已有历史照片中发现中国军队在使用此炮时似乎很少拆下炮轮），炮架前部使用可收放式圆盘型固定架，运动时收起，作战时将其放下；而后部炮架为可折叠左、右开放式两脚架样式，炮架全长 480-650mm，火炮发射时将两脚架打开，牵引时则将其收起，高低射界为上下 –12 度至 +60 度；方向射界为左右 46 度至 60 度；可发射榴弹、曳光穿甲弹及穿甲弹三种弹种，榴弹最大射程为 4.2 公里，穿甲弹在 500 米内可击穿 43mm 厚的钢板。可采用 1 匹或 4 匹骡马

进行驮载。

百禄（Bohler）兵工厂原来是奥地利的，后来被意大利所收购，但中国军队当时还是习惯将其称之为奥地利"百禄"战防炮。

田畊园（时任交辎学校战防炮营营长）回忆：

"1937年徐庭瑶建议成立一个装甲兵团，杜聿明充当团长，彭壁生充当上校副团长，蔡庆华充当中校团附。将交辎学校战车营和战车防御炮营编入，战车营并增加德国小型坦克一连（10 辆），另调防校高射炮营和交二团机踏车连、装甲连编入，成立一个搜索营，就这样编成国民党最早的机械化部队了。1937年八·一三上海抗战爆发，除了高射炮营调在沪宁路防空外，将战车营、战防炮营调到上海前线，归张治中指挥，分别配备在三十六师、八十七师和八十八师作战。由于分割使用，团长杜聿明没有到上海，战车营长彭克定则因贪污被撤职，由胡献群接任。到了 10 月底，蒋介石为保存他仅有的机械化部队，将该两营调回南京，不久，又将整个装甲兵团撤至湖南湘潭整训。1938年，由苏联支援中国一批 9 吨级坦克，及从意大利购进一批 5 吨级坦克，装甲兵团逐扩充为第二○○师，师长杜聿明。同年 12 月，该师扩编成新编第十一军，军长徐庭瑶，副军长为杜聿明，从湘潭移驻广西全州。

"军事考察团在德国时，曾拟定中国自造汽车计划，与德国奔驰汽车厂合作，第一年车辆完全由该厂制造好运到中国，但厂牌改为中国商标；第二年由该厂供给车辆全部零件，由中国厂装备成车；第三年由中国厂试制一部分零件，大部分零件仍由该厂供应，由中国自己装成；第四年中国自制大部分零件，小部分难制的零件仍由该厂供应，再由

▲ 中国军队装备的奥地利百禄 47mm 战防炮

性能参数	
重 量	283 公斤
口 径	47 毫米
炮管长	168 厘米
全炮长	313 厘米
初 速	250 米/秒（榴弹）、620 米/秒（曳光穿甲弹）、630 米/秒（穿甲弹）
最大射程	4200 米

中国装成；第五年达到中国自制自装，不再仰赖该厂。考察团返国后，据说政府同意这个计划，由张世纲等人在株洲筹建工厂。张也是考察团成员之一，原任交二团修理厂主任。但是这个厂尚未成立，日军已将侵入株洲，于是，国民政府自造汽车的五年计划也就不了了之了。

"由于我国要花大量的金钱向外国购买坦克，徐庭瑶又想自造坦克，在1938年同英国维克斯坦克厂接洽好，派交辎学校技术员余人翰赴英到该厂实习。次年余氏学成回国，就在云南威灵县一个山洞里编撰制造坦克计划，几个月没有与外界通信，一般人都以为他失踪了。直到交辎学校搬到柳州时，余氏才姗姗而来，向徐庭瑶大谈他的计划。研究结果，在柳州和云南两处试造，但是直到抗战结束后，仍无结果。

"1937年冬，该校由南京撤退至湖南平江，长沙大火后，又搬到广西柳州，改为机械化学校，代名为精是学校，徐庭瑶仍兼教育长。"

旷文澜（时任陆军机械化学校助教）回忆：

"1936年学习成立了一个战车营，这是国民党第一支机械化部队，彭子言与胡献群先后任营长。1937年将此战车营编为装甲兵团，杜聿明任团长。辖三个营，第一营为战车营，胡献群任营长；第二营为战车防御炮营，佟大芳任营长；第三营为搜索营，以机踏车为主。该团拨出学校范围，归军政部直接指挥，从此开始了机械化部队的建立。1938年在湘潭该装甲兵团扩编成第二〇〇师，杜聿明任师长，辖三个团，第一团战车团，第二团装甲汽车团，第三团汽车团。胡献群由战车营长升任战车团长。"

冯少云（时任国民革命军陆军第二〇〇师师部汽车连连长）记述：

"机械化学校，1936年7月，蒋介石又命令将交辎学校进行改组。以该校的交通科改编为机械化学校，由徐庭瑶任教育长。以辎重科改为辎重兵学校，由斯立任教育长。自此国民党机械化兵种才正式作为一个兵种，独立于其他兵种了。国民党军中的机械化部队的校尉级军官和士兵的领章，亦自此用克罗米（银白）为底色，以区别于其他兵种（步兵为红色、骑兵为黄色、炮兵为蓝色、工兵为白色、辎重兵为黑色），自成一个体系。机械化学校成立后不久，抗战爆发，该校即由南京撤至广西柳州，以后又撤驻湖南洪江。辎重兵学校撤至贵州龙里。抗战开始后，国民党政府向国外购买的武器装备和各盟国援华的物资、军火等都很多，因此辎汽兵团逐步成立，机械化部队也有所发展。

"陆军装甲兵团之编制及主要人事，1937年春，蒋介石为了逐步发展机械化部队，决定将交辎学校所属的战车营及交二团所属的装甲汽车队合并为陆军装甲兵团，在南京城郊方山成立。从此国民党机械化装甲部队正式建立了。该团少将团长，由交辎学校交通学员队队长杜聿明调充。团附3名，上校团附彭壁生、中校团附董嘉瑞、少校团附马辙。团部有副官、军需、军械、机械、军医等各室，分别办理有关总务、财务、后勤等业务。团辖战车营、战防炮营、搜索营、准备营、补充营等5个营。此外还有特务排、通讯排、卫生队和修理工厂等。战车营上校营长胡献群。该营由原交辎学校所辖的战车营改编（原来营长彭克定因贪污腐化、闹人事矛盾被撤职），除将原属的机器脚踏车连拨给搜索营外，另外成立了1个汽车连，其他部队没有变动，

▲ 魏玛共和国时期的德国国防军

仍辖4个连，驻南京城南方山整训。搜索营中校营长肖平波，辖3个连。战防炮营中校营长佟大芳，辖3个连。准备营中校营长洪世寿，辖4个连。该营是为发展机械化部队的准备部队。补充营中校营长叶敬，辖4个连。该营是步兵营，是补充兵性质。修理厂厂长李恩叙，该厂是修理车辆的单位。

"兵员来源方面，装甲兵团成立时，各级干部基本上都来自原改编并入单位，另一部分来自交辎学校学员队、学生队和练习队的毕业员生，还有各方推荐陈自强、汪公旭、刘史瓒等技术专家、留学生数十人。士兵是南京附近招募来的学兵。扩编为二〇〇师时，又从机械化学校分配来一批学员生充任各级干部。

"装甲兵团的武器装备，都是由各部队改编并入的。战车各营的战车是混合编制，约分轻重战车两种。其中意大利制造的2吨半菲亚特轻战车，装有1挺机枪，由两个人控制，1个驾驶兵，1个机枪射手，时速30公里，装甲约2厘米，以汽油为动力燃料，只能担任搜索警戒的任务，这种车约160余辆；另一种轻战车是英制2吨半水陆两用威克斯战车，约20辆，这种战车可容1个驾驶，1个射手，有1挺重机枪，时速，陆行约30公里。水行约10公里以内。重战车有英制的6吨半

威克斯战车，装有3.7厘米口径的小炮1门，机枪2挺，威力大，火力强，由1个驾驶兵和2个射手控制，装甲约3厘米，以汽油为动力燃料，这种战车冲击力大，是主攻战车，这种车约20余辆；搜索营有德制装甲汽车20辆和德式哈雷普摩托车（2轮和3轮）数十辆，主要担任搜索警戒的任务。战车防御炮营有3.7厘米的苏罗通战防炮12门，是用汽车牵引的。其他部队按其兵种而异，有一般装备。"

二 陆军装甲兵团战车营第三连的成立

1934年，此时中德"蜜月期间"的军事合作已逐渐达至高峰，而同时期的德国陆军在原装甲战车部队的基础上扩编为3个战车团，组成1个装甲旅，并接受了第一批德国本土制造战车——"Krupp PzKpfw I"（"克虏伯"一号坦克），同时设计中的二号、三号与四号坦克也已陆续开始投入生产。在此期间，中国以珍贵战略物资用以物易物的方式向德国大量购买德制武器装备及军用车辆，并辅之以德国军事体系的教育训练及战术思想，为此后不可避免的中日战争打下了最初的军事基础。

1935年3月，德国元首希特勒彻底撕毁《凡尔赛条约》，德军机械动力战斗部队指挥部正式扩充成立了3个装甲师（世界上第一支以装甲部队作为独立兵种的装甲机械化师级单位），每个师配有五百多辆各型坦克及装甲车辆，为德国装甲部队的发展树立起了一个全新的里程碑。鉴于德国装甲部队的发展，以法肯豪森将军为首的在华德国军事顾问便以德国国内的经验，应用于中国军队的机械化发展之中。

1936年2月，中华民国国民政府组成了

▲ 孔祥熙于德国会见希特勒

以顾振为团长的赴德访问代表团，通过前任德国驻华军事总顾问塞克特将军的引荐，会见了以希特勒为首的德国军政高层，磋商了中德之间的经济贸易事宜，并确定了以易货为主体的主要贸易形式，而且还商讨了具体的交易规则。德国政府向中国方面贷款一亿马克用以进行易货贸易，同时签订了相关贷款协定。协议规定中方每年可以采购价值两千万马克的德国军火及工业设备，并以相当于一千万马克价值的农矿产品进行抵扣，为期十年。签约后中国政府当即向德方订购了一批国内急需的军火装备，同时德国国防部对此也给予了极大的支持，迅速由德国军备库中抽拨相应装备并运往中国，以解中方燃眉之急。另外还商定了具体付款方式，即订货时付款30%；装船时付款40%；在上海交货后结清30%的余款。

在此期间，顾振等代表团成员还按中国政府的要求了解了德军装甲部队已经服役的"克虏伯"一号A型坦克的使用情况。在完成调查后即向克虏伯公司订购了其相同型号的坦克，并通过电报向国民政府资源委员会主任委员翁文灏报告了该型号坦克的性能参数与相关购买情况。另外值得一提的是，在订购德国一号A型坦克的时候中方因嫌该型坦克仅装备2挺通用机枪，其火力有些孱弱，于是提出让德国工厂改换装成37mm火炮的车载武器，至少也要装1门20mm机关炮进行武器火力的升级，但因当时德国方面仅允许中方订购已现役的一号A型坦克，所以最终未能如愿，不得不勉强向德国克虏伯公司订购了包括已经生产的"克虏伯"一号A型轻型坦克15辆（订单编号为A.陆军订货10020号）、德国"霍希"（Horch）Sd.Kfz221/222/223系列轮式装甲车（Leichte Panzers pahwagen）15辆（订单编号为A.陆军订货10030号）在内的大批德国军火。之后这些坦克及其他装备于同年10月底通过HAPRO（中方当时称为合步楼）公司经船运送达南京，由战车教导营进行接收。此外，不知是在海运过程中发生什么意外还是其他什么原因，原本订购的15辆一号坦克仅有14辆到货，中方在查验接收时还发现坦克内部不少零件已经生锈老化（可能是因长时间海运时海水和潮气对坦克部件造成的侵蚀所致），故当时负责查验的官员误认为德国向中国方面出售的这些坦克均为旧货而将其上报。但即便如此，这些装备对于紧急备战的中国军队来说也不是什么至关重要的大问题，所以在过数登记之后这批"新式"的德国"克虏伯"坦克全部被迅速运往南京郊外的方山，下发给装甲兵团战车营第3连进行

▲ 德国克虏伯工厂的一号坦克制造车间

秘密急训了[1]。

顾振等致翁文灏电（1936年4月19日）

关于一月三十日及三月皓四电所开军火单，除高射炮须俟二十日方能答复，海军用十六公分开花弹经于歌二十六询问何种炮声，请询示复。又，钢盔及兵工厂设备容后报告外，兹接德方答复如下：（一）七九钢心弹可即交一千万发，余二千万发六个月内交齐。（二）三七坦克炮可即交二十门，余一百另四门按月分批于一年内办齐，炮弹照单同样比例交货，此项炮可用载重车或马牵行，载重车在不平之地亦可驶行，第一批二十门拟即配用载重车一百另四门，是否悉配载重车，抑有若干门须用马牵行，乞示复……（四）战车现德国只用一种，系六吨车，装机关枪二具，可即交四辆，余十一辆二个月交齐。应否增订数目，乞示……以上各项，可否即行定购，乞分别示复。各项物品价格悉照德国防部自用付与厂家之价格，我国可派员审核价格。

翁文灏等致顾振等电（1936年5月3日）

关于军火者，兹有两点续告：（一）六吨战车请如拟订购，惟每战车须装三七口径炮一门，如不能装，亦须装二公分机关炮。再，六吨战车马力匹数，请即电示。

翁文灏等致顾振等电（1936年5月7日）

四十三号电悉。德国运来军器，已陈明委座觉得不使他国顾问或武官查验，请转告放心……五十一号电悉。（一）请如拟订购

1936年5月中国代表团访德期间订购军火订单

订单号	货物名称	订货数量	1938年10月止交货情况	备注
A.陆军订货：				
1001	钢盔	220,000	已到	
	花样（钢盔）	241,000	已到	
1002	3.7cm练习炮弹	3,000	已到	
1003	SMK子弹（79钢心弹）	30,000,000	已到	
1004	SS子弹	100,000,000	已到	
1004a	子弹盒	6,000,000	已到	
1005	燃料车	1	已到	
1006	3.7cm防战车炮	124	已到	
1006a	上项中：20门为摩托机化	(20)		
1006b	余104门为马牵	(104)		
1006c	3.7cm防战车炮瞄准镜	124		
1008	3.7cm防战车炮架牵引架	104	已到	II比14／1
1009	3.7cm防战车炮炮弹	124,000		
10020	6吨战车	15	已到	6个连
10030	侦察钢甲车	1（连）	已到	
10040	10.5cm炮连同每炮1000发炮弹	60	4已到，36须年中20须再订	I.F.H.18炮
10040	上项10.5cm炮弹	60,000	已到8016发	
B.海军订货：				
11001	15cm炮	4（1连）	已到	SKL

1936年9月至1937年2月间德国输华军火统计表

到货时间	兵器品名	数量	接收编组机关	发予部队
9月末	2公分高射炮（机械化）	12门（3连×4）	防空学校	防空学校及新十五（师）防空之用
	3.7公分战车炮（机械化）	20门（2连×63排×2）	交通兵学校	一连编入战车营，二连暂归交通兵校，二门发给该校作教学用。
	3.7公分高射炮（机械化）	6门（1连）	防空学校	
	探照灯	1全连	防空学校	
10月末	8.8公分迫击炮（兼高射用）（固定式）	4门（1连）	江阴要塞	南通要塞
	6吨级战车	14辆（1连）	战车教导营	战车教导营
11月末	2公分高射炮（马牵引）	24门（4连）		
	3.7公分战车炮	24门（4连）		
	3.7公分高射炮	12门（三连）	防空学校	高射炮第四营
	8.8公分高射兼迫击炮	4门（1连）	南京要塞	南京要塞
12月末	2公分高射炮（马牵引）	24门（4连）		
	3.7公分战车炮（马牵引有前车）	24门（4连）		
	3.7公分高射炮	12门（3连）	防空学校	高射炮第五营
	8.8公分高射兼迫击炮	4门（1连）	南京要塞	南京要塞
	装甲汽车	1连	战车教导营	战车教导营

▲ 德国输华军火订单

---

[1] 关于装甲兵团战车营第3连编制内的"克虏伯"坦克数量，当事人说法均不统一，差异也较大，数量区间约在十至十七辆之间。笔者从照片及文献中予以推测，中国方面原本订购的数量为15辆，而实际到货后为14辆，经查验后能够使用的可能只有13辆，战车第3连每排装备4辆，即全连12辆。另有1辆作为训练用车单独使用。此外由于训练期间造成损耗等原因，至1937年12月初时，战车第3连可能仅剩10辆左右。以上均为笔者个人推测，仅供读者参考。

▲ 于南京郊外方山进行训练的一号坦克

六吨带机枪之战车十五辆，并请查询有无战车连搜索用之小型战车。再，战车连应配置其他车辆亦盼询明电复。（二）请订购四吨半至装甲汽车十五辆，其装甲厚度及马力匹数盼询明电复。

（一）装甲兵团战车营第三连编制：

连部	连长赵鹄振少校	德国"克鲁伯"一号 A 型战车（PzKpfw I Ausf A）指挥型（或奥地利 ADGZ 重装甲车）	2 辆
连部摩托侦察班	班长何嘉兆	德国"尊达普"K800 重型两轮、三轮摩托车	12 辆
第一排	排长钱绍江	德国"克鲁伯"一号 A 型战车	4 辆
第二排	排长郭上岩	德国"克鲁伯"一号 A 型战车	4 辆
第三排	排长蒋启元	德国"克鲁伯"一号 A 型战车	4 辆
运输队		德国"梅赛德斯·奔驰"（Mercedes-Benz）Lo 2750 柴油载重卡车	10 辆

（二）德国一号 A 型战车（PzKpfw I Ausf A）

第一次世界大战结束后，德国受《凡尔赛条约》规定的军事限制，不得研发与制造坦克及重型火炮等大型进攻性武器。1922 年 4 月 16 日，魏玛共和国和苏联政府在意大利的拉帕洛签订了《拉帕洛条约》，双方宣布放弃在《布列斯特－立陶夫斯克条约》及一战后向对方提出的任何领土和赔款要求，并

且两国也都同意施行外交正常化并"友好合作，在经济上互惠互利"。最终双方于同月 29 日签署了秘密附件中规定：德国可以抗拒《凡尔赛条约》所限制的禁令，向苏联提供系统的武器生产线等设备；而德国可以于苏联在俄方的军事基地及工厂内训练装甲兵及研发《凡尔赛条约》中所禁止的坦克和飞机等大型军事武器。1925 年 10 月，德国与苏联在俄国境内喀山废弃的卡格尔渡利军营内建立了苏德联合坦克学校，对外称为"农业拖拉机驾驶培训班"。1927 年正式建设完成后，德国方面开始以"农业用轻型、重型拖拉机或超级拖拉机"等名义，秘密于喀山坦克学校内测试戴姆勒·奔驰公司、莱茵金属公司、克虏伯公司在苏联兵工厂内装配的各种试制坦克及进行苏联方面提供的英、美、法等国坦克的拆解研究。

1930 年 2 月，原任德国魏玛防卫军参谋（本）部运输训练处坦克战术教官的海因兹·古德里安少校出任魏玛防卫军第 3 机械化营营长，并用装甲汽车改装拼凑出一支装备模拟坦克的装甲搜索营，充当德军第一支供试验用的装甲部队，并投入战术演习。

1931 年 10 月，已晋升为陆军中校的古德里安升任魏玛防卫军机械化兵总监部参谋长，与新任德国国防部交通兵总监奥兹瓦尔德·鲁兹将军对未来陆军机械化进行了设想。这个设想最初是以 10-15 吨的主力坦克（三号坦克）、20 吨级的支援战车（四号坦克）两种突击装备为支柱，以此组建德国最基本的作战单位——装甲师，每个装甲师下辖 2 个装甲

▲ 试制坦克 1——"戴姆勒·奔驰"（Daimler Benz）轻型拖拉机

▲ 试制坦克 2——"莱因金属·波斯格"（Rheinmetall Borsig）I/II 型重型拖拉机

▲ 试制坦克 3——"克虏伯"（Krupp）VK.31 轻型拖拉机

▲ 海因兹·古德里安

及更厚的装甲，以攻破敌人的防御工事。但是按当时德国的工业技术水平来说，这些武器的设想几乎是无法实现的，所以，他也只能先成立一个过渡单位——"机械动力营"，为日后组建德国装甲师而做准备，该营由各种摩托化运输的多兵种武器组成的连级单位混编而成。每营第 1 连为装甲搜索车连，第 2 连为战车连，第 3 连为战防炮连，第 4 连为摩托车步兵连。其中第 1、2 连所使用的装甲车辆为简单改装的模拟道具，并非实物。

另一方面，在主战坦克设计和研发的初期，为了培养及训练装甲兵的技战术，并同时学习坦克的生产经验，在古德里安的建议下，1932 年，德国与苏联秘密协商，从苏联在 1929 年向英国进口的两辆"维克斯 – 卡登·洛伊德"超轻型坦克中购买了一辆进行研究。很快，德国的坦克设计人员便通过这辆英国造的超轻型坦克得到了大量重要的技术数据，并与瑞典兰茨维克公司合作开发出了一款全新的 5 吨重轻型坦克底盘。1933 年夏天，德国陆军部又向莱茵金属、克虏伯、亨舍尔、MAN 和戴姆勒 – 奔驰等公司提出设计一款重量在 4–7 吨之间的装甲车辆的要求。当各公司纷纷交出样车时，军方发现其设计都十分相似，在多方权衡之后德国军方决定采用克虏伯公司设计的 LKA 1 型方案，很快

旅，每旅配属 2 个团，每个团共 2 个营，其中 1 个坦克营的编制分为 3 个轻型坦克连和 1 个中型坦克连。之后，古德里安又设计出了装甲集团军（德语：Panzerkorps）的构建蓝图，其中的主要突击武器由三种坦克组成，第一种包括移动速度较慢的步兵轻型坦克，装备较小口径火炮及机枪；第二种是用作快速突破的中型坦克，需要有较厚的装甲来防御敌人的战防炮，并且需要装备 75mm 主炮；第三种是重型坦克，该坦克将装有 150mm 主炮

克虏伯公司又将其原设计作了一些改进，制造出了五辆名为"克虏伯农业拖拉机 la 型"的坦克底盘。在库姆斯道夫进行测试后，德国军方又决定在克虏伯公司的底盘上安装戴姆勒－奔驰公司设计的上部结构和炮塔。军方首批订购了 150 辆。1934 年改良过的 LKA 1 被定名为 PzKpfw I/A 型或 sd.kfz101 轻型坦克，随后便进入了正式的量产阶段。

海因兹·古德里安（时任德国魏玛防卫军机械动力兵总监部参谋）记述：

……我在 1929 年逐渐相信，无论是单独使用坦克还是坦克与步兵协同作战，都不可能达到具有决定性的价值。在各兵种的组织下，坦克应居于主要地位，其他兵器都应配合装甲兵的需要而居于辅助的地位。把坦克配属在步兵师里是绝对错误的。事实上我们所需要的是一种装甲师，其中包括一切支援部队，以使坦克得以充分发挥战斗效力。

▲ 一号坦克训练车

▲ "克虏伯"一号 A 型坦克

德国"克虏伯"一号 A 型轻型坦克全重 5.4kg，车体采用全焊接结构，装甲厚度为 6-13mm。悬挂方面为每侧各 1 个主动轮、1 个负重型诱导轮、4 个负重轮和 3 个托带轮。诱导轮和负重轮外端安装一根横梁和诱导轮连接。这根连接横梁支撑的减震弹簧起到车体中后部的减震作用。前部单独的负重轮由负重弹簧和液压减震器与车体连接，负责车体前部的减震用途。武器方面，安装一座弧形可旋转焊接结构机枪塔，内置 2 挺 MG13 型 7.92mm 车载高初速反坦克机枪，备弹 2250 发。动力装置为一台 60 马力"克虏伯"M305 型 4 缸气冷式汽油发动机。6 速变速箱，5 个前进档和 1 个倒档。最高时速为 37 公里 / 小时，最大行程 145 公里。相比同时期世界其他国家装备的轻型坦克来说，德国"克虏伯"一号坦克并不算什么特别出色的坦克设计。首先是车身装甲过薄，而且还有许多不合理的焊缝和接口，使得这种坦克很不经打。另外，发动机的马力不足和采用连杆式的减震系统，使得这种坦克的机动性能也很一般。再加上车身尺寸设计得过于紧凑，让车内的乘员呆在里面很不舒服。由于驾驶员要从车体侧面的舱门爬进去，而车长则从炮塔上方进入，在舱盖关闭的情况下，车长的视野极差，这就造成车长大多时间都要将半个身体暴露在车外，这是相当危险的。不过，"克虏伯"一号坦克由于早期安装了一台 FuG2 型无线电收发报机作为联络方式，比起在当时许多国家的坦克之间还在靠手势和旗语进行联络，这一点要先进得多了。

"克虏伯"一号 A 型坦克自 1934 年开始量产到 1936 年停产，总共生产了 818 辆。在 1 号 A 型轻型坦克量产的同时，迈巴赫工厂制造的 100 马力水冷式新型发动机也研制

▲ 接受希特勒检阅的一号坦克

▲ 爬坡中的德国一号 A 型轻坦克

▲ 越野行进中的一号 A 型轻坦克

性能参数	
重　量	5.4 吨
车　长	4.02 米
车　宽	2.06 米
车　高	1.72 米
装　甲（炮塔）	前部 15 毫米（加机枪防盾）、两侧 13 毫米、后部 13 毫米、顶部 8 毫米装甲（车体）：前部 13 毫米、两侧 13 毫米、后部 13 毫米、顶部 8 毫米、车底部 5 毫米
武　装	MG13 7.92 毫米反坦克机枪 2 挺
发动机	"克虏伯" M305 型 60 匹马力四缸气冷式汽油发动机
最高时速	37 公里 / 小时
最大行程	145 公里
乘　员	2 人

成功。纳粹德国军方立刻要求改装现有的一号 A 型轻型坦克，于是这种改造后比 A 型长出 40cm 的坦克就被定名为"克虏伯"一号 B 型轻型坦克。从 1935 年 8 月到 1937 年 6 月，一共生产了 675 辆。之后德国又研制了"克虏伯"一号 C 型、D 型及 F 型等后续型号。还利用原有的底盘开发出诸如 150mm 自行步兵炮、47mm 自行反坦克炮、"克虏伯"一号指挥坦克、"克虏伯"一号自行高炮、"克虏伯"一号坦克歼击车以及救护坦克、工程坦克、喷火坦克等十几种变形坦克。

第六章

抗日战争全面爆发前的日本装甲部队发展

（1932–1937）

第一节 日本陆军新式装甲部队

一 日本陆军战车大队

鉴于在中国东北的百武战车队以及上海的重见战车队使用中出现的大量问题，日本陆军部于 1933 年 8 月 1 日对日本最初的装甲部队（日方称为機甲部隊）久留米第 1 战车队、习志野第 2 战车队以及千叶陆军步兵学校战车队进行了强化改编，将原先的中队级战车队扩编为战车第 1 联队（联队长浅野嘉一）及战车第 2 联队（联队长关龟治）。战车第 1 联队配属陆军第 12 师团，战车第 2 联队配属第 1 师团。战车第 2 联队下特设一个练习部（指挥官为涉谷安秋步兵中佐），由教育总监领导，进行与战车有关的学术研究及教学工作，并担当新式兵器的实用试验评估工作，学员从少佐到少尉约有三十五人。1936 年 8 月 1 日，习志野骑兵学校内成立陆军战车学校，人员由陆军战车第 2 联队的练习部和下士候补人员队以及教导队和练习队组成。同年 12 月 1 日，陆军战车学校移至千叶县千叶市黑沙町，后改称为"千叶陆军战车学校"，成为日军第一所战车方面的专业学校。

1933 年 10 月 1 日，日军抽调战车第 2 联队练习部 12 名佐（尉）官学员，并以参加过哈尔滨、热河、长城战役的临时派遣战车第 1 中队为基干，于中国东北的公主岭成立了"战车第 3 大队"（大队长石原常太郎大佐）。原先临时派遣战车队所装备的旧式"雷诺"FT、NC 型坦克全部退出现役，由战车大队保管并作为教练车留用，尔后淘汰给伪满洲国军队所装备使用。

第一战车队（1932 年 12 月 10 日）	
队 长	浅野嘉一大佐
副 官	前田孝夫大尉
队 附	高泽英辉大尉、原田一夫大尉
主 计	野田茂
军 医	马场胜次
定员外	村田皎三少佐、百武俊吉大尉

战车第二联队（1934 年 8 月 25 日）	
联队长	木村民藏大佐，副官 加藤大吉少佐
第一中队	中木屋经一大尉
第二中队	加藤清大尉
第三中队	管原忠大尉
装甲车队	鲛岛宗隆大尉、
材料厂	杉谷宗一大尉、
下士后补	矢野隆哀大尉，下士学生 中岛俊夫大尉
主 计	村松大朵枝、田上安平
军 医	山尾相
练习部	矢崎勘十中佐
学 员	重见伊三雄少佐（原独立战车第 2 中队队长）、河村贞雄少佐、角健之少佐、百武俊吉少佐（原临时派遣第 1 战车队队长）、酒井忠邦少佐、品川好信少佐、河合重雄少佐、小林市三中尉、栗原安秀中尉、立石诚之助少尉等

▲ 石原常太郎

▲ 战车第三大队

翌年 4 月 1 日，日军在中国东北的沈阳成立"战车第 4 大队"（大队长涉谷安秋中佐）。尔后将战车第 3 大队、第 4 大队先后编入 1934 年 3 月 17 日日本陆军成立的最早

的诸兵种联合机械化部队——"独立混成第 1 旅团"（旅团长藤田进少将），隶属于日本关东军公主岭司令部。

▲ 涉谷安秋

▲ 战车第四大队

（一）"八九"式中战车（乙型）

由于日本早前购买的"维克斯"MK.C 型坦克在测试途中装备的汽油发动机意外发生火灾，又加上"一·二八淞沪"战役中，日本独立战车第 2 中队的两辆"八九"式战车装备的汽油发动机被中国军队的迫击炮弹击后引发火灾而烧毁，陆军技术（本）部以技本（部）员原乙未生为首，开始了着手研究安全的燃料以及抑制燃料消耗量的课题。因为柴油燃料的提炼与汽油相同，并且不易挥发的特性也便于保存和运输。同时也降低了引发火灾的危险机率，使用起来比较安全。这样，热效率高但是燃沸点低的柴油发动机就成为资源小国的日本最适合的选择。

于是，陆军技术（本）部便以柴油为燃料开发出了世界上最早的坦克搭载用气冷式柴油发动机。新式发动机的设计参考了美国的"富兰克林"式以及英国"哈比兰多"气

1. 独立混成第一旅团编制（1934年3月17日）

历代代旅团长		
藤田进	少将	1934年4月28日－1936年3月7日
篠塚义男	少将	1936年3月7日－1937年3月1日

独立步兵第一联队（人员：2590、车辆：297）		
联队长	寺仓正三大佐	
第1大队	3个中队、机关枪中队（"九二"式重机关枪）	
第2大队	3个中队、机关枪中队（"九二"式重机关枪）	
第3大队	3个中队、机关枪中队（"九二"式重机关枪）	
步兵炮中队	"九二"式步兵炮	4门
速射炮中队	"九四"式37mm速射炮	6门
轻装甲车中队	"九四"式轻装甲车	17辆

战车第三大队（人员：376、车辆：92）		
大队长	石原常太郎大佐	
副官	增田梅吉 大尉	
队附	福田峰雄 中佐	
第1中队	原田一夫 大尉	"八九"式中战车	13辆
		"九四"式轻装甲车	7辆
第2中队	清水馨 大尉	"八九"式中战车	13辆
		"九四"式轻装甲车	7辆
材料厂	中野吉雄 大尉	

战车第四大队（人员：856、车辆：192）		
大队长	涉谷安秋 大佐	
副官	岩桥淰 少佐	
队附	中村次喜藏 少佐	
	玉田美郎 少佐	
第1中队	向田宗彦 大尉	"八九"式中战车	15辆
		"九四"式轻装甲车	7辆
第2中队	杉本守卫 大尉	"八九"式中战车	15辆
		"九四"式轻装甲车	7辆
第3中队	绪方休一郎大尉	"八九"式中战车	15辆
		"九四"式轻装甲车	7辆
轻装甲车中队		"九四"式轻装甲车	20辆
装甲汽车中队		"九二"式装甲汽车	17辆
材料厂	田代绰 大尉	

独立野砲兵第一大队（人员：667、车辆：130）	
第1中队	"九〇"式野炮4门
第2中队	"九〇"式野炮4门
第3中队	"九〇"式野炮4门
独立工兵第1中队（人员：194、车辆：16）	

冷式汽油发动机的原理，于1932年开始试制。翌年年末，在三菱航空飞机制造公司的大井工厂完成了第一台"试造乙号"机样机的制作，并装载于"八九"式坦克车体内。于次年初送往正处寒冬的中国东北进行耐寒试验，根据试验中发现的问题，再次进行了改进。1935年，该坦克交由战车第2联队练习部进行实用性测试。试制坦克还是存在一些问题，经再次改善后，1936年日本军方决定采用其装备，并正式定型量产，同时将其改称为"八九"式中战车（乙型），与甲型系列最大的区别是，乙型搭载了新式的气冷式柴油发动机。

气（风）冷式柴油发动机的优点在于耗油量低，并可以通过压缩空气自行点火，所以原有的点火装置和水循环冷却系统都被省略掉了。又因其燃料易于提炼和安全可靠性大大地降低了在作战和日常事故中引发火灾的

▲ "八九"式中战车（乙型）

可能，同时利用气冷式冷却方式要比水冷却方式更适合在严寒冰冷的地区使用，因为水在严寒的条件下会形成冰冻，造成汽油水冷却发动机的损坏和故障。但是，由于日本方面的技术还不够成熟，所以制作出来的与汽油发动机同等功率的柴油发动机的体积都相当巨大，为了适合本已空间狭窄的战车车体动力室，就只能被迫降低发动机的功率，制造体积较小的柴油机了。但即便如此，脆弱的装甲仍然是其无法改变的致命缺陷，所以新式的"八九"式乙型中战车依然是个薄皮大馅的"铁倭瓜"！

2. "八九"式中战车乙型外观变化

（1）新型炮塔（装载大型观望塔），及后期型尾部拖架。

（2）装载气冷式柴油发动机（之前为水冷式汽油发动机）。

（3）废除了机械室右侧多余的散热器。

（4）原动力室内的蓄电池和油罐移至车体左右两侧的袖部位置。

（5）车体左右袖部上的注油口盖被废除掉。

（6）车体后部上右侧设置了主副两个燃料注入口盖。

（7）车体右袖部最后位置上设有一个注油口盖。

（8）车体左右袖部前端设有手枪孔和战斗观察孔。

（9）发动机正上方的冷却排气铠甲窗向左边开启。

（10）风扇正上方的冷却排气铠甲窗废除。

（11）大型检查门改在车体后部末端的斜面上。

（12）车体后部上方的冷却注水口盖和注油口盖被废除。

（13）车体后部上方的气化用进气口和检查门被废除。

（14）后挡泥板被延长。

（15）消音器上的防护框式样改变。

（16）排气口改为扁平式样。

（二）"二二六"兵变

20 世纪 30 年代，日本陆军高层内部分为两大派系——以荒木贞夫与真崎甚三郎为中心的"皇道派"与由永田铁山将军领导的

▲ "八九"式中战车（乙型）多视图

性能参数	
重量	13.6 吨
车长	5.75 米
车宽	2.18 米
车高	2.56 米
装甲	使用了表面渗碳的镍铬钢装甲，正面装甲 17 毫米，侧后装甲 15 毫米，顶甲 10 毫米，底甲 5 毫米
武装	"九〇"式 57mm 坦克炮 1 门，7.7mm 车载轻机枪 2 挺
发动机	风冷式柴油发动机
最高时速	25 公里 / 小时
最大行程	170 公里
乘员	4 名
离地高度	0.35 米

"统制派"。

"皇道派"强调日本文化的重要性，主张精神层面超越物质层面，并认为对苏联展开进攻极有必要。"统制派"则受到德国总参谋部思想的强烈影响，看重由中央施行计划经济与军事战略的作法（即总体战理论），推崇技术层面的现代化与机械化，并主张对中国侵略扩张。

"皇道派"在 1931 至 1934 年间，即荒木贞夫担任日本陆军大臣期间掌握了政府间大部分的重要职务，然而在其下野后，其成员位置又多被"统制派"军人所取代。

1936 年 2 月 26 日凌晨 5 时，驻扎在东京的即将调往中国东北的日本陆军第 1 师团"皇道派"青年军官香田清贞大尉、安藤辉三大尉、河野寿大尉、野中四郎大尉等 9 人带领第 1 师团步兵第 1 联队的 456 人、步兵第 3 联队的 937 人以及近卫师团的 64 人共计一千五百余人，从驻地武器库中夺取了步枪、机枪等武器，从位于皇宫外西侧三宅坂的第

▲ **226 兵变中的叛乱军**

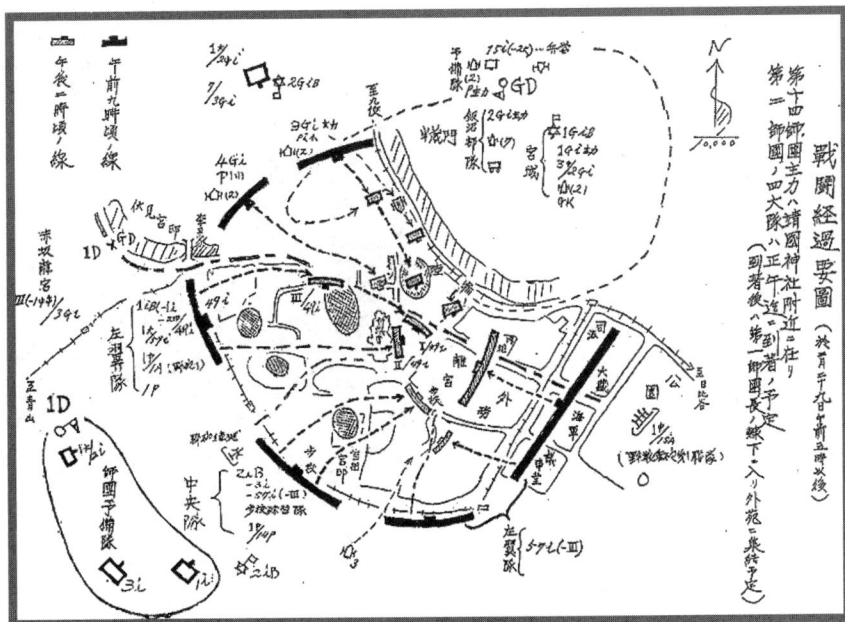

▲ 镇压作战经过图

1师团驻地冒着日本罕见的鹅毛大雪出发，分别前往东京各地对政府、军方高级要员以及朝日新闻社中的"统制派"意识形态对手与反对者进行刺杀，并成功刺杀了前内阁总理大臣斋藤实、教育总监渡边锭太郎、前内阁藏相高桥是清，并占领东京都市中心及永田町一带，日称"二二六"事变。

26日下午，枢密院决定由陆军宣布戒严，进行镇压。27日凌晨，陆军部颁布戒严令后，东京警备司令官香椎浩平被委任为戒严司令官。28日，日本陆军次长杉山元得到天皇同意，发布了《奉敕命令》并指示戒严司令官迅速使占据三宅坂的叛乱军官及部下撤离现场，归复各所属部队。奉敕命令随后正式传达给陆军第1师团、近卫师团、第2、第14师团。与此同时，习志野的战车第2联队练习队也奉命配属于第1师团对叛乱军进行镇压。尔后，收到动员命令的战车第2联队练习队由练习队长小林中佐担任镇压军战车队长，率练习队六十余名学兵，配备"八九"式中战车、"九二"式重装甲车以及"九四"轻装甲车（附牵引撒毒车）共约二十余辆于当晚从习志野出发。

29日凌晨5时10分，讨伐叛乱军命令正式下达，包围了叛军的镇压军各部队于上午8时30分开始分路进行攻击，战车队一部分装甲车及坦克也被拆分配属到各步兵部队协同作战。其中"九四"式轻装甲车于步兵之前迅速突破山王宾馆前的障碍物工事，并在临近叛军阵地时，突然施放催嚏性毒气（即红筒），将该处叛军士兵俘虏。另一方面，战车队的部分装甲车辆被装上高音喇叭，于东京街头不停地播放NHK著名播音员中村宣读的《告军官士兵书》，劝诱政变部队回归营房。

最终，叛军于29日当天全部缴械投降，政变之火被扑灭，直接的策划参与者多被处

▲ 于东京国会议事堂附近镇压叛军的战车第二联队的"九二"式重装甲车

▲ 镇压叛军的战车第二联队"八九"式中战车、"九二"式重装甲车与"九四"式轻装甲车

以死刑，间接相关人物亦被调离中央职务，日本陆军中的"皇道派"势力就此衰落，而"统制派"的领导人增强了对日本统治中心的政治影响力，从此，日本军方开始了自上到下的法西斯主义统治，并创建了由官僚、垄断资本家及政党勾结的统治联盟，彻底执行了和欧洲德、意法西斯政权类似的政治体制。

（三）苏日边界冲突·塔乌兰事件

日军在占领东北及朝鲜半岛后，有意再夺取苏联领土，继而与苏联红军在中国东北地区的西部边界频繁爆发武装冲突。1936年3月，日本关东军宣称蒙古人民军在阿斯拉庙挟持绑架了伪满洲国警察官，于是关东军司令部抽调独立混成第1旅团的一部，由战车第4大队队长涩谷安秋大佐担任队长司令官，组成涩谷支队前往东北西部增援。编成为1个步兵大队、1个山炮小队以及战车第4大队的平本铃雄少尉所率领的轻装甲车中队（"九四"式轻装甲车9辆）的一支小规模

▲ 苏制 BA-3 装甲车

▲ 蒙军装备 BA-27 轮式装甲车的战车部队

机械化部队，另有海拉尔的松村黄次郎中佐指挥的战斗机队进行支援。

3月上旬，涩谷支队进入阿斯拉庙附近，打算救助被绑架的伪满洲国警官，并与蒙古人民军发生了冲突。

同月29日，日军与伪满洲国军组成侦察部队，在侦察队长的指挥下乘汽车行动，遭到蒙古人民军的战斗机扫射，侦察队所有卡车均受到损坏，一辆毁坏严重的卡车被蒙军所缴获。31日，涩谷支队再次出动，以所部摩托化步兵一个中队（重机枪2挺和速射炮1门）和装甲车数辆，向塔乌兰地区进行侦察，但随后遭到了蒙军飞来的12架轰炸机的空袭，蒙军飞机连续投落70枚炸弹，并反复用机枪进行扫射，涉谷支队在猛烈的炮火中对空进行反击，击落了蒙军飞机3架，另有3架被击伤迫降，其中2架损伤严重。

▲ 准备出动的涩谷支队平本轻装甲车队

▲ 平本轻装甲车队装备的"九四"轻装甲车

继空袭之后，蒙军又派出机械化部队与涩谷支队进行交战。蒙军机械化部队兵力包括骑兵300骑、摩托化步兵1个中队及BA-3轮式装甲车10辆。涩谷派出由平本铃雄少尉所指挥的轻装甲车队前去侦察敌情，但随即被蒙军装甲车队包围，并遭到蒙军BA-3装甲车45mm火炮的猛烈打击，仅装备车载"九一"式轻机枪的平本装甲车队根本无力反击，慌乱之中陷入湿泥地内无法行动，2辆"九四"式轻装甲车被击毁，平本少尉也被当场击毙，坦克残骸和少尉尸体均被蒙军拖走。其他随行的日军步兵和辎重兵拼死抵抗，与蒙军展开肉搏，支队主力以山炮炮击进行支援，对蒙军进行疯狂的阻击，随后还缴获了1辆蒙军的BA-3装甲车。

4月1日，日军又派出战斗及侦察各一个中队的航空队出击助战，航行途中发现了蒙军车队60辆军车（包含装甲车20辆）正向塔乌兰方向移动，当即进行了空中打击，将蒙军击散。

5月下旬，通过交涉，苏蒙方面与日方交换了"塔乌兰"事件中俘获的俘虏，事态得以平息。

二 独立轻装甲车队

（一）"九四"式轻装甲车（TK）

1931年9月，在东京偕行社内，陆军技术本部与陆军步兵学校召开了与战车相关的座谈会，会中步兵学校代表方面向技术本部提出希望能够对"步兵战斗用豆战车（超轻型战车）"进行研究及开发。1932年5月12日，在步兵学校再次召开了相同的座谈会，正式提出制造有关"特种牵引车"（之后的"九四"式轻装甲车）的意见。在此之后的1933年1月，日本陆军技术（本）部第1部

▲ 日本陆军步兵学校中的英国"维克斯‐卡登·洛伊德"Ⅵ型超轻战车及牵引拖车

遗留的《昭和八年研究审查预定一览表》中记载了对各战车、装甲车，以及对特种牵引车（运输用）进行试验，"……试造以运输用为主的特种牵引车以及被牵引车。"（注："九四"式轻装甲车、"九四"式3/4吨被牵引车、"九四"式甲号撒毒车和"九四"式甲号消毒车）。

当时，日本认为英国维克斯公司制造的"卡登·洛伊德"Ⅵ型超轻型坦克乃是制造类似车辆的参照典范。"卡登·洛伊德"Ⅵ型重量仅为1500kg，由两人操作，装甲厚为9 mm，最高速度45公里/小时，制造成本低廉、改装潜力很大。

1. 步兵用装甲车的要求

步兵学校的设计意见：

（1）战车的辅助还是要步兵用的设计情况，过多的要求难以满足，还是以简单实用为主，特别的要求是解决被牵引车问题。

（2）重量2吨以内，增加长度使容易越壕。

型式	简单的全履带式，乘员2名并列乘坐，机枪塔装备顶盖
重量	2.5吨、长度3.5米
机关	福特发动机55hp
武装	固定1挺机关枪
装甲	6mm
速度	路上50km/h、在野外能够发挥高速的悬架装置
越壕	1.5米

（3）装甲能够足以抵挡步枪普通子弹及破片。

（4）武装 1 挺机枪，视界良好。

（5）乘员 2 名，悬挂装置良好。

　　根据以上要求，日本陆军技术本部的原乙未生担任开发研究工作，1933 年，东京瓦斯电气工业股份公司（株式会社）完成了首辆原型车的制造，并被临时称为"九四式装甲牵引车及九四式 3/4 吨载重量被牵引车"，原型车后拖曳一个履带车斗，主要用作为前线输送弹药，而且这个车斗可以被换为存放化学毒气的容器车、或者存放毒气中和剂的容器。如果将车斗撤去，该车可作为支援步兵的超轻型战车使用。日陆军参谋本部在对原型车的评估中认为"可以采用，但是要把名称改为轻装甲车"，因此正式命名为"九四式轻装甲（TK）"，T 和 K 分别代表"特殊"和"牵引车"的意思。

"九四"式轻装甲车使用说明书：

　　本轻装甲车的特征是极轻量化、车体极小、全履带式能够快速行驶。并可用于牵引轻型火炮及弹药搬运车，也可以用于单车独立用指挥车、搜索以及警戒等任务。该轻装甲车的结构部位有，发动机、燃料装置、配油装置、冷却及通风装置、排气装置、主动装置、招明装置、传动装置、车体、机枪塔、悬挂装置、无限轨道装置、操作装置、属品及预备品。

　　车体：

　　车体用防弹钢板制成而成，乘员及内部的各装置主要部分具有一定的防护性，车体两侧装备悬挂装置，战斗室上部搭载机枪塔。

　　底盘离地高度 60cm，具有一定水密封性。操作室及战斗室的装甲板内部贴有石棉板用

▲ "九四"式试制原型车

▲ 秩父宫王于东京瓦斯电气公司参观试制型装甲车牵引车

▲ "九四"式轻装甲车的试制车，悬挂、车体以及炮塔的形状与制式生产型不同，后方牵引用来撒布毒气的撒毒车

▲ "九四"式轻装甲车的原型 TK（特殊牵引）车，主动轮等经过改修后被采纳为制式装甲车，后方牵引用来撒布毒气中和剂的撒毒车

于隔热。操作室前面及左右设有观察窗，前面的观察窗上设有观察孔，装有防弹玻璃。防弹玻璃采用装卸简单的构造，清扫及替换

都比较容易。车体左右的观察窗都设有观察孔并兼具手枪射击孔。战斗室的右侧及后部设有进出仓门。

车内配置：

车体的前部左侧为传导室，内装有差动机、操向制动机以及变速装置，后方为发动机，发动机右侧为驾驶座，驾驶座前方为操作装置。驾驶座后部为战斗室，上部搭载机枪塔，下方是平常行驶时的车长兼机枪手座，战斗室的右侧设有后备机枪替换台及弹药箱，后方是电池，左侧为主油箱和辅助油箱。车体后部设有矩形的舱门，用作乘员出入以及对车斗进行整备。

机枪塔（炮塔）：

机枪塔为圆锥型，搭载于战斗室上部的右后位置。机枪塔设有轻机枪、诱导板、旋转装置、出入口、观察窗、观察孔、手枪射击孔以及指示旗孔。

机枪塔装甲板的内部也装有石棉板隔热，诱导板左右 2 个固定于机枪塔上。机枪塔的前方两侧和后方设有观察窗，以及横面两侧设有观察孔及手枪射击孔。机枪塔顶部设有供乘员出入口的大型舱门，舱门是正面开启式，完全推开可以当装防盾使用，设有观察孔可以观察前方情况以及可锁闭的信号旗孔。

炮塔内安装 1 挺 "九一" 式 6.5 毫米车载轻机枪，由车长（兼机枪手）操作，以肩部进行纯体力旋转（旋转时，车长右手握住机枪、左手将炮塔旋转手柄由垂直拉到水平状态以解锁，用肩部推动炮塔，旋转结束后将手柄复位锁定）。

履带：

车体侧面的行走装置包括每侧 2 个负重轮一组共 2 组和 2 个托带轮，履带为高锰钢材质，每条履带由 85 块履带板构成。

车内联络用信号：

车内由车长进行指挥，车长一般对驾驶员使用身体接触作为指挥信号。

前进：拍击驾驶员背部 1 次。

停车：拉扯驾驶员衣领 1 次，或拍击驾驶员腰部 1 次。

紧急刹车：猛拉驾驶员衣领数次，或拍击驾驶员腰部数次。

加速：在行进中拍击驾驶员背部 1 次。

减速：连续轻拉驾驶员衣领 2 次，或拍击腰部 2 次。

旋转：根据需要转向的方向，拉扯驾驶员相应方向的肩部或者拍击相反方向的肩部。

后退：和减速的信号相同。

如果车长进行口头指示，驾驶员必须回答并重复命令。

轻装甲车的教练规定：

"九四" 式轻装甲车的教练课程在 1936

▲ "九四" 式轻装甲车各部位说明图

年才制定。在此之前的装甲车教练依照的是1930年的战车队、轻装甲车队教练相关训令，其主要是为"八九"式战车及"九二"式装甲车所专门制定的，只是在骑兵操典里记载了一章装甲车教练。轻装甲车教练规定内容则包括轻装甲车的射击、被牵引车的牵引以及基本操作法、发动机保养修理、配油装置说明、分解结合说明、工具用品说明等。

轻装甲车的配备：

"九四"式轻装甲车在定型并被采用为

▲ "九四"式轻装甲车侧面

▲ 先头为"九四"式轻装甲车量产型，后方依次为"九二"式重装甲车、"九五"式轻战车以及"八九"式中战车

性能参数	
重　量	3.4吨
车　长	3.36米
车　宽	1.62米
车　高	1.63米
装　甲	6-12毫米
武　装	"九一"式6.5毫米车载机枪1挺
发动机	"三菱"32匹马力风冷式汽油发动机
最高时速	40公里/小时
最大行程	200公里
乘　员	2名

制式装甲车后，日本陆军于全军规模内展开轻装甲车的教育训练，以驻扎在日本仙台的第2师团开始，包括在朝鲜的第19师团、第20师团在内共计11个陆军师团中开设了师团轻装甲车训练所，日本国内的训练主要在大阪、广岛、旭川、弘前、金泽、冈山、善通寺、宇都宫、罗南和龙山等地进行。

教学最初是从各陆军师团中选拔出适合的骨干人员，于战车第2联队的练习部内进行集中培训，尔后这批人员在结业后作为教官回到各师团再进行对轻装甲车队员的培训。这个教育相关的训令于1935年4月25日由教育总监真崎甚三郎大将所颁布。同年11月15日，《战车队教练规定》正式由教育总监部通过施行。

之后，该车从1935年开始由东京瓦斯电气工业株式会社进行量产，该年的总产量为300辆、1936年生产了246辆、1937年生产了200辆。"九四"式轻装甲车在制造生产及造价上都比较简单及低廉（当时"八九"式中战车的造价是八万日圆，"九四"式轻装甲车是五万日圆）。

2. 独立轻装甲车队

早在"九四"式轻装甲车投产的1935年，日军已在动员计划令中准备组建轻装甲车队。至1938年，日军编有5个混编"八九"式中战车、"九二"式重装甲车以及"九四"式轻装甲的战车大队以及12个只装备"九四"式轻装甲车的独立轻装甲车队。

战车（甲种）大队（2个属于第1师团，2个属于第12师团，1个属于关东军）；

独立轻装甲车中队（只有5个中队，其中第1师团有3个、第12师团有2个）。

战车大队建制列表：

战车第一大队

编成时期	1937.7.27（昭和 12 年）临参命第 65 号动员第 2 号
编成单位	战车第 1 联队
编成地	久留米
创设时所属部队	第 1 军（第 20 师团）
终战时所属部队	1938.7.2（昭和 13）升格改编为战车第 7 联队
创设时编成	3 个战车中队、段列
大队长	1937.7.27 马厂英夫大佐（士官学校 24 期）
	1937.12.10 岩仲义治大佐（士官学校 26 期）

战车第二大队

编成时期	1937.7.27（昭和 12 年）临参命第 65 号动员第 2 号
编成单位	战车第 2 联队
编成地	习志野
创设时所属部队	第 1 军（第 14 师团）
终战时所属部队	1938.7.2（昭和 13）升格改编为战车第 7 联队
创设时编成	3 个战车中队、段列
大队长	1937.7.27 今田俊夫大佐（士官学校 21 期）

战车第三大队

编成时期	1933.10.1（昭和 8 年）
编成单位	战车第 1 联队
编成地	久留米
创设时所属部队	关东军
终战时所属部队	1938.8.1（昭和 13 年）升格改编为战车第 3 联队
创设时编成	2 个战车中队、材料厂
大队长	1934.4.1　石原常太郎大佐

战车第四大队

编成时期	1934.4.1（昭和 9 年）
编成单位	战车第 2 联队练习部
编成地	习志野
创设时所属部队	独立混成第 1 旅团
终战时所属部队	1938.8.1（昭和 13 年）升格改编为战车第 4 联队
创设时编成	3 个战车中队、材料厂
大队长	1934.4.1 涉谷安秋中佐（士官学校 23 期）
	1937.3.1 村井俊雄大佐（士官学校 20 期）

战车第五大队

编成时期	1937.8.14（昭和 12 年）临参命第 73 号动员第 4 号
编成单位	战车第 1 联队
编成地	久留米
创设时所属部队	上海派遣军
终战时所属部队	1939.6.19（昭和 14 年）复员解散
创设时编成	3 个战车中队、段列
大队长	1937.8.14 细见惟雄大佐（士官学校 25 期）
	石井广吉大佐（士官学校 22 期）

涂装标示：

战车第一大队（大队长岩仲义治大佐）▼

"八九"式中战车	编号为 8901-89XX
第一中队	五星
第二中队	竹叶
第三中队	樱花
"九四"式轻装甲车	编号不详

战车第二大队（大队长今田俊夫大佐）▼

いせ（即大队长姓氏：今田）+ 两位至三位罗马数字编号（如：いせ 61）

战车第三大队（大队长石原常太郎大佐）▼

平假名固有名词（如：大队长/联队长座车 ちうせつ（忠节）、れいぎ（礼仪）、ぶゆう、ふそう、かすみ、みかさ等）

战车第四大队（大队长涉谷安秋中佐）▼

日军旗 +4X（罗马数字）

战车第五大队（大队长细见惟雄中佐）▼

大队（本）部：	
"八九"式中战车编号	は 5001-5002
"九四"式轻装甲车编号	ほ 9401-9407
第一中队	
"八九"式中战车编号	い 5101-5110
"九四"式轻装甲车编号	い 9401-9407
第二中队	
"八九"式中战车编号	に 5201-5210
"九四"式轻装甲车编号	に 9401-9407
第三中队	
"八九"式中战车编号	さ 5301-5310
"九四"式轻装甲车编号	さ 9401-9407

独立轻装甲车中队 ▼

第一中队

1937 年 7 月 27 日（隶属第 1 军）成立
1939 年 11 月 23 日改编为战车第 14 联队（中队长杉本守卫少佐）
涂装：ス（炮塔）、すぎ + 三位数字编号（101-117）

第二中队 ▼
1937 年 7 月 27 日（隶属第 1 军）成立
1939 年 11 月 30 日改编为战车第 13 联队（中队长藤田实彦少佐、前田义忠大尉）
涂装：ふじ + 富士山图案 + 三位数字编号（201-217）

第五中队 ▼
1937 年 8 月 24 日（隶属第 1 军）成立
1942 年隶属第 1 军（中队长朝井大尉）
涂装：不详

第六中队 ▼
1937 年 8 月 24 日（隶属第 1 军）成立
1939 年 11 月 30 日改编为战车第 13 联队（中队长井上直造大尉）
涂装：く（炮塔）、井 + 数字编号（9401-9417）

第七中队 ▼
1937 年 8 月 24 日（隶属第 2 军）成立
1939 年 11 月 30 日改编为战车第 13 联队（中队长矢口升大尉、山田义男大尉）
涂装：ナ（中队长车）、イ（第一小队长车）、オ、エ等（炮塔）

第八中队 ◄
1937 年 8 月 14 日（隶属上海派遣军）成立
1942 年 7 月改编为战车第 3 师团搜索队（中队长福田林治大尉）
涂装：羽黑、花卷、能代等（日本本土地名）

第九中队 ▼

1937 年 10 月 2 日（隶属第 10 军）成立

1942 年改编为战车第 13 联队（中队长藤本春雄大尉、鸟巢宪俊大尉）

涂装：不详

第十一中队 ▼

1938 年 9 月 19 日（隶属第 21 军）成立

1939 年 11 月 10 日改编为战车第 14 联队（中队长上田信夫少佐）

涂装：不详

第十二中队 ▼

1937 年 8 月 24 日（隶属第 2 军）

1939 年 11 月 23 日改编为战车第 12 联队（中队长久纳清之助中尉）

涂装：不详

第十中队 ▼

1937 年 8 月 24 日（隶属第 2 军）成立

1939 年 11 月 23 日改编为战车第 12 联队（中队长天羽重吉大尉）

涂装：Ⅰ、Ⅱ 等（炮塔）

第五十二中队 ▼

1938 年 9 月 19 日（隶属第 21 军）

1939 年 11 月 10 日改编为战车第 14 联队（中队长堤骥大尉）

涂装：不详

第五十一中队 ▼
1938 年 9 月 19 日（隶属第 21 军）成立
1939 年 11 月 10 日改编为战车第 14 联队（中队长小坂喜代二大尉）
涂装：日军旗、其他不详

（二）"九五"式轻战车

1933 年热河战役中，由于路况较差，日军川原挺进队的百武战车队（临时派遣第 1 战车队）装备的最高速度 25 公里 / 小时的"八九"式战车在该作战中的实际速度仅能达到 8 至 12 公里 / 小时，这种机动力在协同支援步兵时虽然没有问题，但在道路以外的越野和配合汽车部队（当时日军所用卡车的时速约在 40 公里 / 小时左右）协同作战时则明显不足。并且由于恶劣的路况，"八九"式战车故障频发，甚至相继掉队，最终完成追击任务并第一时间抵达承德的只有最高速度 40 公里 / 小时的"九二"式重装甲车以及 60 公里 / 小时的"九二"式装甲汽车（海军"九三"式装甲汽车）。然而，这两种装甲车虽然在机动性上达到了日军骑兵部队的需求，但其武器火力及耐久力则略显不足。另外，原本的"八九"式轻战车在经过多次重复修改后，最终达到 11.8 吨重。在实际作战中使用的话，10 吨左右的重量在性能上虽然足够，但是对于当时的日军来说，最合适进行船舶

运输、登陆以及渡河的坦克重量在 6 吨左右。结果，"八九"式战车与日本陆军在 30 年代重视机动力的需求很不一致，迟缓、过重、使用困难等缺点，使它成为了一个失败的产品。而早在 1931 年的"九·一八"事变之后，日本陆军步兵学校就认为有必要开发支援步兵的新型轻战车，并于同年 9 月向日本陆军（本）部提出"步兵战斗用轻战车"的研究请愿提案。与此同时，日本陆军方面也在计划编成以战车为中心的诸兵种联合部队——独立机械化兵团（即后来的独立混成第 1 旅团），这也需要所装备的战车能够与时速快的汽车或装甲车混编，并进行共同作战行动。之后的 1932 年 7 月，陆军技术（本）部根据陆军部的"步兵战斗用轻战车"提案，在征求了步兵学校及骑兵学校提出的意见和需求后，由野战炮兵学校出身的下野阳道大尉担任开发担当官（首席设计主管），开始进行第一次重量约 7 吨轻战车的试制计划。

1. 步兵、骑兵学校提出的轻战车性能条件要求

（1）轻战车不能使用汽油发动机，需要装配风冷式柴油发动机。

（2）轻战车各部位的整备和维护必须便捷。

（3）武装上，炮塔装载火炮、并装载车体前方用机枪一挺。

（4）车体的装甲需要能够有效抵御 8 毫米口径的钢芯弹（穿甲弹）。

（5）尽可能地减少车体外形的垂直面。

（6）根据上海之战（即一·二八淞沪会战）的教训，各战车乘员希望能够设置尽可能位置合理的观察口，尤其是观察近距离目标。

（7）希望全重大约为 7 吨左右。

（8）需要检讨战车乘员的紧急逃生口。

性能诸元标准要求	
种类	小型战车
样式	全履带前轮起动
全重	7 吨左右
全长	4 米以下
全宽	2 米以下
全高	2 米以下
装甲	前面主要部位 12mm、其他部位 10mm、底部 6mm
武装	车载机枪、37mm 狙击炮
携弹数	37mm 炮弹 200 发、机枪弹 2500 发
乘员	3
发动机	风冷式柴油机
标准马力	45 匹
最高时速	30km / h
越壕	1.6 米
攀爬	三分之二
行动力	10 小时

▲ 试作 A 型原型车

2. 试作 A 型

综合了各方面的提案和要求后，陆军技术（本）部主要参考了从英国购买的"维克斯"六吨 A 型双机枪塔轻型坦克，用了两个月将设计图纸完成，之后交由日本民间企业的三菱制作所（三菱重工前身）进行试制样车的制造及细部设计，最初称之为"试制小战车"、"试制六吨战车"等称呼。1934 年 6 月，三菱制造完成了第一辆试作样车（试作 A 型），重量超过预定，达到了 7.5 吨。该车大体形状与后期"九五"式量产型相似。炮塔上部未设置车长观察塔，炮塔舱门盖为向左、右两边横向开启式，舱门盖上装有一个可拆卸探照灯；车体两侧垂直，没有之后的"九五"式量产型的倾斜装甲板，车体前部正中设有一个带护罩的前照灯。行走装置：主动轮和诱导轮表面形状为凹型，有两组拖带轮。

该车于同月在日本千叶县的富津射场等进行了射击试验，并在关东的碓冰峠等平原地区进行了 710 公里的机动性行驶试验，

在平坦地面行驶达到了最大速度 43 公里 / 小时，得到了较为良好的评价。但由于重量超过了预期，后来又被要求进行轻量化修改。

3，试作 B 型

1934 年 10 月，日本陆军技术（本）部与三菱对 A 型样车进行了减重 1 吨的轻量化修改，于 1935 年 8 月制造完成了修改后的 B 型试作车。B 型原型车车体外形与 A 型车基本相同。与 A 型最大的区别是，A 型有两组拖带轮（上部转轮），而 B 型只有一组，并且主动轮轮盘表面开有用于减重的轻量孔，后部诱导轮轮盘为凸型，同样也开了轻量孔（后被"九五"式量产型沿用）。之后，B 型车于同年 9 月 8 日至 13 日在关东平原地区进行了第二次试验，在 370 公里的机动性试验中达到了最高 46 公里 / 小时的速度，并且越野性能也比较良好，让开发者们很是惊喜。

随后，10 月 17 日至 18 日在陆军骑兵学校的使用试验中，得到了军方对其形态、重量，以及各部分性能的认可，认为很适合作为骑兵用战车。紧接着，同年 10 月 30 日至 11 月 6 日，军方委托驻千叶的战车第 2 联队对其进行了实用性试验，在得到一致好评后，提出了一些细部修改意见。

12 月 16 日，"试制六吨"坦克在经过各项测试及修改后，机动性和防护性均达到了设计要求，军方决定将其作为临时的制式化轻战车。尔后，从 12 月至翌年 3 月，正值冬季，该车被交托给独立混成第 1 旅团的战车第 4 大队在中国东北北部地区（日称北满地区）零下 40° 的酷寒中进行使用试验，得到了"**作为快速战车，对于北满地区的机械化兵团使用很合适**"的评价。尔后，根据战车第 4 大队大队长涉谷安秋提出的意见："**在中国北满地区进行试验期间，由于该战车的负重轮间距和中国东北地区高粱地的垄距差**

"九五"式轻战车的制造车间

"九五"式轻战车（标准型）

"九五"式轻战车（北满型）

试作 B 型原型车

▲ 太平洋战场上的"九五"式轻战车

性能参数	
重　量	自重6.7吨、全重7.4吨
车　长	4.30米
车　宽	2.07米
车　高	2.28米
装　甲	炮塔外周12毫米、炮塔上面9毫米、炮塔舱口6毫米、车体前面上下部12毫米、前面倾斜车体部位9毫米、车体后部10毫米、车体上面前部9毫米、车体上面后部6毫米、车身底部9毫米
武　装	"九四"式37mm战车炮1门、"九七"式车载重机枪2挺
发动机	"三菱"A6 120VDe风冷式直列6缸柴油机
悬　挂	跷跷板式联动悬挂
最高时速	40公里/小时（最大），31.7公里/小时（额定）
最大行程	240公里
乘　员	3名

不多，导致该车在此地区横跨地垅越野行驶相当困难，甚至发生强迫振动现象。"陆军技术（本）部特意为中国东北地区的战车部队单独进行了修改，在该车的第1、2负重轮和第3、4负重轮间各加了一个小直径的辅助负重轮。问题得到了解决，这种修改型被称之为"北满型"。另外，根据陆军各部局（造兵部门、学校、兵器担当各课等）的代表提出的意见，军方提出了《试制六吨战车修正方针》，称根据运用试验的结果，有必要对行走装置进行改善以及部队所希望的增大车载机枪口径（从6.5mm改为7.7mm）等问题在同年6月6日再次进行了试作（三辆）。

试作于11月基本完成。在此之前的5月31日，"试作六吨"战车被正式定名，因1935年为日本皇纪的2595年，故被称为"九五"式轻战车。同时，由于"九五"式轻战车的采用，增加重量后的"八九"式战车被重新定名为"八九"式中战车（日军对于中型战车的区分为10吨以上，20吨以下）。

三辆试作车（其中一辆"北满型"）在完成后于12月交由千叶的战车第2联队进行最后的试验。随后被正式定型，并于同年开始量产。至1943年9月结束生产为止，由三菱重工的本公司工厂（大井、小丸子）进行了半数（约一千一百二十八辆）的生产，其他如相模陆军兵工厂、日立制作所、新泻铁工所、神户制钢所、小仓陆军兵工厂等则进行了另外半数（约一千二百五十辆）的生产。

4. "九五"式轻战车的武装

（1）"九四"式37mm战车炮：日本陆军技术（本）部在1932年3月30日的"陆密第261号审查命令"的基础上，设想为开

▲ "九四"式37mm战车炮

性能参数	
口　径	37毫米
全　长	1.36米
重　量	64千克（含闭锁机）
高低射界	-15度~+20度
方向射界	左右各10度
初　速	约600米/秒
穿甲能力	300米距离击穿45毫米垂直装甲
弹　种	"九四"式穿甲弹、"九四"式榴弹

发中的"试制重战车"（即后来的"九五"式重战车）设计一种专用的战车炮。后来在1933年4月，与"九四"式70mm战车炮一起，口径37mm的战车炮也开始着手设计，试制炮于12月完成，紧接着在经过1934年3月进行的弹道性及机能抗堪试验后，装备在同年5月刚刚完成的"试作九五"式轻战车上进行射击和运行的测试。9月，又装备在"试制重战车"上进行机能抗堪试验。以上的测试证明，试制炮的实用性及其他性能都达到了预期的要求，并得到了军方的认可，同年11月，战车炮交予战车第2联队在千叶县当地进行实用性试验。同年12月至翌年2月间，继续在中国东北北部地区进行了酷寒耐久性试验。最终经过各项测试后，于1935年8月9日被正式定名为"九四"式37mm战车炮，并作为制式战车炮进行量产。该炮在操作时，炮手转动炮塔旋转把手将火炮转向目标位置，高低射界、左右水平射界和瞄准均依照瞄准镜进行，然后使用火炮左侧的扳机击发射击。该战车炮于日军的"九四"式37mm速射炮（战防炮）的口径虽然相同，但是结构却完全不一样，弹药也无法通用。

（2）"九七"式7.7 mm车载重机枪：原本日本陆军的中战车、装甲车装载（车载）的小型火器均为由"大正十一年"式轻机枪改良的"九一"式车载轻机枪。由于原型的"十一年"式轻机枪本身的设计缺陷和6.5mm口径的威力不足，所以被军方要求进行改善。1931年7月，在"三年"式重机枪原型基础上进行了初次的试制。1934年3月又进行了第二次修改，第二次试制品于11月完成。但是在交予部队进行实用性试验时，并没有受到欢迎，于是第三次就以在中国战场大量缴获的捷克斯洛伐克布鲁诺国营兵工厂生产的ZB-26型轻机枪（即当时中国军队广泛使用的"捷克"式轻机枪）为原型，制造完成了以试制B号轻机枪改造的"甲"号车载型机枪，并与以"八九"式旋转机枪（以"十一年"式轻机枪为基础研制的飞机搭载型）为基础的车载型"乙"号机枪进行了对比试验。测试结果，"甲"号被认为是有发展前途的，于是再次进行了改良。第四次试制品于1937年11月完成，并正式定名和制式化生产，因1937年为日本皇纪的2597年，故被称之为"九七"式车载重机枪。尔后，该车载机枪于1930年代后期成为日本陆军的主力车载机枪。但该机枪只能进行连射。车内同时携带了枪架设备，紧急或必要时可以快速拆卸拿出车外，做自我防卫或支援步兵使用，而车载状态时枪身则由装甲外护套进行防护。

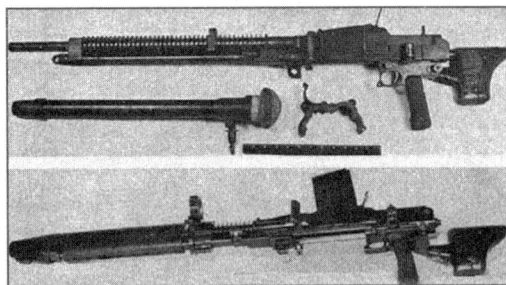

▲ "九七"式 7.7mm 车载重机枪

性能参数	
口 径	7.7 毫米
枪身长	700 毫米
弹 药	"九二"式（"九七"式）普通弹药包、最大装弹数：20 发（箱型弹夹）
全 长	1145 毫米
重 量	12.5 公斤
枪口初速	735 米 / 秒
最大射程	3420 米
有效射程	540 米

第二节 大岛军备考察团

一　西伯利亚铁道谍报活动

1935 年，从英、德留学归来的原乙未生，收到了陆军参谋（本）部发来的新命令："组建赴德军事考察团，主要考察德国新军建设的情况，以及收集改善日本陆军军备的相关研究资料。考察团需要在滞留德国的两个月期间内完成。"根据此命令，日本陆军内的 4 名具有在外国工作经验的技术型军官组成了军事考察团，在德国柏林的日本大使馆武官大岛浩担任团长。

考察团 4 名成员决定 9 月初出发，与柏林的大岛会合。他们预计乘坐交通工具经由西伯利亚铁道前往德国，途中对苏联进行秘密谍报侦查。但是经由西伯利亚的签证却很难办理下来。在此期间，原乙未生的笔记里

团长 大岛浩少将	十八期 德国大使馆付武官
团员 管晴次中佐	二十五期 十条兵器制造所
团员 藤室良辅中佐	二十七期 陆大教官
团员 原乙未生中佐	二十七期 技本部员
团员 宫野正年少佐	三十期 参谋

▲ 大岛军事考察团（第一排左起第 3 人为原乙未生）

记载了一些很有意思的数字，**"船车联络票 东京 -- 海参崴 -- 柏林 350 日元"**，**"卧铺票 海参崴 -- ネゴレロエ一等铺 230 日元、二等铺 170 日元"**。

签证好不容易办理下来后，4 名团员于 1935 年 10 月 4 日上午 10 时 45 分从东京站乘长途汽车出发，前来送行的约有二百五十余人，汽车在到达品川站后 4 人下车，前往车站附近的宫野少佐家里稍作休息，于下午 10 时乘坐上前往敦贺港的列车。16 日上午 9 时，到达敦贺。考察团在办理完海关检查以及携带照相机证明书和受领书（收据）等手续后，前往金崎神宫参拜，并为这次出差旅行求了签，求签的结果说**"旅行中会碰到好的伴侣，快乐比较多"**，**"乘船途中天气较好，途中没有什么太难受的事"**等等。下午 1 时左右考察团乘船，于 3 时半出发。与考察团同乘该班轮船的有三菱重工的潮田、大仓等职员以及在东京为了办理签证而认识的苏联领事一家。因为苏联领事的小孩也会讲日语，所以对考察团来说都是不错的聊天对象。在原乙未生回忆中觉得：**"当时苏联领事一家与考察团乘一班船，是否是为了监视我们。"**而实际上，考察团的苏联旅行，确实是有谍报任务在身的。

17 日上午开始，轮船开始在海面上颠簸，所有人整天都在晕船呕吐。除了宫野少佐还比较有精神以外，不知道是谁吐的连舌头都卷了。之后，轮船晚点了两个多小时，于晚

上9时30分才在津清港停靠抛锚，考察团在经过安检后登陆，受到了运输部出差所所长龙须步兵大尉以及从罗南师团司令部长野、中村、土田等三名参谋的迎接。在铁道运输事务所的所员处学习了西伯利亚铁道的一些预备知识后，一行人于凌晨3时半乘船，一个小时后启程出发，沿北朝鲜的海岸航行，在上午9时进入雄基外海，并从宪兵队的联络官那里获得了关于海参崴地区的一些情况。

19日上午，被汽笛声吵醒的考察团到甲板上发现已经到达海参崴港口，遥望街市，考察团感受到了一股既庄重又紧张的气氛，他们看见港外有两、三艘潜水艇在水中不停地游弋，港口内还停泊了不少苏联的军舰。9时，轮船靠岸后，苏联宪兵以及海关官员上船进行检查，由于事先没有预订火车的卧铺票，在被检查期间，卧铺票已经全部被卖完了，4人差点儿就因此耽误了行程。考察团内的宫野少佐有在苏联工作的经验，比较擅长俄语，从中起到了很大的作用。他与苏方几经交涉，列车一等铺的票还是没能买到，最终只买到了几张二等铺的票。不过，同行的三菱两个职员因事先有所准备且出手速度也比较快，他们成功地买到了列车一等铺的火车票。

下午2时54分，列车开始出发。途中考察团从窗户看到的是晚秋的萧条景色，白桦树的树叶掉落满地。铁路沿线有很多双线工事以及军营和飞机场。轰炸机都没有停在库中，全部摆放在露天。

20日中午，列车到达哈巴罗夫斯克（伯力）。考察团感到这里虽然是个大城市，但却有点脏乱。苏联军营及飞机场依然很多，还能看到几架在上空盘旋的轰炸机以及正在进行水冷式"马克西姆"重机枪射击练习的苏军士兵。渡过黑龙江铁桥（阿穆尔河铁桥）

后，在车站附近以西也看见了很多正在修建的双线工事。其中路基工事中的设施，如桥梁、桥墩等都是水泥浇筑的，并设置有暗渠用的水泥管，很多正在施工的工人往返忙碌着。虽然看起来工程已初见规模，但距离彻底完成似乎还是需要相当长一段时间。铁道是每10米铺设15根枕木，在枕木增加的地段并没有铺设碎石，只有泥土。从列车通过时的震动来看，铁道的质量并不是很好。在土丘地段还多少有一些碎石，但在平地路段已经几乎看不到了。偶尔还能看到苏军的装甲列车呼啸驶过。10月23日上午，列车到达了赤塔站。日本干涉俄国内战，出兵西伯利亚时，即在此处活动。赤塔街道相当宽敞，郊外的飞机场内还驻有二、三十架侦察机。

之后经过了数天的旅途，一行人于29日上午6时终于抵达了莫斯科。在雨中，考察团受到了从日本驻苏大使馆担任副武官的甲谷、安达、野口等人的迎接。考察团到达莫斯科的第一印象是，确实不愧是首都大城市！

▲ 海参崴火车站

▲ 哈巴罗夫斯克火车站

▲（以上两幅）T-26 型坦克

▲ BT 快速坦克

▲ T-33 水陆两用坦克

上午 10 时，在驻苏武官水野少佐的带领下，以莫斯科的红色广场（红场）为中心，一行人参观了克里姆林宫、列宁墓、美术、艺术、

兵器等博物馆。建筑物多为沙俄帝国时期所遗留下来的，相当雄伟。他们同时也在商店、百货店见到了各种丰富多样的商品，由于凭票购买制度被废除，购买也就相当自由了。参观完之后考察团回到了大使馆武官室，听取了辅佐官甲谷悦雄大尉（第三十六期参谋本部苏联班毕业）介绍的关于苏联的情况："苏联常备兵力从原来只有 65 万，最近已经增加到 94 万。航空飞机开发重点在超重轰炸机。驱逐机有最新型的 I-15、I-16，时速可以达到 400 公里以上，武装也进行了改良。装甲兵器方面，原来的"雷诺"坦克的改造型 MC 型已经基本看不到了，英国的"维克斯"MK. A 双机枪塔型坦克和"卡登·罗伊德"超轻坦克也完全消失了，取而代之的是以"维克斯"坦克为基础制造的 T-26 型坦克以及从美国"克里斯蒂"坦克为基础制造的 BT 快速坦克，并且出现了根据"维克斯"水陆坦克制造出的水陆两用坦克。另外还有苏联自行开发的 30 吨级被称为 T-28 型的坦克。坦克的供用数量，至少有 4000 辆。军队的高级干部都是共产党员，基层军官也进行了党员的教育。"同日下午 10 时 45 分，考察团了解完苏联的军事现状后从莫斯科启程前往波兰，结束了在苏联的谍报旅行活动。

二　对德军备考察

1935 年 10 月 30 日晚 8 时，考察团乘坐的列车到达瓦卢夏站，受到了日本驻波兰武官山偕正隆等陆军武官的迎接。考察团 4 人在驻波兰武官的关照下，参观考察了波兰军队的步兵学校以及坦克学校。波兰军装备的主力坦克是从英国购入的"维克斯"6 吨轻型坦克，据原乙未生所知，波军的"维克斯"坦克发动机采用了自行开发的柴油发动机。

该发动机排烟量减少，机动性能也十分良好，与原乙未生在日本开发的柴油发动机水准差不多。

11月2日下午10时，考察团乘列车出发，离开波兰，于翌日上午11时终于抵达德国首都柏林，正式开始了对德国军事准备情况的了解工作。德军陆军部在日本考察团抵达后正式颁布了日方大岛军事考察团在德考察的具体行程计划，并规定于11月19日正式开始。但是考察团方面由于事前申报的考察项目、参观德国部队动员体制筹办、收集各种国际情报、收集战略情报等计划过于繁重，时间也不够充裕，于是向德方申请了提前进行考察的要求，却被德国方面拒绝了。而后考察团进行了商议，认为是否能够重新向德方申请行程计划，或者通过别的渠道将考察时间进行调整。但考虑到德国方面的态度，觉得就算再次申请应该也会被拒绝，虽然通过别的渠道也许可能实现，但是可能性微乎其微。日方觉得无论哪种方式，目前的情况表明此举都难以成功，于是考察团只能向团长大岛汇报情况，由他来决定下一步的行动方案。最终大岛也只得妥协，决定考察团听从安排，按德方计划时间执行接下来的行程工作。

11月19日，根据德国方面安排的计划，考察团前往在日本没有设立过的机构"劳动

▲ 到达德国柏林的大岛军事考察团

预备训练所"，根据该部门德国官员的解说，在入伍前的德国青年必须要在这个机构里强制进行为期6个月的劳动训练。所有人员必须寄宿，基本以军队为标准进行集体练习，主要是为了让青年人感受到劳动的神圣，抛弃贫富差距和阶级偏见的思想，让所有人能全身心地团结在一起，培养同甘共苦的团队意识。劳动的种类包括开垦、森林采伐、栽种树木等工作。日方考察团对此留下了深刻的印象。

21日，考察团在德军参谋（本）部听取了德国军官奥斯纳上校关于德军的编制以及装备的演讲。结束后，考察团团员提出了几个问题，奥斯纳上校只是对关于部队现状和平时编制等方面进行了大概地解释，并没有太过深入地说明。可即便如此，相对于在日本驻德武官那里得到的相关介绍已经算是非常详细了。翌日，考察团在德国国防部又听取了关于坦克及装甲车的演说，讲师是一名担任汽车兵监部部员的参谋军官。演说中，这名军官在战术及技术等方面进行了非常详细的讲解，时不时地还加入了很多自己个人的见解。时间从上午10时到下午结束。之后是伯格路博士（少校）介绍关于武器技术使用的演讲。演讲全部结束后，考察团返回大使馆，在武官室内根据各人所听取的报告内容进行了讨论，将所学习到的有益内容予以消耗理解并将其汇总成文。23日，考察团又在德国参谋部听取了一名德国陆军炮兵科少将关于步兵及炮兵武器的演说，演说内容是"火炮体系论"。

11月25日，考察团开始对各军校、部队进行参观考察。第一天，在德国航空部的哈斯中校带领下，4人于上午在柏林南部的高射炮队里参观88mm高射炮队、37mm高射

▲ 大岛军事考察团成员原乙未生在柏林

一个中队(连)合计 32 辆, 以及一些军用吉普和摩托车。

战车联队所装备的这种德国坦克属于轻型战车, 重量 5.5 吨, 装有克虏伯制的 60 马力气冷式汽油发动机, 武装为两挺机枪的双联机枪塔。车身装甲板是焊接结构, 履带是采用高锰钢制。总的来说是性能很好的轻型坦克, 时速可以达到 45 公里以上。

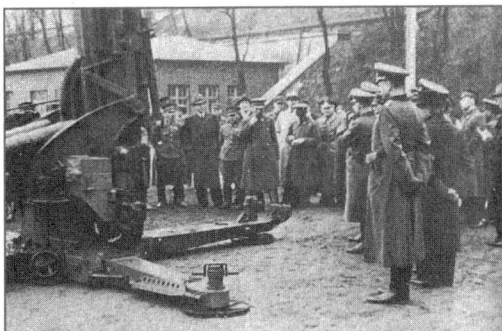
▲ 大岛军事考察团在克虏伯公司参观德军高射炮

炮队、防空听音队、防空探照灯队以及牵引汽车等部队的演练。之后在军官俱乐部小歇, 然后考察团又乘汽车前往轻高射炮队参观。午饭后, 日本考察团团长大岛浩用德语向与会的日、德两国军官进行了大约一小时的关于"日本陆军的现状与未来"的演讲。下午, 考察团在练兵场又听取了德军关于 20mm 高射炮的解说。27 日, 考察团前往德国陆军第 5 装甲团进行观摩。考察团在德国军官加登上尉的引领下, 来到了这支新设的机械化部队驻地里参观了装甲团的坦克队演习。其内容包括德国制式坦克的各种队形运动、战术动作展示、坡道通过等表演, 并且在德方军官的讲解下日本考察团团员还进行了坦克搭乘体验, 进一步了解了德国坦克的各项性能。

考察团员原乙未生记录:

德军这支战车第五联队(第五装甲团)下辖两个大队(坦克营)及一个修理工厂, 大队下辖四个中队(坦克连)及一个材料厂。一个中队(连)包括本部小队(排)4 辆坦克, 4 个战车小队(排), 每个小队(排)7 辆坦克。

▲ 参观德军的"克虏伯"一号 A 型坦克队列

▲ 原乙未生于德军机械化装甲学校参观

之后，考察团参观了该联队（装甲团）内的其他部队，反坦克炮大队（战防炮营）的编制是一个中队（战防炮连）分为三个小队（排），每小队有三个分队（班），各分队（班）一辆汽车以及一门莱茵金属制的37mm反坦克炮（初速700米/秒）。分队（班）长1人、操作手1人、炮手4人，弹药40发，使用克虏伯制气冷式60马力的六轮汽车来运载。

另外比较引人注目的编制是机关枪分队（机枪班），该队用克虏伯汽车搭载一架轻机枪以及160发弹药。重装甲车队内装备的是以玛克鲁斯六轮汽车改造的装载一挺20mm机枪及一挺轻机枪的双联机枪塔。轻装甲车队是在普通四轮汽车的基础上装备一挺轻机枪，具有对空射击能力。这两种装甲车队替代了旧式骑兵的搜索及警戒任务。

德国方面没有对日本考察团详细说明各部队怎样组合运用。德国的古德里安将军所创设的装甲师的出发点是在机械化部队里先设立维修工厂，并兼任对各级军官进行车辆使用与维修的初级教学工作。而日本方面，机械化部队创立时，当局只关心士兵的操纵能力，而这些部队的上级指挥官和参谋军官们对机械知识几乎是一无所知。还有，德国的机械化部队，为何只有轻型坦克？根据原乙未生的判断，德国只装备一种轻型坦克给装甲部队使用，不仅只是从战术方面考虑的（速度快，机动能力强）。而更重要的是对于一支新组建的装甲部队来说，统一的教学训练和便于维护保养的特点，才是德军采用这种制式统一、轻便灵活的轻型坦克的初衷。

▲ 原乙未生于德军机械化装甲学校参观

另外，考察团在参观第5装甲团时，发现德军的摩托车兵是很正规的编制组成。而在日本，创始时期的机动炮兵、骑兵装甲车队以及战车队等部队里的传令兵，多是用很廉价的人力自行车来进行驾驶训练的，甚至连实战的时候都很少有摩托车的使用。这一点也使日方的考察团团员感触良多。

12月21日，考察团结束了在德国的军事考察，参观了德军的各种军事机关。由于德国政府对日方人员的出访并不算重视，导致其寻访各个机构行程都不算太顺利，而且在参观部分地方时，不管考察团如何请求德方做进一步的讲解，都被对方简单敷衍或婉言谢绝了。但即便如此，这次的考察还是获得了一定的成果。同时，考察团对德国能够在短时间内将新式部队的训练建设以及武器装备充实到如此程度也深表敬佩。

1936年1月30日，大岛军事考察团一行人等乘坐"箱崎"（丸）号轮船经由印度洋返回日本。结束了为期三个多月的海外考察工作。

第三节 日军装甲列车的增强

一 "满洲事变"后的装甲列车

1933 年 5 月 31 日，日本与中国在长城战役后签订了《塘沽停战协定》，中日间的战事暂告一段落，但中国东北地区还有一些民间自发的抗日武装在频繁活动，不时对中国东北的日军占领区或日方控制的铁路线进行袭扰和破坏。日本满洲铁道株式会社（即满铁公司）为了保护伪满洲国内铁路线的安全，不断扩充警备力量，于同年 8 月 6 日开始在沙河口工厂制造八组武装装甲列车，制造完成后于"沈海"线、"洮昂"线、"齐克"线、"吉长"线、"吉敦"线、"四洮"线、"奉山"线等路段使用，并在牵引用的"塔布伊"型蒸汽机车也装设了装甲钢板作为防护，于 27 日在沙河口工厂制造完成。装甲步兵车是由无厢板车改造而成，装甲炮兵车则是以石炭有厢货车为基础所改造的，车辆均于 8 月 5 日至 31 日在沙河口工厂制造完成。

（一）"满铁"型轻装甲列车

1935 年 4 月，满铁又制造了八组装甲列车，这一时期制造的装甲列车，在列车前后均设有前照灯，基本编成为：装甲监视屋的防护车一辆、机车及水槽车各一辆、装备"四一"式山炮的炮兵车一辆、装甲步兵车两辆以及有盖货车改造的炊事车一辆。步兵车于车体前端装有瞭望塔，内部配有无线电收发报机作为指挥车使用。为了区分之后制造的临时装甲列车及"九四"式装甲车，这些装甲列车被称为"满铁型轻装甲列车"。

（二）临时装甲列车

1. 临时装甲列车的制造

日本关东军原来所装备的"急造"装甲列车仅作为铁路警备任务使用，在"九·一八"事变后的一系列围绕着铁路线展开的遭遇作战中，面对中国东北军的铁甲列车，日本装甲列车往往处于劣势。这使得日本关东军意识到现有装备的"急造"装甲列车并不足以应付未来的铁路列车战，考虑到将来会在华北地区与中国军队继续展开真正的铁道战，日军决定开发用于铁道列车战的真正装甲列车。1932 年 8 月 18 日，陆军大臣荒木正式颁布"陆满密第 602 号令"，下达给陆军技术本部部长绪方胜一。

开发上的作业及业务：

（1）机关车及其他车辆由满铁所提供。

（2）设计制造的细节委托给满铁。

（3）制造由陆军派遣技术人员指导进行。

（4）装甲板、火炮以及其他的装备材料由陆军交付于满铁。

……根据计划研究审查的分配，第一部分是担任列车的武装及相关事项的，特别是重炮车（加农炮车、榴弹炮车）、轻炮车、步兵车、指挥车的完成。第二部是担任其他事项，继续由兵器局、技本、兵本、造兵厂、通信校对装甲列车制造相关进行技术支援。技本对装甲列车的设计开始着手，对各车辆搭载火器类、装甲板的装备、车辆内外各种设备进行了计划。最大的问题是在短时期内要达到制作要求，现存的车辆、利用现存的火炮、防盾及钢板需要使用一定尺寸的平板，从而限制了设计计划。

9月21日，技术本部与满铁技术人员进行了详细的商议，完成了制造大纲。设计由技术本部进行指导，火炮及其他武器由陆军大阪造兵厂所提供，修改试验后送交满铁。装甲板则是由日本制钢所制造，完成后也一并送交满铁。基本的车身由满铁所负责，利用满铁的现有机车以及各种车辆的底盘进行改造，并负责将武装及装甲板等设备进行统一的装配。

首先，在大阪造兵厂修改的各种火炮（"十一年"式75mm野战高射炮、"十四年"式105mm高射炮、"改造四年"式150mm榴弹炮、"九二"式车载13mm机关炮，高射机枪以及"三年"式重机枪等）装备炮塔。1933年2月完成后进行试验，完成测试结果基本良好，随即送往满铁进行安装。同年5月，在满铁沙河口工厂完成了装甲列车的组装。并于6月开始在旅顺，大连，新京之间的铁路线上进行各项测试，同年7月完成并交付给日本关东军。

2. 临时装甲列车的组成

1933年7月完成的临时装甲列车，由机车（附煤水车）一辆、备用煤水车一辆、指挥车一辆、重炮车两辆、轻炮车两辆、步兵车两辆、材料车一辆、警戒车（防护车）两辆，共计十二辆所编成。

其排列次序如下：警戒车——重炮车——轻炮车——步兵车——指挥车——机车——备用煤水车——材料车——步兵车——轻炮车——重炮车——警戒车。

▲ 在大连 - 旅顺间对海上进行试验射击的临时装甲列车

（1）警戒车（防护车）：该车以"西姆"型30吨无盖货车为基础改造，车身设有外部装甲。车体前部装备一至两挺"十一年"式轻机枪，机枪塔前装备一个60cm探照灯，可以在装甲列车的前、后方进行照射，对侦察、警戒任务十分必要。

（2）重炮车（加农炮）：该车以"泰国"型50吨石炭货车为基础改造，车体上部搭载一个360度可旋转炮塔，装备一门"十四年"式100mm高射炮，高射炮可以进行对空的远程射击及水平射击。炮塔及侧面等主要部位的装甲厚度为10mm，其他部分覆盖装甲为6mm。车体前后各装备两挺"三年"式重机枪。

（3）轻炮车

该车以"泰国"型50吨石炭货车为基础

▲ 警戒车（防护车）

改造，车体搭载两个 360 度可旋转炮塔，装备两门"十一年"式 75mm 野战高射炮。车体装甲与重炮车相同，在炮塔及侧面等重要部位厚度为 10mm。车体前、后各装备两挺"三年"式重机枪，并装备了射击观测装置、重型野战测定机和炮兵镜。

（4）步兵车：该车以"西姆"型 30 吨无盖货车为基础改造，车体上部搭载两个 360 度可旋转炮塔，搭载高、平两用的"九二"式 13mm 机关炮两门，车体前、后各装备两挺"三年"式重机枪，另外侧面装备有 30cm 探照灯，车内配备士兵用步枪两支、炮兵镜、75cm 轻型测远机以及通信装置等。

（5）指挥车：该车以"泰国"型 50 吨石炭车为基础改造，采用上、下两层结构，

▲ 指挥车

▲ 机车

▲ 重炮车（加农炮）

▲ 轻炮车

▲ 步兵车

上层为炮兵战斗指挥所，设有炮兵用的观测设备和通信装置。下层为列车指挥所，设有无线电信号机和列车内通讯联络装置。其他的装备有"三年"式重机枪两挺、骑枪十支、对空双筒望远镜一部、特殊炮兵镜一个、潜望镜一个等。

（6）机车：该车为"菲雅利"型（1 D）蒸汽机车，车身外部覆盖装甲板，主要部位厚度为 10mm，其他部位装甲厚度为 6mm。驾驶室内设有通信装置。

（7）备用煤水车：该车以"泰国"型 50 吨积煤炭车改造，车体周围设有装甲。水槽容量 40 吨，煤炭载重 5 吨。搭载两个机枪塔，装备"十一年"式轻机枪两挺。

（8）材料车：该车以 C 1 型三等车为基础改造，车身侧面铺设装甲，车顶部设有无

▲ 备用煤水车

▲ 材料车

▲ 重炮车（榴弹炮）

线电天线。车内分发电机室、无线电室、蓄电池室和仓库等部分。装备两挺"十一年"式轻机枪以及装甲列车修理用的器材等。

（9）重炮车（榴弹炮）：该车以"泰国"型 50 吨石炭车为基础改造，车体上部搭载一个 360 度可旋转炮塔，装备一门"四年"式 150mm 榴弹炮。炮塔及侧面主要部位装甲厚度为 10mm，其他部位为 6mm。车体前、后装备两挺"三年"式重机枪。

（三）"九四"式装甲列车的制造

1933 年制造的"临时装甲列车"是由远距离炮战用的"炮兵车"与近战用的"步兵车"所组合而成，因其重量过大导致行驶机动性能受到限制，于是日本军方决定试制及开发以远距离炮战使用为目的的重型装甲列车。

"九四"式重装甲列车的研制于 1933 年 10 月开始，总负责人为深山忠男大尉，1934 年 10 月完成，同年 11 月 23 日至 12 月 15 日期间进行了竣工试验。重装甲列车于 1934 年

▲ 九四式重装甲列车

▲ 九四式重装甲列车全列车辆遥拍

（日本皇纪 2594 年）制造完成，即被定名为"九四"式重装甲列车。

"九四"式重装甲列车的编成由警戒车、火炮车（甲）、火炮车（乙）、火炮车（丙）、指挥车、机关车、备用炭水车以及电源车等八辆组成。该车在铁路上行驶时可以对前方进行大规模的远距离重火力打击，并且能够进行对战车的攻击作战和对空防御作战。

警戒车：以"泰国"型 50 吨石炭车为基础改造，主要部位加装 10mm 装甲板，其余部位为 6mm 装甲，车体前方两侧各装有一挺"九二"式重机枪，水平射界为 270 度，并兼具对空射击功能。前端有 30mm 探照灯，以及排除障碍用的排障器。

1. 火炮车（甲）：别名为"十加低火炮车"，车体上搭载一个 360 度可旋转炮塔，装有一门高、平两用的"十四年"式 100mm 高射炮。最大射程 15km。弹药基数二百发，其中榴弹一百二十发，穿甲弹八十发。车体前部与警戒车相同，装有两挺"九二"式重机枪，前部机枪为对地射击，后部机枪可高、平两用，携机枪弹六千发。车体全重 63.6 吨。

2. 火炮车（乙）：别名为"十加高火炮车"，装载武器与炮车（甲）基本相同，可同时、同方向、对同一目标进行射击。唯一不同点是前、后机枪都是高、平两用机枪。车体全重 68.4 吨。

3. 火炮车（丙）：别名为"七高火炮车"，该车采用高、低两层复式炮塔型式，各装备一门"八八"式 70mm 高射炮，可高、平两用，最大射程 14km，弹药基数为三百发，其中榴弹一百八十发，穿甲弹六十发，高射炮弹四十五发，特种弹十五发。车体全重 72.7 吨。

4. 指挥车：车内分为上、下两层，基本与临时装甲列车相同。上层为火炮射击的观

▲ 警戒车

▲ 火炮车（甲）

▲ 火炮车（乙）

▲ 火炮车（丙）

测室，装备测高仪、对空射击瞄准镜、观察镜、炮队镜、炮兵观察仪器、信号棒等。下层为指挥室，负责各车辆间的联络，装备无线及有线通信设备。车体侧面装有可收放式 30mm 探照灯，白天可收起。车体前、后设有

▲ 指挥车

▲ 动力机车

▲ 备用炭水车

▲ 电源车

两个机枪塔，各装备一挺"九二"式重机枪，可兼具前方、侧面及高射等方位的火力攻击。车体全重 45.42 吨。

5. 动力机车：该车以"米卡多"型蒸汽机车为基础改造，车体四周加装 6mm 厚防弹装甲。最大牵引力达到 17.3 吨力，最大速度

提高到 65 公里/小时，机车装载的煤料可行驶 300 公里，靠本车携带的备水可行驶 159 公里。车体全重 95.1 吨。

6. 备用炭水车：装载可运行 150 公里的备用煤炭 7.5 吨、备水 28 吨。车体两侧设有半圆形机枪塔，各装备一挺"九二"式重机枪。车体全重 65.8 吨。

7. 电源车：该车以 60 吨煤车为基础改造，车内分为发电机室、无线电室和蓄电池室。武装设置与警戒车相同，前、后各有一挺"九二"式重机枪，方向射界为 270 度。后方装设 30cm 探照灯以及排障器。

（四）"九五"式轨道装甲车

日军自深山忠男少佐开发出履带轨道兼用的"九一"式轨道牵引车（"九一"式轨道装甲车）后，便将其作为铁道部队的先导车投入到东北地区的作战中，但该车有一大缺点，就是在近距离作战中力量较为薄弱。于是，深山认为有必要开发可应付铁道战的新型轨道装甲车，并申报了设计方案，他在设计方案中记载"与轨道牵引车运用方式相同，外观与战车一样，装甲可抵御一般的步枪弹，行走方式有可以在轨道上行驶的铁轮，以及在轨道外行驶的履带，在车内即可操作进行铁轮与履带的相互转换，在车外进行转换作业也相当简单。"虽然深山的新型轨道装甲车的提案遭到来自各方面的反对意见，但最终，日本陆军（本）部还是立案通过，并向陆军技术（本）部下达了"陆密二七〇号"命令，按深山的设计方案为铁道部队秘密研制新型的轨道装甲车。1935 年，在深山和技术（本）部部员松井的共同设计下，东京瓦斯电气公司完成了第一辆试做样车。该车在经过测试后，于同年正

式定名为"九五式轨道装甲车"，并进行制式化生产。该车的车体底部装有直径 614mm 的铁道用车轮（两轴四轮），同时考虑到在中国各地区铁路轨距不同，还可以进行窄轨（1067mm）、标准轨（1435mm）、宽轨（1524mm）的对应调节。

另外，九五式轨道装甲车的最大特点是设计了用于轨道外行驶的履带系统。同时期的世界各国轨道车辆在轨道外行驶的基本均为轮式，日军认为"九五"式轨道装甲车是世界上唯一进行量产的装履轨道装甲车。从轨道行驶状态转换至道路或越野行驶状态时，乘员无需到车外进行转换作业，只需要驾驶员一人在车内进行操作，利用车内转换机构将车体底部的这四个铁道用车轮收起，高于两侧履带，时间约一分钟即可完成转换。而从道路履带行驶状态转换到铁道行驶状态时，则需要先将车子开上铁路，将车的履带处于铁轨外侧，然后通过车内操作转换机构放下轨道车轮，将车撑起，使履带脱离地面即可完成转换作业，时间约为三分钟。该车在单车轨道行驶时，时速为每小时72公里，牵引4辆"九一"式轨道货车时最高时速则为每小时40公里。

该车的车体构造与战车基本相同，主要部位装甲厚度为 6-8mm，其他部位为 4mm，车体上部的炮塔（机枪塔）防盾部位为6mm。在开发之初，原本设计该车的旋转炮塔内装载轻型火炮，但遭到了管辖坦克的步兵科的反对，认为工兵车辆无需装载火炮，于是该车取消了火炮装备设计改为装备轻机枪，并且该车没有固定武装，仅在机枪塔前、

▲ 中国东北北部地区装载"捷克"式轻机枪的"九五"式轨道装甲车

后、左、右各开有一个轻机枪用的射击口，可以在必要时装设"十一年"式轻机枪[1]。

1935年秋天，最先制造完成的两辆"九五"式轨道装甲车被分别配备给铁道第1联队与铁道第2联队，联队里还进行了该车的专修

[1] 但笔者从"九五"式轨道装甲车的照片中并未发现其装载过日制的"十一年"式轻机枪，而是都装备着中国军队大量使用的"捷克"式ZB-26轻机枪，照片中的"九一"式轨道装甲车也是装备的该型机枪。

教育，教学内容主要是道路上的转换操作、铁道上的转换操作、铁路警备与掩护支援步兵等。

"九五"式轨道装甲车前后总共生产了 121 辆，分别由东京瓦斯电气工业（后来的东京汽车工业）与三菱重工两家公司进行生产，前者生产了 65 辆，后者生产了 56 辆。

性能参数	
重 量	8.7 吨
车 长	4.9 米
车 宽	2.56 米
车 高	2.43 米（轨道外）、2.54 米（轨道上）
装 甲	炮塔前面 6 毫米、侧面 6 毫米、后面 6 毫米、上面毫米，车体前面 8 毫米、侧面 6 毫米、后面 4 毫米
武 装	无固定武装，可装备乘员携带武器或轻机枪（多装备"捷克"式轻机枪）
发动机	DB51B 风冷式 6 缸汽油机（后期部分为 DA 6 直列式 6 缸柴油机）
悬 挂	轨道车 / 履带车
最高时速	30 公里 / 小时（公路）、20 公里 / 小时（越野）、72 公里 / 小时（铁路）、40 公里 / 小时（铁路牵引货车）
最大行程	235 公里（铁路）、123 公里（公路）
乘 员	6 名

▲ "九五"式轨道装甲车

二 铁道第三联队

1934 年 3 月 9 日，日本在中国东北的铁道第 1 联队（联队长成泽清）两个大队与从日本本土派遣的铁道第 2 联队两个大队在铁岭合并成立了铁路作战的专门部队"铁道第 3 联队"（荣三四一〇一部队）。最初的代理联队长为桑原四部大佐，下辖联队（本）部、四个大队（每个大队下辖两个中队）、一个材料厂以及装甲列车队（该部的一个大队被派遣至中国东北西部的满洲里常驻，以防备随时可能爆发的国境线冲突）。编成完毕后的铁道第 3 联队主要担任输送国境警备用的筑城物资及警备用补给物资的任务。

铁道第 3 联队最早的任务是对绥东线及穆棱铁道（绥芬河至东宁间末段）的李截线（李树镇至半截河之间）间 100 公里铁路段内的建设工事进行警备。"绥东"线及"李截"线被日方称为"东部国境附近轻便铁道"，前者是机关式轻便铁道，后者是手押式轻便铁道。"绥东"线于 1935 年 4 月 14 日开工，至 6 月 4 日完工；"李截"线于同年 4 月 23 日开工，至 6 月 11 日完工。在"东部国境附近轻便铁道"完成后，铁道第 3 联队于 1935 年 8 月 20 日，调往日本在中国东北地区正在建设中的"北黑"线铁路一带进行支援保护工作，12 月，铁道第 3 联队驻址由铁岭迁至哈尔滨市区内新竣工的兵营内。

第一装甲列车队

铁道第 3 联队所属的第 1 装甲列车队（本）部下辖三组装甲列车，包括重装甲列车（"九四"式重装甲列车）一组以及轻装甲列车（临时装甲列车）两组。第 1 装甲列车队的两组轻装甲列车分别称为第 1、第 2 装甲列车，重装甲列车被称为第 3 装甲列车。由于重装甲列车的存在对日军来说是军事机密，所以采用了十分严密的防谍体制，并设专人进行负责。

|第七章|

抗日战争初期
（1937-1938）

第一节 "七·七卢沟桥"事变

一 "永定门"兵变

1933 年"长城抗战"结束后，张学良下野，原东北陆军司令长官公署直属的铁甲车大队改由北平军分会管辖，铁甲车第 1 中队驻于琉璃河，第 2 中队驻于南口，第 3 中队驻于西直门，第 4 中队驻于长辛店，铁甲车大队（本）部及第 5、第 6 中队驻于丰台。与此同时，在日本特务土肥原贤二的策动下，原军阀官僚政客白坚武与石友三等亲日分子成立"正义社"（华北青年同盟社），并组建伪"华北正义自治军"（东亚同盟自治军），密谋策划，企图在北平（北京）发动叛乱，夺取政权，拥护旧军阀吴佩孚掌权，脱离南京国民政府，成立伪"华北国"。1935 年 4 月，白坚武委任原张宗昌直鲁联军的师长李瑞清，前往丰台暗中收买了东北军铁甲车第 6 中队队长段春泽（原任石友三铁甲车队队长）、第 5 中队队长沈锡之以及铁甲车大队材料厂厂

▲ 白坚武

长张权本等人加入"正义社"，并委任段春泽、韩立斋为伪华北正义军铁甲车队第 1、2 队队长。尔后，因铁甲车大队长曹耀章常驻北平，李瑞清又试图利诱（代替曹耀章处理铁甲车大队事务的大队附）邹立敬率铁甲车大队加入"正义社"及伪华北军，妄想以铁甲列车作为主力从四面八方围攻并占领北平，但邹立敬断然拒绝，同时将此事进行上报并把李瑞清立即逮捕。

6月下旬，由于日本催促，白坚武及石友三决定于27日晚发动叛乱，以段春泽的铁甲车第6中队的"河南"号装甲列车为主力配合伪华北军对北平城发起突袭，与城内便衣队里应外合，攻占北平各行政机关。

6月27日晚11时左右，由天津乘列车出发的一百多名伪华北军士兵到达丰台火车站，与驻丰台车站的铁甲车第6中队队长段春泽会合，尔后改乘第6中队的"河南"号铁甲列车，向北平城的永定门方向快速开进。与此同时，北平方面的北平公安局长余晋和及铁甲车大队长曹耀章在得知消息后，报告给平津卫戍司令王树常，王即宣布北平全城戒严，公安局长余晋和命令所属保安队紧急出动，驻南城的保安第4大队率先赶到永定门，将东缺口的一段铁道拆去，随后第116师师长廖徵流也率部赶到，将缺口用沙袋堵

▲ 永定门铁道

▲ 北平守军乘民用垃圾车赶赴永定门

▲ 守军于永定门城墙上进行阻击

▲ 铁甲车第六中队的河南号铁甲列车

住，以阻止段春泽的"河南"号装甲列车。

28日凌晨1时左右，段春泽第6中队的"河南"号铁甲列车到达永定门前，因东缺口铁路已被拆除，无法开进北平城内，于是段春泽便命令"河南"号刘车长于城外向城内西长安街军分会射击了六发炮弹，城内轰然大乱，炮弹均落于西交民巷附近，但没有爆炸（因刘车长不愿反叛，但又不敢公然违抗段春泽的命令，逐暗中抵抗，没有在炮弹上安装引信），随后遭到第116师及保安队的火力阻击。与此同时，铁甲车大队长曹耀章会见王树常。王树常与鲍文樾命令曹耀章率铁甲车大队立刻还击，曹即率队开赴丰台方向，段春泽见大势已去只好向黄土坡车站退去。拂晓，曹耀章的铁甲车大队赶到，段春泽等人弃车逃至燕郊镇。后被黄显声部的骑兵抓获，当晚在北平陆军监狱内被执行枪决。白坚武策划的"永定门"事变以失败告终。

《白坚武日记》记述：

"京津交通阻绝，铁甲车队段司令春泽首义，万福麟部中变，四处截击；商震部亦追战，寡不敌众，铁甲车队武装官兵遂逃避燕郊镇非战区。"（1935年6月28日）

刘家鸾（时任平津卫戍司令部参谋长）回忆：

"六月二十八日凌晨一时许，我接北平市公安局长余晋和电话报告，谓有一部分便衣匪徒占据了丰台车站，并与铁甲车队第六中队队长段春泽勾结，劫得该中队停驻丰台车站的铁甲车两列，向北平永定门方向开来。我接电话后立即请示王树常，宣布北平全城紧急戒严。余晋和亦命令公安局所属保安队紧急出动。驻南城的保安四队队长王光禄首先带队赶到永定门外，将东缺口一段铁道扒去。这时铁甲车在由丰台向永定门开进中，开炮十余发，北平城内听到炮声，极为慌乱。我用电话向鲍文樾及王克敏报告。

"王克敏立即去卫戍司令王树常家中（王克敏眼力不济，一向有'王瞎子'之名，惊慌中一头撞在门框上，将右眼碰伤）。这时，驻北平铁甲车队司令曹曜章匆匆来见鲍文樾及王树常，鲍命曹率队追赶。曹即由西直门率铁甲车第一中队及驻西便门的第二中队开赴丰台追击。旋接报告：因东缺口铁道已被保安四队扒去，汉奸便衣队的铁甲车无法开进北平，加以保安队及附近驻军的阻击，铁甲车已向黄土坡车站退去。曹曜章率铁甲车队赶到黄土坡站，将铁甲车带回，铁甲车第六中队长段春泽及便衣匪徒等已弃车逃窜。乃由黄显声部派一部分骑兵跟踪追赶，在香河县附近将段春泽、队副贾某（忘其名）和三名日本浪人捕获，带回北平。

"原来二十七日夜间，由天津开往北平

的列车到达丰台站时，有便衣匪徒百余人下车。二十八日凌晨一时，匪徒持枪将丰台车站占据，为首的系当过吴佩孚的政务厅长的汉奸白坚武。白到站长室后，驻丰台站的铁甲车队第六中队队长段春泽即与其会合，声称已组成'正义自治军'，白坚武为总司令，并散发宣言，登上铁甲车向北平开进。白坚武在丰台站时曾用电话与城内联系，据闻汉奸潘毓桂、张璧等均准备于铁甲车开进北平车站后里应外合起事，接收北平各机关。铁甲车鸣炮，系与城内日寇汉奸联系的信号。因北平日寇兵营与使馆不同意日寇天津驻屯军的作法，北平日寇兵营临时未发动响应，此一场骚乱始得在紧急措施下消弭。

"二十八日下午，将段春泽等押到平津卫戍司令部，王树常指定我与北平宪兵司令邵文凯、北平公安局长余晋和及司令部军法处科长荆德文组成军事法庭进行审讯，由邵文凯主审。段春泽原系石友三部十三路铁甲车大队长，一九三〇年石友三将全部铁甲车送给张学良后，段部人车调驻沟帮子车站编入曹曜章部为第六中队，段即任中队长。邵文凯在讯问段春泽时一再追问其主使人，并追究是否由石友三主使，段春泽矢口否认，不肯多供，只求速死。队副贾某则称全不知情。捕获的三名日本浪人，解到后即被日本领事馆引渡而去。我与邵文凯等将审讯经过报告王树常，王命将段、贾同处死刑，当夜即在北平陆军监狱中执行枪决。"

邹立敬（时任北平军分会铁甲车大队大队附）记述：

"1935年4月间，白坚武派遣曾在张宗昌部任师长的李瑞清到丰台，收买北平分会所所属铁甲车大队的第五中队长沈锡之和第六中队长，加入了他们的正义社。段春泽曾任石友三的铁甲车上校大队长，1931年7月间，石率部由平汉路向北平袭击张学良失败后，段即被改编为东北军铁甲车中校中队长。张学良在1933年间下野后，铁甲车即隶属于北平军分会，段春泽由大队长改为中队长，由上校降为中校，内心颇有牢骚，经常暴露不满情绪。经李瑞清的勾引，又加石友三系段的老长官，所以一拍即合，段就得到伪华北第二总指挥的名义。

"铁甲车大队辖六个中队，第一、二、三、四中队分驻在琉璃河、南口、西直门及长辛店等地，第五、第六中队和大队部驻丰台。少将大队长曹耀章经常住在北平。大队部的事务，多半由大队附邹立敬代为处理。李瑞清已将五、六两队收买好了，还希望把铁甲车整个收买过去，以便由四面八方向城内进攻，一举成功。

"……白坚武等对李瑞清被捕的原因，已知是由于我的检举。因当时李瑞清和我同时被捕押解到宪兵大队部时，汉奸方面即派人随后探视，见我由前门进去不多时，旋即由后门出来了，就明白这是故作圈套。因此，白坚武和石友三等，对我恨之入骨。这时，日本方面对白、石等再三催促，令其早日发动，他们逐决定于6月26日晚开始行动。

"26日晚10时许，有六十多名日本人（内中有一部分汉奸伪装成日本人）西服革履由天津乘快车到丰台，引起天津车站宪警的注意，认为向来到丰台下车的人很少，这次为什么有西服革履的六十多名日本人到丰台下车，其中必然有原故，当即通知丰台车站宪警注意。快车11时许到丰台后，这六十多名日本人，随即到第六中队部。大队部的副官刘崇基看见了，即用电话报告大队长，刚说出日本人六十多名到第六中队部这一句话，

电话线即被截断了。这时曹耀章才认识到叛变真要发生了，逐即报告平津卫戍司令王树常。王立即派一一六师师长廖徵流率部用麻袋装土先将永定门城门缺口堵住，并派兵协同宪警对东交民巷出入口加以警戒。

"原来在事变未发动前，石友三已秘密派便衣三千多人，潜伏在东交民巷，和日军采取密切联系，准备在铁甲车开进前门，炮击在西长安街的军分会时，潜伏在东交民巷的便衣队即行出动占领军分会和其它的重要机关，同时在东交民巷的日本军队也出动示威，如此大功即可告成。

"丰台方面那六十多名日本人到第六中队部后，白坚武等即主张先把我给抓住，同时把大队部的官长共有五六十人全都监禁了，并准备将给曹耀章打电话的副官刘崇基也绑起来立即枪决。段春泽逐派八名士兵到我家和我常去的地方抓我，但始终没有找到我。这样就耽误了有两三个小时，已到27日上午1时多了。他们不敢再耽误，赶快让第六中队的铁甲车向前门车站开动。而第五中队却观望不前，未即行动。

"第六中队的铁甲车已开到永定门，因缺口已被麻袋堵住，无法前进。车上的日本人知道当局已有戒备，遂向西长安街军分会所在地射击了六炮，意在通知隐藏在东交民巷的便衣队出来响应。但因四面已被军宪警包围封锁，便衣队无法出动。日本人和白坚武等见潜伏东交民巷的便衣队没有响应，同时已近拂晓，不敢再事逗留，遂令铁甲车退回黄村。段春泽见大势已去，不敢再返回丰台，乃率三百多人逃到冀东找他的老长官石友三去了。（据事后了解，第六中队向西长安街军分会射击的六炮，炮弹均落在西交民巷了。据该队刘分队长说，当时发射的炮弹，他没

有装引信头, 所以都没有爆炸。因为这种举动他实在不愿意, 但又不敢公开反抗, 只好暗中抵御)。"

二 卢沟晓月

1935 年 6 月底, 白坚武协同段春泽铁甲车队发动叛乱失败后, 日本于 1936 年 4 月 7 日, 通过广田内阁会议决定继续向中国华北地区增派兵力, 增强该地区的中国驻屯军。4 月 18 日, 发布 "陆甲第六号军令", 重组中国驻屯军编制, 将其原有兵力增加了近三倍, 同时将兵源一年轮换制改为永驻制。

从日本国内派遣到华北的各补充部队分别于 5 月 9 日从宇品港、5 月 22 日和 23 日从新泻港登船。5 月 15 日, 首批增援的驻屯军三千余人抵达平津地区。5 月 16 日, 日军大

日本陆军中国驻屯军编制 (约 5600 名):

中国驻屯军(天津部队)	
军司令(本)部	
军司令官	田代皖一郎中将(7 月 11 日之后, 由香月清司接任)
参谋长	桥本群少将
中国驻屯军步兵第一联队第二大队	
中国驻屯军步兵第二联队(缺第三中队及第三大队)	
队长	萱岛高大佐
中国驻屯军战车队	
队长	福田峰雄大佐
骑兵队	
队长	野口钦一少佐
炮兵联队	
第一大队山炮第二中队、第二大队十五榴二中队队长铃木率道大佐	
工兵队	
通信队	
宪兵队	
军医院	
军仓库	

▲ 田代皖一郎

本营任命河边正三为驻屯军步兵混成旅团长, 在北平设立旅团司令部。其所属的步兵第 1 联队于 9 月强行进占丰台。

中国驻屯军战车队:

原驻天津的中国驻屯军装甲车队配备了 "维克斯" M25 装甲车、"沃尔斯利" 装甲汽车以及 "菲亚特" 3000 型坦克数辆, "天津事件" 中, 日本发现该部的装甲战力太过薄弱, 故借此增兵之机抽调驻中国东北公主岭的战车第 3 大队一个中队的人员及装备组建成 "中国驻屯军战车队" (中队规模), 由原第 3 大队大队附福田峰雄中佐任队长。下辖 "八九" 式中战车 13 辆、"九四" 式轻装甲车 7 辆, 共计轻、中战车 24 辆 (另有段列队后备战车 4 辆), 与驻屯军混成步兵旅团步兵第 1 联队第 3 大队 (大队长一木清直少佐) 一并进驻于北平西南部的丰台兵营。

▲ 强驻丰台的日本中国驻屯军战车队

1937 年 7 月 7 日下午，日本驻华北的驻屯军第 1 联队第 3 大队第 8 中队由队长清水

中国驻屯军（北平部队）	
中国驻屯军步兵混成旅团司令（本）部	
旅团长	河边正三少将
步兵第一联队	
队长	牟田口廉也大佐
电信所	
宪兵分队	
军医院分院	
别动队	
驻通州	步一联队一小队
驻丰台	步一联队第三大队，步兵炮队
驻塘沽	步二联队第三中队
驻唐山	步二联队第七中队
驻滦州	步二联队第八中队
驻昌黎	步二联队一小队
驻秦皇岛	步二联队一小队
驻山海关	步二联队第三大队（本）部 第九中队
北平陆军部	
陆军（本）部	
部长	松井太久郎大佐
副官	寺平忠辅大尉
第二十九军	
军事顾问	中岛弟四郎中佐，长井德太郎少佐，笠井牟藏少佐
通州陆军部	细木繁中佐，甲斐厚少佐
太原陆军部	河野悦次郎中佐
天津陆军部	茂川秀和少佐
张家口陆军部	大本四郎少佐
济南陆军部	石野芳男中佐
青岛陆军部	谷萩那华雄中佐
北平派驻武官副官	今井武夫少佐
陆军运输部塘沽分部	

▲ 河边正三

▲ 宛平城卢沟桥

节郎率领，从丰台兵营出发，荷枪实弹开往卢沟桥西北约 1 公里的回龙庙至大瓦窑之间地区进行演习。当晚演习的题目是："**黄昏时接近敌主要阵地，于拂晓时的攻击。**"预定从龙王庙附近的永定河河堤向大瓦窑进行演习。晚 7 时 30 分，日驻屯军第 1 联队第 8 中队演习开始。晚 10 时 40 分，日军声称演习地带传来枪声，并称有一名士兵（志村菊次郎二等兵）"失踪"，强行要求进入中国守军驻地宛平城搜查，遭国民革命军第 29 军第 37 师第 110 旅第 219 团的严词拒绝。日军一面部署战斗，一面借口"枪声"和士兵"失踪"，假意与中国方面交涉。午夜 12 时左右，国民政府冀察当局接到日本驻北平特务机关长松井太久郎的电话。松井称："**日军昨在卢沟桥郊外演习，突闻枪声，当即收队点名，发现缺少一兵，疑放枪者系中国驻卢沟桥的军队，并认为该放枪之兵已经入城。**"要求立即入城搜查。中方以"**时值深夜，日兵入城恐引起地方不安，且中方官兵正在熟睡，枪声非中方所发**"予以拒绝。不久，松井又打电话给冀察当局称，若中方不允许，日军将以武力强行进城搜查。同时，冀察当局接到卢沟桥中国守军的报告，说日军已对宛平城形成了包围进攻态势。为了防止事态扩大，中方经与日方商议，双方同意协同派员调查，中方派出河北省第 4 区行政督察专员兼宛平县长王冷斋、冀察政务委员会外交委员会专

员林耕宇、冀察绥靖公署交通处副处长周永业三人，与日方代表森田彻中佐、赤藤庄次少佐以及寺平忠辅佐官三人组成"中日联合调查团"，于凌晨4时前往卢沟桥进行调查工作。

与此同时，日驻屯军步兵第1联队第3大队主力占领宛平城外唯一的制高点沙岗（日方称一文字山），至5时左右，日方仍坚持

▲ 清水节郎

▲ 志村菊次郎

入城搜查，中方未允，第3大队突然以步兵炮向宛平县城进行猛烈轰击，第29军司令部立即命令前线第219团官兵**"确保卢沟桥和宛平城"**，称**"卢沟桥即尔等之坟墓，应与桥共存亡，不得后退。"**守卫卢沟桥和宛平城的第219团第3营即在团长吉星文和营长金振中的指挥下奋起抵抗，历时八年的中国人民抗日战争序幕由此揭开！

因日军急切想攻占宛平城，进而打开进占北平的通道，故早在战前就对宛平城做了详细的侦察。日军方侦察资料记载：**"宛平城墙高约10米、宽5米，闭合式绕城四周。东西两面有城门突出，四角及南北侧均设有防御工事。宛平城东西城门为两重门，其中东门较为坚固，时常封闭，城上有工事筑起掩防阵地。在城墙外侧掘有2米深、3米宽的壕沟。东城门外有几户居民住家。东侧约二百五十米左右，有个沙丘地带，其中有若**

▲ 吉星文

干高粱地和树木，因有碍防御被中国守军砍伐清除了。在城的北侧也有一些树木被砍伐清除了。在城墙外面的阵地上，中国守军设置了地雷、鹿砦路障，并构筑了应对坦克及装甲车的战壕，铁道桥东侧及平汉线到卢沟桥城东北角设置了侧防。中国军队在宛平城构建了完整的外围防御阵地。"卢沟桥事变爆发前夕，驻守宛平城的国民革命军第29军110旅第219团（团长吉星文）第3营以及保安第1旅第2团第2营共一千四百余人。装备有自动步枪、轻重机枪以及轻重迫击炮等武器。

7月9日晨4时半，日驻屯军第1联队第3大队以卡车运载的火炮对宛平城及卢沟桥来回进行猛烈轰击。6时左右，日驻屯军新增援的福田战车队两个小队开到，掩护第3大队步兵对龙王庙铁桥的中国守军第11连

▲ 从宛平城前往卢沟桥的中国第29路军

▲ 驻守卢沟桥的中国第 29 军士兵

▲ 福田战车队的"八九"式中战车

阵地发起攻击，守军营长金振中当即命迫击炮连集中火力对该部坦克及日兵进行强力打击，金营长亲率第 9、第 10 两连投入前线作战。此时中国守军第 12 连奉命从右翼突袭攻击日军的左侧后方，与日军展开惨烈的白刃战。至 10 日下午 1 时左右，由于兵力悬殊，铁路桥东端阵地被日军占领。之后，日军停止了进攻，转入防守，此时双方阵地只相隔 400 多米，形成对峙状态。

金振中（时任国民革命军第二十九军一一〇旅第二一九团第三营营长）回忆：

"我率领的二十九军一一〇旅二一九团第三营是一个加强营。计有步兵四个连，轻重迫击炮各一连，重机枪一连，共计一千四百多人。人人料到将有一场激烈的厮杀。

"我部到卢沟桥后，立即按战斗需要进行兵力部署。把兵力较强的第十一连部署于铁路东段及其以北回龙庙一带；把第十二连部署在城西南角至南河岔一带。第九连驻在宛平县城内。第十连为营的预备队，集结于石桥以西大王庙内。重迫击炮连

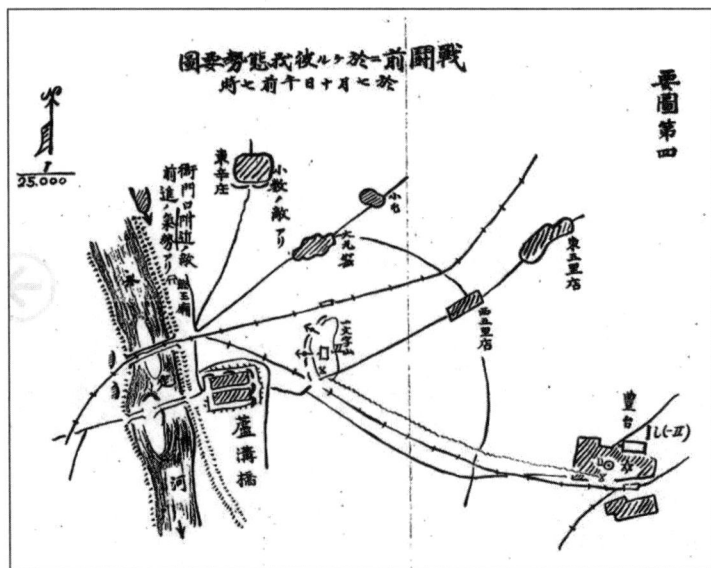

▲ 7 月 10 日上午中日两军于卢沟桥态势要图

布置于铁桥西首，主要责任是歼灭日本侵略军的战车和密集队伍。轻迫击炮连布置于东门内，以便支援各邻队。重机枪连布置于城内东南、东北两城角，以便支援前方队伍。

"……我知道日军又要发动进攻了。为了击退日军再犯，我认真考虑了应战对策。我设想，如果日军再次进攻，必先以强大炮火摧毁我城、桥。再以战车掩护其步兵，抢夺我阵地。在夺取我阵地时，炮兵必向我阵地后方延伸射击。为了避免无谓的牺牲，在敌炮兵一开始向我方射击时，各连队伍，除留少数监视敌人行动外，其余均隐藏起来。待敌炮兵发泄淫威后，敌战车定要掩护步兵来夺取我阵地；这时各连隐藏的队伍迅速出击，与敌之战车、步兵做殊死战，消灭敌人于我阵地前。轻重迫击炮和重机枪连，不失时机地向我方威胁最大之敌猛烈攻击，彻底消灭之。营所控制的第九、第十两连，则根据当时情况加入最激烈、最危险的战斗。"

三 卢沟桥铁甲车战

"塞北长城堞影斜，卢沟晓月落寒沙。桥头欲问狮千座，记否哀邻铁甲车。"

7 月 11 日晚上 6 时 35 分，日陆军参谋总长对关东军司令官发出了"临参命第五十六号"命令，紧急调派关东军所辖部队

▲ 站在满铁装甲列车指挥车上的吉村周平

▲ 抵达丰台的铁道第三联队的早期满铁装甲列车

驰援华北。关东军铁道第 3 联队奉命将配备"九四"式重装甲列车的第 3 大队（第 3 装甲列车队）作为留守队，其余各部沿铁路线向华北地区开进。翌日，铁道第 3 联队第 1 大队（队长吉村周平少佐）配属第 1 装甲列车（临时装甲列车）一组快速抵达天津，担任作战部队的输送支援任务。

21 日上午 11 时左右，铁道第 3 联队第 1 大队的临时装甲列车在大队长吉村周平少佐的指挥下，载运增援部队从天津出发经丰台开至卢沟桥，企图凭借装甲列车的厚重铁甲及火炮强行攻过铁路桥，进逼宛平县城。在此之前，驻防于长辛店的东北军铁甲车大队第 4 中队中队长赵克非在获悉卢沟桥战事后，立即与第 219 团取得联系，并乘所部"长江"

▲ 卢沟桥

▲ 驻防长辛店的铁甲车大队第四中队的"长江"号铁甲列车

▲ 脱轨翻覆的满铁装甲列车指挥车

▲ 方大曾

号铁甲列车向卢沟桥前线增援，在卢沟桥附近的公路和铁路交叉处遭遇正赶来增援的日军铁道第3联队第1装甲列车，"长江"号铁甲列车见状率先冲至卢沟铁桥附近抢占有利攻击位置，并在队长赵克非的指挥下发起近距离攻击，将野炮车降低炮位保持水平攻击姿态，向日装甲列车连续轰击，日装甲列车猝不及防，车身多处遭受重击，慌忙之下未做任何抵抗就急向原路逃遁，撤退回丰台地区。之后，日驻屯军步兵第1联队阵地上十多名日军奉命冲出，准备抢夺中国军队的

装甲列车，赵克非命令炮车调转炮口，对冲锋中的日兵一炮轰过，待黑烟散尽之后，该部日军已全部被歼灭，七零八落的残躯散布在装甲列车的周边各处，其状异常凄惨。《中外摄影社》前线记者方大曾得知中国的铁甲列车在卢沟桥作战，立即从长辛店沿平汉路徒步前往卢沟桥，准备拍摄铁甲车在前线参战的镜头，但他到达时，铁甲车第4中队的"长江"号铁甲列车已经后撤，拍摄计划落空，实为遗憾！

李文岚（时任北平宪兵第四大队第十三中队宪兵）回忆：

"7月21日上午11时，日军铁甲车由丰台开来，企图攻过铁桥包围宛平县城。日方知道我二十九军没有铁甲车。自认为铁甲车一到铁桥唾手可得。其实，我军已将五十三军汤玉麟将军的铁甲车调来长辛店待命。所以，日军铁甲车出动，我军铁甲车也开了出来。日方还没有到达公路和铁路交叉处时，我方铁甲车到了卢沟铁桥先发制人，瞄准日军铁甲车轰轰几炮将其击退，日铁甲车一炮未发就逃了回去。这时，日军阵地上十多名日本兵摇晃着步枪和"膏药旗"哇哇怪叫，我铁甲车转动炮口给了他一炮，等黑烟冒过日军一个也不见了。铁甲车战的胜利，对我军守护卢沟桥时间的延长，起了一定作用。

铁甲车战之后，日军疯狂的机枪扫射声再也听不到了，冷枪却时有发生。没想到有一天冷枪的子弹竟从我方城上工事的枪眼里射进来，打中一名跟随连长巡视的传令兵，当即倒地牺牲。远方射来的子弹竟能穿过不大的枪眼命中，这纯属一种巧合吧。

7月24日传来消息，说我军要反攻，准备3天的口粮，要把日军赶到关外去。这消息鼓舞了人们，因为日军的侵略行径早已激起民愤，反攻是人们所盼望的。那天，宪兵分队收到中队部送来的面粉，大家烙饼准备反攻之用，并把部分烙饼由我和王仲才送到城墙上，给守军们吃。我们从城上看到，城外确有不少伪装的士兵向前推进，据说是骑兵第三师的弟兄。城上守军则正在轮班休息睡觉，那些仰睡的士兵，个个蓬头垢面疲惫不堪，分不出是死尸还是活人睡觉，保国卫民的将士们竟如此辛苦。但是，人们只是空欢喜了一场，反攻终究未能实现。"

四 "广安门"战役

　　1937 年 7 月 25 日，驻屯军步兵旅团长河边少将决定攻打北平西面的防御要冲——广安门，进以占领整个北平。当夜他即调集福田战车队和部分兵力，与滞留广安门外的第 2 联队广部大队的余部汇集，预定在凌晨 2 时 30 分发起攻击。

　　7 月 26 日晨 1 时，驻屯军司令官香月清司下令驻屯军步兵第 2 联队第 2 大队（广部大队）由天津出发直趋北平，到达北平后接受北平留守警备队队长冈村指挥。广部大队于凌晨 5 时 30 分自天津出发，在下午 2 时到达丰台。北平特务机关长松井太久郎与今井武夫等军官商讨广部大队进入北平的方式，决定伪称"北平日本使馆卫队出城演习归来，

▲ 刘汝珍

▲ 准备掩护步兵进攻的日军轻装甲车队

需要由广安门入城"。命令在中国守军第 29 军的日本顾问樱井负责与 29 军进行联络，企图蒙混过关。在丰台，广部大队换乘了 26 辆汽车秘密开往广安门附近。当时，在广安门守城的中国部队为赵登禹部的第 132 师独立 27 旅第 679 团，团长刘汝珍。

　　广部大队于当晚 6 时左右抵达广安门附近，第 29 军的日本顾问中岛、樱井以及书记官佐藤茂等人迅速与广安门城墙上的中国守军 679 团第 1 营进行联系，恰巧遇到其团长刘汝珍正在此处备勤，于是向其要求进入城内逛逛，刘汝珍团长假装同意，下令开启城门诱日军进入，日军顾问立即引导驻屯军第 2 联队广部大队五百余人乘坐卡车与福田战车队两辆"九四"式轻装甲车开进北平城瓮城之中，当进至一半时，刘汝珍团长突然命令守城士兵开枪射击，一时间弹如雨下，日军瞬间被分割为城内、城外两部分，猝不及防

▲ 广安门

的日军在混乱中遭受了相当大的损失，其书记官佐藤茂被守军当场击毙，中岛及樱井见势不妙迅速乘车逃出城外。中国守军679团此战中缴获了日军载重卡车三辆、汽车五辆、子弹十余箱、掷弹筒十余个，福田战车队两辆"九四"式轻装甲车被击毁，但因无人会驾驶及修理，后又被日军拖走。

五 南苑之战

7月28日早5点30分，华北"驻屯军"步兵旅团第1联队第2大队从南苑西北方、第3大队从潘家庙堤防上分别发起进攻，向中国守军的南苑兵营西北角进击。上午8点，日军牟田口联队长前进指挥部进驻万字地十字路西南角附近。9点25分，日军炮兵小队长中岛少尉在联队指挥部附近的一个屋顶上指挥炮击时，看到有少数中国军队士兵正向北撤退。联队长牟田口立即登上屋顶确认后，判断是驻守南苑的国军开始撤退了，立即派人传令，命令在南苑西北角附近的第3大队北进至天罗庄地区，遮断中国军队的退路。

在槐房东端附近的第3大队大队长一木

▲ 牟田口廉也

少佐接到命令后，迅速命令部队进发天罗庄（大红门一带）。日军第3大队先头部队抵达天罗庄东南方的庙宇亭子后，击退了这里的少数中国守军，主力部队在10点40分到

达了亭子附近，此处东侧150米处是三岔路口，日军马上控制从大泡子通至此处的道路和南苑至北平的公路交叉口。由于一木少佐以前在设计"对抗演习"时，曾来过此处实地调查，所以对该处地形十分了解。于是第3大队在其指挥下迅速开始布置作战阵地，在先击退了部分撤退下来的国军士兵后，又伏击了乘马而来的中国骑兵部队。国军骑兵在日军猛烈的火力下毫不畏惧，奋勇拼杀，终至全员殉国。

随后日军以增援的机枪队为主力，重新布置了阵地。上午12点45分，日军发现有车队出现。12点50分，当车队开进至阵地300米以内时，伏击日军突然开始猛烈射击，遭受攻击的车队反而加速推进，欲突破日军的防线，结果在冲到距日军主阵地约60米左右的道路时被之前遭到伏击的国军骑兵部队的战马尸体所阻拦，后面的轿车和卡车也相继停车。车内中国官兵从车上迅速跳下，和突围的步兵一起躲藏到主公路两边的漕沟内，向日军开枪还击，但终未抵过日军的优势火力，经过一番鏖战后，我军官兵纷纷伤亡。

有关赵、佟两将军殉国的记载：
董升堂（时任参加南苑之战的二十九军三十八师四旅旅长）回忆：

"佟、赵两将军因体力衰弱，步履维艰，乃同乘汽车企图到永定门收容部队，以资攻击再举。但狡黠诡诈的日军，早已在南苑至大红门公路两侧埋伏重兵，并以大队的坦克车在大红门附近截断公路的交通，所以佟、赵两将军和随护汽车4辆驶出南苑北营市街不远，就遭遇到敌伏兵猛烈的火力射击。4辆汽车全被击毁。佟、赵两将军同时牺牲，随护人员等也全部殉难。"

▲ 佟麟阁　　▲ 赵登禹

　　7月28日下午，中国军队在南苑战斗中失利。第29军军长宋哲元奉命下令驻北平的部队经门头沟向保定方向撤退，何基沣率第37师110旅在宛平至八宝山一线掩护部队南撤。

　　此时，日驻屯军步兵第1联队急速转进丰台地区，并且在装甲车队和炮兵部队的配合下，进入宛平城附近的一文字山（沙岗），即沙岗村大枣园一带，开始攻击包围日军野口骑兵部队的第29军部队。随后城外中国守军奉命撤出战斗。该联队属下第3大队随即占领东五里店、西五里店、一文字山及洪太（泰）庄一线，并以此为阵地，准备进攻驻守卢沟桥、宛平城、八宝山一带的中国守军。

　　7月29日上午9时，中国驻屯军步兵旅团旅团长河边正三在丰台驻地召开所属各部队长会议。河边于9时40分下达了攻击卢沟桥、宛平城的"步—作命第六二号"命令。这次充当主攻先锋的就是挑起"卢沟桥事变"的日军中国驻屯步兵第1联队，联队长是牟田口廉也大佐。

　　牟田口联队长接到命令后，立即向第2大队大队长步兵少佐筒井恒传达了作战部署，指定第2大队

为攻击宛平城的突击队，并制定了占领宛平城的作战方案。

　　牟田口联队长于16时从丰台出发，赶往一文字山阵地指挥作战。一文字山是一个小沙丘高地，非常适合作为炮兵观测所，也是宛平城外唯一的制高点，人站在岗顶可以清楚地看到宛平城东门及城墙，于是这里便成了日军进攻宛平城的炮兵阵地。但是对于城内西、北侧及城外西侧河间岛等地的炮击却极为困难。此时身为日军突击队第2大队大队长的筒井恒少佐在各中队长及副官的陪同下，也来到了一文字山，实施阵地侦察，随后部署了攻击计划。18时12分，日军从城外东北角和东侧开始炮击。与此同时，在洪泰庄的福田战车队从城墙东南角附近展开行动，向宛平城西侧进攻。

　　日军利用夜战进行突击，中国守军虽死

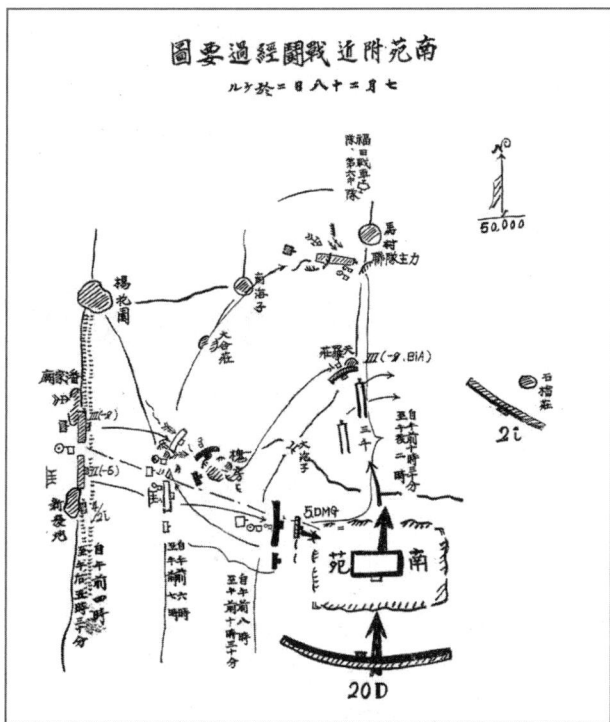

▲ 7月28日南苑附近战斗经过要图（日方绘制）

▲ 攻入北平的福田战车队

▲ 日军攻占宛平城

守阵地，但终因敌我火力悬殊，而使日军阴谋得逞。

当晚，据日军气象兵记载为西南风，好似雨天前的天气，湿气甚大。因此，爆炸后

的浓烟久久不散，炮兵的观测极为困难。18时40分，日军联队长牟田口难以观测炮击着弹情况，觉得很难在预定时间开设两条突击路线后，决定在城东北角另外开辟突破口。随后和铃木炮兵部队协定将所有炮火集中一处进行轰击，结果于19时20分终于轰开了一条宽约20米的突击通道。同时进攻东门的日军第3大队以重机关枪火力为掩护，工兵队突入城下。随着"轰隆"一声巨响，日军工兵也将东门炸开。在城外攻击多时的日军第2大队突击队便从各突破口蜂拥而上，潮水般地涌入城内。之后日军在城门南侧利用竹梯攀登上城墙，打死六七名中国守军后占领了东城门。19时45分，日军占领了整个东侧城墙。大部日军突入城内后，即向宛平城中部地区和西侧城墙发动进攻。中国守军且战且撤。20时30分，日军进攻到西侧城墙，宛平城失守。30日，包括宛平城中国守军在内的掩护部队完成任务后撤退至长辛店地区，旋即撤往河北。至此，整个北平完全沦入日军之手。

第二节 平绥线东段战役

南口战役

1937年7月底，日军相继占领了北平、天津。为了实现迅速灭亡中国的战略计划，日军紧接着沿"津浦"、"平汉"、"平绥"三线扩大侵略。沿"津浦"铁路进攻，为的是策应对上海及华东地区的侵犯；沿"平汉"路南下，为的是夺取中原后进逼华中及长江流域地区；而沿"平绥"铁路西进，则是为

了占领山西，进而控制整个华北。

这时，身为国民政府最高领导人的蒋介石已看清了对日妥协亦不可能阻止中日战事的扩大，于是决心抗战。对日军的三路进犯，国军已做出了相应的战斗部署，在"平绥"路方面，即组织了著名的"南口战役"。

南口位于北平城西北45公里处燕山余脉与太行山的交会处，是居庸关南侧的长城要

▲ 南口

隘，也是北平通向大西北的门户。这一带地形复杂，崇山峻岭，关隘重叠。从南口经居庸关西行至宣化、张家口，为一东西狭长之盆地，南北多山，中央凹下，平绥铁路横贯其中，并有公路相通，形成为连接中国西北、华北及东北的交通干线。南口的南北两侧，又是筑在高山脊背的内外长城，山上仅有羊肠小道穿行，故南口是名符其实的"一夫当关，万夫莫开"的天险之地，人们称它是"**绥察之前门，平津之后门，华北之咽喉，冀西之心腹。**"守住了南口，即可阻止日军占领察哈尔省、分兵晋绥之图谋，从而保卫察、晋、绥三省。

同年3月，酒井镐次接任独立混成第1旅团长之职，并晋升为中将。酒井为日本陆军士官学校第十八期毕业生，于第一次世界大战时期，作为日本方面观战武官在法国前线观摩学习。"卢沟桥事变"后，由于华北战场战事的不断扩大，日本方面即令日本陆军中唯一的一支多兵种机械化部队（旅团级别）——独立混成第1旅团参加作战，简称为"酒井兵团"。原独立混成第1旅团的战车第4大队改为酒井兵团独立混成第1旅团战车队（队长村井俊雄大佐）。第1中队（队长香田猛清大尉）为轻战车队，配备"九五"

式轻战车15辆；第2中队（队长百武俊吉大尉）为重装甲车队，配备"九二"式重装甲车17辆；第3中队（队长林田贡大尉）为中战车队，配备"八九"式中战车15辆；第4中队（队长久保达夫大尉）为轻装甲车队，配备"九四"式轻装甲车20辆。而原独立混成第1旅团的战车第3大队则从独立混成第1旅团的建制中调离，一部被编为中国驻屯军战车队（队长福田峰雄大佐），主力部队则于1938年8月1日扩编为战车第3联队（联队长吉武清丸大佐）。7月11日晚，酒井兵团奉关东军命令从东北公主岭出发，由铁路运输至承德。17日，于北平东北方向约30公里的顺义集结，尔后沿"平绥"铁路配合陆军各步兵部队进行作战，至8月7日，日军以陆军第5师团、独立混成第1旅团、独立混成第2旅团及独立混成第11旅团为主力，在中国驻屯军新任司令官香月清司的指挥下，向南口及其沿线长城要隘展开进攻，南口战役打响。

早有防备的中国军队在"卢沟桥事变"后，8月初就迅速将中央军汤恩伯部的第13军派往长城地区进入南口一带布防，很快便与日本中国驻屯军独立混成第11旅团约一万五千人展开战斗。在此之前，日军旅团派出小分队从4日开始，在南口镇实施战役侦察，又于8日拂晓对得胜口，9日对虎峪村实施火力搜索，10日起开始攻击南口车站及其东侧的龙虎台。

11日，日军对南口地区展开正式攻击。其主力猛攻南口镇，另以一个大队（坂田支队）向南口镇西侧地区的长城沿线施行辅助攻击，并以一部在得胜口进行佯攻。日军步兵在飞机、炮兵、坦克支援下猛攻守军阵地。守军第89师凭有利地形顽强抵抗。12日早晨，日军独立混成第1旅团战车队（战车第4大队）

▲ 香月清司

▲ 汤恩伯

三十多辆日军的"八九"式中战车和"九四"式轻装甲车驶入南口附近的山沟中向中国守军发起攻击，中国守军迅速以机枪火力进行还击，但收效不大，日军坦克仍然呼啸而来，于是守军第 7 连连长隆桂铨带着两排中国士兵跳出阵地冲向日军坦克，当接近敌战车后国军士兵相互掩护，不顾一切地攀上坦克，将手榴弹从舱口向日军战车的车内，或者用手枪伸进战车观察窗里射击，随后第 9 连连长国志英又带领所部几名战士用集束手榴弹炸掉日军坦克三辆使其无法行驶，瘫痪在路边。在中国士兵用血肉之躯和鬼子这些"钢铁猛兽"搏斗数小时后，日军终于战力不支，全线后撤。中国守军在付出两排将士伤亡三分之二的代价后击毁了日军坦克六辆，另又俘虏坦克三辆（这是中日战争中，中国军队首次成功俘获日军坦克的战例），获得了此次战斗的全胜。

从 13 日起日军开始向南口镇一线中国守

军阵地发起进攻，攻击炮火也愈加猛烈，日军将每四门重炮分为一行，排成三行纵列向中国守军阵地从早到晚不停地轰击，而四围又用战车围成一圈，以防中国军队对其发动偷袭。中国军队的防御阵地因大都是临时性工事，所以几乎被日军炮火夷为平地，但中国守军士兵采用在山体上挖掘隐蔽散兵洞的方式予以对付。日军打炮，中国军队就委身于散兵洞内躲藏；日军冲锋，中国守军就出来给予阻击。另外，日军每天还派出二十余架飞机进行轮番轰炸。但在守军有效的防空战术下，日军所造成的威胁也并不是很大，中日双方战事呈现胶着之势。

14 日的战斗最为激烈，日军重炮轰击五千余发炮弹，配合作战的日军独立混成第 1 旅团战车队又用"八九"式中战车三十余

▲ 通过南口附近村庄的独立混成第一旅团战车队（战车第 4 大队）

▲ 攻打南口的日军野炮阵地

辆为先导，掩护步兵向国军阵地猛冲，中国守军内外战壕工事均被冲毁，王仲廉师第529团罗芳珪部流血奋战，死守不退，全团将士悉数殉国，团长以下无一生还。

另外，经过三昼夜不停的阻击，在马鞍山上的中国守军第4连官兵已经战至最后一人，但是这名战士依然坚守阵地，直至援军赶到其阵地才得以保全。

战至16日，在中国守军的顽强阻击下。日军的进展微乎其微。于是，日本中国驻屯军命令第5师团于16日加入南口地区的战斗，并令该师团师团长板垣征四郎中将一并指挥第11旅团作战。第5师团首先以步兵第42联队第1大队增援，在坂田支队左侧展开向长城线上中国守军攻击。

在此之前，汤恩伯已令第4师一部在长城线上的横岭城占领阵地。16日，又令新增援的第94师第56团与第21师第122团合编为一个支队，在石峡附近沿长城线占领阵地。17日，日军步兵第42联队第1大队夺取了长城防线上的最高峰1390高地。随后，日军第5师团主力逐次展开于1390高地至镇边城之间，向守军发动攻击，并将1050高地附近作为主要突击方向。在此情况下，汤恩伯又令第4师第12旅加入横岭附近的战斗。18日，晋绥军将领傅作义率第72师、第200旅、第211旅和独立第7旅增援到达怀涞、下花园地区，以增强南口地区的防御力量。蒋介石也急令卫立煌所部的中央军第14集团军经易县、涞水迅速向周口店一带集中，并增援南口、怀涞地区作战。此外他又命令位于"平汉"、"津浦"铁路附近的部队以一部兵力向平、津之间出击，以配合卫立煌部北进。19日，汤恩伯下令将得胜口、居庸关、镇边城一线阵地区分为三个"固守区"。得胜口、居庸关、青龙桥一带为"第1固守区"，由第89师及新到达的第17军第21师第121、第124团防守；东西大岭及黄楼院一带为"第2固守区"，由第21师一部及第4师第10旅防守；北石岭、东台、横岭城、镇边城一带为"第3固守区"，由第4师（欠第10旅）、第72师一个旅防守。20日，傅作义在怀涞准备组织兵力向攻击南口地区的日军实施反击时，得悉位于察北地区的日本关东军察哈尔派遣兵团向张家口发起了攻击。于是，傅率第200旅、第211旅回援张家口，留第72师和独立第7旅归汤恩伯指挥，在南口地区作战。日本中国驻屯军发现卫立煌第14集团军北进增援南口后，即派第6师团第36旅团编成牛岛支队，进入门头沟以西山地实施堵击；令第20师团进入良乡西北山岳地带，向守卫在"平汉"线及其西侧的中国军队第26路军发动攻击。19日，卫立煌第14集团军在周口店集结，尔后，经西部山地北进。

在居庸关与镇边城一线正面，21日拂晓，日军向横岭城方面发动攻击。其主力一部向黄土洼及其以东高地猛攻。中国守军第4师第19团第1营伤亡殆尽。战至中午，国军第4师死伤更加惨重。之后得到了第72师第415团的增援，才固守住灰岭子、长峪城一线的阵地。22日，日军一部突入长峪城北

▲ 居庸关

▲ 冲击居庸关的独立混成第一旅团战车队的"八九"式坦克

沿中国军队阵地。第 72 师第 416 团增援到位后发起反击，将所失阵地夺回。尔后，日军又向灰岭子守军第 72 师阵地发起正面攻击，并以一部向镇边城迂回，一部突入横岭城南方高地。22 日，国军第 14 集团军右翼第 83 师在干军台与日军牛岛支队一部遭遇，当即展开激战。战至 24 日，第 83 师除留一部兵力继续在干军台与日军作战外，主力继续北进，但进至沿河绒时，被永定河洪水所阻，即改道青白石向大村西侧前进。该军左翼第 10 师于 24 日将牛岛支队另一部击溃于大村。23 日，向镇边城西南迂回的日军与国军第 72 师第 416 团展开激战。日军将该团击退后，占领了镇边城，并占领横岭城中国守军阵地后方的水头村。25 日，日军猛攻横岭城和居庸关各阵地。中、日两军在这两点上展开数

次激战。当日 15 时，日军独立混成第 1 旅团战车队的"八九"式中战车冲入居庸关。中国守军虽伤亡惨重，但仍占据山岭有利地形与日军鏖战。当日，占领水头的晋绥军独立第 7 旅（欠第 620 团）与日军战斗后退守怀来。日军随即在飞机、炮兵支援下攻击怀来。正面长城线上的中国守军已处于被日军包围的态势。26 日下午，汤恩伯下令中国守军全线突围。而日军发觉后立即发起了追击，日军第 5 师团一部当日占领怀来。27 日，独立混成第 11 旅团一部占领延庆。当卫立煌部第 10 师进抵镇边城时，战斗已经结束，部队随即后撤。27 日，号称"塞外雄关"的张家口也被日本关东军占领。

整个南口战役历时 19 天，中国方面投入兵力六万余人，日军动用兵力约有七万。

▲ 占领居庸关后的独立混成第一旅团战车队

中国军队伤亡二万九千三百七十六人，日军伤亡约一万人（据日方统计：第5师团阵亡一千四百三十一人，其中非战斗死亡一百七十三人，加上独立混成第11旅团等部队的损失，日军共死亡约两千余人，负伤人员未列入其中）。

李铣（时任国民革命军陆军第八十九师二六五旅旅长）记述：

"南口作战初期，本旅五二九团首当其冲，在日军强大炮火轰击下，该团罗团长茅某从容指挥，与日军在南口一带阵地，十荡十决，其战斗之惨烈，伤亡之众，绝不逊于淞沪大会战……此役值得一提的是(一)我官兵在敌猛烈炮击时，迅速隐蔽于附近山谷或山麓敌炮弹不及之处，迨炮击停止，敌步兵即将接近我阵地前时，我轻重机枪迅速进入阵地，以炽盛火力对敌射击，敌因之伤亡惨重，狼狈退去。(二)由八日至十二日午前敌始终未能突破我阵地，十二日下午敌改以战车二十余辆冲入我南口镇阵地，情势危急。罗团长乃于夜间率领七、九两个连，在我炮兵及战车防御炮支援下，向敌战车反击，激战良久，终将敌战车击毁六辆，毙敌兵三百余人，残敌才溃去。此役我第七连连长隆桂铨殉国，官兵伤亡三分之二。当时第九连连长国志英，临机应变，急率该连勇敢士兵数名，以集束手榴弹炸毁敌三辆中战车之履带，并予以俘掳，这是抗战首次以集束手榴弹炸战车并俘掳，值得一提，不过国连长也因此负伤。"

国志英回忆：

"用三个手榴弹缚在一起去炸敌战车，过去只听人讲，从没试验演习过，这次因情况太紧急，我若不带头去拼，则战局将不堪设想。想不到那三颗手榴弹的威力还真不小，那种八九式中战车的厚履带都被炸断，敌车不能动，驾驶及枪炮手都被打死，才把车掳获。"

方大曾（笔名小方，上海《大公报》战地记者）记述：

"十二日早晨，三十多辆坦克车驶入了南口。应验了美国武官给我们的忠告，坦克车简直是"铁怪"，三英寸厚的钢壳，什么也打不透它。重炮打中了它，最多不过打一个翻身，然后它又会自己把自己调整过来继续行驶。只要有一道山沟，它就沿隙而上，怎么奈何它呢？办法是有的，第X连连长带着两排人跳出阵地冲向坦克车去，他们冲到这"铁怪"的跟前，铁怪自然少不了有好多窗口以备里面的人向外射击之用，于是大家就不顾一切地攀上前去，把手榴弹往窗口里丢，用手枪伸进去打，以血肉和钢铁搏斗，铁怪不支了，居然败走并且其中的六辆因为里面的人全都死了，所以就成了我们的战利品，两排勇敢的健儿虽然死了一半，但我们终于获得胜利，坦克车没有人能驾驶，而又没有那样大的炸弹或地雷能将它毁掉，结果这六辆宝贵的玩艺儿，在我们阵地里放了两天，终归又被敌人用新的坦克车拖了回去。"

第三节 平汉线战役

一 日本华北方面军战车第二大队

1937 年 7 月 17 日，蒋介石发表庐山演说，表示决心抗日，"只有牺牲到底，无丝毫侥幸求免之理。如果战端一开，那就是地无分南北，年无分老幼，无论何人，皆有守土抗战之责任，皆应抱定牺牲一切之决心。"国民政府军事当局同时也做了各种紧急应付战争的准备，迅速进行了全国性的战争动员和部署，并相继调动国民革命军第 26 路军孙连仲部、第 40 军庞炳勋部、第 53 军万福麟部、第 13 军汤恩伯部、第 52 军关麟征部（即原第 17 军）、第 14 集团军卫立煌部、第 84 师高桂滋等部增援华北前线。

▲ 久留米战车第一联队

▲ 千叶战车第二联队

日军方面调集重兵从北平、天津分三路发动攻势，一路沿"平绥"路西出南口，进攻山西、绥远；一路沿"津浦"路向南攻打沧县、德州，进攻山东；一路沿"平汉"路南犯，进攻涿县、保定、石家庄。华北局势极为危急。与此同时，日军还在华东淞沪地区发动进攻，企图南北夹击，速战速决，以实现"三个月内灭亡中国"的狂妄梦想。

日军的战车部队因此也全力集结，做好出征的一切准备。7 月 27 日，日本久留米和千叶的战车第 1、第 2 联队各自下达了动员令。部队的名称在动员计划上改称为战车第 1、第 2 大队，但实际战力与联队编制没有什么差别。均为战车 3 个小队和轻装甲车 1 个小队组成 1 个战车中队（共 183 人），战车三个中队加一个段列（共 194 人）组成一个战车大队，大队（本）部由大队长以下 39 人组成。

主要人事如下：

战车第一大队	
大队长	马场英夫大佐
副官	高桥武夫中佐
第 1 中队中队长	中村贡大尉
第 2 中队中队长	堀场库三大尉
第 3 中队中队长	城岛赳夫大尉
战车第二大队	
大队长	今田俊夫 大佐
副官	熊谷庄次中佐
第 1 中队中队长	小林市三大尉
第 2 中队中队长	永山仙一大尉
第 3 中队中队长	指宿通春大尉

▲ 战车第一大队

▲ 战车第二大队

　　两个战车大队装甲战力共有"八九"式中战车78辆，"九四"式轻装甲车41辆，合计119辆。大本营陆军将此战车战力编入华北平原作战的第1军战斗序列，动员令下达一个月后的8月31日到达。战车第2大队大队长今田俊夫大佐为日本陆军士官学校21期毕业，1938年升为大佐，同时就任战车第2联队联队长。上任后的一年时间里，对第2联队严加训练，直到改称大队后出征。

　　"平汉"路方面，中国军队作战主力为第一战区第2集团军，辖第26路军、第53军、第52军等部，第20集团军商震部及独立第46旅等，第2集团军总司令刘峙将军驻保定指挥作战。作战计划是：沿"平汉"路多线设防，步步为营，节节抵抗，以期实现"以空间换取时间"的战略。具体部署是以第26路军孙连仲部、第53军万福麟等部为第一线防御部

队，防守房山、周口店、琉璃河、码头镇、固安、永清一线，保卫保定前哨涿州；以第52军关麟征部为第二线防御部队，防守新安、漕河、满城一线，拱卫保定城；以第20集团军和独立第46旅为第三线防御部队，固守石家庄以北的正定地区。

　　日本华北方面军部署在北平南部地区的第1军，由第20、第14、第6师团三个师团做攻击准备。战车第1大队配属第20师团，战车第2大队（以下用今田战车队代替）配属第14师团（师团长土肥原贤二中将）。9月4日，日本华北方面军的作战命令下达，必须从张家口西南方面组织进攻，第1军为华北方面军正面进攻的重点，沿"平汉"线（北京到汉口的铁路线）向目标所在地保定南进。

　　9月14日，日本华北方面军第1军主力（即第6、第14师团）避开部署在涿州正面的中国军队，分由固安、永清强渡永定河，侧击涿州。今田战车队于13日上午9时接到第14师团的命令，内容为："战车队于14日12时，由所在地（庞各镇）出发。日落到达，沿杨家庄－黄各庄－胡林一线进出。一部分配属右翼队，主力配属左翼队准备协同攻击。"

　　因日军左翼队的第一线部队（步兵第59联队）的军官侦察报告："中国军有撤退的征兆"，今田战车队决定准备向永定河方面展开追击。

▲ 强渡永定河的日军步兵

战车第2大队于14日9时，战车第1大队于10时半各自开始向永定河河岸前进。9时左右，在大黄垡的今田俊夫决定不管情况怎样，必须要迅速渡过永定河。虽然侦察部队报告永定河水势大涨且河底状况不明，只有使用渡河设备才能使战车通过，但今田急功好利，决定不管河里障碍位置在哪，都要尽快渡河。然后按师团命令向作为右翼协同部队的第2中队（中队长永山仙一）下达分别行进的命令。

永山接到今田的命令后即率领中队全速南下。永山中队顶着风沙开始了前进之路，考虑到道路上有步兵部队在行军，行进速度可能无法太快，决定派先头的摩托车一边行进一边整理道路。

纵然如此，最后还是用了两个小时才走出八公里，到达了河岸边的胡林村。今田和部下们仔细研究了当前所掌握情报：永定河的河宽比想象的要大；此时左翼队的前锋部队已到达对岸；中国军队的步兵正在河堤对面附近的村子里频繁用机枪射击；己方炮兵延伸了射程，向3公里外的大村庄炮击；永山第2中队在右翼队的正面也正准备渡河攻击；整个师团将会在明天拂晓渡河；战车的渡河设备器材还在附近的村庄里等待集结；如果等工兵把渡河的桥梁架好，那么恐怕战车队就得到了傍晚才能渡河了，而这时，步兵的前锋部队都不知道会前进到哪了，有利的战机也就不复存在了。于是第3中队的指宿大尉提议，不如在河水流速不急的时候强行渡河。今田俊夫采纳了这条提议，下达了渡河命令，"**战车队从胡林（现在地）南侧堤防渡永定河，顺序为第1中队，大队本部，第3中队。渡河之后，第3中队为右边第1线联队做战斗支援。第1中队为步兵的左边**第一线联队作战斗支援。准备好了就开始渡河。"日本陆军战车部队第一次大规模的渡河攻击，就这样开始了。

第1中队中队长小林市三大尉指挥中队的战车开到岸堤下，准备沿河边往上冲。与此同时，两组负责侦察的下士官从河滩上回来报告称："没有合适的渡河点，不过从这里五十米左右上游的小路说不定有可能渡过。我一直前进到河中间，河底有很深的淤泥，能到我的胸部，有一米二左右。"今田大佐在听到这个回报后想，"八九"式中战车渡涉深度有1米，而"九四"式轻装甲车只有60cm，该怎么办呢？小林大尉立即大声命令道："跟随我的中队长车，我的车如果不动了，第二辆车就从上游的侧面超越过去。第二辆车如果落下，第三辆车就超越过去，各车，绝对不要停止发动机！目标是前面对岸最高的一棵树。"

"是！"各车长齐声回答道。随着战车发动机轰鸣的响声，中队长车率先冲入了永定河里，急驶的队长车还没开多远上部的转轮就沉入水里，因为陷入河泥中，履带常常只是空转，行驶得非常艰难，开到约50米的地方时，第二辆车开始下河，第三辆车及后续车辆也驶到河堤的斜坡上开始准备。先头的中队长车在驶入河中时，一瞬间河水已经漫到了炮塔位置，上半身都已经完全泡在了水里。在该部战车陆续强渡时，突然几辆坦克的发动机停止了运转，周围的河水很快灌入车内，幸好此时车内的乘员还能从车身上的炮塔里逃出获救，最终，战车队（第2中队除外）的渡河战车有四辆沉落河底，人员侥幸没有伤亡。至当日傍晚，今田战车队主力渡过了永定河，于距永定河10公里外拒马河（大清河支流）畔的宫村镇集结宿营。另一方面，配属右翼队的永山第2中队也于14

▲ 今田战车队的 224 号八九式中战车

日深夜 12 时 30 分左右强渡永定河，于 15 日清晨全部过河，向拒马河畔的宫村镇桥突进，并与固守该桥的中国军队第 25 师（师长张耀明）一部发生交战，之后守军第 25 师向后撤退，并将架设的拒马河浮桥一根绳索砍断（日方记载是被烧坏），永山第 2 中队在率所部"九四"式轻装甲车群冲过浮桥进行追击时，一辆编号为"75"号的"九四"式轻装甲车

掉落水中沉进了水底，因河流较为湍急，中队长永山仙一大尉并没有组织打捞，仅以战损进行了上报。

同日，日军增调兵力，在今田战车队主力及重炮的掩护下，加强攻势，强渡拒马河，将守备这一线阵地的第 47 师裴昌会部分割包围，中国守军与敌激战半日后，被迫突围撤退。18 日，涿县陷落。日军遂长驱直入，沿"平汉"路两侧向保定突进。

1989 年 7 月，涿州市西围坨村农民王芬在今涿州大清河中发现了一辆日军的坦克，并向当地有关进行了汇报，同年 11 月 5 日，北京军区组织解放军战士及民工将这辆"九四"式装甲车打捞出水，该车沉于河底长达五十二年之久后重见天日。在经过专业处理维护后，送于北京坦克博物馆中对外公开展览。从锈迹斑斑的车体上残留的模糊编号、乘员饭盒等线索以及时间地点上可以推断出，其正是 1937 年 9 月 15 日，在渡拒马河浮桥时沉没的日本华北方面军战车第 2 大队的永山仙一第 2 中队的那辆编号"75"的"九四"式轻装甲车。这辆"九四"式轻装甲车是目前已知的全世界唯一一辆完全保持当时全套作战配备的日军战车。其中还完好地保存有战车兵乘员的战车帽、望远镜、军刀、

▲ 今田战车队的"九四"式轻装甲车（63 号车）

▲ 进入城内的今田战车队

▲ 日本陆军兵器本厂支给战车第 2 大队装备文件

▲ 1937 年 9 月 15 日，在渡拒马河浮桥时沉没的日本华北方面军战车第 2 大队的永山仙一第 2 中队沉没的"九四"式轻装甲车

检修工具、饭盒、报纸、钢笔和铅笔等物品。该车既是日本侵华战争罪行的铁证，同时也是珍贵的军事历史文物。

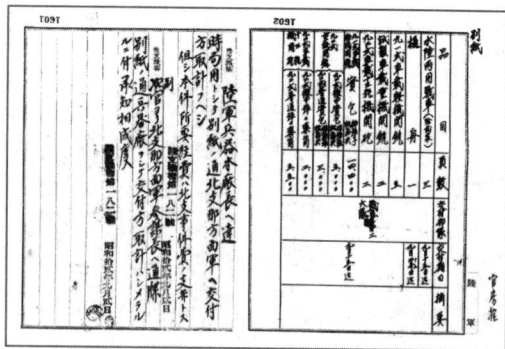

二 战车第二大队临时水陆两用战车小队

1937 年 8 月 2 日，日本陆军兵器厂向华北方面的今田战车第 2 大队送交了陆军试造的三辆新型水陆两用战车，用于在实战中测试，分别为"伊号"、"RO 号"以及"Ⅱ-号"。这三辆战车尔后编为战车第 2 大队临时水陆战车小队（队长守屋泰次少尉）参加了 8 月 12 日至 10 月 20 日进行的"平汉"线作战以及长途履带行军试验。

▲ 今田战车队水陆战车小队行动经过要图

以下为试验使用日志摘要：

8 月 20 日 -9 月 11 日，于南苑担任弹药聚集地的守护任务。

9 月 12-13 日，与战车第二大队在庞各镇与中国守军第二十五师一部作战后前进。

9 月 14 日，作为战车第二大队的斥候小队于永定河渡河点下水侦察，期间受到中国守军的狙击。

9 月 18 日，于杨家庄至松林店一线担任燃料、弹药以及粮食的运输任务，其中一辆战车的装甲板上留有十余发枪弹的弹痕。

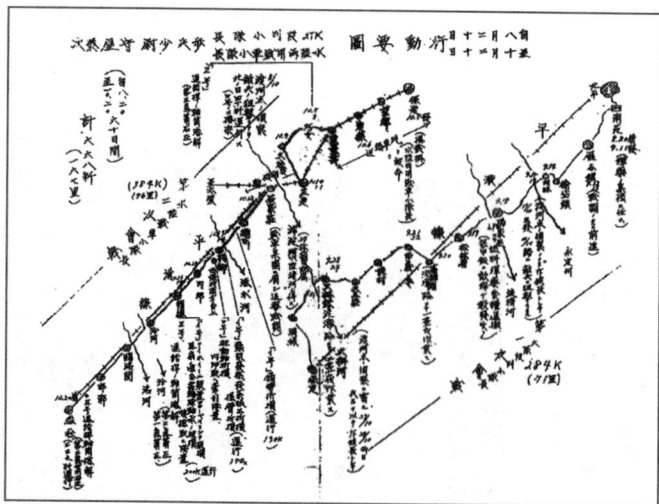

9月20日－24日，于西义至大栅河间进行渡河侦察任务，尔后到达保定（从北平南苑至保定行军长度约284公里）。

10月5日－10月10日，水陆战车小队以汽车运输方式从保定至正定。

10月10日，水陆战车小队配属战车集团进行追击作战。

10月13日，至滁州时伊号车的履带损坏（运行距离130公里）。

10月14日，至内邱时，伊号车的悬挂发条、发条眼等损坏；RO号车的启动轮轴损坏（运行距离150公里）；后于内邱车站依靠牵引车前进。

10月16日，至顺德时，伊号车的风扇等部件严重损坏，留置于顺德车站（运行距离200公里）。

10月20日，至邯郸时，Ⅱ号车联络杆轴筒溶解，试验至此结束。

（一）试制"九二"式水陆两用重装甲车

1931年，日本在"九二"式重装甲车的试制过程中，因为该车与日本当时的其它铆接体战车不同，采用全焊接车体，水密封较好。于是将此车车体改为水陆两用的车辆进行试验。因其采用了焊接车体设计，较之铆接车体，所以在浮力上有所增加。同时车身整体结构高度也被增加，便于车身上加设浮筒，于车体尾部加设了螺旋桨，使其可以在水上航行。悬挂及行走装置同"九二"式重装甲车初期生产型类似。该样车在经过水陆两用的行驶测试后，虽然并没有被军方要求投入量产，但为日本今后的水陆车辆研究提供了一定的实践经验。

（二）试制水陆战车SR-Ⅰ（伊号、RO号）

1933年，日本在经过热河及上海的作战后发现，中国大陆江河、溪流众多，给装甲部队的机动造成了严重问题。于是，日本陆军技术本部再次投入了水陆两用战车的研究，并将样车的制造分别交由三菱造船厂及石川岛造船厂。

▲ 试制"九二"式水陆两用重装甲车

▲ 试制水陆战车 SR-Ⅰ（伊号、RO号）

同年 8 月，三菱造船厂（后三菱造船厂与三菱航空机合并为三菱重工）和石川岛造船厂按照陆军技术本部提供的设计图制造了两辆试制车，分别简称为"SR 伊号"（三菱制造）及"SR RO 号"（石川岛制造）。"伊号"车在配置上参考了原先的试造"九二"式水陆装甲车，车体因为考虑到增大浮力，所以采用了整体浮箱式设计。车体上部搭载了装备机枪的小型可旋转炮塔，车体右侧前端设有可供驾驶员用的独立观察塔，悬挂及行走装置采用八个单侧小直径负重轮及三个托带轮的设计。水上航行时，车体前部有可以收起的分水板。操作上没有采用船舵，而是利用改变水流的方向来转换航向，从外观上很难看出是水陆两用战车。"RO"号的基本外形与"伊"号车相似，推进装置则采用了螺旋桨设计。在陆军骑兵学校及工兵学校进行了应用试验后，样车在 1937 年被送往中国华北战场进行实战测试。

（三）试制水陆战车 SR- Ⅱ号

1934 年，受到日本陆军部的委托，日本汽车工业公司（原石川岛汽车制造所）进行了第三次的水陆两用战车试制，并于同年 4 月 8 日完成样车，简称为"SR- Ⅱ"号，公司内部称为"隅田"TD 型。

由于该车设计采用的浮箱巨大，使得重量只有 4 吨的这型"豆"战车车体外形轮廓却异常巨大。其可旋转炮塔体积也不小。"SR- Ⅱ"号水陆两用战车车体前部设有一个 7.7mm 机枪座。发动机搭载了与"九二"式重装甲车相同的 C6 型气冷式汽油机（45 马力）。陆地上使用履带行走，时速可达 40 公里 / 小时；水上航行时，平滑倾斜的车体前部采用的滑板将被打开，最高时速可达 6 公里 / 小时。在

▲ 试制水陆战车 SR- Ⅱ号

性能参数	
全 重	3.85 吨
车 长	5.8 米
车 宽	1.88 米
车 高	2.39 米
装 甲	6 毫米
武 装	"九一"式 7.7mm 机枪 2 挺
发动机	"富兰克林"直立 6 气缸气冷式汽油机（后换为"隅田"C6）
时 速	40 公里 / 小时（陆地）、6-9 公里 / 小时（水上）
乘 员	3 人
越 壕	1.6 米
攀 爬	2/3

经过测试后，汽车工业公司又于 1936 年底制造了改良的型号，公司内部称其为"隅田"TH型。车体外形没有太大的变化，发动机则更换为与"九四"式 4 吨牵引车相同的 V 型八气缸气冷式汽油机（92 马力 / 每分钟 2600 转），将水上航行时速提高到 9 公里 / 小时。

第四节 忻口会战之
雁门关、崞县、原平作战

1937年9月28日，沿"平绥"铁路配合日军各步兵部队进行作战的酒井机械化兵团（独立混成第1旅团）攻占了长城雁门关外的朔县。9月30日，第2战区司令长官阎锡山在台怀镇下令在平型关及内长城线防御的国军部队全线撤退。10月1日，又令第15军（军长刘茂恩）、第17军（军长高桂滋）以及第21师（李仙洲）等在恒山地区的各部队在驻沙河、峨口的第35军（军长傅作义）第211旅（旅长孙兰峰）及218旅（旅长董其武）掩护下撤至沙河，再转向五台山西麓的五台、定襄两县以北地区进行集结，并令第19军（军长王靖国）固守崞县；第196旅（旅长姜玉贞）固守原平镇，以掩护其它部队在忻口一线布防。

▲ 酒井镐次

同日夜，日本华北方面军司令官命令第5师团以主力在代县集结，准备对山西太原进行作战，并命令步兵第9旅团以三个步兵大队、一个山炮大队为主力继续向保定前进。另外，由关东军参谋长东条英机所指挥的察

哈尔派遣军（混成第15旅团、混成第2旅团及混成第1旅团等）也被列入华北方面军战斗序列，归属察哈尔派遣军的酒井兵团（独立混成第1旅团）奉命担任突破长城防线（雁门关、杨方口）附近的中国守军（第35军董、孙两旅）阵地任务，向太原北部的原平镇进击。于是，独混1旅团战车队长村井大佐考虑利用战车的装甲防御力和机动力将长城防线中

▲ 雁门关

日军作战序列	
华北方面军第5师团	
师团长	板垣征四郎中将
参谋长	西村利温大佐
第9旅团	
旅团长	国崎登，后转往保定
第21旅团	
旅团长	三浦敏事
关东军察哈尔派遣兵团	
司令官	东条英机
独立混成第1旅团	酒井镐次
独立混成第2旅团	本多政材
十川支队	
独立混成第2旅团第1联队	
联队长	十川次郎
独立混成第15旅团	筱原诚一郎

▲ 酒井兵团（独立混成第一旅团）林田中战车队与汽车队

国守军阵地攻打开一个缺口，再由这个缺口突入，击溃整个中国守军的防御体系。从 10 月 2 日早晨，酒井兵团在西套、沙河一线开始准备攻击，并令战车队由村井统一指挥，在西套附近同时进行准备，向主路西侧的宁武北侧地区发起进击，以切断宁武至静乐道一线国军的联系，并协助担任宁武西北正面攻击任务的右翼步兵部队作战。

之后，村井即林田第 3 中队（"八九"式中战车队）为左路第一突击集群，占领沙河后，沿主路强行突破中国守军正面阵地。香田第 1 中队（"九五"式轻战车队）为右路第一突击集群，由第 3 中队的西侧突破中国守军阵地。百武第 2 中队（"九二"式重装甲车队）直接协助右翼部队步兵作战。久保第 4 中队（"九四"式轻装甲车队）为第二梯队，于第一突击集群两中队中央突破之后跟进，随后准备加入第一突击集群作战。

10 月 2 日凌晨，与日军对峙一夜的董、孙两旅退往峨口、五台山等地区，第 35 军独立 7 旅（旅长马延守）在代县一带掩护雁门关岭口行营及第 19 军退入代县后，经阳明堡到达宁武轩岗镇，归入骑兵第 1 军（军长赵承绶）的战斗序列，第 209 旅（旅长段树华）也在阳明堡掩护雁门关一线大军南撤，之后与赵承绶骑兵联合阻击雁门关和代县方面南进的日军。上午 10 时 50 分左右，村井战车队的林田第 3 中队以横向纵队向沙河进发，

遭到沙河北侧的中国守军的机枪火力阻击。因林田判断该处仅为中国军队的警戒前哨阵地，为了节省弹药，所以并没有用"八九"式的战车炮进行轰击，而是命先头的小队长车的机枪进行持续射击，逐渐靠近该处国军阵地。在林田中战车中队前进了三十分钟后，香田第 1 中队也开始进攻，于西套村东侧展开队形，以"九五"式轻战车装备的 37mm 战车炮对中国守军突出阵地进行连续射击。因中国守军固守的高地脚部有守军事先挖好的一道反战车壕，香田中队无法突进，被迫停止；另一方面，配备重装甲车的百武第 2 中队直接掩护右翼攻击步兵组成战斗队形协同前进，以"九二"式装甲车的车载"九一"式机枪对阻击步兵前进的中国守军火力点进行压制，但在接近守军阵地时，因国军坚守阵地的斜面较大，有 45 匹马力的重装甲车无法爬上。百武及香田两队一时间进退两难。至中午，林田第 3 中队攻占了沙河守军阵地，进入村庄南端。在后面站在战车上用望远镜观察的村井下达了战斗命令："**轻战车中队不要直接攻击中国军阵地，沿东麓高地南下，攻击河西北侧高地的守军。重装甲车中队调头，向西套村落北侧迂回，移动至战车队主力的后方。**"命令发出后，两辆"九四"式轻装甲车从战车队（本）部的位置向两个中队的战斗地区开进，并以信号旗传达命令。香田在接到命令后，一面向右旋转炮塔对右侧守军的机枪火力点进行压制，一面向南侧迅速开进。下午 1 时 30 分，中、轻战车中队齐头并进，中战车队以战车炮对雁门关守军主阵地的特别火力点、掩蔽机枪阵地及城楼为目标进行轰击，并在向主路西侧迂回突进的途中，对附近守军埋设的地雷，用战车炮炮击引爆。随后，轻战车队与前进的中战车

中队联合向河西北侧的中国守军阵地发起攻击，下午4时5分，雁门关第一线、第二线主阵地均被战车队突破，中国守军开始向后方撤退。村井急令战车队全力向宁武方面追击，追击顺序为：轻战车中队在前、重装甲车中队跟进、轻装甲车中队其次、队本部再次、中战车中队殿后。村井战车队于当夜一路直追，由于缺乏夜间行动的实际经验，先头的香田第1中队一辆"九五"式轻战车在追击途中发生事故抛锚，在先头的轻战车队小队长下车对桥梁及道路障碍进行探查后，战车队留下事故车辆继续快速向宁武方向挺进。

当晚7时45分许，村井战车队于步兵之前率先进入宁武县城东关附近地区，并派出两个装甲车中队在城内扫荡后，于夜间从段列（补给队）处进行燃料及弹药的补给休整。

▲ 酒井兵团（独立混成第一旅团）战车队久保轻装甲车队

▲ 酒井兵团（独立混成第一旅团）战车队百武重装甲车队

10月3日从早晨至午后，堤支队（支队长堤不夹贵大佐）及酒井兵团主力先后进入宁武，并在城内赵家大院设立旅团司令部。4日下午2时，根据发布的"酒兵作第180号"命令：独立混成第1旅团以独立步兵第1联队为基础的旅团主力集结于朔县地区，向绥远方向前进；战车4大队（村井战车队）、野战重炮兵第9联队配属于坂垣第5师团之下经广武镇、北贾村向原平方向前进。除堤支队朝井中队留守警备宁武外，其余所部经轩岗向原平全力开进。

为了确保山西不失，蒋介石命令卫立煌率第14集团军四个师又两个旅从河北星夜驰援山西。卫立煌在抵达忻口后，被阎锡山任命为前敌总指挥，集中第14、第6、第7和第18集团军（即中国共产党领导的八路军）共八万兵力，依托有利地形组织防御，乘日军第5师团等部立足未稳之时在忻口一线与日军决战，为了掩护大军集中布防，令第19军（军长王靖国）及第196旅（旅长姜玉贞）分别在崞县及原平镇地区阻击迟滞日军的攻势。原平方面，在第196旅旅长姜玉贞的率领下与日军第5师团进行反复拉锯战，并组织奋勇队（即敢死队）于当夜出击，奇袭日军前沿阵地，部分奋勇队士兵携带特号手榴弹爬上村井战车队使用的战车，拉开炮塔及车身上的舱门将几辆战车炸毁。至10月10日，日军第5师团集中大量兵力，在优势炮火支援下，以村井战车队为先导，数度采用波浪式的集团冲锋战法，疯狂进攻原平，第196旅因伤亡过重，旅长姜玉贞在完成守城任务后，率部趁夜从原平西南方向突围，在突围中，姜旅长不幸被炮弹炸伤左腿，在混战中壮烈殉国。与此同时，晋绥军装甲车队（指挥官延毓棋）奉命前往雁门关支援国军守军阻击

▲ 卫立煌

▲ 姜玉贞

▲ 准备渡河的晋绥军装甲汽车

日军，在磨坊铺突袭日军骑兵后，退至崞县，留下半数车辆后，因战局突变，奉命撤退至忻口一带待命。

11日凌晨3时，原平失陷后，临时配属第5师团的村井战车队即向忻口方面追击，因途中通向忻口的桥梁事先已被中国守军拆断，战车队只得停于桥上。尚不知原平已失的阎锡山，为解原平姜玉贞旅之围，令固守忻口一线的第9军军长郝梦龄将军派第54师一个团、弹药补给汽车以及晋绥军装甲车队前往原平搜索增援。但在过小官道时遭到了

▲ 攻占原平镇的日军

▲ 于原平附近遭日军伏击击毁后缴获的晋造装甲汽车

北三泉的日军轻重机枪及火炮部队的猛烈阻击，随后村井战车队的"八九"式中战车开到，加入到围攻晋绥军装甲车的战斗之中，在日军强势炮火下，晋绥军装甲汽车两辆被当场击毁，其余撤回忻口，尔后又退往太原。

延毓祺（时任晋绥军装甲汽车队指挥官）回忆：

"七·七事变时，我为第二战区高参，不久奉命兼任大同警备司令及大同县长。大同沦陷后，我到雁门关，阎锡山派我当装甲车队的指挥官。我回到太原，从卫队旅挑了二百多名士兵，从军官教导团要了二十名军官，又从民运运输车上抓了四十名司机，便组成了装甲车队。装甲车队共有四十部作战车辆，另有一部卡车。

"车队在忻县附近一个山凹里，作了前进、后退、左右展开等动作，进行了试射，算是进行了训练。大约于九月底开赴阳明堡。

"第二天，上级通报日军占领茹越口，命令我队经代县向东前进，相机掩护雁门关右侧背。在磨坊铺袭击了敌人的骑兵。第三天退到崞县，被敌人击毁两辆装甲车。我留一半车辆在崞县，其余退回忻口，归卫立煌指挥，监视中央兵团前线情况。撤退时，装甲车队在最后，任务是迟滞敌人前进。我们最后通过石岭关山洞，通过后，山洞就被守兵奉命炸毁了。"

田家德（时任晋绥军第三十四军一六九旅三九二团第二营副官）回忆：

"当时士气很高，有天晚上，我在城墙上亲眼看到战士们带着特号手掷弹爬到敌人的坦克上，揭开盖子炸毁坦克的情景。"

---

①此处应指华氏温度，后文同。

▲ 郝梦龄

郝梦龄将军忻口作战日记：

十月七日（星期四，气候晴，温度六十度①）

今日拨到晋造山炮，中央军平射炮到忻口。

十月十日（星期日，气候早晴午后阴，温度六十五度）

今日为国庆二十六周年纪念日，回忆先烈缔造国家之艰难，到现在华北将沦陷日人之手，我们太无出息，太不争气了。夜二时三十分报告，我阵地已到敌装甲车及坦克车数辆，幸有准备，将小桥拆断。车停桥上，派兵出击，将桥上汽车烧毁，余车退去。八时敌派重炮猛攻原平，此时又接命令，姜旅留余指挥，如早日出动，决无此事。午间接XX部长途电话，令与姜联络。午后六时，卫立煌总司令来忻口，到XXX看阵地，归来到部，谈甚久，而后回到忻县。候装甲车到，拟明早派王营沿公路游击，并与姜旅联络，炮兵今日皆进入阵地。

十月十一日（星期一，气候阴多风，温度六十度）

昨夜风雨交起。二时三十分接到卫总司令令，派有力部队，驱逐原平以南之敌，解姜旅之围。即令XXX团长率兵两营，三时出发。装甲车未到。王营拂晓到平地泉，闻原平炮甚烈。九时有溃兵出城,恐此城亦不保。午间郭寄峤电话,姜旅仍固守东半城,士气亦壮,决定今晚攻击。部署以三团分两路前进,六团跟进,五团到原平后再跟进。见烧毁之敌装甲车,载有飞机汽车多数零件。午后三时,接王团长报告,我装甲车过小官道,在北三泉之敌,用轻重机枪射击,并坦克车十余辆及小炮向我射击。

▲ 李默庵

刘家麟忻口抗战日记:

十月十日 气候晴,温度七十度

今早二时,我前进部队,被敌装甲汽车袭击,结果被我张营第三连用手榴弹将敌装甲车掷毁一辆。我部开始作战,有如此胜利,诚属难得。

十月十一日 气候晴,温度七十六度

早偕雪生兄赴阵地巡视。早晨后,派王团之一营,随装甲车赴前方搜索。十六时得前方消息,原平失陷,以故此地受惊。本晚即令第三团与张营在板市一带占领阵地,并彻夜。敌颇顽强,凡在夜间,日本兵安眠,满蒙军守卫警戒。其战法,先以炮兵轰击,次以装甲车坦克车随之,而后再随之以步兵,其步兵虽不大勇敢,而其轻重兵器颇便,我与之抗,若非十分沉着,绝难抵御。日来对官兵训话,多注重此点。

10月7日,在原平、崞县激战时,晋绥军山炮团及中央军陆军装甲兵团战防炮教导队第3营(营长郭定远)奉命到达忻口增援。战防炮营1连配属忻口的中央兵团第9军162旅第5团(第323团)抢占忻口东北侧高地。16日,战防炮营转配给大白水阵线的左翼兵团第14军(军长李默庵),其中四门用于防空,四门配与大白水正面的第10师。同日,日军第5师团一部于拂晓,集中村井战车队三十余辆战车在炮火的掩护下,向大白水阵地全线猛攻,村子外围的据点工事及所有交通壕全部被日军炮火及战车摧毁,并由东、西、北三面将大白水包围。由于此地寨墙坚固,村井战车队多次猛冲均无法冲破,于是村井令香田的第1中队三辆"九五"式轻战车从东关顺公路突入大白水村内街道,与第10师进行激烈巷战。因此时李默庵部手上没有阻击战车的有效武器,致使日军三辆战车掩护步兵,一路突进至第28旅(旅长陈牧农)的旅部附近,以车载机枪及火炮来回射击,守卫旅部的警卫队士兵死伤惨重。李默庵即令陈牧农用汽油喷浇坦克,然后再用集束手榴弹投掷。至黄昏时,李牧农部按此方法击毁了香田中队"九五"式轻战车一辆,其余二辆调头沿原路东窜。陈牧农击退战车后,立即派兵加强旅部工事封锁战车突入口。尔后,村井战车队虽未再深入中国守军阵线腹地,但于阵地前沿分区分段地往返活动,对守军阵地官兵进行火力打击。

同日黄昏,战防炮营四门37mm战防炮分配给第10师后,为了掩蔽及保护战防炮,提高伏击日军战车的效果,即派工兵营在寨墙上连夜另凿炮眼,将战防炮藏于坚固寨墙后由炮眼射击。但因天寒地冻，土质坚硬，工作进展十分缓慢，后用沸水淋墙解冻，才慢慢凿开，做好炮眼。17日，村井战车队再次出击，并以林田第3中队的"八九"式中战车及百武第2中队的"九二"式重装甲车为先导展开攻击，在接近守军阵线后，隐藏于墙壁后的战防炮突然同时射击，在战防炮的穿甲弹强力打击下，多辆战车、装甲车被击毁，第3中队长林田贡大尉、第2中队长百武俊吉大尉均于车内被击毙，日军忽然遭此意外，急命战车队撤回，但因受伤战车无法行驶，最后只能由日军的牵引车将其拖回。而在防御阵地内的中国守军战防炮兵也被日军飞机和炮兵发现，随即遭到了毁灭性的火力还击，我守军战防炮兵所部官兵部分被敌击中，伤亡惨重。

▲ 酒井兵团（独立混成第一旅团）百武重装甲车队

▲ 酒井兵团（独立混成第一旅团）香田轻战车队

王杰仁（时任第十四军第十师第二十八旅第五十七团第三营第七连传令兵）回忆：

"第二天上午，敌机对我大白水村周围的防守阵地低空反复侦察，下午约一时左右，敌步兵在飞机大炮的掩护下，十几辆坦克做先锋，向我第二营右翼阵地发起猛攻。正好在敌坦克进攻的路线阵地上，配备有德制三七战防炮两门。当敌人的坦克进入我战防炮射程以内时，第二营营长命令战防炮开始射击，头两发没有打中，营长就命令说：再打不中，我杀你排长的头！此时副排长着急了，将炮手拉开炮位，亲自打，五发炮弹打毁坦克三四辆。这时，敌机发现了我战防炮阵地，十几架敌机轮流轰炸，十几门火炮集中轰击，雨点似的炸弹、炮弹和飞机上的机枪子弹，不过十几分钟，就把一个战防炮排阵地炸得血肉横飞，尘土漫天。战防炮排的官兵完全与阵地共存亡，无一幸存者。"

▲ 人物身后为 **37mm** 战防炮

李默庵（时任第十四军军长）：

"在我左翼兵团第十师进攻战斗中，有一惨烈战例，值得一提。即第十师第二十八旅第五十七团之第六连，遭遇敌军坦克两辆之攻击，坦克横碾该连临时战壕，官兵被碾埋大半，无一退避。待附属该师专打坦克之平射炮驰到，将坦克击毁，仍维持原来阵地。"

贾宣忠（时任晋绥军第二〇一旅参谋）回忆：

"十一月三日三时，全旅到达忻县城关，当即以第四〇一团在右翼占领公路以东之滹沱河间阵地，向左翼高地衔接第二〇三旅的阵地。晨七时许，敌机已在上空出现，接着沿公路追来的日军坦克五辆、骑兵百余名，进抵忻县北关附近，当日上午十时，日军陆续增加坦克十四辆、步兵三百余名，逐步迫进到第二〇一旅司令部所在的南关。当时第四〇二团利用东南城壕和房屋进行抵抗，因受到敌骑和坦克的围击，伤亡较大。下午一时许，第四〇二团全部撤至南关，利用关墙及房院街巷和敌人形成一度对峙。不久日军坦克从南关东面向我两翼包围，敌坦克五辆一直冲到关门外的石桥上，把南关北门完全控制。石桥距关门不足十公尺，故坦克用机枪向关内疯狂射击，关内一片混乱。我即跑到街心，带上旅部杂勤人员，督促街上所有官兵一度冲到关门口，利用半扇关门做掩护，向桥上扔去一排手掷弹，利用烟雾冲出三四人，爬在石桥的栏杆后，向敌坦克摔去四五个头号手掷弹，石桥炸塌半边，前边一辆坦克肚子朝天掉进了城壕。第二辆坦克慌忙向后退去，又横栽入城壕内。壕里虽无水，但土是松的，车身一半埋在土里不能转动。后边三辆见势不妙，顺原路退往东南城角，敌凶焰稍减。"

翟洪章（时任第九军第五十四师一六一旅三二二团第一营营长）回忆：

"娘子关失陷后，忻口全线撤退。经过一天的隐蔽行军，天快薄暮时才来到青龙镇。这时我全营（实际就是三二二团全团）官兵不满二百人，但武器还好，全团二十余挺轻机枪都在，枪榴弹、掷弹筒都有。我带着全营官兵刚进街口，就看见孔繁瀛在那里收容我师部队，共收容不到二千五百人。他召集团、营长开会，准备在此占领阵地，阻击南犯之敌，掩护各友军顺利到达太原。我营在青龙镇以北八公里处公路大桥附近占领前进阵地，其余各团在青龙镇以北五里处占领阵地，师指挥部和特务营在青龙镇。我接受命令后，到达指定地点。那里已有先前构筑的钢筋水泥工事。我督促官兵全力以赴设置障碍物，并把手榴弹每七八颗捆在一块，掩埋在桥前四五十米处的公路上，系上小绳引至桥后阵地内准备轰炸坦克。布置尚未就绪，天已破晓，敌人骑兵七八十名在公路两侧搜索前进，坦克车四辆掩护步兵百余名缓缓而来。这时我以第三连猛烈射击敌人骑兵，以第二连堵击敌人步兵，另组一班奋勇兵和机枪连专门对付敌人坦克车。敌人企图一举攻垮我前进阵地，直取青龙镇。敌骑正在下马准备徒步战的时候，我第三连立即予以迎头痛击，打得敌人落花流水。同时我机枪连用穿甲弹射敌坦克，用集束手榴弹进行爆破，只因引爆绳打得早了一点，未把敌坦克炸翻，但已迫使它不敢继续前进。敌步兵会同失利的骑兵，前后四次向我阵地猛冲。我官兵借助坚固工事，奋勇应战。"

赵纪三（时任第二师直属炮兵营营长）回忆：

"我原是郑洞国第二师直属炮兵营的营长。我营原来驻防潼关，七·七事变后奉命北上，随师进驻保定以北地区，星夜构筑工事，严阵以待，准备迎击来犯之敌。九月下旬，我营奉命开往山西，归卫立煌总司令指挥。我即率全营人员，由北京郊区梁各庄出发，连日渡河行军，到石家庄后，改乘火车，直达太原站。莆下车，即接到长官命令，着我率部火速奔赴忻口，归朱怀冰师长指挥，参加战斗。我在行军途中正巧碰到战车防御炮营营长郭定远，他刚从前方调防回来。郭定远是我在黄埔军校第六期炮兵科学习时的同队同学。他兴高采烈地说：'我在昨天与敌激战中，击毁敌人战车两辆，我回来时，尚在冒烟。'又说：'近几天来，敌人经常有十辆战车，出没于我军阵前，对我友军威胁极大。现在已被我的战防炮消灭了两辆，还有八辆，希望你营官兵，显示神炮手的威力，把它彻底干净地消灭掉。'我听了定远同学的鼓励，感到十分愉快，认为是出门见喜，吉祥之兆。次日，我营进入阵地。阵地附近有个村庄叫刘庄，阵地右后方有一座高塔（后被工兵破坏）。我打电话给所属三个连长并传令全营官兵，叫他们以战防炮为榜样，鼓足勇气，完成任务，为国家争光，为民族争气。第二天早晨，我即命令观测组的官兵进入阵地左前方高山上的观测所，迅将射击诸元测好，及时绘图呈阅，同时指示第一、二、三连，赶绘阵地要图，具报备查。复将上述经过，以书面向上级汇报，用电话亲自报告朱怀冰师长。时间过得很快，一天、两天、三天过去了，前方除了零星的步枪声和隆隆的炮声以外，好像平安无事，毫无其他动静。我和观测所几个官兵，住在高山溪涧里一块大石崖下，轮流上观测所搜索敌情，看样子这两三天来敌人正在调兵遣将，补充弹药，当晚似有蠢蠢欲动的模样。于是，我就提高了警惕，电促各连连长和观测人员严密监视敌情，不得稍有疏忽，违者军法从事，绝不宽容。第四天早上，果然日军的战车像乌龟那样一只只地爬出来了。我除全神注视战车的行动外，立即用电话告知各连，叫他们做好战斗准备，待命射击，以迅雷不及掩耳的手段，消灭敌

人的战车。下午一时左右，我营第一发炮弹，在敌人的头上开花了！接着日军的飞机、大炮、机关枪就向我营阵地轰击起来了。这时我不顾一切，命令全营十二门大炮（日造大正六年式）每炮十二发，连续向敌人的战车集中射击。打得鬼子横冲直撞，到处乱窜，解除了我军前线部队所受的威胁，鼓舞了士气。遗憾的是，我营大炮是掷射炮种，弹道不像战防炮那样是平伸的，以致不能如愿以偿，给战车以致命的打击。过了三五天，敌战车又出来了。我营总结上次经验教训，以第一、二两连在战车行动路线上，不断射击，封锁山路；以第三连集中炮火向战车跟踪射击，使之无法抬头。结果被我营击毁三辆，两辆停止不动，一辆烟火冲天，其余五辆也无影无踪，不见复出。我军前线受敌战车的威胁算是解除。"

武器整备会议记录
（1937年6月25日上午9时）

战车防御炮分配使用

（甲）要领

一、现有之战车防御炮共一百二十四门，以大部分配于第一线兵团，以一部控置于后方要点，留待尔后机动使用。

二、分配于第一线兵团者，以沧保、沧石、德石线上之部队为主，而绥东、胶东、京沪、汉口方面，亦各分配一部。

三、控置于后方者，以南京、徐州为主。

四、分配于第一线兵团者，以分配于军部（或总指挥部）为原则，各该军部（或总指挥部）应就战区内交通状况，预想敌方战车可以使用之方面，如铁道、公路、大道各要点，随时配属于所在之师。

（乙）火炮现情

新购三公分七战车防御炮共一百二十四门（教导总队所有者不在内），其所属单位及地点如下：

1. 绥东 4D、89D 各一连，共十二门（马挽曳）。

2. 京沪区 87D、88D 各一连，共十二门（马挽曳）。

3. 装甲兵团所属一营计三连，共十八门（机械化在南京）。

4. 炮一旅负责训练一营计四连，共二十四门（机械化在汤山）。

5. 第一军负责训练一营计四连，共二十四门（机械化在徐州）。

6. 武汉分校负责训练一营四连，共二十四门（机械化在信阳）。

7. 军校、步校、交辎校各一排（二门），共六门。

8. 库存四门（四门已不堪用）。

（丙）分配办法

一、绥东 4D、89D 各一连，共十二门，仍旧属之。

二、京沪区 87D、88D 各一连，共十二门，仍旧属之。

三、军校、步校、交辎校及库存者，共十门，多已损坏，暂仍旧。

四、武汉分校负责训练之一营二十四门，分配如下：

1. 26 路孙连仲，一连，计六门（使用于沧保线之平汉路附近）。

2. 十四军李默庵，一连，计六门（使用于沧石线之平汉路附近）。

3. 53A 万福麟，二排，计四门（使用于沧保线平汉路以东地区安新、任邱附近）。该军所担任地区，多湖泊（白洋淀），大道较少，故仅分配二排。

4. 29 军宋哲元，一排，计二门（使用于沧保线之吕公堡附近）。该军之 37D 在满城附近，无使用战车炮之必要。至 38D 及 132D，在沧保线上，正面甚狭，故分配一排。

5. 汉口警备司令部郭忏，一连，计六门（使用于汉口日租界，将来任务完成后，再分配于第一线兵团）。

五、炮一旅负责训练之一营，分配如下：

1. 40A 庞炳勋，一连，计六门（使用于沧保津浦路附近）。

2. 关麟征，一连，计六门（使用于沧保线、德石线之津浦路方面）。

3. 三路韩复渠，一连，计六门（使用胶东方面）。

4. 3A 曾万钟，一连，计六门（暂控置于彰德）。

六、第一军负责训练之一营（二十四门），暂不分配，仍控置于徐州，以备尔后之机动。

第五节 "八·一三"淞沪会战

1937 年 8 月 9 日下午 5 时 30 分左右，日本海军上海特别陆战队西部派遣队中队长大山勇夫中尉带一等兵斋藤要藏，乘车由法租界进入上海虹桥机场的中国警戒区内，在其附近寻衅滋事，负责保卫该地的中国保安队官兵上前进行阻止，双方发生冲突，中国保安队一人死亡，大山等人也被击毙，由此引发中日交涉，史称"虹桥机场事件"。

事件发生后，日本即以此为借口，要求中国政府撤出驻上海的保安队，拆除一切防

▲ 大山勇夫

▲ 斋藤要藏

▲ 虹桥机场事件现场

御工事，并于 10 日至 11 日陆续向上海增兵。此时，蒋介石在德国军事顾问法肯豪森的建议下，为了将华北的日军由北向南的入侵策略引至为由东向西的方向，以便达成"以空间换时间"的长期作战方略，同时也为了在上海这个国际大都市里引起国际社会的瞩目，经国民政府国防会议商讨后，中方决定趁"虹桥事件"的契机，在远东第一大都市上海主动开辟第二战场，采用反击战役策略以达成预期的目的。于是，国民政府军事委员会任命张治中将军为京沪警备司令，率驻"京沪"路的中央军德式装备及训练最完全的第 88 师、第 87 师及教导总队赶赴上海，向上海的预设围攻线推进，并令苏浙边区司令长官张发奎率领"沪杭"路沿线之第 57 师（师长阮肇昌）向浦东方向推进，并分布于真茹、闸北及"京沪"铁路沿线地区。将第 55 师（师长李松山）及独立第 20 旅（旅长陈勉吾）调向上海南郊地区，令在浙江的第 56 师（师长

刘和鼎）和第 61 师（师长杨步飞）进驻上海北郊。与此同时，决定将全军主力向华东一带集中，令正从湘鄂地区北上增援的罗卓英第 18 军（第 67 师、第 11 师、第 60 师）改调上海，令在河南商丘的第 6 师（师长周喦）、在徐州一带的胡宗南第 1 军两个师以及第 74 军第 58 师（师长俞济时）、第 51 师（师长王耀武）等部，先后驰援上海。

具体布防情况：

1. 八十七师（师长王敬久）进驻吴淞，主力推进至市中心。

2. 八十八师（师长孙元良）前进北站及江湾之间。

3. 炮兵第十团第一营及炮兵第八团进至真茹、大场。

4. 独立第二十旅在松江的一个团进驻南翔。

5. 令炮兵第三团第二营及第五十六师自南京、嘉兴各地向上海输送。

▲ 张治中

一 日本海军上海特别陆战队战车队

1932 年"一·二八淞沪"战役后，同年 10 月，根据"海军特别陆战队令"，驻上海的日本海军陆战队进行了扩编与强化，将本是日本海外唯一的一个独立海军常设陆战队，

长谷川清

大川内传七

升格为上海海军特别陆战队，司令官为日本海军少将大川内传七，而日本在上海的最高指挥官则为日本海军第3舰队司令官长谷川清中将。新扩编的陆战队最初为两个大队约二千余人，1937年8月12日援军到达后，上海特别陆战队（含汉口特别陆战队三百人）兵力达到了二千五百人。陆战队的军服也从原来的海兵服换成了海军绿的翻领夹克式。

　　陆战队下辖司令（本）部大队及第1–6大队，其中第4大队为炮兵队。主要装备为改造"四年"式150mm榴弹炮四门、"三八"式120mm榴弹炮四门、"四一"式75mm山

上海特别陆战队的炮兵队

位于上海北四川路的日本海军上海特别陆战队（本）部大楼

日本海军上海陆战队本部大楼一层车库外的上海陆战队战车队

炮十二门，"九二"式70mm步兵炮四门，"九八"式20mm高射机关炮四门，"九〇"式150mm重迫击炮八门。

　　原上海虹口日租界内的海军陆战队（本）部大楼也被进行了改建，建筑风格较现代化，并采用了钢筋混凝土结构，兼具兵营及堡垒的作用，屋顶平台上设有监视塔，一楼大门口设有固定岗哨，右侧为停放汽车及装甲车辆的车库，大楼附近设有射击场与演兵场。

　　因陆战队装甲车队（队长笹川涛平）原本配备的"维克斯"M25装甲车及"隅田"装甲车等装备在"一·二八战役"中与中国军队作战损失严重，还有多辆被缴获，所以日方在意识到其装甲战力的孱弱后，进行了大幅度的增强，将原装甲车队扩编为陆战队战车队（队长吉野捷三）。陆战队战车队的装甲战力包括"八九"式中战车四辆（甲初期型一辆、甲后期型两辆、乙型一辆）、"九〇

▲ 上海陆战队的"八九"式中战车

▲ 上海陆战队的"九〇"式（隅田）装甲车

▲ 联合演练中的上海陆战队战车队队列

▲ 上海陆战队的"维克斯·卡登洛依德"VIB 型机枪战车

式（隅田）"装甲车三辆（其中"报国一号"车为被击毁后重新修造）、海军"九三"式装甲车（即原陆军"九二"式装甲汽车）三辆以及"卡登·罗伊德"VIb 型超轻战车五辆（海军购买）、"维克斯"M25 装甲车四辆以及搭载轻机枪的"哈雷"、"九三"式、"九五"式各型军用摩托车数十辆。这些装备还参加了 1936 年的上海陆战队阅兵式以及 1937 年 1 月在上海的第 3 舰队联合警备演习。

▲ 上海陆战队的"维克斯"M25 装甲车

▲ 上海陆战队的"九三"式装甲车

▲ 上海陆战队的自制装甲汽车

（一）陆战队兵力分配情况：

北部警备队

第一大队长：桥本卯六少佐

辖第一大队（欠西部警备队）、速射炮二个分队（速射炮2门）、"八九"式中战车2辆、装甲车2辆、机枪摩托车3辆。

任务及行动：应着主力集结于第一海军用地。在沙泾港河铁桥附近及体育会东路配置下士官哨，与第八中队共同负责担当地区之警戒。

▲ 与日陆战队员协防的海军八九式中战车及维克斯装甲车

▲ 防卫阵地上的日海军陆战队"九〇"式装甲车

东部警备队

第五大队长：柴北明少佐

辖第五大队、第九中队（欠第二小队），山炮4门、"八九"式中战车（甲后期型）1辆、"维克斯"M25装甲车1辆、机枪摩托车1辆。

任务及行动：应着主力于公大一厂，一个中队（欠一个小队）于商业学校，一个小队于大康社职工宿舍集结，负责担当警备地区之警戒。

▲ 守备中日海军陆战队八九式中战车甲型（后期型）

▲ 北四川路临时阵地上的日海军陆战队维克斯装甲车

八字桥警备队

第三大队长：伊藤茂大尉

辖第三大队、第十中队、第二小队,150迫击炮4门；步兵炮（欠二个分队）步兵炮2门、"卡登罗伊德"轻战车1辆、装甲车1辆、机枪摩托车1辆

任务及行动：应着本部及一个中队于刘园；一个中队（欠一个小队）于宝山玻璃厂；小队于日本人墓地集结。在水电路、宝山路间虹口河主要桥梁配置下士官哨。负责担当地区之警戒。

▲ 日本海军上海陆战队装备的 "维克斯·卡登依德" **VI B** 型超轻战车

中部第一警备队

第六大队长：马厂金次少佐

辖第六大队。

任务及行动：应向陆军武官室、中日教会各派一个小队，向宝乐安路公寓派一个小队（欠一个分队），向海军武官室派一个分队，余部集结于北部小学校，一面担负警备地区的警戒，一面作为陆战队总预备待机。

中部第二警备队

第二大队长辖第二大队、第十中队（欠一个小队）。50迫击炮4门；速射炮小队（欠两个分队）、速射炮2门；步兵炮两个分队（步兵炮2门）。

任务及行动：应着本部于北部小学校，一个中队于桃山舞厅，一个中队（欠一个小队）于主计科武官室，一个小队于中部小学校集结，负责担当警备地区的警戒。

西部警备队

第一中队长辖第一中队。

任务及行动：应着大部于水月俱乐部，一部于丰田集结，负责担当警备地区的警戒。丰田部队尤应负责监视、报告中国军官宪的兵力移动及附近之情势。

虹口警备队

指挥官：管井武雄少佐

辖出云陆战队。

任务及行动：应以大部集结于日本人俱乐部，以一部集结于乍浦路派遣队等处，主要担当虹口方面的警戒；并应做好在陆战队警备区域内一旦发生事端之际，能使一部急进，迅速而果断地相机处理的准备。

汉口部队

汉口部队指挥官辖汉口中队、山炮4门。

任务及行动：应着大部集结于女子中学校，并向欧阳路、吉祥路、四达路以北2000米处，祥穗路各交叉点及宝安路、吉祥路交点附近派遣下士官哨，担任附近之警戒。

兵营地区警备队

司令部大队长辖司令部大队（欠两个分队）。

任务及行动：应负责陆战队兵营及附近之防空及担任地区的警戒，并负责处理特令所指示的事项，应在江湾路的汽车加油站附近配置一个分队的哨兵。

预备队

辖上海海军特别陆战队司令部（欠司令部之大部）、第四大队本部、第七中队（150榴弹炮4门）、第八中队（120榴弹炮4门）、第九中队第二小队（山炮4门）、高射炮中队（高射炮4门）。

任务及行动：

（1）炮队

①第七中队（15榴）：应按特令迅速在新公园（万国商团靶场）占领阵地，完成对C、E、F地区中国军官宪集结地及要点的炮击准备。尔后，应以余力逐次对D、G、H地区进行上述要领准备，

②第八中队（12榴）：依特令应迅即在第一海军用地占领阵地，完成炮击A地区中国军官宪集结地及要地的准备。尔后，以余力完成对B地区依上述要领的准备。

③第九中队第二小队（山炮）：应迅速在陆

战队兵营房顶上占领阵地，并完成炮击 B、C 地区及其以西中国军官宪集结地及要地的准备。尔后，应以余力，防备北部警备队正面的中国军官宪的兵力移动及构筑阵地。

（2）高射炮中队：应在特令地点占领阵地，并负责附近的防空。

（3）舰船陆战队（不含出云）：应迅速完成支援第一线及虹口警备队的准备。

（4）其余部队：应继续执行原任务，并须完成对第一线部队的支援准备。

注：

A 地区：淞沪铁路以南，大概包括钱江网业、保安堂、湖州会馆、旱桥地区。

B 地区：柳营路以南，大概包括闸北水电公

司以西，A 地区以北区域。

C 地区：包括徐州会馆，延绪山庄、彭浦镇区域。

D 地区：包括保安队总团本部、真茹、真北路、新兵营区域。

E 地区：包括浙铭公所以北虹口河东西一带、广肇山庄、突角阵地区域。

F 地区：包括江湾及警察第一、第二大队本部区域。

G 地区：上海市政府附近。

H 地区：包括辽东体育场及西南方阵地区域。

二 攻势作战阶段

8 月 13 日下午 3 时 50 分（日方记录为 4 时 50 分），驻守八字桥地区的日本海军陆战队第 3 大队第 6 中队声称遭到了中国军队的炮击和突袭，随即与八字桥以西阵地的国军第 88 师第 523 团第 1 营发生激烈交战，88 师第 523 团遂由柳营路及以北地区对日海军陆战第 3 大队进行包围，日海军陆战队以 150mm 重迫击炮进行猛击，并继以"维克斯"装甲车及阵地内全部火力阻击国军第 88 师的步兵冲击，因为日军兵力较少，激战中一度处于弱势地位，战至傍晚 5 时 30 分，由于天色渐暗，进攻的 88 师退守至西宝兴路东侧一线。在天通庵路及青云桥路方面的日海军陆战队左翼第 5 中队也与 88 师一部展开交火，

▲ 上海陆战队航拍全景

▲ 上海陆战队战车队从（本）部大楼一层车库中开出

▲ 作战中的国军第 88 师官兵

▲ 日海军陆战队的"维克斯"装甲车及"九三"式装甲车

▲ 于北四川路日陆战队防御工事附近担任警备的"维克斯"装甲车

▲ 日海军陆战队"维克斯"M25 装甲车内部视图

并以配属该部的一辆"八九"式中战车协同步兵出击，战至晚上 8 时左右，两军互有损失，都撤回了各自驻守阵地，"八·一三"淞沪会战正式拉开帷幕。

"八·一三"淞沪会战爆发前的 8 月 4 日，陆军装甲兵团战车营第 2 连及第 1 连部

分人员由战 2 连连长郑绍炎率领，配备战车第 1 连部分"维克斯"6T 型坦克及"维克斯"水陆两用战车，奉命由南京出发北上至保定，由第 2 师指挥，增援华北战场。战车营在列车开至下关码头等候乘船渡江时，因发现扬子江上停泊有日本海军的多艘舰船，战车营立即转动坦克炮塔，调整好位置，装填上穿甲炮弹，准备随时对日舰进行射击，但由于日军并无异动所以未发生交火。尔后，被抽调的战车部队沿"津浦"、"陇海"、"平汉"各铁路辗转到达保定郊外的韩蒋庄驻扎。整日擦拭枪炮，整理弹药、车辆随时准备出击，但一直未接到出战的命令。

上海方面，8 月 14 日拂晓，国军以第 88 师 264 旅为主攻部队，由该旅旅长黄梅兴以日本海军陆战队司令（本）部大楼为目标，率所部 527 团、528 团向江湾路推进，并由爱

▲ 陆军装甲兵团战车营第二连登车出动

▲ 南京下关码头

▲ 黄梅兴

▲ 日海军陆战队的"九〇"式重迫击炮阵地

▲ 日海军陆战队员所用的简易单兵轮式钢板防盾（日本于淞沪战前即开始开发单兵用轮式机枪铠甲）

▲ 于租界区市街上警备的万国商团装甲车队的"罗尔斯·罗伊斯"装甲车

国女校方面，自左翼迂回压迫日海军陆战队，日陆战队以特制的轮式钢板防盾沿江湾路顽抗，并再次出动战车队进行阻击，近中午时分，国军前沿攻击部队逼近北四川路的日海军陆战队（本）部附近，公共租界内的英军坦克队与万国商团装甲车队因担心受到战火波及，同时于苏州河岸进行警备观察。下午3时许，正当双方激战时，于爱国女校附近作战指挥的黄梅兴旅长遭到日海军陆战队的迫击炮攻击，不幸当场阵亡，黄旅长牺牲后，前线攻击部队失去指挥，随即中止了攻击，至当日黄昏，始终没有任何突破性进展。

由于上海战事已开，日本海军陆战队装备的各型坦克及装甲车在巷战中对国军产生了很大威胁，于是张治中立即向中央申请调拨装甲兵团战车营参加作战。因战车营大部此时正于河北境内执行任务，蒋介石即令北上的战车营迅速调回，同时又令放置在南京修理厂进行维护的五辆"维克斯"6T坦克及后勤补给车辆，临时配备给留守京师的战车第1连第1排，由连长郭恒健率领乘列车经铁路前往上海支援作战。战1连到达昆山下车后，以履带行进方式，徒行30多公里，到达南翔，于当日向87师师长王敬久报到。

林旅长蔚文兄：
  战车营可立开保定归第二师师长指挥，不必在安阳下车。
  中正（1937年8月6日）

何应钦：
  战车营即动员速向石家庄附近集中，化学兵与卜福斯炮两团均向石家庄输送。
  中正（1937年8月4日）

▲ 王敬久

▲ 桥本一二

8月15日凌晨，战1连于上海江湾跑马场进入待机位置，同日晚，配属于第87师第一线阵地作为机动力量使用，由于张治中奉蒋介石之命作攻击准备，并未实行全线进攻，战车连也未进行战斗。而日军海军陆战队为了夺回14日丢失的据点，则不断进行反攻。虹口区广中路、西体育会路方面，国军第88

▲ 协同日陆战队员巷战的"九〇"式（隅田）装甲车

▲ 准备集结出发的国军装甲兵团战车营的"维克斯" MK.E 型坦克

▲ 突击前进的国军战车营"维克斯" MK.E 型坦克

师由15日晚至16日上午与日陆战队第三大队为控制八字桥、持志大学、五卅公墓和爱国女校等要地，持续发生激战。16日上午8时40分左右，日陆战队第三大队长伊藤茂大尉命所部死守北八字桥，等待后方增援部队到来。而配属第三大队的陆战队战车小队长桥本一二曹长则奉命乘装甲车前往北八字桥附近侦察敌情，桥本在得到命令后随即从"卡登·洛伊德"机枪战车内跳出，改乘装甲车前往指挥。至上午9时，桥本乘装甲车经江湾路进入新市路左翼第一线的中国军队第88师阵地前方约二百米处时，遭到了中国守军第88师一部的猛烈射击，桥本装甲车即转向爱国女校附近继续侦察。随后桥本装甲车在跟进的陆战队机枪队协助下，对爱国女校的正面进行强攻，桥本装甲车在机枪掩护下迫近至校门中国守军阵地前约二十米的距离。与此同时，爱国女校的国军第88师突然以战防炮对桥本装甲车进行射击，并一弹命中装甲车的前部后轰然炸裂，四下飞射的弹片瞬间击中了正在监视的小队长桥本与装甲车驾驶员一等兵木场利一，桥本当场死亡，木场则脸部受重伤。尔后，日装甲车车长二等兵曹毛利田久太郎立即接替指挥，命机枪手二等兵猿渡茂临时但任驾驶员艰难地驾车返回己方阵地。

16日当晚，为了尽量迫近日海军陆战队（本）部，派驻国军第九集团军第88师师部的德国军事顾问与第88师参谋长张柏亭在商议后，策划制定一次突击作战方案。该德国顾问认为：日海军陆战队的阵地从汇山码头经吴淞路、北四川路到江湾中路，蜿蜒曲折如一条长蛇，应在其腰部选择一个要点，集中威猛火力进行突袭，将其拦腰斩断，使首尾不能相顾，尔后再攻其心脏，则日军的抵抗也就随之瓦解。于是，在研究后决定，选择虹江路为突击点，并遵从德国顾问意见，从国军第88师中挑选了精壮勇敢的五百名士兵为突击队，集中携带轻便锐利的近战武器，由第88师264旅524团1营营长刘宏深担任突击队指挥官。同时集中全师炮火，由炮兵营长王洁指挥，在附近担任火力掩护任务，另在突击位置配置大量自动火器，直接支援。预定拂晓开始行动，先以炮火猛烈轰击目标地区，再由自动火器支援发起突击行动，并将该计划定名为"铁拳计划"。由于突击区在262旅阵地正面，一切细部作业指定由该旅参谋主任谢晋元指导实施。另一方面，担任左路攻击任务的第87师也抽调521团（团长陈颐鼎）组成了一支临时"突击队"，并于叶家花园集结。

在淞沪战后，德国顾军事问施特莱斯基于欧战（第一次世界大战）的经验，建议国军效仿德军组织"冲锋队"（突击队），并向军委会正式呈送了组织计划方案：以德制武器装备最为完备及训练最有素的中央军校教导总队抽编一个特务营进行试办。编制包括三个战斗连、一个特务连。战斗连由三个排组成，每排三个突击班。每班含两组共八

▲ 全副武装的中央军步兵

▲ 国军突击队部分士兵合影

▲ 日海军陆战队东部警备队配备的"八九"式中战车（甲后期型）及"维克斯"M25 装甲车

名突击兵（内班长一名），每组计四名工兵，两名（携带铁丝剪、集团与展列炸药）特别训练之手榴弹与烟雾弹投掷手、两名轻机枪兵。四名联络兵、两名突击兵，携带手枪、手榴弹、短刃或圆锹，每组中之一名携带掷弹枪。每一冲锋排配轻火焰放射器两门与轻掷弹筒两门。每战斗连配重火焰放射器一门、重掷弹筒四门、重机枪一排（三挺）、轻迫击炮一排。任务主要有两翼席卷战壕之一部，突破战壕之一部，掠夺敌机枪巢，攻击被敌占领防守之屋舍，攻击设防之渡河口，消灭停滞间之坦克或装甲车辆等。

至17日，国军第9集团军再次发起全面进攻，战1连奉命由第36师师长宋希濂指挥。开启了中央系国军装甲部队对日寇作战的坎坷之旅。17日凌晨1时许，按照前日制定的"铁拳计划"，国军炮兵首先对虹江路日海军陆战队阵地进行密集炮击，日军阵地附近当即一片火海，烈焰冲天，工事及建筑物大部分被摧毁。凌晨5时30分，第88师突击队（另有87师突击队）五百名战士在刘宏深少校的率领下适时冲锋，两师其余部队于后跟进，日海军陆战队方面当即以桥本北部警备队指挥其右翼的国武队及左翼的秋吉队分别进行阻击。至当晚5时，日海军陆战队前线逐渐不支，陆战队派出战车队队长吉野捷三大尉率"八九"式中战车及装甲车向前线紧急救援，晚上11时左右，在中国军队奋力进攻下，87师及88师分别连续攻占了爱国女校、五洲公墓及日本海军俱乐部等日军前线据点，日海军陆战队一度陷入苦战之中，第1大队第2中队队长贵志金吾、第五大队第11中队队长菊田三郎被当场击毙。而国军第88师突击队队长刘宏深也在日陆战队的殊死抵抗下，中弹阵亡。虽然铁拳计划最终功败垂成，未能

宋希濂

达到预期目的，但日海军上海陆战队在中国军队的强力攻击下，受到了较大伤亡，感受到威胁的司令官长谷川清多次向日本海军中央部致电求援。日军海军部于当日下令，将原本预定派往青岛而在旅顺待命的横须贺镇守府第1特别陆战队和吴镇守府第1特别陆战队派往上海支援，另抽调日本本土的佐世保海军陆战队月冈大队、土师大队两个陆战队乘"摄津"舰和"矢风"舰一并前往上海驰援。这四支日本海军陆战队分别于8月18日及19日陆续抵达上海。

17日，国军第9集团军再次发起全面进攻，战1连奉命出击。晨5时左右，战1连第1排由排长朱崇钰率领两辆"维克斯"6T型坦克（当时称为炮战车）作为活动火力点配属于36师陈瑞河旅，向天宝路方面的日海军陆战队司令部及永丰大楼发动冲击，在经历数次争夺后，双方伤亡几十人，国军的战1排排附杨恩元、上士胡祥云也负轻伤，战况呈胶着状态。

张治中（时任第九集团军总司令）记述：
"在日援军登陆以前，我认为对虹口、杨树浦的攻击，尤为必要。17日拂晓，奉令继续开始全线总攻击。这次总攻击，其经过及成果的概要，可见我给南京军委会的一个电报：密。本军于今（筱）晨五时半，按预定部署，全线开始总攻击。最初目的原求遇

▲ 头戴防毒面具的国军士兵

▲ 向百老汇路地区增援的日陆战队"九〇"式（隅田）装甲车

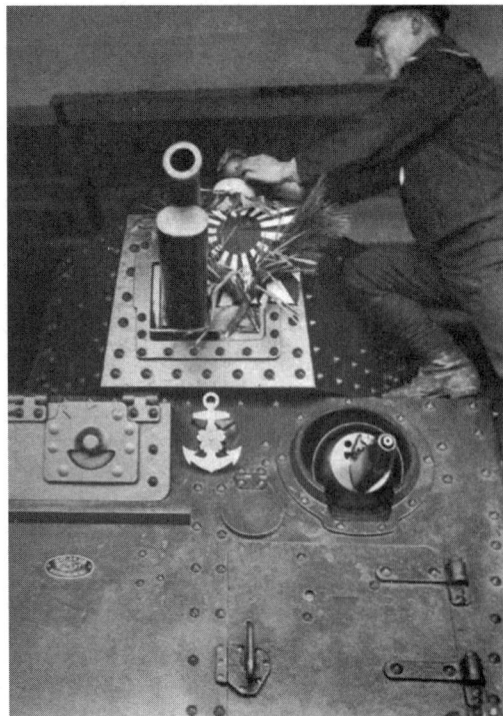
▲ 整备中的日本海军上海特别陆战队八九式中战车

隙突入，不在攻坚，但因每一通路皆为敌军坚固障碍物阻塞，并以战车为活动堡垒，终至不得不对各点目标施行强攻。谨将各部激战实况分陈如次：（1）八十八师以主力由北分向日本坟山、八字桥、法学院、虹口公园攻击，往返争夺，伤亡甚重，仅法学院一处，已牺牲一营之众。而攻日本坟山之部，于上午十一时攻入后，因受敌侧方机枪射击，未能返出，死伤尤多。日没前，北正面受敌反攻，已被我击退。（2）八十七师先对日俱乐部、日海军操场及沪江大学、公大纱厂攻击，迄九时许，得王师长（敬久）电话报告，已占领日俱乐部及海军操场惟经派员确查，据称日俱乐部旁之四层楼油漆公司，尚为敌死守，我军正向其包围。对沪江大学、公大纱厂及引翔港镇方面，则激战终日，尚未得手。下午五时许，敌由海军操场南两次激烈反攻，均被我击退。（3）本日我炮兵射击，甚为进步，命中颇佳，但因目标坚固，未得预期成果，如对日司令部一带各目标，命中甚多，因无烧夷弹，终不能毁坏。"

18日，日本海军增援的陆战队陆续乘军舰抵达上海，由于上海战事胶着，日军增援也不断到来，蒋介石再次发电指示军委会侍从室第1处主任钱大钧，命令在华北的战车营第2连急速折返南京，并令战2连在到达南京后，即乘火车由"京沪"铁路开往苏州，之后沿公路奔赴南翔，归张治中指挥。随后，战2连便迅速返回南京方山营地进行车辆及武器弹药的补充。19日，战2连开始驰援淞沪战场。当日傍晚6时许，到达南翔地区，并与刚下火车的化学兵总队同行前往国军江湾指挥所一带待命。

▲ 于道路上行驶的国军装甲兵团战车营的"维克斯"坦克

石家庄徐主任、林旅长：

开到顺德一带战车连，即刻星夜调回上海……

钱主任电转钱局长：

彭子言战车营列车，应立即折回南京，现已过河或已到目的者，亦令运回京中待命。

此前5时左右，中国军队第87师（师长王敬久）左翼已突入杨树浦租借内，并一举攻占唐山路、公平路交叉口，前锋部队更相继向百老汇路突击前进。另一方面，遭到中国军队猛烈攻势的日海军陆战队急命陆战队战车队小队长滨口率部配合机枪队对已经占领东部租界唐山路、公平路交叉口阵地的中国军队进行反攻。至当晚7时15左右，滨口战车队在突击至目标阵地附近时，命立木孙二兵曹车长指挥所乘装甲车急速向国军第87师前沿阵地侧背迂回侦察，而立木兵曹在下车完成侦察后准备返车的一刹那，遭到了中国军队第87师特等射手的狙击，被一枪贯穿喉部毙命。而与此同时，张治中接到王敬久电话报告，称其所部第87师左翼已突入杨树浦租界至岳州路附近。张治中即刻决定扩大战果，实行"中央突贯"计划，由杨树浦租界贯穿至汇山码头，截断日军左右翼联系，向东西两个方向压迫，一举歼灭日军。不久，张治中移驻进江湾叶家

▲ 陷入杨树浦河浅滩淤泥内的维克斯 MK.E 轻坦克多视角图

花园第87师师部内，命令战车第1连前往第一线阵地配属第36、87师作战，并向百老汇路、唐山路及华德路一线推进，加入全面总攻作战，又规定于零时听到炮声后全面出击。日

▲ 日海军陆战队员用火焰喷射器对该辆维克斯战车进行喷射

▲ 于上海日本神社内进行公众展览的该辆维克斯坦克

军方面，月冈、土师两支佐世保海军陆战大队于当日晚 10 时到达上海后，被分别编入安田义达的东部支队及总预备队，并将东部支队左翼队（横须贺第 1 特别陆战队）的防守区域划分为两块，将月冈大队配置于右边界线以西的虹口河一带。

由于连日作战，之前参战的五辆中国战车已损坏两辆，于是战车第 1 连连长郭恒建少校在出战前向张治中提出："战车经过连日作战已经有所损耗，车况极差，在攻击前，必须先进行整备工作，并且日军火力较猛，步兵也很难随战车跟进。"但遭到张治中的训斥，认为其贪生怕死，消极避战，并强令其迅速突入杨树浦日海军陆战队的阵地，以彻底摧毁敌之防御。因此，战 1 连仅剩的三辆"维克斯"6T 坦克在事先未做地形侦察及装备补充的情况下，分为两组配属于第 36 师 108 旅 215 团（两辆）及 216 团（一辆）向百老汇路、唐山路以及西华德路一线推进，袭击日海军陆战队的侧背。

单独配属给第 36 师 216 团的一辆"维克斯"坦克协同步兵沿其美路第二桥方向进攻前进，但在杨树浦河地区防守的日海军横须贺第 1 特别陆战队的近距离猛烈火力阻击下，被迫后撤，途中不慎驶入杨树浦河浅滩淤泥内无法开出。在形势不利的情况下，与日陆战队持续激战多时后，战车内乘员突然推开炮塔顶部舱门弃车逃生。日海军陆战队员因恐车内还有乘员埋伏反击，即用火焰喷射器对该辆"维克斯"坦克进行喷射，在发现没有威胁后将其缴获。这辆坦克是日本海军陆战队首次在作战中缴获的敌军坦克，日军对受损车体进行了相应的修整后，送至江湾路上的"上海神社及境内招魂社"向日军及日本侨民进行公开展示。

《每日电讯报》的英国战地记者彭布罗克·斯蒂芬斯在上海亲眼目睹并拍摄了当日中国军队的"维克斯"坦克"虎58"号被缴获的过程，他回忆中说："上海的汇山路地区发生了激烈的巷战，许多曾经是人口众多的街道现在已经成了废墟。就是在这里，照片中在河岸远处，那辆中国坦克在试图阻止日军推进时被敌人缴获，这是无人区的一个凄凉场景。"

另一方面,战1连另一组两辆"维克斯"坦克在午夜12时总攻开起后的半小时,奉36师刘英团长之命越过步兵防线攻击前进,步兵随后跟进。于是,战1连两辆"维克斯"坦克便为步兵前导在上海街巷中一边摸黑前进,一边用车载的"维克斯"机枪对可疑地点进行扫射,日海军陆战队虹口警备队随即抢据防御工事及房屋对坦克进行扫射。在深入至虹口的日海军陆战队司令部附近时,先头的"维克斯"坦克车长瞄准孔突然被日军机枪射中,车载武器发生故障,车内的战1连第1排排长朱崇钰的面颊也被敌弹贯穿而受伤,两辆进攻的中国坦克无奈只能停止前进呆在原地等待救援,但等待了约两个多小时也未见步兵到达,战1连连长郭恒建随即指令所乘指挥坦克原路返回进行油弹补给,但却遭到友军步兵警戒哨的士兵阻拦,不许进入。无奈之下,郭连长便不顾个人安危跳出车外,冒着枪林弹雨徒步寻觅负责指挥的第36师前线长官与之接洽,但因街道上缺少掩体和隐蔽物,行进目标过大,在途中即遭到日军流弹的攻击,当场壮烈殉国。在此情形之下,中国的战车失去了指挥只能停在原地,等待救援。

21日,第9集团军司令张治中命令前来增援的陆军装甲兵团战车第2连(连长郑绍炎)与战防炮教导队第1营1连配属于36师108旅向汇山码头及杨树浦日海军码头发起进攻。此战中,战2连五辆"维克斯"炮战车按三辆与两辆坦克分组配属于第36师麾下,第1车组(三辆)由战2连第1排排长张启元乘坐装有电台的"维克斯"6T指挥型坦克作为车组指挥车协同该组指挥。至午夜12时,战车连1组(三辆)奉命为步兵先导配合第36师中央队108旅的第216团一营沿兆丰路

与战车连第2组(两辆)配合第212团沿公平路同时发起突击。

第三十六师之攻击部署于下:

1. 右翼队(二一一团)第一营、第三营为第一线,各附20mm炮两门,向沙泾巷左岸之敌强攻,第二营为预备队在第一营后方,准备延伸左翼。

2. 中央队(一○八旅)以二一六团为第一旅,分沿邓脱路、兆丰路向南强攻,第二一五团为第二线,随后跟进。

3. 左翼队(二一二团)以第一、第二营为第一线,第一营在右,分沿舟山路、艾克尔路攻击。

4. 战车连分别配合一○八旅与二一二团,为步兵之先导沿兆丰路与公平路突进。

5. 师炮兵队重炮营(150mm榴弹炮)在江湾南侧,山炮营(卜福斯75mm山炮)在殷翔路南侧,以炮火支援中央队与左翼队之战斗。

6. 工兵营、特务营。特务连、骑兵连、学兵连为师预备队、在新港附近集结。

▲ 于可口可乐广告牌下构筑防御工事作战的日本海军上海陆战队员

▲ 快速行进中的中国军队维克斯 MK.E 轻坦克

▲ 中国军队 37mm 战防炮阵地 ▲ 中国军战车营虎连装备的
维克斯 MK.E 轻坦克

▲ 东部警备队配备的八九式中战车甲型（初期型）

▲ 日本海军上海陆战队本部大楼楼顶上的炮兵阵地

公平路方面，协同第 216 团一营（营长熊新民）进攻的战车连第 2 组两辆"维克斯"坦克在火力支援下，接连攻克公平路上的日海军陆战队东部支队安田义达中佐的第 7 大队（吴镇第 1 特别陆战队）防守的两道防线，在国军先头部队一个排兵力向杨树浦路段日本海军码头攻击时，安田义达紧急调来"八九"式中战车及装甲车六辆，将杨树浦路截断，隔绝了国军第 212 团先头突击排与后续部队的联系。第 212 团团长熊新民一边令后续主力部队猛烈攻击，一边将配属所部的装甲兵团战防炮教导队第 1 营一排莱茵金属 37mm

战防炮调上前沿，由公平路向安田队的装甲车辆进行射击，但不久就被日军发现，日军调转炮口将刚加入作战的战防炮击坏一门，战防炮排即以该路段没有任何掩体防护为理由，申请预先侦察好地形后再行攻击，于是国军的战防炮便撤出了前沿战斗。不久，第 212 团又收到了上峰命令，撤至江湾一带布防，隔绝于杨树浦海军码头的先头排则因无法得到增援，被日军合围，最终全排官兵死战到底，悉数殉国。在此期间，中日双方虽都调用了坦克进行作战，但均未有明确纪录指出双方之间曾发生过任何形式的坦克对战。

兆丰路方面，战车连第 1 组三辆战车在对据守虹口河的日海军陆战队东部支队左翼月冈重演少佐的第 9 大队发动了六次猛攻后，遭到日东部支队炮兵队（第 4 大队福崎少佐）所部的猛烈炮火阻击，在前进至西华德路时，日海军横川陆战队员攀爬上一排长张启元的座车（维克斯 MK.E 指挥型坦克），并用所配手枪对机枪口内射击，致使张排长眼部被枪弹所伤，在甩开该处日军后，原本可以在后方观察指挥，司职战车连与步兵间联络的郑连长毅然登上张排长所在坦克，将其替换下，并命令驾驶员继续攻击前进，补给连人员也乘后勤车辆在战车后跟随前进。之后的激战中，另外两辆负责攻击的中国坦克与指挥坦克失去了联络，因事先未对地形进行侦察，这两辆中国坦克在东转西拐后迷了路，并在汉奸的误导下开进至日本海军上海特别陆战队（本）部大楼附近，所幸在上海战地服务团工作人员的及时阻拦和指引下顺利返回江湾我军防区，幸免于难。

另一方面，郑绍炎连长的指挥坦克在与所部两辆坦克失去联系后，继续与 2 辆补给第 4 连的辅助装甲车沿兆丰路向杨树浦西部突进，但因国军第216团与日海军陆战队月冈大队激战下伤亡过重，步兵与坦克再次发生脱节。至22日凌晨3时半左右，郑绍炎的"维克斯"指挥坦克于友军步兵之前突破日本佐世保海军陆战队月冈大队的第三线阵地，孤军深入到了汇山码头一带的日陆战队大渊小队塘山阵地附近，掩蔽在沙包工事后日陆战队大渊小队队员在发现迎面有中国军队坦克呼啸驶来后，当即大喊道："是敌军战车的袭击！是战车！"。该处日陆战队小队长大渊重夫少尉立刻下令所部死守阵地。郑绍炎少校的"维克斯"指挥坦克随即遭到军工路沿江边建造的钢筋水泥仓库楼顶及地面日陆战队大渊部队构筑的防御工事内轻、重机枪的集火攻击，战斗极其惨烈。而郑绍炎"维克斯"坦克在枪林弹雨下毅然决然地沿直线快速对日军阵地突进，日陆战队的防御火力虽然密集，但所幸的是日军大多使用的是轻武器，而轻武器又无法有效击穿"维克斯"指挥坦克的装甲，仅留下了大量的弹痕，并无法阻挡郑绍炎坦克的快速逼近。50米、30米、20米……面对如钢铁猛兽一般的中国军队坦克奋勇突进，日陆战队大渊部队的叫喊声与炮弹的轰炸声交杂在一起。而郑绍炎指挥"维克斯"在快速突进到大渊小队阵地前约10米距离时却突然停止，但瞬时间坦克发动机又再次启动，并突然改向大渊小队阵地的左侧冲击，一举翻过大渊小队构筑的沙包工事。感受到覆灭危险的日陆战队小队长大渊重夫立刻大声下令对中国军坦克进行肉搏突击，多名日陆战队员开始迫近郑绍炎的坦克，企图强行攀爬。其中，日海军陆战队二等兵酒井正次从郑绍炎的"维克斯"坦克右侧跳上去，单手持步枪对"维克斯"坦克炮塔上的同轴机枪猛力敲打，均被"维克斯"

坦克的同轴机枪扫射下来。在此惨烈的死战恶斗下，日陆战队大渊部队已是伤亡殆尽，炮烟弹雨中双方已恶战至拂晓6时左右。大渊部队残存的队员由于长时间的乱击乱射，听力和视觉已经严重受损，就在大渊部队即将被中国坦克全歼时，大渊部队的后方轰然响起炮声。大渊残部转头发现增援而来的己方炮兵队、第3水雷队以及陆战队战车队的"维克斯"M25装甲车等部队赶到，将郑绍炎的坦克重重包围，再次进行猛烈的火力阻击。当日军疯狂阻击了一阵后，暂停射击的瞬间，郑连长的"维克斯"坦克准备急速转过路口进行突围，却突遭日军早已埋伏在路口附近的福崎炮队的"九四"式速射炮的袭击，在连续多次炮击后，郑连长所乘坐的"维克斯"指挥型坦克连中数弹，正面及炮塔多处被37mm炮发射的穿甲弹所洞穿，紧接着日海军陆战队又以"四一"式山炮（也可能是"九二"式步兵炮）从另一方向对郑连长的坦克后部进行炮击，坦克炮塔后部的无线电箱被75mm山炮弹命中破裂，悲剧的中国坦克终因孤军突入日军腹地过深，独战无援，车内包括战车第2连连长郑绍炎、驾驶员吴健上士以及炮手卜孟英在内的三人先后殉国，距郑绍炎坦克较远处跟随的补给第4连辅助装甲车内的后勤技术员童崇基发现先头的坦克遭到日军围攻后，即紧急率后勤部队车辆后撤，适才逃过一劫。

而郑绍炎连长所乘坐的该辆"维克斯"6T指挥型坦克在战斗结束后也被日海军陆战队月冈大队步兵强行拖回自己阵地，最终将其缴获。在随后日方人员对中国坦克进行检查时发现，车内除中国装甲兵的遗体与常规工具配件和使用弹药外，还有一些女性使用的饰品和化妆品等物件，这是新婚才两个月的郑绍炎连长为妻子所购买的。如此凄凉之场景连日方人员都深深为之感叹！

张治中（时任第九集团军总司令）回忆：

"19日，我军又开始攻击。到下午5时，接到第八十七师王师长电话，说他的左翼最前线部队已经突入杨树浦租界至岳州路附近。我决心即刻扩张战果，突入贯穿杨树浦租界至汇山码头，截断敌左右翼的联络，向东西压迫，一举而歼灭之。当即我率同重要幕僚，进驻江湾叶家花园第八十七师司令部，部署一切。

1. 令第三十六师即夜加入沙泾港至保定路间的正面，向汇山码头江边突破攻击。

2. 在日俱乐部正面的第九十八师之一旅，受第三十六师指挥。

3. 令第九十八师第二九四旅归第八十七师指挥，加入该师左翼，向沪江大学、公大纱厂攻击。

▲ 此次作战中日海军陆战队的"四一"式山炮

▲ 对郑绍炎的"维克斯"MK.E指挥型坦克进行阻击的日陆战队"维克斯"M25装甲车

▲ 兆丰路路口与军工路

▲ 此次作战中日海军陆战队使用的"九二"式步兵炮

▲ 该张照片由《每日电讯报》的英国战地记者彭布罗克·斯蒂芬斯于8月22日下午拍摄（该张照片于同年10月9日刊登于英国《伦敦新闻画报》上），照片中的场景为日海军月冈大队摆拍还原出22日拂晓，郑绍炎的"维克斯"指挥坦克冲击月冈陆战队阵地的场景重现。日军本意是借此宣传陆战队的"勇士"们面对敌军坦克的冲击临危不乱的场面，但却变相地留下了郑绍炎少校与战车最后英勇奋战地一幕。

▲ 由日本《朝日新闻社》的著名战地摄影师浜野嘉夫所拍摄的郑绍炎"维克斯"指挥坦克冲击日军阵地的战况纪录片片段，与彭布罗克所拍摄的位置略有不同。

"20日拂晓前，我军突破西进展至欧嘉路，东至大连湾路，南至昆明路、唐山路。敌从昆明路方面向我多次反攻，都被我击退。

"在这一天的战斗中，有一件事，使我到今天想起来还觉得难过：就是突破杨树浦租界时，我们只凭几辆破坦克（是在厂内修理的，临时拉出，好的坦克早调北方去了）冲击。带领坦克车的连长，也是军校的学生。我命令他冲杨树浦。他说：'车子太坏，而敌人的火力过猛，我步兵又很难跟上。'我说：'那不行，你的坦克不攻入，休来见我！'结果他冲到汇山码头，连人和车子一起牺牲了！我军虽一度冲到汇山码头，但未能确实占领，因敌人利用钢骨水泥的楼房作据点，放射密集小炮弹，火力异常猛烈，我们的步兵虽极勇猛地跟上，但挡不住黄浦江面敌舰炽烈的炮火，也不容易冲破敌方在街市上的坚固据点。所以这天虽一度攻入汇山码头，仍是站不住脚。"

史说（第9集团军司令部作战科长）回忆：

"十九日，我军前线又开始进攻，第八十七师突入杨树浦租界内。我国仅有的一个坦克部队南京装甲团（团长杜聿明）奉命

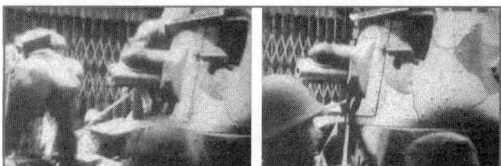

▲ 郑绍炎"维克斯"指挥坦克被月冈大队缴获后拖回己方阵地合影的画面

派来战车两个连（战车重七吨）、战车防御炮一个营，都配属给第八十七师参加战斗。因为步兵与战车从来没有协同作战的训练，当战车进入杨树浦街市内时，步兵一逼战车在前面突击而不加掩护，战车都被日军击毁，两个连长阵亡。这两个连长都是我黄埔六期的同学，配属给第八十七师的命令是我亲自交给他们的。一去不返，思之黯然。"

▲ 日本海军陆战队指挥官长谷川清观看缴获的"维克斯"指挥型坦克，坦克旁边为坠毁的国军空军第五大队二十五中队的 2503 号（驾驶员张慕飞）霍克 III 驱逐机。

▲ 日陆战队用"八九"式中战车将"维克斯" MK.E 指挥型坦克从西华德路牵引至虹口市场附近展示

▲ 1937 年 10 月，被运送至日本东京松阪屋一楼的《中国事变展览会》进行展览的郑绍炎"维克斯" MK.E 指挥型坦克

▲ 日方拍摄的郑绍炎"维克斯" MK.E 指挥型坦克的局部细节照片，右下角图内蹲于坦克炮塔旁的为日本《朝日新闻社》的战地摄影记者浜野嘉夫。

宋瑞珂（时任武汉行营高级参谋）回忆：

"八月二十日下午九时起，我军冒敌海陆军炽烈火力，继续全线总攻，颇有进展。第三十六师沿天宝路及其两侧进入租界，分由兆丰路、公平路、舟山路等纵线，向东有恒路、唐山路、东熙华德路、东百老汇路（今东大名路）等横线推进。八十七师沈发藻旅以一部据守公大纱厂策应外，自引翔港攻入租界，刘安祺旅自西姚家桥循华德路横线，突入东百老汇路，以与三十六师一○六旅（陈瑞河）会师汇山码头为目的，完成分进合击之任务。一○八旅（杨光裕）二一五团冲到东百老汇路十字街口，为敌战车所阻，其第二营突入巷内，穿户入室，格杀残敌。各部沿途屡遭敌军顽强抵抗，杨树浦敌以战车六辆阻击，并焚烧房屋以阻我军前进。自虹口至杨树浦东段亘十余里之区域，火光数日不熄。我军各纵队之间连络密接，地形熟悉，一面开设进路，一面攻击前进，间或利用屋上进迫，亦颇生效。

"二十二日上午三时起，陈瑞河旅两个营、杨光裕旅一个营配属战车五辆，分头向汇山码头突击，战车的平射炮连毁各十字路口敌之机关枪阵地数处，步兵乘机冲锋，向东百老汇路敌阵猛击，将其枪手射杀，并夺获重机枪一挺。旋冲入汇山码头阵地，并行火战与白刃战，达到突破而席卷之目的。

"其时岸上之敌虽溃，但驻泊江面的敌舰纷向虬江码头一带下移至其火炮有效射程内，开始向我进入的部队轰击。同时东百老汇路东西两端之敌，受杨树浦及北四川路虹口公园之炮火支援，向汇山码头夹击。我军鏖战良久，敌舰以烧夷弹射来，房屋着火燃烧，致使应支援与推进之企图未能迅速遂行，功亏一篑。此役三十六师一〇六旅旅长陈瑞河负重伤，由该旅二一一团团长李志鹏代理。营长李增阵亡，另两个连长身负重伤，有一连官兵均被焚死；战车两辆被毁，战车连连长阵亡两人；一个步兵营生还者仅数十人。此役战斗的悲壮激烈，为市街战最光荣之一幕。"

童崇基（时任陆军装甲兵团战车营后勤技术人员）记述：

"装甲兵团成立不久，卢沟桥事变发生，展开中国对日八年抗战之序幕。装甲兵团编训更不分日夜在进行，未久八月十三日，日军对我上海闸北天通庵一带越界筑路地区保安团队攻击，战争又起。我方陆军第八十七师、八十八师即投入战场，装甲兵团即于八

月十八日，奉令开赴上海加入战斗序列。装甲兵团到达上海近郊驻安亭（其时京沪战区司令部也在安亭）。次日（八月十九日），战区司令部由参谋处作战科长史说持案件速达作战命令，令装甲兵团配属第八十七师（师长王敬久）。同日（八月十九日），即以战车两连最佳之维克斯轻重两种新战车加入战斗，强攻日军杨树浦一带近江（黄浦江）阵地，以阻止日军增援部队由日海军军舰运送登陆。谁知当战车冲入敌军阵地（其时余也在内）且前冲战车已进入杨树浦内街扫荡日军，却未见第八十七师步兵跟进，更有甚者当战车受日军来自江边钢筋水泥建筑仓库平屋顶之机枪射击，战车多被击损时（因战车顶部钢板较薄易被贯穿），步兵竟不知掩护，因而使前进两连战车又战防炮一连全部被敌击毁，车炮尽失，而人员伤亡殆尽，战车第一连长郑绍炎阵亡（郑绍炎少校连长是军校七期骑兵科毕业，余在交辎学校学员队受训时，郑是学员队上尉队附，更令人为其伤感者，郑连长殉职时才新婚两个月）。另一连长是老战车营随彭克定之老连长（已忘其姓名）亦阵亡殉职。余则在后续支援连车内索免于难。以今日之步战协同作战克敌制胜之战术思想观念而言；第八十七师师长及战区指挥官均应负指挥不当，车毁人亡之责也。"

朱崇钰（时任陆军装甲兵团战车营第一连一排长）回忆：

"8月15日，我国当时唯一的战车营，亦奉命开赴上海参战。上级部署首先由战车第一连加入战斗，第二连跟进，准备接替。8月15日晚，第一连用火车输送战车5辆附补给车辆，在上海站的前一站下车，进入战地。昼间因日军飞机不停地在上空盘旋随时可以

轰炸，战车只得觅地掩蔽，到晚间才可行动。16日至19日，曾数次与日军接战，均有伤亡。

"19日晚间，我军奉命进行全面总攻。我战车第一连配属给第三十六师某团一同出击，规定在午夜12时听到炮声后即全面出动。我战车连原来的战斗编组是每2辆一组，但连日作战已有2辆损坏，只有3辆可用。因此一组是2辆，另一组只有1辆。每辆乘员3人，1名驾驶手，1名排长兼射手，1名弹药手。

"战车第一连连长为郭恒建少校，福州人，黄埔六期交通科毕业，曾任军校学生队区队长等职。战斗中，他为了与步兵密切联系，随步兵团部一起行动。当时夜暗灯灭，一片漆黑。战车在街巷中一面摸黑，一面用机枪扫射，敌人亦盲目向战车扫射。忽然我最前面的一辆战车瞄准孔被敌人机枪射中，排长受伤，战车仍勉强向前慢行。这时，郭连长为指挥战车前进，视察战车状况，不顾自己安危，在枪林弹雨中跑步往返联系，但因街道上缺少掩蔽物，目标暴露太大，被敌枪弹击中，壮烈牺牲。

"第一连战斗受挫后，第二连在连长郑绍炎少校率领下，立即奉命加入战斗。这5辆维克斯战车受命进行拂晓攻击，仍是两车一组，在两条街道上出击，掩护步兵前进。不料日军早已在各个街道口布好战防炮。我战车刚一露头，车辆即被敌人击中，车中人员全部殉命，郑连长亦在其中。

"郑绍炎连长本不须亲自上车战斗，但他不愿在后方进行观察，逐身先士卒，加入首辆战车作战。郑连长是杭州人，黄埔七期步科毕业，曾任南京警卫师排、连长等职。其忠勇爱国精神，令人敬佩。

"淞沪抗战，我战车营初次上阵，即受重损失，仔细检讨，乃因我战车数日来已与

日军小接触数次，敌人早已有备，在各街口配置了45毫米战防炮。此炮命中率很高，尤其在街市战中，战车无可遁避，眼睁睁地看着挨打被困。我战车营除伤亡十余人，损失战车5辆外，两位连长英勇殉职，更令人扼腕痛惜。我的山西籍同乡，江州人吴林，亦在战斗中英勇献身。我是当时参战排长之一，战斗中身负重伤，亲眼目睹了两位连长壮烈牺牲的情景。现回首前尘，往事历历，仍不禁老泪纵横，唏嘘不已。"

李贵修（时任陆军装甲兵团战车营第二连战士）回忆：

"民国二十六年七·七事变爆发，为支援北战场作战，即将调整编组初成之战车第二连调保定支援作战。当我们由南京中华门乘火车至下关候轮渡江时，江中停泊敌舰多艘，列车指挥官命我们就射击位置，并装填穿甲炮弹，倘敌舰蠢动即行还击。由于我们有备致未发生事故顺利渡江北上。沿途经津浦、陇海、平汉各铁路重要车站均事前奉命为我们准备食物饮水，列车到达立即送到车上，继续前进昼夜不停行驶，到达保定后驻郊外韩蒋庄。终日擦拭枪炮整理弹药车辆以备杀敌致果。

"旋因日寇又在上海掀起炮火而奉调返京。当我们返抵中华门外火车站卸车时，见民众成群结队向雨花台涌去，经探询获知民众为观看枪毙泄漏政府机密而致停泊长江内之敌舰逃逸之大汉奸黄氏父子，难怪我们由浦口渡江时未发现敌舰踪影。返回方山营区获知第一连已调赴上海作战，我们略作休息即分头整理车辆擦拭武器弹药，候命行动。假若我记忆不错的话是八月十九日黄昏接到命令调赴上海协同第一连支援友军作战，连

夜准备拂晓又在中华门外乘火车,中途曾在苏州下车隐蔽,午后续至南翔驻立达学苑。六时许奉命至江湾前进指挥所待命。我等到达江湾时第一连已开赴前线,不久我们亦奉命开赴前线。我只知道我们配属三十六师每三部车配一个团部,由步兵团长指挥攻击前进。我们这一组由排长张启元率领,临时连长郑绍炎也登上该车,由于街巷作战东转西拐不久即与指挥车失去联络,但我与任从周所驾之车始终保持联系。是日,我们拂晓由南京乘火车出发至接敌攻击无片刻之休息。

"二十一日晨日机已开始活动,战场一片沉寂。我们两部车与各方面均无法取得联络,且都疲劳过甚,乃觅空屋将车驶入伪装后即依车而睡。一觉醒来已午后三时许,我们暂住之民房四周不远处房屋大部分起火燃烧,为急于脱离此区归队,由于分辨不出东西南北也不认得路,我们六个二十岁左右的大孩子都傻了眼,不知从哪里窜出一个面目可憎年纪约四十之猥亵男子自称可以引导我们归还前进指挥所。我们这群毫无心计的大孩子自然是高兴得不得了,他坐在我驾驶的战车外面指引我们前进,路名方向我们都弄不清楚,只听他指挥前进,共经过三处由麻包桌椅所构成之障碍物,也未见有守护之士兵,但仿佛好像看到两侧房屋门窗内有人窥视也未在意。不久行至一高大建筑物前见有卫兵荷枪站岗,我们的车长万家乐由炮塔探头高呼:'同志我们到后方应当怎样走?'是时该门左右约有三十多士兵在观望并无一人答话,旋有一军官模样之人双臂平伸手心向下连续挥动,门前之卫兵及左右观望之士兵与该军官均就地卧倒,我等发现情况不对找原引导我们的人已不知去向,只有盲目快速前进。行驶不久遇一学生模样之青年,当

我们说明经过情形时该青年十分激动地说:'引导你们的一定是汉奸,你们所说的有卫兵的高大建筑物是日本海军司令部,也就是日寇上海作战最高指挥部,我是上海战地服务团的工作人员,请诸位放心由我来引导各位来脱离险境,倘各位不放心的话可随时注视我的行动如异样可先将我击毙!'在别无选择的情况下只有请他登车指引,终于进入我军防区。他于指明向江湾行驶应行进之方向时离去。我们在向江湾行驶途中为我们团长兼营长杜聿明拦住,问明我们两部车自昨晚出击即失去联络之经过,我们在说明情形时他边看地图边点头,最后他说:'好好,你们都辛苦了,现在可到南翔补给所待命。'

"迨二十七年秋于湖南湘潭夏家祠对面二百师集合时,师长杜氏训话时宣布:'上海战役我战车营第二连两部战车迷途被骗至日军在沪作战最高指挥部而安全返防,当时他们向我汇报我将信将疑,今年五月豫东会战掠获日寇文件经军委会译发本师,证明确有其事……检讨上海战役为我装甲兵首次参加战斗,事前缺乏步战协同作战之训练,而使用战车参加巷战更难发挥其机动之特长,更之市区地图致使我们这群大孩子摸不清东西南北而迷失方向。总结是役,我战车第一连连长郭恒健、第二连连长郑绍炎、同学吴健、卜孟英均壮烈成仁,排长张启元、朱崇钰,同学李长骥、贾铭勋、吴敏等多人均分别受轻重伤,步战不能协调蒙受如此之重大损失,应特注意。'"

至同月(8月)23日,为策应日本陆军先遣部队在吴淞、川沙口方面进行登陆,日海军陆战队司令官大川内命东部支队以中央队快速突进,并确保华德路一线,扼制当面的中国军队,且为便于使用公大基地,推进

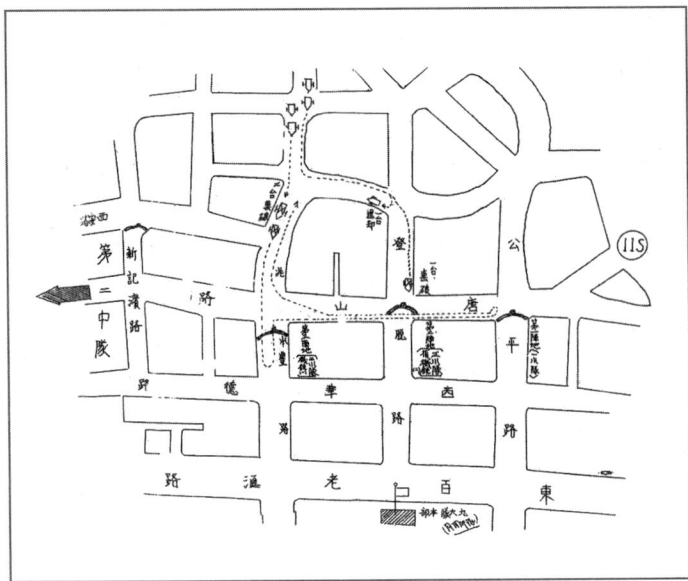

▲ 日方绘制的 8 月 22 日中国陆军装甲兵团战车第 2 连 4 辆维克斯 MK.E 轻坦克作战经过要图

右翼前线。月冈大队即于 24 日上午 10 时，在战车队、炮队、汉口陆战队、第 6 大队及出云陆战队一部的协助下，于中午 12 时 15 分由唐山路前出至欧嘉路一线。25 日上午 8 时 20 分左右，日海军第 1 水雷战队第 9 驱逐队第 6 小队（小队长佐藤菊雄）及出云陆战队机关枪小队（小队长丸田吉长）两支小分队各自在小队长的率领下对通州路附近的国军第 57 师第 169 旅阵地进行侦察，第 9 驱逐队第 6 小队即在小队长海军特务少尉佐藤菊雄的指挥下，从欧嘉路友军的月冈大队阵地偷偷摸进至中国守军阵地，于上午 8 时 40 分左右，到达兆丰路及海拉尔路的交叉口时，该侦察队军曹福田岩雄突然发现停置于右方五十米外对面的工部局仓库前停置的一辆装甲兵团战车连"维克斯"炮战车（虎 58 号）与数十名守军士兵，尔后福田立即向小队长佐藤进行了汇报，并当即与出云陆战队机关枪小队联合，突然对工部局仓库前的中国守军发起偷袭，中国守军士兵在遭到突袭后慌

乱不堪随即溃退，虎 58 号 "维克斯"战车也被丢弃于阵地上，为该侦察队所缴获并用牵引车拖回海军陆战队（本）部，并置于陆战队（本）部门口进行炫耀展示。其后，国军陆军装甲兵团战车连余部车辆于 9 月 29 日下午 2 时配合于贺家宅阵地坚守的中国守军，与从江湾方面泗泾球场的日陆军发生激战。在相持半日后，至下午 5 时左右，中国守军机枪队在战车连 "维克斯"坦克的掩护下，突然由正面出击，日军在仓皇应战一个小时遭到重创后退回原防区。至 10 月 11 日下午 4 时，国军装甲兵团战车连于徐家巷（蕰藻浜南江杨路西）至江杨路一线阵地对自蕰藻浜车站攻击该处防线的日军步兵联队进行数小时激战后，未见再有作战行动。至此，中国军队的装甲部队在上海的作战宣告全部中止，残存所部奉命撤出上海返回南京。

福田岩雄（时任日本海军第 1 水雷战队第 9 驱逐队三等兵曹）：

"我于八月二十五日午前八时二十分为侦察通州路附近的敌情，在小队长海军特务少尉佐藤菊雄的指挥之下，勇敢地从欧嘉路友军阵地向敌前进出。于白昼大胆机敏地从严密监视的敌军眼皮下掠过，侵入至敌地深处，担当敌情侦察的大任。于午前八时四十分到达兆丰路海拉路的交叉点时，发现右方五十米处的工部局仓库前的敌阵地上有一辆战车及约二十名敌兵，我当即向移动至兆丰路桥附近侦察中的小队长报告。于是，我与

被置于日本海军上海陆战队（本）部大楼门口进行拍摄宣传的"虎58"号

小队长共同作为先头向敌阵地匍匐前进，不久，见机一举突然入了敌军敌阵，在不经意的打击下，敌兵突然溃走，侦察队成功缴获了这辆战车。我虽然平日沉默寡言，但却是一位机敏的模范下士官，这日即在敌前仅数十米的地点沉着进行任务，并且依靠适时的判断及勇猛机敏的行为，在一兵未损的情况下缴获了敌军战车，立下大功。这次缴获战车的快速作战是我方第六小队海军特务少尉佐藤菊雄（第九驱逐队）机关枪小队长丸田吉长（出云）等各率领的两个小分队在兵力极少下完成的，尔后一同爬到缴获的战车上高呼三声万岁。之后在工作队长的指挥下，利用两辆拖拉机将这辆战车牵拖至海军陆战队本部凯旋。"

德国军事顾问关于"八·一三战役"报告：

"……巷战中证明最佳之武器是手榴弹与八一毫米之迫击炮，虽然爆破之手榴弹的爆裂范围狭小，小于战车之炮弹，3.7公厘之战车防御炮足可当作步兵炮使用。重野战榴弹炮由于射击训练不足与观测仪器不够精确，大多数均移往后方保管，其实可用之对黄浦江上小型之日本军舰及一些日军阵地予以有效之射击，迫使其丧失战斗力。

"战车对双方均未有产生有效之战果，此由于与步兵挤在一狭窄的空间共同作战，但在正常街道战中仍有其必要性。在中国方面情况更显不利，战车在各种平行交错的街道中前进，已被敌方之战防炮封锁着。日本方面也并未拥有足够消灭敌人反坦克武器之重步兵武器。但敌对双方战车之损失仍很惨重，当时中国之战车主要是被日本坦克之前进车辆摧毁，而日本之战车与街道装甲车是被中国战防武器使其丧失战力。"

国军装甲部队对此役所得之经验与教训总结：

一、官兵具充溢之勇敢精神。

二、对付敌之战车，以使用战车防御炮效力最大，使用战车，殊不经济。

三、步兵发现战防炮，未告知后援战车，致受损害。

四、高级指挥官对于使用战车，不许战车队长有所建议，即使用难免错误。

五、使用战车，不予准备时间，猛然给予任务，必遭失败。

六、步兵不明瞭战车性能，及不与战车协同，则战车效力颇难发挥，步兵不知收获战车所得胜果，寒碜纵获得胜利，亦属徒然。

七、战车在一地区内逗留过久，必遭损害。

▲ 11 月攻占上海闸北的日海军吴镇守第 5 特别陆战队与"维克斯"装甲车

三 守势作战阶段

（一）日本陆军上海派遣军战车第五大队

1937 年 8 月 14 日，为了增援上海的日本海军陆战队，日本陆军参谋（本）部动员了陆军第 3、第 11、独立飞行第 6 中队以及战车、装甲车、炮兵、工兵、辎重、骑兵等特种部队编成"上海派遣军"。其中战车部队以久留米的战车第 1 联队一部为基础，改编为战车第 5 大队（临参命第 73 号动员第 4 号令），大队长由千叶陆军战车学校教导队长细见惟雄大佐担任。编制包括大队（本）部、三个战车中队以及段列（补给用）。大队（本）部有"八九"式中战车两辆、"九四"式轻装甲车两辆；一个战车中队有"八九"式中战车十辆及"九四"式轻装甲车五辆；段列有"八九"式中战车九辆及"九四"式轻装甲车六辆。比较有特点的是，战车第 5 大队在抵达上海战场后，细见惟雄对所部的"八九"式中战车进行了战场应急改造，将战车炮塔的 57mm 战车炮炮盾取下，增焊了 3mm 厚的铁板改装成外装甲防盾，车体前方观察窗的缝隙部分加装了硬钢支撑，战车炮炮身下的驻退机也一样加装了 3mm 的铁皮保护。

战车第 5 大队长细见惟雄曾于 1920 年日本出兵西伯利亚时担任海参崴派遣军装甲车

▲ 战车第 5 大队装备的八九式中战车

大队（本）部（细见惟雄中佐）	
"八九"式中战车	2 辆（は 5001-5002）
"九四"式轻装甲车	2 辆（ほ 9401-9402）
第 1 中队（藤田大尉）	
"八九"式中战车	10 辆（い 5101-5110）
"九四"式轻装甲车	7 辆（い 9401-9407）
第 2 中队（高桥大尉）	
"八九"式中战车	10 辆（に 5201-5210）
"九四"式轻装甲车	7 辆（に 9401-9407）
第 3 中队（不详）	
"八九"式中战车	10 辆（さ 5301-5310）
"九四"式轻装甲车	7 辆（さ 9401-9407）

队第 1 小队（装备英国"奥斯汀"M1918 装甲车）小队长。1925 年日本创设战车队时转入教育总监部，担任教育总监菊池慎之助大将的副官，参观了久留米第 1 战车队参加的北九州陆军大演习。1935 年，调任东北的公主岭战车第 4 大队队附，在中国东北的严寒地区进行各种战车混合的战车队行军试验，并与苏、蒙军装甲战车发生过多次冲突，得到了各种战车的诸多实战试验经验。1936 年 8 月，千叶陆军战车学校创立后，调任该校担任教导队长，于同年 12 月开始对战车学校学生以及下士士官候补生队进行战车的操作、射击、通信及整备等教学训练。

（二）上海派遣军独立轻装甲车第八中队

1937 年 8 月 14 日，根据"临参命第 73 号动员第 3 号令"指示，驻于日本青森县第 8 师团管区岩手盛冈旧骑兵旅团兵营的第 8 师团轻装甲车训练所进行了紧急动员，并将其改编为独立轻装甲车第8中队（由第8师团长管理），中队长由福田林治大尉担任。配备"九四"式轻装甲车17辆，炮塔上漆有代表该中队标示的日本字地名，如"能代"、"羽黑"、"花卷"等。

▲ 独立轻装甲车第8中队装备九四式轻装甲车

独立轻装甲车第8中队（中队长"福田林治"大尉）	
中队（本）部	
"九四"式轻装甲车	1辆
第1小队	
"九四"式轻装甲车	4辆
第2小队	
"九四"式轻装甲车	4辆
第3小队	
"九四"式轻装甲车	4辆
第4小队	
"九四"式轻装甲车	4辆

（三）宝山作战（宝山保卫战）

9月3日晚9时开始至4日凌晨4时，战车第5大队在已强行登陆的第11师团步兵掩护下于吴淞口用起重机将运输船内战车一台台地的吊上码头。由于卸车地点过于靠近国军第98师（师长夏楚中）设置的抗登陆阵地，遭到了该师防守宝山及狮子林一线的该师强力阻击，一时间子弹及迫击炮弹横飞，不时地落在战车第5大队登陆地点附近，输送船内的一名一等驾驶员被国军第98师的迫击炮连发射的81mm迫击炮弹击伤，船内、外顷刻混乱一团，仅有少数有经验的军官与

▲ 登陆成功后向宝山城开进的战车第五大队

平时一样正常地指挥着作业。

至4日下午2时左右，先行登陆上岸的战车第5大队高清第2中队于其它战车中队上陆期间，在吴淞周边进行了战前地形侦察工作。5日，战车大队主力上岸后开始参与攻击国军守备的宝山。在此之前，日陆、海军已于9月1日开始对宝山城外围发起了进攻，停泊在吴淞口外海的日军舰也不断用舰载重炮协助轰击。5日凌晨，战车第5大队以三个中队三十余辆"八九"式中战车进行突击，协同步兵沿军工路对三官堂一线的国军第6师防御阵地展开猛烈冲击，虽在中国守军的奋勇阻击下，僵持至中午。但第6师官兵终因伤亡惨重不得已而退守至泗塘河一线，狮子林与吴淞之间的通道被日军完全打通，宝山城也已深陷重围。同日中午，上海派遣军第3师团主力第68联队（联队长鹰森孝）在

▲ 姚子青

▲ 日陆军炮兵使用"九二"式步兵炮对宝山城守军进行猛烈轰击

天谷支队（第11师团第10旅团天谷直次郎支队）的掩护下以战车第5大队高桥第2中队十余辆"八九"式战车为先导，向国军第98师第583团第3营（营长姚子青）防守的宝山城外西南的杨家浜及西门大街进行强攻，至下午3时左右，姚子青营在被日军优势兵力及火力的猛攻下死伤惨重，退入城内防守，准备与日军展开殊死巷战，营长姚子青在孤立无援的情况下向师长夏楚中发出报告：**"城已无全存之瓦！士皆有必死之心！职部誓本与敌偕亡之旨，固守城垣，一息尚存，奋斗到底。"**

6日拂晓，日军首先向宝山城内发射大量硫磺弹，城内多处顿时火光冲天，黑烟弥漫。尔后，日军又调野炮兵第3联队重炮兵第5大队对宝山城墙进行破坏性轰击，将东门城墙炸出一个缺口，鹰森联队第3大队步兵在战车第5大队藤田第1中队（欠一个小队）

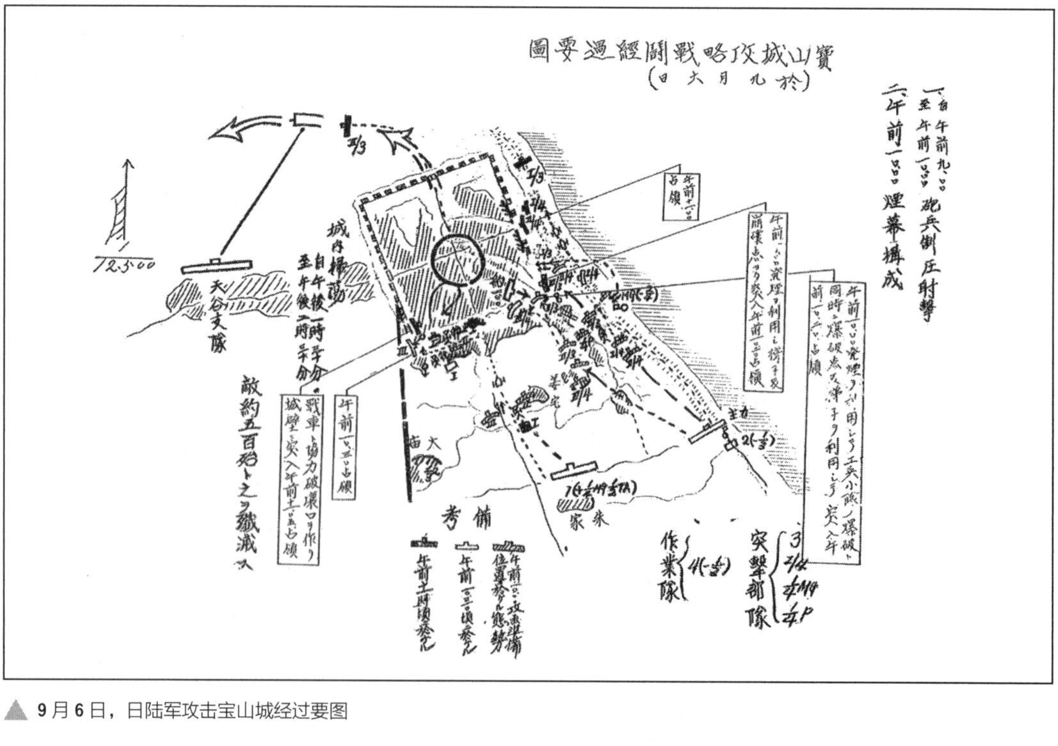

▲ 9月6日，日陆军攻击宝山城经过要图

的掩护下从缺口冲入，与姚子青营仅存的数十名官兵展开激烈巷战，战至晌午，坚守无望的姚子青率所部仅存的二十余名官兵对东门发起反冲锋，希望能杀出一条血路突出重围，但在临近城门时，遭到日军阻击，营长姚子青中弹阵亡，全营除二等兵魏建臣一人乘战斗间隙翻墙而出得以逃生外，其余将士悉数壮烈殉国。下午1时许，为了防止中国守军残存士兵从其它各门（西门与南门）突围，战车第5大队细见大队长遂令战车大队主力的"八九"式中战车将各城门堵住，之后协同步兵进入城内进行扫荡清剿，宝山城旋即宣告陷落。

夏楚中（时任国民革命军第九十八师师长）记述：

"姚营长和三营官兵血战宝山，为悍卫祖国领土而献出了生命，体现了中国军人的爱国精神和民族气节。全师官兵要视为楷模，为驱逐日寇，壮我中华，不惜流血牺牲。"

（四）吴家村附近（杨行镇东）作战

9月7日，日军攻陷宝山城后，于11日兵分三路向月浦、杨行方向猛攻，以图打通月浦、杨行与罗店间的交通。国军第1军（军长胡宗南）第1师（师长李铁军）、第78师（李文）奉命于杨行镇、蕰藻浜和纪家桥一线地区倚仗临时构筑的简易工事迎击日军主力的进犯。

10日上午9时，战车第5大队藤田第1中队协同第3师团步兵第34联队第1大队突破了杨行镇吴家村附近国军第1师所部的阵地，进入吴家村西面，但因步兵尚未及时跟进，藤田中队在中国守军的顽强阻击之下被迫后退，下午，在步兵赶上后，藤田中队协同步

▲ 胡宗南

▲ 于防御工事后警戒的中国军队步兵

▲ 杨行镇

▲ 战车第五大队藤田第一中队的"八九"式中战车

兵将吴家村占领。随后，藤田中队长又奉命协助步兵第34联队第1大队侦察部队对杨行镇东面小河边构筑坚固阵地的中国守军进行火力侦察。

藤田中队第3小队（小队长冈村隆助）

▲ 射击练习中的中国军战防炮组

沿主路向西进至中国守军阵地前五百米左右后，于道路两侧附近的房屋废墟处展开队形，向国军的重火力点实施压制射击，后在国军机枪及迫击炮的交叉火力打击下，仍强行掩护进行侦察的小林步兵侦察队完成了火力侦察任务。

下午4时，位于杨行镇东侧的国军第1师得到了前来增援的战防炮部队协助，抵达阵地的中国战防炮部队布设好炮位不久，就发现了阵地前方的冈村第3战车小队，于是迅速装填瞄准，全力向日军战车发起炮击，呼啸的炮弹当场就击中了最前面的冈村隆助小队长的座车，第一发炮弹击中炮塔后虽跳弹弹开，但其巨大的冲击力却依然导致了炮塔受损，无法正常旋转。第二发炮弹则直接击穿了战车前方的装甲板（战车驾驶员位置），驾驶员藤野清人上等兵脸部三分之二被炮弹打烂，当场死亡，一等兵炮手甲斐大作右臂及右腰部重伤。在遭受战防炮的突然射击后，战车第3小队长冈村通过火光及白烟判断出了中国守军战防炮的位置，大声吼叫："替炮手及驾驶手报仇！"准备对战防炮方向进行射击，就在冈村的炮弹还未出膛之时，中国军队的战防炮发射的第三发炮弹再次命中了他的战车炮塔，但这发炮弹不仅未能将其击穿，炮弹的冲击反而使之前被损坏的炮塔恢复正常旋转了，冈村发现后便接替炮手，自己操作战车炮对中国守军的战防炮还击了三炮，暂时抑制住了国军战防炮的攻击。此时，战车内已经是血花四溅，火焰升腾，灭火器由于在被炮击时损坏，根本无法使用，小队长冈村与机枪手上村国盛一等兵协力徒手将火扑灭，并将驾驶员藤野拖

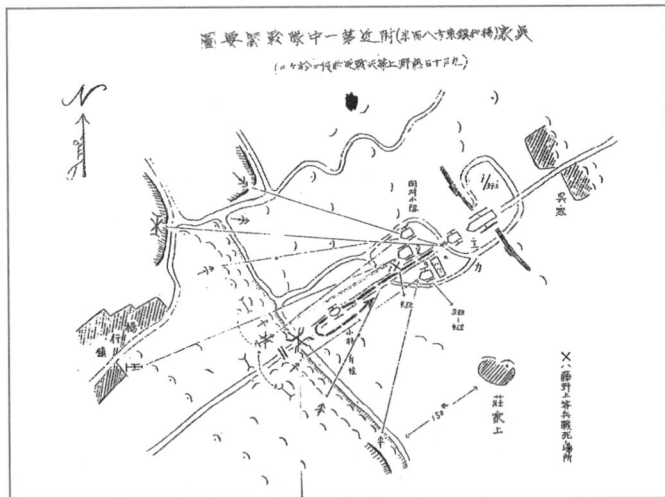

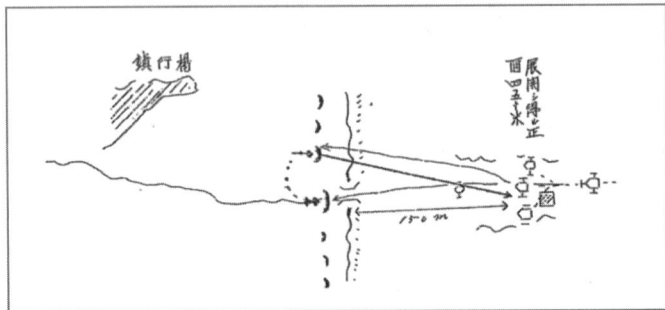

▲ 吴家村（杨行镇东八百米）附近战车第五大队第一中队作战要图（9月10日）

离了驾驶座位，对战车出现的故障进行了应急处置，随后由机枪手上村驾驶战车在第3小队另外两辆战车的掩护下脱离战场，撤回了吴家村。

（五）上海军工路附近作战

在长江南岸中国守军各部对日军奋战的同时，最早投入作战的国军第9集团军仍继续对上海市内虹口及杨树浦的日海军陆战队发起进攻，并于虹江路至军工路一线阻击强行登陆的日军。8月27日，第9集团军司令张治中下令调整部署，命第36师及独立第21旅一团固守狄家行、引翔港镇以及沪江大学北部一带；第87师、第61师以及保安总团固守吴淞镇及虹江码头，阻击张华浜方向的日军进攻。9月6日，上海派遣军第3师团第18联队（联队长石井嘉穗）的饭田支队（支队长饭田七郎）于吴淞口强行登陆后，协同战车第5大队第1中队第1小队（小队长山本）和山炮中队向军工路南部进犯，强攻公大纱厂以北的第9集团军第36师（师长

▲ 上海军工路

▲ 于上海市街道路中突进的战车第五大队藤田第一中队"八九"式中战车（第9号车）

宋希濂）阵地，在第36师及后增援的第57师的顽强抵抗下，饭田支队长激战中被击毙，但日军的猛烈进攻并未因此停止。9月7日，饭田支队占领虹江码头后，由东向西朝军工路一线推进。11日拂晓，战车第5大队第1中队长山第1小队在配合饭田支队对正面防

▲ 淞沪会战中的国军 37mm 战防炮

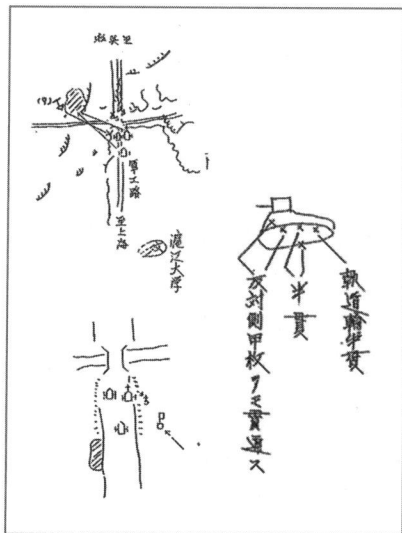
▲ 上海军工路附近作战经过要图

御的中国守军第87师进行压制作战中，小队长山本为了与步兵大队长取得联络而下车时，突然遭到自来西面的国军第87师战防炮连的射击，左边一辆"八九"式战车被命中起火，车内乘员虽然使用灭火器处置，但因火势引发爆炸致使全体乘员被火烧成重伤，纷纷从炮塔顶部舱门逃出，之后中国守军又连发四弹也都全部命中。身在车外的小队长山本从弹道方向推断出守军第36师战防炮的方位后，当即命令各车用战车炮进行了六发急速射，抑制住了中国军队的炮击。战后山本对遭受炮击的该辆"八九"式中战车进行检查后发现，这辆战车左侧偏后的上部履带拖带轮以及中间履带上部及下部位置被击穿，左侧前部侧裙位置的装甲板也被击破。

（六）马桥及马路塘附近（罗店镇东南）作战

战车第5大队第2中队长高桥清伍在9月8日的周家宅作战中负伤后，该部队的指挥权由第1小队小队长西住小次郎接替，并升任为代理中队长。第2中队后于16日下午2时30分左右配属于第11师团步兵第44联队，对罗店以北的马路塘国军第11师（师长彭善）所部防守阵地进行攻击。第2中队沿南曹方向的公路以纵队队形快速开进，于马路塘前左边侧面一带展开后，对马路塘中国守军阵地发起火力压制攻击，待后续步兵部队跟进后，西住代中队长发出"跟随指挥官"的信号，命各车折回南曹地区集结。在掉头返回时，西住的战车右侧履带不慎落入了国军构筑的半圆形反坦克壕内，无法行动。就在这时，中国守军方面将战防炮推上了前线，对西住战车队的队列末尾发动突然炮击，冈野第2小队长车当即被炮弹命中三发，该车

▲ 西住小次郎

▲ 战车第五大队西住第二中队的"八九"式中战车

▲ 准备射击的国军战防炮

的主动轮、弹簧制动器以及汽化器进气口均被战防炮炮弹击毁。西住此时发出的"离开战车，转乘第1小队第2号车"的命令也无法传达，为了救援西住中队的危机，日军第44联队的步兵对中国守军阵地发起突击，拼命用轻机枪及手榴弹向守军阵地攻击，将中国守军阵地侧面防御的机枪火力点完全压制，得以喘息的西住所部也紧急实施救助作业，将战车驶回了公路，并掩护步兵再次发动攻

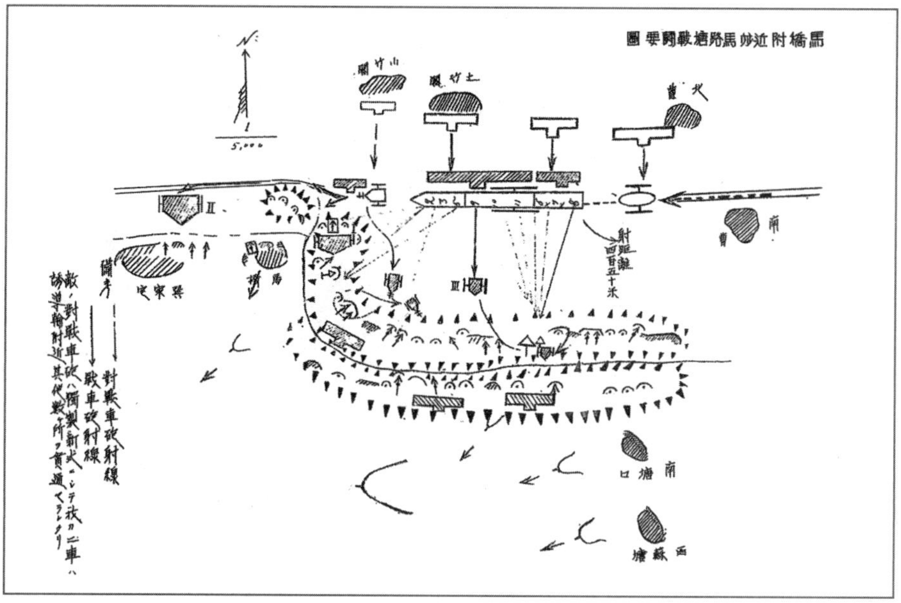

▲ 马桥及马路塘附近（罗店镇东南）作战

击，最终利用装甲火力的优势将中国守军的阵地占领。

葛云龙（时任第三战区司令长官部参议）记述：

"8月26日，冯玉祥除给各指挥官一些指示外，并颁布破坏敌坦克车战法。（一）在屋中布置炮位，待坦克车过时，击其侧面。（二）用麻袋包地雷，待坦克车过时轰炸之。（三）用长短铁轨埋插地下，作参差不齐状，使坦克易于倾覆，甚至不能通过。（四）用松香等易燃的药剂投掷车身，令其发火以燃之。此外，又拟定构筑工事的一些办法，决定战壕有四丈宽，二丈深，每隔二十里筑一道，前后设置假阵地。"

（七）罗店镇南附近（白壁之家）作战

9月23日，伤愈归队的战车第5大队第2中队长高桥清伍重新指挥部队，参加日本陆军第11师团步兵第44联队对罗店镇南部

的作战。之后高桥中队长下令："1. 西住小队从赤屋根（红屋顶）攻击右边之敌；2. 山根小队从上海街道攻击白壁之家西北端之敌；3. 冈野小队从白壁之家西北端到堆土（马路塘河的堤坝）对敌攻击；4. 国岛小队保持与中队长及小队间的联络。"命令下达后，于下午2时20分开始，各小队开始按规定路线进攻，按西住小队为先头、中队长车跟进、山根小队其次、冈野小队殿后的次序依次前进。尔后在西住小队长命令下，西住小队及山根小队展开攻击队形，向白壁之家及赤屋根方向用车载机枪进行扫射，但却无法破坏这"白色铁墙"。而被日军称之为"白壁之家"的建筑，即为罗店镇南部乡村地区的某位商贾富翁建造的名为""幸运草别墅"的白色房子，这座别墅院子被高大白色墙体所包围，外围还有战壕所保护。在此之前，日军步兵第44联队即已经对这座中国军队据守的别墅攻打了近一个月，但在中国守军的顽强抵抗

下均无功而返。于是，有鉴于该处墙壁的牢固，战车第2中队高桥中队长当即挥动战车信号旗下令，命工兵首先对白色墙壁进行爆破作业，工兵立即采用掘进战壕方式突进至白壁墙角下进行爆破，步兵及战车则等待爆破后开始进行突击。正在此时，附近却突然传来猛烈的枪声，高桥中队长向战车后方的观察孔望去，发现西住小队长的战车正遭到埋伏在附近竹林内的中国军队射击而熄火抛锚。高清队长见状立刻下令炮手对竹林内中国军队进行压制射击，在其他战车的掩护下，西住的战车突然重新启动，在国军的迫击炮不断轰击下迅速向竹林进行强行突击。与此同时，随着"咚咚"的两声闷响，日军工兵爆破完成，白壁被炸出了一个大缺口，早已准备就绪的冈野小队立刻协同步兵从缺口冲入，山根小队也在同时于西南墙壁外突入。另一边的西住小队也已从攻击小队的背后开始射击，压制住了中国守军的侧面防御火力。傍晚，西住小队开始进攻赤屋根地区，中队长高桥再次被迫击炮弹片击伤，于是全队的指挥便又落在了西住小队长的身上，战至凌晨2时，因夜黑光暗战车行动不便，战车队全部停止进攻，逐次返回防地。当日，西住于中国守军阵地前20-30米处进行了九个小时以上的苦战，乘员全天的大小便均是在车内解决，

▲ 战车第五大队高桥第二中队

▲ 高桥清伍

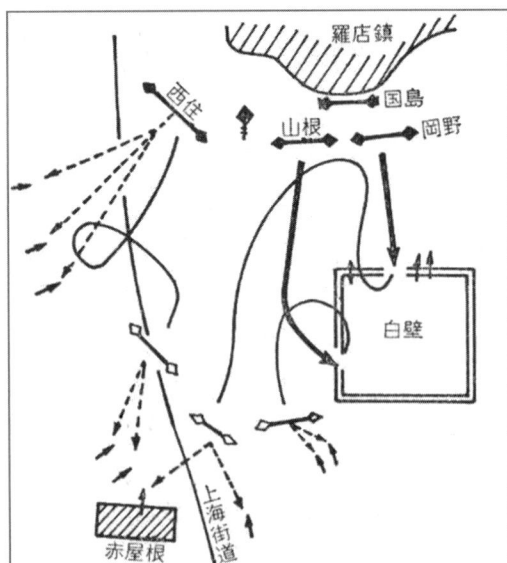
▲ 罗店镇南附近（白壁之家）作战

▲ 罗店镇南中国守军的"白色铁壁"

车内的尿骚味、屎臭味、血腥味、汗臭味、弹药散发的酸臭味、发动机挥发的燃油味混杂在一起，味道简直无法让人接受。而日军

所乘的这些战车最少都是中弹五十余发，被破片擦伤的位置就更数不胜数了，可见双方的战斗是多么地惨烈！

（八）唐桥（刘家行南）附近作战

10月1日，日第3师团左翼队的步兵第29旅团占领刘家行后，于4日进入温藻浜河北岸一线，预定在7日对在刘家行南方四公里外的唐桥西南八房宅与朱宅顽强据守的国军第1军展开攻击。计划为第3师团右翼队在战车第3中队的协助下攻击牛宅至西六房一线的守军阵地，左翼队在战车第1中队（藤田队）的协助下攻击八房宅、唐桥一线的中国守军。战车第1中队主力掩护第18联队第2大队，另一部则掩护第18联队第1大队进行渡河。

7日上午6时30分，战车第1中队从顾家宅待机位置出发，7时30分各小队到达指定位置河前（南）岸。此时，步兵部队已开始向温藻浜河北岸强行渡河，藤田急命战车中队对中国守军进行掩盖式重火器攻击，掩护步兵渡河。由于与预定攻击计划有所出入，战车中队长藤田为取得与步兵大队（本）部的联络，下车孤身前往第一线攻击的步兵大队（本）部，途中于9时30分左右在河堤坝的间隙部遭到中国守军步兵的狙击。另一边，战车中队在此之后持续掩护步兵联队渡河，但迟迟不见中队长归来，于是由指挥机关曹长小林往步兵大队（本）部方向来回搜索，在距离中国守军防线5-60米处的水稻田内找到了藤田（先发现钢盔），发现时其体温极低，意识也已全无，急用战车将其送往顾家宅军医处急救，经检查后发现其右腋窝至左上臂被子弹贯穿，于下午4时移送至陈家巷后不治身亡。

▲ 刘家行桥

▲ 战车第五大队第一中队藤田中队长座车

▲ 利用树叶进行伪装的中国军士兵

蓝中民（时任国民革命军第七军第一七〇师第五〇八旅第一〇一六团第三营第十连排长）回忆：

"次日上午七点左右，敌气球升上空中，观测我方情况，继续用飞机大炮狂轰滥炸，不断摧毁我军阵地，至下午两点钟左右，敌用坦克三辆掩护步兵向我阵地猛攻。当时我第二营营长王有清，见敌坦克冲来，后续部队未到，即指挥全营官兵向敌坦克逆袭，结

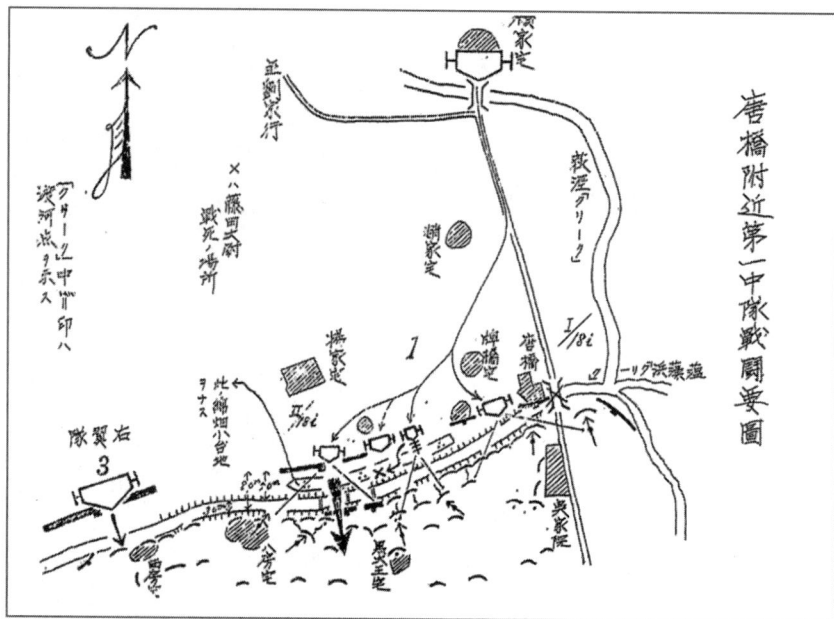

▲ 唐桥（刘家行南）附近作战

果被敌坦克上面的小钢炮击中牺牲，全营动摇。第三营赶上增援，中途被敌炮火和飞机用机枪扫射阻拦，第三营官兵不顾一切，前赴后继，伤亡惨重。第二营官兵溃退下来，阵地失守。该营左翼第一二六团连长吴汉强阵亡，该连阵地同时失守。我阵地前面幸有一条小河，天然障碍，敌坦克冲不过，阵地未失。"

（九）西六房（刘家行东南）作战

10月7日，协助步兵第6联队攻击西六房（刘家行东南方约3公里）附近中国军队的战车第5大队第3中队，于下午1时10分左右从转宅出发，超过河岸沿线的步兵部队，于1时40分突入西六房西端防线。由于此时骤雨倾盆，日军无法观察，并且泥泞的道路使日军战车履带陷入其中，行动十分艰难。

战车第3小队小队长藤本准尉（时任曹长）是当日临时提升的，以弥补第3中队的小队长空缺，同时又临时拨调了两辆战车重新编成了第3小队。在出发途中，第3中队所属的部分战车陷入河边淤泥内无法跟进，于是藤本小队长即以一辆战车向西六房附近的中国守军阵地独自冲去，却遭到了中国军队重机枪发射的钢芯弹集中射击，藤本战车的机枪手及驾驶员相继受伤，藤本欲驾驶战车驶过竹林，向西六房西南角突进，但终因大雨瞄准困难，再加上被竹林遮蔽视线，藤本只得向后撤退，并在后撤中驶入中国守军事先挖掘好的交通壕中，车体倾斜45度角，无法行动。此时，日军第6联队的步兵也已突击到该车的不远处，藤本即下车向步兵说明战车的情况，请求步兵协助将战车弄回路面，就在他于战车左侧与步兵商讨时，突然一梭子机枪子弹扫了过来，藤本身中四弹，当场死亡。其乘坐的第3中队1号车也被"七九"钢芯弹命中两发，战车炮口前约10cm炮身处被击穿，摇架外部损坏。

▲ 西六房（刘家行东南）

▲ 于泥泞路面上行驶的战车第五大队第三中队 "八九" 式中战车

▲ 炮身被中国守军 7.9mm 钢芯弹击穿的战车第五大队第三中队藤本第三小队长车

▲ 战车第五大队第三中队乘员使用 "八九" 式中战车的外机枪进行射击

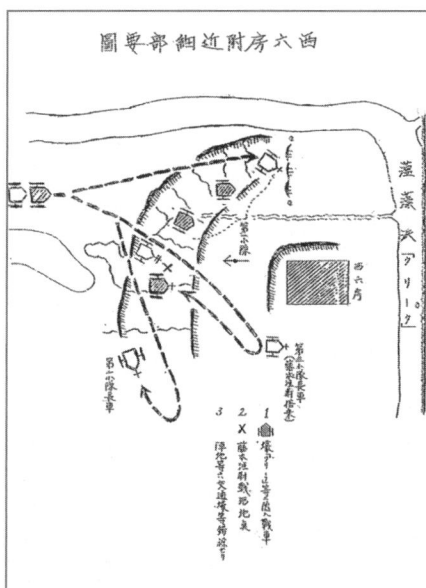

▲ 西六房（刘家行东南）作战

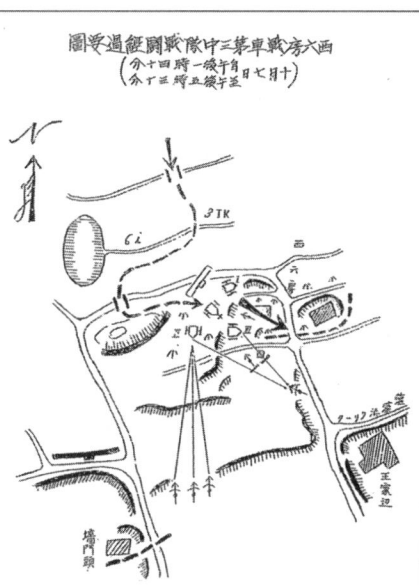

（十）张家楼下宅（大场镇西北方）作战

10月21日，参加大场镇西北方的张家楼下宅作战的战车第2中队（代理中队长西住小次郎）冈野第3小队于最左翼协同步兵加入了对村落东南侧的中国守军第57师（师长阮肇昌）337团的作战。在日军进至守军阵地2-30米的地方时，中国军队进行射击，集中射击日战车用机枪，冲在最前头的日军第3小队的队长座车火炮瞄准窗防弹玻璃被子弹打碎，冈野小队长被弹片和碎玻璃击伤，战车的前机枪也被打坏。战车小队陷入了与中国军队的苦战之中。国军对日军战车的打击更为猛烈，日军战车炮手也被击伤，战车炮最终损坏。已是伤痕累累的冈野小队长令全员使用手枪进行战斗，就在这一瞬间，中国守军的子弹击穿车体，跳弹在车内四处横飞，小队长冈野再度受伤。冈野在连续喊出：**"不要让敌军迂回到步兵后方"**后便昏倒了。这时，已负伤的炮手代替了车长下达命令，要求驾驶员对反击的中国部队进行冲撞，用战车的履带来回碾压。可蜂拥而上的中国士兵根本不在乎生死，一往无前地向日军战车冲来，只要战车稍微停下来，中国士兵便奋不顾身地相继往战车上攀爬，但却不断被邻近的日军战车击中坠下。同时，中国军队的士兵还向战车投掷手榴弹，但多数被战车弹开，弹开的手榴弹弹片反而伤及己方士兵。这场战斗前后进行了数个小时。战车第2中队主力方面，局面也是如此。

细见惟雄（时任日本上海派遣军战车第五大队大队长）记述：

"自1937年9月5日登陆以来，战车第五大队第一中队在一个月内进行了13次战斗，藤田第一中队长战死，第五大队在参加

▲ 阮肇昌

中国战线的战车大队中最有激烈战斗经验，同时也损失最多。在上海的战车战斗虽然是很朴实、很幼稚，就像小孩子游戏一般，但是出征时的31名军官中，战死负伤（也有一人数次负伤）27名。那么作为参考，总结一下上海战的特征吧：

1. 编成：本部、中队三、段列（担任整备补给修理任务的队伍）一。

▲ 向大场镇方向开进的战车第五大队中战车队

▲ 向日军发起冲锋的中国军队

▲ 被日军攻占的大场镇车站

▲ 攻占上海市政府的战车第五大队

▲ 由白茆口登陆的日军重藤支队

2. 战车：八九式乙中战车、十四吨、五七毫米炮一、七·七毫米轻机枪二。装甲—前面及炮塔22毫米、炮塔手动旋转。

3. 轻装甲车：六吨半、轻机枪二。

4. 乘员：战车—四名、车长（队长以下下士官）、驾驶手一、机枪手一、炮手一。轻装甲车—两名、车长一、轻机枪手一。素质—干部大部分为现役，预备军官以下没有受到战车教育的比较多。

5. 教育：队长以下驾驶、炮击、枪击全员都会。战法为前兵随伴（机动行动当时尚在研究中）。人车一体、乘员一身同体、小中队大队各自一团主义。

6. 通信：没有无线，采用信号旗及轻装甲车。

7. 观察：战车设有数个观察孔（观察孔长45厘米、宽34厘米，敌弹常从此射入）。

8. 地形阵地：潮水涨落造成大小纵横无数的小河，散布在竹林村落的掩盖阵地较多，其它旱地用泥土构筑的十重二十重的阵地相互连接。

9. 敌素质：由于蒋介石的彻底抗战贯彻的很彻底。军队均抱有强烈的抗战意识进行顽强的抵抗。在各所见到了不少年轻女兵，如在夹沟的俘虏中有位二十四、五岁的女兵士，询问其后回答曰"不愿在日军前低头，情愿选择死"。确实是很优秀的东方民族。

10. 对战车火器：有反战车炮、反战车机关炮、地雷等。"

11月5日拂晓，日第10军的第6、第18师团及第5师团步兵第9旅团的国崎支队（支队长国崎登）在全公亭、金丝娘桥、金山卫、漕泾一线登陆，分南、北两路进攻松江桥、闵行及吕巷、太平桥等地。国军右翼军命令所部对北路日军进行阻击，双方鏖战至11月6日晚，中国军队撤到南桥、叶榭附近，日军向黄浦江突进。而南路日军则于6日下午攻占了吕巷、广陈之后，于晚间占领了金山。11月7日，为统一指挥上海派遣军及第10军，日本大本营编成中支那方面军，命松井石根大将兼任方面军司令，并下达临参命600号（统制线）："将华中方面军的作战地区设为苏州、嘉兴之线以东。"8日，太原、任县等地失守。国军于晚间下令淞沪战线向"平嘉"、"吴福"线转移。由于"九国公约会议"正在召开，蒋介石电令前线希望再守3天。9日，青浦、松江经日机轰炸已成焦土，不幸沦陷。中央军朱绍良部开始向青浦、白

▲ 淞沪会战中被中国军队射的弹痕密布的日军八九式中战车

鹤港方向转移，左翼陈诚部也同时西撤，右翼军张发奎部则撤至"苏嘉"线附近。日军第3师团随后向龙华地区推进，第9师团向高家湾方向追击。由于担心参战国军官兵被日军合围，蒋介石于11月11日下达撤退命令，于是国军兵分两路（北路沿"京沪"铁路，南路沿苏州河）向南京及杭州等地撤走。11月12日夜，上海市区全部陷落，耗时三个多月的淞沪会战至此宣告结束。

11月13日，国民政府发表自上海撤退之声明："各地战士，闻义赴难，朝命夕至，其在前线以血肉之躯，筑成壕堑，有死无退，阵地化为灰烬，军心仍坚如铁石，陷阵之勇，死事之烈，实足以昭示民族独立之精神，奠定中华复兴之基础。"

由于中国军队在接到撤退命令后秩序已经完全混乱，撤退便成了溃败。又因日军飞机不停地朝沿路退兵进行机枪扫射，导致国军撤退阶段的伤亡尤为惨重。在中国军队全面撤退后，日军第16师团在太仓附近的白茆口登陆。11月19日，国民政府下令弃守"吴福"防线（吴江县至福山镇一带的国防工事群）。20日，苏州失守。23日，日军进占无锡。26日，国府又下令放弃"锡澄"线（无锡至江阴一线间的国防工事群），使日军未受太多抵抗就得以长驱直入，兵锋直指当时的国民政府首都——南京。11月27日至12月3日，扼守长江咽喉的军事重地江阴要塞也因弹尽援绝而最终被日军攻陷。惨烈且血腥的南京保卫战就此便拉开了大幕！

关于"淞沪会战"初期国民革命军陆军装甲兵团的战车第1、第2连（战前国军装甲兵团战1、2两连共有20辆"维克斯"6T坦克、16辆"维克斯"水陆坦克）的战车损失记录在文献资料及当事人回忆中记载较为混乱，众说纷纭。如日本海军方面记录击毁中国坦克3辆缴获2辆，而国军装甲兵官方史记录则为3辆坦克被击毁，8辆坦克被击伤，人员伤亡五分之三。可1939年国军陆军机械化学校编撰的《战车战史》内却记录5辆坦克被击毁，8辆被击伤；另一方面，时任国军第9集团军司令的张治中将军在回忆中记述两连坦克全毁，陆军交辎学校教育长徐庭瑶回忆中记述为损坏9辆，战车第1连第1排排长朱崇钰的回忆中记述为两连共损失5辆，战车第4连（后勤补给连）后勤技术员童崇基的回忆中记

毀損箇所	命中部位	命中彈種	製作番號	戰鬥場所	月日
機關銃上部銃眼附近	操縦手席前面に命中し車體前面に二○糎の凹みを生ず	重迫擊砲 一發	神戶製鋼 九一○	吳家	九月十日
裝甲板の凹損	操縦手席前面に命中し二○糎の凹痕を生ず	輕迫擊砲 二發	汽車會社 九一六	大廠鎮の攻擊	九月十日
砲塔天蓋孔破損	展望孔破損	重迫擊砲 一發	小倉工廠 九二一	揚行鎮 攻擊	九月十二日
裝甲板凹損	裝甲板凹損	重迫擊砲 一發	小倉工廠 一四○	上海市政府附近の戰鬥	九月十三日
砲塔天蓋形鐵板	砲塔天蓋部片方形鐵板	重迫擊砲 一發	小倉工廠 一三九	王丸房附近 近の戰鬥	九月二十四日
機關銃上部銃眼附近		重迫擊砲 一發	汽車會社 八一一	蘇店鎮白橫の家攻擊	九月二十四日

▲ 淞沪会战中日军战车第5大队部分八九式中战车破损情况表

述战车第 2 连坦克全毁，大公报战地记者张蓬舟（杨纪）在前线报道《沪战实录》中记述为 2 辆坦克被击毁，3 辆被击伤。从日方缴获后的照片来看，仅外部被烧灼过的 1 辆、"虎 58"号 1 辆、郑绍炎指挥坦克 1 辆共 3 辆被日军缴获，而"维克斯"水陆两用战车 16 辆悉数未损。所以，综合各方面资料，可以粗略推断出整个"淞沪会战"，国军的"维克斯"6T 坦克最终被缴获的为 3 辆，而被击伤后，撤回报废的数量则不详。

据参战日军战车第 5 大队呈报的关于战车损坏情况记录显示，日军战车部队在"淞沪会战"中的损失情况如下（日本海军陆战队战车队损失不详）：米田大尉（1937 年 9 月 25 日）所部：被 37mm 战防炮毁伤的为 8 辆（其中 2 辆燃料槽被击穿起火，无法修理）；被重迫击炮毁伤的为 2 辆；被穿甲弹击坏机枪防弹器、观察镜的 2 辆无法修理；损毁战

车炮防弹器的为 2 辆；命中炮身炮管内部损坏的为 2 辆。另外机枪及火炮部分装甲板损坏的战车较多。合计毁伤共 18 辆。

细见中佐（1937 年 10 月 9 日）所部：被迫击炮全弹命中 2 辆（其中 1 辆起火）；被战防炮击穿 5 辆（其中 1 辆起火）；被步枪子弹击穿数辆；被轻机枪击穿 1 辆。共计毁伤十余辆，无法修复的约为八辆。全队伤亡约一百六十十人，至少有十人永久性失明。

死伤人员（部分）：第 1 中队中队长藤田大尉（死亡）、第 1 中队"5101 号"车驾驶员藤野清人上等兵（死亡）、炮手甲斐大作一等兵（重伤致死）；第 1 中队第 1 小队"5103 号"车乘员全部严重烧伤、第 3 中队第 1 小队"5302 号"车车长、炮手、驾驶员重伤；第 3 中队第 3 小队长藤本准尉（死亡）、机枪手及驾驶员负伤。

第六节 南京保卫战

1937 年 8 月 –11 月，中国军队在"八·一三淞沪会战"中以付出死伤约十八万七千二百官兵的代价迟滞了日军三个多月，为国民政府实行持久抗战争取了时间，但最终还是因为实力不济丢失上海。而上海被日军完全占领后，日军并没有停住侵略的脚步，反倒是气势更胜地兵分三路向南京扑来。中国方面为迎击日军曾计划在上海以西近 300 余公里的纵深地带阻止日军进犯首都南京的步伐，却由于下达撤退命令过于仓促，后方国防工事交接发生失误，再加日军轰炸机的大范围

轰炸，最终导致大撤退演变成了大溃败，12 月 1 日，日军攻占江阴县城，同日，日军大本营下达了"大陆命第七号"命令，命上海派遣军（司令官朝香宫鸠彦王，日本昭和天皇的叔父）及第 10 军（司令官柳川平助）组成"华中方面军"，以松井石根大将为司令。当日，日军和大本营又发布了"大陆命第八号"命令："华中方面军与海军协同，攻克敌国首都南京。"于是著名的"南京保卫战"正式宣告开始。

为了达成快速攻占南京的目的，日军调

集了中国地区的大部分装甲战力编入华中方面军的战斗序列，总计有两个战车大队和五个独立装甲车队，共约近二百辆装甲战车，分别配属于各个前线师团的步兵联队，一路从上海向南京追击而来，妄图一击摧毁国民政府及军队的战斗意志，进而全面掌控中国。

中国方面，11月24日，蒋介石正式委任负责构筑京沪杭（南京、上海、杭州）一带国防工事及军事训练的军委会执行部主任唐生智为南京卫戍部队司令长官，刚就任的唐生智在对驻南京的中外国记者发表谈话中说："中国为一爱好和平之民族，从不侵略他国，讵九·一八后，日本以数十年之准备，大举进犯中国国土，中国在物质上虽乏准备，但精神上则具无上之抵御决心。自卢沟桥事件以来，我军在各地多遭挫败，但吾人将屡败屡战，至最后胜利为止。本人奉命保卫南京，至少有两事最有把握：第一，即本人及所属部队誓与南京共存亡，不惜牺牲于南京保卫战中；第二，此种牺牲定将使敌人付与莫大之代价。"

另一方面，自11月中旬开始，国军陆军装甲兵团奉令分两路撤往湖南湘潭地区进行集中休整。团部、团直属队、搜索营以及战防炮营一路由团长杜聿明率领沿"京赣"公路（南京至南昌），经皖南、赣东北、南昌，向湖南撤退；战车营则由营长胡献群率领从南京下关过长江至浦口，以铁路运输方式由"津浦"铁路经徐州、郑州，转"平汉"铁路向湖南长沙运送。但由于撤退仓促，走公路的车辆没有足够燃油使用，而铁路运输的战车也没有相应的轨道平板车进行装载，故一直滞留在方山地区的军营内等待命令，至12月4日，才勉强将装甲兵团的坦克与其他车辆分几批相继撤离南京。而南京卫戍部队的装甲部队除蒋介石"钦点"留下的装备德国坦克的第3连（十至十三辆左右）及战防炮教导队第2营一个排（两门战防炮）外，另有军委会特别实务团的国造装甲汽车（"福特"卡车改）以及首都宪兵司令部直属特务

▲ 松井石根　　▲ 朝香宫鸠彦王　　▲ 柳川平助

日军装甲部队战斗序列	
华中方面军	司令官松井石根大将
上海派遣军	司令官朝香宫鸠彦王大将
战车第1大队	大队长岩仲义治大佐
战车第5大队	大队长细见惟雄中佐
独立轻装甲车第2中队	中队长藤田实彦少佐
独立轻装甲车第6中队	中队长井上直造中尉
独立轻装甲车第7中队	中队长矢口昇中尉
独立轻装甲车第8中队	中队长福田林治大尉
第10军	司令官柳川平助中将
独立轻装甲车第9中队	中队长藤本春雄大尉

▲ 从上海向南京进击的日军战车大队

▲ 唐生智

▲ 20 世纪 30 年代的南京航拍全景

二十日左右，晚上十点钟前后，何应钦忽然找我去说：'现在决定唐生智守南京，委员长要将德国战车全部留在南京抗战。'我说：'德国战车虽然是我们现在最好的战车，可是有枪无炮，威力不大；而且为数只有十五辆，在南京河流错综的江湖地带作战，性能也不适宜。不如留下英国的水陆两用战车和炮战车，有枪有炮，又可以水陆两用，适宜于南

▲ 杜聿明

营（营长张法乾）的装甲摩托车队。11 月 20 日，奉命留守南京的战 3 连由城外的方山装甲兵团营地迁至南京城内进行战备工作，12 月 4 日，战 3 连与装甲兵团战防炮教导队第 2 营一排合编为战炮分队，分队指挥官由刘介辉担任，直属于南京卫戍司令部。

杜聿明（时任国民革命军陆军装甲兵团团长）回忆：

"当时决定搜索营、战防炮营沿京（南京）赣（南昌）公路撤退，战车营搭上火车向长沙输送。但由于蒋介石对于这一战略撤退事先毫无计划，沿公路走的车辆没有油料，沿铁路走的战车没有平车装载，这些部队一直就在南京方山营房待命。等到敌人迫近时，才弄一点油料，将汽车开走，战车则是将客车篷车拆毁后才装上车的。

在待命期间，有一天，大概是十一月

▲ 利用铁道运输的车辆

▲ 南京宪兵司令部直属特务营装甲摩托车队的美制"哈雷"装甲摩托

京附近作战。必要时还可以横渡长江，开往江北。'何说：'你不要想撤退江北，委员长说要死守南京，应照命令将德国战车留下。'我见这种情况，不敢再说，但心中总是百思莫解，为什么蒋介石、何应钦都不根据战车的性能使用，而一定要留德国战车在南京抗战呢？陆军装甲兵团自十二月四日开出最后一批车辆撤离南京后，即与留在南京抗战的第三连失去联系……"

何嘉兆（时任国民革命军陆军装甲兵团战车营第三连连部侦察班长）回忆：

"上海沦陷后，日本侵略军向首都南京进迫。装甲兵团其他营连奉命向湖南湘潭撤退，我们战三连奉命卫戍南京。于十一月二十日，由方山迁到城内丁家桥原交辎学校，并夜以继日地做好了战斗准备。十二月四日，指挥部命令，战三连和装甲兵团战防炮营一个排两门三七战防炮，编为南京卫戍司令部直属战炮分队。战三连由连长赵鹊振指挥。战防炮排，由该营张营附指挥。必要时，加强战士连作战……"

张法乾（时任国民革命军南京宪兵司令部特务营营长）回忆：

"当时日军逼近南京，正合围前进，而三十六师、八十八师正由汉口整补后向南京开进中，本营先在雨花台一带担任防务，后转到国府大楼驻防。到十一月底十二月初，防空设备早已撤走了，已经没有警报系统，日机天天轰炸，情况渐趋紧张，骑兵队和装甲车队都无法活动。

"日军入城前数日，代理宪兵司令萧山令忽然来电话找我，命我将骑兵及装甲车带过江到汉口归建，并嘱留在南京的部属，由副营长陈雨森率领。于是我带着骑兵队与装甲车出城。因情况紧急，挹江门等地已叠好沙包，车子无法出城，只有马匹勉强可以挤出。结果装甲车队留下，骑兵队出来了……"

一 南京外围东线作战

11月28日，南京卫戍司令长官唐生智下令由从淞沪战场撤下的第74军第51师（师长王耀武）担任淳化镇的守备，"著以主力担任方山至淳化镇之守备，以国防工事为主，构筑野战阵地，尽量联系加紧之，以一部位于高桥门、河定桥（不含）之线，构筑预备阵地，于湖熟镇派出警戒部队，严密监视，左与66A右与58D切取联络。"51师接到命令，派出第301团迅速占据宋墅经淳化至上庄一线的有利地形，左与第66军防线连接，以第302团驻守方山地区，右接58师阵地，左至宋墅一线；以第306团为师预备队，驻扎宋墅附近，策应第一线部队的防御；第305团于高桥门至河定桥一线，构筑预备阵地。

12月4日下午2时左右，由土桥、索野前进的日本华中方面军上海派遣军第9师团（师团长吉住良辅）追击部队步兵第36联队先遣第1大队（大队长伊藤善光）与驻守淳化镇一线的中国守军第51师301团（代理团长纪鸿儒）在索野镇发生了激战，当晚，中央军校教导总队总队长桂永清命令战炮分队战车连（陆军装甲兵团战车营第3连）连长赵鹊振速派一个战车排驰援淳化方向的第51师。赵连长奉命派战车第1排（4辆坦克）及连部侦察班2辆摩托车由战1排排长钱绍江率队前往支援，并于当晚赶到前沿阵地之预定待机位置，后派出侦察兵驾摩托车进行前线地形侦测。

5日拂晓，战1排三辆坦克埋伏于预定

▲ 王耀武

▲ 纪鸿儒

地点附近的树丛之中。当日军骑兵第 9 联队一部通过时，中国坦克按事先规定的信号指示突然发起冲击，与友军第 301 团的步兵前后夹击，当场击杀、碾压遭伏的日军骑兵小队四十余人，获得中国装甲部队德式坦克对日作战的首胜！之后战 1 排于淳化镇附近警戒待命。同日下午 3 时许，日军第 9 师团追击部队主力到达淳化镇东侧的中国守军阵地附近，根据先头的步兵第 36 联队第 1 大队长伊藤善光侦察报告可知，淳化镇一带设有国军南京防御战线的第一线阵地，并构筑有三道防线，重要地点配置有混凝土碉堡，其间还有机枪掩体阵地相连，阵地前架设两道屋脊形铁丝网和一条深达三米的反坦克壕，防备极为坚固。

6 日，日军第 9 师团追击部队以步兵第 36 联队为主力，并以轰炸机及重炮掩护，对淳化镇中国守军第 51 师 301 团阵地发起猛攻，双方终日激战，鲜血染红了蓝天。另一边，日军上海派遣军第 16 师团（师团长中岛今朝吾）攻占句容后，步兵第 9 联队（联队长片桐护郎）从第 9 师团分出，由九华山山麓侵入汤水镇左后侧的孟塘，利用凹地地形西进，于下午 2 时左右进抵高家庄、大胡山附近。南京卫戍司令部遂命第 41 师由北、第 66 军由南，对孟塘、大胡山间凹谷地带的日军进行夹击，不久便与日军第 9 联队发生激战，

第 41 师第 246 团占领石洞山后，被日军围困，顽强抵抗后悉数壮烈牺牲。同日下午 3 时，唐生智命第 36 师（师长宋希濂）派一个步兵团前往麒麟门附近警戒，于是第 36 师师长宋希濂迅速派出补充第 2 团开赴麒麟门。

7 日晚 11 时，南京卫戍军总部发出"卫参作命第二十五号"命令："侵入孟塘附近之敌约二、三百人，仍盘踞火龙山、大胡山附近，顽强抵抗中。我军以彻底消灭敌之目的，决自岗山－狮子山－射鸟山三方面包围攻击，并限（八）日将改敌捕捉歼灭之。"命令规定："第六十六军以有力部队展开于棘山－空山之线，阶段孟塘附近敌之退路，第三十六师补充第二团，展开于岗山－马基山之线，向当面之敌攻击前进；第四十一师除守备龙潭、拜经台之部队外，应展开于射鸟山－木山、龙山之线，向当面之敌攻击前进；战车队主要协力第三十六师补充第二团战斗。"不久，战炮分队指挥官刘介辉转令战车连第 2 排（排长郭上岩）、第 3 排（排长蒋启元）、连部侦察班（班长何嘉兆）及战防炮排前往汤水

▲ 日军骑兵侦察小队

▲ 自树林中的突然冲出的德制一号 A 型坦克

▲ 吉住良辅　　▲ 中岛今朝吾

▲ 进攻的日军

▲ 在阵地中隐蔽的中国军队

镇一线增援，协助第36师补充第2团进攻栖霞山麓和兴隆镇东北方面高地的日军第9联队，之后在麒麟门附近伺机歼敌，战防炮排则配置在麒麟门公路两侧的防御阵地之内。一位中央社记者也同时乘汽车出麒麟门，前往南京东南外围汤山一带防御阵地对中国守军进行采访，记者与战车连沿公路同行，之后写下了一篇名为《麒麟门外视察记》的电讯稿。

《麒麟门外视察记》：

"自句容绕至九华山背面攻我麒麟门之敌千余人，在汤水镇正北五六里之盂塘被我军从中切断；另由麒麟门以东之我守军某部

对敌包围歼灭。记者得确报后，甚为振奋，当于下午1时30分驱车至火线上，试图一睹神圣抗战真相。车出中山门后，京杭国道两旁，我忠勇之部队正源源赶赴前方。车抵XX，越40分钟，因知该地为我某军XX所在地，乃下车警戒兵导入，访晤XXX，籍知前方情况已趋好转，因我军某部已自西北及正北两方开到，正对汤山背后之敌取夹攻之势。XXX即派某参谋改乘摩托车出麒麟门。彼时离城虽远，而炮声反轻而作战场所已由近而远之。出麒麟门后，因乘车不便，乃改步行，遥望栖霞山麓，不无怀旧之感。然以日已偏西，乃疾步向左前方行去。一小时后，闻有格格之声自后而来，顾之，则为我第三十六师之战车6辆，沿公路而行。步骑兵随之前进。记者再前行约一小时许，抵东流镇……"

8日凌晨拂晓前，战车连（第2、第3排）进入出发阵地，拂晓时分，战车连6辆德制坦克按指令协同第36师补充第2团（团长李牧良）的步兵由复兴桥向滞留在大胡山隘口的日军步兵第9联队主力（本部、第1大队第2、第3中队、第2大队）发起突袭，至上午10时左右，经过数次冲锋，第36师补充团击退了日军第9联队并攻占了马基山高地。中午12时许，日军第16师团大部增援到达，日军开始转入全线反攻，在独立轻装甲车第8中队（中队长福田林治）5辆"九四"式轻装甲车的掩护下向西出击，在日军的强烈猛攻下，国军战车连2辆一号坦克被击毁，其中有1辆是被日军的掷弹筒所击毁，由于敌火力过猛，战车连不得已只能向后撤退，马基山南半部也被日军占领，因第36师补充第2团属于新组建的部队，基层军官指挥能力极差，士兵也多为新兵缺乏训练，致使其第

2营大部被日军歼灭，营长朱丹也在战斗中负伤。而第1、3营自连长、排长以下有一百余人伤亡。战车连在返回出发阵地的途中，第2排的一辆坦克在田梗转弯时由于主导轮发生故障而被迫停在原地，摩托侦察班长何嘉兆请求第36师补充团团长李牧良派兵进行掩护，以便装甲兵对战车进行抢修。但李团长以补充团另有奉令掩护两翼友军撤退的任务为由，拒绝了掩护战车连进行抢修作业的请求，战车连官兵只能便冒着日军轰炸机的轰炸，强行将战车抢修好后开回营地。当夜12时许，第36师补充团奉令成功掩护友军撤退后，撤守至孟塘及大胡山一线阵地，经麒麟门、尧化门以西的岔路口开回南京，重归第36师建制。

犬饲总一郎（参加过南京作战的日军老兵，曾著有回忆录《南京攻防战之真相·我眼里的百人斩》）回忆：

"12月8日，片桐大佐的第九联队在第十六师团前面进入了南京外围山区平原，与以三辆战车为先导转而发动攻势的敌军教导总队（此处应为第三十六师补充二团）展开

▲ 福田林治

▲ 福田战车队（独立轻装甲车第八中队）的"九四"式轻装甲车

▲ 被击中起火的国军战车连一号坦克

▲ 机械化行军的中国军队的战防炮部队

▲ 日军掷弹筒

了遭遇战，并用掷弹筒击毁了一辆战车。进行这场前哨战的是第九联队第八中队第三小队。"

淳化镇方面，6日晚，国军防空炮兵第42团第4连奉命将清凉山及北极阁的"苏罗通"20mm高平射炮2门用防空学校练习队第1连的两辆卡车运送，于7日晨抵达淳化镇，归第51师师长王耀武指挥。而淳化镇一线自5日至7

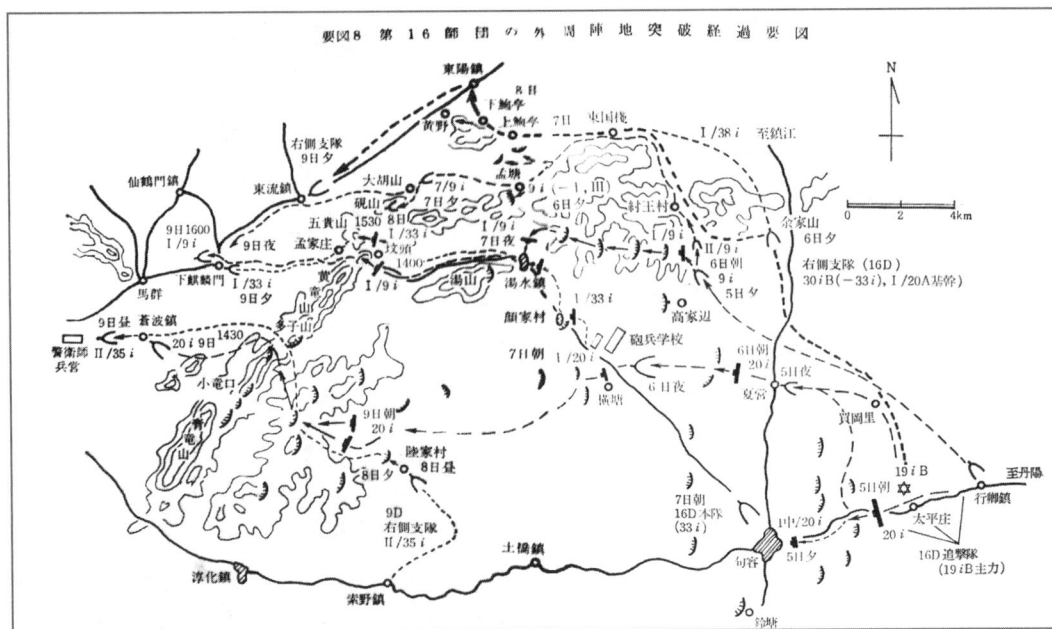

▲ 日军第16师团南京外围作战经过要图

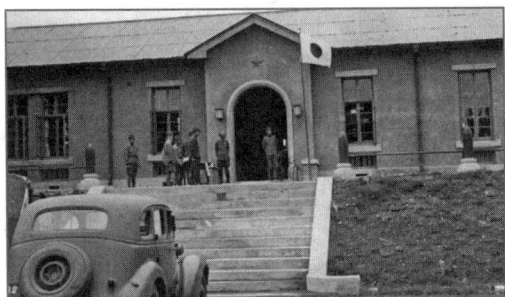

▲ 被日军第16师团占领的汤水镇

日晚，战斗已达白热化阶段，固守该处的第51师第301团始终在硝烟弹雨中拼死苦撑。

当晚8时30分左右，日军步兵第36联队联队长胁坂次郎大佐下达了次日（8日）对淳化镇守军的攻击指示：

步兵第三十六联队命令：

12月7日晚8时30分于松棵榢

一、敌情无大变化第一线逐步突破敌军阵地，至今日傍晚，淳化镇以东的敌军主阵地已近在咫尺。

据飞机通报，第十六师团目前正在汤水镇及小西村附近攻击敌军阵地。

二、联队入夜仍然迅速突破当面之敌，并直接向南京城墙一线压制并歼灭敌军。

新配属了山炮兵第九中队、独立轻装甲车第七中队及独立机关枪大队（欠一个中队）。

三、独立机关枪大队以一个中队于明早7时30分前，在太平桥山坳部附近集结，做好协助第一线大队攻击前进的准备。

四、山炮兵第九中队的主要任务是，做好炮击道路两侧地区的准备。

五、独立轻装甲车第七中队应从干道方面攻击敌军，协助步兵作战。

六、其余各部队于明天早上7时30分在目前所在地整装待发。

七、我明日上午8时40分在太平桥山坳部以东地区，随着战斗的进展，沿道路前进。

联队长 胁坂大佐

8日凌晨4时，第36联队第3大队第12中队试图对淳化镇大平桥山坳南侧高地附近的中国守军第 301 团进行夜袭，这时第 36 联队第 2 大队第 8 中队正对此处国军协防火力点进行攻击，日军第 12 中队误以为其是中国守军，差点造成误伤，在双方取得联系后由第 12 中队接替了第 8 中队在该处对中国守军碉堡阵地的攻击任务。在国军第 301 团交叉火力的猛烈射击及反击下，第 12 中队伤亡惨重，连中队长佐藤大尉也在激战中被击毙。上午 10 时，位于日军第 36 联队第 2 大队攻击正面的国军 301 团堡垒群遭到了日军山炮兵的炮火压制，日第 8 中队趁机发动突袭，但因后方山炮兵的射击偏离了目标，炮弹噼里啪啦地落在了己方头上，造成惨重的伤亡，日军攻击部队被迫撤回初始阵地待命，并重新制定攻击计划。下午 1 时 50 分，日军山炮兵第 9 中队开始对淳化镇公路西侧地区的中国守军阵地进行支援性炮击，随后步兵第 36 联队、机枪大队以及迫击炮中队开始发起总攻，矢口轻装甲车队也于 1 时 50 分从所在地出发，沿公路前进，协助第 3 大队步兵对淳化镇公路南侧中国守军阵地发起突击，至下午 2 时 50 分，第 3 大队在矢口部队的十余辆"九四"式装甲车的协助下攻占了淳化镇以西的部分阵地，已经连续作战数日的国军第 301 团在日军步、坦、炮联合猛烈攻击之下已死伤惨重，无力再战。代理团长纪鸿儒上校在督战中也身负重伤，全团伤亡达一千四百余人，该团官兵基本打光，残部无奈之下只能向后撤退。日步兵第 36 联队待中国守军撤守后立即穿过淳化镇防线向上方镇方向进行追击作战。国军第 51 师师长王耀武获知消息后急令防守高桥门的第 305 团（团长张灵甫）将防守任务移交给第 87 师后，迅速向管头及上方镇一线推进，并令在上方镇待命的战车连第 1 排配合第 305 团及防空炮兵第 42 团第

▲ 胁坂次郎　　▲ 矢口升

▲ 矢口战车队（独立轻装甲车第七中队）

4 连的 2 门 20mm 炮共同掩护第 51 师主力撤退，同时夺占预设阵地来阻滞日军进犯。当日军步兵第 36 联队刚刚抵达管头，就遭到了 305 团在山下村西面高地上凭借碉堡掩体阵地进行的猛烈阻击，联队长胁坂遂令第 1 大队扼守管头公路，又令第 3、第 2 大队向中国守军阵地南侧迂回，对守军 305 团后方的上方镇进行攻击。

8 日下午 5 时左右，战车第 1 排 3 辆德国坦克开赴管头攻击准备位置，在"苏罗通" 20mm 高平射炮的掩护下，并成"品"字形协同第 305 团一营步兵沿公路推进到管头地区，与日军步兵第 36 联队第 1 大队发生遭遇，战 1 排官兵当即操作坦克上的两挺 MG13 反战车机枪对日军进行猛烈射击，日军先头步兵急忙向道路两侧卧倒，由于一号坦克是在苏罗通 20mm 炮的掩护下出击，致使日军第一线步兵误以为炮弹为中国军队的坦克所发射。尔后，追随先头部队跟进的第 36 联队

▲ 张灵甫

▲ 中国守军的重机枪阵地

联队长胁坂和传令兵在得到前方传来出现中国坦克的消息后，慌忙躲进附近的一间独立房屋内。不久，车身上涂着"青天白日徽"的战1排坦克出现在距离胁坂躲藏的房屋不到50米外的地方，胁坂等人吓到大气都不敢喘，目不转睛地盯着中国坦克的动向。幸好中国坦克并没有发现胁坂他们躲藏在这个房屋内，而将注意力都集中在后面的日军部队身上，边扫射边向前移动，胁坂等人这才捡了一条命！继续向前突击的中国坦克在步兵的支援下冲过管头向日军后方的第18旅团司令部所在地径直驶去，并不停地对所见到的日军步兵进行射击，不一会儿，与联队（本）部一同前进的东京都新闻代表团所乘坐的一辆小汽车被国军战1排的坦克发现，马上就被无情地击毁了，车内的日本朝日新闻社著名摄影记者浜野嘉夫（曾于"淞沪会战"初期拍摄了国军装甲兵团战车连的"维克斯"MK.E 坦克冲击日本海军陆战队阵地的照片）在拍摄过程中被中国坦克射来的子弹击中，胸口中弹数发当即死亡。而日军第18旅团旅团长井出宣时等人也慌忙躲进了附近被国军废弃的碉堡工事内。

此时，与旅团司令部一起的山炮兵第9联队第3中队炮兵立刻操作起"九四"式75mm山炮对战1排的坦克紧急还击，但由于准备仓促，发射前山炮的驻锄无法坎入地面固定，射击都是勉强完成，命中率极低。战1排仅有1辆坦克的机枪塔被山炮的炮弹碎片击中，但被坦克装甲弹开，并未造成什么损害。之后，缓过神儿来的日军步兵第36联队第1中队及第4中队迅速协同独立机关枪第1大队对国军战1排及掩护进攻的305团步兵进行阻击，战1排坦克在排长钱绍江的率领下，一边不停变换各种行进方式突击前进，一边对日军机枪阵地和炮兵进行猛烈射击，当场消灭了数个重机枪火力点同时还击穿了日军的1门"九四"式山炮的炮盾，杀伤日军步兵百余人和山炮兵第9联队第3中队的

▲ 浜野嘉夫

▲ 国军步兵与战车连一号坦克协同作战

▲ 被中国坦克击毁的日本记者座车

十余人。之后，由于钱排长发现攻击部队已冲入日军腹地过深且支援步兵也被敌火力阻隔，遂令战1排参战坦克跟随他突出重围，调头驶回己方阵地进行补充。在安全返回后，战1排的1辆坦克奉命返回南京城内监督并保护向前线输送油料和弹药的补给车队，暂时脱离了前线的战斗。

晚上8时左右，进行迂回作战的日军步兵第36联队第3大队率先到达了上方镇，第

2大队的尖兵部队管原分队（第7中队主力）于上方镇以南约一公里的岔路附近利用夜色对在此进行补给的国军战车1排及侦察班发动了偷袭，因夜黑光暗，无法辨识敌我，战1排副排长王承德、班长于振江等四人被日军用步枪刺刀袭击，壮烈牺牲，战1排2辆坦克也被日军缴获，仅战1排排长钱绍江与另一名战士侥幸逃脱后返回连部，向战车连长赵鹄振报告了淳化一线战1排作战人员的伤亡及车辆损坏情况，赵连长听闻后对战友和装备的损失十分痛心，同时也萌生了撤退之意，即命令连附欧阳和战1排长钱绍江立即前往下关寻找渡船，为全连撤退过江做准备。但两人最后却一去不返没了音讯。赵连长又命令连部侦察班班长何嘉兆、第2排排长郭上岩、第3排排长蒋启元三人代为指挥，自己亲身前往下关一带查看，但之后也是杳无音讯不知下落。由于此时南京外围战线即将

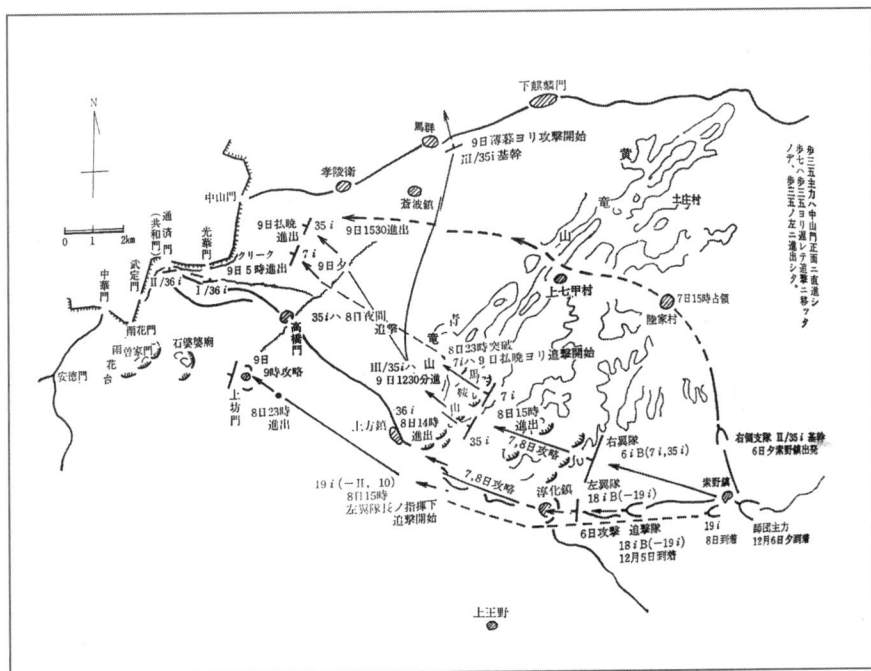

▲ 第九师团南京作战经过要图

被日军突破，代理指挥的三人经过商议后决定，将剩余的战车全部后撤到麒麟门阵地等候命令。在侦察班班长何嘉兆进城向战炮分

▲ 日军"九四"式 75mm 山炮

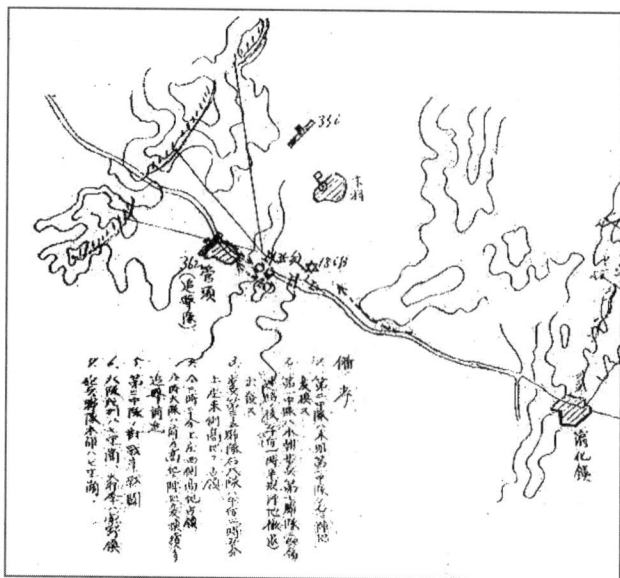

▲ 日军山炮兵第 9 联队第 3 中队于管头附近对中国军坦克战斗经过要图

队指挥官刘介辉请示后，战炮分队遂于 9 日凌晨 1 时前全部撤到了南京城内丁家桥的交辎学校内进行休整。

而此前回城负责监督押运补给物资的那辆战 1 排坦克（车长兼机枪手为彭克仁，驾驶员为黄佛阴）在顺利完成任务后重返上方镇前线，在驶至江宁县附近方山公路交叉口时，发现前方不远处有一队日本兵正在前进（日军第 9 师团步兵第 35 联队管原分队十余人），车长彭克仁命驾驶员黄佛阴加速前冲，准备用坦克撞击该队日兵，但因驾驶员一时紧张，操作失误致使坦克突然熄火而无法启动，车长彭克仁见状决定隐藏于车内对日军进行伏击，当这支日军部队发现这辆中国坦克后，迅速展开队形将其围住，几个日本兵上前查看时，隐藏在坦克内的中国装甲兵突然按动机枪扳机，转动炮塔对周围日军进行猛烈扫射。这一队的日军仅是先头侦察部队，只配备了步枪和机枪等轻武器，并没有对付坦克的重型武器，而日军射来的子弹也被德国采用高强度钢铸造的弧形坦克机枪塔所弹飞，根本无法对中国坦克造成杀伤，故日军步兵只得散开队形，轮番对中国坦克展开攻击，试图攀爬到坦克上面用手枪对车内的乘员进行射击，但都被中国坦克的机枪无情地扫倒。双方相持多时后，坦克弹药已经告罄，车内的两名乘员不愿被俘受辱，决定见机弃车撤退，于是在车外枪声渐渐减弱时突然推开炮塔顶部的舱门，一前一后跳下坦克向后方跑去，日军则迅速对两人集中射击，驾驶员黄佛阴当场中弹牺牲，车长彭克仁则用手中的驳壳枪向后连扫，一时间压制住

▲ 日本《朝日新闻》战地记者拍摄胁坂部队偷袭并缴获后的国军一号坦克，宣称为前日被中国坦克击毙的战地记者浜野嘉夫报仇。

▲ 被转交给日军矢口战车队使用的国军一号坦克，已经被画上矢口部队的标记。

了日军的火力，趁乱逃出敌人的包围，徒步30余里返回了南京城内。在与日军的激战中，车长彭克仁只是绑腿被子弹打穿一个小洞，

得以全身而退。这辆德制坦克在中国装甲兵逃离后便被日军的这支部队缴获，并转交由会驾驶坦克的矢口战车队（独立轻装甲车第7中队）人员随大部队跟进。

彭克仁（时任国民革命军陆军装甲兵团战车营第三连第一排车长）记述：

"自上海失陷，南京岌岌可危，我连奉命保卫京垣，直属卫戍司令部指挥，时全连分三排，每排克虏伯轻型战车四辆（内一辆作教练车用，未参加战斗）。我当时为第一排战车战斗员之一，我排于十二月六日晚间，奉命开往上方镇（中华门外，江宁县属）配属五十一师，时满天星斗，一片寒光，只闻前线断续枪炮声与荒村犬吠互相呼应耳！

"我排车辆到达后，即与该师取得联络，并由师部特派一连人，担任警戒，据卫兵口中探询，他们一方面为我车辆担任警戒，实乃监视车辆，不许他调，以为声援，可见步兵对装甲车辆，如何重视，次日晨间，即整理车辆，掩蔽伪装，并上步兵前线，侦察地形，时敌人正沿湖熟公路前来，于七号上午，即向我前线阵地攻击，当时前线部队，多属补充新兵，一闻枪炮声，即惊慌异常，幸有我战车为之支援，士兵闻说，方略为镇定，至八号上午，敌机不断轮盘轰炸，且低飞扫射，协助敌人大肆进攻，不意午后四时左右，上方镇方面之防线，为之突破，我军士兵，向后弃逃，无法遏止，时我排接王师长电话，立即协同步兵一营，增援反攻，夺回原有阵地，如是三辆战车开赴攻击准备位置，成品字形，沿公路攻击前进，将过一小山，即遇敌人一大队前来，昔时狡猾敌军，见我战车，如无可避免，即装死尸，卧伏路测，企图躲过我战车视线，我等车中望见，疑路旁死伤

如此之多，故用机枪试射，果然敌人弃跑无路，即向我指挥车上爬上数人，欲破坏我车辆，幸被我后车机枪消灭，此时沿途敌人，死伤于我三车之机枪下者，为数不下百余人，尸首狼藉，途为之塞，吾等车内人员，精神之紧张，亦无可以形容，惟恨机枪火力之不足。我车在攻击前进中，敌人一部，复向我军左翼跃进，意欲绕过我战车，而阻我跟随步兵，亦为我车发觉，用瞄准线对正扫射，见弹着到处，敌兵应声而倒，血花四溅，鬼哭神嚎，杀气凌霄，天地变色。全部敌人，尽死于我机枪火网之下，无一幸免，至今回忆当时歼敌情景，历历在目，来日收复国土，重显身手，乃所至盼也。后我排车辆，继续攻击前进，乃见敌人炮弹，不断向我车轰炸声前来，弹痕落处尘土飞扬，我车仍不断利用各种行进方式，除恢复原战线外，更前进三百余公尺，毁敌人之重机枪六挺，炮一门，我车始安返原地，补充油弹，我于此时，奉命派回城，赶运汽车，强运弹油行李，盖闻此次攻击后，即预为退却矣，孰料此时阵地右侧方山之线，已被敌突破，且敌人行右翼包围席卷，时我排车辆，正在检查补充油弹，不意敌人袭击，夜色苍茫，无法辨识，以致我余李二同志，当即殉难，排长与赵君逃脱，刘同志得修，此时幸未离车，当时该冲破敌阵围，驶回南京。计此役损失战车二辆，牺牲人员二人，伤朱君一人（作战时负伤），设当时前线联络确实，早作准备，倘不至于遭此无益之牺牲也。

"我时适由城内偕黄君驾车转返，将驶至江宁县，见前线部队，纷纷向后撤退，有步兵营长，曾阻余勿往。告云'右翼阵地，皆已放弃。'余闻在二十分钟内，有无问题，彼认情况尚无急变，盖该营长，亦未得退却命令，因与上方失去联络，亦愿将全营布置

东山方面，听候我转回之消息，余之主要目的，以任务未交代，且自信车辆速度甚快，同时全排车辆尚在前面，决不至有意外，殊知祸不单行，此时三轮车，忽发生故障，待排除再前进时，前线情况已大起变化，我车将通过方山公路交叉点，却被敌人十余人拦截，余见情况危急，当叫黄君加油前冲，但黄君心中慌张，忽将战车熄火，致陷敌人包围，时有一敌人将枪口对正余胸膛，意在俘获，余私念与其被俘受辱而死，莫如拼死求生，立以迅雷之手段，舱口向上拍开，跳车逃脱，敌遭此意外打击，仓皇不知所事，待集中火力向余射击，而余早已么么逃脱矣（后回来一看，只绑腿被洞穿一洞）惟敌人仍急起追来，情况万分危急，生死只在关头，幸余神志仍甚清醒，急将身旁之驳壳枪，向后扫射，致敌人未敢急于穷追，余得从容脱逃，当晚跋涉三十余里，方返抵南京，至今回念当时情景，可谓虎口余生，甚自庆幸！

"十二月四日，指挥部命令，战三连和装甲兵团战防炮营一个排（两门三七战防炮）编为南京卫戍司令部直属战炮分队。战三连由连长赵鹊振指挥。战防炮排，由该营张营附指挥。必要时，加强战士连作战。当晚，指挥部命令战三连速派战车一排，支援友军围歼窜犯淳化之敌后，即在该地警戒待命。赵连长奉命后，即派战一排和侦察小组（两辆摩托车）去完成任务。战一排钱绍江排长和排附王承德即率领该排到达预定的战车待机阵地。于五时拂晓前，按规定信号，从出发阵地冲击前进，支援友军围歼淳化之敌，遂在该镇附近警戒待命。侦察小组完成任务后调回连部。是役战车被敌击坏三辆、汽车一辆，排附王承德、老班长于振江等四人壮烈牺牲。日军被战车撞辗死伤约四十余人。"

吴鸢（时任国民革命军第七十四军五十一师文书）记述：

"七日下午，淳化镇便成了焦土，飞机轮流轰炸（附属该处的高射炮都被炸坏两门），炮声的稠密简直和我们的机关枪声一般。战士们的脸上，身上，都是土，守军团长张灵甫，团附纪鸿儒等负重伤，全团牺牲到只剩两三百人，于是，淳化镇一度陷落了。王耀武先生因为淳化镇的重要，马上再增兵一团，用附属他们的三辆中型战车掩护，一个反攻，当天便恢复原有阵地，毙敌甚重。于是敌人改变策略，从青龙山附近突破，进入上方镇，以致淳化镇腹背受敌，不得不于九日的晚间，奉令忍痛撤退，这次我们固然有相当的损失，可是敌人却付更高的代价。

"这时，笔者正在城里，而且手伤未愈。到鼓楼难民区去做难民，那简直是可耻，而且是死路！只好光着身子，带着最宝贵的一本日记，跟着大众北走，中山路再宽，也挤满了行人。快到铁道部，前面停了许多汽车，从流线型到小包车到破旧的卡车，连接成了一条直线。人行道上，有军队，民众，少许的高射炮和小型战车。前后都有枪声，究不知敌在何方，几经探询，才知道挹江门的守军三十六师不许人通过。"

杜聿明（时任国民革命军陆军装甲兵团团长）回忆：

"保卫南京战役，虽然战前既无准备，战时又无攻守进退的全盘计划，以致全军覆没，丧失了抗日部队的元气。可是其间也有一些中国人民的英勇儿子，激于爱国义愤，作出可歌可泣的英勇事迹。如上述被击毁的三辆战车中，一辆战车中的两个战士中的一个（记不起姓名）逃回后，很气愤地对我说，当他的战车被敌人打坏时，排长怕死不支援救护他的战车就往后跑。他俩看到敌人的轻快部队已跟踪追来，想到继续在坏车上打必被敌人活捉，下车逃命又感到耻辱，就'决心与战车共存亡，埋伏在战车内，相机打击敌人'。果然敌人第一线部队来清扫战场，搜查战车，冒然长驱直入，向南京前进。这两个战士一直隐藏到下午四时前后，看见敌人又有一大队步兵来到，两人计议这是狙击敌人的最好机会。'他妈的，老子一个换你几十个！'他俩轻轻地将机关枪从战车转塔前后两端伸出，突然袭击，打得敌人落花流水，滚滚倒地的有几十人。可是敌人也非常顽强，立刻散开，前赴后涌地向战车攻击。但好几次皆未得逞，因这一大队敌人仅有步兵武器，没有平射炮和山野炮，无法击毁战车。就这样地战斗到黄昏以后，敌人仍无办法。这时两个战士商定，丢掉战车乘夜撤退。他俩离开战车不远，敌人突然以机枪迫击炮轰击，他的战友不幸牺牲了，他自己脱离敌人逃回。"

《第五十一师战斗详报》：

"八日晚，第五十一师奉到唐生智长官的命令，放弃淳化、方山阵地，向河地桥、麻田之线转移。当晚，由驻于管头附近的第三〇五团作掩护，该师第一线部队从淳化阵地后撤。第三〇五团在管头、上坊镇之间，与敌军激战甚烈、团长张灵甫负伤、连长伤亡五员，排长以下伤亡六百余名。因河定桥已先期为敌占领，第五十一师后撤部队经激战半日，方按命令占领河定桥及麻田间阵地。"

日本方面对南京外围作战之相关记录：
【总部前线通讯南京城外11日电】：

"为了突入南京，我军胁坂部队管原分

队于8日下午8时左右截断败走敌军的退路。敌人的摩托车绕过山岳地带。到达南京东部高桥镇的三岔路，我军将他们活捉。我们在附近敌军的前线粮食补给所里发现大量的粮食物资，煮了猪肉汤，还做了米饭，我军勇士美美地吃了一顿。吃完后悠闲地走回去，突然发现摩托车旁边有敌军的坦克，操作人员说着支那话，不断聊着天。我军将他们活捉，这一辆坦克曾经将我军浜野特派员射杀，如今再一次出现，令人愈加愤恨。管原分队的勇士们花了仅仅不到一个小时的时间就大获丰收。"

《步兵第三十六联队战报》：

"下午1时50分，炮兵按照预定计划一齐发炮，接着，友军的飞机也轰炸了淳化镇。我第一线部队一举发起突击，迅速突入了敌人阵地。在联队正面，第二大队率先发起突击，紧接着，第三大队、第一大队也争先恐后地逼近乱投手榴弹的敌军，并于下午2时50分左右挺进到淳化镇西侧。联队长不顾三天来的血战造成的众多伤亡，在极度疲惫的状态下，一边击退敌军的数次反击，一边果断命令第二、第三大队以现有的态势向上方镇发起追击。同时命令第一大队果断地以纵队沿主干道追击，不让敌军有喘息之机并据守后方阵地进行抵抗。"

"下午4时，联队进抵淳化镇西侧的高管头。随着联队的果敢挺进，师团的第一线各队在当天夜里先后驱逐了马鞍山的敌军，并转入夜间追击。"

"下午5时左右，约三百名敌军跟随在三辆战车的后面，沿着方公路向我反击，联队长立刻命令配属的独立机关枪第一大队攻击敌人，迫使敌人向北侧山地溃逃。接着，我凭借山炮的适时炮击，击退了企图突进到我联队后方旅团指挥部的敌战车。

"晚上11时30分，先前转进的第二、第三大队的尖兵与独立轻装甲车第七中队占领了上方镇并担任了警戒任务。此时，先前突入的三辆敌军战车再次掉头沿道路行驶而来，于是，轻装甲车第七中队和第三大队一部利用夜色缴获了其中的两辆战车，还夺取了一辆行驶中的卡车。"

《山炮兵第九联队第三中队·回忆阵亡上等兵林清吉》：

"1937年12月，我们第三中队在比土平队长的指挥下，从苏州进发，参加了向南京进发的战斗。

"12月8日下午4时40分左右，在到达真经寺东南方时，我们受到了右前方高地上敌人的扫射，前进中的步兵部队停了下来。我带着传令的司号兵爬上位于右前方约四百米处的小山丘侦察敌情。正在侦察时，忽然，机关炮向小山丘横扫过来，炮弹从我的头顶掠过。仔细一看，敌人两三辆轻型战车间隔了二、三十米的距离直冲过来。战车扫射着路面和两侧路面和两侧，不断向前行进。前方的步兵部队队列大乱，纷纷退避到道路的两旁。我们中队停下的位置是士兵身后的道路。我大叫着'藤林（传令兵），快跑，战车来了'，就跑开了。我拼命地跑了两三百米。大概过了一两分钟，就听到了前方我方炮兵的位置传来"轰"的射击声。一发、两发、三发，敌人的战车忽然停了下来，急速掉转方向，向南京驶去。（这辆敌军战车好像遭到我方炮击而受损，撤退了几十米后就不能动弹了，士兵刚爬出战车，就被我军侦察部队发现，成为了俘虏）。

"前方部队在发现敌军的战车后退避时,并没有向后方部队发出'有敌人战车'的警报。炮弹越过我们中队的上方飞过去,我们才确认那是战车发射的炮弹。不知什么人说了一声:'是战车!'于是小队长便着手准备射击。包括宇野分队卸下马匹,调转炮口,并迅速撤离了马匹,这一切都是在一瞬间完成的。炮手立刻装填炮弹瞄准发射了。敌军战车已经行进到距离我方仅20米左右了,一发、两发,一轮炮弹发射后,敌人的战车就掉转方向往南京方向去了。这段时间,犹如一瞬间的噩梦一般,等回过神来,包括分队长在内,山炮旁的六名士兵以及林上等兵已经全部阵亡了。

"后来在这次战斗中被敌人战车击坏的山炮钢制护板被送回了日本金泽市野田寺町山炮第九联队,并被供奉在那里。现在,它被供奉在灿勋神社中。"

前田熊二(时任日本同盟通讯社随军记者)记述:

"12月7日,汤水镇陷落,但是中岛师团长在这场战斗中负了伤。8日,对下一道防线阵地麒麟门的攻击开始了。这里的敌军抵抗也十分顽强,战斗非常激烈。在这一天,其它师团也全都处在激烈战斗的漩涡中。在第十六师团的左前方,在以光华门为攻击目标的第九师团的前线,《朝日新闻》摄影班的浜野嘉夫已经战死疆场。这时,与浜野嘉夫在一起的是在无锡火葬了电影班的前田恒的小岛忠郎。

"这天早上,浜野从背囊里拿出了新的短裤和衬衫,全身都换了衣服。

"同伴们说:'前线穿这么新的衬衫不是很浪费么?'

"浜野说:'在南京得穿盛装啊。'

"接着浜野便随胁坂联队本部一起沿着淳化镇前方的田间小路前进了。突然,前方山丘上的碉堡里有人向我军射击,同时树林里出现的敌军战车也向我军开炮,我军最前面的士兵被击倒了。就在那时,浜野飞身而起想要按下照相机的快门,敌军战车上的一颗机枪子弹刚好从他的胸膛穿了过去。

"之后,佐佐木和小岛在南京城内邂逅了,而他们都是在同一天里第二次失去自己的同伴的,他们两人彼此安慰着对方。我记下了这件事。

"12月8日这一天,虽然没有失去同盟社记者班的伙伴,却失去了被视为生命的无线电通讯机。

"这次南京攻略战可以说是真正的攻城战,中国军队以南京城为据点,在城墙上配置了重机关枪火力网。城外也设置了好几道防御阵地。碉堡里配备了轻重机枪,并设置了混凝土构筑的重炮阵地,配备了轻迫击炮、重迫击炮和山炮。隐藏在村庄和山林里的战车也时常出没。

"通过无线电通讯机,社本部告诉我们说,从13日早晨,'突入城内'的新闻令日本全国沸腾起来,心情急切的报纸已经发了印有《占领南京》大字标题的号外。在中午之前已经有举着旗帜的队伍在东京市中心游行了。但是,战斗还没有结束。城内的中国军队虽然已经失去指挥,但在重要据点仍有部队死守,一步也不后退。

"街道上埋设了地雷,架设了好几道铁丝网,在建筑物内布阵的敌人从窗户和屋顶上用机枪射击,并用反坦克炮对付我军的战车。

"我在大队本部搜集这一激烈战斗的消息。从中山门开始的中山路是通往下关的主要街道，政府部门、军队的各机关都在路的两旁，所以攻击部队必须把它们一个个击溃。其中由中山门入城的第16师团一部在攻入城时，在位于城东的国民政府一带遇到了顽强的抵抗，从政府附近大楼的门窗内和屋顶上不断有机枪子弹飞来。浅井、拔川、高崎的照相机一直不停地拍摄着这场巷战。

"虽然正规的战斗已经结束，但局部的小型冲突仍在继续，因为还有一些据守在城市中心部位或城门附近建筑物上的小部队，也有日本军队对撤退部队的攻击，所以还能听到从各个方向传来的枪声。"

山本勇（日军第九师团山炮兵第九联队）记述：

"12月8日，晴，我军完全占领了淳化镇，距南京城大约还有四里，大家马不停蹄地继续行军。向着南京前进！前进！前进！就像胸中充满怒火似的，我军继续向前挺进。道路很宽，无论前后左右，步兵、炮兵组成四列或六列纵队，人马混杂地向前行进。脚疼呀、肚子疼啦，大家似乎都忘记了，再走三里路就到南京城门口了。此时是晚上9时左右。

"在步兵前方，伴随着轰鸣声，三辆战车向我们驶来，'呀，友军的战车来了。'借着朦胧的天色，确实看到了战车。'轰，哒、哒、哒，轰！'战车突然向我军开火。'是敌人的战车！''步兵们赶紧跳到道路两侧躲避。正在前方行军的松田队，开始对敌人的战车进行炮击。遭到正面炮击的敌军战车向后撤去，但是被步兵切断了退路。后来听说缴获了两辆战车。这次战斗造成松田队很多人受伤。"

《步兵三十六联队战报》：

"12月8日下午1时50分，配属以及协助的山炮一起开始射击。接着，友军的飞机轰炸了淳化镇村落。

"在长达三天的攻击中，官兵伤亡不少，并极度疲惫。但联队命令第三、第二大队以目前态势向上方镇展开战场追击，同时命令第一大队沿道路实施纵队追击，不给敌军有依托后方阵地抵抗之机会。下午4时，我军很快进抵淳化镇以西四公里的高管头。随着联队的果敢突入，师团第一线各队先后在当晚击退了马鞍山的敌军，并转入夜间追击。

"在此期间，前方山下村以西高地有敌军约三百人据守在碉堡中，用数挺捷克式机枪向我猛烈射击，联队试图避开正面强攻，命令第一中队扼守道路，第二、第三大队迂回至道路以南地区向上方镇追击。

"下午5时左右，约三百名敌兵和三辆战车沿道路向我反击。在第一大队和独立机关枪大队的猛烈扫射下，敌步兵向北方逃窜，但敌战车仍然冲过来，后被我山炮击退。接着，晚上8时许，约二百名敌军从正面向第四中队反击，该中队与独立机关枪大队协同，奋勇战斗并将其击退。

"先前转进的第三大队进抵了上方镇，截断了山下村方面敌军的退路。另外，担任第二大队尖兵中队的第七中队，正向上方镇突进，在该地以南约一千米的大路岔路伏击了由高管头放心折返的敌三轮摩托车，击毙军官、士兵各一名，然后进抵上方镇，与先行抵达的第三大队共同占领了该地，并执行警戒任务。其间，先前突入高管头的敌三辆战车又从道路上折返，轰轰而来，独立装甲车第七中队和第二、第三大队一部，利用夜色果敢地发动攻击，刺死了驾驶员并缴获了其中的两辆，继而夺取了随其行驶的卡车。"

山本武（时任日军第九师团步兵第三十六联队分队长）记述：

"37年12月8日，淳化镇前进了约一里之后，据说前方又和敌人遭遇了，在一个比较高的山坡的凹部停了下来。旅团司令部打开了无线电通讯设备。过了一会儿，敌炮火渐渐逼近，让人觉得奇怪，因为我们前方有第一线部队，这是怎么回事呢？但是炮弹的发射点越来越近，炮弹嗖、嗖地飞过来，令人不由得感到毛骨悚然。这时，在前面休息的士兵都一边大喊着：'战车！'一边争先恐后地逃到旁边的山坡上，由于从众心理的作用，我们也跑上了山坡。

"不久，大型战车轰鸣着一边开炮，一边慢慢地驶了过来。我和三岛伍长两人战战兢兢地从山坡上伸头一看，它正好从我们眼前慢慢地向着旅团司令部突进。我不由得问在附近的旅团士兵：'旅团长阁下呢？'

"他用手指着说：'那边。'看了下对面，发现旅团长和一群人一溜烟地向着碉堡阵地的方向逃去。那时，行进在司令部后方山炮兵的一位勇士发射了一发炮弹（后来听说是以零分角发射了炮弹）。

"吃了一惊的敌人战车又慢悠悠地在我们眼前改变了方向，跟着来袭的两辆也向后转，发出隆隆的轰鸣声向南京退却了。

"一名后备一等兵的腹部被这辆车的炮弹击中，并打出一个大洞，肠子和内脏都流了出来。他一边呻吟着一边把内脏和肠子塞回去，实在是可怜。当然我估计他很快就没命了。另外还有不少人也负了重伤。

"无论如何我们做梦都没想到会被战车袭击，这也是第一次遇到这种事，大家精神上和心理上都受了很大的打击。

"那天晚上，为保卫司令部而挖了战壕，并在屋子前面用在附近找到的装有岩沙的很重的袋子构筑掩体。到9日凌晨1时，一直在干活，一点都没睡。

"好不容易构筑完了抵挡战车的障碍物，却立刻又开始了追击。前进了约半里，发现昨天来袭的敌人的两辆战车和两辆卡车停在那里。问了一下，说是在小泉上等兵所指挥的步哨处缴获的。上面命令我们中队派出接受过战车训练的人或者会驾驶卡车的人，我们推举了小林末男一等兵。上面又命令第三分队乘坐卡车护卫战车，与战车一起在部队后面行进。"

《步兵第三十六联队第十二中队阵中日记》：

"12月8日下午2时，中队和坦克一起冲锋，摧毁了敌人碉堡，进入淳化镇。

"接着，向左进行大迂回，晚上8时30分进入东上方镇。

"这时，敌人开来三辆坦克、两辆卡车。第一小队山田初次等8人和第十中队数名士兵一起逼近敌军坦克并对它发动攻击，接着缴获了坦克。伊藤少尉还跳上敌军卡车并缴获了该车。

"战斗阵亡情况：阵亡（少尉桥部丰，士兵10人），负伤（中尉佐藤弥藏，下士官1人、士兵9人）。

"缴获武器：坦克1辆卡车1辆

"午夜12时30分从东上方镇出发朝南京迅猛追击。大家都因为看到南京就在眼前而士气高涨，将坦克打上部队标记后留在当地，用卡车运送伤员们。"

二 南京外围南线作战

以日本本土的陆军第2师团轻装甲车训练所为前身的独立轻装甲车第2中队（中队

▲ 藤田实彦

长藤田实彦）于 1937 年 7 月 27 日根据"临参命第 65 号动员令"与今田战车队（战车第 2 大队）同时编组完成。随后，在 9 月 25 日于中国华北地区登陆，参加天津、保定、石家庄、娘子关等地的作战，后于 11 月 8 日转至上海。由日本陆军第 6 师团轻装甲车训练所扩编的独立轻装甲车第 6 中队（中队长井上直造）于当年 8 月 24 日动员编成后在上海地区登陆，与藤田装甲车队共同配属于华中方面军第 10 军的第 6 师团（师团长谷寿夫）。

12 月 6 日在溧水，日军独立轻装甲车第 2 中队及第 6 中队奉命转调陆军第 114 师团（师团长末松茂治）麾下向南京方向急进。

第六师团参谋令：

1、井上战车队目前位于溧水附近，该地还有来自长兴、溧阳方向的末松部队。

2、我部队向南京挺进。

3、指挥官速向溧水方向进军，与末松部队取得联系，同时指挥井上战车队，搜索南京方面的敌情。

6 日傍晚，藤田战车队（独立轻装甲车第 2 中队）到达溧水，由于前方桥梁被中国守军所破坏，先行到达溧水的井上战车队（独立轻装甲车第 6 中队）进行了迂回侦查工作，而末松部队（第 114 师团）的步兵主力此时已于战车部队之前越过了溧水向秣陵关方向进军。随后，藤田中队长根据己方飞机低空侦察的报告得知："沿扬子江畔前进的我军部队分成几路纵队，越过句容北边的磨盘山脉，不断逼近南京，离南京约有四十公里。"藤田实彦即对所部战车队及井上战车队发布命令："1. 扬子江方面的部队已经直逼南京。2. 我部队要火速前进。3. XX 部队作为先头部队，沿溧水至秣陵关道路向南京前进。4. 其余部队按照指示向南京挺进，速度为每小时 20 公里。5. 我随本队先头部队行进。"各部在"九四"式轻装甲车燃料补给完成后，按事先规定的行进顺序开始前进，至 11 时左右到达了一条河边，由于桥梁已被中国军队破坏，日军工兵于是开始在原桥梁位置架起了一座简易临时桥，但由于桥梁承重不够，日军车辆无法通过，于是藤田及井上要求工兵小队重新进行加固。在此期间，刚刚到达溧水的细见战车队（战车第 5 大队）的品川轻装甲车中队（中队长品川好信）油料基本用光，派联络下士官向藤田实彦请求分一些燃料使用。12 时左右，藤田及井上战车队依次通过了加固好的桥梁继续前进，不到半公里后，再次遇到河流，桥梁也同样被中国军队所炸毁，战车队只得利用附近找来的两艘平底货船改成浮舟将战车载运渡河。7 日清晨，战车队到达了距南京城外东南五十多公里的禄口镇。经过两小时的休息后，藤田战车队开始继续前进，但在行进了不到 1 公里时，又遭遇到禄口镇与秣陵关之间的一条河溪，下午 2 时许，在藤田战车队自行建造了一座临时浮桥后，先头战车小心翼翼地慢速驶过，当四、五辆战车过河后，藤田便命令后续战车及车辆迅速跟进，自己则亲率先行过桥的几辆战车全速向前方 4 公里外的秣陵关开进，到达位于秣陵关镇内东侧的第 114 师团司令

▲ 藤田实彦的 201 号座车　　▲ 藤田战车队（独立轻装甲车第二中队）

部驻地，此时第114师团正与南京卫戍部队的第74军向秣陵关前进的部队展开激战。在藤田中队长向114师团师团长末松茂治报到后，战车第5大队的品川装甲车队也已从另一条路达到了禄口镇，之后藤田实彦便奉命指挥藤田、品川两支装甲车队，协助第一线日军作战。首先，藤田实彦派出两辆装甲车向西面进行了侦察。直到下午，前出的侦察车始终没有消息，于是藤田令战车队全体出发搜索前进，至下午4时，到达了秣陵关的西北地区，此时先前藤田派出的两辆侦察装甲车在遭到国军第74军58师（师长冯胜法）的猛烈火力阻击后，调头后撤时正碰上搜索前进的藤田战车队。侦察战车重新归建后，藤田、品川两战车队集中所部数十辆"九四"式轻装甲车全速向南京方向扑去，于当晚12时左右，到达了牛首山南面东善桥附近村庄。

8日上午，藤田接到第114师团的命令："1. 面前的敌人在牛首山东西两线进行顽强抵抗。我军步兵昨天夜里已经占领了将军山一部，目前正在该高地攻击敌人的步兵第二中队，在牛首山以西八公里的铁心桥附近作战，其战况尚不明了。我骑兵队在牛首山以西的远处攻击敌人后方，与铁心桥附近的步兵协同作战；2. 战车队的一部与在将军山附近攻击敌人的步兵配合展开进攻。战车队主力急速开赴铁心桥，与在此作战的我军步兵、骑兵共同歼灭敌人。"

得令后，藤田命混合战车队（独立轻装甲第2、第6中队及战车第5大队轻装甲车中队）的头师小队长（小队长头师洋见习士官）负责指挥联络并兼战略预备队，其余部队由前田大尉指挥，即刻赶赴将军山（牛首山北方高地）附近，协助正与国军第74军58师一部激战的日军第114师团步兵作战。当品川中队及井上中队沿公路向牛首山西面八公里的铁心桥方向挺进时，由于品川中队此前没有完成油料补给，故延迟了三十多分钟才出发。与此同时，日军第114师团的步兵在公路北侧（右侧）正被中国守军所阻，无法前进，藤田立即派出头师小队前往支援，该队在进攻中国军队碉堡群的战斗中，一辆"九四"式轻装甲车开下梯田时意外翻车，中野军曹和白木军曹由于惯性被瞬间甩出车外，之后，在友军的火力掩护下，日军的两辆轻装甲车前来救援，头师小队长和被甩出车外的中野与白木迅速用战车上携带的绳索将两辆轻装甲车捆在一起，在军曹岸光治等人的协助下将这辆翻了个儿的"铁王八"搬正过来。就在这时，白木军曹突然被国军射

来的子弹打中头部和肩膀，军曹中野则被打中了手和手腕，但他们还是迅速钻入了已经翻过来的战车内，在简单包扎了一下后继续驾车向国军阵地发起攻击。最终将中国守军击溃，并攻占了阵地。

《东京日日新闻》1937年12月10日：

"南京城外东善桥9日特派员栗原发。8日在南京南部战线义州山要塞附近的战斗中，头师洋见习士官所率领的战车英勇奋战，深入通往南京道路右侧的支那军阵地内，如猛虎驰骋，终于击退了敌军，上演了现代战争史上漂亮的一幕。当天上午9时，弹药充足且火力猛烈的十多个敌军碉堡在顽强抵抗，我战车向敌军据守的山顶迂回前进，试图从敌人右侧突袭。在突击到距敌人碉堡50米时，处于先头的头师队长的战车不幸垂直坠入山崖。岸光治军曹的战车在敌人火力的集中射击下用绳子将头师的战车拖了上来。不久，

▲ 谷寿夫

▲ 井上直造

▲ 井上战车队（独立轻装甲车第六中队）

敌人的射击更加猛烈，白木军曹的左颊下部被敌弹击伤，他只说了句：'这有什么？！'就驾驶着战车漂亮地攻下了一座碉堡。接着，另一辆战车的车载中野武雄伍长也被流弹击中了右眼下方。虽然各战车都沾满了血，但仍在奋战，相反，敌人却军心动摇。接着，第一线步兵突破了敌阵，敌人溃败而逃。为了弹药补给，该部队下午在完成摧毁数十座碉堡的任务后才归队。对部队的英勇奋战，部队长从心底里表示衷心的感谢。"

另一方面，藤田乘坐战车带着大阪每日新闻社的记者松尾邦藏跟随井上中队向铁心桥方向攻击前进，在牛首山前的山岭上遭到了中国守军碉堡处射来的炮弹，藤田随即踩在记者松尾的背上利用车载机枪进行还击。而支援铁心桥日军步兵的先头战车部队井上中队于水阁村附近也遭到了埋伏在村内的中国军队战防炮的突然袭击，位于队列最前的井上直造中队长乘坐的"九四"式轻装甲车当即中弹起火，战车内的井上慌忙从战车中跳出，并将驾驶员也从战车中拽出，就在他拖出驾驶员的一瞬间，一连串国军机枪的子弹便扫了过来。驾驶员身中数弹当场毙命。随后，井上中队第二辆轻装甲车也被中国战防炮击中起火，车内的稻村少尉和驾驶员刚从车内出来就被国军打死，"九四"式轻装甲车也被烧毁。当井上准备下令后续战车不

▲ 用树叶等伪装的中国军 37mm 战防炮

▲ 牛首山

▲ 被战防炮击毁 "九四" 式轻装甲车

要上前时，第三辆车也被国军的重迫击炮炮弹击毁，而第四辆车则在慌忙之中轧上了中国守军事先埋设的反坦克地雷，一声巨响后被炸上了天，最后翻落在道路旁的土坑中。于是，藤田及井上的战车队均在国军第58师的战防炮及迫击炮攻击下受阻，再加上国军机枪火力的威胁，根本不敢对战损的车辆及乘员进行救援，最终无奈退回东善桥的附近地区进行休整。与此同时，华中方面军第10军的第6师团（师团长谷寿夫）也赶上了第114师团，进抵东善桥，藤田战车队及井

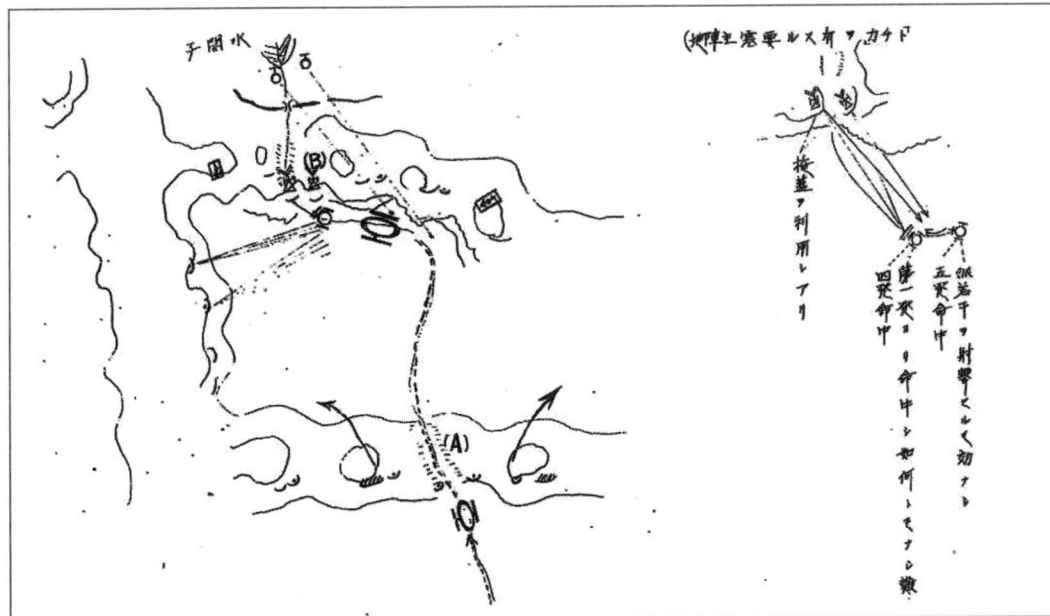

▲ 日军独立轻装甲车第 2、第 6 中队于牛首山地区作战经过图

上战车队遂复归谷寿夫师团指挥。至9日晚，负责守卫牛首山地区的国军第58师在付出了巨大伤亡代价后，奉命放弃牛首山阵地，与国军第51师一并退至双闸镇及宋家凹一线阵地。

藤田实彦（时任华中方面军独立轻装甲车第二中队中队长）回忆：

"看了这样的内容，让人觉得部队长对战斗充满忧虑。的确也是，我面前的部队好像在从早晨到现在的激战中并没有取得有效的进展。在这样的情况下，部队长当然会忧心忡忡。我当然应该按照命令协同作战，让前面步兵的进攻变得容易一些。于是我决定向前面村子的西面派出两辆战车去侦察敌情，同时与第一线步兵队长取得联系。

"侦察队长接到任务后，重新确认一下命令的内容，然后飞快地跳上战车。步兵预备队持枪依次排列在街道左右两边的屋檐下，等待前进的时机。

"'全靠你们啦！拜托了！'步兵目送出发的侦察战车，鼓励着他们。侦查队长从战车里探出头来，向为他们鼓劲的步兵微微一笑，然后整队出发。

"侦察兵走远消失了。我命令所有战车都做好前进的准备，等待消息。可是过了许久，去侦察敌情的战车还没有回来，我等不及了，命令战车队全体出发。让一部分士兵作为先头部队赶到前面，主力部队随后前进。

"当我们到达秣陵关西北方的时候，已经是下午4时多了。在那里有一条跟敌方阵地平行的小河纵贯南北。在敌人的阵地附近有许多高出地面二三十米的起伏山丘连成一片。我军与敌人的距离只有300米左右，敌人的炮弹'嗖嗖'地呼啸着，纷纷在小河附近落下爆炸。我们的步兵因敌人的猛烈射击，连探出头射击的机会都没有，一点也看不清敌人的情况。在离镇口三四十米的地方，有一座几乎炸焦了的桥梁，桥板和栏杆被烧成炭黑色，正在'噗嗤噗嗤'地冒着白烟。这时，在穿越前方阵地的公路上，两辆战车扬起黄沙奋勇往回赶。这正是我派出去侦察敌情的战车。敌人集中火力向两辆战车开火，炮弹纷纷在两辆战车的前后左右落下，掀起漫天沙土。无论是我还是驾驶战车的士兵，手心都捏了一把汗，默默地为战车祈祷，不要让敌弹击中。在敌人的枪林弹雨中，我们的战车悠悠地开了回来，并且带来了敌人的情况。

"'前方高地上敌人的阵地并不坚固。兵力虽然尚不明了，但在敌人后方有徒步往后撤退的军队及车辆。公路上没有障碍物，我军战车应当快速追去敌人。'

"面前的敌人只是其中一部分，其实敌人的主力早已土崩瓦解了，正急速向南京撤退。我打算迅速追击敌人，一举歼灭敌军主力。手下的官兵也一下子两眼放光，来了精神。我的脑海中浮现出各种美好战况，仿佛看到了敌军蜂拥潜逃进了南京城；战车车轮辗过乌合之众的敌人；敌军的队长投降求饶；还有率先攻入南京城的属下部队。这一切美好的图景就像美丽的海市蜃楼一样浮现在我的脑海中。等我前进的命令一下，属下的兵官个个面带希望而满足的微笑跳上战车。前进的标志在各辆战车上先后竖起。在战车的尾端，士兵们插上了在出发时分发的日章旗。'哗啦啦'，日章旗在无边无际的原野中迎风飘扬。我本来觉得日章旗会成为敌人攻击的目标，想让士兵把旗子拿下来，可是看到士兵们那一脸毫不在乎的样子，仿佛在说：'区区小贼，何足道哉！'于是就作罢了。还不到一分钟，我们的战车已经越过了那座几乎烧焦的桥梁。

"这座桥为什么会变成几乎烧焦的模样呢？我问了一下刚刚回来的侦察队长。原来敌人在撤退的时候，本来企图在桥上泼上汽油烧掉的。当我们的侦察战车到达该桥的时候，桥上正冒着两三尺高的熊熊火焰，并且伴有滚滚浓烟，战车根本无法前进。正在战车踌躇不前的时候，在小河土堤下的步兵赶了过来，从桥下往上泼水，但一时仍然不能将火扑灭。桥梁上面，敌人的子弹上下翻飞。于是，工兵的一支小分队奉命前来，冲到子弹纷飞的桥梁上奋力灭火。火势总算控制住了，但桥板却被烧掉了一半。侦查队长一边担心战车被桥上的火焰点着，一边命令战车一口气冲过熊熊大火。还好，战车没有起火就通过了桥梁。战车一向前开，敌人的子弹马上向战车密集射来，所以飞到桥上的子弹减少了许多，工兵小分队可以进一步展开灭火。侦察队长担心地说：'桥上好像有好几个工兵倒下了，他们是不是被敌人打死了？'我想到为了战车的前进而冲进敌人的枪林弹雨中奋力扑火最后英勇牺牲的工兵弟兄，黯然神伤。

"桥总算是保住了，战车也能勉强过去。如果我们的工兵弟兄及侦察战车的行动哪怕就是再慢一分钟的话，我们的战车队就会又被敌人甩下，白白浪费许多时间。我一边穿越桥梁，一边从内心里不停地感谢我们工兵弟兄的英勇行为。

"几分钟后，我率领的几十辆战车已经到了秣陵关和敌方阵地之间的道路上。车轮卷起黄尘飞速前进。向后眺望，战车队从秣陵关镇口的房屋中间不断涌现。在敌人看来，会以为不知道有多少辆战车吧！道路在敌人阵地的前面往右拐去，在两三百米远的北面高地的下面又往西折过去。我们不理会高地上的敌军，直接往前追赶正在撤退的敌军主力。等我们的战车前进到敌人阵地的对面时，高地上敌人射击的声音已不那么激烈了。我看到在遥远的后方秣陵关镇那里，步兵越过小河的土堤急速跟了上来。在公路上尾随战车队的步兵纵队一边追击敌人，一边不停地前进。南方远处仍然传来激烈的枪声。我们的两边是成片的梯田。穿过一道小山谷，我们驶上了一个光秃秃的连绵不断的山坡。再往前走了200米，我来到战车前端的高地上。从我们右面三四百米远的地方不时有敌人的枪弹射来，但我们因为太急于追赶敌人的主力军，无暇顾及其他的事情，竟一点儿也没有感觉到恐惧和害怕，甚至连还击都没有意识到。秣陵关西面的敌人不知道是因为我们战车队的进攻才撤退，还是本来就计划好要撤退的，从早上开始就顽强地抵抗，直到下午4时还不打算逃跑。不过，当我们的战车继续进攻仅仅30分钟后，敌人开始往后撤了，我的心里也稍感宽慰。士兵们也从战车里探出头来，相互微笑致意。但是往前走了不到5分钟，先头部队就遇上了敌人挖的壕沟，战车队只好停了下来。于是我让一部分士兵警戒，让其他人员取出铁锹填埋壕沟，各站车长摇身一变成了工兵。两侧不时有敌人的子弹飞来，士兵们也毫不胆怯。这时，步兵追击队一路小跑赶来了。步兵队长一声令下：'让战车先走，我们帮他们填壕沟吧！'于是，步兵弟兄们纷纷拿出铁锹、十字镐，七手八脚赶过来帮我们。

"不到30分钟，壕沟的一半就填好了，两边出现了斜斜的缓坡。战车已经能够通过了。我命令停止作业，开始前进。几十辆战车排成长龙，轰隆隆地发动了。但是走了不到 10 分钟，又出现了一条宽约三十米的小河。当然那些撤退的家伙不仅不会留给我们过河的设施，而且任何对我们有利的东西都没有留下。河水虽然不深，但两岸是高十米的河堤，没有桥无论如何是过不去的。桥梁刚刚被敌人炸毁，横梁断了，桥上和水面上散落着一些新的灰尘。我觉得撤退的敌人就在前面，再有几分钟就能追上，可是桥被炸坏了，我们万分焦急。我下车到桥下边看了看，真糟糕，连可以加固的材料都没有。正在无计可施的时候，难波军曹自告奋勇地说：'队长，我过去看看吧！''先等一会儿，看看敌情再说……'还没等我说完，难波军曹已经迅速穿好外套，系紧战车帽，驾驶战车行进到了被炸得歪歪斜斜的桥面上，也不管战车会不会掉到桥下去。多么勇敢的男人啊！虽然是自己的部下，也不由得肃然起敬。

"战车没有掉下去，平安地行驶到了桥对面。我从桥下看着战车通过。桥面没有多大的晃动，而且那些松动的地方反而好像被压结实了。于是我放了心，让第二辆战车也过去。桥仍然安然无恙，接着我又让后面的战车都开了过去。

"我看到我们的骑兵部队追随着战车队在小河南边约四百米远的山脚下火速前进。可不能落在骑兵后面啊，我一边想着一边往前赶。很快，骑兵部队就被我们远远地甩在了后面。看来我们战车队是我军的先锋啊！想到这里，心里不禁有一种说不出的愉悦。途中有几个敌人建造的从未用过的碉堡，孤零零地伫立在那儿，有一些还未竣工，有一些只搭了个木架子，还有一些只有材料堆放在那里还没动工。可以看出敌人连建造防御工事的时间都没有。有士兵说：'支那佬看来走得很匆忙啊！'如果日本军队向南京挺进再延迟一些的话，敌人就会建好防御工事了，到那时因为有这么多碉堡，日本军官兵还不知有多少人要丢掉性命呢！想到这些，不禁让人不寒而栗。

"我们行进道路的左侧，是海拔约两百米的连绵的山峦，离山峦约四五百米的地方，长满了支那大陆少见的小松树。道路的右侧是二三十米高的山丘。我们就行进在山峦和山丘之间的山谷地带。战车的发动机声和车轮辗压履带的声音混杂在一起，在两边的山峦间回响，显得无比喧嚣。太阳渐渐没入了西边山头的背后。暮色渐浓，前面的车辆开始模糊起来。

"突然，从前方的暮色里传来'哒、哒、哒、哒'的机关枪声。我们前面有一小队尖兵探路，大概是发生了什么情况吧。我一边这么想着，一边来到一个三岔路口。行进的道路在那儿向右拐上了一个斜斜的缓坡。在三岔路口处有一户支那人家。前方连 100 米的地方都看不清了，只看见在前方约五十米的公路上好像停着一辆汽车。再往前看，一座山峰像黑色的怪物耸入天空，挡住了我们前进的道路。忽然，在山峰的半腰上和公路的尽头，'啪、啪、啪'有红色的火焰在闪烁，那是敌人的机枪在射击，但子弹却在我们的头顶高处飞过。道路的右侧几米远的地方是梯田，地势变高。我做出手势，示意部下听我指挥，然后下车。后面车辆依次停了下来。不一会儿，探路的先头部队长官川准尉从前面的暮色中一路跑了回来。

"'队长，前面的高地有敌军，还有六个碉堡。离敌人的前沿阵地只有 50 米！'

"我想这样一来会使先头部队陷于孤立境地，所以打算让他们往回撤，与主力部队会合。于是命令先头部队回到那户支那人家附近。先头部队长一脸为难的表情说：'道路是凸出来的，非常狭窄，无法掉头，如果下车的话又会受到敌人的猛烈射击，也很难卸下被牵引的车辆。'

"先头部队长声音高亢，显得有些兴奋。我'嘘嘘'两声制止了他，说：'那样的话等天再黑一些再撤退吧！'因为在狭窄的地方，如果不先把牵引车卸下来，等战车掉头后再把牵引车挂上的话，整个队伍就都不能掉头。所谓牵引车，是在遭遇敌人袭击的时候，为了运送弹药和其他物资，由战车牵引的铁制的车斗。该车斗的挂上和卸下，都需要全体人员下车，齐心协力合作完成。而在敌人的射击下，这些都很难完成。于是我打算在紧急情况下由主力部队去支援，让后面的主力部队卸下车斗，做好突进的准备。但是之后随着夜幕降临，战场也安静了下来，先头部队在8时30分左右返回到了主力部队的位置。

"现在我们正处在离敌军很近的位置，接下来该怎么办呢？得想想办法。就在这时，队伍后面一阵骚动，发生了什么事情？大家的心头不禁一紧。原来是步兵的先遣队赶来了。我们孤立无援的感觉消失了，心里涌出一股力量，大家都放下心来。不了解前方敌情的步兵士兵一边'呼呼'地喘着气，一边越过战车队，像溶解在黑夜里似地向敌人所在的高地前进。我命令战车队检查车辆，准备行动。大家开始在黑夜里埋头整备车辆。步兵队长说：'我们今晚要去敌人阵地实施夜袭，请战车队在公路上行进，进行支援。'但是我却有很多顾虑。

"南京是敌人的首都，是平时就防守严密的坚固堡垒。所有军事要地的攻占，都要首先驱逐敌人的先遣部队，再攻打敌人的前沿阵地，然后是攻打敌人的主要防御阵地，最后摧毁敌人的腹廓阵地，这才算彻底完成军事进攻。

"我们原先与之作战的是敌人的先遣队，而现在面前百米远的地方是敌人的主防线还是前沿阵地？我们不得而知。步兵现在刚刚到达，并且来的只是先头部队，如果面前是敌人的主要防线，那还需要有各种炮火的配合。而且敌人的阵地在前面的夜色里，只能隐隐约约感觉出是一支小部队。尽管如此，敌人却在左右两百米的距离之间修建了六座碉堡。两侧和后面的情况我们完全不了解，就连地形都搞不清楚。夜间的进攻如果不做充分的准备，全体官兵如果没有十分的把握取胜的话，那么获得成功的机会肯定很少。而作为战车来说，并不擅长夜间作战。因为看不见相互之间的信号和行动，不能统一指挥部队。特别是战车的强力进攻必然会导致敌人的顽强抵抗，手榴弹、地雷等都会投过来破坏战车，也会有敌军步兵跳上战车用手枪或其他武器攻击战车手，与战车肉搏，战车炮因此根本派不上用场。因此我们的战车必须与步兵联手作战，靠战车周围的步兵来击退敌人的肉搏式进攻。但是我们的步兵已经勇敢地提出要夜袭敌人。如果我们不配合的话显得我们太胆小了，士兵们肯定也不甘心。所以我决定，假如步兵有十分把握能取胜才提出夜袭的话，我就派战车队进行配合，但如果他们只是藐视面前的敌人而盲目实施夜袭，那我就会让他们重新考虑是否要去攻击。我向来与我联络的步兵副官表明了我的意见，希望他能迅速向我说明他们实施夜袭的具体计划和指示。步兵队副官说：'那好，待会儿再联系您。'然后就回去了。

"我在大路北边梯田的东北方选了一块

半圆形的被低矮山坡包围的比较安全的洼地安置下大队人马，然后督促部下整备车辆，准备随时应步兵要求配合夜袭。那儿有一户支那农家，四方形的院子，四周是简陋的房屋，有一间房屋被围在正中间。我命令没有警戒任务的下级士兵在院子的两边和大门口附近的房间里休息，等待步兵的指示。现在说起来是很轻松的事情，但当时是在离敌人只有150米的地方。如果哪怕是只有一部分敌人来袭击我们的话，我们也一定很惨。我让大家不要弄出一点火和烟，在本部待命。我们的大队留在后面三里远的秣陵关，所以我决定马上派人去叫来。

"半夜时分，大队人马终于到达。但步兵那里却没有任何消息。凌晨1时左右，前面传来激烈的枪声，约30分钟后枪声停止了。步兵好像单独采取了夜袭行动。在完全陌生的地方，也没有充分的准备就采取这样的行动，这也太危险。正想着，大约1时30分左右，侦察兵跑来报告说：'在战车集结的道路附近，有很多用担架抬着的死伤步兵被火速抬到队伍后面去了。'我想象着我们的步兵弟兄终于从夜袭敌人的莽撞行动中醒悟过来，许多士兵在敌人碉堡的机关枪扫射下倒下了，不禁黯然神伤。

"凌晨3时左右，我们终于吃上了饭，非常可口。做饭用的水和喝的水都是用支那人家院子前面水塘里的水。

"第二天是12月8日。初冬中的支那天空一片蔚蓝，没有一丝云彩。大家来到院子前，看到昨天晚上我们取水的池塘是狭长形的，宽约10米，长约30米。水面上还漂浮着绿色的水藻，脏兮兮的，甚至看上去连马都没法喝，而且在士兵们取水的土堤下面，还漂浮着两具支那兵的尸体。头上戴着配有青天白日徽章的军帽，身上穿着浅藏青色的军装。从胸部到腰间都沾满了血迹，已经变成黑乎乎的茶褐色。其中一具支那兵的尸体从嘴里流出的血，把头部周围的一大片水都染成了黑红色。只看一眼就觉得反胃。昨天多亏是晚上，看不见喝的是什么。尽管如此，仍然一阵阵作呕：'我们昨晚喝的就是这里的水吗？！还大嚼特嚼用这个水烧的饭，吃得饱饱的！'在约一百米远的公路上，我们的战车纵队一字排开，与稍后赶来的步兵及其他人员挤满了道路。步兵辎重部队的车马塞满了道路两边。我们这边是东善桥，而末松部队本部已经到达战车队先前所在的那户人家那里了。

"我登上昨天晚上住宿过的支那房屋背后的高地，观察敌情和地形。昨天夜里我军战车先遣队与敌人发生战斗的高地，当时看上去有一百多米高，现在看来也就是20米高。夜间产生的错觉怎么会如此之大？！那个高地越往南越高，最后成为一个高约五百至六百米的山峰。在那座山峰的西边，还有三四个像骆驼背一样的山头。那些都是什么山呢？我们完全不知道。在后面很远的那座山头上，有一座像寺院一样的房子。山顶上有一座像旅顺的表忠塔一样的高塔耸入云霄。后来我们问了末松部队才知道，那就是牛首山。

"在我们昨天晚上所到的山坡上，有几座敌人丢弃的空碉堡。我很想知道昨天夜里步兵的夜袭是否成功，于是去问了一下。果然，第一次夜袭失败了，但在准备第二次夜袭的时候，敌人趁着夜色撤退了。可是在左手地势最高的地方仍然有敌兵在来回穿梭，在后面驼峰一样的山顶上，也有很多敌军的工事。昨天晚上遭遇的敌军阵地果然是敌人的前沿阵地而非主阵地。我步兵不断向前方 150 米远的山脚集中。第一线的步兵已经开始前进，所到之处传来步枪和机关枪的射击声。远远地从牛首山北面'轰、轰'地响起了闷雷般的炮声。突然'嗖、嗖'几声怪响划破天空，在我们身后五六百米的洼地中爆炸，掀起了满天沙土，并升起了滚滚浓烟，原来是敌人的重迫击炮弹。因为弹着点很远，所以官兵们心平气和，像参观似地远远看着炮弹落下，但是紧接着炮弹的落点逼近了步兵和我们战车队所在的道路。敌人一定是从牛首山那里发现了我们。步兵先后向北方的山脚下移动。在洼地里休息的为步兵运送弹药的几名支那苦力被炮弹炸没了人影。在我一旁观看的宍仓准尉取笑说：'被自己国家的炮弹炸死了，真是报应啊！'

"我认为我们战车队也很危险，所以想让部队往前面的山脚下移动，正在这时，去末松部队本部联络的宫崎军曹回来了，带回了如下命令：

"一、面前的敌人在牛首山东西两线进行顽强抵抗。我军步兵昨天夜里已经占领了将军山一部，目前正在该高地攻击敌人的步兵第二中队在牛首山以西八公里的铁心桥附近作战，其战况尚不明了。我骑兵队在牛首山以西的远处攻击敌人后方，与铁心桥附近的步兵协同作战。

"二、战车队的一部与在将军山附近攻击敌人的步兵配合展开进攻；战车队主力急速开赴铁心桥，与在此作战的我军步兵、骑兵共同歼灭敌人。

"于是我把部下招到本部，命令立即做好出发准备。我从北支那以来，每当出现激战的时候，都会把已经穿脏的裤子和衬衣换下来，今天也一样。马上就要攻击敌人的要

地南京这样的最后防线，这当然不是轻而易举的事情，或许会被敌人的炮弹击中也未可知，所以立刻让值班的士兵拿来新裤子换上。

"我看了一下地图，与眼前的高地作个对比，觉得不仅仅是将军山（牛首山北方高地），就连我们面前的高地上都有敌人在负隅顽抗。于是我为了确认情况，去了司令部。刚到那里，就有人来报告说，第一线步兵缴获了要图。我对此半信半疑，但也只能相信报告。末松部队参谋还特别加上一条说：'在铁心桥附近作战的步兵第二中队很可能正在顽强苦战，其后的战况不得而知，也没有任何消息。'我突然觉得不能眼睁睁看着我们的步兵孤零零地陷入敌阵中被敌人打死，于是我马上返回本部布置，命头师小队负责指挥联络并兼预备队；命令其余人马由前田大尉指挥，立刻奔赴将军山附近，协助正在攻打对面敌人的我军步兵；命令品川分队和井上分队沿公路急速向铁心桥方向挺进。但是因为品川分队还没有完成燃料补充，所以吩咐他们晚二三十分钟出发，先让他们跟头师小队在末松部队本部附近等待一下。这是，从参谋那里传来命令：'在公路北侧（右侧）进攻的步兵被敌人挡住，停滞不前，速派一部兵力前去支援。'于是我命令头师小队前去支援。

"头师小队立刻卷起黄土一路飞奔而去，消失在道路右侧的山丘后面。不到五六分钟时间，那边就响起了猛烈的机关枪声。不久，井上队也一路扬尘出发了。品川分队马上就可以出发了，所以我也追随着井上队前行。越过一座人工凿成的陡坡，来到了高地的西边。眼前长满了小树，枝叶繁茂，成为战车前进的障碍，不过这些都被我们踩在了脚下。战车附近已经开始有敌人的机枪弹落下，接

着，在前方、两边、左上方、右方，敌人的机枪弹纷纷落下。不仅从将军山，而且从南边高地的每一个山头上都有子弹飞来。将军山西北方四公里多的范围内，以及我们的面前，都展开了激烈的战斗。道路右边的土堤后面，步兵们把头贴在地上，埋伏在那里。向前走10分钟左右，道路上有十几辆战车一字排开停在那儿。看一下车尾的标记，是井上队的战车。在战车队前面四五十米远的小高地的一侧，几辆战车隐藏在杂草丛生的斜坡上，正在与前方的敌人激烈交火。原来是我的部下前田队。我跟随在井上队后面约五十米的地方。忽然从牛首山前面马鞍一样的山岭上的碉堡中射出一串炮弹，我也赶紧集中火力朝那里射击。在我的车里，蜷缩着每日新闻的松尾邦藏君，我从东善桥出发的时候他强烈恳求我带上他。我踩在松尾君的背上进行射击。每次射击后，空弹壳就落在松尾君的脖子上，松尾君都会一边喊："哎呀！疼死我了！哎呀！疼死我了！"一边仍然坚持着。

"'喂。前面有敌人，可不能探出头往外看！'我这么一说，松尾君就一声不吭的埋着头蹲在战车里。后来我问他感觉怎么样。他说枪声太吵了，什么也没听到。射击进行了三四分钟，敌人的碉堡好像没有什么动静了，于是我下了战车，快步跑到前方三四十米远的井上队那里。井上中尉弯着腰，从战车之间的空隙中钻出来，脸色苍白，走到我跟前说：'真糟糕，稻村少尉牺牲了，他被敌人的反坦克炮弹击中了。'然后就一句话也说不出来了。'怎么回事？说得再详细一点……'

"过了一会儿，井上中尉把前面的战况作了以下报告。

"井上队的任务是联络在铁心桥附近孤军奋战的步兵，所以他们越过正在战斗的前田队继续前进。前田队战斗的地点是地势稍低的山坳处，前方三四百米的地方隔着水田有一个村落。井上中尉对前田大尉说：'我们先走一步！'然后往前行进了不到两分钟，先头部队到达了村落前面一百米左右的地方。突然，村口升起一缕缕白色烟雾，位于队列前端井上中尉的战车已身中数弹起火了。井上中尉顾不上别的了，急忙跳出战车，抓起战车驾驶员的衣领把他拽了出来。驾驶员脚上的汽油早已被火点着，熊熊燃烧起来。井上中尉急得大喊：'快踩灭！快踩灭！'驾驶员拼命想把自己脚上的火踩灭，就在这一瞬间，驾驶员的胸口被敌人的机关枪击中，连中十几发子弹。驾驶员当场倒地，脚上的火仍在燃烧。井上中尉转身想命令第二辆战车停下来，可就在这时，稻村少尉的战车立刻开过来停下了，他也被敌人的反坦克炮击中起火了。稻村少尉和驾驶员想从战车里跳出来，于是少尉的上半身和驾驶员的头部暴露在战车外面。这时，不知从哪里飞来的敌弹击中了他，身体不能动了。眼看着火焰包围了整个战车，稻村少尉和驾驶员也消失在燃烧的战车里。

"井上坚决不再让战车从高地后面开出来，但最终四辆战车还是出去了。第三辆战车被敌人的重型炮弹击中，第四辆战车中了地雷，被炸到道路旁边的坑里去了。井上中尉拼死指挥，最后总算把第五辆战车阻在了高地边上，尽管如此，还是失去了四辆战车和七名官兵。本来还打算把尸体收回来，但尸体所在位置距离敌人只有100米，再加上敌人的火力猛烈，甚至还有专门的反坦克炮，地形又复杂，战车只能在路上行驶，前进相当困难。如果去收回尸体的话，一定会遭到与前面的战车同样的命运。一时间大家一筹莫展。与铁心桥附近孤立无援的步兵也联系不上了。

"我想象着稻村少尉以及其他官兵在燃烧的战车中还未牺牲的样子，心里有一种说不出的悲怆和难受。战友眼睁睁地看着自己渐渐燃尽的双脚和双手，等待着死亡的来临。想到这里，我全身的神经骤然收紧，心头一阵阵绞疼。恐怕他们在手脚燃尽之前早已经因战车里的热浪窒息而死了吧。我想象不久他们就可以进入南京城，与战友们一起在城门上高呼'万岁'的样子，心里更加难以忍受。就在前天晚上，稻村少尉还来我这里闲聊了很长时间，并且拿出一瓶珍藏了很久的酒说：'本打算留着南京陷落之后再喝的，我们就提前庆祝吧！'于是我们两人每人喝了一杯。那难道是他辞别人世的最后一杯酒吗？

"井上中尉向我请示下一步该怎么办，我也束手无策。最先在脑海中浮现出来的是，连战车队都要这样艰苦奋战，那么步兵第二中队如果深陷敌阵内部八公里的话，那他们现在多半是在拼死搏斗，几近全军覆没了。我们应该迅速实施救援才对。然而，我的脑海中接着产生了一个疑问，这条道路连战车队进攻都这么困难，我们的步兵第二中队是沿着什么路线前进到敌人阵地内部八公里的地方的呢？这时，前田大尉也来了，他建议最好等后面的炮兵部队赶上来再展开进攻。这时，前田队的战车在右边的小高地上发现有一队步兵，于是立刻派下级军官与那些步兵联系，才知道原来那正是从今天早上开始就进军到铁心桥的部队。我松了一口气，同时了解到，占领了将军山的步兵在前田队左边两三百米远的山头之间。原来因为地图不

太完整，现实中的道路和山头的位置与地图完全不同。哎呀，完全搞错了，我长出一口气。在战场上很容易犯这样的错误。战争就是错误的积累。我想起有位前辈曾经说过，犯错误少的一方会取得最后的胜利。也许真的是这样。

"本来在我的战车上只乘坐了我和驾驶员两个人，装备也只有一挺机关枪。与其说我们的任务是来战斗，不如说是在敌人的炮火中进行部队的弹药补充和指挥联络工作。现在我们遇上了如此坚固的敌人阵地，只靠战车来突击的话比较困难，只能等炮兵和其他人马赶到后在正式展开进攻，在敌人主防线的一角打开一个缺口，否则的话实在是太困难了。想到这里，我先命令井上中尉去收回死难战友的尸体，然后再与后方的部队本部联系，报告战况并且表明我的想法。

"我们返回东善桥向部队长报告刚才的战况。突然前方的道路一阵骚动，从战车里探出头来一看，原来是6日早上被我们赶超过去的乡土部队。我很吃惊，大约120公里的路程，他们仅用两天就走完了，并且追上了我们战车队，而且大家都整齐地迈着前进的步伐奔赴战场第一线。炮兵赶到了，马上从我们昨天夜里住宿过的那家房屋后面的高地响起了炮声。头师小队那边也响起激烈的枪声。于是我把传令的下级军官留在司令部，来到离公路约二三百米远的北边高地的山坳中，发现头师小队的一辆战车从前方的山谷中回来了，并且报告说一切平安无事。我下达命令，让头师小队沿公路赶赴第一线，然后急速向前田队和井上队那里挺进。途中敌人的子弹不知从哪里飞了过来，但是在公路上前进的我步兵部队毫不在乎，仍然气势磅礴地前进，这让人十分振奋。骑马的小个子

军官在队列中尤其引人注目，看起来好像在哪里见过似的，赶上去一看，原来是以前在同一个将校团的前辈冈山少佐。

"'老弟！'他笑着说。我本想停下战车，但步兵和战车挤满了公路，所以只能简单打个招呼。我来到了井上队，阵亡士兵的尸体还没有收回来。步兵的先头部队早已经到达了这里。我问他们怎么如此之快，他们微笑着说：'没什么大不了的，从前天开始几乎没有宿营，只是在溧水好好休息了两三个小时，饭也是边走边吃的。'这支部队自古以来就是有名的飞毛腿，为此我赞叹不已。他们朝着前田队左侧的两座山峰之间行进。

"战车队所在的公路附近，敌人的炮火渐渐猛烈。在两座山峰之间的山坳处是敌人炮弹射不到的死角，炮弹在 10 米、20 米的后方呼啸着落地爆炸，发出巨大的响声。一匹马伴随着黑烟和沙尘被炸到了天上。这时，有通知说谷兵团司令部已到达东善桥，我又跟随联络车去司令部报告。此后，我的战车队和井上队奉命一起复归谷兵团指挥，并向东善桥附近集结，准备接下来的战斗。我把前田、品川、井上各队长召到我的战车所在的位置，回到战场的第一线。

"我正在战车的夹缝间向最先赶来的前田大尉传达命令，突然一颗子弹飞过，离我的鼻尖只有五寸左右，穿过我和前田大尉的脸之间打中战车的装甲板。'铛——嘤——！'子弹尖叫着飞到后面去了。前田大尉和我的脸之间还不到一尺的距离，如果我们两人哪一个差了那么五寸的话，脑袋就被打碎了，真是让人惊出一身冷汗。我们急忙下到公路北边的低洼地带，然后再向稍后赶来的品川大尉和井上中尉传达命令的大意。井上中尉一脸的悲怆，说：'在尸体收回以前，我无

论如何都不能回去。'

"我看他十分坚决，就允许他先留下，然后我带队返回。此时，头师小队也过来会合了。我忽然发现，白木军曹和中野军曹从头顶到胸部都被鲜血染红了，白木军曹用三角巾包着头，中野军曹的手上则缠着绷带，血都浸透了。'你们怎么啦？'我问。头师见习士官说：'在攻打敌人的碉堡时，想把战车开下梯田，没想到却翻车了，中野军曹和白木军曹被战车甩了出来。我们用绳子把两辆战车拴在一起，把翻跟头的战车拉正过来了。这时候白木军曹被敌弹打中头部和肩膀，中野军曹则被打中了手和手腕。'

"'伤得不要紧吗？'我问。他们两人几乎同时声音洪亮地回答：'不要紧，一点关系都没有，还能坐战车，也能继续打仗！'但我想如果太勉强的话，对后面的战斗不利，就硬让他们回到队伍后面好好静养。

"傍晚时分，我们仍然没有攻下从将军山附近到水阁、牛首山一带的敌人防御阵地。战车队也集结在东善桥东北方一户人家附近，等待着日落。除了派到谷兵团左翼的牛岛部队配合作战的畒本中尉和宫川准尉两个队，其他部队完全集结到位时已是晚上 7 时左右了。

"井上中尉在晚上 9 时左右终于把尸体收回来了。失去了七名部下的井上中尉意志消沉，闷闷不乐。如果我也露出悲伤消沉的神情的话，明天的仗就没法打了，所以勉强掩饰住自己的心绪来鼓励井上中尉。尽管如此，一想到稻村少尉就在前一天晚上还在此处一边烤火一边跟我闲聊了整整一个晚上，可现在他已经不属于这个世界了，就让人悲痛欲绝。乘坐井上队第五辆战车，从此把战车和自己的命运拴在一起的同盟社的大锯时

生君一脸苍白地进来了。他平时是一个十分活泼很能讲话的人，今天确实一副默默不语、无精打采的样子。他不停地说：

"'我本来想能坐上井上中尉的战车，但是没来得及，只好坐上第五辆战车。生与死之间真实只隔了一层纸啊！'

"我所在的是外面有两间，里面有三间，像兔子窝一样狭长的房子，里面有一个肮脏的土炕。在外屋里，我像前一天晚上一样生起了火，与前田大尉等人聊天。与我乘坐同一辆战车来自每日新闻的松尾邦藏君坐在炕上，喝着不知从哪里弄来的支那酒。松尾君是一个喝酒比一日三餐更重要的人。他本来跟我一样，留着任其生长的胡子，后来有一次回到家乡，小孩子见了都吓哭了，所以最终刮掉了。松尾君的脸庞让炭火的烟和白天的硝烟熏得乌黑，他喝酒的样子简直就像山里的强盗，我们的脸可别像他那样！大家都忍不住要笑出来。9时左右，东京朝日新闻社的安养寺友一君、栗原千代太郎君、被称为'铁锅先生'的读卖新闻社的田边君、报知社的中山君，还有其他报社的各位记者都来了，挤满了我的房间，大家各抒己见，在一起讨论哪支部队最先抵达南京。过了一会儿，某报社的几位记者说他们没有联系上后方的专门机构，所以从早上到现在一直没有吃饭。于是我们拿出缴获来的支那米饭给他们吃。我们自从上海出发到今天为止，从未收到来自后方的补给，一粒米、一滴汽油、一块干梅子都没收到，都是用支那军逃走后剩下来的物资。尽管如此，我们还剩余一点支那米，供给部队并不那么紧缺。吃完饭之后，报社记者三三两两地离开了，到夜里12时左右，大家都散了，不知去了什么地方。我也在那个肮脏的土炕上和衣睡下了。"

八田隆幸（时任日本华中方面军第十军第六师团步兵第十三联队第三中队士兵）回忆：

"12月9日，大约是晚上9时左右吧，防守在道路上的小队士兵看见了井上中尉指挥的小型装甲车队向前行进而去，马上传令告诉他们前方已无我军部队，他们只是回答知道了，却依旧我行我素地向前开进。正当我在想着他们一会儿就会返回了吧，前方却传来了激战声。原来车队没有步兵护卫，已深入到敌方阵营，遭到了对方的偷袭。激战的结果是四辆装甲车全部被毁。当增援的步兵赶到时，虽说两台引擎还能启动，但车轮上的履带已悉数断裂，车辆完全不能动弹了。"

三　南京腹廓防线作战

至12月9日，布设于南京东、南两面的外围大弧形阵地，已有多处被日军突破，从汤山向紫金山进击的大野、野田、片桐等东线前锋部队，已抵达紫金山东面6公里的麒麟门，并逐步进逼南京城东大门的中山门；从东南方向进攻的胁坂、下枝、富士井、伊佐等部队，已到达大校场飞机场，并向南京城东南角的光华门推进；南路的长谷川、竹下部队也攻占了牛首山及附近地区，并向南京城南的中华门外雨花台挺进。

鉴于外围各处的不利战况，南京卫戍军

▲ 中央军校教导总队

总部于8日晚下达"卫参作字第二十八号"命令，决定收缩战线退守至南京城周边的腹廓阵地与敌再战，调整部署如下："1. 右侧支队固守天桥镇、大山之线。2. 第七十四军固守牛首山一带据点至河定桥之线。3. 第八十八师固守雨花台。第七十一军之八十七师固守河定桥之孩子里（江南铁路北）之线，右与八十八师及五十一师、左与教导总队连系。4. 教导总队固守紫金山。第二军团固守杨坊山、乌龙山之线及乌龙山要塞。5. 第三十六师固守红山、幕府山一带。6. 第六十六军至大水关附近集结整理待命。7. 第八十三军之一五六及三十六师之一团，在青龙山、龙王山线掩护撤退。8. 在镇江的一〇三师、一一二师向南京急进。"

另一方面，在苏州养病的华中方面军司令官松井石根（当时日军南京前线作战主要由上海派遣军司令官朝香宫鸠彦王代为指挥）在8日策划了一份《劝降书》，命令于9日由飞机向南京地区散发，中国守军如不接受劝降，则于12月10日正午发动总攻。之后劝降书由翻译官冈田尚译成中文后印刷数千份，在9日中午利用日军飞机散发到了南京城内各处。

《劝降书》松井石根：

"百万日军已席卷江南，南京城处于包围之中，由战局大势观之，今后交战有百害而无一利。惟江宁之地乃中部古城，民国首都，明孝陵、中山陵等古迹名胜蝟集，颇具东亚文化精髓之感。日军对抵抗者虽极为峻烈而弗宽恕，然于无辜民众及无敌意之中国军队，则以宽大处之，不加侵害；至于东亚文化，尤存保护之热心。贵军苟欲继续交战，南京则必难免于战祸，是使千载文化尽为灰烬，

十年经营终成泡沫。故本司令官代表日军奉劝贵军，当和平开放南京城，然后按以下办法处置。

"大日本陆军总司令官松井石根对本劝告的答复，当于十二月十日正午交至中山路句容道上的步哨线。若贵军派遣代表司令官的责任者时，本司令官亦准备派代表在该处与贵方签订有关南京城接收问题的必要协定。如果在上述指定时间内得不到任何答复，日军不得已将开始对南京城的进攻。"

南京卫戍司令长官唐生智在接获日军劝降书后，即发布军令，重申南京卫戍全军与阵地共存亡的决心，为准备背水一战，将各部队所有的渡江船只全部收缴，并命令从岔路口至银孔山、杨坊山间隘路，用火车阻塞，阻止日军坦克通过。尔后于9日当晚下达"卫参作字三十六号"命令："1、本军目下占领复廓阵地为固守南京之最后战斗，各部队应以与阵地共存亡之决心尽力固守，决不许轻弃寸土、摇动全军，若有不遵命令擅自后移，定遵委座命令，按连坐法从严办理。2、各军所得船只，一律缴交运输司令部保管，不准私自扣留，着派第78军军长宋希濂负责指挥。宪、警部队沿江严禁散兵私自乘船渡江，违者即行拘捕严办。倘敢抗拒，以武力制止。"

（一）光华门战线

9日上午，国军战炮分队战车连将连部由丁家桥的交辎学校迁至位于铁道部的南京卫戍司令部对面的交通部内，并由战防炮营张营附担任战炮分队与卫戍司令部的联络官。下午，战车连奉命派2辆德国一号轻型坦克开到卫戍司令部附近，加强其司令部的警卫力量，并派摩托车在主要街道进行巡逻，其

▲ 国民政府铁道部

余战3连的坦克(每排各1辆)分别于明故宫机场(战2排)、中华门内(战3排)和交通部(战1排)等地待命。

日军方面,上海派遣军第9师团步兵第36联队于拂晓时分到达光华门外,第1大队通过侦察得知:"光华门城门紧闭,城墙高十三米,厚度五米;外壕(护城河)宽达一百三十五米,水深四米;城外通往城门的道路上并排着两道反坦克壕,五道带电的铁丝网一直延伸到护城河;护城河岸边到城墙设有路障和地雷。城墙上、中、下有二十八处射击口,包括底部两个战防炮炮位、中部重机枪工事、顶层轻机枪射口。城墙上守军中央军校教导总队第一旅第二团昼夜不停地射击,异常猛烈。"

上午9时,步兵第36联队联队长胁坂命令山炮兵第9联队第3大队(大队长贺芳荣政)将两门山炮配置于防空学校围墙处,对光华门的城门与城墙进行破坏性炮击,但因城门内部已被守军中央军校教导总队工兵第1营(营长叶在青)用沙袋及木材等物填实,所以未能将城门破坏。同时,宪兵教导第2团第3营第9连第1排奉南京卫戍司令部命令组成加强排,配备"捷克"式轻机枪6挺和充足的弹药,乘坐6辆江南汽车公司的德国M.A.N牌公共汽车于上午10时到达光华门增

援。之后,日军工兵大尉小坂指挥的工兵敢死队在爆破了铁丝网后,冒死接近城门准备进行爆破,矢口战车队(独立轻装甲车第7中队)也于护城河外的大路上排开队列与第36联队第1大队(大队长伊藤善光)一同向城墙上的中国守军猛烈射击,以掩护工兵敢死队作业,等待工兵完成炸门任务后,蜂拥冲入南京城内。但因日军工兵使用炸药量不足,爆破对城门没有起到作用。当晚8时左右,矢口战车队的几辆"九四"式装甲车再次掩护工兵敢死队向城门进行爆破,却遭到中国守军宪兵教导第2团加强排的轻机枪还击,这次日军工兵虽然添加了炸药量,但因城门坚固最终也仅仅被炸开了一个小缺口而已,随即便被教导总队工兵第1营的工兵奋力添堵上了。

自9日傍晚至10日上午,雨花台方面的国军炮兵第10团第1营装备的德国制150mm重型榴弹炮不断向光华门附近的日军步兵第36联队密集炮击,该联队在国军榴弹炮的轰击下连续出现伤亡,就连联队的通信兵和传令兵也都纷纷死伤,最终只能由联队军官通过无线电与步兵第18旅团司令部取得联系。请求其立刻提供弹药补给以利作战。

10日上午8时左右,日军第18旅团副官武田丈夫利用矢口战车队的数辆"九四"式装甲车突破了位于七翁桥附近日军旅团司令部与第36联队之间的中国守军残部的阵地,并给步兵第36联队及山炮队输送了大约五百枚的山炮炮弹和大量机枪子弹。根据当时中国媒体的报道,该日下午1时30分左右,担任南京卫戍司令长官的唐生智曾乘坐战车第2排的坦克,亲自到光华门前线进行督战,并往返驰骋于炮火之中,一时被南京市民和部队下属称之为"首都疯子"。

▲ 中华门

▲ 南京光华门

▲ 坠入明故宫机场东南角水塘内的国军"斯巴顿"高级行政人员座机

▲ 于路面上排开队列的矢口战车队

从下午3时至5时，获得弹药补充的日军山炮开始猛烈轰击光华门城门，城门前的沙袋逐渐坍塌，形成了一个陡坡。同时，日军炮兵观察所及作战指挥所也遭到了中国守军重迫击炮的集中打击。日军步兵第36联队第1大队长伊藤善光趁中国守军炮火集中打击指挥所时，迅速命令所部第1中队（中队长山际喜一）、第4中队（中队长葛野旷）在矢口战车队的装甲车机枪的掩护下，从坍塌的缺口处冲入城门内侧，但很快便遭到了中国守军教导总队第2团、军士营以及战防炮连的猛烈反击，矢口战车队的两辆"九四"式轻装甲车被击毁，军曹野口、上等兵高村当场被毙命，一等兵上野负重伤。

战至夜间8时许，日军步兵第36联队第1大队大队长伊藤善光亲率第3中队趁夜色向城门缺口突击，国军教导总队工兵营派一排工兵与伊藤敢死队展开白刃肉搏，夜晚9时

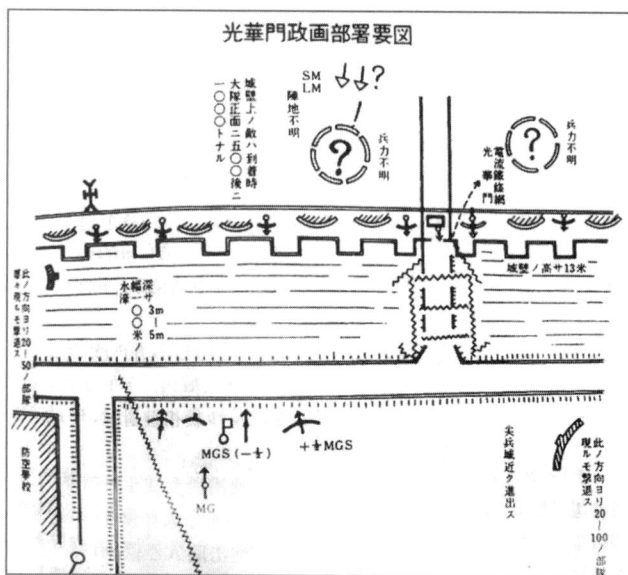
▲ 光华门部署图（日军绘制）

晚 10 时 30 分左右，日军第 1 大队第 2 中队中队长竹川熏率部支援城门洞内日军残部，到达城门洞内后与其共同死抗。至午夜 12 时许，中国守军教导总队第 1 旅第 2 团团长谢承瑞命令在光华门附近明故宫机场内待命的战车第 2 排 1 辆坦克在瓦斯弹的掩护下，数次对盘踞于城门洞内的日军第 1 大队发起进攻，使用 2 挺 MG13 型车载高速机枪反复扫射，大量杀伤了躲藏于城门洞内的日军第 1 大队残部。

至 13 日凌晨，光华门地区还在进行着激烈的争夺战，战至当日凌晨 4 时，光华门右侧 600 米处的城墙终被日军的 150mm 重榴弹炮与 100mm 加农炮联合轰塌，中国守军大部奉命退守城内，于是日军步兵第 36 联队第 1 大队竹川集成中队率先由城门内拱门右侧坍塌的斜坡处登上了城墙。之后，矢口战车队趁势快速开进，并于步兵之前攻开了光华门城门，径直向城内杀去。矢口的战车部队通过城门时，不停地遭到中国守军的攻击，残留士兵身捆手榴弹向日军的"九四"式装甲车滚去，试图将其炸毁，其奋勇之状就连日军也为之感叹。最终在中国守军完全撤离后，南京的东南大门彻底被日军攻占，光华门遂即宣告沦陷。

《东京朝日新闻》1937 年 12 月 13 日采访摘要：

【光华门 13 日同盟社发】13 日早上 7 时，最先登上光华门的胁坂部队的山际喜一少尉（福井县出生）接受了采访，或许是因为回想起激战时的情景，他一时间满脸通红，激

▲ 南京江南汽车公司的德国 M.A.N 公交汽车

▲ 国军炮兵装备的德国制 150mm 重榴弹炮

▲ 携带炸药对城门墙进行爆破的日军工兵

▲ 矢口战车队的第 15 号 "九四" 式轻装甲车

▲ 遭到日军炮火猛烈轰击的光华门

▲ 日军步兵第 36 联队伊藤决死队向光华门缺口强行突击

动地回答记者的提问说："当天下午 4 时 30 分左右，向光华门突击的伊藤善光部队的山际少尉率领 74 名决死队员，冒着从城墙上如雨点般射击来的机枪弹，逼近城门附近。战友们相继倒下，胜见军曹、大谷伍长接着也倒下了。我来不及回头看，飞来的子弹令人窒息。其间，因为敌军猛烈的射击，迫击炮弹猛烈地爆炸，手榴弹也飞了过来，中田、大桥两少尉因此负了伤。但是天色渐渐黑了，仍不见后续部队上来，而敌人的射击却越来越猛烈。晚上 10 时左右，敌军开始发射催泪弹，我军立刻戴上防毒面具。激战中，敌人的一辆坦克迅猛突击而来，将士们发现后立即以沙袋为掩体应战，这时，勇士们的弹药不足，口粮也没有了，但大家一边护着伤员，一边继续射击。失去眼睛的士兵在射击，失去左手的勇士用右手仍在射击，就这样，勇士们一夜都在艰苦战斗，但仍然不断有人倒

下。"少尉奇迹般地只是手脚因为敌坦克机枪弹而负了轻伤。"这次突入后，伊藤部队长战死了。"说到这里，少尉的眼睛里满含着泪水。这批登上城墙的敢死队中，除胜见军曹、大谷伍长之外，有 26 人阵亡。除了中田、大桥两位少尉之外，有 28 人负重伤。

何嘉兆（时任国民革命军陆军装甲兵团战车营第三连连部摩托侦察班长）记述：

"十二月八日起，日军开始向南京多处城廓阵地进攻，南京城郊已被日军三面围攻中。除挹江门外，其他城门均紧闭，并以多层沙袋加固工事，各守城部队均严阵以待。

"九日晨，我们将连部由丁家桥交辎学校迁到卫戍司令部（在铁道部）对面的交通部，这样便于联系。战炮营张营附就成为我们战炮分队与卫戍司令部的联络官。下午奉司令部命令：派战车两辆在卫戍司令部附近加强警卫，并派摩托车在主要街道巡逻。其余三排战车分别在明故宫机场、中华门内和交通

▲ 伊藤善光

▲ 运动中的德国一号 A 型轻坦克

▲ 谢承瑞

▲ 中央军校教导总队臂章

▲ 光华门被日军攻占

部待命。全连部署完毕已是午夜了。整天空袭警报，敌机对上新河中央广播电台等地频繁轰炸，城内也能听到稀疏枪炮声，城内气氛较前紧张，商店大部分停止营业，老百姓都逃往山西路的难民区。昔日秦淮河畔，灯红酒绿，纸醉金迷；今日行人稀少，冷冷清清。在灯火管制下，入夜全城漆黑，像一座死城。

"十日晨，马群上空，日军侦察气球高高升起，敌人气焰十分嚣张。因无飞机，卫戍部队只有望球兴叹，徒唤奈何！中午左右，城郊附近枪炮声不断，郊外有几处浓烟升空。

"十日，雨花台曾一度失守，中华门附近房屋多处被敌炮击中起火。中华门内沿街排放很多圆木，防敌骑兵突入城内，我战三排战车做好巷战准备，严阵以待。水西门等处，战斗也很激烈，枪炮声昼夜未停，爆炸声响彻全城，战斗达到最高峰。城内人心惶惶，不知所措。据说第一五六师李江部队在深夜经常从通济门阴沟出击，夜袭日军。明故宫机场附近的光华门，整天处于敌炮火轰炸之下。日军于夜里从城门外层沙袋缺口处爬入，防守该处的教导总队某团，发现敌人后，在我连五辆战车支援协同下，奋起反击，将冲进日军歼灭，复将光华门城门洞以沙袋堵塞加固。"

《第九师团战史》记载：

"10日上午8时左右，旅团副官武田大尉在承担运送补给的500枚山炮弹和机枪子弹的同时，用轻装甲车突破了中间地带的敌军阵地，抵达联队本部，传达了旅团长的命令。联队长命令接受了弹药补充的配属山炮炮击光华门城门，并再次命令第一大队利用炮击造成的破坏，由于直接瞄准连续进行破坏性炮击，下午近5时，勉强打通了突击通道。决心一死的伊藤少佐趁着黄昏，率领作为预备队的第三中队推进至城门，紧随其后是山际中尉率领的第一中队和由葛野中尉指挥的第四中队。在此期间，大队长伊藤少佐沉着大胆，一边激励部下，一边斗志昂扬地努力奋战。晚上9时左右，手榴弹击中了他的右额，最终壮烈阵亡。后来城门内的官兵们遵照大队长的遗言，用沙袋、石块、木材等构筑起三道掩体，一直死守城门洞。第一大队的竹川中尉指挥部下中队及机关枪中队，一

▲ 朱赤

▲ 中华门战场遗迹

▲ 协同日军第六师团步兵向雨花台及中华门一线冲击的藤田战车队

▲ 雨花台外金陵兵工厂（金陵制造局）

边反击，一边向城门内突击。半夜 0 时左右，敌军投下了催泪瓦斯，还派一辆战车数度逼近城门前，向城门洞猛烈射击，至凌晨 1 时左右，敌军从城门上方扔下浇上汽油的木材，并点火燃烧了整整一夜，使我官兵苦不堪言，敌人又先后组织了三次战车冲锋，不断反扑，战斗越来越惨烈，伤亡不断，但我官兵的斗志极其高昂，毫不畏惧。"

（二）雨花台、中华门战线

9 日上午开始，日军第 114 师团以一个联队向雨花台的中国守军阵地发动进攻，在中国守军第 88 师（师长孙元良）第 262 旅（旅长朱赤）的奋勇还击下被数次击退。下午，第 114 师团再次增兵一个联队，向雨花台阵地进行攻击，在第 88 师 264 旅旅长高致嵩亲率第 528 团两营的增援下，日军又一次铩羽而归。10 日上午，日军第 6 师团主力到达雨

▲ 战车第五大队的"八九"式中战车，先头为大队长细见惟雄的 5001 号座车

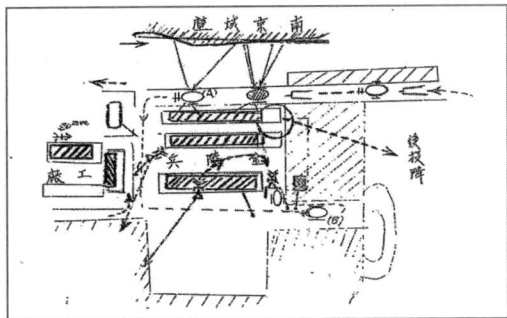

▲ 战车第五大队于金陵兵工厂附近作战经过图

▲ 邱维达

▲ 12 月 12 日，日军藤田、井上战车队（独立轻装甲车第二、第六中队）向南京中华门突进，中华门城门墙上书一个巨大的"仁"，下写"誓复国仇"！

花台附近，并兵分两路发起攻击，左翼以第 6 师团步兵第 36 旅团为主力向南京城西水西门方向进攻；右翼以第 11 旅团为主力，在旅团长坂井德太郎亲自指挥下向雨花台发动进攻。战斗中攻守双方均死伤惨重。11 日，中国守军第 88 师 264 旅已将预备队的第 528 团及工兵营调上了前线参加作战，对日军反复冲杀，多次击退日军的集团冲锋，第 262 旅旅长朱赤也亲率敢死队与日军进行白刃战，战至下午，在日军第 6 师团的猛攻下，该师团步兵第 13 联队及第 47 联队在付出巨大伤亡的代价后攻破了雨花台中国军队的右翼阵地，当晚，南京卫戍司令部命令第 88 师缩短防线，与第 74 军 51 师共同固守雨花台及中华门附近城垣的预设阵地。

12 日上午 7 时，藤田混编装甲车队（队长藤田实彦）从安德门出发，队列顺序依次为头师队（队长头师洋）、前田队（队长前田义男）、井上队（队长井上直造）、宫川队（队长宫川达造）。此时国军在道路上挖掘的反坦克壕已被第 114 师团步兵第 66 联队的工兵填平，于是后续的藤田战车队很快就通过了此地，不久后在道路旁发现了一间大屋，藤田下车进行查看后发现了藏于屋内的两千桶汽油，正在藤田欣喜若狂之际，却遭到了雨花台方向的中国守军的炮击，然而炮

弹并未击中藤田的车队，只是在车队后方的位置爆炸了。藤田歇了一会儿后又命令部队全部开拔。9 时左右，藤田战车队的先头部队到达了雨花台附近，与友军第 114 师团及第 6 师团一同对雨花台的中国守军第 88 师展开猛攻。细见战车队（战车第 5 大队）的"八九"式中战车中队与品川的轻装甲车队也于此时相继到达，随即沿道路协同步兵对雨花台附近的金陵兵工厂发起进攻，国军士兵当即从

▲ 12月13日，日军由中华西门入城

▲ 本战地记者于左后方所拍摄藤田战车队进攻中华门

兵工厂二楼向外投掷了数十枚手榴弹，之后又推出两门战防炮对日军战车进行抵近射击，细见战车队的攻势顿时受挫，数辆战车损伤。

当日 10 时左右，藤田战车队已开进至中华门外，头师小队及前田小队受命在中华门

城门外约 40 米的公路上排成菱形队列，向城墙上的中国守军第 51 师 306 团（团长邱维达）发起猛攻。尔后，藤田命令井上小队一部前往雨花台方向，阻击可能迂回攻击的中国守军，宫川小队向左前进，支援第 6 师团左翼部队的作战，藤田则指挥剩余车辆，掩护工兵敢死队架设临时浮桥，在工兵架好桥后，藤田即命所部两辆"九四"式装甲车协同步兵迅速通过护城河，向中华门靠近，国军 306 团团长邱维达当即集中数门步兵炮对日军装甲车进行射击，两辆装甲车当场被炮弹击中翻入了护城河中。随后，由军曹难波驾驶的一辆"九四"式装甲车于城墙西南角行进中碾压上国军事先埋设的地雷，直接被炸上了天，最后也翻入河中。战至当晚 9 时许，据守中华门的国军第 306 团团长邱维达奉第 51 师师长王耀武的命令放弃中华门阵地，向浦口方面紧急撤退，次日凌晨左右，日军第 114 师团占领中华门城墙，并由城墙内侧的台阶冲下，将中华门城门打开，至此，南京的南大门中华门宣告沦陷。

南京攻略战之华章·活跃的藤田战车队
【南京 12 日特派员粟原发】

如阿修罗般英勇奋战的南京攻略战最前线的将士们，粉碎了敌军防御的第一线。由藤田实彦部队长率领的战车队大显身手，成功突破了南京中华门第一线防御，成为此次攻略战之花。被配属到第六师团的藤田部队以亩本正巳大尉为先头，于 12 日中午配合山田部队的工兵敢死队突入南京中华门的敌第一线阵地，并向敌军猛烈扫射。狼狈的敌军从各处向一号车（中队长藤田实彦坐车）猛烈射击。突然，该车乘员关口辛三上等兵（栃木市泉町人）的左脚被击中，鲜血直流，但

他顾不上包扎伤口，大吼道："杀死所有的畜生！"并用机枪扫射了约七个小时。前田义忠大尉战车里的勇士葛野孝次郎一等兵虽然左脚受了伤，却坚持果断地驾驶战车突入城门，立下了第一个突入城内的战功（注：实际上最先占领中华门的是第六师团步兵）。战车队中的指挥车（藤田队长坐车）中弹三十余发，车身如同蜂窝一般。除了坐在驾驶座上的上等兵中尾耿左脚被击中之外，队长的左手指、背包以及军刀分别被子弹击中，然而令人惊叹的是，队长居然安然无恙。放在队长背包里的成田山的护身符被子弹打成了两半，藤田队长揣着护身符说："没想到它居然成了我的替身。"

藤田实彦（时任华中方面军独立轻装甲车第二中队中队长）记述：

"12月9日下午开始，展开了猛烈的炮战，特别是傍晚时分，战场第一线的枪炮声尤其激烈。到晚上七八点钟，仍然能听到敌人的射击声。晚上9时左右，同盟社的大锯君来了，他对我们说：'来自东京的消息说，南京今天傍晚已经陷落了！'说完，一副失望的样子，双手抱着后脑勺仰面倒在炕上。没能率先攻入南京城，这让我们很失望。连日来我率领部下，忍受着所有艰辛，不断鼓励着他们，不就是为了能率先进入南京吗？我们甚至感觉没有必要再继续战斗下去了，就连见习士官也瞪着大锯君，一跺脚，遗憾而去。其他屋里的下士官也陆续赶来问道：'这是真的吗？'不仅是我的部下，那些报社记者和通信联络员也非常失望，因为他们没能最先报道南京陷落的即时战况，没能最先报道率先攻入南京城的日本军队的兴奋与激动，没能得到最先报道即时战况的新闻记

者的美名。各位记者纷纷跑来向我抱怨说：'南京不是已经陷落了吗？真搞不懂我们为什么要跟着你们一路辛苦到现在！'你们作为一支最有希望率先攻入南京的部队，怎么会让别人抢先了呢？还不如赶紧回家去呢！他们差一点没这样说，就好像完全是我们部队的责任。我只好说一些话来安慰他们：'但是，你们这么说我也没办法。战争是有一定机遇的，无论你怎样想着率先破敌，如果时机不成熟的话，只会白白地增加牺牲者，也收不到相应的战果。我们面前的敌人不是还在顽强抵抗吗？不过，今天傍晚的时候敌人的射击已经乱了方寸，说不定今天晚上就会撤退。'但事实上，不论是在北支战场，还是来到中支战场，都发现敌人好像一定要在撤退的前夜用尽所有的子弹一样，猛烈地朝我们射击。如果我们等第二天早上侦察了敌情再前进的话，到那时敌人一定跑掉了。由于我认为今天晚上敌人一定会撤退，于是让下士官与第一线部队本部取得联系。9时左右，宫崎军曹从司令部回来，带来如下的命令：

"'战车队明天早上7时到东善桥北方300米远的那家房屋西面的公路上集合。特别注意不要妨碍其他部队的集合。'

"但是如果今天晚上敌人撤走了，而我们却坐等到第二天早上的话，好机会就溜走了。于是我先让部下们睡下，自己点起一堆篝火等待派去第一线联络的人回来。但是，都11时了，人还没有回来，我有些急不可耐，想亲自出去察看一下第一线的情况。正在伸手不见五指的黑暗里寻找自己的战车时，前去联络的下士官终于回来了，他报告说：'第一线正在准备追击敌人，冈本（保）部队已经下达了追击命令。'

"我决定立刻前进，回到本部的位置命

令紧急集合，准备出发。部下们以为发生了什么事，急忙从梦中跳起来，向战车跑去。

"我们立刻去了公路上的集合点。12月10日凌晨1时50分左右的冬夜，寒气一阵阵直逼肌肤。回头看看住了两天两夜、留下了深刻回忆的房屋，咦，房子怎么被熊熊烈火包围了？

"'哎呀，不好！那里面还有好几个报社记者呢！'我心里一惊，急忙让井上中尉回去看看。没听我说完，井上中尉就冲着黑暗中的火光跑去。5分钟不到他回来说：'人员都没关系，只是同盟社记者的电用完了的蓄电池都被烧毁了。'

"作为记者，没有了蓄电池就像被夺去了手脚，而且还是一两天前刚刚得到的新电池，只能自认倒霉了。我把井上队缴获的汽车暂时借给他们作为联络时急用。我们与谷兵团司令部取得了联系，确认了深夜的追击行动。2时30分左右，全队出发了。

"在深夜向前挺进之际，无论如何都得去看一下稻村少尉以及下士官兵等七人把自己的命运与战车拴在一起的现场，穿过那里的时候已经是凌晨4时多了。我们对周围的地形还不熟悉。在遥远的西南方，道路的左前方隐隐约约可以看见高耸的牛首山。大路上早就挤满了准备追击的步兵和炮兵。两辆被烧成暗红色的战车侧翻在道路旁边。在稻村少尉牺牲的地方立着一块墓牌，上面用墨清楚地写着：'稻村少尉战死遗址。'这一定是井上队精心安排的。墓碑前放着一副崭新的中尉肩章。这应该是因为明年1月份稻村少尉将按期升为中尉吧。稻村少尉自己也常常开玩笑说：'是南京先陷落呢，还是我先成为中尉呢？'不知道是谁体察到他这样的心情，特意为他准备了这副肩章！我不禁落下了眼泪。

"6时左右，我们越过公路上的重重障碍，终于抵达牛首山北边的一个无名村落。敌人像是放火之后逃跑了，每家每户都燃着火。我和前田大尉以及其他人员捡来一些烧剩的家具，在一家烧得半焦的土墙后面放在火上烧。正在大家烤火的时候，从牛首山那边来了一队步兵，大约有二三百人，在公路北边停下来休息。其中两名士兵来到我们跟前询问情况。于是我问他们：'你们是哪支部队的？''报告长官，我们是XX部队！''参加牛首山的进攻了吗？''是的，参加了。''一定牺牲了不少人吧？''不，没有。只有十个人牺牲了，受伤的是……'他回头看着另一个士兵，'多少人来着？啊，五个人。'他若无其事地说着，然后恳求我们让他在火上烧饭吃。他这种轻松平静的样子我十分钦佩。前田大尉也深受感动。在攻下如此坚固的堡垒的时候，大概无论是谁都想滔滔不绝地谈一谈自己有多么多么辛苦，曾经经历了多么残酷的死亡挑战吧。可是眼前这两个士兵，尽管就在几个小时前攻打下了附近最坚固的敌人据点，自己也曾在其中扮演了极其重要的角色，却只是一副若无其事、轻描淡写的样子，仅仅请求我们允许他烧一顿为下一次战斗做准备的米饭。这是多么难能可贵的心态啊！日本军队的强大正在于此。我感动万分。

"我们好好休息了四五十分钟，吃过早饭后周围已经看得很清楚了。我派白木军曹作为侦察队先行出发。过了5分钟之后，才让头师小队、前田队、井上队依次前进。20分钟后，白木军曹开足马力一路飞驰过来，完全忘记了前天所受的伤。

"'前方我军步兵正在前进，敌人在前方

约四公里的地方，在公路两边设有坚固的阵地。阵地前边有对付战车的壕沟。报告完毕！'

"我本来还打算向他详细询问前方的地形等情况，可是他说完之后，好像还没有看够前方的情况似地一溜烟又跑了。我从这个报告得知，前方尚有我军步兵在前进，敌人在前方四公里的地方（实际上也许是八公里，因为坐快速战车常常会犯这样的错误）设有坚固的阵地。由于我们听说南京已经陷落了，所以只想着歼灭牛首山附近作最后顽强抵抗的敌人，前两天那种剑拔弩张的冲天斗志已经淡化了。

"7时过后我们到达铁心桥附近，第一次看到北方远处一座呈紫色的山，笼罩在薄薄的烟雾中。那就是紫金山，那座山下就是南京吗？看到这些，想起了连日来长途跋涉的艰辛，一种莫名的感动涌上心头。步兵在连绵不断地前进，看到我们的战车开过来，纷纷喊着：'大家靠左边！靠左边！'把道路右边让给我们。战车上，大家挥舞着指挥旗，一边向步兵致谢，一边前进。就在这时，在远处的东北方向，'轰、轰'响起了野战重炮的密集射击声。怎么回事？我们吃了一惊。原来是我军炮兵在向南京集中射击。南京还没有陷落！南京还没有陷落！想到这些，以前有些消沉的心又重新振奋起来。

"宪兵学校西边孤零零的人家附近是坂井旅团司令部所在地，我们接下来就归该旅团长的统一指挥。那离敌人正面只有约一公里的距离，所以敌人的子弹不断飞来。我去司令部请示，司令部的人说，你们就负责搜索敌情、弹药补给和指挥联络的工作就行了。我们的步兵正在与敌人展开肉搏战。为了攻击敌人首都南京而披了一身盔甲的我战车队，却只是跑跑腿而已，这是在太难为情了，而

且这样我们也待不住。于是我请缨说：'请让我们参加战斗，弹药的补给有后面的汽车就行了。'

"坂井部队长痛快地答应了。于是我带领部下继续前进。走了四五百米，到达了一个名叫余家凹的村落。先头队的头师见习士官报告说：'前方300米的公路上有地雷，往前30米的地方还有反坦克壕，再往前还有高五六米的土堤，以我们这样的装备突进很困难。'

"于是我向右边望去，看看有没有更好的地方。果然，在公路北边有一块面积约三万多平方米的非常平整的平地，平地西侧形成高约三米的土坡，可以比较安全地避开敌弹的射击。土坡背面（敌人一侧）是徐徐的缓坡，一直延伸到西北方的田边。我让部下的战车先集结到土坡背面。

"这时，敌人的迫击炮弹开始在余家凹附近的公路南边'轰、轰'地爆炸，我军炮兵中队长和炮兵队里的人马被炸倒了。我们等了一段时间，想等敌人的炮击减缓后再前进，可是敌人的炮击并没有停下来。正在这时，北方的天空突然热闹起来，在远处的紫金山上空。3架，4架，5架，10架……在大约三四千米的高空出现了飞机的身影。分不清是敌人的飞机还是我军的飞机。这时，从南京上空落下了一些白色的东西，这才知道那是我军的飞机。与此同时，飞机被数百枚高射炮弹炸开的白色浓烟所包围，几乎看不到飞机的影子，大家手里都捏了一把汗，心想一定会有一两架飞机被击落吧。蒋介石尚有如此之多的高射炮配备在南京吗？几分钟后，南京的天空又恢复了原来澄澈的蓝色。紫金山顶上星星点点地冒着白色云朵般的烟雾，我们由此可知，那只不过是藏在那里的

几门高射炮在射击，友军的飞机全部安然无恙地返回了。地上的炮声还在轰隆隆不停地响着。在我们的左前方，枪声像炒豆子似地'噼啪'作响，加上不时从头顶上掠过的'嗖嗖'的机枪子弹声，构成了由各种武器演奏的战争交响乐。

"我让部下在土坡后面集合，只把头探出土坡观察前方。隔着前边五六百米的水田，一个小高地向东北方向延伸开来。在那里的两座山头之间，排列着无数隐蔽的机关枪阵地。战车无法同时通过中间的水田，于是让战车艰难地一辆、两辆分批通过。一部分步兵沿着水田的田埂轻快地朝敌人阵地前进。我立刻命令一部分战车分头行动，协助他们。战车马上出动，协助步兵不断占领敌人阵地的突出位置。但是敌人的阵地纵横交错，我们所占领的不过是敌人的警戒阵地，再往下就很难前进了。以英勇善战著称的冈本（保）部队长也出现在敌阵前400米的第一线，亲自指挥战斗。冈本部队长亲自到前线指挥已经不是第一次了，所以那支部队无论走到哪里都可以绝处逢生，所向披靡。

"据头师见习士官报告，在穿过安德门的敌人阵地前的公路上有地雷，如果不排除的话，战车就无法前进。于是要求工兵协助排雷，工兵已经答应了，但那个地方距离敌人只有30米，这样工兵肯定会牺牲很多。于是，我命令吉泽曹长和宫泽军曹先去侦察一下，两个下士官分别登上自己的战车，一前一后向前驶去。过了不到5分钟，远处的前方传来一阵巨响，我大吃一惊：难道是战车辗压上地雷了？十多分钟过去了，两个人还是没有回来，我已经坐立不安了。20分钟后，两辆战车终于卷着尘沙悠然自得地回来了，车身上覆盖了一层厚厚的沙土。

"'怎么搞得，太让人担心了！'还没等他们下车，我就禁不住训责他们。两个人像没听到我的话似地，慢悠悠地站到我面前，吉泽曹长喊了声口令，两人一起向我敬礼，然后吉泽曹长说：'在公路上，敌人阵地前差不多30米的地方有一个新堆成的土堆，右边20米的地方有隐蔽的机枪阵地。向敌人方向延伸的道路是一段上坡路。我也没管什么，拿起机枪朝眼前约10米的红土堆就是一阵扫射，打了大约30发子弹，这时眼前突然一声巨响，土堆炸开了，掀起的沙土几乎埋没了我们的战车，紧接着又是三声巨响（这种爆炸物如果距离再近一点的话，一颗炸弹爆炸会引起连锁反应，其他的炸弹也会跟着爆炸）。我没有想到会是这样，所以大惊失色。右边隐蔽的机枪阵地里的敌人猛烈地朝我们扫射，我顺便把他们也收拾了。我们回来晚了，真是对不起。'说完，两个人都笑了，我也不禁喜笑颜开，表扬他们的机智勇敢。接着，两个人让驾驶员去修理战车，自己跑到土坡后向战友们炫耀去了。

"昨天以来，我因为忙于各种事情，竟然没有时间方便一下，过了中午时分终于憋不住了。高地右边有一户人家，我去那后面，朝着敌军那面解下裤子开始大便。正享受拉屎的痛快呢，忽然从我左边两三百米远的地方'嗖、嗖'飞来十几发机关枪子弹。难道拉屎的我被敌人发现了？敌人看我的样子不太雅观，所以才开枪打我吗？我一阵紧张，这不真的是'赤裸裸'暴露在敌人面前了吗！我急忙就那样半蹲着一道四五米远的土坡下面继续大便。土坡下面有一个部下也在大便，看到我移动的样子禁不住嗤嗤地笑了起来。我也不得不苦笑了一下。

"因为有反坦克壕，所以战车无法前进。

末松部队也无法取得进展, 特别是前边偏右方向敌人的子弹一刻不停地飞来, 这是因为向那个方向进攻的部队比较迟缓。我想让一部分战车开过去歼灭那里的敌人, 于是招呼宫崎军曹和清水伍长过来说: '末松部队右边的敌人朝我们这边打得很欢, 你们两人去右前方的那两座山头之间'抚摸'一下敌人的碉堡吧! '

"'是, 长官! 我们现在就去右边的敌人那里, '抚摸'一下敌人的碉堡! '

"两个人一边重复着我的话, 一边笑着跳上战车, 义无反顾地出发了。在场的东日、大每记者栗原等人觉得'抚摸一下'这句话用得很好。从此以后, 藤田战车队的'抚摸一下'在他的同行之间流传开来, 最后竟然被故意用做反义词了。

"宫崎、清水两辆战车去'抚摸一下'之后, 右方敌人碉堡的射击一下子停止了。可是, 敌人的炮击又渐渐猛烈起来。难道是我们所在的位置被敌人的炮兵发现了? 土坡后面的斜坡上也开始有敌人的重型炮弹不停地落下了。每次炮弹落下的时候, 地面都随之震动, 感觉到全身都要摇晃起来, 特别是炮弹落到离土坡较近的地方时, 土坡上的沙土从上面落下来, 砸在头上, 像下雨似的。在我们本部附近也有几名报社记者, 其中有的记者十分认真, 甚至跟其他同行抢着去土坡下面比较危险的一个角落, 进行现场记录和体验。我相信他一定知道了敌人的炮击有多么的猛烈。傍晚时分, 正当敌人在猛烈的炮击时, 远远地从后方传来合唱国歌《君之代》的声音, 随之还传来高呼'万岁'的声音。发生了什么事呢? 派人去看了一下, 原来是在送别山田部队的工兵敢死队。他们要跟战车一起去那个中华门执行爆破的任务。全体部队面对皇宫的方向, 跪地朝拜, 齐唱《君之代》。去的人和送行的人面对面举起酒杯, 高呼三声: '万岁! '多么雄壮的场面啊! 我一边听着报告, 一边禁不住热泪盈眶, 深受鼓舞。我想, 一起去吧! 跟工兵一起无论到哪里都无所谓, 绝不能让工兵独自去冒生命危险啊!

"敌人的炮击越来越猛烈。不知什么时候夜幕已经笼罩了四周。从黄昏的黑暗中飞速驶来了两辆战车, 是留着与凯撒大帝一样的翘胡子的佐野伍长。佐野伍长一下车就走过来, 交给我从前天夜里开始在牛岛部队效力的亩本中尉的报告。

"'亩本队和宫川队今日正午稍过一点平安抵达指定的地点, 已经与牛岛部队取得了联系, 即将接受牛岛司令部的指挥, 全体官兵士气旺盛。'

"但是我发现佐野伍长神色紧张, 欲言又止, 于是问他发生了什么事。他说: '亩本中尉让我一定不要说出来, 可是我想……'他接着补充说, '事实上亩本中尉到达牛岛司令部那里的时候, 因为司令部在高地上, 所以亩本中尉下了战车想到司令那里去报到。正在这时, 敌人集中炮火开始射击。中尉的脚、手腕、眼睛等好几处被敌人的炮弹碎片击中, 大约30分钟前被送到后方去了。这个报告是在送往后方的途中, 他口述别人记录下来的。以后由宫川准尉指挥。他说受伤的事情务必不要告诉您。'

"手下的军官如此懂事, 自己受了伤差一点就丧了命, 却仍然想着别让自己的长官担心, 想来真是让人潸然泪下。

"'有谁去照顾他吗? '我问, 佐野伍长回答说: '好像是上等兵崛田, 不是太清楚。''如果没有去的话, 赶紧让他去吧! '

佐野伍长回答说：'是！'然后回去了。

"今天晚上是一个寒冷彻骨之夜。敌人的炮弹一刻不停地飞来。虽然大家都冻得打颤，但是为了安全，我传下话去，让大家坚持一个晚上，不要生火取暖。大家没有办法，一起躲在土坡下，蒙着外套，相互紧靠着，一夜未能入睡。就这样，12月10日的黑夜在敌人的炮声中过去了。随着夜色的退去，轰隆隆的炮声也终于减弱了。

"11日凌晨，从司令部那里派出一支小分队，任务是了解左翼队方面的情况。司令部顺便让前来的参谋借调一辆战车，于是我让前田大尉去了。大约两个小时之后，前田大尉回来了，带来了亩本中尉负伤的详细情况。亩本中尉下战车的地方与司令部之间大约有一百多米远。在向前走了二三十米的时候，脚上首先被弹片击伤，亩本毫不畏惧，继续前进，不久肘部又被弹片打伤。他拖着伤残的身体爬上斜坡，到司令部报了到，完成了任务。就在这一瞬间，敌人的炮弹碎片又飞进了他的眼睛里，刹那间眼前一片漆黑，什么也看不见了。尽管如此，中尉仍然沉着地把部下叫过来，自己口述，让别人用笔记下了前面的报告。我听着部下的悲壮故事，黯然神伤。从10时左右开始，战场显得比较平静，敌我的枪炮声都有所减弱。我们所在地附近几乎不再有敌人的枪弹射来。昨天晚上被选作敢死队的工兵来到我们所在的平地上，进行了一个多小时的烟雾弹和炸药的试验。下午3时左右，派去坂井部队司令部联络情况的宫崎军曹回来了，他说：'到明天凌晨5时，可以不用去领受命令了。除此之外，没有什么其他的事情了。'

"但是，我总觉得前面的情况会突然变化，所以命令后面的主力部队在万一出现紧急情况时准备好随时前进。我自己带领一支小队向前进发。吉泽曹长和宫崎军曹引爆了敌人的地雷之后，公路上留下了三个深约两米的土坑。工兵正在填埋前方约十米远的反坦克壕沟。再往前约十米远就是安德门。二三十名步兵和工兵正在费力地试图打开那扇铁门。铁门大约高四米，宽两米，非常结实。两边是钢筋水泥铸成的围墙，往两边的远处延伸而去。围墙上面是敌人坚固的阵地。我命令先头的两辆战车去撞开铁门。两辆战车开足马力用力一撞，没想到铁门'咣当'一声被撞开了。满脸是汗的步兵、工兵们欣喜万分：'真不愧是战车啊，一下子就撞开了。'我派人去叫战车队的主力，然后登上围墙观察。数十个支那兵满身是血，战死在围墙的阵地上，惨不忍睹。从围墙阵地向北眺望，硝烟弥漫，隐约可见城墙，那的确是南京。期待已久的南京城第一次近在眼前，一种按捺不住的心情油然而生。战车队主力到了，我派头师小队开路，开赴安德里。时间是11日下午4时30分左右。

"战车队一出发，步兵也迅速追了上来。走过一段约一公里的崎岖不平的长长斜坡，来到了正北方向直通南京的公路。这条公路从芜湖、板桥镇方向延伸过来，在这里形成一个丁字路口。丁字路口附近有五六户人家，这就是叫做安德里的村落。从丁字路口向左拐是芜湖，向右拐就是我们的目的地南京。我们拐向右边走了约五六百米，打头的头师小队遇到了敌人猛烈的攻击。道路左侧是缓缓的斜坡，地势渐渐变高。敌人的炮弹越过道路，全都落到了右侧的洼地里。前方100米远的地方有宽约四米的反坦克壕，于是工兵小队及时赶来了。我们暂时把战车停在左侧高地脚下一处可以躲避敌弹攻击的地方。

"炮声一直没有停止。我下了战车，爬上左边的高地观察情况。地上长满了深及胸部的茅草，我不停地用手拨开茅草，终于到达高地的顶端。冬日的白天尤其短暂，日头已经落下去了，周围已是一片薄薄的暮色。高地的西边约五十米的地方还有一个更高的山包，在那里有三四个像是士兵的黑影。我一动不动地蹲在那里，手里握着军刀和手枪，屏住呼吸。黑影渐渐地向这边走来。近到大约只有15米的地方时，我听到他们的谈话声才知道是日本兵。我急忙喊：'喂，是谁？'他们吃了一惊，忙止住脚步，然后一边吵吵闹闹地讲话一边走近了。原来是我军步兵派出去的步哨。

"'前面还有我们的人吗？'

"'好像已经没有了！'

"'敌人怎么样？'

"'前面山峰间星星点点的就是敌人的阵地。'

"的确，在前方五六百米，与这座山头平行的山峰间，有敌人隐蔽的机枪阵地。敌兵不时地在山头上往左右两边移动。在北方，远远地可以看见南京城南边城墙的西半部呈一字形排开。右前方是雨花台一带不算很高的高地，我从高地下来返回战车所在的位置。稍后出发的工兵敢死队已经到了，正在公路右边的一家房屋后面集合。我去和工兵指挥官商量一起突进中华门的事情。他说：'你们战车队要去的话，随时可以去。'听他这么说我很高兴，再去和后面的步兵中队长商量一下。中队长不同意，他说，因为部队长还没有命令，所以不同意。只有战车队和工兵的话不能确保夜间的行动和扩大战果。于是我们只好搜索前进道路上的敌情。继续做突击的准备工作，等待时机。我决定暂且退

到警戒和给养都很方便的后方500米的安德里村落休整部队，于是调转车头，返回安德里，在路西侧一所最大的像庙一样的房子内安营扎寨。接着，我乘上战车，一路沿安德里至板桥镇的道路去谷部队司令部报告战况。

"从安德里向南约三百米，又有一扇铁门。本想再用战车撞开，可是铁门里面堆起了一座高约三米、长约三米的大土堆，无论如何也打不开。铁门两边是高地，好不容易登上陡坡，看到铁门后面二三十米的高地旁边聚集着五六十个步兵，走近一看才知道，原来是以前就熟识的驹泽少佐的大队本部。驹泽的鼻子两侧贴着膏药，'哎呀！'我禁不住叫出声来，'你怎么啦？'驹泽少佐苦笑着说，让敌人的步枪子弹从鼻子右边穿到左边去了，但是奇迹般地没伤着骨头，也没伤着别的地方，没什么大不了的。

"'简直像头牛似的，可以再那穿个鼻栓儿牵着走啦！'我一边开玩笑一边告辞，然后继续往前走了约两公里。公路上挤满了炮兵，道路左侧有被烧毁倒在一边的汽车，一问才知道，原来那是被敌人炮弹击中的大阪朝日新闻社的报道车。

"穿过乱七八糟的炮车和人马，突然发现在公路上有几辆战车。一看标记马上就知道是自己的部下，是8日以来派去左翼牛岛部队协同作战，从东善桥赶来的亩本、宫川两队。打头的战车长叫来了宫川准尉。宫川准尉报告了8日以来的战况、亩本中尉负伤的事情和有关今后的行动等情况。我想反正往后这支部队前进的方向跟我们行动的方向一致，可以从现在起召回这两支部队。于是我对他们说，马上去司令部联系一下，然后就去了谷部队司令部。

"我在公路上下了车，徒步爬了200米

的山坡，到达位于半山腰的谷部队司令部。在三四十平的农家院落里摆满了电话机，也挤满了通信兵。有人把我带到参谋室，向在坐的参谋们报告了我近几天的行动和我所了解的敌情。参谋把敌人的情况在地图上一一做了标记，还有一些我军没有夺取的据点也做了标记，并作为下一步我军的作战目标。有人又把我带到了部队长的房间，我又将情况重复报告了一遍。部队长显得格外高兴，问我说：'你有香烟吗？'我回答说：'快没了。'部队长听后从架子上拿出三包'鲁比库因'牌香烟递给我，我高兴极了，这回我可有东西分给部下了。这时部队长又说：'再给你点吃的吧。'说着又拿出三个桃子罐头递给我说：'把这个拿走吧。'这简直让我不胜惶恐。

"我拿着香烟和罐头返回了安德里。不一会儿，宫川准尉也带领两个小队回来了。两天未见的战友们高兴地相互握手问候。我派出三辆战车分别在敌人通过的公路上、我们的后面，以及西面担任警戒，让其他战车在路边成排的支那房屋里休息，做好随时出发的准备。因为离敌人太近了，所以派人在余家凹的部队那里做好饭带过来。晚上9时左右，西边的小高地上响起了激烈的枪声，这是敌人的反攻。敌人的炮弹甚至穿透了我们所在的房屋的土墙，让人心惊胆战。但是，如果让战车晚上去进攻的话反而会陷入敌人的圈套，于是我们坐在战车上等待着敌人的到来，如果他们真来了，我们就将他们歼灭。站着的话很可能被敌弹打中，所以屋里的人都趴在地上，就连在场的记者也趴在地铺上整理报道。我知道支那兵的突击会在稍微接近我们之后胡乱放一阵枪，吓唬吓唬我们，如果我们不逃走的话，他们就会打消继续进

攻的念头，班师回营。我曾经有过好几次这样的经验，于是置之不理。果然不出所料。30分钟之后，敌人的枪声停止了。但是仍然能听到在西南方向有激烈的枪声。出来一看，原来许多地方都燃起了大火，火光一片通红。这很自然地使敌我的战线暴露了出来。可以看出，我们这个地方就像楔子似地夹在敌我双方的阵线之间，在敌人面前暴露无遗。

"敌人的反击部队撤退之后，宫川队的下士官交给我一封信，说：'江口中佐说把这个交给您。'打开一看，上面写着：'你不请客吗？'我想了一下，好像没什么可请的呀？这时我突然想起昨天晚上每日新闻的松尾邦藏君到达报社的兵站后送给我的一升瓶装的日本酒。翻出来一看，还剩半瓶左右，于是准备了一辆跨斗式摩托车，派上等兵大泽跟我一起去司令部。发动机的排气声划破黑夜的寂静，响亮地在四周传开来。果然，前面的敌人阵地响起了枪声。敌人的枪弹'嗖嗖'地从头顶掠过，我们直到进了安德里以南300米的铁门之后才放心。这时候门内侧的土堆已经被挖开了，通行自如。到达牛岛部队本部时已经是12时左右了。江口中佐已经睡下了，但他坚持要起来，一起喝了一个多小时。临走的时候他说：'我军计划明日拂晓时分实施炮兵的破坏性射击，让步兵趁着暮色突入城墙。'我一边想着'那今天晚上可得好好休息一下了'一边按原路返回。

"'哗啦、哗啦，叮当、叮当！'外面骚动起来。我睁开眼睛一看表，是6时40分。飞快起身向站岗的士兵那里一看，原来是友军的炮兵正在进入阵地。我不想我们战车队落在炮兵队的后面，所以立刻命令部下做好前进的准备。

"12月12日早上，全队整队出发了。

头师见习官的部队打头阵，后面依次是前田队、井上队、宫川队。很快我们就驶过了昨天晚上挨了一顿敌人炮弹的地方，沿着左边的高地往左拐，向前走了100米左右，发现昨天晚上报告过的敌反坦克壕已经被工兵完全填平了。道路在这个地方向右拐向正北，直通南京。道路的左边零零星星点缀着一些小房子。从拐角处再往前走100米左右，在道路右边有一户用砖墙围起来的较大的支那房屋。头师小队、前田队在公路上一边战斗，一边前进。右边高地方向传来了激烈的枪声。我先把战车开到那家支那房屋的后面，然后下了车，从围墙上只露出头向外观察敌情和地形。

"如果我们能够控制右前方的高地，那么头师队和前田队的战斗就应该更容易一些。于是我派井上队向那里前进，之后我去那家支那房屋里查看。让我吃惊的是，房屋里竟然堆着两千多罐汽油。'太好了！'我急忙拿出军刀，在房子砖墙上刻下：'12月12日8时，藤田战车队已占领此处。此处有汽油。'我龙飞凤舞地刚刚刻完，敌人的炮弹就在我背后40米的地方爆炸了。'轰、轰、轰、轰！'连续响了四声。一股股黑烟连带着无数沙尘弥漫在天空，连房屋的四壁都被震得轰轰作响。哎呀，是不是敌人开始盯上我们了？刚想到这里，在我们前面约五十米的地方又连续落下了十余发炮弹。这次可以肯定我们真的被盯上了！

"因为所有的炮兵在射击的时候先要测定一下射击距离，第一次如果射远了，下次就会往近处射击，把目标锁定在远近两次射击之间，以此来确定射击距离，最后才会进行有效的射击。正好此时来自福日报社的小泽君和田中君也在这儿，我向他们解释了其

中的缘由，然后说：'我是军人，不能胆小躲藏，你们是非战斗人员，快去安全的地方吧，而且这家支那房屋里有两千罐汽油，万一被炮弹击中，我们就都完蛋了。快点到那座桥下面避一避！'

"正好在房子后面约三十米的公路上有一座钢筋水泥建成的桥。经我这么一说，两个人面色苍白，急忙往桥的方向跑去。不一会儿他们又跑回来说：'水满满的，下不去。算了，我们就在这里呆着了！'两个人一脸悲壮。我本想也躲进战车，但看到两个人吓得面色苍白，又有些不忍心，就陪着他们一起蹲在围墙后面。然而，敌人的炮弹很知趣地渐渐向前方延伸下去了，我这才放了心。这时，突然一阵饥饿感涌来，我才想起从昨天晚上开始就不曾吃过饭，于是让驾驶战车的上等兵饭山拿出饭盒，在战车外面吃起了饭。然后跟蹲在我战车里的东京《朝日新闻》的栗原君说：'喂，你不下来吃吗？'他没搭理我，可能是被敌人的炮弹和机关枪的声音吓坏了才不下来的吧。他在战车里取出照相机很钦佩地把我吃饭的样子拍了下来。

"井上队已经占领右侧的小高地，并展开了进攻，所以公路上的敌军纷纷逃跑了。头师小队一马当先追击他们，前田队紧随其后。往前追了五六百米，被一个村落挡住了。穿过村落再往前两三百米的地方排满了房子。越过正对面的房顶往前看，可以看见呈一字形的南京城墙。偏右一点耸立着雄伟的南京城南门城楼。在我们右手一带，高约二三十米的小山坡连绵起伏，在远处500米的地方与城市的房屋连成一片。左边有一座像城堡似的雄伟建筑，下面有个信号所，看来是个火车站，停满了货车。再往前四五百米的地方挤满了像学校一样的建筑物，对面是低矮

的小高地，再往北是一片水田。越过水田七八百米的地方被迎面的城墙隔断。右边的高地就是有名的雨花台，满山遍野都是枪声和呐喊声，有许多子弹飞到了我们这里。我们的战车也向那个高地背面猛烈扫射。

"我让宫川队去左边的高地，难波军曹无所畏惧地坐在战车顶上，紧跟在宫川队长后面。

"'喂，你小子赶紧给我进去！'宫川准尉骂道，他这才进去。这时步兵还没有跟上来，过了一会儿才赶上来。头师小队早就冲进前面的村落里去了，前田队紧随其后。我在道路右边的支那房屋后面下了战车，指挥部下向右侧高地方向射击。

"过了一会儿，就看到雨花台的敌军开始匆匆忙忙地往山下跑。我大喊一声：'打！'井上队的战车集中火力，对准在雨花台后面逃跑的敌军一阵猛扫。落荒而逃的敌军被我们的机关枪击中，纷纷从斜坡上骨碌碌地滚了下来。一部分步兵也出现了，迅速占领了道路右侧房屋边上的敌人阵地，开始与战车一起射击。左侧火车站附近也出现了一队敌兵，鬼鬼祟祟的，大家暗自好笑，一起开枪射击。

"但是，雨花台高地还是有许多敌兵在猛烈射击，使后面三四百米远的空地上的步兵无法前进。我带领一辆战车向那里的敌兵一边射击，一边着急地从战车里探出头来，大声向步兵喊道：'现在还不能前进吗？如果不行的话，我们要先往前走了！'

"话音刚落，步兵中队早已冲到下一所房子的前面。我想已经不用我再打了，就返回了原来的房子。回来后发现，院子里有五六十匹支那兵的马。环顾四周，敌人走得十分匆忙，各种军装、吃剩的米饭，还有餐具、书籍、文件等，散落得到处都是。工兵敢死队也来了。因为与前面的街道之间只有两三百米的距离，所以敌兵的子弹像雨点般飞来。我命令身边的战车面对雨花台的方向，在道路右边排成一列，为工兵组成一道屏障，使步行的工兵能够沿着战车屏障后面向前突进。步行的工兵终于躲在战车后面纷纷钻进南京城外的那条街道。看到工兵敢死队都进去了，我也带着井上队进了城外的那条街道。这是一条十分狭窄的，勉强能容纳两辆战车并排前进的街道。后面传来激烈的炮声，就像在耳边爆炸似的。其中一枚炮弹正打在我们的头顶上方，爆炸的炮弹把上面的电线杆炸断了，街道边的电线乱七八糟地掉落在路上。这可不得了，如果电线被我军炮弹击中可不行。于是我命令战车驾驶员把日章旗绑在附近的电线杆上。因为出现了日章旗，敌人的机枪就会从城墙那边对着日章旗进行猛烈的射击。

"我们从扛着登城用的梯子、拿着爆破用的爆破筒、拥挤在道路上的工兵敢死队的身边离开了狭窄的街道，又来到一条宽约十五六间的大路上。迎面是一座雄伟的城门，中间一个大门，左右各一个稍小的门，三个门都紧闭着。中间大门拱顶的墙壁上写着四个蓝色的大字：'誓复仇敌'。城墙上是三层的巍峨城楼。啊，这就是我们日思夜想，在梦里见过的南京中华门，我抬头凝视了许久。

"这时，头师队和前田队在公路上排成菱状队形，从城门前约四十米的地方，向城墙上的敌人展开猛烈的射击。这时应该是12日上午10时30分左右。我也立刻加入到他们的队伍中开始射击。城门前，河上的桥被完全炸毁了。敌人的机枪从城墙上像疾风暴雨般直射下来。我为了全盘指挥，又把战车开进原先走过来的那条横向马路（敌前100米的地方）。为了迎战后面雨花台方向的敌人从背后的进攻，我命令井上队的一部分兵力去那个方向阻击敌人。前田队右侧的街道上也满是敌兵，我让一部分兵力去了那里。宫川队也来到了我队正在战斗的那条马路上，我命令他们向左前进，支持左翼队的作战。就这样，战车的射击使狭窄的道路上很快就堆满了敌兵的尸体。过了正午时分，敌我双方就这样僵持着。我们若射击，敌方那边就安静下来，我们的射击稍稍减弱，敌人就开始猛烈地射击。我们集中炮火向城门附近猛轰，城楼在我们的炮火中渐渐被炸塌了。

"时间应该是快到中午12时了。友军的三架飞机前来轰炸。炸弹落在城门外支那兵所在的一栋房屋附近，顿时黑烟滚滚，直冲天空。中华门一带笼罩着团团黑烟。可能是被爆炸的浓烟吓坏了吧，原本在城墙外那个据点的敌兵开始沿城门从左向右逃跑。'一个也不能放过啊！'大家一边想着一边集中火力向逃跑的敌兵射击。无论敌兵跑得多快，都在我们的炮火中'扑通、扑通'地倒下了，就倒在城门前面，眼看着就有四五百具敌兵尸体堆积在了那里。只有一个敌兵在慢悠悠地走着。奇怪的是，子弹一直没有打中他，直到最后走到中华门东侧时他才倒下。这才是真正的全部歼灭。因为城墙上的敌兵好一会儿都没动静，所以我们工兵敢死队的十名战士乘机抬来了架桥用的长梯。敢死队的勇士们走过战车排成的屏障，来到战车队的最前面。正当他们刚刚把半截长梯伸到河面上时，不知从什么地方飞来一阵雨点般的机关枪弹。勇士们就那样伏在那儿动弹不得，连喊一声'万岁'的时间都没有就被敌弹击中牺牲了。突如其来的枪弹让人难以置信。勇

士们虽然死了，手里却仍然紧紧握着架桥的长梯。从距离不到十米的地方看到这一情景，我的心受到了强烈的震撼。自己拥有二十多辆战车，却让这些勇敢的工兵白白牺牲，心里充满了深深的自责。然而后面的工兵敢死队仍然严阵以待，准备从道路上出发。

"他们早已将生死置之度外，只是咬紧牙关准备决战。尽管他们亲眼目睹了第一批敢死队员的牺牲，但是现在对于他们来说，死亡已经不重要了，完成任务才是第一位的。工兵们英勇无畏的身姿在我的眼里就像超越死亡的神兵。我想如果继续打下去的话，只会重复同样的命运，所以让工兵中队长先不要强行进行第二轮架桥，等我派战车去消灭敌人的侧防机关枪后再架桥。

"这时，步兵部队也正好到达后方，我让步兵的大队长在后面的一栋楼房的二楼上架起机枪协助战车队。

"12时40分左右，从宫川队传来报告说：'我军步兵已经占领南门和西南角之间的一段城墙。'我走出房间，到最北面向对面的城墙观望，果然，我军步兵在城墙上架起了长梯，正一个个地往上爬呢！城墙上，日章旗在左右挥舞。看到这些，我又有一种说不出的感动。敌人首都南京城头上升起了日章旗！我眼含激动的热泪深深地凝望着。等待这一瞬间已经太久的后方将士也一定像我一样眼含热泪凝望着日章旗吧！他们一定还在问，现在已经打过去了吗？这是真的吗？突如其来的幸福简直让人难以置信。城墙上传来激烈的枪声，有的士兵刚刚爬上城墙就骨碌碌地倒下，不见了身影。从枪声判断，我军遭遇了敌军的猛烈反击。作为战车队，我多想跟步兵一起登上城墙挥舞日章旗啊！但我们战车队的任务是以装甲和火力协助步兵

的战斗。我们战车兵应该满足于当幕后英雄，满足于为别人铺路，做一些不为人知的贡献，而不应该抛头露面。

"我想，多亏了战车的掩护，步兵才能以最小的牺牲登上城墙，也多亏了战车，才把敌人赶下了中华门。城墙外的敌人也主要是由宫川战车队扫荡的。想到这些，我满足了。实际上宫川队是单独向那个方向用机枪或掷弹筒攻击并追击敌人的。后来才听说，他们使用了掷弹筒和烟雾弹，敌人误以为是毒气弹而仓皇逃跑了。

"但是中华门敌军的抵抗却相当顽强，步兵分别把机关枪和大炮架在房顶上协助战车队，可是不到一分钟的工夫都被敌弹打倒了。我们根本插不上手，也根本不知道敌弹是从哪里射来的，等占领之后一调查才发现，原来敌人是从城墙上往下挖洞，在墙体上挖开枪眼，子弹就是从那里发射出来的，这在战斗中我们是根本发现不了的。

"此时的战场已是一片混乱，敌人瞄准我们战车队射击的机关枪、我们战车里的机关枪、从我们后面瞄准城墙射击的我军炮兵的炮弹，还有出现在我军背后的敌军的射击，以及打击这些敌军的我军后方步兵的火力等等，简直就像被包围在四面八方的炮火之中。战斗就这样持续到傍晚，战车队用尽了所有的子弹。前田大尉从战车里探出头来，瞪着眼咬着牙喊道：'队长，怎么办？！'

"'等一下，等一下，车斗马上就来了，再坚持一会儿！'说着，我让山本准尉拉来车斗，用自己的战车给各辆战车补充弹药。深夜0时30分左右，敌人从我们后面猛烈射击。正在中华门前的浓烟中拍摄战斗状况的福日报社摄影班成员桧山君被炮弹击中牺牲了。他半边脑袋被打碎了，场面惨不忍睹。

福日报社的田中君和小泽君把桧山君的尸体抬进街道旁的房屋里，抱在一起痛哭不止。我决定多派一些兵力把他们送到后方去。就在这个时候，派去给各战车补充弹药的我的战车驾驶员上等兵饭山回来了，他手腕上、脸上及其他五处被敌弹击中了。我吃了一惊，急忙问：'没事吗？'他说：'没关系！'于是我让看护兵给他缠上绷带，并叫来清水伍长驾驶战车。

"派到雨花台去攻击敌人后方，保障我们战车队后方安全的井上队的一部分兵力在凌晨2时左右回来了，并且缴获了敌人两门反坦克炮。这是配置在我们战斗过的南京城南门外大路南端的两门大炮。敌人原以为我们会沿大路南下，所以在那里用土垒成炮兵阵地，配置了大炮。没想到井上队出其不意地从后方展开进攻，敌军于是丢弃了反坦克炮逃跑了。如果我们沿大路继续前进的话，肯定至少有四五辆战车会被大炮击中吧。而我们的先头部队头师小队取近道悄悄抵达了中华门前，因而毫发无损，想想真是幸运，真让人惊讶。

"在水阁东边损失了四辆战车而一直士气低落的井上中尉一下子来了精神，终于报仇了！凌晨3时刚过，我军炮兵抵达雨花台北面，他们让我们战车队先撤到一边，为他们让出一条通往城门的突击道路。我说：'如果我们战车闪开的话，敌人的攻势会重新猛烈起来的。那样不行！'

"'那我们正好可以打呀！'

"于是我把战车先撤到一边，把道路中央让了出来。我们的炮弹击中城门，城门却纹丝不动。果然不出所料，战车刚从正面闪开，敌人的炮火就从城墙上猛射过来。我军炮兵受到敌人枪炮的洗礼，最后不得不放弃射击的念头。

"这期间，在中华门和西南角之间的城墙上占领据点的步兵，逐渐扩大了据点并站稳了脚跟。步行抵达战车队正前方的工兵也终于在河面较低的地方成功地架起了桥，并且到达了城门前。日落之后，中华门终于被我军步兵控制了。就这样，敌军首都南京的中华门一带逐渐为我军所占领。

"12月13日拂晓，附近已经没有了敌人的踪影。日落时分，宫川队来人报告说，难波军曹的战车在城墙西南角附近碾压上了敌军的地雷，被炸翻到河里了，军曹和驾驶员不省人事，已被送到后方去了。这是我们最后的牺牲。我们的战车队因为要等到工兵们把中华门前的桥梁架好后才能前进，所以当我们突入城门的时候，步兵的一部早已占领了城墙，我们的到来已经显得很迟了。

"12月13日早晨，步兵部队的主力从中华门进入南京城。这个时候，中华门附近的城墙上早已不见敌兵的身影。通过中华门涌入城内的步兵们纷纷登上城墙高呼'万岁'。但是，无论在哪支部队都能看到用白布裹着战友的遗骨挂在胸前的士兵。他们登上城墙，首先面对战友的遗骨。说几句话，然后把遗骨高高举过头顶高呼'万岁'，眼里都闪动着泪花。其中也有的士兵泪流满面，用颤抖的声音高呼'万岁'。曾经多么想夺取南京，站在敌人首都的城墙上，一遍遍地高呼'万岁'啊！战友们被这样的愿望所驱使，不辞辛劳，终于坚持到了今天。但是现在站在城墙上，眺望着南京城，心里真的只剩下'万岁'这两个字。想起一个个逝去的身影，多么想让你们也来喊'万岁'啊！想必你们如今也只有'万岁'这两个字吧！虽然心中只有这一个词，但也要大声喊出来，一吐心中的遗憾！

"你们这样的心情我很理解。现在南京已经陷落了，你们也喊'万岁'吧！

"我来替你们喊，你们听着吧！大家就这样一齐高喊'万岁'。后来我跟某个人讲了当时的情景，这个人作了一首诗送给我。

"背负战友的遗骨，

"如今，南京城已夺取，

"你们也高呼'万岁'！

"高呼一声'万岁'！

"这首诗很好地体现了士兵们的心情。

"战车队穿过南京市区，行进到扬子江畔的下关。在北门一带，敌兵的军装、武器、弹药散落了一地，几乎无法插足，可见敌兵的逃跑是多么匆忙和慌乱。好像有许多支那兵根本来不及逃走，脱下的军装扔在那里，然后换上便衣装扮成了平民。果然，后来在难民所里每天都有数千名穿着平民衣服、装扮成平民模样的支那兵被甄别出来，这充分证明了我们的猜测。"

四　誓与南京共存亡！陆军装甲兵团战车第三连最终之战

12月11日，南京城已处在三面被围的危急形势下，南京卫戍司令长官唐生智令各部队作好巷战准备，并严令属下部队不得擅自撤退阵地。国军战炮分队战车连奉命配属于第83军（军长邓龙光）第156师（师长李江）麾下参加巷战。午夜12时，唐生智接到蒋介石所发的"侍参"撤退令：**"如情势不能久持时，可相机撤退，以图整理而期反攻之要旨也。"**在12日凌晨3时，唐生智召集南京卫戍副司令长官罗卓英、刘兴，参谋长周斓、廖肯以及参谋处第1科科长谭道平等人，商讨撤退问题，12日下午5时左右，唐生智召开师长以上的高级将领会议，宣布决定弃守南京，

▲ 后部弹痕累累的中国军队德制一号坦克

▲ 南京挹江门

并发布"卫戍作命特字第一号"撤退命令，全文如下：

12月12日15时于首都铁道部卫戍司令部

一、敌情如贵官所知。

二、首都卫戍部队决于本日（12日）晚冲破当面之敌，向浙、皖边区转进。我第七战区各部队刻据守安吉柏垫（宁国东北）、孙家铺（宣城东南）、杨柳铺（宣城西南）之线，牵制当面之敌，并准备接应我首都各部队之转进。芜湖有我第76师、其南石炮镇有我第6师占领阵地，正与敌抗战中。

三、本日晚各部队行动开始时机、经过区域及集结地区，如另纸附表规定。

四、要塞炮及运动困难之各种火炮并弹药，应彻底自行炸毁，不使为敌利用。

五、通信兵团，除配属外部队者应随所属部队行动，其余固定而笨重之通信器材及城内外既设一切通信网，应协同地方通信机关彻底破坏之。

六、各部队突围后运动务避开公路，并须酌派部队破坏重要公路桥梁，阻止敌之运动为要。

七、各部队官兵应携带4日炒米及食盐。

八、予刻在卫戍司令部，尔后到浦镇。

右令。

计附表第一、第二两纸。

附表第一为"南京卫戍军突围计划"，其内容为：

（一）74军由铁心桥、谷里村、陆郎桥以右地区突围，向祁门附近集结。

（二）71军、72军自飞机场东侧高桥门、淳化镇、溧水以右地区向敌突围，向黟县附近集结。

（三）教导总队、66军、103师、112师自紫金山北麓、麒麟门、土桥镇、天王寺以南地区向敌突围。教导部队向昌化附近集结，66军向休宁附近集结，103师、112师向于潜附近集结。

（四）83军于紫金山、麒麟门、土桥镇东北地区突围，向歙县附近集结。

以上各部队突击时机为12日晚11时后开始，但83军为13日晨6时。

（五）第2军团应极力固守乌龙山要塞，

▲ 国军弃于下关码头的德制一号坦克残骸,照片中可以清晰的看出近处的一辆被火烧毁,远处的一辆则被破坏了履带

▲ 弃于下关江边码头的国军战车连一号坦克

掩护封锁线,于不得已时渡江,向六合集结。

(六)36师、宪兵部队及直属诸队依次渡江(另有渡江计划表),先向花旗营、乌衣附近集结,但36师应掩护各部队渡江(后),然后渡江。

在书面命令分发后,唐生智又下达了口头指示,规定第87师、第88师、第74军及教导总队"如不能全部突围,有轮渡时可过江,向滁州集结。"最终导致计划中规定的由正

▲ 最终12月13日黄昏于南京国民政府司法院附近被日军第16师团步兵及矢口战车队缴获的国军战车连一号坦克,车内的中国装甲兵在战死后遗体被日军拖出拍摄。

面突围的部队除广东系的第66军及第83军大部按命令实施突围外,其余各军、师均未按命令执行,全都蜂拥至南京下关进行渡江,致使当时下关的运输力量完全无法承受。

同日傍晚,战炮分队张营附通知战车连连部侦察班长何嘉兆南京弃守的消息,以及战车部队应于当日晚8时起由邵百昌指挥,

为渡江序列内的第二梯队，从下关码头渡江撤向津浦码头集结，而无法撤离的装备则一律破坏掉。随后，何嘉兆通知战3排在中华门附近作战的战车部队撤回交通部待命。之后在张营附的指挥下，战车连第1、3排先行向下关挹江门附近撤退。12日晚，尚在光华门战壕边阻击日军的战2排1辆坦克才知道前线部队已经开始撤退的消息，于是也随第88师余部官兵撤向下关。随后，战车连在向下关撤退的途中遇上了乘坐三轮摩托车撤退的教导总队辎重营营长郭歧，并将其一路护送至挹江门附近。而挹江门附近此时已经是挤满了准备撤退的中国军队，由于撤退命令传达的迟滞，在挹江门维持渡江秩序的国军第36师未得到最新的命令及部署，故守门士兵不允许未经批准的部队撤出挹江门，并开枪加以制止蜂拥而来的溃兵，双方发生冲突，导致场面十分混乱，战车连也在准备出挹江门时，遭到了守军第36师的鸣枪阻拦，在张营附的指挥下，战车连坦克转动机枪塔一阵射击将挹江门城门楼角击毁，一时间吓住了守门的士兵，战车连便乘机加油强行冲击挹江门，将堵塞城门的部分沙袋撞毁后冲出城门，后面的人群也随坦克蜂拥而出，拥挤之下不时有人被挤倒踩死，这时殿后的战车连坦克也压过被踩死的人群尸体冲出了挹江门，此时，两辆停置于城门洞内的军用卡车也被坦克撞毁并引发了大火，战车连在浓烟火海中到达了下关江边的海军码头附近。

由于下关的船只已被唐生智收缴，战车连的车辆装备和人员都无法渡江，于是战车连人员迅速分头寻找船只渡江，后根据张营附的指示，战车连一部分人将战车上的瞄准镜、机枪以及报话机等装备拆卸，另派两人负责用汽车轮胎、木板等材料临时扎成木排，

同时命令侦察班长何嘉兆继续寻找船只，如找到后，即鸣枪为号进行告知。何嘉兆带几名人员在海军码头下游沿江不远处发现了一只警察所的小木船，于是鸣枪通知同伴，与郭蒋二排长以及几名士兵立即夺下了该船，由于此船太小，于是这几个人便自行乘坐它渡江逃生了。而未跟随何嘉兆等人夺船逃生的剩余人员则听从了装甲兵团战防炮教导队第2营军需官刘树芃的指挥，拦下了一批由小火轮拖着的木帆船，随后将木船连接起来，准备将坦克开上去渡江，但因渡船连接地并不够牢固，而且船的吨位也太小，无法承受坦克或汽车的重量最终决定放弃。午夜12时许，战车连官兵商议后，将车载武器拆下扔入了江中，并在车辆发动机下装设了手榴弹，如果被敌军缴获，只要一踩油门，战车和鬼子就会一起上天了！其他的则被浇上汽油直接烧毁掉。在所有工作完成后，大部人员即登船准备渡江撤退。就当大家起锚开船时，其中的两名战车兵及两名汽车兵从船上纵身跳下，决意留在南京城内继续抗击日寇，于是他们领取了十天的伙食钱，之后将岸边剩余车辆中的全部弹药和油料集中在一辆坦克和一部卡车之上，趁着夜色返回了南京城内。

13日中午时分，国军炮兵第42团第1营第3连副连长沈咸所部一排二十余人乘牵引车从雨花台阵地撤往挹江门途中，于南京市中心的新街口附近遭到从中山门入城的日军第16师团一部步兵的突袭，牵引车被当场击中，排长王永贵等七、八名人员阵亡，由于高炮排除军官各装备一支毛瑟手枪外，全排士兵仅有两支马枪，无法抵抗该队日军的攻击，沈咸遂率高炮排人员退到国府路附近，正当孤立无援时，战车连最后返城的这辆德国一号坦克突然从半路杀出，加入到对日军

的作战中，在与第 16 师团所部日军步兵激战中，中国坦克利用车载机枪的迅猛火力，将日军打得瞬间哑火，头都无法抬起，在击毙数名日军后成功地掩护了沈咸等人的撤退，之后一路边打边退，至傍晚时分，退至国民政府司法院大楼时，因油料耗尽、弹尽粮绝，最终战车被日军所俘，车内乘员均英勇战死，真正做到了"誓与南京共存亡"！

日军方面，独立轻装甲车第 8 中队（中队长福田林治）自 10 月配属于日军第 3 师团参加上海方面大场镇一带的作战后，多负责侦察地形以及运输弹药物资的辅助工作，以支援第一线步兵及工兵的战斗，在协助所属日军强渡苏州河后，该中队转配于日军第 11 师团麾下，向南京方面追击，于支塘镇附近与战车第 5 大队混合编成了装甲车队共同作战，后又转归于第 16 师团旗下参与了汤水镇、尧化门一带的作战，并在师团右翼支队长的指挥下，进攻紫金山北侧的中国守军阵地，遭到中国军队中央教导总队战防炮的猛烈打击，乘员死伤过半，装甲车多数被击毁。

13 日的晨曦中，南京城内、外各处枪声大作，中日两军在城内多处展开巷战，困守城内未进行撤退的中国守军均作壮烈的誓死成仁之战，至上午 9 时左右，日军上海派遣军第 16 师团第 30 旅团由旅团长佐佐木到一指挥，配属福田战车队，组成佐佐木支队越过紫金山，一路向下关直插，但于挹江门附近遭到了为掩护民众及友军渡江撤退而自行留下的南京宪兵副司令萧山令亲率的军宪警残部的顽强阻击，在经过数小时的激烈交战后，萧山令将军被机枪射中，为免被俘而自杀殉国。福田战车队随即冲过挹江门向下关开进，到达下关附近后便立刻向正在江边和江中撤逃的中国残兵疯狂扫射。此时，日军

▲ 萧山令

▲ 攻入南京城内的日军车队

▲ 日军矢口战车队员于下关码头捡获被弃置的国军德制一号坦克

步兵第 13 联队的一个大队也跟随战车队赶到，与驻挹江门的中国守军展开激战，最终中国军队的将士悉数殉国。之后，日军发现了弃置于江边的三辆中国坦克，将其捡获后，却发现这三辆坦克均没有武器，车身也被中国军队进行了不同程度的破坏，其中两辆被炸断履带，另外一辆则被大火烧毁。

至此，国民政府的首都南京彻底被日军

攻陷，结束了1937年在中国战场的全部战斗。可苦难的南京却未能停止哭泣，为期六周惨绝人寰的南京大屠杀即将拉开大幕！三十万无辜同胞惨遭杀戮，给整个中华民族带来了刻骨铭心的伤痛！

佐佐木到一（日本上海派遣军第十六师团步兵第三十旅团长）记述：

"从12日半夜至13日上午10时的战况是：拂晓前，我前线部队插入敌军阵地，继续紧追敌军。轻装甲车队在上午10时左右首先攻进下关，向云集在江岸的或逃进江里的敌军败兵扫射，估计打完了15000发子弹。在此期间，步兵第十三联队的一个大队紧随装甲车推进到挹江门附近，同在此仍顽强抵抗的敌军进行了战斗。司令部的预备队一个步兵中队，也从左翼和后面向前突击，与此敌军进行了数次激烈交火。通信兵、运输兵，甚至传令兵都参加了战斗，歼灭了这些敌军。"

12月13日佐佐木支队编制
先遣大队：
步兵第三十三联队第一大队（欠一个中队）
旅团无线电台一部
前卫部队：
司令官 助川大佐
步兵第三十八联队（本）部
第一大队
工兵小队
独立轻装甲车第八中队（福田林治）
左侧卫部队：
步兵第三十八联队第二大队（欠第五中队）
后卫部队：
步兵第三十八联队第三大队（欠第十一中队）
支队（本）部：
支队司令部
步兵第三中队
步兵第五中队
步兵第十一中队
野炮兵大队（欠一个中队）
迫击炮小队

彭克仁（时任国民革命军陆军装甲兵团战车营第三连第一排战士）记述：

"……自此以后，敌人已逼近南京近郊，城内贫民，均已搬入中立划定之难民区，景象极其萧条，而最热闹之新街口，除宪警而外，行人寥寥无几，且敌机不断施行轰炸，并在紫金山下，施放气球，战况日益危急，雨花台相继失陷，于十一号晚，光华门城门终为轰破一洞，冲入敌军数十名，情形非常紧急，幸赖我战车赶去协同步兵消灭，未让敌人一人漏网，至十二号晚间，我战车正在光华门城壕边，向敌射击中，不知我前线部队已行撤退，是以车辆亦随之退出挹江门，此时之下关江边之停船码头，皆行阻塞，轮渡全无，我战车无法载渡，停置江缘，眼见江水滔滔，惟望江兴叹耳！此时我战车人员，在下关江边，候守一晚，仅江心一小火轮往来装运，一次最多容十余人，有为跳船而沉入江心者，不知凡几，至十三日早间，已知战车实无法渡江，不得已乃将车上武器卸下，弃置江心，临时以木板浮渡长江，而敌机于天空不断低飞扫射，几乎葬身鱼腹与波臣为伍矣！后虽侥幸渡江，径沿途饥寒交迫，二昼夜未得果腹，仅以田间青菜充饥，形同乞丐，受尽出生以来未有之痛苦，此情此景，永志不忘。

"惟经此次战役后，所得有关战车作战之经验，深知吾人今后对日作战，欲发挥我战车作战之效用，造成所予战车之任务，除战略战术之规定外，须具下列之条件，方适合于战之使用原则。

"第一，战车作战人员，到达某一战场，预备攻击时，须详细侦察地形（地图多难确定），选定行进路线，规定战斗方式，以奇袭之战斗，一举成功，切忌连续使用（有制空者例外），否则地形不熟悉，方向容易迷惑，而敌人如有准备，不但不能达成任务，反受无益之损害也。

"第二，战车全部人员，须与作战主脑部保持确切之联系，尤其敌情之变化，情况之转移，须不时十分明瞭，战车人员，预作准备，盖战车人员前进后退，亦非如步兵作战之简单灵便，如困难地形之通过，对空袭之避免，再须详细计划，始足应付。

"第三，使用战车，须在交通通畅之处，以声东击西之法，使敌人防不胜防，而达作战之目的。决不能陷入绝境，致无用武之地，而为敌所困，遭受志外之损害，当知此项武器，来源困难，补充非易，而培养一良好驾驶士兵，勇于作战者，尤其不可多得也。

"上述三项，虽属粗俗之见，然能实地做到者，实寥寥无几，作者本一得之愚，为我机械化同仁，略资参考，藉此战火弥布全球，轴心强盗已露崩溃之际，同盟国之大反攻，原将不远，我校同学，均为未来机械化部队之中坚，就望磨砺以须，来日扬威异域。大显大中华民族之身手也。"

何嘉兆（时任国民革命军陆军装甲兵团战车营第三连连部摩托侦察班长）回忆：

"十一日，奉命去三条巷第一五六师师部联系如何支援该师准备巷战事宜。途中，遇到宪兵司令部摩托车排排长李孔琼同学，他对我说：'我马上向武汉撤退，谷正伦司令一等早已走了。我给你二十元钱，准备将来用。'说完，就飞快开车走了。我去第一五六师师部向李江师长报告后，他同意我连的建议，并指示我要经常和他联系。

"十二日，除挹江门外，南京城周围枪炮声整天不停，战斗异常激烈。光华门、中华门等处房屋多处大火，浓烟遮天。中午时

有一发炮弹落到福昌饭店门前，当即炸毁小轿车一辆，死伤数人。在电线上还挂有死者的肢体衣服等。午后，第三十六师通信连连长任辅同学，在撤退前，将多余的酒菜送给我，从而饱餐了一顿。因为这几天实在太累，就靠在椅上睡着了。我被'撤退了！撤退了！'喊声惊醒。张营附告知：卫戍司令长官已下达了撤退的命令。

"十二日黄昏，我去三条巷第一五六师师部向李江师长请示时，他正给教导总队桂永清打电话，怎么也打不通，他满面怒容，将电话机用力一摔，边骂边对我说：'老弟，完了！战车不用了，你们开回去吧！'我又去通知战三排郭上岩排长从中华门撤回交通部待命。这时通向挹江门的马路上，挤满了警察、伤兵和零散部队，准备向下关撤退。卫戍司令部已是人去楼空，纸屑满地。我们鉴于情况紧急，遂决定立即撤到下关。出挹江门时，遭到第三十六师守城门士兵鸣枪阻止。在张营附指挥下，我们开车冲出了挹江门。后面的人群也随车队冲出了城门。战三排被阻在中华门的最后一辆战车，也随人群后面，从被挤倒踩死的人身上通过冲出挹江门。

"战车在浓烟火海中到达下关江边海军码头附近。江边没有渡船，车辆装备及全连弟兄如何过江？我们焦急万分！等了好久，我建议分头去找船。我先奔向上游轮渡，只见停有一小火轮，船上架着两挺重机枪，警卫十分森严。我回答了口令，前去联系。据告这是为唐司令长官准备的，'谁也不准上！'我返回向张营附报告后，他命令将战车上的瞄准镜、机枪、话报机等卸下；两人负责准备用汽车轮胎、木板等扎木排渡江；同时令我再去找船，如找到船，即鸣枪为号。我即带班长冯道海、士兵陶艺六、邓威、屈成孝

（又名世沧）等，向海军码头下游方向走去。不远处发现有两名警察划着一只木船靠岸，我上前打听，得知是来接警察所蔡所长的。我即鸣枪发出信号，郭、蒋两排长和部分士兵奔向前去，夺下船只渡江逃生。船行江心，闻有敌机多架，飞向下关江边轰炸。随后，江边火光冲天，爆炸声和惨叫声，响彻夜空。我们对此，均十分悲愤！木船顺流疾驶而下。在靠近北岸时，江防部队用机枪向我们射击。我下船踩着没膝深的淤泥，涉水走上岸，到了浦口车站，才知他们是胡宗南第一师的部队。据江防连长告知：'七日晚，已有日军冒充我军伤兵渡江，现正在铁路以西与我军激战中，你们赶快沿铁路向北走较安全。'我们即向北走，于十三日晨到达孝义车站。"

倪受坤（时任国民革命军某师特务排长）回忆：

"一九三七年十二月十三日黎明，在市轮渡码头的近边，我和另一个人爬进一辆我们自己人的轻型坦克车里，企图利用它冲向城里去，而让它成为我们的坟墓。

"但是即刻我们便失望了。坦克上机关枪的子弹没有了，同时我们又不知道怎样才能使这怪物前进一步，原来我的陌生的同伴也只是一个步兵上士啊。

"正当我将驳壳枪向一个佩着指挥刀的野兽瞄准的时候，街道对面的楼房下涌出一群我们的弟兄，三个人迎着弹雨倒了下去，其余的便与南来的敌人肉搏相遇了。

"我们退回到了江边。江边江边依旧是惨淡而扰攘的，仍然有些贪求生命的人抱着木板滑向江流中去，好像他们情愿将生命埋藏在波涛里。

"从脚边拾起一支配有刺刀的中正式步枪，加入到一股向前冲击的散乱的行列里去，

现在，付出，付出我的生命的时机已经到来了。这不是一场战争，而是仇仇相遇的恶斗。

"敌机在低低的黯空中怪声地上下翻飞，可是始终没有一只炸弹伤害及我们，轻机枪子弹的尖声的呼啸，迫得每个人屈着腰前进。

"只要发现敌人，我们就不顾一切地把他们扑灭，同时，敌人对于我们也是一样。我们散乱的行列，忽而忽疾的跃进，忽而又停止下来。"

郭岐（时任国民革命军中央军校教导总队辎重营营长）回忆：

"民国二十六年十二月十二日夜，由于在光华门亲身经历的这一役，使我在率队从新街口退向下关时提高了警觉，我深知敌军急于攻城，阴谋诡计无所不用其极，而今我军已经开始撤退，南京城里一片大乱，就难免有小股敌军冒死突入，向我转进中的大军施以狙击，因此我传令下去，无论在何种情况之下，我们教导总队辎重营都必须保持队形的完整，各级人员切勿轻离队伍，而且随时准备作战。

"然而，从大队人马后面，传来了轰轰轧轧的的巨大声响，益更添了首都双十二深夜的震悚与恐怖。原来是我们的战车，庞然大物，纯由钢铁铸成的战车也加入了血肉之躯的撤退行列。它们鼓轮疾驰，横冲直撞，也不知道有多少不及闪避的官兵遭了殃，惊呼骇喊，哭叫喧天。

"夜已深了，我们方只蜗步式地推进到鼓楼医院，但却在我们跟前又堵上了层层叠叠的人墙，我即已认定必将困死在此，再也没法往前走了。就在这个时候，两辆战车一路发着怒吼，排山倒海般地直冲过来，我那辆小小的摩托车附斗，十中有九会被庞大的

战车碾成粉碎,我已经紧紧地闭上了眼睛,伫候死神的来临,然而却大出意外地听到有人在高声喊我:'郭营长,郭营长!'

"睁开眼来看时,已经有一辆战车绕过了我的摩托车,正从指挥塔上有一名士官探出大半个身子,他还在盈耳呼号声中向我喊到:'郭营长,您跟着我们的车子往前走,我们给您开路!'火光之中,一片朦胧,我还是看不清楚他是哪一位,我只好拉开喉咙高声回答他道:'谢谢你的好意,可是,在我后面,还有我们辎重营的一营弟兄!'我的意思是我不能舍下一营弟兄单独走,果然他一听就明白了,顿时就慨然地说:'您叫他们都跟上来!再您后面的,也是我们的车辆!'听了他的话,我连忙回头一看:方才好不危险!在我车后果然还有一辆战车,正在紧跟着上来,若不是方才在前那辆战车上的士官,在一片火光中认出了我,一踩油门,自我们身上碾过,我自己早已成了战车之下的肉泥。尤其,当时我正夹在两辆战车之间,如果两辆战车顾不及小心翼翼地保护我,驶速一快或一慢,我都难逃撞得粉碎或是压成肉浆的噩运。十分侥幸的是,我和我的一营官兵,都夹在那个战车队中,从鼓楼医院进抵步兵学校。临到步兵学校,距离挹江门就很近了。一转眼间,给我们开路的战车也已驶离……"

刘树芃(时任国民革命军陆军装甲兵团战防炮教导第二营军需官)回忆:

"一九三七年十二月十二日下午,我随战车连撤至下关江边,码头右侧已经堆了很多战车连的五加仑汽油桶,以及战车连的其它辎重,因为都是克罗米领章(装甲兵团领章),大家自然地会合在一块。有位排长告诉

我,'正在交涉轮渡。'因当时我的军级最高,大家都愿听我指挥。

"晚上九点多钟,下关已有数十处着火,我们只好集中到江岸码头附近。这时,一艘小火轮拖着一批木帆船向码头靠拢。我们即刻交涉,拦住了这批木船,并将木船两只一排用跳板连起来,准备把战车开上去运送过江。可是因为两船连结得不牢固,船的吨位又小,战车才开上跳饭,船就倾倒了。反复多次,仍无效果。战车不能上,改装汽车也不行,时间已是深夜十二点,小火轮催着开船,我只好集合汽车驾驶兵商量,如何处理这批战车和汽车。有的主张将汽车全部炸毁,有的主张把手榴弹装在马达下面,只要一踩马达,便可爆炸。经商量,决定采用后一种办法。布置妥当后,人员即全部上船。正要开船的时候,有两个驾驶兵和两个坦克兵对我说:'我们四人决计留在这里打日本鬼子。'我说:'上面给我们的命令是去浦镇后方。'

"'不!我们是打日本鬼子的,敌人已经到了面前,应该打了再说。'驾驶兵坚持说。同时两位坦克兵也说:'我们的战车上还有武器,与其破坏,不如和日本鬼子干一场。''你们排长呢?你去请示你们排长一下,我不能作主。'我想劝他们随队行动。两个司机有些不耐烦了,便说:'我们自己负责,我们走了。'我急忙说:"'吧,你们选好武器,带足弹药,主要任务是尽快破坏车辆。'并告知军需上士发给十天伙食。他们接了钱,带上两枝驳壳枪,跳下船消失在黑幕中。"

白涩《抗战亲历者口述》摘记:

"……我向小马和迷迷糊糊的老宋说了前面的情况,几个人一筹莫展。这个时候,外面传来了一阵杂乱的喊声和机器轰隆隆的

声音，跑出去一看居然是一辆坦克，幸好是青天白日徽的标志，不是日本人的坦克。也不知道是谁开，就看见坦克顶上一个少校坐在上面在那儿喊：'不想死的都让开！'

"这坦克开得极其野蛮，就生生向千百难民败兵汇聚成的人流碾压过去，一点没有减速的意思。我和小马连忙扶着老宋跟在坦克后面。这坦克开得其实并不快，但人流中大家都挤在一起根本没办法闪避，很多闪避不及的人都被坦克卷到，一路上碾压出了一条红白相间的血路。

"很多逃难的败兵气愤之下，就向坦克开枪，还有人丢手榴弹炸，但坦克皮糙肉厚，除了原本坐在坦克上面的人吓得跳下来以外，坦克根本没有停的意思，继续开。我和小马扶着老宋就一直跟在坦克后面。坦克开到挹江门前，把逃难的和守卫的人都震住了，这坦克的驾驶员也没有出来的意思，反而转动炮塔，咚的一声巨响，将挹江门的城楼轰塌了小半个下来，下面组成人墙的三十六师士兵见这个坦克来真的，纷纷作鸟兽散……就这样，我们和大堆的败兵难民冲出了挹江门！"

陈剑声（教导总队炮兵营第三连排长）回忆：

"十二日入夜后，城内外一片寂静，约九时许，城内各部队突然大乱，指挥系统解体，上下联系中断。于是官兵疑惑不明，不识战况如何，部队群龙无首，各自涌向中山路，向挹江门方向移动。各部队欲由此门逃出，渡江北上，因而新街口至挹江门十余里公路，全为炮车、汽车、马匹等阻塞，不能出城。前后人潮汹涌，欲进不能，众欲争先逃命，无人组织拆除沙包。城内坦克部队，奋勇夺路而逃，不惜从士兵身上碾过。因此在临近挹江门一段公路上，自相践踏，积尸盈尺。

午夜，坦克碾毁和撞掉部分沙袋，使得出城，士兵也相随逃出不少，我当时匍匐坦克上得以出城，用木橱横渡长江。至浦口江边天已大亮，身陷河滩淤泥中约一小时之久，始被居民垫木板救出。"

沈咸（国民革命军炮兵第三连副连长）回忆：

"十二日，雨花台守军与日军展开了最后的激战，下午我高炮第一排一辆牵引车轮胎被敌炮炸毁，一名驾驶兵阵亡。敌军包围南京后，敌机空袭减少，我们把高射炮改为平射，向城外轰击。傍晚我们与指挥部、高炮连连部失去联系。这时，枪炮声更是密集，只见许多军民向下关江边拥去，城内秩序相当混乱。这天下半夜，枪声突然稀少，我感到惊奇。

"十三日黎明，有位相识的李营长（名字忘了）路过新街口时，悄悄告诉我：'昨夜，日兵爬登水西门，守门官兵全体阵亡，中华门也陷落了。'上午七时，枪声转为剧烈。八时，我们与高炮连连部重新取得联系。杨秉义连长命令我：'炸毁高射炮，率领弟兄到浦口集合！'我含泪把这些曾伴随我参加过淞沪抗战，又参加了首都保卫战，还曾击毁过一架敌机、立过战功的高射炮炸毁了！

"十二月十三日，当我们正想乘牵引车开赴挹江门，突然一串子弹飞来，牵引车被击中，排长王永贵和七八名士兵阵亡。原来，插到中山路的一股敌兵向我们射击，阻断了我们北撤的路。我们高炮排除军官各有一支驳壳枪外，全排士兵仅有两支自卫马枪。我们手中没有武器，只好退入附近一座楼房，再退到国府路（今为长江路）。这时，我军坦克出击，战斗很激烈。下午，我们官兵十九人多次绕过敌人火力网撤退到太平北路莲花桥一带,向江边靠拢,途中又牺牲了三个弟兄。这时,来人报告:'有六个敌兵在杀害近百名的老百姓。'我当即命令:'向敌人袭击!'终将敌兵统统杀死,收缴了武器。我们也有两名士兵阵亡。"

《芝加哥每日论坛报》1937年12月17日第4版:

"……对我来说,南京城陷之际,未被颂扬的英雄是位无名的中国二等兵。他的行为也许救了我和来自德克萨斯州的《纽约时报》记者提尔曼·杜丁的命。

"当时我们在中央饭店附近的中山路上行走,这位二等兵示意我们到路边去,他正和一群士兵进行最后的抵抗战斗。

"我们弯腰钻进安全地带后,日军的坦克队在街上隆隆驶来,机枪喷着火舌。

"坦克走后,我们发现二等兵和他的战友们都倒在街头牺牲了。"

——Arthur B.Menken

杜聿明(时任国民革命军陆军装甲兵团团长)回忆:

"陆军装甲兵团自十二月四日开出最后一批车辆撤离南京后,即与留在南京抗战的第三连失去联系。十二月十三日南京沦陷,我想这一连战车一定全被消灭。但是战车是如何使用又如何被消灭的,一点情况也不了解。直到二十日以后,才有该连自南京陆续逃回来的官兵报告经过。原来自战车连向南京卫戍司令长官部报道后,对于如何配合步兵作战没有得到明确指示;等到十二月五日,忽然奉到长官部的命令开往汤山附近协同某军(我记不清是哪一军)作战。该连当日到达汤山附近即遭到敌机的俯冲轰炸,次日清

晨参加战斗,以后数日继续在京(南京)汤(汤山)公路及光(光华门)方(方山)公路一带先后配合好几个部队与日军作战。在方山附近战斗中,战车三辆被日军击毁,遗弃在公路上,十二月十二日,中华门阵地被日军突破,守军溃退,战车无人指挥,找卫戍司令长官部也无人负责。战车连长见上自卫戍长官部下至各军师情况均极混乱,即自动撤到下关,准备找船舶渡江。到下关后,见仅有几艘小火轮皆被第三十六师控制(据宋希濂讲实际上是被卫戍司令长官部控制),只找到四只木拖船将战车装上,又向第三十六师的一个营长借到一只小货轮;正在拖着木船过江之际,突然又有一只小火轮追来,不准这只小火轮运送战车渡江。双方经过激烈争执,因小火轮上第三十六师的官兵较多,强迫将绳索砍断。载运战车的木船既无舵又无桨,不能掌握方向,只有听任江水冲击,顺流而下。有的木船在沙滩上搁浅,有的一直冲到江阴附近,官兵才只身脱险逃回。这一连战车就是这样毫无意义地断送了。"

刘庸诚(时任教导总队总队部参谋处第一课参谋)著《南京抗战纪要》摘记:

过江后的见闻

"灰沉沉的寒冬天空,云色惨淡,冷风凄切。浦口街上门关户闭,没有瞧见一个居民。侥幸渡江过来的失群战士,稀稀疏疏、三五成群地低着头匆匆地走着自己的路。战斗生活这时就象一条突然凝滞了的长河,使每个虎口余生的人茫然不知所向。

"我和小魏没有一枝枪,没有一把刺刀。怀着沉痛的心情,默默无声地循着津浦铁路两旁的小径向乌衣走去。每行数十步,仍回首遥望可爱的南京,想念尚在危城中的同学

▲ 战后由日军"八九"式中战车牵引的国军德制一号坦克

▲ 由日方战后拍摄的国军一号坦克与被击毁的"九四"式轻装甲车

和战友们。'路漫漫其修远兮。'我们如失群的孤雁，不停地向北走呀，走呀！

"十三日午后一点过，我忍着未痊愈的伤痛走到了乌衣车站，站上有出售馒头的穷苦小贩，我们胡乱买了些吃。这时，忽然由北向乌衣开来了一列装甲列车，车进站后就慢慢地停下，上面下来一位中校军官，他迳直到站台上向我们打听南京方向的战况，当时我上装左上方佩有教导总队参谋符号。我向他简明介绍了眼下撤退情况，并说敌人海军并未到达，浦口附近亦无敌人踪迹。随后取出一张总队临时作战命令卡给他看，要求他允许我同车去浦口，以便掩护和接待渡江过来的官兵。他表示同意。我和小魏上车后，同他互相自我介绍，方知他是铁道兵营长冯庸（但非领导东北义勇军的冯庸），黄埔四

期毕业，体型瘦长，态度和蔼冷静。列车方要鸣笛前驶，教导总队胡启儒旅长跑步赶到了。他是早已到站，不知在站外哪里吃喝（乌衣站后有些搭棚的食堂旅店），听到列车进站，知道列车要北上徐州。看见我正在车上和冯庸说话，笑嘻嘻地过来要求搭车，经我向冯营长介绍，当然他也上来了。

"这列铁道装甲列车共有五节，火车头挂在最后，前头一节是车的主体部分，装有两门加农炮，车厢顶上还有一架重机关枪，可以上下升降，枪的把手有专人握着，旁边弹带已经装好。第二节车有一架苏罗通小炮，炮口正指向天空，射手、弹药手都做好预备姿势。第三节是指挥室，前后都有看台，也即是冯营长和我们所坐的地方。第四节满载荷枪的步兵战士，总共约有一连人。每节的外层皮都装有钢板。军容严肃，警卫周密。

"列车缓缓地向浦口驶去，沿途首先迎到王敬久师长和他的卫士。他仍穿黄呢子军服，外罩青毛哔叽的披氅。上车后，一言不发，不断抽烟，斜靠起眯着眼打瞌睡。据我所知，撤退会议开过后，他去通知在明故宫待命的第八十七师一部就走了，并未回过地下室。再次接上车的是老态龙钟的卫戍司令长官部副参谋长余念慈和胖胖的参谋处长唐嗣（此两人均由胡旅长向冯营长和我介绍的）。车行不久，又接到了俞济时军长和他的卫士。上车后都坐在指挥室的条椅上，各抽着纸烟，显得有些疲倦。他们交谈的只是哪些军、师长是否过江。

"列车南下快到浦口了，忽听说敌舰已游弋到了八卦洲。俞军长等决定要冯营长回驶，不必在浦口掩护渡江大军。因为他们急于想到安全地点去找唐生智司令长官。

"午后四时许，晚霞夕照，装甲列车急

驶到了滁州车站，我和诸位将军一同下车暂息。不一会儿，看见唐司令长官由车站内慢步出现，后面拥了一群人。下车的将领忙向他行礼，我则站在五十米外观望，听他们谈话。

"唐司令长官身披一件黄呢子军大衣，内着呢子军服，衣领以下的几个钮扣都没有扣上，头上戴了一项红绿色鸭绒睡帽，顶上还有一个彩色帽结子，嘴上叼着一支香烟。

"这时，桂永清总队长带了一群副官、卫士也赶到了。

"桂永清离开地下室，丢了部队来到三汊河已五点钟了。据机电员高旭林和郭孔新（桂的卫士，以后进了军校十六期，曾在我中队任区长）向我谈：他们和桂总跑到三汊河，找到了工兵团扎的一张木筏，就同桂总、余处长和几名卫士登上去，立即向浦口方向划去。天色完全黑了，人多，划得很慢。约在半夜零时，才抵江岸。但不是浦口，而是浦口下游芦苇岸边。丛生的芦苇长得有一人多高，芦苇外的江边，平坦如砥，淤积的污泥既宽且厚，又松软，含水量多。桂总不知厉害，首先和一名卫士往下跳，脚刚落地，马上就往下沉，愈沉愈深，未跳下去的卫士着了慌，迅速把绑腿取下接连起，将一头丢给桂总和那名卫士，筏上的人全力拖拉，才算免遭灭顶之灾。上筏后，判明位置，才又划到浦口。桂总身体早已发胖。在这兵慌马乱之际，不仅找不到汽车，也找不到马，铁路上又不好步行，只好循着公路向滁州方向走去。

"到了滁州车站后，桂永清向唐生智报告了撤退经过，然后向唐请示是否可将余部带到开封整顿。唐当即表示同意。桂总回头命令胡启儒旅长留下办理收容。

"'我只同卫士一人到此，身边没有钱。'胡启儒说。

"'余处长，你那里交一千元给胡旅长。'桂永清转身向余易麟说。余立即从公文包里取出一叠崭新的一元一张的钞票，点交给胡启儒。桂永清命令我说：'你留此协助胡旅长，凡过江到此的，交待他们到开封报到。在车站联系好干粮的供应，单独过此的要酌情给予补助。'说毕，他带着身边全部人员和唐生智等乘铁道装甲列车北去。

滁州收容

"桂永清走后，胡启儒旅长交给我一百元，吩咐照桂指示办理，他和卫士就到车站后的小客店住下。我到车站找站长交涉，站长是一位皖北人、姓张，高大结实，约莫三十几岁，诚实爽朗。我拿出"作战临时命令卡"给他，请借粮食和调用车辆，他慨然允诺，非常热心地帮助我们，并领我去看堆积的袋装米面，要我随便取用。我叫小魏背了几袋去换馒头，小贩要加工费，我立即先付了几元，并要小魏在站内候车室发放。战局变化已到如此惨状，还分什么你我部队，我要小魏见来的就发给。

"我在滁州车站住了四天多，每天十点和午后三点左右都有敌机飞临车站乱炸。警报拉响，我和候车的各部战士急忙向站外地里疏散。车站设有临时红十字站，凡受伤的都给以医疗和包扎。

"十四日上午，突然见到同学李慕超、肖冠涛。我趋步到他们跟前，相对久久地握着手，心情十分沉痛，都有再生之感。他们向我简述了过江的情况。我接待后，请他们乘车到开封集合。我们即匆匆告别。

"小魏这次和我同过患难。他向我请假回阜阳探亲，我想他的父母听到南京失守，必定焦急和悬念，立即同意，给他十五元作路费，教他到蚌埠下车再回家乡。

"十七日，胡启儒听说浦口、六合已有敌踪，他和卫士慌慌张张地来到车站。十一点有列车到站，他就要我同他到开封向桂永清汇报去了……"

整个南京战役，中国军队战车部队参战的战车三连官兵伤亡四分之三，少尉排附王承德、少尉文书蒋宏飞、班长于振江、上士黄佛阴、李某某及余某某等人阵亡，负伤及失踪人员共约六十余人。所属十余辆坦克及装甲战车全部损失，其中被日军缴获及捡拾的德制一号轻型坦克共 10 辆，装甲车 4 辆。其中 4 辆德一被日军缴获时尚能使用。

南京保卫战结束之后，国民政府拥有的唯一一支的装甲部队——陆军装甲兵团战车营陆续到达湖南中部的湘潭地区集结，进行整训。与此同时，国民政府也从前苏联相继接收了八十余辆的 T-26B 型轻型坦克，于是依据抗战的最新形势，在原装甲兵团的基础上扩编成立了中国历史上第一支机械化装甲师（也是自 1935 年德国正式成立三个机械化装甲师后，世界上四个师级建制的装甲机械化部队）——国民革命军陆军第 200 师，开启了中国装甲部队的全新篇章。在此后的抗日战争中这支装甲部队不断成长壮大，与日寇展开浴血奋战，用自己的生命与鲜血谱写了中华民族抗击外来侵略者的壮丽画卷！

上　部　完

参考文献

外文出版物：

[1] 土門周平. 日本戦車開發物語 [M]. 日本：光人社，2003.

[2] 土門周平，市ノ瀬忠国. 人物・戦車隊物語 [M]. 日本：光人社，1982.

[3] 中西立太. 日本の軍裝 1930–1945[M]. 日本：大日本絵画，2010.

[4] 木俣滋郎. 戦車戦入門 – 日本篇 [M]. 日本：光人社，1999.

[5] 藤田昌雄. もう一つの陸軍兵器史 [M]. 日本：光人社，2004.

[6] 下田四郎. 玉砕の鉄獅子 [M]. 日本：カマド株式会社，2009.

[7] 辻真先. 激闘! 地獄の戦車隊 [M]. 日本：光人社，1996.

[8] 吉川和篤. 上海海軍特別陸戦隊写真集 [M]. 日本：大日本絵画，2013.

[9] 吉川和篤. 日本の豆戦車 [M]. 日本：伊太利堂，2014.

[10] 吉川和篤. 続・日本の豆戦車 [M]. 日本：伊太利堂，2014.

[11] 山猫男爵. 鋼棺戦史 [M]. 日本：山猫文庫，2011.

[12] 防卫厅战史室. 日本战史丛书・中国事变陆军作战 [M]. 日本：朝云新闻社，1969.

[13] 防卫厅战史室. 日本战史丛书・华北治安战（1）[M]. 日本：朝云新闻社，1969.

[14] 防卫厅战史室. 日本战史丛书・华北治安战（2）[M]. 日本：朝云新闻社，1969.

[15] 防卫厅战史室. 日本战史丛书・英帕尔作战 缅甸的防卫 [M]. 日本：朝云新闻社，1968.

[16] 防卫厅战史室. 日本战史丛书・依咯瓦底会战 缅甸防御的破绽 [M]. 日本：朝云新闻社，1969.

[17] 防卫厅战史室. 日本战史丛书・缅甸作战 [M]. 日本：朝云新闻社，1968.

[18] 防卫厅战史室. 日本战史丛书・一号作战（1）河南会战 [M]. 日本：朝云新闻社，1968.

[19] 防卫厅战史室. 日本战史丛书・一号作战（2）湖南会战 [M]. 日本：朝云新闻社，1969.

[20] 防卫厅战史室. 日本战史丛书・一号作战（3）广西会战 [M]. 日本：朝云新闻社，1970.

[21] 防卫厅战史室. 日本战史丛书・香港长沙作战 [M]. 日本：朝云新闻社，1972.

[22] 联队战记编撰委员会. 战车第十四联队战记 [M]. 日本：战车第十四联队战友会，1981.

[23] 竹内昭，佐山二郎. 知られざる日本の兵器 [M]. 日本：ガリレオ株式会社，2005.

[24] 高原富保. 一亿人的昭和史・日中战争 [M]. 日本：每日新闻社，1975.

[25] 高原富保. 一亿人的昭和史・不许可写真 [M]. 日本：每日新闻社，1969.

[26] 读卖新闻社. 特派員決死撮影 支那事变写真帖 [M]. 日本：读卖新闻社，1938.

[27] 藤田实彦. 戦車戰記 [M]. 日本：东京日

日新闻社，1940.

[28] 上田信 . 日本战车队战史·骁勇善战的铁狮子 [M]. 台湾：星光出版社 2004.

[29] 朝日新闻社 . 中国战线写真 [M]. 日本：朝日新闻社，1939.

[30] 大阪每日新闻社，东京日日新闻社 . 中国事变画报第 1 期——第 101 期 [M]. 日本：大阪每日新闻社，东京日日新闻社，1937-1941.

[31] 高木宏之 . 写真に見る鉄道連隊 [M]. 日本：光人社，2011.

[32] 島田丰作 . 戦車と戦車戦 [M]. 日本：光人社，2012.

[33] 中西立太 . 日本の步兵火器 [M]. 日本：大日本绘画，1998.

[34] 玉田美郎，加登川太郎 . ノモンハンの真相——戦車連隊長の手記 [M]. 日本：原書房，1981.

[35] 小澤亲光 . ノモンハン戦記 [M]. 日本：新人物往来社，1974.

[36] 菊地重规 . 中国ビルマ戦記 [M]. 日本：图书出版社，1979.

[37] 平田信一郎 . 日本の戦車と装甲車輌 [M]. 日本：アルゴノート社，2000.

[38] 浪江俊明 . 日本軍戦闘車両大全 [M]. 日本：大日本绘画，2009.

[39] 藤田昌雄 . 日本の装甲列車 [M]. 日本：潮書房光人社，2013.

[40] 知久正三郎，沼田诚思 . 鉄竜の軌跡·第十一装甲列車隊の記録 [M]. 日本：ソコレの記録刊行委員会，1983.

[41] 高橋升 . 日本の戦車と軍用車両 [M]. 日本：文林堂，2005.

[42] 丸编集部 . 日本の戦車 [M]. 日本：光人社，1978.

[43] 三浦德平 . 一下士官のビルマ戦記 [M]. 日本：华书房，1981.

[44] 萌黄会 . あ、騎兵 [M] . 日本：萌黄会，1995.

[45] 久米元一 . 昭和の軍神·西住戦車長 [M]. 日本：金の星出版社，1939.

[46] 同盟通信社 . 中国事变展览会纪念写真帖 [M]. 日本：同盟通信社，1937.

外文期刊:

[1] 敷波迪 . 日本軍機甲部隊の編成·装備（1）[J].Ground Power，2001,(081).

[2] 敷波迪 . 日本軍機甲部隊の編成·装備（2）[J].Ground Power，2009,(10 月号別冊).

[3] 鮎川置太郎，国本康文，铃木邦宏，浦野雄一 . 日本軍装甲車 [J].Ground Power，2010,(193).

[4] 福島纽人 . 太平洋戦争の機甲部隊 [J].Ground Power，1994,(006).

[5] 古是三春 . ヴィッカース 6 トン戦車 [J].Ground Power，2001,(086).

[6] 真出好一 . 日本陸軍九五式戦車 [J].Ground Power，2003,(12).

[7] 真出好一 . 日本軍中戦車 1[J].Ground Power，2004,(1).

[8] 真出好一 . 日本軍中戦車 2[J].Ground Power，2004,(5).

[9] 下原口修 . 全刊文章 [J].J-Tank 日本戦車·軍用車輌研究誌，2011, (13).

[10] 下原口修 . 全刊文章 [J].J-Tank 日本戦車·軍用車輌研究誌，2011, (14).

[11] 下原口修 . 全刊文章 [J].J-Tank 日本戦車·軍用車輌研究誌，2012, (15).

[12] 下原口修 . 全刊文章 [J].J-Tank 日本戦

車·軍用車辆研究誌, 2012, (16).

[13] 下原口修. 全刊文章 [J].J-Tank 日本戦車·軍用車辆研究誌, 2013, (17).

[14] 下原口修. 全刊文章 [J].J-Tank 日本戦車·軍用車辆研究誌, 2013, (18).

[15] 下原口修. 全刊文章 [J].J-Tank 日本戦車·軍用車辆研究誌, 2014, (19).

[16] 国本康文. 戦車第五大隊戦記 [J]. 国本戦車塾, 2013,(5).

[17] 国本康文. 捕獲 I 号戦車 A 型 調查報告 [J]. 国本戦車塾, 2012,(别册).

[18] 国本康文. 八九式軽戦車の矛と楯 [J]. 国本戦車塾, 2011,(第 4 号).

[19] 国本康文. 日本のルノ一軽戦車 [J]. 国本戦車塾, 2013,(6).

中文出版物:

[1] 蓝雪川, 张之维. 抗战陆军武备图志 [M]. 中国台湾: 蓝雪川自印, 2014.

[2] 中国人民政治协商会议全国委员会文史资料研究委员会. 正面战场——原国民党将领抗日战争亲历记 1-12 全集 [M]. 中国: 中国文史出版社, 2013.

[3] 全国政协文史组. 文史资料选辑 138 辑 [M]. 中国: 中国文史出版社, 2000.

[4] 全国政协文史组. 文史资料选辑 139 辑 [M]. 中国: 中国文史出版社, 2000.

[5] 全国政协文史组. 江西文史资料 16 辑 [M]. 中国: 江西省文史委, 1987.

[6] 全国政协文史组. 广西文史资料 25 辑 [M]. 中国: 广西区文史委, 1987.

[7] 全国政协文史组. 云南文史资料 39 辑 [M]. 中国: 云南人民出版社, 1990.

[8] 全国政协文史组. 南京文史集萃 [M]. 中国: 江苏古籍出版社, 1986.

[9] 全国政协文史组. 江苏文史资料集萃·军事 [M]. 中国: 江苏文史资料编辑部, 1995.

[10] 全国政协文史组. 民国档案 第 3 期 [M]. 中国: 中国第二历史档案馆, 1996.

[11] 樊建川. 兵火·日本从军记者眼见的抗日战争 [M]. 中国: 北京外文出版社有限公司, 2014.

[12] 江苏文史资料编辑部. 壮烈辉煌——戴安澜纪念集 [M] . 中国: 江苏文史委, 1994.

[13] 郭汝愧, 黄玉章. 中国抗日战争正面战场作战记 [M]. 中国: 江苏古籍出版社, 2002.

[14] 田玄. 铁血远征 [M]. 中国: 广西师范大学出版社, 1994.

[15] 王辅. 日军侵华战争 1931 — 1945[M]. 中国: 辽宁人民出版社, 1990.

[16] 赵挺. 赵剑锋新疆见闻录 [M] . 中国: 江苏人民出版社出版, 2013.

[17] 章东磐, 晏欢, 戈叔亚. 国家记忆——美国国家档案馆收藏中缅印战场影像 1[M]. 中国: 山西人民出版社, 2010.

[18] 章东磐, 晏欢, 戈叔亚. 国家记忆——美国国家档案馆收藏中缅印战场影像 2[M]. 中国: 山西人民出版社, 2010.

[19] 潘晓滨. 英伦铁马——二战英国早期坦克装甲车辆发展及技术 [M]. 中国: 北京艺术与科学电子出版社, 2012.

[20] 李月昊, 刘江平. 装甲战彩——二战德国军用车辆迷彩涂装与标识 [M . 中国: 海潮出版社, 2002.

[21] 国防部史政编译室. 国军装甲兵口述历史访问纪录 [M]. 中国台湾: 国防部史编室, 2004.

[22] 王立本. 烽火中国的装甲兵 1925-1949[M]. 中国台湾: 老战友工作室, 2002.

[23] 滕昕云 . 铁血荡寇——昆仑关作战 [M]. 中国台湾：武汉大学出版社，2013.

[24] 滕昕云 . 抗战时期国军机械化 / 装甲部队画史 1929-1945[M . 中国台湾：老战友工作室，2003.

[25] 滕昕云 . 抗战时期陆军武器装备——步兵炮 / 防空炮兵篇 [M]. 中国台湾：老战友工作室，2003.

[26] 滕昕云 . 抗战时期陆军武器装备——野战炮兵系统篇 [M . 中国台湾：老战友工作室，2003.

[27] 邱子静 . 民族战士邱清泉 [M]. 中国台湾：黎明文化事业公司，1987.

[28] 王法 . 双塔奇兵·M3 格兰特李中型坦克技战史 [M]. 博览周刊，2014.

[29] 克里斯特·乔根森，克里斯·曼 . 坦克战 1914-2000[M]. 中国：中国市场出版社，2013.

[30] 松本草平 . 诺门坎，日本第一次战败 [M]. 中国：山东人民出版社，2005.

[31] 中国人民革命战争博物馆 . 中国人民革命战争地图选 1927-1949[M]. 中国：地图出版社，1981.

[32] 北京市政协文史资料委员会、云南省德宏州政协文史委员会 . 滇缅抗战纪实 [M]. 中国：中国文史出版社，2010.

[33] 蒋纬国 . 蒋纬国口述自传 [M]. 中国：中国大百科全书出版社，2008.

[34] 徐平 . 侵华日军通览 1931-1945[M]. 中国：解放军出版社，2012.

[35] 张宪文 . 南京大屠杀史料集 1-58[M]. 中国：江苏人民出版社，2010.

[36] 火器堂堂主 . 抗战时期国军轻兵器手册 [M]. 中国台湾：老战友文化事业有限公司，2005.

[37] 全国政协文史资料委员会 . 文史资料存稿选编——抗日战争 [M]. 中国：中国文史出版社，2006.

[38] 谭飞程 . 赣北兵燹：南昌会战 [M]. 中国：武汉大学出版社，2014.

[39] 徐学增 . 中外记者笔下的第二次世界大战 [M]. 中国：东方出版社，1987.

[40] 刘伟民 . 刘放吾将军与缅甸仁安羌大捷 [M]. 中国：上海书店出版社，1995.

[41] 刘忠勇 . 顶好！出生入死的中美突击队 [M]. 中国台湾：经纬天下出版社，2012.

[42] 彤新春 . 抗日正面战场：国民党参战将士口述全纪录 [M]. 中国：中国大百科全书出版社，2012.

[43] 腾昕云 . 铁血军魂 第一部 蓄势待发 [M]. 中国台湾：老战友工作室，2005.

[44] 何永胜 . 日本海军陆战队兴亡史 [M]. 中国台湾：雅图创意设计有限公司，2013.

[45] 腾昕云 . 抗战时期陆军服制装备 1931-1945[M]. 中国台湾：老战友工作室，2001.

[46] 孙宅巍 . 南京保卫战史 [M]. 中国台湾：五南图书出版有限公司，1997.

[47] 胡卓然 . 敌后传奇 [M]. 中国：西苑出版社，2012.

[48] 萨苏 . 突破缅北的鹰 [M]. 中国：文汇出版社，2012.

[49] 萨苏 . 最漫长的抵抗 [M]. 中国：西苑出版社，2013.

[50] 萨苏 . 国破山河在 [M]. 中国：山东画报出版社，2007.

[51] 萨苏 . 尊严不是无代价的 [M]. 中国：山东画报出版社，2009.

[52] 萨苏 . 退后一部是家园 [M]. 中国：山东画报出版社，2011.

[53] 马俊如 . 国民党装甲兵之父徐庭瑶将军

[M]. 中国：中国文史出版社，2001.

[54] 军事科学院历史研究部. 中国人民解放军战史 [M]. 中国：军事科学出版社，1987.

[55] 杨树标、梁敬明. 抗日战争史新论 [M]. 中国：南京工学院出版社，1986.

[56] 马洪武. 抗日战争事件人物录 [M]. 中国：上海人民出版社，1986.

[57] 马振犊，戚如高. 蒋介石与希特勒——民国时期中德关系研究 [M]. 中国：九州出版社，2012.

[58] 杨成武. 敌后抗战 [M]. 中国：解放军文艺出版社，1985.

[59] 周一凡. 南京近代公路史 [M]. 中国：江苏科学技术出版社，1990.

[60] 谭笑. 国民党十大特种部队 [M]. 中国：中央编译出版社，2011.

[61] 国防部史政编译室. 国军装甲兵发展史 [M]. 中国台湾：国防部史政编译室，2005.

[62]《我的抗战》节目组. 我的抗战：300 位亲历者口述历史 [M]. 中国：中国友谊出公司，2010.

[63] 秦风. 抗战一瞬间 [M]. 中国：广西师范大学出版社，2005.

[64] 秦风. 金陵的记忆 [M]. 中国：广西师范大学出版社，2006.

[65] 秦风，毕洪. 淞沪会战 1937[M]. 中国：山东画报出版社，2005.

[66] 沈弘. 抗战现场 [M]. 中国：中国社会科学出版社，2005.

[67] 樊建川. 百城沦陷 [M]. 中国：金城出版社，2011.

[68] 陈传奇. 卡帕自传 [M]. 中国：金城出版社，2013.

[69] 松冈环. 南京战·寻找被封闭的记忆 [M]. 中国：上海辞书出版社，2002.

[70] 郭岐. 陷都血泪史 [M]. 中国：南京师范大学出版社，2005.

[71] 李雪梅. 乱世国军 [M]. 中国：北京艺术与科学电子出版社，2014.

[72] 新华社解放军分社. 我的见证·两百位亲历抗战者口述历史 [M]. 中国：解放军文艺出版社，2005.

[73] 姚凡立等. 蒋介石的外国高级参谋——史迪威 [M]. 中国：黑龙江人民出版社，1988.

[74] 中央研究院近代史研究所. 张法乾先生访问纪录 [M]. 中国台湾：中央研究院近代史研究所，1992.

[75] 张其昀. 抗日战史 [M]. 中国台湾：国防研究院、中华大典编印会，1996.

[76] 何铁华，孙克刚. 印缅远征画史 [M]. 中国：时代书局，1947.

[77] 中华图画杂志号外. 战时画报 [M]. 中国：上海新中华图书公司总发行，1937.

[78] 中国第二历史档案馆编. 中德外交秘档 (1927 年 –1947 年) [M]. 中国：广西师范大学出版社，1994.

[79] 姜克夫. 民国军事史 [M]. 中国：重庆出版社，2009.

[80] 秦孝仪. 中华民国重要史料初编——对日抗战时期 [M]. 中国台湾：国民党党史委员会，1990.

[81] 广东省政协文史资料研究委员会编. 淞沪烽火——十九路军一·二八淞沪抗战纪实 [M]. 中国：广东人民出版社，1991.

[82] 王晓华等. 日本侵华大写真 [M]. 中国：汕头大学出版社，1997.

[83] 翁照恒. 淞沪血战回忆录 [M]. 中国：文海出版社，1933.

[84] 文思. 我所知道的杜聿明 [M]. 中国：中国文史出版社，2003.

[85] 王晓华，张庆军．蒋介石与希特勒 1927–1938[M]．中国：台海出版社，2012．

[86] 国防部史政局．德国驻华军事顾问团工作纪要 [M]．中国台湾：国防部史政局，1969．

[87] 蒋纬国．国民革命战史·抗日御侮 [M]．中国台湾：黎明文化事业股份有限公司，1978．

[88] 阿垅．南京血祭 [M]．中国：宁夏人民出版社，2005．

[89] 约翰·拉贝．拉贝日记 [M]．中国：新世界出版社，2009．

[90] 何铭生．上海 1937·法新社记者眼中的淞沪会战 [M]．中国：西苑出版社，2015．

[91] 邝智文．老兵不死·香港华籍英兵 [M]．中国：香港联合书刊物流有限公司，2014．

[92] 倪慧如，邹宁远．当世界年轻的时候·参加西班牙内战的中国人 [M]．中国：广西师范大学出版社，2013．

[93] 秦安地区出版局．徂徕烽火 [M]．中国：山东人民出版社，1981．

[94] 陈胜武．古代战车 [M]．中国：解放军出版社，2012．

[95] 陈存恭．列强对中国的军火禁运 [M]．中国台湾：中央研究院近代史研究所，1983．

[96] 乔治·亚历山大·伦森．俄中战争[M]．中国：商务印书馆，1982．

[97] 史蒂芬·查罗加、东尼·布莱恩．战略战术兵器事典 Vol.16——装甲列车 [M]．中国台湾：枫树林出版有限公司，2014．

[98] 赵曾俦．抗战纪实 [M]．中国：世界图书出版社，2014．

[99] 小刚．坦克战 [M]．中国：新星出版社，2005．

[100] 张学良、唐德刚．张学良口述历史 [M]．中国：中国档案出版社，2007．

[101] 古德里安著、钮先钟译．闪击英雄 [M]．中国：战士出版社，1981

[102] 古德里安著、黄竣民译．注意——战车！[M]．中国台湾：雅图创意设计有限公司，2013

中文期刊：

[1] 马雷．民国时期的铁甲列车 上 [J]．坦克装甲车辆杂志社，2013,(6)．

[2] 马雷．民国时期的铁甲列车 下 [J]．坦克装甲车辆杂志社，2013,(7)．

[3] 钟卜．法国雷诺 FT 轻型坦克全史 [J]．兵器杂志社，2008,(增刊)．

[4] 钟卜．1932 年一·二八淞沪抗战专题 [J]．兵器杂志社，2012,(增刊)．

[5] 清海，初露锋芒：西班牙坦克部队里夫大起义期间的作战 1921–1927[J] 突击丛书，2006,（总第 13 辑）

电子文献数据库：

[1] アジア歴史資料センタ [DB/OL]．

互联网电子文献：

[1] 戈叔亚．战车一营 [DB/OL]．

[2] 水寂云驰．日军坦克发展史 [DB/OL]．

[3] 丁骥．中国早期装甲兵理念的传播人 [DB/OL]．

[4] 文彦．德国军事中心 -- 德国军售与中国抗战 [DB/OL]．

[5] 吴先斌．战时画报 [DB/OL]．

[6] 吴先斌．中国事变画报 [DB/OL]．

[7] 席康．被遗忘的战争"——1929 年中苏"中东铁路事变"中的坦克作战 [DB/OL]．

"感谢台湾的张之维先生、南京的肖浒先生与杨扬女士、上海的钟卜先生、重庆的赖力先生、成都的刘淼先生、旅日华侨赵芳苒女士与日本友人二宫豊志先生及中川義章先生对本书的大力支持和帮助，特此鸣谢！"

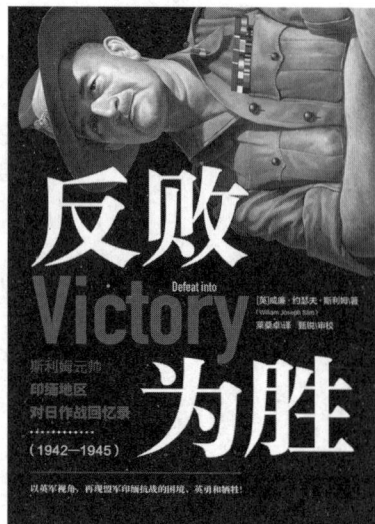

Defeat into Victory

反败为胜：斯利姆元帅印缅地区对日作战回忆录（1942—1945）

姆威廉·约瑟夫·斯利姆（William Joseph Slim）著

○ 探秘英军视角下的中国远征军
○ 印缅抗战经典著作，首推中译本，余戈、萨苏作序推荐
○ 斯利姆被赞誉为"不仅是一个专业的士兵，也是一个专业的作家"

　　1942 年 3 月，日军占领仰光，盟军节节败退。斯利姆抵达缅甸时，面对的便是如此灾难性的开局。他率领被打垮的英军，进行了一场鲜为人知的、如噩梦般的大撤退，一直从缅甸撤到印度。糟糕的环境、残酷的敌人、低落的士气，局势对盟军非常不利！

　　逆境之中，斯利姆头脑清醒，在几乎没有任何欧洲支援的情况下，恢复了军队的战斗力和士气，并联合中国远征军与美国军队发起绝地反击。从若开到英帕尔，从伊洛瓦底江到密铁拉，再到夺取仰光，一系列精彩的反攻战无不彰显了他超凡的指挥才能，以及英、中、美、缅、印五国人民联手抗日的不屈精神和顽强意志。

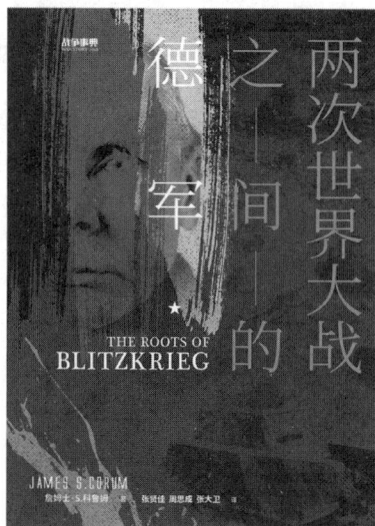

The Roots of Blitzkrieg

两次世界大战之间的德军

詹姆士·S. 科鲁姆（James S. Corum）著

○ 塞克特集团如何突破《凡尔赛和约》的封锁？
○ 魏玛共和国如何重建、改革、发展国防军？
○ 第三帝国军事崛起的坚实基础从何而来？

　　作者以魏玛国防军总司令汉斯·冯·塞克特领导的时代为重心，描述了一战后德国在战略战术、武器研发、编制、训练中为本国未来战争打下坚实基础的关键性变革。除此之外，一批富有远见的德军军官也在此过程中发挥了重要作用，如装甲战术家恩斯特·沃尔克海姆和空中战术家赫尔穆特·威尔伯格。最后，得益于这些实干家和他们付出的努力，魏玛国防军重获新生，并由此发展出了在后来辉煌一时的"闪击战"理论。

The Fast Carriers

航母崛起：争夺海空霸权

克拉克·G. 雷诺兹（Clark G.Reynolds）著

○ 美国海军学院资助研究项目，海军参谋人员的重要参考书
○ 一个波澜壮阔的腹黑故事，一部战列舰没落、航空兵崛起的太平洋战争史
○ 笑看"航母派"外驱东瀛强虏、暴揍联合舰队，内斗"战列舰派"、勇夺海军大印

　　这是一部美国航母部队的发展史、一部海军航空兵的抗争史、一部飞行海军视角下的太平洋战争史。本书以太平洋上的一场场海空大战、航母对决为线索，把美国快速航母部队的一点一滴串连起来，讲述了一段扣人心弦的故事：对外，他们狠揍日本海军，终于把舰队开到敌人家门口，打赢了这场押上国运的大仗；对内，他们把"战列舰派"按在地上摩擦，不仅驱使昔日的"海上霸主"给航母当小弟，而且在海军领导层实现了整体夺权。